本书的出版得到
国家重点文物保护专项补助经费资助

深圳咸头岭

——2006 年发掘报告

深圳市文物考古鉴定所　编著

文物出版社

北京·2013

书名题签：李伯谦
封面设计：程星涛
责任印制：梁秋卉
责任编辑：王　霞

图书在版编目（CIP）数据

深圳咸头岭：2006 年发掘报告 / 深圳市文物考古鉴定所编著．
—北京：文物出版社，2013.8
ISBN 978 - 7 - 5010 - 3810 - 7

Ⅰ.①深…　Ⅱ.①深…　Ⅲ.①新石器时代文化-文化遗址-
发掘报告-深圳市　Ⅳ.①K878.05

中国版本图书馆 CIP 数据核字（2013）第 194497 号

深 圳 咸 头 岭
——2006 年发掘报告
深圳市文物考古鉴定所　编著

*

文 物 出 版 社 出 版 发 行
（北京市东直门内北小街2号楼）

http：// www . wenwu . com

E - mail：web @ wenwu . com

北 京 鹏 润 伟 业 印 刷 有 限 公 司 印 刷
新 华 书 店 经 销
889 × 1194　　1/16　　印张：36.5
2013 年 8 月第 1 版　　2013 年 8 月第 1 次印刷
ISBN978-7-5010-3810-7　定价：380.00元

Xiantouling Site in Shenzhen

Report on the Excavation in 2006

Shenzhen Municipal Institute of Archaeology

Cultural Relics Press

Beijing · 2013

序

　　深圳咸头岭遗址是 1981 年发现的，从 1985 年至 2006 年先后进行了五次发掘。前四次由深圳市博物馆负责，第五次由深圳市文物考古鉴定所负责并联合深圳市博物馆共同发掘。从第四次起开始改进发掘方法，第五次则完全按照新的方法进行发掘，解决了沙堤遗址地层容易崩塌的难题，从而获得了足以明确进行文化分期的重要成果。本书的上篇就是 2006 年进行的第五次发掘的考古报告，下篇则是若干专题研究和相关问题的讨论。

　　咸头岭遗址位于大鹏湾东北部的迭福湾，那里有三道与海岸平行的沙堤，一级比一级高。其中第三道也是最高的一道沙堤是在 7000 多年以前全球大暖期形成的。那时海平面比现在高 2~3 米（一说高 3~5 米），海浪潮汐和台风把海沙涌到岸上，就形成了沙堤。以后海平面略有下降，又形成了第二道和第一道沙堤。最早的人只能住在第三道沙堤上，等第二道沙堤形成后，大部分人搬到了接近海边的第二道沙堤，一部分人还留在第三道沙堤上，从而在两道沙堤上都留下了丰富的史前文化遗存。

　　第一至第二次发掘都在第二道沙堤上，第四和第五次发掘移到了第三道沙堤上。由于采取了固沙的办法，地层划分得比较清楚，发现至少有五个时期的堆积，被归纳为三期五段。各层文化堆积之间还有两个间歇层，大概是大台风或海啸把人赶走了，形成了短期的自然堆积层，直到以后的人搬回来居住，才又形成新的文化层。用咸头岭的分期作为标尺，大致可以将整个珠江三角洲同一时期遗址的相对年代划分清楚。

　　在珠江三角洲和附近岛屿上的史前遗址中，最接近咸头岭的是香港龙鼓洲遗址。那里出土的陶器大致可以分为五组。前四组分别相当于咸头岭的一至四段，第五组不出彩陶，年代应晚于咸头岭第五段，已不属于咸头岭文化的范围。只是这个遗址的地层并没有咸头岭划分得那么清楚，将来或可再度发掘以进行验证。可以对咸头岭地层进行部分验证的是东莞蚝岗。那里的文化遗存可以分为三期，其中第二、三期分别相当于咸头岭的第四、五段，第一期早于咸头岭第四段而晚于咸头岭第三段，正好填补了咸头岭遗址的一个缺环。与蚝岗第一期特征相同的还有珠海后沙湾和中山龙穴等若干遗址。其他大多数遗址的文化层比较单纯，多只相当于咸头岭遗址的某一段或两段。因此咸头岭遗址乃是整个咸头岭文化中最有代表性的遗址。把珠江三角洲这个时期的文化遗存划分为一个考古学文化，理所当然地被称为咸头岭文化。关于咸头岭文化的年代，根据大量碳十四测量的年代数据进行综合分析，大致在距今 7000~6000 年。

　　这个文化有些什么特点呢？一是喜欢居住在海边或海岛上，所以整个珠江三角洲都有分布，也只分布在珠江三角洲地区和珠江口外的岛屿上。这样的自然环境决定了这个文化的居民比较习惯于水上交通，从事捕鱼或采集水生动物。沙堤的后面有泻湖和小河，可以提供充足的淡水，旁边依傍着有浓密植被的小山岗，可以狩猎和采集植物性食物。离咸头岭不远的大黄沙遗址还发现过粮食标本，说明也有少量的种植业。

二是在这个文化中没有发现纺轮，却时常发现一种刻槽的石拍。早期的石拍两面都有刻槽，而且较粗；晚期的石拍只有一面刻槽，却比较细密。香港中文大学的邓聪认为这种石拍是制作树皮布用的。树皮布曾经广泛地流行于东南亚和华南地区，海南岛不久以前还有人穿树皮布做的衣服。

三是普遍使用陶器，而且在造型和花纹上都很有特色。这个文化的陶器主要有三种，一是炊器，有釜和支脚，以釜为主，支脚有时以石块代替；二是饮食器，有圈足盘、豆和杯等，以圈足盘为主；三是盛储器，盛放食物或水，主要是罐，数量不多。釜多用夹砂陶，夹砂可以加快传热，并可以防止烧裂。釜的外面多饰绳纹，一方面在拍印绳纹时可起一定的加固作用，另一方面又可以增加受热面积，加快炊煮的速度。饮食器多用泥质或细泥陶，大多为米黄色，也有少量白陶和黑陶。上面常有美丽的刻画纹和压印纹，米黄陶上还有红色彩纹。

这个文化是怎么起源的，学术界有不同的看法。有的学者根据某些陶器的形制和花纹的比较，认为是从湖南西部的高庙文化或洞庭湖滨的汤家岗文化与大溪文化传播过来的，或至少是受到这几个文化的强烈影响；有的学者强调文化的特殊性，其中比较突出的是彩陶。咸头岭文化的彩陶花纹是红色的，彩带中常有刻划纹。而大溪文化的彩陶花纹是黑色的，彩带中不见刻划纹，花纹的样式也大不相同，因此主张本地起源说。如果是本地起源，在当地至今没有找到更早的文化遗存，只能是一种猜想。如果是湖南西部或洞庭湖滨传来的，中间缺乏合理的路线。汤家岗文化与大溪文化是以种植水稻为主的农业文化，已经学会纺纱织布，为什么要抛弃本业，不远千里来到海边，成天与海水打交道，以海产为主食，穿树皮布的衣服，过一种完全不熟悉的生活呢？这怎么也说不通。高庙文化尽管是以采集和狩猎经济为主，但所在的自然环境主要是山区的小河旁边。如果有势力向外发展，湖南西部和贵州等地有的是相似的地方，为什么要跑到遥远的海边来寻求发展呢？因此我曾经提出过另一种想法，再次提出来向学界请教。

大家知道在地质时代的更新世有一次大冰期，最冷的时候叫盛冰期，大约发生在15000年以前。那时全世界海平面比现在低130多米。中国的海平面据研究比现在低154米甚至更低。那时广东的海岸线要往南推进约200公里，珠江可能要流到现在的东沙群岛附近出海。由于天气寒冷，北方的人可能会往南迁移。原来海边的人也会跟着海岸的变迁而南移，现在的大陆架上应该有不少居民。等进入全新世，海面上升，海岸线向北退缩，海边的居民自然也要跟着退缩。所以咸头岭文化的居民，如果不是全部，也应该有相当部分是从南面现在的大陆架上一代一代地逐渐迁移过来的。他们还是喜欢住在海边，过着与内陆居民不一样的生活。只不过在海里无法进行考古工作（水下考古很难发现新石器时代的遗址），因此也无法得到证实，也是一种猜想，我希望是一个合理的猜想。至于他们的陶器，我相信是受到湖南高庙文化——大溪文化等持续的影响而发生和发展的，但不是简单的模仿，所以还有很多自己的特点，彩陶花纹就是一例。这问题自然还需要有进一步的发现与研究。

　　咸头岭遗址的第五次发掘规模并不很大而获得了比较丰硕的成果，受到学术界和公众的普遍关注，被评为2006年度全国十大考古新发现之一，并获得2006~2007年度国家文物局田野考古二等奖。在发掘工作结束后及时进行了资料整理，拼对复原了一大批陶器。对陶器的形制、纹饰、制作工艺和陶土来源等都进行了深入的研究。对石器的类别、形制和使用痕迹也进行了认真的观察和分析，特别是对石锛等使用—破损—再制作（主要是刃部）过程的研究是很精彩的。由于咸头岭遗址和整个咸头岭文化所处的特殊地理位置，所以对当时的生态环境、经济形态和人们的谋生方式的研究显得非常重要和必要，下篇的第五章在这方面也做了不少努力。由此可知本书是一部资料翔实而又有较深入研究的田野考古报告，是对华南史前考古研究的重要贡献。这样的报告能够在发掘后不到三年的时间内完成，实在是值得称道的。

严文明

2009年3月

目　　录

上　篇

下　篇

插图目录

插表目录

图版目录

上　篇

第一章　概　述

　　本章介绍咸头岭遗址的地理位置、所在区域的自然环境和历史沿革，以及以往发掘、研究咸头岭一类遗存的概况和咸头岭遗址 2006 年发掘的经过、资料整理、报告编写情况。

第一节　遗址地理位置与概况①

　　咸头岭遗址地处岭南（图一），位于广东省深圳市龙岗区大鹏街道的咸头岭村，在珠江三角洲地区大鹏半岛的西北岸（图二）。遗址西北至东南长约 200 米，西南至东北宽约 150 米，面积约 30000 平方米。

　　咸头岭遗址依山傍海，是坐落在大鹏湾东北的迭福湾内二、三级沙堤上的沙丘遗址（图版一：1）。其地势西北高、东南低，现海拔（黄海基面，下同）2～7 米；北部和西北部有一条公路——葵鹏路在求水岭（高程 548.9 米）脚下通过；东北部与古潟湖②相依；东南与观音山（高程 203.7 米）相对；西南面海，与现今海岸线相距约 300 米，隔大鹏湾与香港新界的东北部相望；东南侧有自东北向西南流入大海的迭福河；迭福湾西北和东南各有一个深入大海的岬角，使该湾形成一个向东北内凹的半环形。咸头岭遗址所处的地理环境是一个相对封闭的自然地理单元。

　　迭福湾为大鹏半岛西岸的一个小海湾，基岩为晚侏罗世燕山三期的黑云母花岗岩，有一条北东东走向的断裂在此通过，沿断裂发育了由东北向西南展布的迭福河谷。河谷全长约 3.2 公里，北侧有桔子坑等 4 条较大的山地河流注入，南侧谷口在迭福湾与海相接。迭福河谷在上游的迭福上村一带宽约 400 米，谷底高程约 10 米；中游的迭福下村一带谷宽 550 米，高程 4.2 米；谷口即迭福湾一带海岸宽 800 米，除沙堤外地面高程不到 2 米。一般认为，海陆变迁主要是构造运动和海面升降共同作用的结果，沉积物的冲淤变化也对海陆变迁有重要影响。但是具体到珠江三角洲的海陆变迁，气候变化引起的海平面升降起着最主要的作用。中国全新世大暖

---

① 黄镇国等：《深圳地貌》，广东科技出版社，1983 年；广东地质矿产局：《广东省区域地质志》，地质出版社，1988 年；李平日等：《珠江三角洲一万年来环境演变》，海洋出版社，1991 年；施雅风等：《中国全新世大暖期气候与环境的基本特征》，《中国全新世大暖期气候与环境》，海洋出版社，1992 年。

② "潟湖"，有的研究者写为"泻湖"。1995 年湖北辞书出版社和四川辞书出版社共同出版的《汉语大字典》（缩印本）说"泻"为"潟"的简化字，"潟"通"潟"，意均为盐碱地。1993 年商务印书馆出版的《现代汉语词典》中有"泻湖"词条，解释为"浅水海湾因湾口被淤积的沙所封闭而形成的湖泊。高潮时可与海相通"。2007 年商务印书馆出版的《现代汉语词典》中有"潟湖"词条，解释为"浅水海湾因湾口被淤积的沙所封闭而形成的湖泊，也指珊瑚环礁所围成的水域。高潮时可与海相通"。

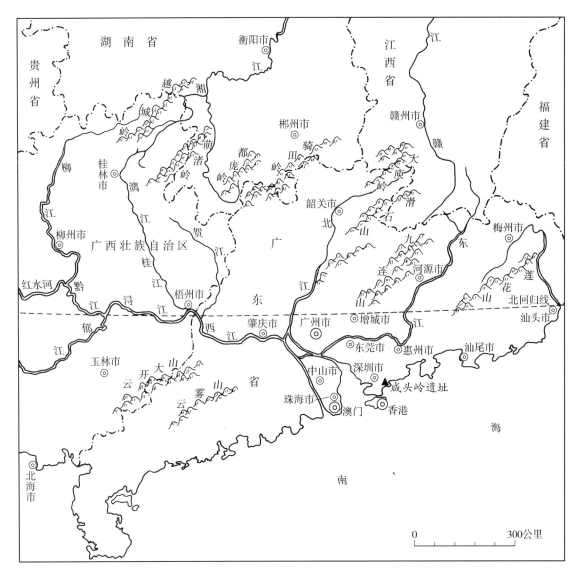

图一　咸头岭遗址在岭南地理环境中的位置示意图

期出现在距今 8500～3000 年，其中暖温的鼎盛阶段在距今 7000 多年。这次升温是全球性的，气候变暖导致冰川消融和海水热膨胀，使海平面上升。迭福湾的原始地形有三列与海岸线大致平行的沙堤，第三列沙堤即为距今 7000 多年前全球大暖期高海面时由海浪潮汐堆积而成，当时的海平面比现今高约 2 米。由于当时海平面比较高，因而堆积了较高的沙堤。其后海平面逐渐降低，海岸线西移，故其堆积的第二、第一列沙堤高度较第三列沙堤低①。咸头岭遗址主要位于第三列沙堤和第二列沙堤的部分区域。从出土的新石器时代遗物（约距今 7000～6000 年）来看，第三列沙堤出土遗物的年代早、晚都有，而第二列沙堤出土遗物的年代则基本是偏晚的，这与沙堤的形成年代是吻合的。

　　考古学界习惯把分布于沿海或岛屿的沙滩、沙堤、沙洲上的以沙质为主的堆积遗址称为"沙丘遗址"，咸头岭遗址就是一处典型的沙丘遗址。地学界则把沿海沙质堆积体按其形成原因称为海

————————

① 2004 年 10 月李平日在咸头岭遗址考察后所作的结论。

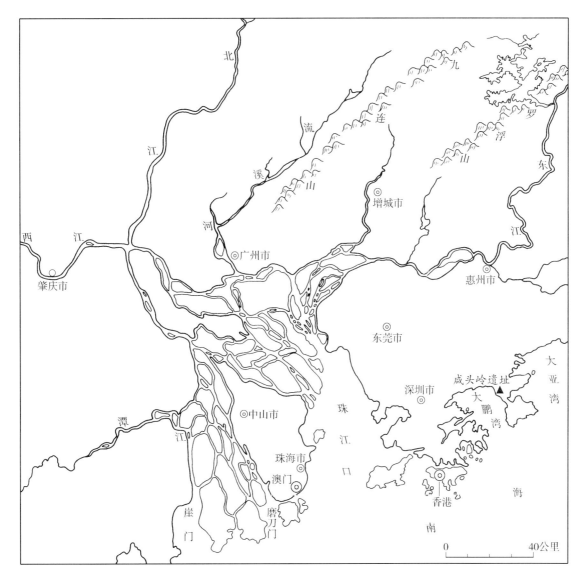

图二　咸头岭遗址在珠江三角洲地理环境中的位置示意图

岸沙堤（沙坝），并分为拦湾沙堤（在海湾口）、连岛沙堤（与岛屿或半岛相连）、滨岸（或称顺岸、沿岸）沙堤等。咸头岭遗址的沙堤属于拦湾沙堤，主要是海洋动力把泥沙堆积在迭福湾口而形成的沙堤。由于沙堤拦阻湾口及迭福河口，后方湾内河水积聚形成潟湖。高出河面和海面的沙堤，成为先民可以免遭洪水和海浪侵袭而比较安全的聚居地。沙堤后方迭福河及潟湖的淡水则为先民提供了源源不断的生活、生产用水。咸头岭遗址其东北有纵深的潟湖，潟湖水位下降后逐渐形成沼泽地带，其中大部分又形成了比较肥沃的沉积小平原，这就提供了种植的初步条件；西南相邻的大海海洋资源丰富，可以进行便利的渔捞；而周围的丘陵山岗动植物种类很多，则为采集和狩猎提供了丰富的资源。目前在咸头岭遗址发现的古代遗存有新石器时代、商时期、东周时期、汉代、宋代和明清时期的，正是由于良好的生活、生产条件，先民才会选择在咸头岭一带居住。

第二节　自然环境①

深圳位于广东省中南部，在珠江三角洲的东南。其陆域东临大亚湾，西靠珠江口伶仃洋，北与东莞市和惠州市接壤，南隔深圳河与香港的新界相接，东南和西南分别隔大鹏湾和深圳湾与香港相望。其地理形态呈东西长、南北窄的狭长形，陆域东西直线距离 92 公里，南北直线距离 44 公里，总面积 2020 平方公里。其经纬度位置，按陆域计，为东经 113°45′44″（沙井均益围）至 114°37′21″（大鹏半岛东端海柴角），北纬 22°26′59″（大鹏半岛南端墨鱼角）至 22°51′49″（罗田水库北缘）；按岛屿计，最南点为北纬 22°24′01″（内伶仃岛东角咀），最西点为东经 113°46′50″（内伶仃岛牛利角）；按海域计，南起北纬 22°09′，西起东经 113°39′36″，东至东经 114°38′43″。

深圳位于北回归线以南，地处低纬，属亚热带海洋性季风气候。太阳总辐射量较多，夏长而不酷热，冬暖但有阵寒；冷期短，霜日少，甚至全年无霜。气温的年较差和日较差都较小，年平均气温 22.3°C，极端最高气温 38.7°C，极端最低气温 0.2°C。雨量丰沛，旱、雨季分明，降水强度大，暴雨多，年平均降雨量为 1600~2000 毫米，平均降雨日数为 139.9 天。夏季盛行暖湿的偏南气流，带来大量水汽，冬季则盛行干燥的偏北风，夏秋多有台风。在深圳境内气候也有一定的差别，西南部属于低湿大风型，中东部属于温凉湿润型，北部属于夏热冬暖型。咸头岭遗址所处的大鹏半岛区域的气候则属于温凉湿润型。

深圳有大小河流 160 余条，山脉走向多从东到西，贯穿中部，成为主要河流的发源地和分水岭。北部、东北部发源于海岸山脉北麓流入东江或东江的一、二级支流的河流属东江水系，主要有观澜河、龙岗河和坪山河等；西部流入珠江口伶仃洋的河流属珠江三角洲水系，主要有茅洲河、西乡河、大沙河和深圳河等；东部发源于海岸山脉南麓流入大鹏湾和大亚湾的河流及众多独流入海的小溪属海湾水系，主要有盐田河、梅沙水、葵涌河、王母水、新墟水和东涌水等。咸头岭遗址所处的大鹏半岛区域则在海湾水系的范围内。

深圳的陆域地貌类型中低山丘陵最多，占总面积的 48.8%，平缓台地和平原各占 22.4% 和 22.1%，阶地占 5.1%，水库占 1.5%。深圳的地势东南高、西北低，地貌特征由南向北纵向看，可分为南、中、北三个地貌带；而由西向东横向看，陆域则又可以明显地分为东西两大块。

从三个地貌带来看，南带为半岛海湾地貌带，自东向西依次有大亚湾（-13~-16 米）—大鹏半岛（七娘山 867.4 米）—大鹏湾（-18~-24 米）—九龙半岛（在区外，马鞍山 700 米）—伶仃洋（-4~-9 米）。此带半岛与海湾相间，半岛东岸曲折而西岸平直。海湾是中生代或新生代的断陷区，半岛则是断隆区。中带为海岸山脉地貌带，粤东莲花山脉延至大亚湾顶的铁炉嶂（在区外，高程 743.9 米）后，山脉逼近海岸，高程降至千米以下，经深圳境内延伸到香港的大雾山（高程 959 米）。这是一条海岸断隆山脉，西北部被深圳断裂所限，东南部与海湾或半岛邻接。海岸山脉的高程多为 400~700 米，梧桐山高程为 943.9 米，为境内最高点。北带为丘陵谷地带，10 条主要

---

① 广州地理研究所：《深圳自然资源与经济开发》，广东科技出版社，1986 年；黄镇国等：《深圳地貌》，广东科技出版社，1983 年；王若兵主编：《深圳市水务志》，海天出版社，2001 年；赵子能、苏泽霖主编：《香港地理》，广东科技出版社，1985 年；任美锷等：《中国自然区域及开发整治》，科学出版社，1992 年。

河流切割高程 100~150 米的低丘陵，形成宽谷（盆地）和窄谷（峡谷），谷地高程多为 30~50 米。咸头岭遗址所处的大鹏半岛区域则在南带半岛海湾地貌带的东部。

从东西两大块来看，深圳中部的沙湾河、石马河谷地，在平面形态、构造、地貌、水系沟通、寒潮路径、雨量分布、交通等方面，都是一条南北向的"走廊"，它将深圳境内的地貌分为东、西两半壁。走廊本身处于深圳断裂与沙湾断裂、莲塘断裂的交会地带，地貌上以台地和低丘陵为主。西半壁的地貌是环状结构，巨大的椭圆状羊台山花岗岩穹隆体被多组方向的断裂交切，地貌上形成四个不完整的"环"，第一环即中心是羊台山，第二环是三大水库（西沥水库、铁岗水库和石岩水库）区及观澜河谷地，第三环是凤凰山、塘朗山、鸡公山、吊神山等丘陵，第四环是低平的台地和平原。而东半壁的地貌结构则是北东向的平行岭谷，形成山地与谷地相间的地貌。咸头岭遗址所处的大鹏半岛区域则在东半壁的东南部。

深圳的海岸线长 230 公里，海岸地貌丰富多样。西部岸线长 75.3 公里，属于平原海岸类型，其特点是岸线平直、泥滩宽广（300~500 米或 1200~2300 米）且扩展较快（平均每年 10~11 米，按 5.5 米等深线外移距离计），海底地貌滩槽相间（伶仃洋三滩两槽，深圳湾两滩一槽）。东部岸线长 154.7 公里，属于山地海岸类型，又可细分为海崖山地海岸和港湾山地海岸两类。前者的特点是崖高（30~70 米）、坡陡（45°）、水深（5.0 米等深线紧贴岸边）；后者的特点是湾口有岬角，湾内有沙堤和潟湖平原。东海岸有 16 个较大的港湾。山地海岸曲折多湾，曲折率为 7.16；海底地貌特点是湾底呈槽形，底平，水深（大鹏湾 18~24 米，大亚湾 13~16 米），有三级水下平台。咸头岭遗址一带则在东部海岸线上，属于山地海岸类型中的港湾山地海岸。

深圳的地质条件随不同地貌类型而变化，就构成地貌的岩性而言，主要有六大岩类，花岗岩主要分布在羊台山、海岸山脉中段、大鹏半岛西部；砂页岩主要分布于海岸山脉东段、排牙山和境内的中、北部；火山岩主要分布在梧桐山、七娘山、田心山和笔架山；变质岩集中分布在西北部；红色砂砾岩仅小片分布在坪山北部和大鹏半岛西岸的秤头角；松散岩分布于滨海及河谷的平原。咸头岭遗址及其附近的基岩多为花岗岩，也有石英砂岩、页岩、砾岩等。

从深圳第四系沉积物（或称地面组成物质）来看，主要有五大类，残积、坡积碎屑主要发育在砂岩、变质岩、火山岩的低山和高丘陵，以及沿海的花岗岩丘陵，还有红色砂砾岩的台地；薄层红壤型风化壳主要发育在花岗岩高丘陵及沿海的花岗岩低丘陵，以及其他岩性的低丘陵和台地；残积厚层红壤型风化壳主要发育在花岗岩台地及部分花岗岩低丘陵；冲积、洪积黏土质砂主要发育在冲积平原、冲积阶地、洪积阶地；冲积、海积黏土主要发育在沿海的平原。咸头岭遗址及其附近的第四系沉积物则有薄层红壤型风化壳以及冲积、海积的淤泥、黏土和砂粒等。

深圳土壤的类型有黄壤（山地黄壤）、红壤（山地红壤）、花岗岩赤红壤、南亚热带水稻土（渗育型水稻土、潜育型水稻土、潴育型水稻土、滨海盐渍型水稻土）、滨海砂土和滨海盐渍沼泽土。咸头岭遗址及其附近分布有滨海砂土、花岗岩赤红壤等，pH 值都小于 7，属于酸性土壤。

深圳的矿产资源种类不少，已经发现的有 23 种，其中金属矿产有铁、锰、铅、锌、钨、锡、铋、钼等；非金属矿产有水泥石灰岩、大理石、高岭土、钾长石、水晶、冰洲石、黏土、煤、泥炭土等。在上述矿产中，陶瓷原料有高岭土和钾长石。高岭土矿分布于石岩、龙华、横岗一带，矿物以高岭土为主，含少量石英，化学成分一般为 SiO_2 70%~74%，Al_2O_3 18%~20%，

$Fe_2O_30.65\% \sim 1.0\%$。钾长石矿的矿物主要为钾长石，其次为石英、斜长石等，含 $K_2O4\% \sim 12\%$。

深圳属南亚热带海洋性季风气候，无论是植被的组成成分和分布，还是群落的各种特征，都表现出强的热带性，所发育的地带性代表类型为热带季雨林型的常绿季雨林。但是因地处热带边缘地区，所以植被既呈现出热带性的各种特征，又显现出热带和亚热带之间的过渡性。据不完全统计，植被的常见主要组成种类有 310 多种，分隶于 150 科和 240 多属，属于热带性的占 48%，热带和亚热带共有的占 40%，其他的占 12%。植被的类型，自然植被有季雨林、常绿阔叶林、红树林、竹林、灌木和草丛；人工植被有用材林、经济林、大田作物和旱地作物。咸头岭遗址所在的大鹏街道区域的植物生长旺盛，植被覆盖率高达 84.6%，主要有松林、常绿阔叶林、常绿季雨林和松杂混交林，还有竹林、灌木和草丛等。

深圳野生动物的分布大致可分为三个类型。其一是山地动物群，由于植被的破坏和人类经济活动的影响，一些经济价值较高、体形较大的动物如华南虎、苏门羚、水鹿、猕猴等已绝迹，只残存少量的野猪和赤麂（黄猄）。该动物群目前主要由本地大部分的兽纲和鸟纲种类组成，其次是爬行纲的龟鳖类、蜥蜴类、蛇类及两栖类的刺胸蛙等各种蛙类。其二是丘陵台地动物群，由于人口稠密，大型动物以及经济价值较高的中型兽类（如赤麂、大灵猫、云豹等）已绝迹或十分稀少。该动物群目前主要兽类有南狐、鼬獾、小灵猫、果子狸、食蟹獴、红颊獴、豹猫、穿山甲、各种鼠类等；鸟类主要有鹧鸪、斑鸠、大毛鸡、小毛鸡；还有两栖类的刺胸蛙和爬行类中的龟鳖类、蜥蜴类、蛇类。其三是谷地平原动物群，由于自然环境不适合大、中型动物的生存，兽类只有翼手目的各种蝙蝠、食虫目的各种鼩鼱（臭鼩、麝鼩等），以及啮齿类的各种鼠类。该动物群主要动物是由鼠类、蛙类、蛇类组成；鸟类主要有麻雀、喜鹊、乌鸦、斑鸠以及各种鹤和鹭类。从野生动物资源的种类和数量看，主要分布于海岸山脉和咸头岭遗址所在的大鹏半岛区域。

深圳珠江口海域和咸头岭遗址所在的大鹏湾一带海域，是海洋生物栖息繁衍的理想场所，水产资源种类繁多，数量可观。海产鱼类有几十种（如带鱼、石斑鱼、鲈鱼、中华青鳞、蓝圆鲹、金色小沙丁、金线鱼、棘头梅童、凤尾、黎猛、乌头、鲱鲤等），还有虾类（如赤虾、毛虾和各种对虾等）、蟹类（如青蟹、花蟹、三点蟹等）、贝类（如牡蛎蚝、扇贝、鲍鱼、蓝蛤等），此外附近海域还出产墨鱼、鱿鱼、海参、海胆、海蜇和沙虫等。深圳的河口地带和山塘、水库的淡水鱼类资源也很丰富，自然生长繁殖的主要有黄鳝、白鳝、泥鳅、赤眼、鳜鱼、塘虱、鲶鱼、生鱼、舫鱼和水鱼等；人工饲养的有草鱼、鳙鱼、鲢鱼、鲮鱼、鲤鱼、青鱼和鲫鱼等。

第三节　历史沿革

深圳市现下辖罗湖、福田、南山、盐田、宝安、龙岗、光明、坪山共 8 个区，咸头岭遗址所在的大鹏街道隶属龙岗区。深圳市是 1979 年在原宝安县的基础上建市，而大鹏一带除 1949～1958 年隶属于惠阳县外，其他时期基本是随现深圳市所辖区域的隶属变化而变化。

《史记·五帝本纪》载：禹"披九山，通九泽，决九河，定九州，各以其职来贡，不失厥宜。方五千里，至于荒服。南抚交阯、北发……"《汉书·地理志》："臣瓒曰：自交阯至会稽，七八千里，百越杂处，各有种姓。"《苍梧总督军门志》载："两广古百粤地，陶唐氏命羲叔宅南交时已通中国矣。"① "'南交'或'交趾'，泛指岭南越人区域。"② 而 "'百越'是我国东南和南部古代民族的泛称。"③ 先秦时期，现深圳市所辖区域应属百越族的活动范围。

《史记·秦始皇本纪》记载始皇三十三年（前214年），"发诸尝逋亡人、赘婿、贾人略取陆梁地，为桂林、象郡、南海，以适遣戍"。《旧唐书·地理志》载："秦灭六国，始开越置三郡，曰南海、桂林、象郡，以谪戍守之。"嘉庆《新安县志》④ 亦记载："秦始皇略取陆梁地为桂林、象郡、南海"，"邑本番禺地，……皆属南海郡"⑤。秦统一岭南后，现深圳市所辖区域应隶属南海郡的番禺县。

汉初，赵佗建立南越国⑥。《史记·南越列传》曰："佗即击并桂林、象郡，自立为南越武王。"《博物志》载："南越之国，与楚为邻，五岭已前，至于南海。"⑦ 即 "北部越五岭与湖南地区的楚国为界，南至于海，包括岭南整个地区。"⑧ 赵佗建立南越国后，现深圳市所辖区域应隶属南越国。

汉武帝元鼎五年（前112年）以卫尉路博德为伏波将军，主爵都尉杨仆为楼船将军 "咸会番禺"⑨。元鼎六年（前111年）平定南越国，"遂以其地为儋耳、珠崖、南海、苍梧、郁林、合浦、交阯、九真、日南九郡。"⑩ 南海郡领 "番禺、博罗、中宿、龙川、四会、揭阳"六县⑪。康熙《新安县志》曰："汉元鼎五年⑫分南越，置九郡。南海郡领县六，邑于时属番禺。"⑬ 汉武帝平定南越后，现深圳市所辖区域隶属南海郡的番禺县。

《晋书·地理志》载："成帝分南海，立东官郡。"《宋书·州郡志》曰："东官太守，《何志》：'故司盐都尉'，晋成帝立为郡。《广州记》：'晋成帝咸和六年（331年）分南海立，领县六'"，并记载这六个县为宝安、安怀、兴宁、海丰、海安、欣乐。《南齐书·州郡志》则记载：东官郡领县 "怀安⑭、宝安、海安、欣乐、海丰、齐昌、陆安、兴宁。"崇祯《东莞县志》曰："吴甘露间，始置司盐都尉于东官场……晋成帝咸和元年⑮，分南海，立东官郡，治宝安。在东官

---

① （明）《苍梧总督军门志》卷三。
② 陈国强等：《百越民族史》第七章第二节，中国社会科学出版社，1988年。
③ 方志钦等：《广东通史》第二章第五节，广东高等教育出版社，1996年。
④ 新安县为宝安县的前身。
⑤ （清）王崇熙纂：《新安县志》卷一《沿革志》。
⑥ 有学者推测，赵佗于公元前204年称王建国（张荣芳等：《南越国史》，广东人民出版社，2008年）。
⑦ （晋）张华：《博物志》卷一。
⑧ 陈国强等：《百越民族史》第七章，中国社会科学出版社，1988年。
⑨ 《史记·南越列传》。
⑩ 《汉书·西南夷两粤朝鲜传》。
⑪ 《汉书·地理志》。
⑫ 据《汉书·西南夷两粤朝鲜传》，"五"为"六"字误。
⑬ （清）靳文谟纂：《新安县志》卷三《地理志》。汉时深圳所辖区域的隶属，还有一种说法，王崇熙所撰的嘉庆《新安县志》卷一《沿革志》云 "定越地……南海郡领县六，次博罗，邑之地属焉"。
⑭ 《宋书·州郡志》，"怀安"作"安怀"。
⑮ 据《宋书·州郡志》引《广州记》的记载，"元"为"六"字误。

场北，即城子冈，今为东莞守御千户所。"① 据康熙《新安县志》记载，"东晋咸和元②年，分南海，立东官郡于场之地，治宝安，即今东门外城子冈。……安帝隆安元年（397年），分东官，置义安郡。宋③东官领县六，仍辖宝安。"④ 东晋咸和六年之后，现深圳市所辖区域隶属东官郡的宝安县。

《隋书·地理志》载："南海郡统县十五，……南海、曲江、始兴、翁源、增城、宝安、乐昌、四会、化蒙、清远、含洭、政宾、怀集、新会、义宁。"《苍梧总督军门志》曰："晋成帝始置宝安县属东官郡，隋初省郡。"⑤ 在隋朝初期之后，现深圳市所辖的区域隶属南海郡的宝安县。

《唐书·地理志》载："武德四年（621年），讨平萧铣，置广州总管府。管广、东卫、洭、南绥、冈五州，并南康总管。其广州领南海、增城、清远、政宾、宝安五县。"《旧唐书·地理志》曰："东莞，隋宝安县。至德二年（757年）九月，改为东莞县。"《广东通志》曰：宝安"唐属广州，至德二载改曰东莞，五代因之。"⑥ 现深圳市所辖区域在唐朝初期属广州宝安县，到唐至德二年后隶属东莞县。

《宋史·地理志》载："广州，……县八：南海、番禺、增城、清远、怀集、东莞、新会、信安。"东莞县于"开宝五年（972年）废入增城，六年（973年）复置。"⑦ 现深圳市所辖区域在宋开宝五年曾属增城县，开宝六年归属东莞县。

《元史·地理志》载："（至元）十五年（1278年）……立广州道宣慰司，立总管府并录事司。……县七：南海、番禺、东莞、增城、香山、新会、清远。"崇祯《东莞县志》云："元以邑隶广州路总管府……洪武初，改总管府，曰广州府，仍以邑隶之。"⑧ 康熙《新安县志》曰："元……隶广州路总管府。明洪武初改总管府为广州府，莞仍隶之。"⑨ 现深圳市所辖区域在元朝至元十五年后隶属广州路总管府东莞县，明洪武初年隶属广州府东莞县。

《明史·地理志》载："东莞守御千户所，洪武十四年（1381年）八月置，……大鹏守御千户所，亦洪武十四年（1381年）八月置。"嘉庆《新安县志》记载东莞守御千户所城"明洪武二十七年（1394年）广州左卫千户崔皓开筑"，大鹏守御千户所城"明洪武二十七年（1394年）广州左卫千户张斌开筑"⑩，"东莞守御所在县治城中，隶南海卫，……大鹏守御所在县治东北，隶南海卫。"⑪ 明初在今深圳市南山区南头及龙岗区大鹏各设立守御千户所一处，而大鹏守御千户所城距咸头岭遗址约8公里。

《明史·地理志》载："广州府……领州一，县十五：南海、番禺、顺德、东莞、新安、三

---

① （明）张二果等：《东莞县志·建置沿革》。
② 据《宋书·州郡志》引《广州记》的记载，"元"为"六"字误。
③ 此处指南朝宋。
④ （清）靳文谟：《新安县志》卷三《地理志》。
⑤ （明）《苍梧总督军门志》卷三。
⑥ （清）阮元：《广东通志》卷三《郡县沿革表一》。
⑦ 《宋史·地理志》注。
⑧ （明）张二果等：《东莞县志·建置沿革》。
⑨ （清）靳文谟：《新安县志》卷三《地理志》。
⑩ （清）王崇熙：《新安县志》卷七《城池》。
⑪ （清）王崇熙：《新安县志》卷十一《兵制》。

水、增城、龙门、香山、新会、新宁、从化、清远、连州①、阳山、连山。"康熙《新安县志》载："正德间，民有叩阍乞分县者，不果。隆庆壬申（1572 年），海道刘稳始为民请命，抚按题允，以万历元年（1573 年）剖符设官，赐名新安。"② 明朝万历元年（1573 年）后，现深圳市所辖区域隶属广州府新安县。

《清史稿·地理志》载："广州府……领县十四：南海、番禺、顺德、东莞、从化、龙门、新宁、增城、香山、新会、三水、清远、新安、花。"康熙时期，禁海迁界，新安县曾经并入东莞县。嘉庆《新安县志》曰："康熙五年（1666 年），省新安入东莞，康熙八年（1669 年），复置新安县。新安县属广州府。"③ 现深圳市所辖区域，清朝建立后仍隶属新安县，但在康熙五年因禁海迁界并入东莞县，而康熙八年复界后又重设新安县。

清嘉庆时期，新安县划分为典史、县丞、官富司及福永司管属的行政区。大鹏一带由县丞管辖④。

民国元年（1912 年），新安县直属广东省，大鹏一带仍隶属新安县⑤。

民国三年（1914 年）一月，新安县复称宝安县。大鹏一带隶属宝安县⑥。

民国十三年（1924 年），实行区、乡制，宝安县设七个区。大鹏一带隶属宝安县的第七区。

民国二十二年（1933 年），宝安县由原来的七个区调整为五个区，大鹏一带隶属宝安县的第五区。

民国三十年（1941 年），宝安县从原来的五个区合并为三个区，大鹏一带隶属宝安县的第三区。

1949 年 10 月，原宝安县的第三区（包括龙岗、葵涌、大鹏等地）由惠阳县接管。

1950 年初，大鹏隶属惠阳县的坪坑定区。

1950 年 4 月，大鹏隶属惠阳县的第四区。

1957 年 11 月，大鹏隶属惠阳县的第七区。

1957 年 12 月，惠阳县撤区并乡，大鹏片区于 1958 年 3 月改为大鹏乡。

1958 年 10 月，实行政社合一的人民公社建制。大鹏乡改为大鹏公社，仍属惠阳县。

1958 年 11 月，宝安县恢复对龙岗、横岗、坪山、葵涌、大鹏等地的管辖，大鹏公社直属宝安县。

1961 年 7 月，实行区、社建制，宝安县设立南头、松岗、布吉、横岗、葵涌五个区。大鹏公社属宝安县葵涌区。

---

① 据《明史·地理志》记载：洪武十四年（1381 年）置连州，是广州府所领的一个州，其下领阳山、连山两县。

② （清）靳文谟：《新安县志·地理志》卷三。

③ （清）王崇熙：《新安县志》卷一《沿革》考附。

④ （清）王崇熙：《新安县志》卷二《舆地略·都里》。

⑤ 民国元年以后，现深圳市以及大鹏一带所辖区域的行政沿革，主要依据宝安县地方志编纂委员会编写的《宝安县志》（广东人民出版社，1997 年）。

⑥ 根据《宝安县志》载，宝安县民国三年（1914 年 6 月）隶属粤海道；民国九年（1920 年）直属广东省；民国十四年（1925 年）隶属广州行政委员公署；民国十五年（1926 年）直属广东省；民国十七年（1928 年）隶属中区善后管理委员会；民国二十一年（1932 年）隶属中区绥靖公署；民国二十五年（1936 年 9 月）隶属第一区行政督察专员公署；民国二十八年（1939 年）隶属第四区行政专员公署；民国三十四年（1945 年 9 月）隶属第一区行政督察专员公署；民国三十八年（1949 年 4 月）隶属第二区行政督察专员公署。

1963 年 1 月，宝安县撤区，合并为十七个公社。大鹏公社隶属宝安县。

1979 年 3 月 5 日，宝安县改为深圳市，大鹏公社隶属深圳市。

1981 年 7 月 19 日，深圳特区人民政府成立，恢复宝安县，归深圳市领导。宝安县管辖大鹏等十六个人民公社。

1983 年 7 月，深圳市撤销政社合一，改人民公社为区。宝安县的大鹏公社改为大鹏区。

1986 年 10 月，深圳市改区、乡为镇、村。宝安县的大鹏区改为大鹏镇。

1992 年 12 月，深圳市撤销宝安县，并在原宝安县的基础上建立宝安、龙岗两个区。大鹏镇隶属龙岗区。

2004 年 8 月，深圳市宝安、龙岗两个区改镇、村为街道及居民委员会。大鹏镇改为大鹏街道，仍隶属龙岗区①。

第四节　以往发掘与研究概况

咸头岭遗址是 1981 年在考古调查中发现的。1985 年 5~6 月，深圳市博物馆在遗址东部进行第一次发掘，共发掘 450 平方米；1989 年 9~10 月，深圳市博物馆和中山大学人类学系联合进行第二次发掘，在遗址中部偏东共发掘 177 平方米；1997 年，深圳市博物馆在遗址南部进行第三次发掘，共发掘 614.5 平方米；2004 年 9~10 月，深圳市博物馆在遗址北部和中部进行第四次发掘，共发掘 482 平方米；2006 年 2~4 月，深圳市文物考古鉴定所和深圳市博物馆在遗址西北部进行第五次发掘，共发掘 555 平方米②。上述五次发掘，发掘的总面积为 2278.5 平方米，出土了大量新石器时代遗存，以及商时期、东周、汉代、宋代和明清时期的遗存。

新石器时代的咸头岭一类遗存在 1930 年代就有发现。1930 年代初，芬戴礼（Finn, D. J. ）神父发表了香港南丫岛大湾遗址试掘和调查的报告，其中介绍了 2 件可以复原的彩陶圈足盘以及一些贝划（印）纹的陶片等③，这是能够准确确定的咸头岭一类遗存最早发现的材料。从此至今，咸头岭一类遗存的遗址在珠江三角洲地区已经发现了近 30 处（参见下篇第一章第二节）。但是在这些遗址中，除了咸头岭遗址出土的该类遗存非常丰富外，其他遗址发现的该类遗存基本是零星的，咸头岭遗址是目前该类遗存唯一的最具代表性的遗址。

咸头岭一类遗存之前发表的资料虽然有限，但是这类遗存一直是学术界关注的岭南新石器时代考古的焦点之一，因此这类遗存自被认识以来，一直有研究者不断地著文发表研究成果，下面按照研究者论述发表时间的先后，概述其中主要的具有代表性的观点。

---

① 邱刚等：《龙岗区全部撤镇改街道》，《深圳特区报》2004 年 8 月 27 日。

② 1985、1989 年咸头岭遗址第一、第二次发掘的简报见《文物》1990 年 11 期（深圳市博物馆等：《深圳市大鹏咸头岭沙丘遗址发掘简报》）。1997、2004 年第三、四次发掘的简报未发表，但一些出土器物见深圳市文物管理委员会办公室等主编《深圳 7000 年——深圳出土文物图录》（文物出版社，2006 年）。2006 年第五次发掘发表有介绍文章（深圳市文物考古鉴定所等：《广东深圳市咸头岭新石器时代遗址》，《考古》2007 年 7 期）。

③ Finn, D. J., Archaeological Finds on Lamma Island Near Hong Kong, *Hong Kong Naturalist*, Vol. 3, 1932; Finn, D. J., Archaeological Finds on Lamma Island Near Hong Kong, *Hong Kong Naturalist*, Vol. 4, 1933; Finn, D. J., Archaeological Finds on Lamma Island Near Hong Kong, *Hong Kong Naturalist*, Vol. 5, 1934.

1990年，咸头岭遗址第一、二次发掘简报的作者对两次发掘出土的遗存作了研究①，认为该遗址"呈现出较为强烈的地方色彩"，"特别是陶器上的贝划纹、贝印纹最具特色"，并推测其大致年代距今约6000年。

1991年，邓聪发表文章和著作②，认为"大湾式彩陶盘"（咸头岭一类的大圈足彩陶盘）是受长江中游一带大溪文化的影响而产生的，圈足盘、彩陶技术和白陶是同时从大溪文化辗转传播到珠江口沿岸的。

1992年，李伯谦发表文章③，认为咸头岭一类遗存的年代为距今6000～5000年；该类遗存在主要继承青塘类型等遗存文化因素的同时，也受到邻近地区同期文化的影响；河宕文化主要是继承了咸头岭一类遗存的文化因素；咸头岭这类遗存有自己的存在时限、分布地域、不同于其他文化的鲜明特征，建议将其命名为"咸头岭文化"；咸头岭一类遗存中出现的与石门皂市下层类型和大溪文化早期遗存相似的因素可能是后者向南传播的结果。

1993年，吴增德、叶杨发表文章④，倾向朱非素把珠江三角洲地区新石器时代文化分为中期和晚期的观点，认为中期在距今6500～5000年，晚期在距今5000～3500年，而咸头岭一类遗存属于中期。

1993年，区家发发表文章⑤，认为咸头岭一类遗存与湖南汤家岗文化的关系密切，文化性质基本相同，建议定名为"汤家岗文化后沙湾大黄沙类型"；汤家岗文化南传的路线，先向湘中的长沙地区推进，再溯湘江而上，越过南岭进入广东北部的曲江，再沿北江南下进入珠江三角洲；还可能有另外的传播路线，即溯湘江而上再沿漓江而下进入西江至珠江三角洲，或者转潇水上溯再沿贺江而下进入西江。

1993年，邹兴华发表文章⑥，"把珠江三角洲的史前文化发展分为五期"，咸头岭一类遗存属于其分期的第一期，"第一期文化的绝对年代应介乎公元前4500～前3700年之间"；认为"珠江三角洲史前文化的源头，可能在西江沿岸更古老的古遗址中找到"。

1994年，李松生发表文章⑦，认为咸头岭遗址在同类遗址中是较早发掘、发掘面积最大、遗迹和遗物也较丰富和全面的一处遗址，这一类文化共同体可称之为咸头岭文化；咸头岭文化的年代为距今6795±205～5140±160年；咸头岭文化与大溪文化有些共同器物，可能是由于年代相近、地理环境相同或者是相互交流等原因所致。

1994年，何介钧发表文章⑧，认为环珠江口新石器时代中期的彩陶、白陶等是受洞庭湖地区大溪文化的影响而出现的；大溪文化向南传播，是由沅水转道西江而向东南珠江三角洲推移的。

---

① 深圳市博物馆等：《深圳市大鹏咸头岭沙丘遗址发掘简报》，《文物》1990年11期。
② 邓聪等：《环珠江口史前考古刍议》，《环珠江口史前文物图录》，中文大学出版社，1991年；邓聪：《香港考古之旅》，香港区域市政局，1991年。
③ 李伯谦：《广东咸头岭一类遗存浅识》，《东南文化》1992年3、4期。
④ 吴增德、叶杨：《论新石器时代珠江三角洲区域文化》，《考古学报》1993年2期。
⑤ 区家发：《浅谈长江中下游诸原始文化向广东地区的传播与消亡》，《岭南古越族文化论文集》，香港市政局出版，1993年。
⑥ 邹兴华：《珠江三角洲史前文化分期》，《岭南古越族文化论文集》，香港市政局出版，1993年。
⑦ 李松生：《试论咸头岭文化》，《深圳考古发现与研究》，文物出版社，1994年。
⑧ 何介钧：《环珠江口的史前彩陶与大溪文化》，《南中国及邻近地区古文化研究》，中文大学出版社，1994年。

　　1994 年，邓聪、黄韵璋发表文章①，把咸头岭一类遗存称为"大湾文化"，并分为五个组别（咸头岭组、大黄沙组、后沙湾组、蚬壳洲组、深湾组）；认为白陶、绘彩、镂孔、刻划等是大湾文化从大溪文化中吸取的；认为环珠江口地区的石拍是制作树皮布的工具。

　　1994 年，任式楠发表文章②，把咸头岭一类遗存称为"金兰寺文化"，其年代为距今 6000 ~ 5000 年；金兰寺文化的浅腹弧壁圈足盘等有大溪文化影响的迹象，但是白陶上的印纹已经比较简化，具有当地自身的特点。

　　1994 年，冯永驱、文本亨发表文章③，认为深圳史前沙丘遗址陶器上的贝划（印）纹等是用毛蚶（蛤）等贝壳做工具制作的，而石拍可以用来制作绳纹。

　　1994 年，瓯燕发表文章④，把南海地区的沙丘遗址和贝丘遗址各分为两期，咸头岭一类遗存属于其分期的第一期，年代相当于距今 6000 ~ 5000 年；认为沙丘遗址和贝丘遗址有许多共同的特点，"它们是属于同一文化的两种不同形态的遗址"。

　　1997 年，贺刚发表文章⑤，认为珠江三角洲地区的新石器时代中期晚段的文化可以命名为"咸头岭—大黄沙文化"；该文化在陶器组合、器形及彩陶和白陶的装饰风格等方面，皆含有洞庭湖区大溪文化及沅水中上游同期遗存的文化因素；大溪文化及其同期遗存向南传播的途径，主要是溯沅水逾南岭，经桂江或柳江然后顺西江而下。

　　1997 年，商志䃅发表文章⑥，把珠江三角洲地区的"新石器时代文化遗存"分为中期和晚期，咸头岭一类遗存属于其分期的中期，中期的年代为公元前 4500 ~ 前 2900 年。

　　1997 年，杨式挺发表文章⑦，同意把咸头岭一类遗存命名为"大湾文化"，认为"大湾文化"是"分布于珠江三角洲地区的、距今五至六千年之际的一种具有自身区域特点的新石器中期原始文化"。

　　1997 年，吴春明发表文章⑧，认为广东彩陶的编年可分为四期，年代为距今 7000 ~ 3900 年，咸头岭一类遗存分属于其分期的一、二、三期；认为闽、粤、台三区彩陶文化具有各自的地域特点，有相对独立的产生、发展过程，但是三区的彩陶文化"是一个具有多样性的统一整体"。

　　1998 年，叶杨发表文章⑨，把深圳的新石器中期文化分为三个阶段，第一阶段距今 7000 ~ 6300 年，以咸头岭遗址和大梅沙Ⅰ区为代表；第二阶段距今 6300 ~ 5600 年，以大黄沙遗址和小梅沙遗址为代表；第三阶段距今 5000 年。认为第一、二阶段的根本区别在于彩陶出现与否，并同意"咸头岭文化"的命名。

---

①　邓聪、黄韵璋：《大湾文化试论》，《南中国及邻近地区古文化研究》，中文大学出版社，1994 年。

②　任式楠：《论华南史前印纹白陶遗存》，《南中国及邻近地区古文化研究》，中文大学出版社，1994 年。

③　冯永驱等：《深圳史前沙丘遗址陶器纹饰制作模拟实验》，《南中国及邻近地区古文化研究》，中文大学出版社，1994 年。

④　瓯燕：《试论史前南海地区沙丘和贝丘遗址》，《深圳考古发现与研究》，文物出版社，1994 年。

⑤　贺刚：《南岭南北地区新石器时代中晚期文化的关系》，《中国考古学会第九次年会论文集》，文物出版社，1997 年。

⑥　商志䃅：《香港地区新石器时代文化分期及与珠江三角洲地带的关系》，《考古学报》1997 年 3 期。此文又见《香港考古论集》，文物出版社，2000 年。

⑦　杨式挺：《"大湾文化"初议——珠江三角洲考古学文化命名探讨》，《南方文物》1997 年 2 期。

⑧　吴春明：《粤闽台沿海的彩陶及相关问题》，《中国考古学会第九次年会论文集》，文物出版社，1997 年。

⑨　叶杨：《深圳新石器时代考古》，《深圳博物馆开馆十周年纪念文集》，中华书局，1998 年。

1999 年，卜工发表文章①，将环珠江口新石器时代至商代的遗存分为三个阶段，认为第一阶段与中原地区的仰韶时期相当，第二阶段跨越了中原龙山和夏代，第三阶段属商时期；咸头岭遗址大部分遗存晚于大黄沙第四层，部分遗存与大黄沙第四层年代相近，有的晚于大黄沙第二层；第一阶段存在甲、乙两类遗存，甲类遗存与大溪文化有直接的亲缘关系，可直呼甲类遗存为大溪文化岭南型，而乙类遗存的刻划纹有些来自甲类，反映了大溪文化岭南型对土著的影响相当深刻。

1999 年，裴安平发表文章②，将咸头岭一类遗存称为"咸头岭类型"；将咸头岭类型分为早（咸头岭组）、中（大黄沙与后沙湾组）、晚（草堂湾组）三期；认为该类型是珠江三角洲土著新石器文化体系的一个环节；该类型的一些基本特征与文化因素的形成与湖南境内早一期和同期遗存关系密切。

2001 年，杨耀林发表文章③，不同意咸头岭等沙丘遗址是季候性的聚落形态；认为广东新石器文化中期的源头是华南本土的新石器早期文化；咸头岭的夹砂陶筒形耳杯和盆口沿饰有赭红色彩带，表明咸头岭很可能是环珠江口彩陶的发源地；咸头岭遗存的年代为距今 6800～6500 年；环珠江口新石器时代中期的文化应命名为咸头岭文化。

2001 年，叶杨发表文章④，认为咸头岭遗址的年代要早于大黄沙遗址；咸头岭遗址的年代为距今 7000～6500 年；咸头岭遗址与湖南的汤家岗类型、皂市下层文化、高庙文化、彭头山文化的主体特征差异较大，难以将其归为一类，也与粤北、粤西、粤东等地区的新石器时代早、中期的文化关系不明。

2003 年，劳洁灵发表文章⑤，把珠江三角洲"史前陶器分为四期六段"，其所分的第一期前段和后段就是咸头岭一类遗存；认为长江中游至珠江三角洲距离较远，所以也不能排除珠江三角洲的彩陶是从本地起源的可能性。

2004 年，杨耀林发表文章⑥，认为"环珠江口区史前彩陶源于迄今本区发现年代最早的新石器时代中期的咸头岭文化，有其相对独立的发展过程"；环珠江口区的彩陶文化"从咸头岭肇始期—金兰寺发展期—大黄沙繁荣期—蚬壳洲、深湾衰落期，也走过了 1000 多年的历史"。

2004 年，肖一亭发表专著⑦，认为在珠江三角洲地区"找到早于距今 6000 年的文化遗址的可能性是不容怀疑的"；环珠江口地区距今 6000 年前后的文化遗存，"有的就是原在此地的居民所创造的，而且已经形成自己的文化特点"。

2007 年，李海荣、刘均雄发表文章⑧，根据 2006 年的发掘，把咸头岭遗址新石器时代的遗存分为五段三期，推测一至三期的年代范围大约为距今 7000～6000 年；认为咸头岭遗址 1 段的遗存

① 卜工：《环珠江口新石器时代晚期考古学遗存的编年与谱系》，《文物》1999 年 11 期。
② 裴安平：《环珠江口地区咸头岭类型的序列与文化性质》，《东南考古研究》，厦门大学出版社，1999 年。
③ 杨耀林：《深圳咸头岭史前文化遗存初步研究》，《深圳文博》，人民出版社，2001 年。此文又见《广东省文物考古研究所建所十周年文集》，岭南美术出版社，2001 年。
④ 叶杨：《浅析咸头岭遗址》，《深圳文博》，人民出版社，2001 年。
⑤ 劳洁灵：《珠江三角洲与粤北地区史前陶器的比较分析》，《东南考古研究》第三辑，厦门大学出版社，2003 年。
⑥ 杨耀林：《环珠江口区史前彩陶源流试论》，《华南考古》1，文物出版社，2004 年。
⑦ 肖一亭：《先秦时期的南海岛民——海湾沙丘遗址研究》，文物出版社，2004 年。
⑧ 深圳市文物考古鉴定所等：《广东深圳市咸头岭新石器时代遗址》，《考古》2007 年 7 期。

是目前珠江三角洲地区新石器时代最早的遗存；咸头岭遗址是当时一个对周围遗址有较强文化辐射力或控制力的中心聚落遗址；咸头岭遗址的白陶和彩陶不是本地起源，而是受到湘西地区高庙等新石器文化比较强烈的影响而出现的，同时也与洞庭湖区的原始文化有联系；同意把咸头岭一类遗存命名为咸头岭文化。

2007 年，贺刚、陈利文发表文章①，认为咸头岭遗址的遗存可分为前后相续的两种文化，较晚者即为以前所称的"咸头岭文化"、"大湾文化"或"后沙湾类型文化"，这些遗存的发现亦是大溪文化南传的物证，较早者与高庙文化和松溪口文化具有直接的亲缘关系，为高庙文化发展演变而来的一支区域性亚文化；湖南的原始文化向珠江三角洲地区的传播，沅水、桂东北、桂东、西江是通道。

2007 年，邱立诚发表文章②，把珠江三角洲地区的彩陶遗存分为五期，认为年代为距今 7000～4500 年；珠江三角洲地区彩陶的来源不会来自于闽台地区，而是受到大溪文化的影响而产生的。

2007 年，卜工发表专著③，认为"距今 7000 年前，湖南沅水流域的高庙文化大约从灵渠南下，直至深圳咸头岭、珠海宝镜湾和香港的东湾遗址，尔后，湖南安乡汤家岗遗址的彩陶由湘水走灵渠入西江接踵而来"，影响到咸头岭一类遗存。

2007 年，邓聪发表文章④，认为"大湾文化"部分的外来因素，是来源于长江中游地域，通过西江的水系，最后传入环珠江口一带；环珠江口距今 7000～6000 年的"大湾文化"遗址，可以被试释为长江稻作农业与内河渔业向珠江口沿海岸传播过程中，最后演变发展为适应海洋沿岸生态的文化。

从上述可知，学者们对咸头岭一类遗存的文化性质、分期、年代、来源以及与周边考古学文化的关系等作了探讨，研究也在逐步深入。但是由于发表的考古资料零散有限，很不系统，研究者依据这些资料所得出的一些观点还很不一致。

第五节　发掘经过、资料整理与报告编写说明

一　发掘经过

本书是 2006 年咸头岭遗址第五次考古发掘的发掘报告。

2004 年 9～10 月，深圳市博物馆在咸头岭遗址进行第四次发掘时⑤，发掘者开始有意识地探索沙丘遗址的发掘方法。当时意识到，如果不采取一套行之有效的发掘方法，不能阻止在发掘过程中探方的不断坍塌而引起的不同层位遗存的混淆，那么发掘的科学性就无从谈起，也会对之后的研究带来重重困难。经过两个月的不断摸索和尝试，最后初步形成了一套"固沙发掘法"，并在发

---

① 贺刚、陈利文：《高庙文化及其对外传播与影响》，《南方文物》2007 年 2 期。
② 邱立诚：《香港早期历史——百越族群中的地缘与文化关系》，《百越研究》第一辑，广西科学技术出版社，2007 年；邱立诚：《史前时期珠江三角洲地区的彩陶器》，《东莞蚝岗遗址博物馆》，岭南美术出版社，2007 年。
③ 卜工：《文明起源的中国模式》，科学出版社，2007 年。
④ 邓聪：《从东亚考古学谈澳门黑沙遗址》，《东亚古物》B 卷，文物出版社，2007 年。
⑤ 此次发掘由叶杨负责，发掘者为李海荣、刘均雄、黄小宏、张冬煜。

掘中取得了一些较以往发掘可信的成果①。

但是，2004 年的发掘是在"固沙发掘法"逐步摸索形成的过程中进行的。这次发掘，尤其是在发掘的前期，探方的坍塌现象仍然存在，当然也有一些不同层位遗存的混淆。为了找到更多的该遗址考古学文化分段、分期的地层依据，找到更多的系列测年样品以及古环境研究的样品等，采用已经比较成熟的"固沙发掘法"再次对咸头岭遗址进行发掘就显得非常有必要；另外，咸头岭遗址在珠江三角洲地区的新石器文化研究中占有较特殊的地位，虽然之前已经进行了四次发掘，但是遗址最重要的中心部位发掘的面积还较小，出土的重要遗存也有限。为了更加清晰、完整地了解咸头岭遗址的文化面貌，进而加深对整个珠江三角洲地区同期考古学文化的研究，对该遗址再次进行发掘也很迫切。因此，深圳市文物考古鉴定所自筹发掘经费，联合深圳市博物馆于 2006 年 2~4 月在遗址西北部又进行了第五次发掘。

2006 年 2 月 10 日，发掘工作正式开始。

从 2004 年第四次发掘的情况看，遗物集中出土于遗址西北部穿过咸头岭村的一条西北—东南走向的小路下面及其周围。由于在路的两边分布有许多村民的房屋，路的西南侧还有通讯部门埋设的光缆线，所以目前能发掘的范围不是太大。此次发掘的范围呈不规则的长条形，共布正北方向的探方 18 个，分为西北区和东南区两片。西北区的探方（06XTLT1~06XTLT14）基本围绕 2004 年的 04XTLT6 而布（图版一：2），东南区的探方（06XTLT15~06XTLT18）则紧接着 2004 年的 04XTLT9 和 04XTLT10 的东边而布。由于受到发掘范围的限制，都布 10 米×10 米的探方不太可能，因此最初除了 06XTLT1 为 10 米×10 米的探方外，06XTLT2~06XTLT18 均为 5 米×5 米的探方。在发掘中依据出土遗存的具体情况，06XTLT2 向北扩方 3 米，06XTLT3 向南扩方 1 米，06XTLT14 向南扩方 2 米，发掘面积共为 555 平方米。

在发掘期间，严格按照田野考古操作规程的要求去做。根据沙土的质地和颜色并参考包含物划分地层和清理遗迹单位，由上至下、先晚后早地逐层发掘。所有出土物均按地层及遗迹单位归放收集，特别注意把成堆或者靠近的遗物残片单独存放，以利于拼对复原。对所有地层中出土的木炭进行了采集，为做碳十四年代测试准备了成系列的样品。另外，请香港中文大学人类学系的吕烈丹选择若干探方逐层采集了做植硅石、孢子花粉分析所用的沙土，请北京大学宝文博逐层采集了做光释光测试的沙土。每个探方和遗迹单位均画了平、剖面图，也拍摄了照片，对一些重要的遗物拍摄了出土现场的照片。在发掘驻地大鹏镇的碧海酒店，专门租了一套房间作为临时文物库房，并落实了各项保安措施以保证文物的安全。

2006 年 4 月 10 日，田野发掘工作正式结束。

此次发掘出土的遗存主要是新石器时代的，还有少量商时期的，另外还有宋代的 2 座墓葬。本报告仅发表新石器时代和商时期的资料，宋代墓葬的资料将另行发表。

此次考古发掘的领队为李海荣，参加发掘的人员有李海荣、刘均雄、董泽、暨远志、杨荣昌、

---

① 李海荣：《沙丘遗址发掘方法试探——以深圳咸头岭遗址 2004 和 2006 年的发掘为例》，《古代文明研究通讯》总第二十九期，2006 年 6 月。此文是在发掘过程中写的，当时细致的室内整理还未进行，故该文中新石器时代遗物的分段较粗，与本报告略有不同（见本书上篇第二章第四节）。另外，《深圳咸头岭遗址发现距今 7000 年前新石器时代遗存》（《中国文物报》2006 年 12 月 6 日）这篇简介，与上文同样原因，新石器时代遗物的分段也较粗。特此说明。

张建峰、马金虎、赵刚毅等。

二　资料整理与报告编写

资料整理与报告编写大体分为三个阶段。

第一阶段自发掘结束起到 2007 年 9 月。由于这次发掘出土的遗存对珠江三角洲地区史前考古学研究有重要的意义，另外发掘方法也有所创新，所以许多业内同行建议参加"全国十大考古新发现"以及国家文物局"田野考古奖"的评选。因此这一阶段主要是对一些典型器物进行修复、绘图和照相，并依据地层和出土遗物的特征进行分段、分期、年代等方面的研究工作；也前后邀请了 30 多位专家学者，请他们来深圳观摩、研究出土遗物，同时给予指导并提出宝贵意见。在这个阶段资料整理的基础上，此次发掘于 2007 年 1 月入选"第六届中国社会科学院考古学论坛"①，2007 年 4 月入选"2006 年度全国十大考古新发现"，2007 年 9 月入选"2006~2007 年度国家文物局田野考古奖"二等奖。

第二阶段自 2007 年 10 月起至 2008 年 10 月。这个阶段对所有出土的陶片进行了仔细拼对，能够复原的尽量复原，不能够复原的残片则选出有代表性的作为标本；做出陶器、石器各种统计的表格；对复原的陶器、残片标本以及石器、石料进行绘图和描图；对陶器、石器、石料以及部分陶器残片标本进行照相；在分段、分期和年代研究的基础上，作相关方面的考古学研究，并写出了报告的初稿。另外，请香港中文大学的吕烈丹采集了石器残留物的样品②，请香港中文大学中国文化研究所中国考古艺术研究中心的邓聪等拍摄了石器表面的使用痕迹照片。

我们在对发掘资料进行整理与考古学研究的同时，也与其他研究机构以及研究人员开展了多项合作研究。与景德镇陶瓷学院古陶瓷研究所和中国科学院上海硅酸盐研究所古陶瓷中心合作，做了陶器的化学成分与物理性能的分析测试及其相关研究；碳十四年代测试的样品分为两部分，一部分由北京大学考古文博学院测试，另一部分由新西兰的 Waikato 大学测试③；沙土光释光的年代测试，由北京大学考古文博学院来做④；与中山大学地球科学系合作，作了石器岩性特征和石料来源的研究；与香港中文大学人类学系合作，对地层以及遗迹单位中的植物硅酸体进行了分析；请香港中文大学中国考古艺术研究中心邓聪作了石器工艺的研究；请中国国家博物馆的李文杰和中国社会科学院考古研究所的黄素英作了陶器的工艺研究；请暨南大学历史系的赵善德做了环境与生业的研究。

第三阶段自 2008 年 11 月起至 2009 年 1 月。这个阶段对发掘报告进行编排、修改和统稿。报告的编排分上篇、下篇和附录三部分，上篇是对此次发掘出土遗存全面详细的介绍。为了便于读者阅读报告，先分段、分期和编年，然后按照段、期的先后顺序介绍遗迹和遗物；下篇是对咸头岭遗址以及珠江三角洲地区相关遗址出土遗存的综合研究，另外还对咸头岭遗址陶器的工艺、石

---

① 本刊记者：《"第六届中国社会科学院考古学论坛"纪要》，《考古》2007 年 7 期；深圳市文物考古鉴定所等：《广东深圳市咸头岭新石器时代遗址》，《考古》2007 年 7 期。

② 这些样品在由深圳往北京邮寄的途中相互污染了，最后没能做测试。

③ 在新西兰 Waikato 大学所做的碳十四年代测试，样品是通过香港中文大学人类学系吕烈丹送去的，测试所需费用是从吕烈丹的课题经费中支出的。

④ 由于采样数量不够等原因，最后没有做出结果。

器的工艺以及生态环境和人们的谋生方式进行了研究；附录主要是各种实验、测试的研究报告以及石器的统计表。本报告的撰写者，上篇第一章是李海荣、刘均雄、周志敏，第二章至第五章是李海荣、刘均雄；下篇第一章是李海荣、刘均雄，第二章是李海荣、史红蔚，第三章是李文杰、黄素英，第四章是邓聪，第五章是赵善德、黄小茜；附录一是李海荣、刘均雄、张建峰、肖五球，附录二是吴隽、李家治、吴军明、张茂林、李其江、崔鹏，附录三是丘志力、李榴芬、贺林芳，附录四是邓聪，附录五是吕烈丹。本报告的主编是李海荣，资料整理由李海荣、刘均雄、张建峰完成，陶器修复由肖五球完成，绘图由肖友红、屈学芳、寇小石完成，描图由肖友红、寇小石完成，拓片由张建峰完成，排图由寇小石、汪蓉完成，器物摄影由孙之常完成。

第二章 地层关系及新石器时代遗物的
分期与年代

由于咸头岭遗址 2006 年的发掘采用了"固沙发掘法",因此地层堆积的情况很清晰。此次发掘出土的遗物绝大多数是新石器时代的,也有少量商时期的。本章介绍此次发掘的发掘方法、地层堆积情况以及新石器时代遗物的分段、分期和年代,商时期的遗物则在上篇第五章介绍。

第一节 发掘方法

田野考古发掘最基本的要求是要弄清楚地层、遗迹等相互之间的叠压和打破关系,否则发掘就没有科学性,而依据不科学的发掘所作的研究则更谈不上科学性。如何在沙丘遗址发掘中使层位清晰可靠,这是困扰考古学界多年的一个难题。相对于土质遗址来说,沙质遗址的发掘难度确实要大很多,这主要是因为沙子难以胶结在一起而流动性很强,从而造成发掘过程中沙层的不稳定和探方的经常性坍塌(图版二:1)。所以,我们一般看到的沙丘遗址发掘,往往地层不清楚、不同层位的遗物和遗迹混在了一起,这不仅极大地影响了田野工作的可靠性,也对之后的研究带来了重重困难。因此,发掘过程中的固沙是沙丘遗址发掘技术的重点,如果解决不了发掘过程中固沙的难题,沙丘遗址发掘水平的提高则无从谈起。

2004 年 9~10 月和 2006 年 2~4 月,对咸头岭遗址进行了第四次和第五次发掘。这两次发掘中,我们在借鉴以往沙丘遗址发掘经验的基础上,着重解决发掘过程中沙子易于流动和探方坍塌的难题,逐渐形成了一套沙丘遗址的发掘方法——固沙发掘法,较好地解决了发掘过程中的难题,并取得了良好的发掘效果。

沙丘遗址的发掘,一般采用的探方形式有两种,一种是斗形探方(图三),一种是阶梯状探方(图四)。斗形探方是探方四壁向内倾斜一定的角度,一直挖到生沙层,发掘完的探方形状呈斗形;阶梯状探方仍然是探方四壁向内倾斜一定的角度,但是每下挖约 1 米就在探方四周向内留宽约 0.5 米的台面,然后再继续下挖,发掘完的探方四壁呈阶梯状。这两种探方形式从根本上说,如果没有其他的一些固沙方法同时使用,都不能很有效地解决沙子流动和探方坍塌的难题。而阶梯状探方还有一个非常明显的不好之处,就是越往下挖所能挖的面积就很快变小,如果文化层比较多且又比较深,往往还没有挖到生沙层就已经没有面积可挖了。所以,在发掘沙丘遗址时,发掘者除了要考虑发掘

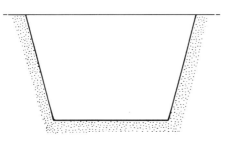

图三 斗形探方

过程中固沙的问题，还要考虑在发掘到比较深的层位时，要有尽可能大的面积以供继续发掘，以使探方彻底清理完。因此，相对来讲采用斗形探方的发掘形式，并同时使用其他一些固沙方法，这是提高沙丘遗址发掘水平的一种比较好的途径。

沙丘遗址发掘中采用斗形探方的形式，地表和探方壁之间的角度就不能像发掘土质遗址那样基本是90°的直角，而是小于90°的锐角（夹角）。之所以是小于90°的夹角，目的就是为了减小沙子的流动和塌方的几率。至于这个夹角的度数，要针对不同遗址的具体情况来看，但主要是与沙子颗粒的大小有关，沙子颗粒大度数就小，沙子颗粒小度数就可以大一些。对于咸头岭遗址来说，实践得出的探方夹角的经验值在70°~80°之间，这样则发掘的效果比较理想。

前文已述，仅靠斗形探方的发掘形式并不能从根本上解决发掘过程中沙子流动和探方坍塌的难题，还必须同时运用一些其他的固沙方法。我们在实践中总结出的固沙发掘法的程序依次为铺板、留边、切边、喷水、划线、配胶、喷胶这几项，另外还必须加上补洞这一项。

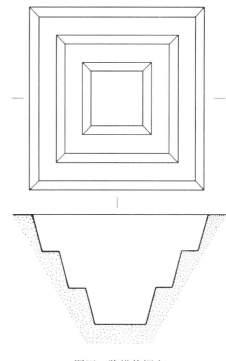

图四　阶梯状探方

铺板，就是在探方的四周都要铺上木板。不管是 5 米×5 米的探方，10 米×10 米的探方，还是其他规格的探方，都要先把探方的四周铲平，然后围绕探方铺上木板（图版二：2）。铺板的目的是为了减小人和推车对探方四周沙面的压强，以尽量避免因人踩、车压而造成的探方壁的坍塌。我们经过对比所采用的木板是俗称的"9厘复合板"，木板厚0.9厘米，长约 2 米，宽约 1 米（正好是隔梁的宽度）。例如，一个成年男子的体重如果是 65 公斤（65000g），其所穿鞋子的鞋底面积大约是 $520cm^2$（$26cm×10cm×2$），那么他站立不动时对沙面的压强大约是 $125g/cm^2$；如果铺了长约 2、宽约 1 米的木板（面积为 $200×100cm^2$），此人站立不动时对沙面的压强则是 $3.25g/cm^2$。铺板前的压强大约是铺板后压强的 38 倍，可以看出铺板有明显的减压效果。

留边，就是根据沙质、沙色和包含物每挖一层时，都要在探方四周留宽约 10 厘米的边（图版三：1）。实际在土质遗址的发掘中往往也要留边，但是对于沙丘遗址来说留边更重要。下面我们将要谈到，为了固沙要在已经挖完的层位的探方壁的表面喷胶水，如果还没有挖完的层位不留边，这时探方壁上该层的表面还没有喷胶水，那么该层的沙子很可能会在这一层挖完之前发生流动而使探方壁上形成大小不一的沙洞，严重的甚至会引起探方壁的坍塌。

切边，就是等每一层清理完毕后，再把探方四周所留的边切掉（图版三：2）。沙丘遗址发掘中每一层的切边，当然不能像发掘土质遗址那样使探方壁与地表基本呈90°的角度，而是要根据沙层的具体状况有一定的倾斜角度。根据我们在发掘中所作的对比，咸头岭遗址的探方壁与地表的夹角在70°~80°时发掘的效果比较好，既起到了一定的稳定沙层的作用，也照顾到了再往下挖时发掘的面积又尽可能地比较大。

　　喷水，就是每一层所留的边被切掉后，马上在探方壁上该层还未喷胶的区域喷洒适量的水（图版四：1）。喷水的目的是为了让沙层保持一定的湿度，利用水分所具有的张力来连接沙粒以起到一定的稳定沙层的作用。喷洒的水量要根据沙层的干湿度等具体情况来定，不足或太多都不好。水量喷洒不足就起不到一定的稳定沙层的作用，水量喷洒过多则又会对沙层造成比较大的冲击而使沙子产生流动或者出现沙洞。在沙丘遗址的发掘过程中，喷水是贯穿始终的一项工作。喷水的工具可以使用花洒壶或喷雾器，喷水要雾状喷洒，这样既可以使所喷的水比较均匀，又不会对沙层造成大的冲击。

　　划线，就是在探方壁上对刚挖完的那层喷水后，马上又在探方壁上按实际情况划出该层与上一层的分界线（图版四：2）。之所以要在喷水之后来划层位线，就是要利用水分所具有的张力来连接沙粒，以使在划线时不易造成沙子的流动。

　　配胶，就是配比用来稳固沙层的胶水（图版五：1）。至于使用什么样的胶，可以因地制宜，只要方便得到，又能够达到良好的效果就行。经过多次尝试和比较，在发掘咸头岭遗址时我们采用了"108建筑装饰胶"。"108建筑装饰胶"无色透明、环保，具有很好的粘结性、保水性、和易性、分散性和防龟裂性，是一种浓缩的黏稠胶液。由于这种胶无色透明，所以喷洒在探方壁上后并不影响发掘者对沙质、沙色的观察，也不影响探方的整体外观；由于具有很好的分散性、保水性、粘结性、防龟裂性，喷洒在探方壁上以后就可以在探方壁的表面形成一定厚度的粘结沙层硬面，这层粘结沙层硬面可以有效地阻止沙层硬面内沙子的流动。"108建筑装饰胶"是一种浓缩的黏稠胶液，由于浓度太高，所以不能直接喷洒使用。但是这种胶具有很好的和易性，可以和清水比较充分地混合后使用。至于胶和水的配比比例，要根据沙层的具体情况，主要是根据沙子颗粒的大小来定。如果胶水的浓度配比太稀，就起不到粘结沙子的作用；胶水浓度配比太浓，则容易在探方壁表面形成胶块，胶水喷洒不均匀，也达不到理想的效果。使用"108建筑装饰胶"，根据多次尝试和比较，一般沙子颗粒比较小的，胶和水的比例大致为1：2；沙子颗粒比较大的，胶和水的比例大致为1：1。

　　喷胶，就是把配比好的胶水均匀地喷洒在探方壁上，待胶水干后便可以在探方壁的表面形成一定厚度的粘结沙层硬面（图版五：2）。因为探方壁上要喷胶水的面积往往比较大，喷胶水的工具可以采用容量较大的后背式桶状喷雾器，把配比好的胶水倒入喷雾器中摇匀就可以使用了；也可以使用棍式喷雾器，先在一个大容器（比如塑料大桶）中把胶水配比好，然后用棍式喷雾器汲取胶水后再喷洒。无论使用哪种工具，都得是雾状喷洒，这样既可以使所喷的胶水比较均匀，又不至于在喷洒胶水时因冲力太大而使沙层形成一些沙洞。

　　上面介绍了每挖一层从留边开始，经过切边、喷水、划线、配胶，最后到喷胶的整个发掘过程。挖完一层后，再依次按照上述程序发掘下一层，一层层发掘直至挖到生沙层。如果在发掘过程中能够比较严格地按照上述程序操作，那么探方最后发掘的结果就是地层清晰可靠，遗物和遗迹层位清楚，基本可以达到土质遗址发掘的效果（图版六）。

　　另外，在沙丘遗址的发掘过程中，还要特别注意的是由于种种原因而在探方壁上出现一些大小不等的沙洞，最常见的就是雨天雨水冲刷出的沙洞。这些沙洞的危害性很大，往往由于沙洞内的沙子向外流动而造成沙洞周围沙层的崩塌，如果不及时处理就可能引起探方壁的坍塌。所以，在沙丘遗址的发掘过程中，补洞也是非常重要的，而且出现沙洞就应该马上修补。

补洞的程序基本依次为和沙、修补、划线和喷胶这几项。

和沙，就是把在沙洞中流出的沙子用配比好的胶水和均匀，使沙子粘结在一起。和沙的胶水配比浓度，可以根据沙子的粗细程度来变化。

修补，就是把用胶水和好的沙子填入沙洞中并把填入的沙子轻轻拍实。在往沙洞中填沙之前，可以先在沙洞洞壁上喷洒一些已经配比好的胶水，这样效果更好。如果沙洞太大，填入的沙子不能很好地与沙洞洞壁粘结，可以先在沙洞内横插或者略向上斜插入一些小木棍，再填入用胶水和好的沙子。

划线，就是在沙洞修补完成后，根据沙洞两边层位线的走向把层位线连接起来。

喷胶，就是在探方壁上修补了的沙洞表面及其周围的一定范围内，均匀地喷洒配比好的胶水，使修补了的沙洞表面与探方壁的其他部分有效地粘结在一起。

按照我们所介绍的程序来补洞，可以比较好地修补在探方壁上出现的一些大小不等的沙洞，也能够比较有效地防止由于探方壁上出现沙洞而引起的探方壁的坍塌。

以上比较详细地介绍了固沙发掘法及其程序。2004 年咸头岭遗址的发掘是"固沙发掘法"的逐步形成阶段，在这次发掘的前期，探方的坍塌现象仍然存在；2006 年咸头岭遗址的发掘是"固沙发掘法"的成熟阶段，基本杜绝了探方的坍塌。在 2006 年两个月的发掘中，所有的探方都严格按照这套方法及程序来挖，共布探方 18 个，最小的探方面积为 5 米×5 米，最大的探方面积为 10 米×10 米，探方的平均深度约 2 米，最深的达到 2.5 米。一直到发掘结束，有 17 个探方没有坍塌现象；只有 1 个探方由于近年堆积的松软垃圾层太厚而在发掘过程中引起小范围的塌方，但是这对整个工地的发掘质量没有大的影响。

此外，在发掘过程中如果遇到下大雨，要在探方周围挖排水沟，把水引向远离探方的地方，尽量避免水流冲击沙层。

最后还要特别指出的是，任何方法都有其局限性，都是适用于一定的时间和空间中的。按照固沙发掘法发掘虽然可以取得比较好的发掘效果，但并不是一劳永逸的。也就是说，使用这套方法只能使探方在一段时期内（主要是在发掘过程中）基本不会产生塌方，但并不能保证探方长时期（特别是发掘完毕后）仍然不塌方。实际上沙丘遗址由于其所具有的特殊性，塌方是必然的，是在一段时间后一定要发生的。但是，固沙发掘法能够在探方坍塌前搞清楚地层和遗迹的叠压和打破关系，并使不同层位的遗物和遗迹不混淆，这就是这套方法的价值所在。

第二节　地层介绍

咸头岭遗址 2006 年的发掘分为西北区和东南区两个区，共布探方 18 个，发掘面积 555 平方米（图五）。在发掘区内不同部位探方的地层堆积情况略有不同，但是大同小异。西北区以 06XTLT3 西壁剖面和 06XTLT9 南壁剖面、东南区以 06XTLT15 北壁剖面为例说明地层堆积情况。

一　06XTLT3 西壁剖面

06XTLT3 位于西北区的西北部，地层堆积自上而下分为 9 层（图六）。

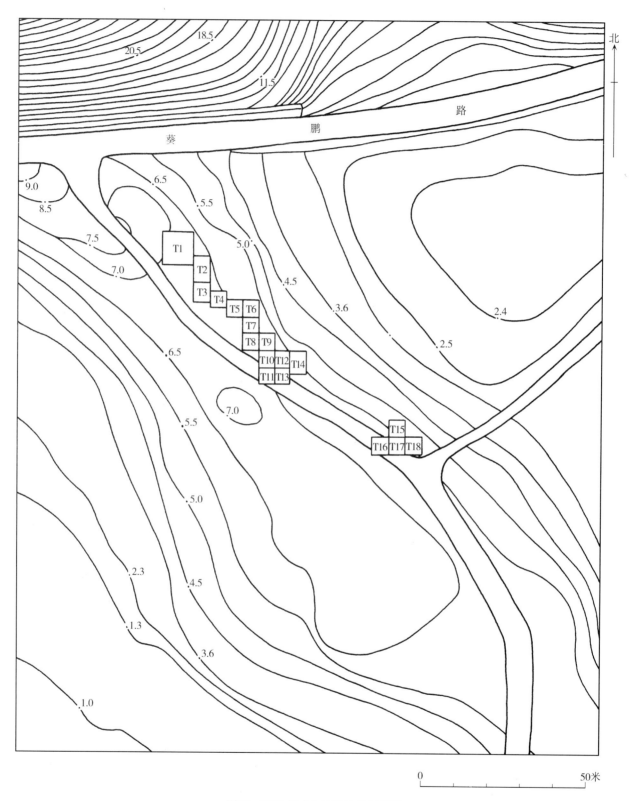

图五　2006 年咸头岭遗址发掘范围

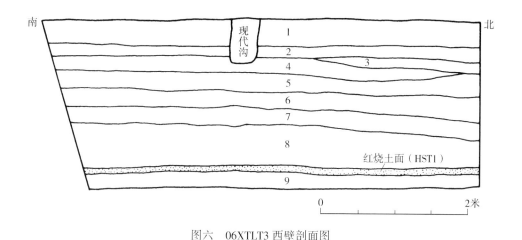

图六 06XTLT3 西壁剖面图

第1层：灰色沙土层，厚 25～40 厘米。此层夹杂有现代土路路基的黄色硬土块和碎砾石块，出土有近、现代的陶瓷片等。

第2层：黑褐色细沙层，厚 0～35 厘米。出土有近代的陶瓷片等，为近代堆积层。

第3层：灰褐色粗沙层，厚 0～15 厘米。出土有夹砂粗绳纹盘口或折沿的陶釜残片，泥质曲折纹、重圈纹和方格纹陶罐残片等。

第4层：黄褐色粗沙层，厚 0～30 厘米。出土有夹砂粗绳纹折沿陶釜残片，夹砂陶碗、支脚残片，少量泥质白陶残片，数量较多的夹砂贝划（印）纹陶釜残片等。

第5层：灰褐色细沙层，厚 16～32 厘米。出土有夹砂粗绳纹折沿陶釜残片，泥质红褐色胎彩陶盘残片，少量泥质白陶残片，少量夹砂贝划（印）纹陶釜残片等。

第6层：灰色细沙层，厚 15～35 厘米。出土有夹砂细绳纹卷沿陶釜残片，泥质黄白色胎粗曲线纹彩陶盘、高领罐残片，泥质戳印纹白陶盘、钵残片等。

第7层：黄褐色粗沙层，厚 15～28 厘米。出土有夹砂卷沿细绳纹陶釜残片，泥质浅黄色胎条带纹、细曲线纹和点状纹的彩陶盘、罐残片，泥质戳印纹白陶盘、杯残片等。

第8层：黄色细沙层，厚 45～68 厘米。自然堆积而成，没有出土遗物。

第9层：灰黑色细沙层，厚 10～25 厘米。出土有夹砂细绳纹卷沿陶釜残片，泥质黄白色胎条带纹加曲线划纹的彩陶盘、高领罐残片，泥质的细密戳印纹白陶盘、杯残片等。

06XTLT3 的大部分区域，在第 8 层之下、第 9 层之上有厚 5～8 厘米的红烧土面。

第9层下为自然堆积的白色细沙层，为生沙层。

根据地层堆积状况以及出土遗物判断，第 3 层为商时期文化层，第 4～7、9 层为新石器时代文化层，第 8 层为间歇层①。

---

① "间歇层"这个概念是 1980 年代提出的（区家发等：《香港大屿山东湾新石器时代沙丘遗址发掘简报》，《纪念马坝人化石发现卅周年文集》，文物出版社，1988 年；区家发等：《香港石壁东湾新石器时代遗址》，《香港考古学会会刊》第 12 卷，1990 年；深圳市博物馆等：《深圳市大黄沙沙丘遗址发掘简报》，《文物》1990 年 11 期）。沙丘遗址的间歇层一般夹在上下两个文化层中间，厚度不一，为自然堆积而成的松散沙层，不含人类活动留下的遗物、遗迹。间歇层在珠江口两岸的沙丘遗址中比较常见，至少已有深圳咸头岭、大黄沙、珠海后沙湾、草堂湾、香港大湾、石壁东湾、深湾、龙鼓洲、澳门黑沙等 10 余处沙丘遗址发现有间歇层。

二　06XTLT9 南壁剖面

06XTLT9 位于西北区的东南部，地层堆积自上而下分为 8 层（图七）。

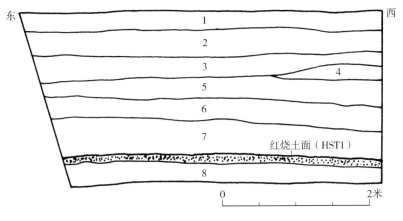

图七　06XTLT9 南壁剖面图

第 1 层：灰色沙土层，厚 23～35 厘米。此层夹杂有现代土路路基的黄色硬土块，出土有现代陶瓷片及塑料袋等。

第 2 层：黑褐色细沙层，厚 25～38 厘米。出土有近代陶瓷片以及少量的早期夹砂陶片等，为近代堆积层。

第 3 层：黄褐色粗沙层，厚 15～45 厘米。出土有夹砂粗绳纹折沿陶釜残片、支脚残片以及一些夹砂贝划（印）纹陶釜残片等。

第 4 层：黄色粗沙层，厚 0～25 厘米。自然堆积而成，没有出土遗物。

第 5 层：灰色细沙层，厚 15～35 厘米。出土有夹砂细绳纹卷沿陶釜残片，泥质黄白色胎粗曲线纹彩陶盘、高领罐残片，泥质戳印纹白陶残片等。

第 6 层：黄褐色粗沙层，厚 30～45 厘米。出土有夹砂卷沿细绳纹陶釜残片，泥质黄白色胎条带纹、细曲线纹和点状纹的彩陶残片，泥质戳印纹白陶盘、杯残片等。

第 7 层：黄色细沙层，厚 50～68 厘米。自然堆积而成，没有出土遗物。

第 8 层：灰黑色细沙层，厚 20～35 厘米。出土有夹砂线纹卷沿陶釜残片，泥质黄白色胎条带纹加曲线划纹的彩陶盘，泥质戳印纹白陶残片等。

06XTLT9 的西南部，在第 7 层之下、第 8 层之上有厚 6～10 厘米的红烧土面。

第 8 层下为自然堆积的白色细沙层，为生沙层。

根据地层堆积状况以及出土遗物判断，第 3、5、6、8 层为新石器时代文化层，第 4、7 层为间歇层。

三　06XTLT15 北壁剖面

06XTLT15 位于东南区的北部，地层堆积自上而下分为 9 层（图八）。

第 1 层：灰黑色沙土层，厚 25～50 厘米。此层夹杂有现代土路路基的黄色硬土块，出土有近、现代的陶瓷片、砖块等。

第2层：黑褐色细沙层，厚40～60厘米。出土有近代的陶瓷片等，为近代堆积层。

第3层：黄褐色粗沙层，厚15～50厘米。出土有夹砂粗绳纹折沿陶釜残片、夹砂器座、支脚残片，少量泥质白陶残片，还有一些夹砂贝划（印）纹陶釜残片等。

第4层：黄色粗沙层，厚0～30厘米。自然堆积而成，没有出土遗物。

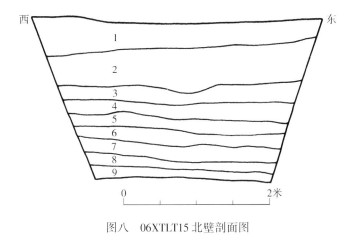

图八　06XTLT15北壁剖面图

第5层：灰色细沙层，厚12～30厘米。出土有夹砂细绳纹卷沿陶釜残片，泥质黄白色胎粗曲线纹、条带纹彩陶残片，泥质戳印纹白陶盘、钵、杯残片等。

第6层：黄褐色粗沙层，厚0～30厘米。出土有夹砂细绳纹卷沿陶釜残片，泥质黄白色胎高领罐残片，泥质戳印纹白陶盘残片等。

第7层：黄灰色粗沙层，厚10～25厘米。出土有夹砂细绳纹卷沿陶釜残片，泥质黄白色胎粗曲线纹彩陶盘残片，泥质戳印纹白陶残片等。

第8层：黄色细沙层，厚10～25厘米。自然堆积而成，没有出土遗物。

第9层：灰黑色细沙层，厚10～25厘米。出土有夹砂线纹卷沿陶釜残片，泥质细密戳印纹白陶残片等。

第9层下为自然堆积的白色细沙层，为生沙层。

根据地层堆积状况以及出土遗物判断，第3、5～7、9层为新石器时代文化层，第4、8层为间歇层。

第三节　类型学分析

本节是对此次发掘出土的新石器时代遗物的类型学分析。

新石器时代的遗物有陶器和石质品。

一　陶　器

可以拼对复原或基本复原的陶器有250余件，另外还有大量残片。陶器分为泥质陶和夹砂陶，泥质陶的器类有圈足盘、豆、罐、杯、钵等；夹砂陶的器类有釜、碗、圜底盘、支脚和器座等。

（一）泥质陶

圈足盘　根据腹部、口部和圈足特征分为四型。

A型　斜弧腹，敞口，尖圆唇，圈足外撇。圈足底径一般在12～18厘米之间。据腹部、盘底部和圈足的细部特征分为三式。

Ⅰ式　深腹，盘底部外鼓，圈足较高，圈足上的镂孔较小（图九A：1）。

Ⅱ式 腹较深，盘底部略外鼓，圈足较矮，圈足上的镂孔较小（图九 A：2）。

Ⅲ式 浅腹，盘底部近平，圈足较高，圈足上多见大镂孔，有的圈足上的镂孔为两个大镂孔相连呈"8"字形（图九 A：3）。

B 型 斜弧腹，敛口，尖圆唇，圈足外撇。圈足底径一般在 12～18 厘米之间。据口部的细部特征分为二式。

Ⅰ式 口部略内敛（图九 A：4、5）。

Ⅱ式 口部内敛甚（图九 A：6）。

C 型 折腹，敞口，尖圆唇，圈足外撇。圈足底径一般在 12～18 厘米之间。据腹部、盘底部和圈足的细部特征分为三式。

Ⅰ式 深腹，盘底部外鼓，圈足较矮，圈足上的镂孔较小（图九 A：7）。

Ⅱ式 腹较深，盘底部略外鼓，圈足较矮，圈足上的镂孔较小（图九 A：8）。

Ⅲ式 浅腹，盘底部近平，圈足较高，圈足上多见大镂孔（图九 A：9）。

D 型 腹略鼓，口微敛，尖圆唇，圈足壁较直或微外鼓。圈足底径除个别较小外，多数在 18 厘米以上。盘底部略外鼓或近平，圈足上的镂孔很小（图九 A：10）。

豆 敞口，尖圆唇，圈足较高且略外撇。圈足底径一般在 11 厘米以下。根据腹部特征分为二型。

A 型 弧腹。据盘部的细部特征分为二式。

Ⅰ式 斜弧腹，大敞口（图九 A：13）。

Ⅱ式 圆弧腹，微敞口（图九 A：14）。

B 型 折腹（图九 A：15）。

罐 尖圆唇或圆唇，溜肩，垂鼓腹，圈足外撇且有镂孔。圈足底径一般在 18 厘米以上。根据领部特征分为二型。

A 型 领较高，领直或微外斜。领部高约 5 厘米（图九 A：16～20）。

B 型 领较矮且较外斜。领部高约 3 厘米（图九 A：21）。

杯 圈足外撇且有镂孔。根据口部特征分为二型。

A 型 敞口。据口部和腹部的细部特征分为三式。

Ⅰ式 大敞口，腹略鼓（图九 B：22）。

Ⅱ式 敞口，弧腹（图九 B：23）。

Ⅲ式 侈口，腹部较直（图九 B：24）。

B 型 敛口。垂鼓腹，腹最大径和圈足底径大小基本一致（图九 B：25）。

钵 根据形制特征分为二型。

A 型 圜底，下部略呈半球形（图九 B：26）。

B 型 口沿内敛，尖圆唇，斜直腹，底部近平，有非常低矮的圈足（图九 B：27）。

（二）夹砂陶

釜 尖圆唇或圆唇，圜底。根据口沿部、腹部等特征分为四型。

A 型 卷沿，沿部较高，腹较深（图九 B：28～30）。

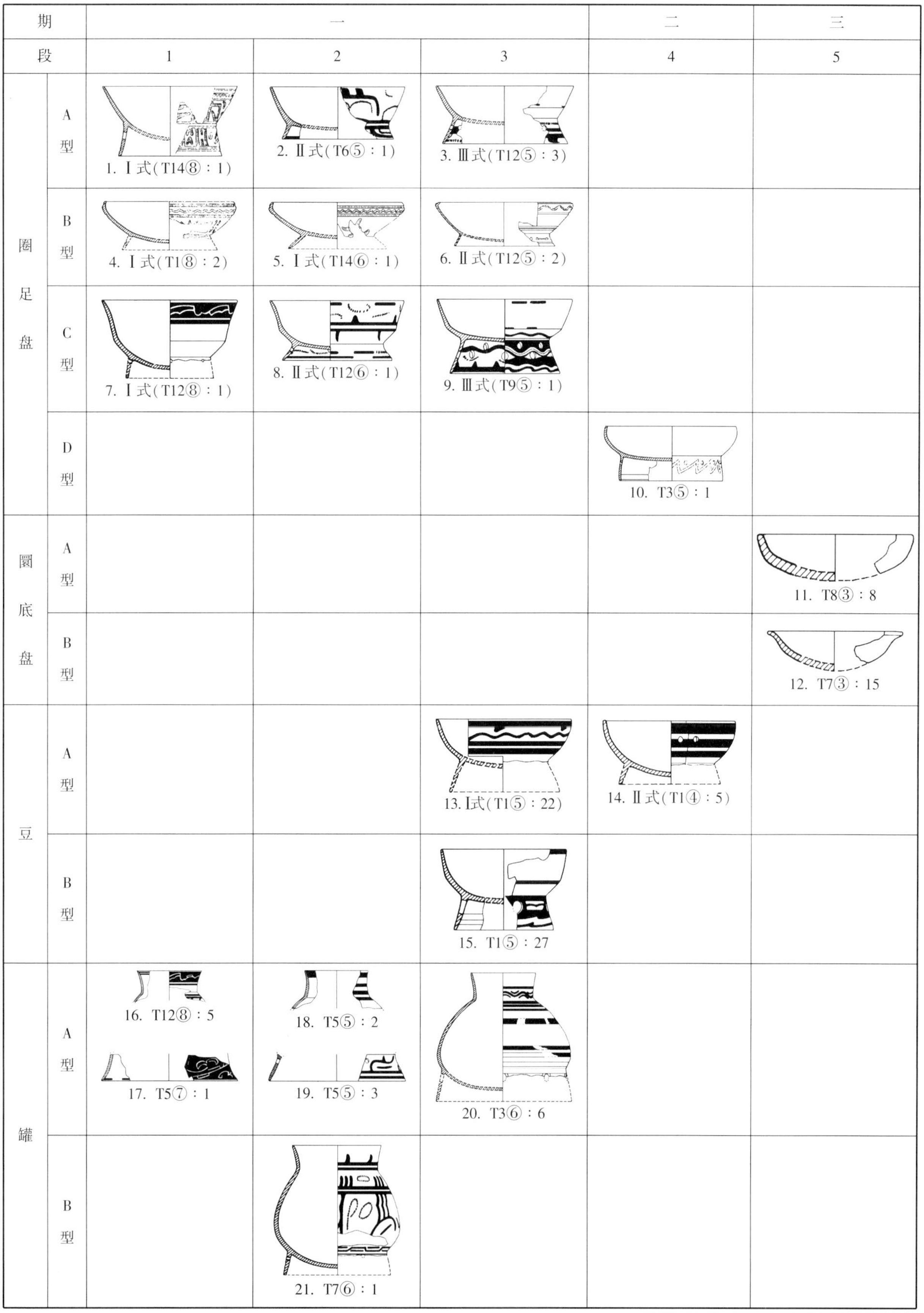

期		一			二	三
段		1	2	3	4	5
圈足盘	A型	1. Ⅰ式(T14⑧：1)	2. Ⅱ式(T6⑤：1)	3. Ⅲ式(T12⑤：3)		
	B型	4. Ⅰ式(T1⑧：2)	5. Ⅰ式(T14⑥：1)	6. Ⅱ式(T12⑤：2)		
	C型	7. Ⅰ式(T12⑧：1)	8. Ⅱ式(T12⑥：1)	9. Ⅲ式(T9⑤：1)		
	D型				10. T3⑤：1	
圜底盘	A型					11. T8③：8
	B型					12. T7③：15
豆	A型			13. Ⅰ式(T1⑤：22)	14. Ⅱ式(T1④：5)	
	B型			15. T1⑤：27		
罐	A型	16. T12⑧：5　17. T5⑦：1	18. T5⑤：2　19. T5⑤：3	20. T3⑥：6		
	B型	21. T7⑥：1				

图九 A　新石器时代各期、段陶器组合图

期		一			二	三
段		1	2	3	4	5
杯	A型	22. I式(T12⑧：9)	23. II式(T2⑥：1)	24. III式(T1⑤：3)		
	B型			25. T1⑤：2		
钵	A型		26. T1⑥：1			
	B型			27. T3⑥：1		
釜	A型	28. T3⑨：4	29. T18⑥：3	30. T12⑤：1		
	B型				31. T2④：25	32. T13③：1
	C型				33. T1④：140	
	D型				34. I式(T2④：27)	35. II式(T8③：7)
碗						36. T9③：8
支脚	A型		37. Z4：1	38. T1⑤：31		39. T6③：6
	B型	40. T1⑧：32		41. T1⑤：9	42. T1④：6	43. T4③：2

图九B　新石器时代各期、段陶器组合图

期	一			二	三
段	1	2	3	4	5
器座 A型				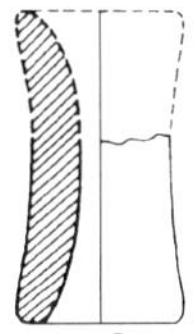 44. T1④：92	
器座 B型				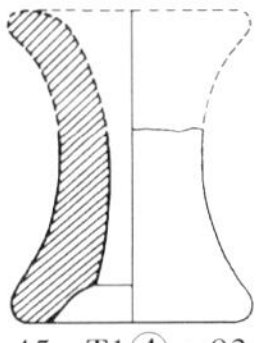 45. T1④：93	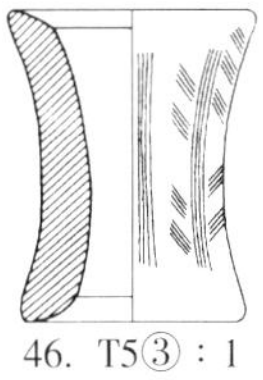 46. T5③：1

图九 C　新石器时代各期、段陶器组合图

B 型　斜直折沿，腹部较浅（图九 B：31、32）。

C 型　折沿，沿部略呈盘口，腹部较浅（图九 B：33）。

D 型　口微侈，高直领。据腹部特征分为二式。

Ⅰ式　球形腹（图九 B：34）。

Ⅱ式　扁腹（图九 B：35）。

碗　敞口，斜弧腹，底部略外鼓，矮圈足外撇（图九 B：36）。

圜底盘　浅腹，圜底。根据口沿部特征分为二型。

A 型　口部略侈（图九 A：11）。

B 型　卷沿（图九 A：12）。

支脚　上细下粗，上部向一边倾斜，顶部有一斜的平面。根据器体横截面的特征分为二型。

A 型　横截面略呈圆形或椭圆形（图九 B：37~39）。

B 型　横截面略呈圆角长方形或梯形（图九 B：40~43）。

器座　上、下通空。根据形制特征分为二型。

A 型　略呈圆柱体，上、下两端稍外撇（图九 C：44）。

B 型　上、下两端呈喇叭状，亚腰（图九 C：45、46）。

二　石质品

出土的石质品共 225 件（附录七），有石器和石料。可以看出器类的石器共 162 件，有锛、饼形器、凹石、杵、锤、拍、凿、砧、砺石等（图一〇）；另有 63 件石料。

锛　共 36 件。可分三型。

A 型　32 件。呈梯形或略呈梯形（图一〇 A：1~5）。

B 型　3 件。上窄下宽，两侧略有肩（图一〇 A：6）。

C 型　1 件。长三角形（图一〇 A：7）。

期		一			二	三
段		1	2	3	4	5
锛	A型	1. T1⑧：6	2. T5⑤：4	3. T1⑤：6	4. F1：7	5. T8③：1
	B型				6. F1：4	
	C型				7. T1④：60	
饼形器	A型		8. T5⑤：5		9. T1④：73	
	B型			10. T5④：1	11. T1④：69	12. T6③：4
	C型				13. T2④：9	14. T7③：3
凹石	A型	15. T14⑧：8	16. T1⑥：5	17. T2⑤：7	18. T1④：46	19. T4③：1
	B型			20. T1⑤：13	21. T2④：8	22. T3④：2

图一〇A　新石器时代各期、段石器组合图

期		一			二	三
段		1	2	3	4	5
杵	A型		23. T7⑥：2		24. T1④：48	
	B型				25. T3⑤：26	
	C型				26. T1④：62	
锤				27. T2⑤：4	28. T3⑤：3	
拍		29. T1⑥：2		30. T3⑥：2	31. T2④：7	32. T7③：7
凿				33. T1⑤：15		34. T8③：2
砧		35. T14⑧：5	36. T7⑤：1	37. T1⑤：9	38. T1④：15	39. T14③：1
砺石		40. T14⑧：9		41. T1⑤：17	42. T1④：22	43. T9③：3

图一〇B　新石器时代各期、段石器组合图

饼形器　共 46 件。呈圆饼形。可分三型。

A 型　7 件。厚体，弧壁，纵截面呈椭圆形（图一〇A：8、9）。

B 型　29 件。厚体，壁较直，纵截面略呈长方形（图一〇A：10~12）。

C 型　10 件。薄体，纵截面略呈扁平片状（图一〇A：13、14）。

凹石　共 23 件。器体两面或三面有砸击的圆形或略呈椭圆形的凹窝。可分二型。

A 型　18 件。呈圆形或椭圆形，纵截面略呈椭圆形（图一〇A：15~19）。

B 型　5 件。呈长条形（图一〇A：20~22）。

杵　共 17 件。一端或两端有砸磨痕。可分三型。

A 型　15 件。略呈椭圆形，一端或两端有砸磨痕（图一〇B：23、24）。

B 型　1 件。呈扁平梭形，两端有砸磨痕（图一〇B：25）。

C 型　1 件。略呈三角形，一端有砸磨痕（图一〇B：26）。

锤　共 4 件。略呈圆球形，器表有多处不规则的砸击痕迹（图一〇B：27、28）。

拍　共 5 件。呈扁平条状，两面均有基本平行的长条形凹槽，有的侧面有平行的短凹槽（图一〇B：29~32）。

凿　共 2 件。窄长条形，一端有刃（图一〇B：33、34）。

砧　共 13 件。没有固定的形状，一般呈扁平状，一面或两面有砸击窝痕（图一〇B：35~39）。

砺石　共 16 件。多呈不规则形，有一个或多个磨面（图一〇B：40~43）。

石料　共 63 件。均没有使用痕迹。少量石料经人工初步打磨加工，可以看出有锛坯料和饼形器坯料等。

第四节　分段与分期

由于采用了固沙发掘方法，在两个月的发掘中，除了 1 个探方由于近年堆积的松软垃圾层太厚而引起小范围的塌方外，其余 17 个探方没有坍塌现象。所以，在发掘后期打隔梁的过程中能够把所有相邻探方的地层都对接起来（表一、二）。

表一　西北区 T1~T14 地层对照表

地层性质	T1	T2	T3	T4	T5	T6	T7	T8	T9	T10	T11	T12	T13	T14
表土层	1	1	1	1	1	1	1	1	1	1	1	1	1	1
近代层	2	2	2	2	2	2	2	2	2	2	2	2	2	2
商时期	3	3	3											
新石器 5 段				4	3	3	3	3	3	3	3	3	3	3
新石器 4 段	4	4	5	4										
间歇层								4	4	4	4	4	4	4
新石器 3 段	5	5	6	5	4	4	4	5	5	5		5	5	5
新石器 2 段	6	6	7	6	5	5	5、6	6	6	6		6	6	6
间歇层	7	7	8	7	6	6	7	7	7	7		7	7	7
新石器 1 段	8	8	9	8	7	7	8	8	8	8		8	8	8

表二　东南区 T15~T18 地层对照表

地层性质	T15	T16	T17	T18
表土层	1	1	1	1
近代层	2	2	2	2
新石器5段	3	3	3	3
间歇层	4	4	4	4
新石器3段	5	5	5	5
新石器2段	6	6	6	6
	7			
间歇层	8			
新石器1段	9			

根据地层叠压和对应关系、各层出土器物的特征及形式变化特点（上篇第四章详述）和器物组合关系（表三、四），可以把新石器时代的遗物分为五个阶段。

表三　新石器时代陶器分段与分期表

期	段	泥质陶												夹砂陶											
		圈足盘				豆		罐		杯		钵		釜				碗	圜底盘		支脚		器座	
		A	B	C	D	A	B	A	B	A	B	A	B	A	B	C	D		A	B	A	B	A	B
一	1	I	I	I				√		I				√							√			
	2	II	I	II				√	√	II		√		√							√			
	3	III	II	III		I	√	√		III	√		√	√							√	√		
二	4				√	II								√	√	√	I				√		√	√
三	5														√		II	√	√	√	√	√	√	√

表四　新石器时代石器分段与分期表

期	段	锛			饼形器			凹石		杵			锤	拍	凿	砧	砺石
		A	B	C	A	B	C	A	B	A	B	C					
一	1	√						√								√	√
	2	√			√			√		√				√			
	3	√				√		√		√			√		√	√	√
二	4	√	√	√	√	√	√	√	√	√	√	√	√	√	√	√	√
三	5	√			√	√		√	√				√	√	√	√	√

第 1 段　属于该段的地层有 06XTLT1⑧、06XTLT2⑧、06XTLT3⑨、06XTLT4⑧、06XTLT5⑦、06XTLT6⑦、06XTLT7⑧、06XTLT8⑧、06XTLT9⑧、06XTLT10⑧、06XTLT12⑧、06XTLT13⑧、06XTLT14⑧、06XTLT15⑨。上述地层出土的可以辨别的遗物有 A Ⅰ 式圈足盘、B Ⅰ 式圈足盘、C Ⅰ式圈足盘、A 型罐、A Ⅰ 式杯、A 型釜、A 型支脚、A 型锛、A 型凹石、砧、砺石、石料等。

第 2 段　属于该段的地层有 06XTLT1⑥、06XTLT2⑥、06XTLT3⑦、06XTLT4⑥、06XTLT5⑤、06XTLT6⑤、06XTLT7⑤、06XTLT7⑥、06XTLT8⑥、06XTLT9⑥、06XTLT10⑥、06XTLT12⑥、06XTLT13⑥、06XTLT14⑥、06XTLT15⑥、06XTLT15⑦、06XTLT16⑥、06XTLT17⑥、06XTLT18⑥。

上述地层出土的可以辨别的遗物有 A Ⅱ 式圈足盘、B Ⅰ 式圈足盘、C Ⅱ 式圈足盘、A 型罐、B 型罐、A Ⅱ 式杯、A 型钵、A 型釜、A 型支脚、A 型锛、A 型饼形器、A 型凹石、A 型杵、拍、砧、石料等。其中 B 型罐、A 型钵、A 型饼形器、A 型杵、石拍是新出现的器物，而 B 型罐、A 型钵则仅见于第 2 段。

第 3 段　属于该段的地层有 06XTLT1⑤、06XTLT2⑤、06XTLT3⑥、06XTLT4⑤、06XTLT5④、06XTLT6④、06XTLT7④、06XTLT8⑤、06XTLT9⑤、06XTLT10⑤、06XTLT12⑤、06XTLT13⑤、06XTLT14⑤、06XTLT15⑤、06XTLT16⑤、06XTLT17⑤、06XTLT18⑤。上述地层出土的可以辨别的遗物有 A Ⅲ 式圈足盘、B Ⅱ 式圈足盘、C Ⅲ 式圈足盘、A Ⅰ 式豆、B 型豆、A 型罐、A Ⅲ 式杯、B 型杯、B 型钵、A 型釜、A 型支脚、B 型支脚、A 型锛、B 型饼形器、A 型凹石、B 型凹石、锤、拍、凿、砧、砺石、石料等。其中 A 型豆、B 型豆、B 型杯、B 型钵、B 型支脚、B 型饼形器、B 型凹石、锤、凿是新出现的器物，而 B 型豆、B 型杯、B 型钵则仅见于第 3 段。

第 4 段　属于该段的地层有 06XTLT1④、06XTLT2④、06XTLT3⑤、06XTLT4④。上述地层出土的可以辨别的遗物有 D 型圈足盘、A Ⅱ 式豆、A 型釜、B 型釜、C 型釜、D Ⅰ 式釜、B 型支脚、A 型器座、B 型器座、A 型锛、B 型锛、C 型锛、A 型饼形器、B 型饼形器、C 型饼形器、A 型凹石、B 型凹石、A 型杵、B 型杵、C 型杵、锤、拍、砧、砺石、石料等。其中 D 型圈足盘、B 型釜、C 型釜、D 型釜、A 型器座、B 型器座、B 型锛、C 型锛、C 型饼形器、B 型杵、C 型杵是新出现的器物，而 C 型釜、A 型器座、B 型锛、C 型锛、B 型杵、C 型杵则仅见于第 4 段。

第 5 段　属于该段的地层有 06XTLT3④、06XTLT4③、06XTLT5③、06XTLT6③、06XTLT7③、06XTLT8③、06XTLT9③、06XTLT10③、06XTLT11③、06XTLT12③、06XTLT13③、06XTLT14③、06XTLT15③、06XTLT16③、06XTLT17③、06XTLT18③。上述地层出土的可以辨别的遗物有 B 型釜、D Ⅱ 式釜、碗、A 型圜底盘、B 型圜底盘、A 型支脚、B 型支脚、B 型器座、A 型锛、B 型饼形器、C 型饼形器、A 型凹石、B 型凹石、拍、凿、砧、砺石、石料等。其中碗、A 型圜底盘、B 型圜底盘仅见于第 5 段。

这五段中有演变关系的陶器的形态演变轨迹大致可以归纳如下（图九）：

A 型圈足盘：深腹，盘底部外鼓，圈足较高，圈足上的镂孔较小（1 段）（图九 A：1）→腹较深，盘底部略外鼓，圈足较矮，圈足上的镂孔较小（2 段）（图九 A：2）→浅腹，盘底部近平，圈足较高，圈足上多见大镂孔，有的圈足上的大镂孔呈 "8" 字形（3 段）（图九 A：3）；

B 型圈足盘：口部略内敛（1、2 段）（图九 A：4、5）→口部内敛甚（3 段）（图九 A：6）；

C 型圈足盘：深腹，盘底部外鼓，圈足较矮，圈足上的镂孔较小（1 段）（图九 A：7）→腹较深，盘底部略外鼓，圈足较矮，圈足上的镂孔较小（2 段）（图九 A：8）→浅腹，盘底部近平，圈足较高，圈足上多见大镂孔（3 段）（图九 A：9）；

A 型豆：斜弧腹，大敞口（3 段）（图九 A：13）→圆弧腹，微敞口（4 段）（图九 A：14）；

A 型杯：大敞口，腹略鼓（1 段）（图九 B：22）→敞口，弧腹（2 段）（图九 B：23）→侈口，腹部较直（3 段）（图九 B：24）；

D 型釜：球形腹（4 段）（图九 B：34）→扁腹（5 段）（图九 B：35）。

这五段中石器的状况大致可以归纳如下（图一○）：

锛：A 型 1~5 段均有（图一〇 A：1~5），B 型和 C 型见于 4 段（图一〇 A：6、7）；

饼形器：A 型最早见于 2 段（图一〇 A：8），B 型最早见于 3 段（图一〇 A：10），C 型最早见于 4 段（图一〇 A：13）；

凹石：A 型 1~5 段均有（图一〇 A：15~19），B 型最早见于 3 段（图一〇 A：20）；

杵：A 型最早见于 2 段（图一〇 B：23），B 型和 C 型见于 4 段（图一〇 B：25、26）；

锤：见于 3、4 段（图一〇 B：27、28）；

拍：见于 2~5 段（图一〇 B：29~32）；

凿：最早见于 3 段（图一〇 B：33）；

砧：1~5 段均有（图一〇 B：35~39）；

砺石：1 段开始有（图一〇 B：40~43）。

这五段中纹饰的变化状况大致可以归纳如下（图一一）：

绳纹：1~3 段的为细绳纹（图一一：1、6、11），4 段的大都为粗绳纹（图一一：15），仅有极少量的细绳纹，5 段的都为粗绳纹（图一一：24）；

戳印纹：1、2 段的比较细密（图一一：2、3、7、8），3、4 段的比较疏朗（图一一：12、13、16、17），5 段的较复杂细密（图一一：25、26）；

刻划纹：1 段的都是与宽条带彩陶纹样组合的细曲线（图一一：4、5），2、3 段少有，4 段的有直线、折线和曲线（图一一：18~20），5 段的多为网格和斜线状的（图一一：27、28）；

贝划（印）纹：4 段开始少量出现（图一一：21、22），5 段数量较 4 段增加（图一一：29、30）；

凸点纹：仅见于 2、3 段（图一一：9、10、14）；

之字纹：4 段开始出现细密的之字纹（图　　：23），5 段的比较疏朗（图　　：31）；

附加堆纹：仅见于 5 段（图一一：32、33）。

这五段中彩陶纹样的变化状况大致可以归纳如下：

1 段：以或宽或窄的条带纹为主要特征，风格比较单一（图一二：1~6），少量白陶和磨光黑陶的戳印纹中有赭红色填彩；

2 段：除窄条带纹外，还有细曲线纹和连续的点状纹，整体风格显得比较纤细（图一二：7~13）；

3 段：有较粗的条带纹、曲线纹、折线纹和连续的点状纹，整体风格显得比较粗犷（图一二：14~19）；

4 段：彩陶纹样有条带纹和曲线纹等（图一二：20~26），总体风格粗犷和简约兼而有之；

5 段：只见条带纹，风格简约（图一二：27~29）。另外有少量泥质和夹细砂的陶器器壁上整体涂赭红色陶衣（图一一〇：1~3）。

上述五个阶段的纹饰、彩陶纹样、一些器物的形态以及器物组合的演变序列比较清楚，应该代表了前后发展的五个时间段。考察各段器物的总体特征以及段与段之间的疏密关系，又可以把这五段的遗物分为三期：

第一期包括 1~3 段；

第二期包括 4 段；

第三期包括 5 段。

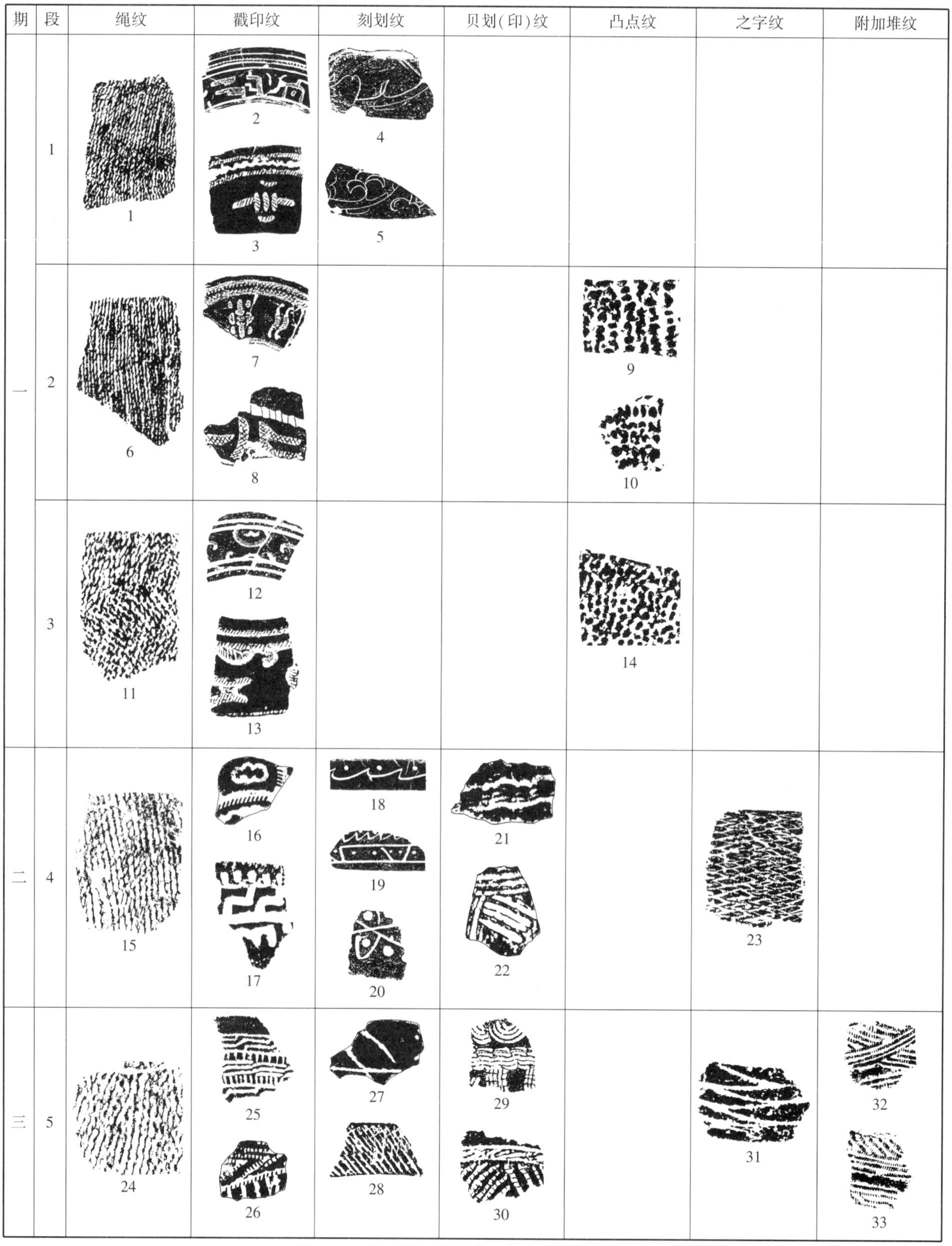

期	段	绳纹	戳印纹	刻划纹	贝划(印)纹	凸点纹	之字纹	附加堆纹
一	1	1	2 3	4 5				
一	2	6	7 8			9 10		
一	3	11	12 13			14		
二	4	15	16 17	18 19 20	21 22		23	
三	5	24	25 26	27 28	29 30		31	32 33

图一一　新石器时代各期、段陶器纹饰组合图

1. T3⑨　2. T1⑧：1　3. T14⑧：2　4. T1⑧：3　5. T5⑦：1　6. T12⑥　7. T4⑥：1　8. T1⑥　9. T2⑥　10. T1⑥　11. T9⑤
12. T1⑤：32　13. T15⑤：3　14. T2⑤　15. T1④　16. T1④　17. T4④：9　18. T1④：4　19. T1④：97　20. T3⑤：37　21. T2④
22. T2④　23. T1④：121　24. T14③　25. T5③：3　26. T6③　27. T7③　28. T3④　29. T6③　30. T3④　31. T3④：10　32. T5③：4
33. T5③：7

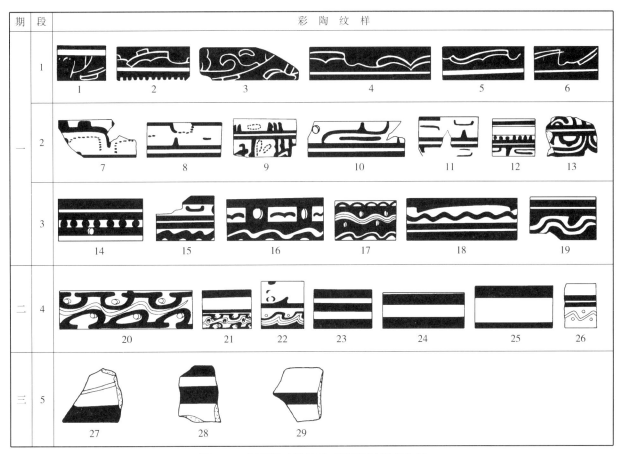

图一二 新石器时代各期、段彩陶纹样变化图

1. T1⑧ 2. T2⑧：1 3. T5⑦：1 4. T8⑧：1 5. T12⑧：1 6. T15⑨：2 7. T6⑤：1 8. T12⑥：1 9. T7⑥：1 10. T5⑤：3
11. T1⑥：12 12. T6⑤：7 13. T5⑤ 14. T1⑤：30 15. T14⑤：3 16. T14⑤：1 17. T9⑤：1 18. T1⑤：22 19. T1⑤：28
20. T1④：8 21. T3⑤：33 22. T1④：4 23. T1④：5 24. T2④ 25. T2④ 26. T1④：89 27. T9③：5 28、29. T8③

  1~3 段之间连接紧密，这三段之间应该没有缺环；4 段和 5 段连接也比较紧密，应该基本无缺环；而 3 段和 4 段之间差别则比较大，衔接不上，因此这两段之间应该有缺环（参见下篇第一章第二节）。

第五节　年　代

  咸头岭遗址 2006 年发掘期间，我们在遗迹单位及地层中采集了十几个木炭样品，它们分别被送往北京大学和新西兰 Waikato 大学做加速器质谱（AMS）碳十四的年代测试（附录六、七；表五）。

  第 1 段的测试样品有 5 个（06XTLT7⑧：01、06XTLT6⑦：01、06XTLT9⑧：01、06XTLT14⑧：01、06XTLT14⑧：02），测试数据经树轮校正后的年代范围在 4840 BC~4540 BC 之间。2004 年咸头岭遗址第四次发掘也采集了十几个木炭样品，其中 04XTLT2⑧层的一个样品，由北京大学做了加速器质谱（AMS）碳十四的年代测试，树轮校正后的年代范围在 4940 BC~4770 BC 之间[1]。

---

[1] 深圳市文物管理委员会办公室等：《深圳 7000 年——深圳出土文物图录》概述，文物出版社，2006 年。

表五　碳十四测年数据表

段	实验室编号	样品	样品原编号	碳十四年代（BP）	树轮校正后年代（BC）	
					1σ（68.2%）	2σ（95.4%）
1	Wk19113	木炭	06XTLT7⑧：01	5806±39	4720 BC（68.2%）4600 BC	4770 BC（95.4%）4540 BC
1	BA06858	木炭	06XTLT6⑦：01	5860±35	4785 BC（68.2%）4700 BC	4830 BC（91.5%）4650 BC 4640 BC（3.9%）4610 BC
1	BA06860	木炭	06XTLT9⑧：01	5810±35	4720 BC（68.2%）4610 BC	4770 BC（95.4%）4540 BC
1	BA06862	木炭	06XTLT14⑧：01	5830±35	4770 BC（4.4%）4750 BC 4730 BC（52.0%）4650 BC 4640 BC（11.8%）4610 BC	4790 BC（95.4%）4580 BC
1	BA07361	木炭	06XTLT14⑧：02	5875±35	4785 BC（68.2%）4710 BC	4840 BC（95.4%）4680 BC
2	Wk19112	木炭	06XTLT7⑥：01	5921±38	4840 BC（68.2%）4720 BC	4910 BC（95.4%）4700 BC
2	Wk19110	木炭	06XTLT15⑥：01	5774±44	4690 BC（60.5%）4580 BC 4570 BC（7.7%）4550 BC	4730 BC（95.4%）4500 BC
2	Wk19111	木炭	06XTLT15⑦：01	5885±40	4795 BC（68.2%）4710 BC	4850 BC（94.2%）4680 BC 4640 BC（1.2%）4610 BC
2	BA06859	木炭	06XTLT9⑥：01	6165±50	5210 BC（68.2%）5050 BC	5300 BC（2.5%）5250 BC 5230 BC（92.9%）4960 BC
3	Wk19115	木炭	06XTLT15⑤：01	5729±43	4660 BC（4.6%）4640 BC 4620 BC（63.6%）4500 BC	4690 BC（95.4%）4460 BC
4	BA06857	木炭	06XTLF1：01	7475±40	6420 BC（40.3%）6350 BC 6310 BC（27.9%）6260 BC	6430 BC（95.4%）6240 BC
5	Wk19114	木炭	06XTLT10③：01	3889±36	2460 BC（68.2%）2340 BC	2480 BC（93.3%）2280 BC 2250 BC（2.1%）2230 BC
5	BA06861	木炭	06XTLT10③：01	3865±35	2460 BC（34.5%）2360 BC 2350 BC（33.7%）2280 BC	2470 BC（83.9%）2270 BC 2260 BC（11.5%）2200 BC

　　04XTLT2⑧层出土器物的特征与本报告第 1 段同类器物的特征相同①，那么 04XTLT2⑧层的年代应该与本报告第 1 段的年代同时。由此分析，第 1 段的年代上限应该超过距今 6900 年，可能接近距今 7000 年。

　　第 2 段的测试样品有 4 个（06XTLT7⑥：01、06XTLT15⑥：01、06XTLT15⑦：01、06XTLT9⑥：01）。其中 06XTLT9⑥：01 的数据经树轮校正后的年代上限为 5300 BC，早于第 1 段的年代，明显偏早，其他 3 个测试数据经树轮校正后的年代范围在 4910 BC～4500 BC 之间。第 2 段的年代与第 1 段的年代咬合得很紧密，而其年代下限推测在距今 6600 年前后。

　　第 3 段的测试样品有 1 个（06XTLT15⑤：01），测试数据经树轮校正后的年代范围在 4690 BC～4460 BC 之间。推测第 3 段的年代上限紧接第 2 段，下限在距今 6400 年前后。

---

① 2004 年咸头岭遗址发掘的简报以及报告还未发表。该年发掘出土的器物照片有少量发表，见《深圳 7000 年——深圳出土文物图录》，文物出版社，2006 年。

　　第 4 段的测试样品有 1 个（06XTLF1：01），测试数据经树轮校正后的年代范围在 6430 BC～6240 BC 之间，竟然超过了第 1 段的年代，明显偏早。该样品采集于第 4 段的一个房基（F1）的填土中，填土中的包含物早于房基是正常的。深圳大黄沙遗址出土的一些器物与咸头岭遗址第 4 段的一些同类器物的特征相同（参见下篇第一章第二节），那么大黄沙遗址的年代应该与咸头岭遗址第 4 段的年代同时。大黄沙遗址 T101④层出土的炭化粮食标本（ZK2513）的碳十四测年数据为距今 6255±260 年（经树轮校正）①，那么可以推测第 4 段的年代在距今 6200 年前后。

　　第 5 段的样品有 1 个（06XTLT10③：01），被分为两份分别送往北京大学和新西兰 Waikato 大学做年代测试。两个测试数据非常接近，经树轮校正后的年代范围在 2480 BC～2220 BC 之间。考虑到从器物的总体特点看，4 段和 5 段的连接比较紧密，应该基本无缺环，那么测试的年代则偏晚很多。这个样品采集于 06XTLT10 的第 3 层与第 2 层相接的位置，第 2 层是近代层，所以样品可能受到后期的污染。第 5 段的年代应该与第 4 段的年代相去不是太远，推测在距今 6000 年前后。

---

① 深圳市博物馆等：《深圳市大黄沙沙丘遗址发掘简报》，《文物》1990 年 11 期。

第三章　新石器时代遗迹

咸头岭遗址 2006 年发掘出土的新石器时代遗迹有灶、房基、大面积的红烧土面以及立石等（图一三）。

第一节　灶

可以确定为灶的遗迹有 5 处（编号为 06XTLZ1 ~ 06XTLZ5）。这些灶的结构都非常简单，平面基本为圆形或椭圆形；灶底一般在沙层表面涂抹一层含沙的黏土，但也有直接在沙层表面烧火的。沙层表面涂抹的黏土经火烧烤后形成一层红褐色烧土面；在灶底周围放置天然石块或陶支脚，用以垫起陶釜等炊煮器来烹饪食物。灶的周围往往散乱地分布很多黑灰色的灰烬和小炭屑。

一　06XTLZ1

Z1 位于西北区 06XTLT1 的东北角，被第 4 层所压，在第 5 层的表面。

Z1 的平面略呈圆形，南北径 41、东西径 42 厘米。灶底为沙层表面涂抹的一层含沙的黏土，经火烧烤后形成一层红褐色烧土面。烧土中部略下凹，西部低，东部高，厚 1~3 厘米。在红烧土面的边缘有两个天然石块，石块的摆放高出红烧土面。红烧土面和石块上附着黑灰色灰烬和烟炱，灶的周围散乱地分布黑灰色的灰烬和小炭屑（图一四；图版七：1）。

石块 1，位于红烧土面的东北边缘，呈椭圆形，长 7、宽 4、厚 5 厘米；石块 2，位于红烧土面的东南边缘，呈扁平椭圆形，长 6、宽 3、厚 1 厘米。

Z1 被 06XTLT1 第 4 层（第 4 段文化层）所压，绝对年代不会晚于第 4 段；又在 06XTLT1 第 5 层（第 3 段文化层）的表面，绝对年代不会早于第 3 段。灶内没有陶片，其周围所见的一些陶片有 AⅢ 式盘的残片、CⅢ 式盘的口沿、A 型罐、A 型釜的口沿等，没有发现晚于第 3 段的典型器物。推测 Z1 的绝对年代大体与本遗址新石器时代的第 3 段同时。

二　06XTLZ2

Z2 位于西北区 06XTLT1 的东北部，被第 7 层所压，在第 8 层的表面。

Z2 的灶体平面略呈圆形，南北径 27、东西径 28 厘米。灶底为沙层表面涂抹的一层含沙的黏土，经火烧烤后形成一层红褐色烧土面。烧土面中部略下凹，厚 1~3 厘米。在红烧土面的东、北、西部边缘围绕 6 个天然石块，这些石块的摆放高出红烧土面。在距灶的西边十几厘米处也有一大

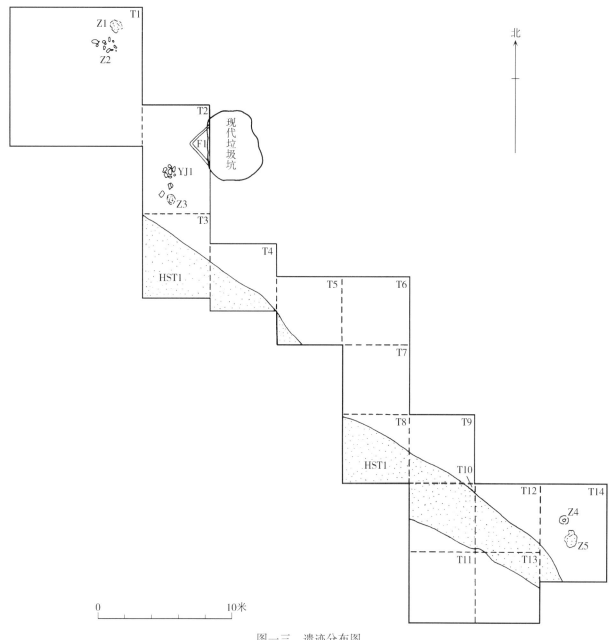

图一三　遗迹分布图

一小的两个天然石块，这两个石块应该与灶的使用有关。红烧土面和石块上附着黑灰色灰烬和烟炱，灶的周围散乱地分布黑灰色的灰烬和小炭屑（图一五；图版七：2）。

石块1，位于红烧土面的西部边缘，形状不规则，长7、宽4、厚3厘米；石块2，位于红烧土面的西北边缘，略呈圆形，长6、宽6、厚3厘米；石块3，位于红烧土面的北部边缘，呈长条形，长8、宽5、厚4厘米；石块4，位于红烧土面的东北边缘，呈长条形，长4、宽3、厚4厘米；石块5，位于红烧土面的东部边缘，呈长条形，长8、宽4、厚4厘米；石块6，位于红烧土面的东南边缘，呈不规则形，长6、宽4、厚4厘米；石块7，距红烧土面的西部边缘17厘米，略呈长方形，长26、宽9、厚4厘米；石块8，距红烧土面的西部边缘16厘米，呈椭圆形，长7、宽5、厚3厘米。

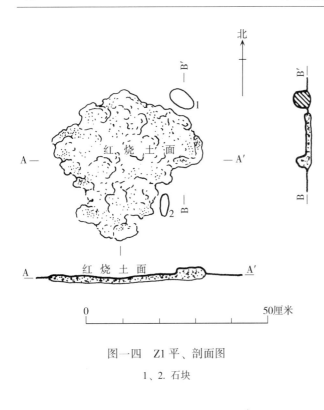

图一四　Z1 平、剖面图

1、2. 石块

烧土中部略下凹，厚 3 厘米。在灶体以外的北部和西部各有一个天然石块，这两个石块应该与灶的使用有关，石块的摆放高出红烧土面。红烧土面和石块上附着黑灰色灰烬和烟炱，灶的周围散乱地分布黑灰色的灰烬和小炭屑（图一六；图版八：1）。

石块 1，距红烧土面的北部边缘 33 厘米，呈不规则形，长 21、宽 20、厚 10 厘米；石块 2，距红烧土面的西部边缘 23 厘米，呈不规则形，长 20、宽 15、厚 9 厘米。

Z3 被 06XTLT2 第 6 层（第 2 段文化层）下的第 7 层（间歇层）所压，绝对年代不会晚于 2 段；又在 06XTLT2 第 8 层（第 1 段文化层）的表面，绝对年代不会早于第 1 段。灶内没有陶片，其周围所见的一些陶片有 A I 式盘的残片、C I 式盘的口沿、A 型釜的口沿等，没有发现晚于第 1 段的典型器物。推测 Z3 的绝对年代与本遗址新石器时代的第 1 段基本同时。

四　06XTLZ4

Z4 位于西北区 06XTLT14 的中部偏北，被第 5 层所压，在第 6 层的表面。

Z4 的平面大略呈椭圆形，最长 52、最宽 41 厘米。可能是没有涂抹一层含沙的黏土而直接在沙层表面烧火，所以没有被烧胶结的夹砂红烧土，只有一层厚 2 厘米的黑灰色灰烬面。在黑色灰烬面的中部倒插一个支脚（06XTLZ4：1）（图一七；图版八：2）。

Z4 被 06XTLT14 第 5 层（第 3 段文化

Z2 被 06XTLT1 第 6 层（第 2 段文化层）下的第 7 层（间歇层）所压，绝对年代不会晚于第 2 段；又在 06XTLT1 第 8 层（第 1 段文化层）的表面，绝对年代不会早于第 1 段。灶内没有陶片，其周围所见的一些陶片有 A I 式盘的残片、C I 式盘的口沿和 A I 式杯的口沿等，都是第 1 段比较典型的器物。推测 Z2 的绝对年代与本遗址新石器时代的第 1 段基本同时。

三　06XTLZ3

Z3 位于西北区 06XTLT2 的西南部，被第 7 层所压，在第 8 层的表面。

Z3 的灶体平面略呈椭圆形，最长 48、最宽 33 厘米。灶底为沙层表面涂抹的一层含沙的黏土，经火烧烤后形成一层红褐色烧土面。

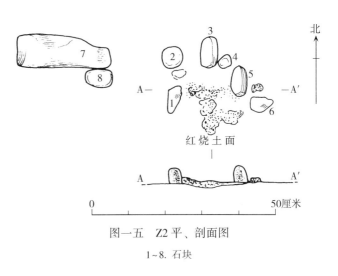

图一五　Z2 平、剖面图

1~8. 石块

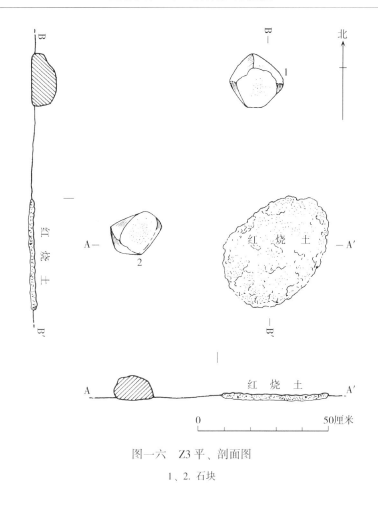

图一六 Z3 平、剖面图

1、2. 石块

层）所压，绝对年代不会晚于第 3 段；又在 06XTLT14 第 6 层（第 2 段文化层）的表面，绝对年代不会早于第 2 段。除了在灰烬层插着的一个 A 型支脚外，灶周围所见的一些陶片有 AⅡ式盘的残片、AⅡ式杯的残片等，没有发现晚于第 2 段的典型器物。推测 Z4 的绝对年代与本遗址新石器时代的第 2 段基本同时。

五 06XTLZ5

Z5 位于西北区 06XTLT14 的中部，被第 7 层所压，在第 8 层的表面。

Z5 的灶体平面略呈不规则的椭圆形，最长 105、最宽 73 厘米。灶底为沙层表面涂抹的一层含沙的黏土，经火烧烤后形成一层红褐色烧土面。烧土中部略下凹，厚 1~6 厘米。红烧土面凹凸不平，其上附着黑灰色灰烬和烟炱，灶的周围散乱地分布黑灰色的灰烬和小炭屑（图一八；图版九：1）。

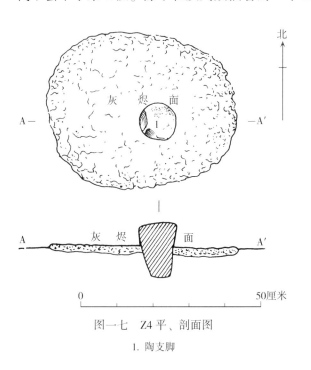

图一七 Z4 平、剖面图

1. 陶支脚

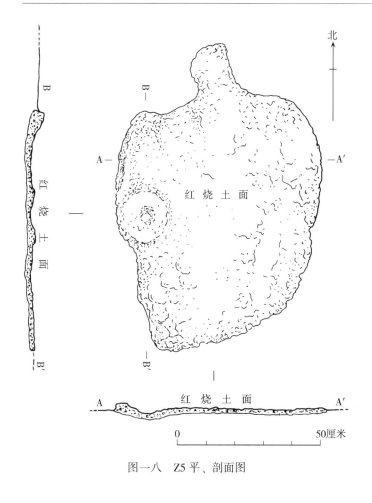

图一八　Z5 平、剖面图

Z5 被 06XTLT14 第 6 层（第 2 段文化层）下的第 7 层（间歇层）所压，绝对年代不会晚于 2 段；又在 06XTLT14 第 8 层（第 1 段文化层）的表面，绝对年代不会早于第 1 段。灶内没有陶片，其周围所见的一些陶片有 A I 式盘的残片、C I 式盘的口沿和 A 型罐的口沿等，没有发现晚于第 1 段的典型器物。推测 Z5 的绝对年代与本遗址新石器时代的第 1 段基本同时。

第二节　房　基

房基有一座（编号为 06XTLF1）。

F1 位于西北区 06XTLT2 的东部，开口于第 4 层下，打破第 5 层，仅存基址。

F1 房基的东部被一个现代垃圾坑打破，残存部分的平面形状略呈直角三角形，口大底小，斜壁内收，底部较平整。房基壁靠北的一条呈西南—东北走向，上部残长 202 厘米，对应的底部残长 185 厘米；靠南的一条壁呈西北—东南走向，上部残长 225 厘米，对应的底部残长 206 厘米；房基深 112 厘米（图一九；图版九：2）。

F1 房基的填土为含土量比较高的黄色黏性沙土，还夹杂不少的基岩碎块，土质较硬，与其周围分布的松软黄褐色粗沙层有较明显的区别。这说明房基应该是先下挖成坑，然后再往坑中填入较硬的黏性沙土。在残存的 F1 房基的边缘没有发现明显的柱洞，房基以上的形制也不清楚。F1 所在的 06XTLT2 的东边与 2004 年发掘的 04XTLT6 的西边紧接，F1 有一部分实际也延伸到了 04XTLT6 的西部，只是被一个现代垃圾坑破坏了。在 04XTLT6 的发掘中清理出几片不规则的红烧土面和一些基本垂直于地面的柱洞，这些柱洞的口径一般为 15~20 厘米，深 20~40 厘米，洞中的沙土呈黑灰色，与周围沙层中沙土的颜色截然有别①。这些红烧土面和柱洞的层位与 F1 的层位一致，位置也靠近 F1。推测 2004 年发掘的 04XTLT6 范围内的红烧土面、柱洞和 2006 年发掘的 F1 应该都是当时先民的房屋建筑的一部分。

根据 F1 的房基及其周围遗迹保存的现状，推测 F1 的平面形状大体呈方形或长方形，先挖坑填筑较硬的房基，再搭建房基以上的部分。

---

① 咸头岭遗址 2004 年发掘的资料待刊。

F1 房基的填土中包含夹砂粗绳纹陶釜残片、泥质黄白陶彩陶盘残片、泥质红褐陶彩陶盘残片、白陶盘和杯的残片；另外还有石器（这些石器的形制和尺寸描述参见上篇第四章第四节），其中石锛 4 件（F1：4、5、7、8）、凹石 2 件（F1：3、9）、石料 4 件（F1：1、2、6、10）（图一九）。填土中遗物的分布没有规律。

F1 的房基被 06XTLT2 第 4 层（第 4 段文化层）所压，绝对年代不会晚于 4 段；又打破第 5 层（第 3 段文化层），绝对年代不会早于第 3 段。F1 房基填土内有 A I 式盘的残片、A Ⅱ 式盘的残片、C Ⅲ 式盘的口沿、D 型盘的残片、B 型釜的口沿等，还有 A 型锛、B 型锛、A 型凹石、B 型凹石等，不见晚于第 4 段的典型器物。推测 F1 的绝对年代与本遗址新石器时代的第 4 段大体同时。

第三节　红烧土面

大面积的红烧土面只有一处（编号为 06XTLHST1）。由于探方周围有村民的房屋，这处红烧土面没有被完全清理出来。清理出来的红烧土面大略为西北—东南走向，分布于西北区的 06XTLT3～06XTLT5、06XTLT8～06XTLT10、06XTLT12～06XTLT14 的范围内（图一三；图版一〇）。

这处红烧土面是在沙层表面之上经过火烧胶结的一层夹砂红褐色

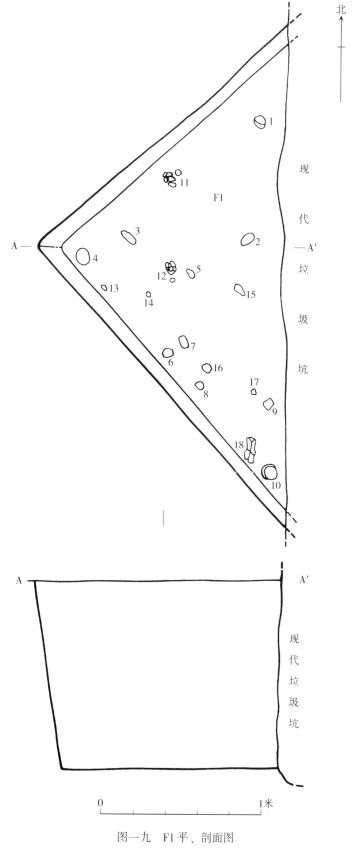

图一九　F1 平、剖面图

1、2、6、10. 石料　3、9. 凹石　4、5、7、8. 石锛　11～18. 碎陶片

烧土面，表面比较平整。经肉眼观察，红烧土面所含的泥土明显高于沙层中所含的泥土，这说明是先铺垫一层含沙的黏土，然后再经过火烧。红烧土面东北部的边已经找到，大略呈一条直线，其西北部、东南部和西南部延伸至何处还不清楚。分布于 06XTLT3～06XTLT5 范围内的红烧土面连为一体，长 15.2 米，最宽 4.9 米，厚 5～8 厘米；分布于 06XTLT8～06XTLT10、06XTLT12～06XTLT14 范围内的红烧土面也连为一体，长 20.3 米，最宽 4.6 米，厚 6～10 厘米。这两片红烧土面之间的地表由于有村民的房屋，所以没有发掘。但是从这两片红烧土面的走向和层位关系看（表六），它们应该是一体的，属于一处红烧土面。那么把两片红烧土面连接为一体后，长度至少在 41.2 米以上，最宽处至少在 4.9 米以上。

表六　红烧土面（HST1）所处层位关系表

性　质	T3	T4	T5	T8	T9	T10	T12	T13	T14
新石器 2 段	7	6	5	6	6	6	6	6	6
间歇层	8	7	6	7	7	7	7	7	7
红烧土面					HST1				
新石器 1 段	9	8	7	8	8	8	8	8	8

这处红烧土面被新石器第 2 段文化层下的一层间歇层所压，绝对年代不会晚于第 2 段；而又在新石器时代第 1 段文化层的表面，绝对年代不会早于第 1 段。在红烧土的表面没有发现任何遗物，烧土块中虽然夹杂极少量的陶片，但是由于碎小，故而不能看出是何种器形。在红烧土面的周围发现有 AⅠ式圈足盘、CⅠ式圈足盘、A 型罐、AⅠ式杯以及 A 型釜等的残片，还有 A 型锛、A 型凹石、砺石等，没有发现晚于第 1 段的典型器物。推测这处红烧土面的绝对年代与本遗址新石器时代的第 1 段大体同时。

这处红烧土面的功能和性质，目前由于缺乏证据还难以准确说明。但是，面积如此之大的红烧土面，在之前的沙丘遗址的发掘中还未曾见过，可见其比较特殊，也非常重要；在红烧土面的周围发现的精美的彩陶和白陶器，应该不是简单的日常生活用品，推测这处红烧土面可能与比较重要的活动场所有关；另外，大面积的红烧土面也可能说明沙丘遗址是人类长期活动的聚落场所。

第四节　立　石

立石遗迹有一处（编号为 06XTLYJ1）。

立石位于西北区 06XTLT2 的中部略偏南，被第 3 层所压，在第 4 层表面。

立石遗迹由 7 块石头组成（这些石头的形制和尺寸的描述参见上篇第四章第四节），中间竖立一块下部插入沙层的大石头，周围围绕一圈大小、形状不一的 6 块石头。这处遗迹的平面形状略呈圆形，南北径 42、东西径 44、高 36 厘米（图二〇；图版一一）。

YJ1∶7（图二〇∶7），立于中间，其中一面为略凹的磨面，之前曾经作砺石使用；YJ1∶1（图二〇∶1），在西北部，其中一面有凹磨面，也曾经作砺石使用；YJ1∶6（图二〇∶6），在东南部，两端有砸磨痕迹，曾经作杵使用；YJ1∶2～5（图二〇∶2～5）均围绕 YJ1∶7，没有人工加

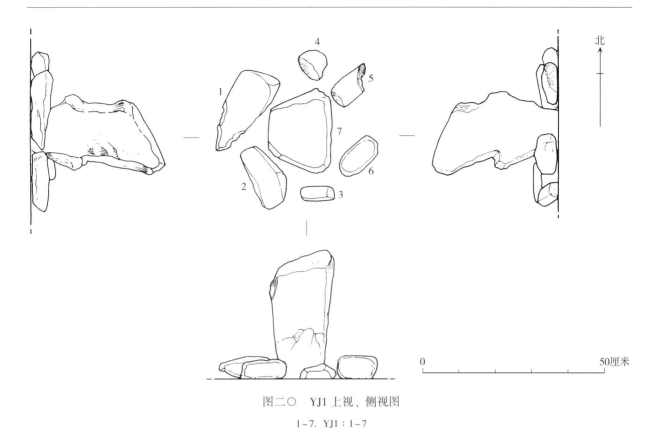

图二〇　YJ1 上视、侧视图

1~7. YJ1：1~7

工的痕迹，应为石料。

　　立石遗迹被 06XTLT2 第 3 层（商时期文化层）所压，绝对年代不会晚于商时期；立石又在 06XTLT2 第 4 层（新石器时代第 4 段）的表面，其绝对年代不会早于新石器时代第 4 段。在立石遗迹周围分布 D 型圈足盘的残片、B 型釜和 C 型釜的口沿、A 型器座的残片等，没有发现晚于新石器时代第 4 段的典型器物。推测立石遗迹的绝对年代与本遗址新石器时代的第 4 段大体同时。

　　这处立石遗迹的功能和性质，由于缺乏证据和更多的比对资料，还难以确定。但是先民把石头摆放成如此特殊的样子，应当有其特殊的含义。

第四章　新石器时代遗物

新石器时代遗物有陶器和石质品。陶器有泥质陶和夹砂陶，夹砂陶的器类有釜、碗、圈底盘、支脚和器座等；泥质陶多为白陶和彩陶，还有少量的磨光黑陶，器类有圈足盘、豆、罐、杯、钵等。石质品有石器（锛、饼形器、凹石、杵、锤、拍、凿、砧、砺石）和石料。

第一节　第1段遗物

一　陶　器

据统计，陶器中夹砂陶占53.6%，有灰陶（占33.2%）、灰黑陶（占15.1%）和橙黄陶（占5.3%）；泥质陶占46.4%，有白陶（占16.5%）、黄白陶（占26.8%）和磨光黑陶（占3.1%）（表七）。

表七　第1段陶质、陶色统计表

陶质	夹　砂			泥　质		
陶色	灰　陶	灰黑陶	橙黄陶	白　陶	黄白陶	黑　陶
百分比	33.2	15.1	5.3	16.5	26.8	3.1
	53.6			46.4		
	100					

陶器上的纹饰有绳纹（占52.2%）（图二一：1~3）、戳印纹（占19.6%）（图二一：4~12；图二二~二七）、刻划纹（占26.8%）（图二八~三一），还有少量素面陶片（占1.4%）（表八）。绳纹很细，有的甚至可以称为细线纹，平行的绳纹通常每厘米见方有9~11根，均为滚压而成，大都饰于陶釜颈部以下，个别的口沿外部也有，上部基本为竖绳纹，腹下部及底部则有交错绳纹；戳印纹比较细密，经模拟实验可知是用竹片做成不同形状端面的戳子戳印而成的组合图案（附录一），较特殊的图案有鸟的侧面形象和简化的兽面形象，饰于白陶和磨光黑陶的盘、杯外壁；刻划纹是用锥状的竹、木或骨质工具刻划出的，有曲线、直线以及凹弦纹，见于黄白陶、白陶的盘、罐的口沿和圈足外壁等部位。刻划纹多与彩色纹样组合，先在口沿或圈足部施条带纹彩，然后在施彩部位刻划纹饰。可以确定器形的素面器物有支脚，还有素面白陶片和黄白陶片，一般都比较碎小，难以确定器形。圈足器的圈足上的镂孔一般较小。

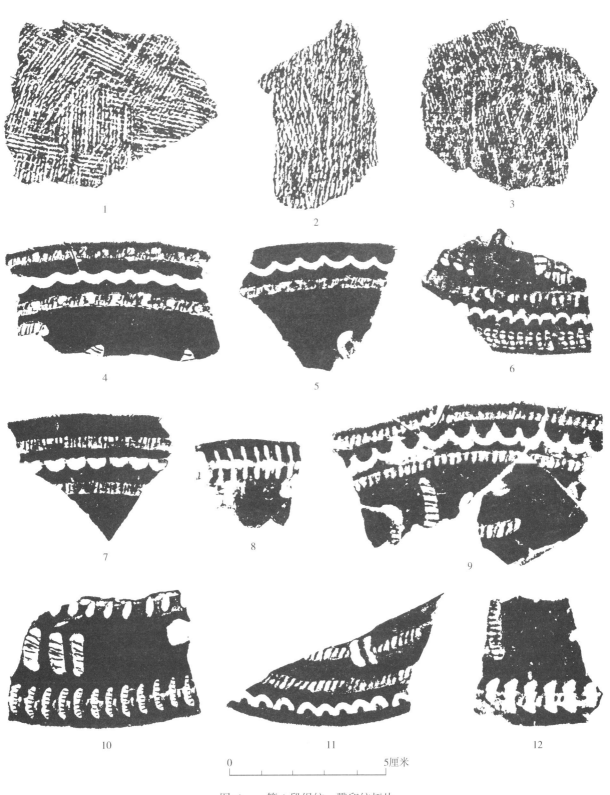

图二一　第 1 段绳纹、戳印纹拓片

1~3. 绳纹（06XTLT2⑧、06XTLT3⑨、06XTLT4⑧）　　4~12. 戳印纹（06XTLT14⑧、06XTLT14⑧、06XTLT1⑧、06XTLT6⑦、06XTLT1⑧、06XTLT1⑧、06XTLT6⑦：2、06XTLT7⑧：1、06XTLT14⑧）

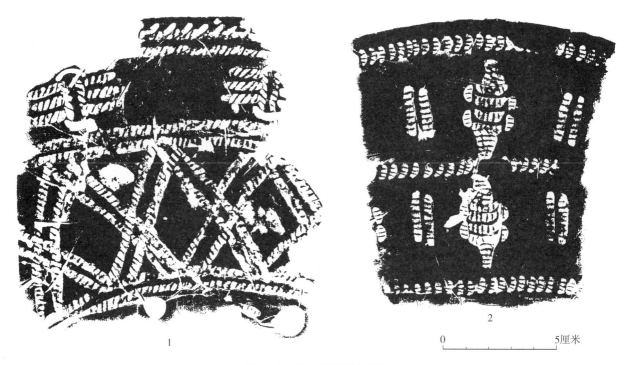

图二二　第 1 段戳印纹拓片

1. 06XTLT12⑧：9　2. 06XTLT14⑧：4

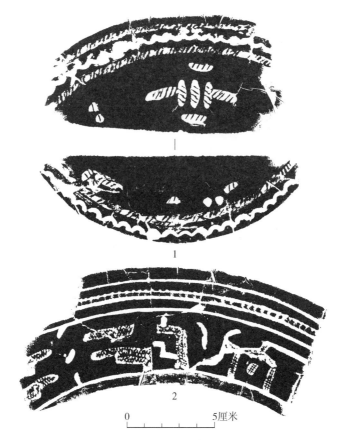

图二三　第 1 段戳印纹拓片

1. 06XTLT14⑧：2　2. 06XTLT1⑧：1

图二四　第 1 段戳印纹拓片

1. 06XTLT14⑧　2. 06XTLT8⑧：2　3. 06XTLT14⑧：1　4. 06XTLT1⑧：8

表八　第 1 段陶器纹饰统计表

纹　饰	绳　纹	戳印纹	刻划纹	素　面
百分比	52.2	19.6	26.8	1.4
	100			

注：陶器及陶片上的彩陶纹样不作为纹饰看待，仅施彩的未统计在内。

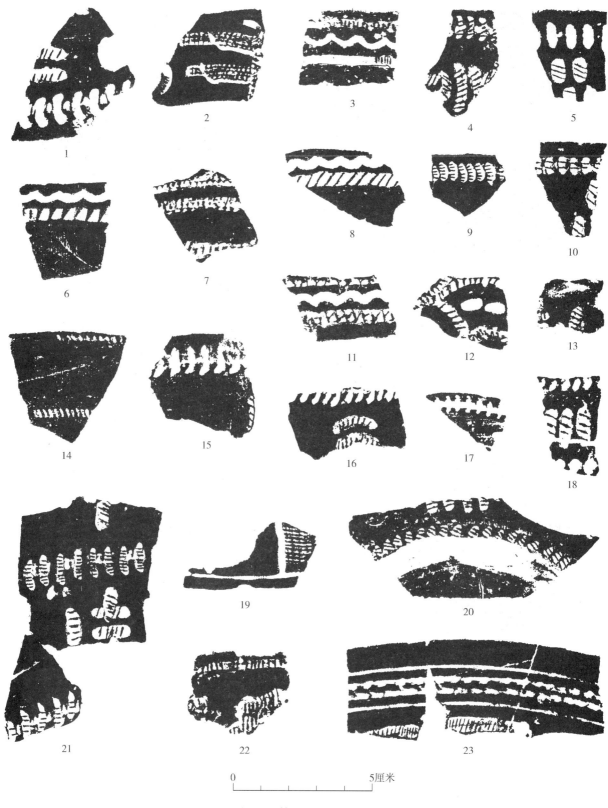

0　　　　　　　　　　　5厘米

图二五　第1段戳印纹拓片

1. 06XTLT3⑨　2. 06XTLT4⑧　3、19. 06XTLT12⑧　4、20. 06XTLT8⑧　5、12、18. 06XTLT7⑧　6、7、22. 06XTLT6⑦
8、13、15、21. 06XTLT5⑦　9、17、23. 06XTLT1⑧　10、14. 06XTLT9⑧　11、16. 06XTLT14⑧

图二六　第1段戳印纹拓片

1、4、7、12、18. 06XTLT6⑦　2、5、10、11、13、17、19、22、23. 06XTLT1⑧　3、14. 06XTLT7⑧　6. 06XTLT5⑦

8、16. 06XTLT12⑧　9. 06XTLT9⑧　15. 06XTLT4⑧　20. 06XTLT2⑧　21. 06XTLT14⑧

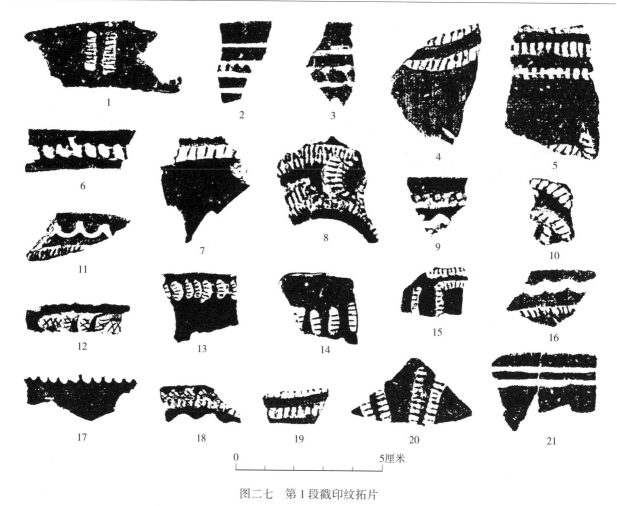

图二七　第1段戳印纹拓片

1、18. 06XTLT12⑧　2、6、13、19、21. 06XTLT1⑧　3、11. 06XTLT7⑧　4、5、7、10、12、14、16、20. 06XTLT6⑦
8、9、15. 06XTLT14⑧　17. 06XTLT3⑨

　　彩陶器均为泥质陶，彩主要施在黄白陶的盘、罐的外壁以及圈足和罐口沿的内壁。所施的彩为赭红色，纹样绝大多数为或宽或窄的条带纹（图一二：1~6），风格比较单一，另有极少量的连续点状纹；少量的白陶和磨光黑陶的戳印纹中有赭红色填彩。施彩的陶器共占陶器总量的29.9%。还有极个别的有填彩的陶盘，在戳印纹的凹槽内残留赭红彩，但其彩料容易脱落，这表明是先烧制后填彩，应该属于彩绘陶范畴。

　　陶器成型方法，除了支脚为捏塑法外，其余均为泥片贴筑法。器物成型后经刮削及用湿手抹平，泥质陶一般经磨光。总体来看，器物烧造的火候比较高，陶质较硬。

　　陶器的组合为釜（占52.2%）、圈足盘（占25.5%）、罐（占14.7%）、杯（占6.6%）和支脚（占1.0%）（表九）。

表九　第1段陶器器类统计表

器　类	釜	圈足盘	罐	杯	支脚
百分比	52.2	25.5	14.7	6.6	1.0
	100				

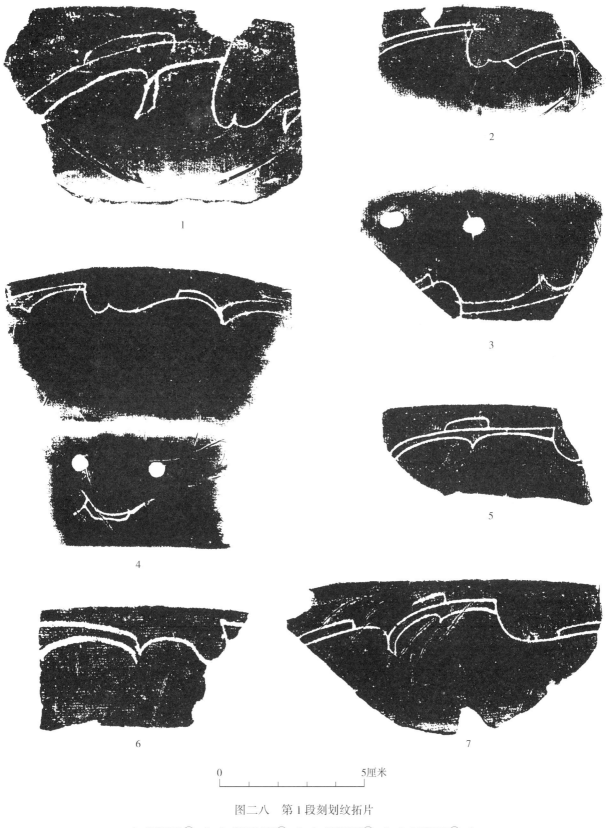

图二八　第 1 段刻划纹拓片

1. 06XTLT1⑧：3　2. 06XTLT15⑨：2　3. 06XTLT5⑦：2　4. 06XTLT8⑧：1

5. 06XTLT12⑧　6. 06XTLT3⑨：2　7. 06XTLT2⑧：1

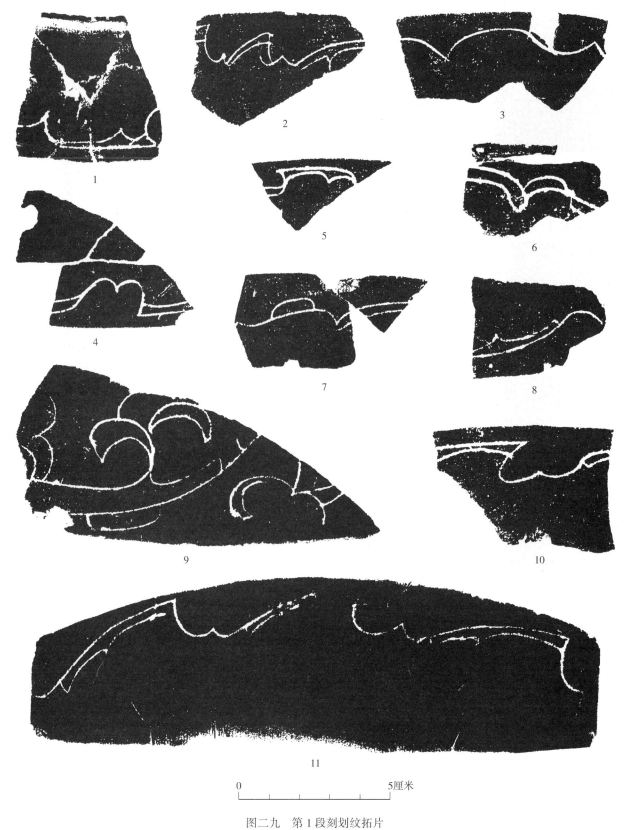

图二九　第 1 段刻划纹拓片

1. 06XTLT5⑦　2. 06XTLT14⑧　3. 06XTLT2⑧　4. 06XTLT4⑧　5、7. 06XTLT12⑧

6、10. 06XTLT15⑨　8. 06XTLT7⑧　9. 06XTLT5⑦：1　11. 06XTLT2⑧：4

图三〇　第 1 段刻划纹拓片

1. 06XTLT1⑧：10　2、15. 06XTLT9⑧　3. 06XTLT14⑧　4~7、9、10、16. 06XTLT1⑧　8. 06XTLT2⑧　11. 06XTLT7⑧
12. 06XTLT5⑦　13. 06XTLT7⑧：2　14. 06XTLT12⑧：6　17. 06XTLT15⑨：1　18. 06XTLT2⑧：6

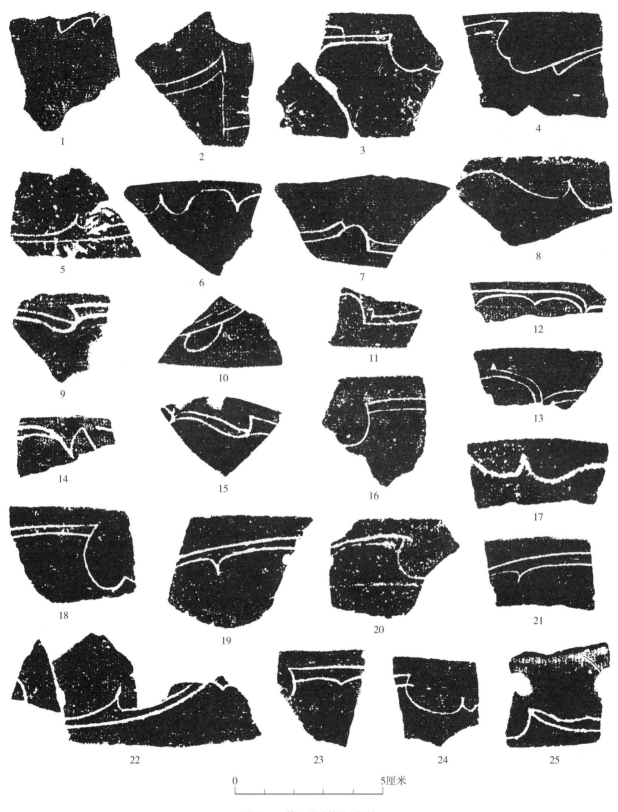

0　　　　　　　　　　5厘米

图三一　第1段刻划纹拓片

1. 06XTLT4⑧　2、9、14、17、25. 06XTLT1⑧　3、12、22. 06XTLT12⑧　4、18、21. 06XTLT5⑦　5、19. 06XTLT2⑧
6、13、15、16. 06XTLT14⑧　7、10、20、24. 06XTLT6⑦　8. 06XTLT15⑨　11. 06XTLT3⑨　23. 06XTLT9⑧

（一）泥质陶

有圈足盘、罐和杯。

圈足盘　有ＡⅠ式、ＢⅠ式和ＣⅠ式圈足盘。

ＡⅠ式　标本06XTLT1⑧∶1，圈足残。磨光黑陶。外壁近口沿处和腹上部饰两道刻划弦纹和两道戳印齿状纹；腹部戳印侧视鸟纹，戳槽内有小方格纹；腹和圈足相接处饰两道刻划弦纹；圈足上饰戳印纹，戳槽内有小方格纹。弦纹和戳印纹凹槽内残留赭红色的填彩。口径18.8、残高8.2、壁厚0.2~0.4厘米（图三二∶9；图版一二∶1、2）。

标本06XTLT1⑧∶8，圈足残。白陶。外壁近口沿部和腹上部饰两道刻划弦纹和两道戳印的齿状纹；腹部戳印有侧视鸟纹，戳槽内有小方格纹；腹和圈足相接处饰两道刻划弦纹；圈足上有戳印纹，有的戳槽内有小方格纹。弦纹和戳印纹凹槽内残留赭红色的填彩。该器物残破后部分残片被火烧过，这些残片内外壁为黑色。口径18、残高7、壁厚0.3~0.6厘米（图三二∶2；图版一二∶3、4）。

标本06XTLT1⑧∶9，圈足残。黄白陶，施赭红色彩。外壁近口沿处和腹上部饰一宽一窄的条带彩，近口沿处的一道较宽，腹上部的一道较窄，在宽条带彩的部位饰刻划曲线纹。口径18、残高4.6、壁厚0.2~0.5厘米（图三二∶7；图版一二∶5）。

标本06XTLT1⑧∶10，圈足残。黄白陶，施赭红色彩。外壁近口沿处和腹上部饰一宽一窄的条带彩，近口沿处的一道较宽，腹上部的一道较窄，在宽条带彩的部位饰刻划曲线纹。圈足上部有圆形小镂孔。口径17.6、残高6、壁厚0.2~0.6厘米（图三二∶5；图版一二∶6）。

标本06XTLT1⑧∶11，圈足残。黄白陶，施赭红色彩。外壁近口沿处饰一道宽条带纹彩，圈足上有圆形小镂孔。口径16、残高5.5、壁厚0.3~0.5厘米（图三二∶6；图版一三∶1）。

标本06XTLT2⑧∶4，圈足残。黄白陶，施赭红色彩。外壁近口沿处和腹上部饰一宽一窄的条带彩，近口沿处的一道较宽，腹上部的一道较窄，在宽条带彩的部位饰刻划曲线纹。口径17.8、残高6.2、壁厚0.2~0.8厘米（图三二∶4；图版一三∶2、3）。

标本06XTLT8⑧∶1，黄白陶，施赭红色彩。在近口沿处和腹上部以及圈足外壁各饰两道一宽一窄的条带纹彩，在宽条带彩部位有刻划曲线纹；圈足内壁近底部饰连续点状纹彩。圈足上部有圆形小镂孔。口径17.2、高8.8、圈足底径13、壁厚0.2~0.5厘米（图三二∶3；图版一三∶4、5）。

标本06XTLT14⑧∶1，白陶。外壁近口沿处饰两道刻划弦纹和一道戳印的齿状纹；在腹部和圈足部残留戳印的侧视鸟纹，戳槽内有小方格纹，并残留赭红色的填彩；腹和圈足相接处及圈足的近底部各饰两道刻划弦纹。圈足上部有椭圆形的镂孔。口径19.6、高9.8、圈足底径15、壁厚0.2~0.6厘米（图三二∶1；图版一四∶1、2）。

标本06XTLT14⑧∶15，圈足残。黄白陶，施赭红色彩。外壁近口沿处和腹上部饰一宽一窄的两道条带彩，近口沿处的一道较宽，腹上部的一道较窄，在宽条带彩的部位饰刻划曲线纹；腹部和圈足相接处饰一道窄条带彩。口径18.4、残高5.2、壁厚0.3~0.6厘米（图三二∶8；图版一四∶3、4）。

ＢⅠ式　均为白陶。

标本06XTLT1⑧∶2，圈足残。外壁近口沿处和腹上部戳印有两道条纹和一道水波纹，条纹戳

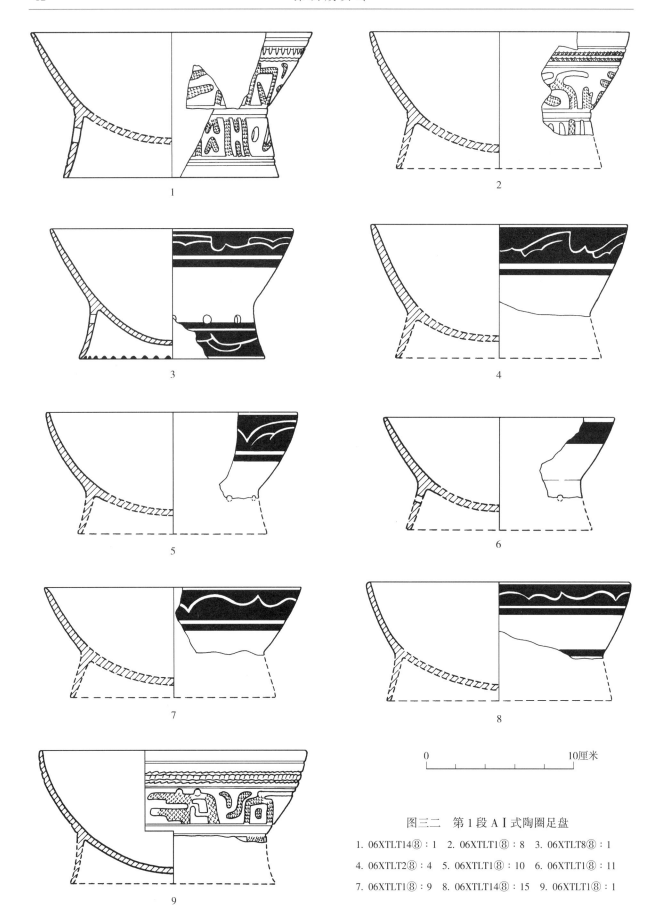

图三二　第 1 段 A I 式陶圈足盘

1. 06XTLT14⑧：1　2. 06XTLT1⑧：8　3. 06XTLT8⑧：1
4. 06XTLT2⑧：4　5. 06XTLT1⑧：10　6. 06XTLT1⑧：11
7. 06XTLT1⑧：9　8. 06XTLT14⑧：15　9. 06XTLT1⑧：1

槽内有凸起的短线纹；腹部残留戳印纹，戳槽内有凸起的短线纹；腹下部和圈足相接处饰一道戳印条纹，戳槽内有凸起的短线纹。圈足上部有圆形镂孔。口径19.4、残高5.8、壁厚0.3~0.6厘米（图三三：1；图版一四：5、6）。

标本06XTLT1⑧：12，圈足残。外壁近口沿处和腹上部戳印有两道条纹和一道水波纹，条纹戳槽内有凸起的短线纹；腹部残留戳印纹，戳槽内有凸起的短线纹。口径19.6、残高4.3、壁厚0.3~0.4厘米（图三三：3；图版一五：1、2）。

标本06XTLT6⑦：5，腹下部和圈足残。外壁近口沿处和腹上部戳印有两道条纹和一排半月形的纹饰，条纹戳槽内有凸起的短线纹。口径18、残高3、壁厚0.3~0.6厘米（图三三：4）。

标本06XTLT7⑧：1，仅残存圈足。圈足下部饰条带、水波状戳印纹，上部残留一组戳印纹，有的戳槽内有凸起的短线纹。底径12、残高2.6、壁厚0.5~0.8厘米（图三三：7；图版一五：3、4）。

标本06XTLT14⑧：2，外壁近口沿处和腹上部戳印有两道条纹和一道水波纹，条纹戳槽内有凸起的短线纹；腹部和圈足上部饰戳印纹，戳槽内有凸起的短线纹；圈足下部戳印有一道条纹和一道水波纹，条纹戳槽内有凸起的短线纹。腹部残留一个修补器物的缀合孔。口径20、高7、圈足底径15.6、壁厚0.6~0.8厘米（图三三：2；图版一五：5、6）。

标本06XTLT14⑧：16，腹下部和圈足残。外壁口沿处和腹上部戳印有两道条纹和一道水波

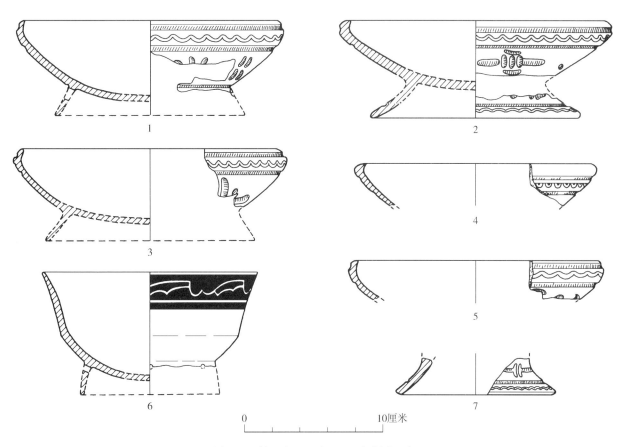

图三三　第1段BⅠ式、CⅠ式陶圈足盘

1~5、7. BⅠ式（06XTLT1⑧：2、06XTLT14⑧：2、06XTLT1⑧：12、06XTLT6⑦：5、
06XTLT14⑧：16、06XTLT7⑧：1）　6. CⅠ式（06XTLT12⑧：1）

纹，条纹戳槽内有凸起的短线纹，腹下部残留戳印纹。口径 18.6、残高 2.8、壁厚 0.4~0.6 厘米（图三三：5）。

CⅠ式　标本 06XTLT12⑧：1，圈足残。黄白陶，施赭红色彩。外壁近口沿处和腹上部饰一宽一窄的条带彩，近口沿处的一道较宽，腹上部的一道较窄，在宽条带彩的部位饰刻划曲线纹。圈足上部有圆形小镂孔。口径 16、残高 7.6、壁厚 0.2~0.6 厘米（图三三：6；图版一六：1、2）。

圈足盘口沿　仅残存口沿部，难以确定是 AⅠ式还是 CⅠ式圈足盘。

标本 06XTLT1⑧：16，黄白陶，施赭红色彩。口沿外壁残留一道宽条带彩，在条带彩部位饰曲线刻划纹。口径 18、残高 2.2、壁厚 0.4 厘米（图三四：7）。

标本 06XTLT2⑧：8，黄白陶，施赭红色彩。外壁口沿处和腹上部饰一宽一窄的条带彩，上面一道较宽，下面一道较窄，在宽条带彩部位饰刻划曲线纹。口径 18、残高 4、壁厚 0.4 厘米（图三四：5）。

标本 06XTLT2⑧：9，黄白陶，施赭红色彩。外壁口沿处和腹上部饰一宽一窄的条带彩，上面一道较宽，下面一道较窄，在宽条带彩部位饰刻划曲线纹。口径 18、残高 3、壁厚 0.3 厘米（图三四：2）。

标本 06XTLT2⑧：10，黄白陶，施赭红色彩。外壁口沿处和腹上部饰一宽一窄的条带彩，上面一道较宽，下面一道较窄，在宽条带彩部位饰刻划曲线纹。口径 20、残高 3、壁厚 0.3~0.5 厘米（图三四：3）。

标本 06XTLT4⑧：2，白陶。外壁近口沿部和腹上部有两道刻划纹和两道戳印纹，戳槽内有凸起的短线纹。口径 18、残高 2.4、壁厚 0.4 厘米（图三四：8）。

标本 06XTLT6⑦：3，黄白陶，施赭红色彩。外壁口沿处和腹上部饰一宽一窄的条带彩，上面一道较宽，下面一道较窄，在宽条带彩部位饰刻划曲线纹。口径 20、残高 3、壁厚 0.4 厘米（图三四：1）。

标本 06XTLT14⑧：19，黄白陶，施赭红色彩。外壁口沿处和腹上部饰一宽一窄的条带彩，上面一道较宽，下面一道较窄，在窄条带彩下有连续的点状纹彩，宽条带彩部位饰刻划曲线纹。口径 16、残高 3.4、壁厚 0.2~0.4 厘米（图三四：4）。

标本 06XTLT15⑨：3，黄白陶，施赭红色彩。外壁口沿处和腹上部饰一宽一窄的条带彩，上面一道较宽，下面一道较窄，在宽条带彩部位饰刻划曲线纹。口径 16、残高 3.6、壁厚 0.2~0.4 厘米（图三四：6）。

盘圈足　仅残存圈足部，难以确定是 AⅠ式、BⅠ式还是 CⅠ式圈足盘的圈足。圈足壁较薄，圈足底径一般在 12~18 厘米之间。

标本 06XTLT1⑧：15，黄白陶，施赭红色彩。外壁有一宽一窄的条带彩，下面一道较宽，上面一道较窄，在宽条带彩部位饰曲线刻划纹。底径 18、残高 3.4、壁厚 0.3~0.5 厘米（图三四：11）。

标本 06XTLT1⑧：17，白陶。圈足下部饰两道刻划纹，上部有戳印纹，戳槽内有小方格纹及赭红色填彩。底径 16、残高 3.8、壁厚 0.3 厘米（图三四：12）。

标本 06XTLT1⑧：21，黄白陶，施赭红色彩。外壁残存一宽一窄的条带彩，下面一道较宽，上面一道较窄，在宽条带彩部位饰刻划纹。底径 16、残高 1.8、壁厚 0.4 厘米（图三四：9）。

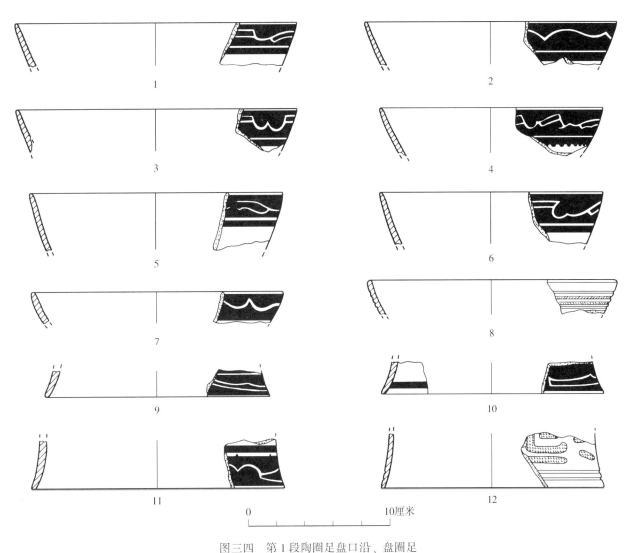

0　　　　　　　　　　　　　　10厘米

图三四　第 1 段陶圈足盘口沿、盘圈足

1~8. 圈足盘口沿（06XTLT6⑦：3、06XTLT2⑧：9、06XTLT2⑧：10、06XTLT14⑧：19、06XTLT2⑧：8、06XTLT15⑨：3、
06XTLT1⑧：16、06XTLT4⑧：2）　　9~12. 盘圈足（06XTLT1⑧：21、06XTLT1⑧：23、06XTLT1⑧：15、06XTLT1⑧：17）

　　标本 06XTLT1⑧：23，黄白陶，施赭红色彩。外壁残存一道宽条带彩，在施彩部位饰刻划纹；内壁残留一道窄条带彩。底径 16、残高 2.2、壁厚 0.4 厘米（图三四：10）。

　　标本 06XTLT1⑧：24，黄白陶，施赭红色彩。外壁残存一宽一窄的条带彩，下面一道较宽，上面一道较窄，在宽条带彩部位饰刻划纹；内壁有两道较窄的条带彩。底径 16、残高 2.6、壁厚 0.4 厘米（图三五：1）。

　　标本 06XTLT5⑦：2，黄白陶，施赭红色彩。圈足外壁饰一宽一窄的条带彩，下面一道较宽，上面一道较窄，在宽条带彩的部位饰刻划纹；圈足内壁近底部饰一道窄条带彩。圈足上部有椭圆形小镂孔。底径 14、残高 6.2、壁厚 0.2~0.6 厘米（图三五：13；图版一六：3、4）。

　　标本 06XTLT5⑦：3，黄白陶，施赭红色彩。外壁残存一道宽条带彩，在条带彩部位饰刻划纹。底径 18、残高 3.4、壁厚 0.4~0.6 厘米（图三五：3）。

　　标本 06XTLT5⑦：4，黄白陶，施赭红色彩。外壁残存一宽一窄的条带彩，下面一道较宽，上

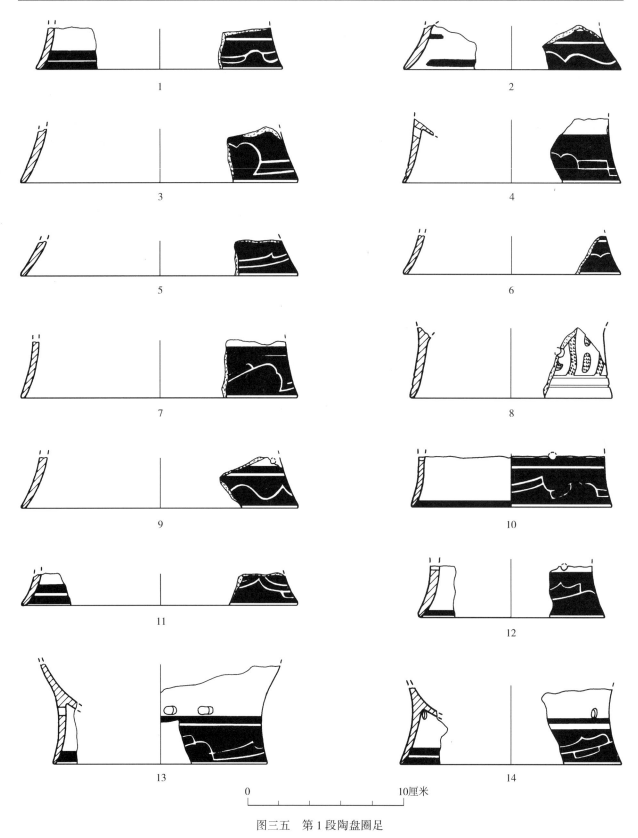

图三五　第1段陶盘圈足

1. 06XTLT1⑧：24　2. 06XTLT15⑨：4　3. 06XTLT5⑦：3　4. 06XTLT12⑧：8　5. 06XTLT5⑦：6
6. 06XTLT6⑦：4　7. 06XTLT5⑦：4　8. 06XTLT14⑧：20　9. 06XTLT14⑧：18　10. 06XTLT12⑧：4
11. 06XTLT14⑧：22　12. 06XTLT7⑧：2　13. 06XTLT5⑦：2　14. 06XTLT12⑧：6

面一道较窄，在宽条带彩部位饰刻划纹。底径 18、残高 3.5、壁厚 0.3~0.4 厘米（图三五：7）。

标本 06XTLT5⑦：6，黄白陶，施赭红色彩。外壁残存一道宽条带彩，在施彩部位饰曲线刻划纹。底径 18、残高 2.2、壁厚 0.4 厘米（图三五：5）。

标本 06XTLT6⑦：4，黄白陶，施赭红色彩。外壁残存一宽一窄的条带彩，下面一道较宽，上面一道较窄，在宽条带彩部位饰曲线刻划纹。底径 14、残高 2.4、壁厚 0.3~0.4 厘米（图三五：6）。

标本 06XTLT7⑧：2，黄白陶，施赭红色彩。外壁饰一道宽条带彩，在施彩部位饰曲线刻划纹；内壁近底部饰一道条带彩。圈足上部有圆形小镂孔。底径 12、残高 3.2、壁厚 0.3~0.6 厘米（图三五：12；图版一六：5）。

标本 06XTLT12⑧：4，黄白陶，施赭红色彩。外壁饰一宽一窄的两道条带彩，下面一道较宽，上面一道较窄，在宽条带彩的部位饰刻划纹；内壁底部饰一道窄条带彩。圈足上部有圆形小镂孔。底径 13、残高 3.2、壁厚 0.2~0.3 厘米（图三五：10；图版一七：1、2）。

标本 06XTLT12⑧：6，磨光黑陶，施赭红色彩。外壁饰一宽一窄的条带彩，下面一道较宽，上面一道较窄，在宽条带彩的部位饰刻划纹；内壁近底部饰两道彩。圈足上部有椭圆形小镂孔。底径 14.3、残高 4.8、壁厚 0.2~0.5 厘米（图三五：14；图版一七：3）。

标本 06XTLT12⑧：8，黄白陶，施赭红色彩。外壁饰宽条带彩，在施彩部位饰刻划纹。圈足上部有圆形小镂孔。底径 14、残高 4、壁厚 0.2~0.5 厘米（图三五：4；图版一七：4）。

标本 06XTLT14⑧：18，黄白陶，施赭红色彩。外壁残存一宽一窄的条带彩，下面一道较宽，上面一道较窄，在宽条带彩部位饰曲线刻划纹。圈足上有圆形小镂孔。底径 18、残高 3.2、壁厚 0.4~0.6 厘米（图三五：9）。

标本 06XTLT14⑧：20，白陶。圈足下部饰两道刻划纹，上部有戳印纹，戳槽内有小方格纹及赭红色填彩。底径 13、残高 4.4、壁厚 0.3~0.6 厘米（图三五：8）。

标本 06XTLT14⑧：22，黄白陶，施赭红色彩。外壁残存一道宽条带彩，在施彩部位有曲线刻划纹；内壁有两道较窄的条带彩。底径 18、残高 2、壁厚 0.4 厘米（图三五：11）。

标本 06XTLT15⑨：4，黄白陶，施赭红色彩。外壁饰一宽一窄的条带彩，下面一道较宽，上面一道较窄，在宽条带彩部位饰曲线刻划纹；内壁残存两道较窄的条带彩。底径 14、残高 2.8、壁厚 0.3~0.5 厘米（图三五：2）。

罐　有 A 型罐。均为黄白陶，施赭红色彩，器壁较厚，圈足底径一般在 18 厘米以上。

标本 06XTLT1⑧：3，仅残存圈足部。外壁饰一宽一窄的条带彩，下面一道较宽，上面一道较窄，在宽条带彩的部位饰刻划纹。底径 28、残高 6.4、壁厚 0.3~0.8 厘米（图三六：12；图版一七：5）。

标本 06XTLT1⑧：13，仅残存圈足部。外壁饰一宽一窄的条带彩，下面一道较宽，上面一道较窄，在宽条带彩的部位饰刻划纹。底径 22.4、残高 6.2、壁厚 0.4~1 厘米（图三六：1；图版一八：1、2）。

标本 06XTLT1⑧：14，外壁有一宽一窄的条带彩，下面一道较宽，上面一道较窄，在宽条带彩部位饰曲线刻划纹。圈足底径 20、残高 4.2、壁厚 0.3~0.4 厘米（图三六：3）。

标本 06XTLT2⑧：1，仅残存领部。外壁饰一宽一窄的条带彩，上面一道较宽，下面一道较

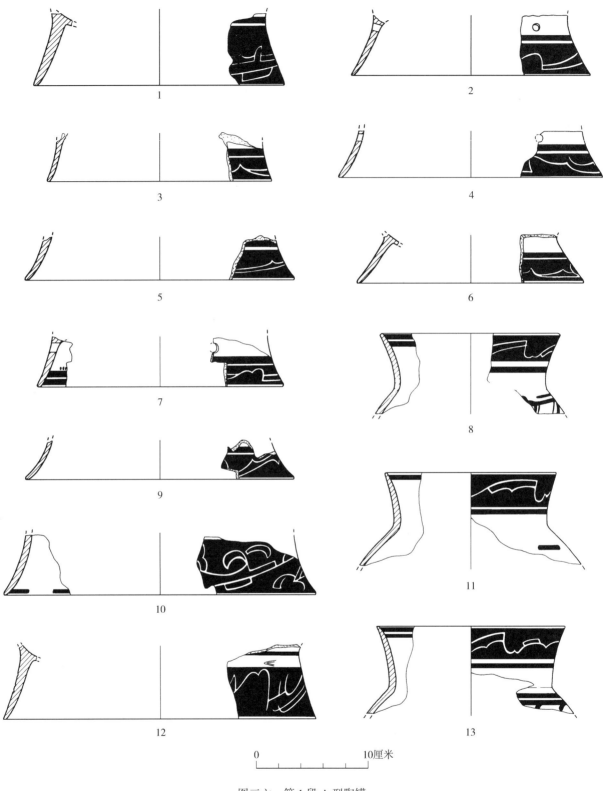

0 ——————— 10厘米

图三六　第 1 段 A 型陶罐

1. 06XTLT1⑧：13　2. 06XTLT2⑧：6　3. 06XTLT1⑧：14　4. 06XTLT3⑨：2　5. 06XTLT2⑧：7
6. 06XTLT5⑦：5　7. 06XTLT4⑧：3　8. 06XTLT15⑨：2　9. 06XTLT12⑧：10　10. 06XTLT5⑦：1
11. 06XTLT2⑧：5　12. 06XTLT1⑧：3　13. 06XTLT12⑧：5

窄，在宽条带彩的部位饰刻划纹，窄条带彩下有连续的点状纹；内壁近口沿处饰两道窄条带彩。口径16、残高5.6、壁厚0.2~0.6厘米（图三七：1；图版一八：3、4）。

标本06XTLT2⑧：5，仅残存领部和肩部。领外壁饰一宽一窄的条带彩，领上部的一道较宽，下部的一道较窄，在宽条带彩的部位饰刻划纹。肩部外壁残留条带彩；内壁口沿处饰一道条带彩。口径15.2、残高8、壁厚0.3~0.6厘米（图三六：11；图版一八：5）。

标本06XTLT2⑧：6，仅残存圈足。外壁饰一宽一窄的条带彩，下面一道较宽，上面一道较窄，在宽条带彩的部位饰刻划纹。圈足上部有圆形小镂孔。底径21.2、残高5.2、壁厚0.2~0.8

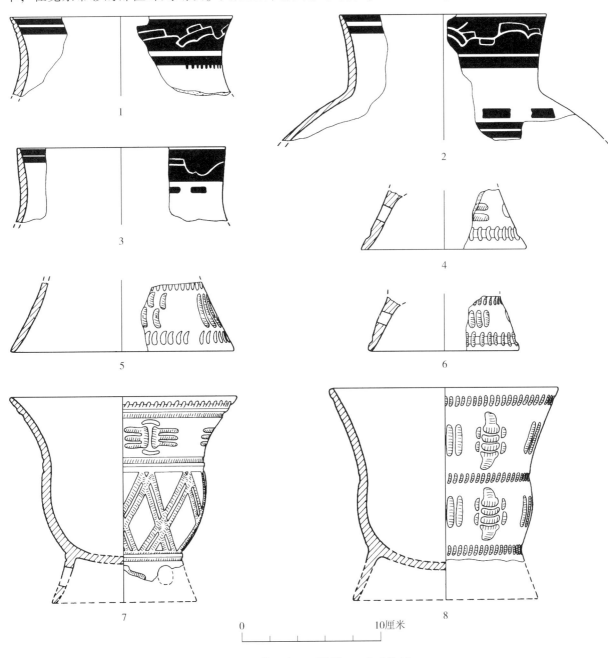

图三七　第1段 A 型陶罐、A I 式陶杯

1~3. A 型陶罐（06XTLT2⑧：1、06XTLT15⑨：1、06XTLT12⑧：7）　　4~8. A I 式陶杯（06XTLT3⑨：3、
06XTLT8⑧：2、06XTLT6⑦：2、06XTLT12⑧：9、06XTLT14⑧：4）

厘米（图三六：2；图版一八：6）。

标本06XTLT2⑧：7，仅残存圈足。外壁饰一宽一窄的条带彩，下面一道较宽，上面一道较窄，在宽条带彩部位饰刻划纹。底径24、残高3.8、壁厚0.4~0.6厘米（图三六：5）。

标本06XTLT3⑨：2，仅残存圈足。外壁饰一宽一窄的条带彩，下面一道较宽，上面一道较窄，在宽条带彩的部位饰刻划纹。圈足上部有圆形小镂孔。底径23.6、残高4、壁厚0.3~0.5厘米（图三六：4；图版一九：1、2）。

标本06XTLT4⑧：3，仅残存圈足。外壁饰一宽一窄的条带彩，下面一道较宽，上面一道较窄，在宽条带彩部位饰曲线刻划纹；内壁有两道条带彩和连续的点状纹彩。圈足上有圆形镂孔。底径22、残高4.4、壁厚0.4~0.8厘米（图三六：7）。

标本06XTLT5⑦：1，仅残存圈足。外壁残留一道宽条带彩，在施彩部位饰刻划纹。圈足内壁近底部残留一道窄条带彩。底径28、残高5.2、壁厚0.4~0.6厘米（图三六：10；图版一九：3、4）。

标本06XTLT5⑦：5，仅残存圈足。外壁饰一宽一窄的条带彩，下面一道较宽，上面一道较窄，在宽条带彩部位饰曲线刻划纹。底径20、残高4.2、壁厚0.4~0.6厘米（图三六：6）。

标本06XTLT12⑧：5，仅残存领部和肩部。领外壁饰一宽一窄的条带彩，上面一道较宽，下面一道较窄，在宽条带彩的部位饰刻划纹；领内壁近口沿处及肩外壁饰两道窄条带彩。口径16.8、残高7.6、壁厚0.2~0.6厘米（图三六：13；图版一九：5、6）。

标本06XTLT12⑧：7，仅残存领部。领外壁饰一宽一窄的条带彩，上面一道较宽，下面一道较窄，在宽条带彩的部位饰刻划纹；领内壁近口沿处饰两道窄条带彩。口径15、残高5.2、壁厚0.3~0.6厘米（图三七：3；图版二〇：1）。

标本06XTLT12⑧：10，仅残存圈足。外壁饰一宽一窄的条带彩，下面一道较宽，上面一道较窄，在宽条带彩部位饰曲线刻划纹。底径24、残高3.4、壁厚0.3~0.4厘米（图三六：9）。

标本06XTLT15⑨：1，仅残存领部和肩部。领外壁饰一宽一窄的条带彩，上面一道较宽，下面一道较窄，在宽条带彩的部位饰刻划纹；肩外壁残留条带彩；领内壁近口沿处饰两道窄条带彩。口径15、残高8.8、壁厚0.2~0.6厘米（图三七：2；图版二〇：2、3）。

标本06XTLT15⑨：2，仅残存领部和肩部。领外壁饰一宽一窄的条带彩，上面一道较宽，下面一道较窄，在宽条带彩的部位饰刻划纹；肩外壁残留条带等彩；领内壁近口沿处饰两道窄条带彩。口径16、残高7、壁厚0.3~0.6厘米（图三六：8；图版二〇：4、5）。

杯　有ＡⅠ式杯。

标本06XTLT3⑨：3，仅残存圈足。白陶。外壁饰戳印纹，部分戳槽内有凸起的短线纹。圈足上有镂孔。底径12、残高4.2、壁厚0.5~0.8厘米（图三七：4）。

标本06XTLT6⑦：2，仅残存圈足。白陶。外壁饰戳印纹，戳槽内有凸起的短线纹。圈足上部有圆形镂孔。底径11、残高3.8、壁厚0.3~0.8厘米（图三七：6；图版二一：1、2）。

标本06XTLT8⑧：2，仅残存圈足。白陶。外壁饰戳印纹，有的戳槽内有凸起的短线纹。底径16、残高4.8、壁厚0.3~0.4厘米（图三七：5；图版二一：3、4）。

标本06XTLT12⑧：9，圈足残。磨光黑陶。外壁饰条带、菱格等戳印纹，戳槽内有凸起的短线纹。圈足上部有圆形镂孔。口径16.4、残高13、腹径11.6、壁厚0.4~0.6厘米（图三七：7；

图版二一：5、6）。

标本06XTLT14⑧：4，圈足残。白陶。外壁饰戳印纹，戳槽内有凸起的短线纹。口径16.6、残高11.8、腹径12.8、壁厚0.4~0.8厘米（图三七：8；图版二二：1、2）。

（二）夹砂陶

有釜、支脚和一件不知名器的口沿。

釜　有A型釜。

标本06XTLT1⑧：28，橙黄陶。颈部以下饰竖细绳纹。口径24、残高4.4、壁厚0.4~0.6厘米（图三八：1）。

标本06XTLT3⑨：4，底部残。灰黑陶。颈部饰竖细绳纹，肩部以下饰交错细绳纹。外壁残留烟炱。口径15.2、腹径19.2、复原高19.6、壁厚0.6~0.8厘米（图三八：5；图版四六：5）。

标本06XTLT3⑨：5，灰陶。外壁残留烟炱。口径28、残高4.8、壁厚0.4~0.8厘米（图三八：2）。

标本06XTLT5⑦：7，灰陶。颈部以下饰竖细绳纹，外壁残留烟炱。口径24、残高6.4、壁厚0.8厘米（图三八：3）。

标本06XTLT5⑦：9，灰陶。颈部以下饰竖细绳纹，外壁残留烟炱。口径24、残高10、壁厚0.8~1厘米（图三八：9；图版四六：6）。

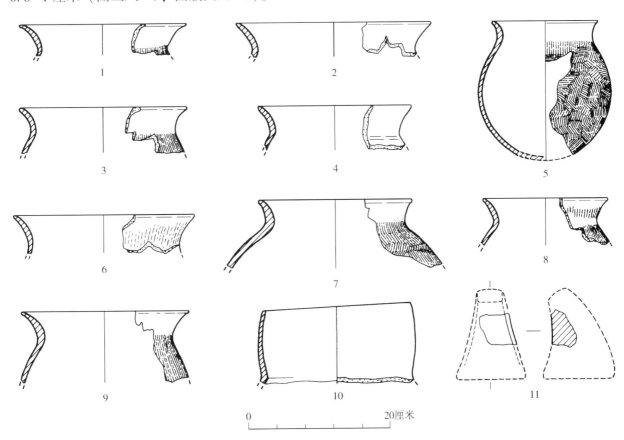

图三八　第1段A型陶釜、B型陶支脚、不知名器口沿

1~9. A型陶釜（06XTLT1⑧：28、06XTLT3⑨：5、06XTLT5⑦：7、06XTLT8⑧：3、06XTLT3⑨：4、06XTLT14⑧：23、06XTLT9⑧：1、06XTLT12⑧：11、06XTLT5⑦：9）　10. 不知名器口沿（06XTLT14⑧：3）　11. B型陶支脚（06XTLT1⑧：32）

标本 06XTLT8⑧：3，灰陶。口径 22、残高 6.2、壁厚 0.5~0.8 厘米（图三八：4）。

标本 06XTLT9⑧：1，灰陶。颈部以下饰竖细绳纹，外壁残留烟炱。口径 22、残高 9.6、壁厚 1~1.2 厘米（图三八：7；图版四七：1）。

标本 06XTLT12⑧：11，灰黑陶。领部以下饰竖细绳纹。口径 18、残高 6.6、壁厚 0.6~0.8 厘米（图三八：8）。

标本 06XTLT14⑧：23，灰陶。领部饰竖细绳纹，外壁残留烟炱。口径 26、残高 5.4、壁厚 0.4~0.8 厘米（图三八：6）。

支脚　有 B 型支脚。

标本 06XTLT1⑧：32，残甚。橙黄陶。素面。复原后顶部长 3.8、顶部宽 3.2、底部长 10、底部宽 10、高 12.4 厘米（图三八：11；图版四七：2）。

不知名器口沿　标本 06XTLT14⑧：3，仅存口沿部。灰陶，素面。口微敛，圆唇，高领，领壁向外微弧。口径 21、残高 10.8、壁厚 0.4~0.8 厘米（图三八：10；图版四七：3）。

二　石质品

石质品共 19 件，有锛（占 21.1%）、凹石（占 15.8%）、砧（占 15.8%）、砺石（占 10.5%）以及石料（占 36.8%）（表一○）等。

表一○　第 1 段石器、石料统计表

器　名	锛	凹　石	砧	砺　石	石　料	合　计
件　数	4	3	3	2	7	19
百分比	21.1	15.8	15.8	10.5	36.8	100

锛　4 件。只有 A 型锛。

标本 06XTLT1⑧：5，泥质粉砂岩，有层理，灰黄绿色。微弧顶，单面微弧刃。顶部、两侧及两面均有崩疤，刃部有崩损。长 5.7、宽 5.1、厚 1.6 厘米，重 82 克（图三九：1；图版七○：1）。

标本 06XTLT1⑧：6，含炭质粉砂岩，灰黑色。斜顶，单面微弧刃。一面有崩疤。长 4.8、宽 4.4、厚 1.5 厘米，重 60 克（图三九：2；图版七○：2）。

标本 06XTLT3⑨：1，安山玢岩，灰绿色。微弧顶，单面微弧刃。长 5.8、宽 5.3、厚 1.4 厘米，重 74 克（图三九：4；图版七○：3）。

标本 06XTLT12⑧：2，泥质粉砂岩，灰黄绿色。微弧顶，弧刃。顶部及两面有崩疤，刃部有崩损。长 6、宽 5.5、厚 1.5 厘米，重 76 克（图三九：3；图版七○：4）。

凹石　3 件。只有 A 型凹石。

标本 06XTLT2⑧：3，砂岩，土黄色。两面各有一个砸击的椭圆形浅凹窝。直径 7.2~8、厚 2.4 厘米，重 218 克（图三九：6；图版七○：5）。

标本 06XTLT12⑧：3，硅质砂岩，灰白色。两面各有一个砸击的椭圆形浅凹窝。直径 9~10.7、厚 3.4 厘米，重 580 克（图三九：5；图版七○：6）。

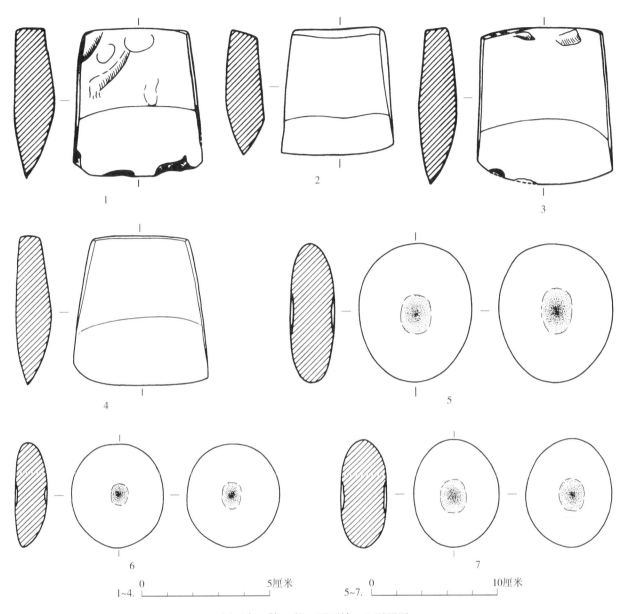

图三九　第 1 段 A 型石锛、A 型凹石

1～4. A 型石锛（06XTLT1⑧：5、06XTLT1⑧：6、06XTLT12⑧：2、06XTLT3⑨：1）

5～7. A 型凹石（06XTLT12⑧：3、06XTLT2⑧：3、06XTLT14⑧：8）

标本 06XTLT14⑧：8，硅质砂岩，灰黄白色。两面各有一个砸击的椭圆形浅凹窝。直径 6.9～8.3、厚 3.6 厘米，重 310 克（图三九：7；图版七一：1）。

砧　3 件。标本 06XTLT2⑧：2，石英长石砂岩，土黄色。略呈梯形，一面有砸击窝痕。长 16、宽 11、厚 3.3 厘米，重 872 克（图四〇：1；图版七一：2）。

标本 06XTLT14⑧：5，英安斑岩，土黄色。略呈梯形，一面有砸击窝痕，局部有黑色附着物。长 19、宽 15.5、厚 5.6 厘米，重 2286 克（图四〇：11；图版七一：3）。

标本 06XTLT14⑧：14，花岗岩，褐红色。略呈梯形，一面有砸击窝痕，局部有黑色附着物。长 19.6、宽 17.4、厚 6.6 厘米，重 2884 克（图四〇：12；图版七一：4）。

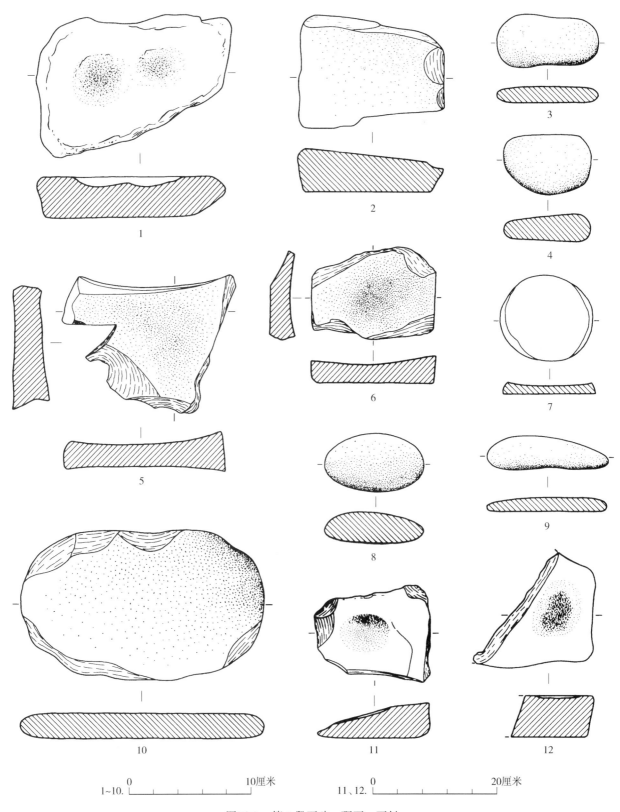

图四〇　第1段石砧、砺石、石料

1、11、12. 石砧（06XTLT2⑧：2、06XTLT14⑧：5、06XTLT14⑧：14）　2~4、7~10. 石料（06XTLT14⑧：7、
06XTLT14⑧：13、06XTLT14⑧：6、06XTLT14⑧：11、06XTLT14⑧：10、06XTLT14⑧：12、06XTLT1⑧：7）

5、6. 砺石（06XTLT6⑦：1、06XTLT14⑧：9）

砺石　2件。标本06XTLT6⑦：1，粉砂岩，褐黄色。呈不规则形，有三个磨面。长14.2、宽10.2、厚3厘米，重518克（图四〇：5；图版七一：5）。

标本06XTLT14⑧：9，粉砂岩，紫红色。呈不规则形，有两个磨面。长10.1、宽7.1、厚2.2厘米，重202克（图四〇：6；图版七一：6）。

石料　7件。标本06XTLT1⑧：7，页岩，土黄色。扁平椭圆形，周缘有崩疤。长径20、短径12、厚2厘米，重808克（图四〇：10；图版七二：1）。

标本06XTLT14⑧：6，硅质岩，灰白色。略呈椭圆形。长径7、短径4.8、厚2.2厘米，重130克（图四〇：4；图版七二：2）。

标本06XTLT14⑧：7，硅质岩，黄白色。略呈梯形，一端有崩疤。长11.8、宽9、厚3.4厘米，重692克（图四〇：2；图版七二：3）。

标本06XTLT14⑧：10，红柱石角岩，灰黄色。略呈椭圆形。长径8、短径4.6、厚2.5厘米，重146克（图四〇：8）。

标本06XTLT14⑧：11，泥质板岩，灰黑色。呈圆饼状，表面有黑色附着物。直径6.8~7.5、厚0.9厘米，重54克（图四〇：7；图版七二：4）。

标本06XTLT14⑧：12，板岩，灰白色。略呈扁平柳叶形，表面有黑色附着物。长9.9、宽2.7、厚1.1厘米，重34克（图四〇：9；图版七二：5）。

标本06XTLT14⑧：13，粉砂岩，灰褐色。略呈长条形，微束腰，表面有黑色附着物。长8.2、宽4.2、厚1.3厘米，重62克（图四〇：3；图版七二：6）。

第二节　第2段遗物

一　陶　器

据统计，陶器中夹砂陶占55.9%，有灰陶（占34.6%）、灰黑陶（占14.0%）和橙黄陶（占7.3%）；泥质陶占44.1%，有白陶（占12.3%）、黄白陶（占29.8%）和磨光黑陶（占2.0%）（表一一）。

表一一　第2段陶质、陶色统计表

陶　质	夹　砂			泥　质		
陶　色	灰　陶	灰黑陶	橙黄陶	白　陶	黄白陶	黑　陶
百分比	34.6	14.0	7.3	12.3	29.8	2.0
	55.9			44.1		
	100					

陶器上的纹饰主要有绳纹（占74.8%）（图四一：1、2）、戳印纹（占18.2%）（图四一：3~13；图四二~四五；图四六，1~4、6~8、10~12）、凸点纹（占2.1%）（图四六：5、9）以及极个别的刻划凹弦纹，另外还有素面陶片（占4.9%）（表一二）。绳纹为细绳纹，平行的绳纹通常

0   5厘米

图四一　第2段绳纹、戳印纹拓片

1、2. 绳纹（06XTLT5⑤、06XTLT12⑥）　3~13. 戳印纹（06XTLT3⑦、06XTLT2⑥、06XTLT1⑥：13、06XTLT18⑥：1、
06XTLT1⑥、06XTLT1⑥、06XTLT2⑥、06XTLT1⑥、06XTLT15⑥、06XTLT3⑦、06XTLT18⑥：2）

图四二　第 2 段戳印纹拓片

1、11. 06XTLT5⑤　2. 06XTLT6⑤：6　3、9、10. 06XTLT6⑤　4、7、14~17. 06XTLT2⑥　5. 06XTLT12⑥　6. 06XTLT15⑥
8. 06XTLT14⑥　12. 06XTLT4⑥　13. 06XTLT8⑥　18. 06XTLT3⑦　19. 06XTLT1⑥

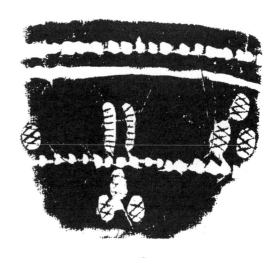

图四三　第 2 段戳印纹拓片

1. 06XTLT4⑥：1　　2. 06XTLT7⑤：3　　3. 06XTLT5⑤　　4. 06XTLT2⑥：1　　5. 06XTLT12⑥：4

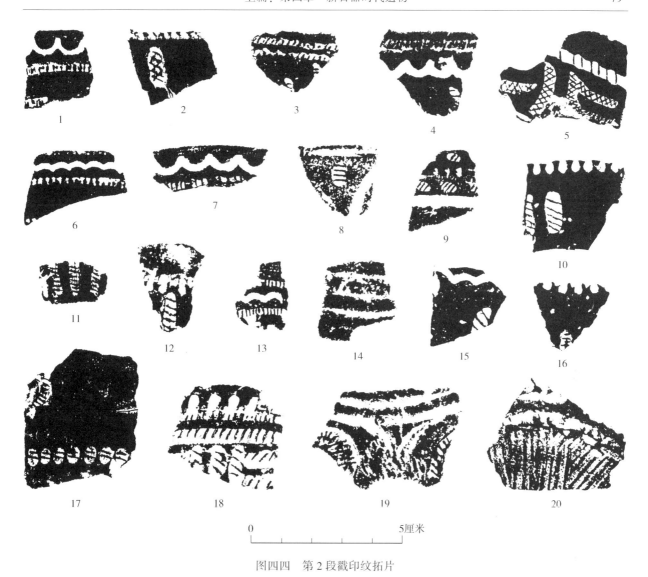

图四四　第 2 段戳印纹拓片

1. 06XTLT3⑦　2. 06XTLT7⑤　3、14. 06XTLT2⑥　4、20. 06XTLT15⑥　5、10、15、17、18. 06XTLT1⑥

6、7. 06XTLT12⑥　8、13. 06XTLT6⑤　9、11. 06XTLT5⑤　12、16. 06XTLT14⑥　19. 06XTLT7⑥

每厘米见方有8～10根，均为滚压而成，饰于陶釜颈部以下，腹上部基本为竖绳纹，腹下部及底部
则见交错绳纹；戳印纹比较细密，经模拟实验可知是用竹片做成不同形状端面的戳子戳印而成的
组合图案（附录一），较特殊的图案有简化的兽面形象，饰于白陶盘、杯的外壁；凸点纹由不规则
的大小不一的凸圆点组成，饰于白陶圈底钵（A 型钵）的外壁。可以确定器形的素面器物有支脚，
还有一些素面白陶片和黄白陶片都比较碎小，难以确定器形。圈足器圈足上的镂孔一般较小。

表一二　第 2 段陶器纹饰统计表

纹　饰	绳　纹	戳印纹	凸点纹	素　面
百分比	74.8	18.2	2.1	4.9
	100			

注：陶器及陶片上的彩陶纹样不作为纹饰看待，仅施彩的未统计在内。

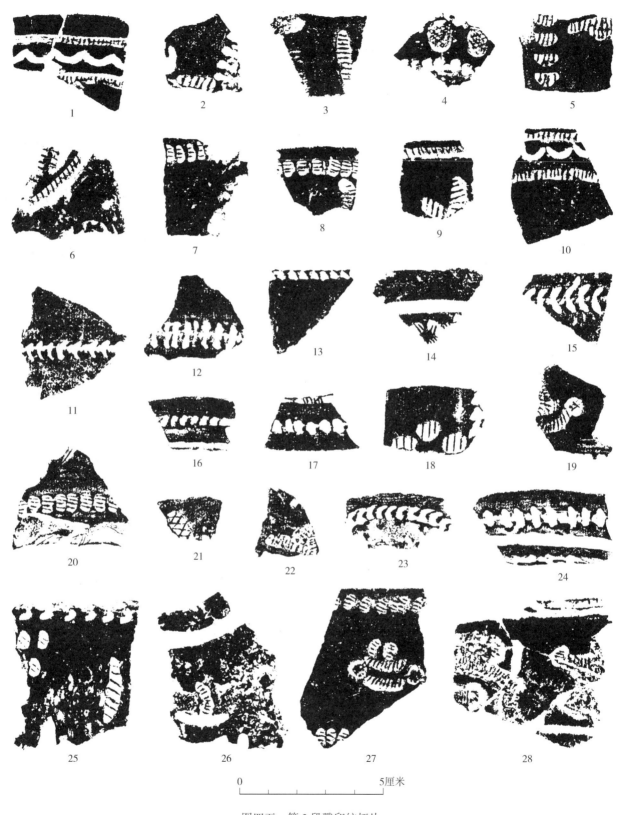

图四五　第2段戳印纹拓片

1、5、24. 06XTLT15⑥　2、8、12、15、18、19. 06XTLT12⑥　3、6、7、10、22. 06XTLT2⑥　4、16、23、26. 06XTLT3⑦
9、27. 06XTLT7⑥　11、17、21. 06XTLT7⑤　20、28. 06XTLT8⑥　13. 06XTLT5⑤　14. 06XTLT14⑥　25. 06XTLT1⑥

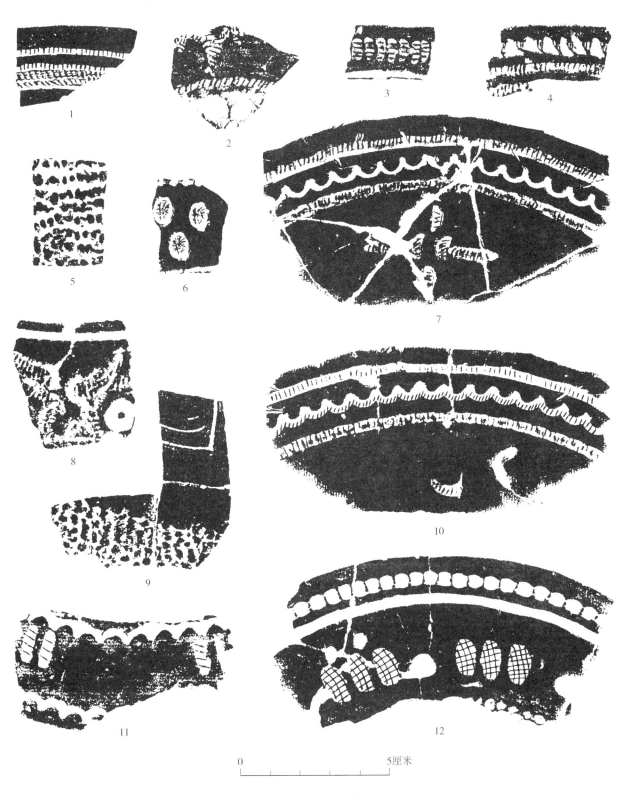

图四六　第 2 段戳印纹、凸点纹拓片

1~4、6~8、10~12. 戳印纹（06XTLT2⑥、06XTLT1⑥、06XTLT1⑥、06XTLT1⑥、06XTLT15⑥、06XTLT5⑤：1、06XTLT8⑥、06XTLT14⑥：1、06XTLT1⑥：15、06XTLT1⑥：11）　5、9. 凸点纹（06XTLT2⑥、06XTLT2⑥）

彩陶器均为泥质陶,彩主要施在黄白陶的盘、罐的外壁以及圈足和罐口沿的内壁。所施的彩为赭红色,盘、罐外壁的纹样多为窄条带纹、细曲线纹和连续的点状纹,圈足和罐口沿内壁的纹样多为窄条带纹(图一二:7~13),纹样的整体风格比较纤细。施彩的陶器共占陶器总量的31.8%。

陶器成型方法,除了支脚为捏塑法外,其余为泥片贴筑法。器物成型后经刮削、拍打及用湿手抹平,泥质陶一般经磨光。总体来看,器物烧造的火候比较高,陶质比较硬。

陶器的组合为釜(占53.5%)、圈足盘(占28.1%)、罐(占9.3%)、杯(占5.2%)、钵(占1.5%)和支脚(占2.4%)(表一三)。

表一三 第2段陶器器类统计表

器 类	釜	圈足盘	罐	杯	钵	支 脚
百分比	53.5	28.1	9.3	5.2	1.5	2.4
	100					

(一)泥质陶

有圈足盘、罐、杯和钵。

圈足盘 有AⅡ式、BⅠ式和CⅡ式圈足盘。

AⅡ式 均为黄白陶,施赭红色彩。

标本06XTLT1⑥:10,圈足残。外壁近口沿处和腹下部残留条带彩。口径16.2、残高5、壁厚0.3~0.6厘米(图四七:1;图版二二:3)。

标本06XTLT1⑥:14,圈足残。外壁近口沿处和腹下部各饰两道条带彩,腹及圈足相接处饰一道条带彩。口径17.2、残高4.6、壁厚0.2~0.4厘米(图四七:2;图版二二:4)。

标本06XTLT4⑥:5,残存腹部和圈足上部。腹部饰条带、曲线和连续点状纹彩,圈足部残留条带纹彩。残高4.4、残宽6.6、壁厚0.3~0.6厘米(图四七:7)。

标本06XTLT6⑤:1,腹外壁及圈足外壁饰点状、曲线及条带纹彩,圈足内壁近底处饰一道窄条带彩。口径20、高7.4、圈足底径16.6、壁厚0.3~0.7厘米(图四七:4;图版二二:5)。

标本06XTLT12⑥:5,圈足残。外壁饰条带、曲线和连续的点状纹彩。口径17.4、残高5.2、壁厚0.2~0.4厘米(图四七:5;图版二三:1)。

标本06XTLT12⑥:6,圈足残。外壁残留条带和点状纹彩。口径17.8、残高6.4、壁厚0.2~0.6厘米(图四七:3;图版二三:2)。

标本06XTLT14⑥:5,圈足残。口沿外侧饰间断条带彩。口径20.6、残高5.2、壁厚0.2~0.6厘米(图四七:6)。

BⅠ式 均为白陶。

标本06XTLT3⑦:4,残存口沿和腹上部。外壁戳印有两道条纹和一道水波纹等纹饰,条纹戳槽内有凸起的短线纹。口径20、残高3.4、壁厚0.4~0.6厘米(图四七:8)

标本06XTLT4⑥:1,圈足残。外壁近口沿处及腹上部有两道条状戳印纹和两排椭圆形的戳印

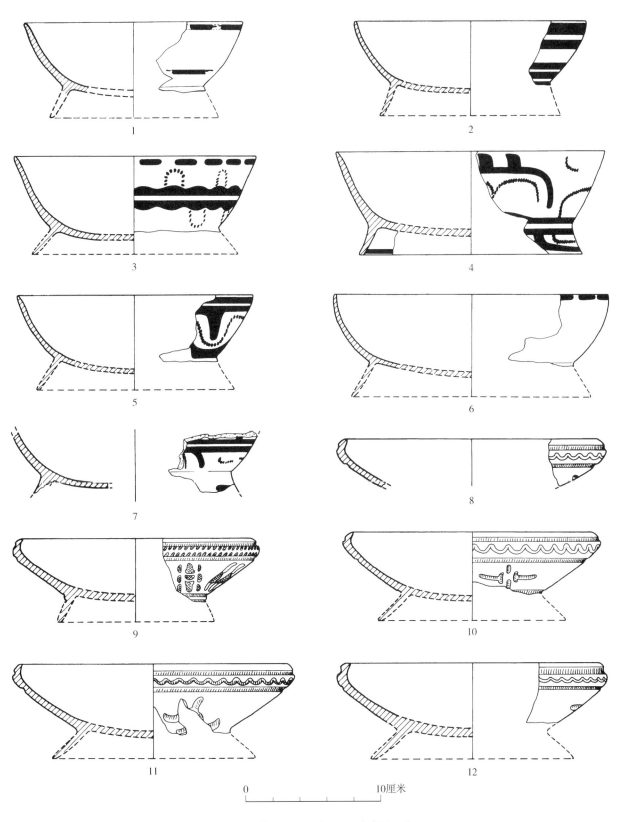

图四七　第 2 段 A Ⅱ 式、B Ⅰ 式陶圈足盘

1~7. A Ⅱ 式（06XTLT1⑥：10、06XTLT1⑥：14、06XTLT12⑥：6、06XTLT6⑤：1、06XTLT12⑥：5、06XTLT14⑥：5、06XTLT4⑥：5）　8~12. B Ⅰ 式（06XTLT3⑦：4、06XTLT4⑥：1、06XTLT5⑤：1、06XTLT14⑥：1、06XTLT14⑥：2）

纹，戳槽内有凸起的短线纹；腹中部饰戳印纹，戳槽内有凸起的菱格纹；腹下部与圈足相接处戳印两道条纹，戳槽内有凸起的短线纹。口径17.8、残高4.4、壁厚0.3~0.4厘米（图四七：9；图版二三：3、4）。

标本06XTLT5⑤：1，圈足残。外壁近口沿处和腹上部饰两道戳印条纹和一道戳印水波纹，条纹戳槽内有凸起的短线纹；腹中部饰戳印纹，戳槽内有凸起的短线纹；腹下部与圈足相接处有一道戳印条纹，戳槽内有凸起的短线纹。口径18.8、残高4.6、壁厚0.2~0.5厘米（图四七：10；图版二三：5、6）。

标本06XTLT5⑤：12，残存口沿和腹上部。近口沿部有一道条状戳印纹，戳槽内有凸起的短线纹；腹上部有戳印的水波纹，腹下部残留戳印纹，戳槽内有凸起的短线纹。口径24、残高4.4、壁厚0.4~0.8厘米（图四八：2）。

标本06XTLT6⑤：11，残存口沿和腹上部。外壁戳印一道条纹和一道水波纹，条纹戳槽内有凸起的短线纹。口径22、残高2.2、壁厚0.4~0.7厘米（图四八：1）。

标本06XTLT14⑥：1，圈足残。外壁近口沿处和腹上部饰两道戳印条纹及一道戳印水波纹，戳槽内有凸起的短线纹；腹中部残留戳印纹，戳槽内有凸起的短线纹。口径20.2、残高5、壁厚0.2~0.6厘米（图四七：11；图版二四：1、2）。

标本06XTLT14⑥：2，圈足残。外壁近口沿处和腹上部饰两道戳印条纹及一道戳印水波纹，条纹戳槽内有凸起的短线纹；腹部饰戳印纹，戳槽内有凸起的短线纹。口径19.6、残高4.4、壁厚0.6~0.7厘米（图四七：12；图版二四：3、4）。

CⅡ式　黄白陶，施赭红色彩。

标本06XTLT1⑥：9，外壁和圈足内壁饰条带纹等彩。口径20、高7.8、圈足底径16、壁厚0.2~0.5厘米（图四八：11；图版二四：5）。

标本06XTLT1⑥：12，外壁近口沿部和腹部饰条带纹和点状纹彩，圈足内外壁饰条带纹彩。圈足上部有圆形小镂孔。口径16.8、高7.6、圈足底径14.6、壁厚0.2~0.6厘米（图四八：5；图版二五：1、2）。

标本06XTLT1⑥：21，残存口沿和腹上部。外壁饰窄条带和连续点状纹等彩。口径22、残高4.4、壁厚0.3~0.5厘米（图四八：3）。

标本06XTLT2⑥：10，外壁近口沿处有连续的点状纹彩，腹外壁有条带纹等彩，圈足外壁饰一道条带彩，内壁饰连续的点状纹彩。口径17.8、高7、圈足底径13.9、壁厚0.2~0.6厘米（图四八：7；图版二五：3、4）。

标本06XTLT2⑥：12，圈足残。外壁近口沿处饰条带彩，腹外壁饰条带和连续点状纹彩。口径18、残高5.8、壁厚0.2~0.6厘米（图四八：8；图版二五：5、6）。

标本06XTLT2⑥：13，圈足残。外壁口沿上部和腹中部有戳印的连续点状纹，器表隐约残留赭红色彩。口径17.2、残高5.2、壁厚0.3~0.5厘米（图四八：9；图版二六：1）。

标本06XTLT3⑦：3，残存口沿和腹上部。外壁饰窄条带和连续点状纹彩，腹上部有一道刻划纹。口径18、残高4、壁厚0.4~0.6厘米（图四八：4）。

标本06XTLT5⑤：6，彩脱落殆尽，圈足上部有圆形小镂孔。口径19.6、高7.2、圈足底径

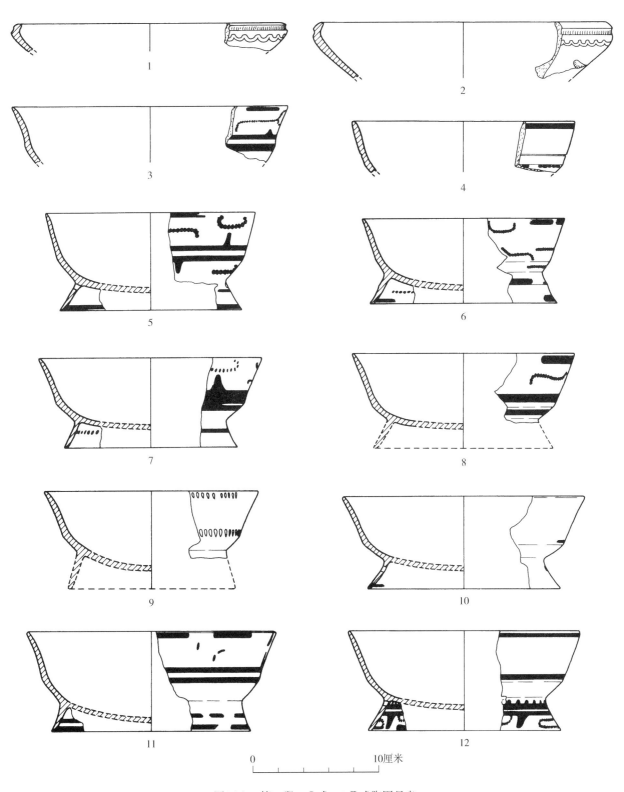

图四八　第2段BⅠ式、CⅡ式陶圈足盘

1、2. BⅠ式（06XTLT6⑤：11、06XTLT5⑤：12）　　3~12. CⅡ式（06XTLT1⑥：21、06XTLT3⑦：3、06XTLT1⑥：12、
06XTLT6⑤：5、06XTLT2⑥：10、06XTLT2⑥：12、06XTLT2⑥：13、06XTLT5⑤：6、06XTLT1⑥：9、06XTLT6⑤：7）

15.6、壁厚 0.2~0.4 厘米（图四八：10；图版二六：2）。

标本 06XTLT5⑤：8，残存腹部和圈足上部。腹外壁饰连续点状纹和两道条带彩。残高 3.6、残宽 6.8、壁厚 0.3~0.5 厘米（图四九：1）。

标本 06XTLT6⑤：5，器外壁及圈足内壁饰条带纹和连续的点状纹彩。口径 16.5、高 6.6、圈足底径 15.2、壁厚 0.2~0.5 厘米（图四八：6；图版二六：3、4）。

标本 06XTLT6⑤：7，外壁近口沿处和腹中部各饰一道条带纹彩，圈足内外壁饰条带纹和连续点状纹彩。圈足上部有圆形小镂孔。口径 18.8、高 7.8、圈足底径 15.5、壁厚 0.2~0.4 厘米（图四八：12；图版二六：5、6）。

标本 06XTLT6⑤：8，外壁近口沿处饰条带纹彩，腹外壁及圈足内外壁均饰条带纹和连续点状纹彩。圈足上部有圆形小镂孔。口径 17、高 6.6、圈足底径 15、壁厚 0.2~0.5 厘米（图四九：3；图版二七：1、2）。

标本 06XTLT6⑤：9，残存口沿和腹上部。外壁饰条带和连续点状纹等彩。口径 17、残高 5、壁厚 0.2~0.4 厘米（图四九：2）。

标本 06XTLT10⑥：1，圈足残。外壁残留条带彩。口径 17、残高 5.8、壁厚 0.2~0.4 厘米（图四九：4；图版二七：3）。

标本 06XTLT12⑥：1，外壁饰条带、曲线及连续的点状纹彩，圈足内壁饰条带纹和连续的点状纹彩。圈足上部有圆形小镂孔，足底略呈连续的弧状。口径 17.4、高 7.4、圈足底径 14.2、壁厚 0.2~0.6 厘米（图四九：5；图版二七：4、5）。

标本 06XTLT12⑥：7，器表经火烧，有的部分呈黑色。腹下部有两道条带纹彩和连续点状纹彩，圈足外壁饰条带纹彩。圈足上部有圆形小镂孔，足底部略呈连续的弧状。口径 17.4、高 7.8、圈足底径 14.4、壁厚 0.2~0.6 厘米（图四九：6；图版二七：6）。

圈足盘口沿　仅残存口沿部，黄白陶，施赭红色彩。难以确定是 A Ⅱ 式还是 C Ⅱ 式圈足盘。

标本 06XTLT1⑥：17，外壁饰条带和连续点状纹彩。口径 18、残高 3、壁厚 0.3 厘米（图四九：7）。

标本 06XTLT1⑥：18，外壁饰条带和曲线纹彩。口径 16、残高 3.4、壁厚 0.3~0.5 厘米（图四九：8）。

标本 06XTLT1⑥：22，外壁饰条带和连续点状纹彩。口径 16、残高 3.2、壁厚 0.3~0.4 厘米（图四九：9）。

标本 06XTLT2⑥：15，外壁饰条带和连续点状纹彩。口径 18、残高 3、壁厚 0.4~0.5 厘米（图四九：10）。

标本 06XTLT2⑥：22，外壁饰一道条带纹彩。口径 16、残高 2.8、壁厚 0.4~0.5 厘米（图四九：11）。

标本 06XTLT2⑥：32，外壁饰条带和连续点状纹彩。口径 16、残高 2.7、壁厚 0.4 厘米（图四九：12）。

标本 06XTLT3⑦：9，外壁饰条带和连续点状纹等彩。口径 20、残高 3.4、壁厚 0.3~0.4 厘米（图五〇：1）。

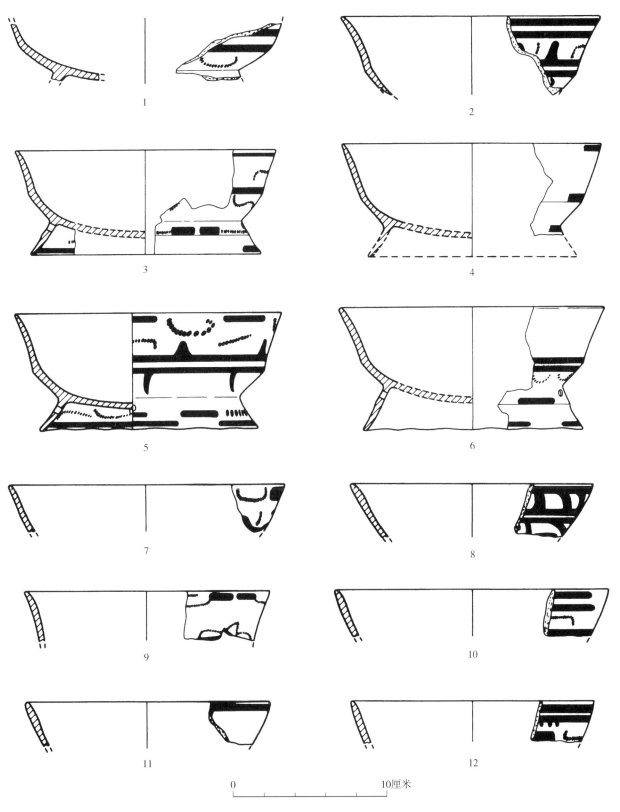

图四九　第 2 段 CⅡ式陶圈足盘、陶圈足盘口沿

1~6. CⅡ式陶圈足盘（06XTLT5⑤：8、06XTLT6⑤：9、06XTLT6⑤：8、06XTLT10⑥：1、06XTLT12⑥：1、06XTLT12⑥：7）

7~12. 陶圈足盘口沿（06XTLT1⑥：17、06XTLT1⑥：18、06XTLT1⑥：22、06XTLT2⑥：15、06XTLT2⑥：22、06XTLT2⑥：32）

0   10厘米

图五〇　第2段陶圈足盘口沿、盘圈足

1~6. 陶圈足盘口沿（06XTLT3⑦：9、06XTLT3⑦：13、06XTLT6⑤：10、06XTLT9⑥：1、06XTLT12⑥：8、06XTLT12⑥：10）

7~16. 盘圈足（06XTLT4⑥：6、06XTLT8⑥：2、06XTLT4⑥：7、06XTLT5⑤：13、06XTLT5⑤：7、06XTLT3⑦：14、06XTLT3⑦：11、06XTLT15⑥：1、06XTLT3⑦：15、06XTLT2⑥：17）

标本06XTLT3⑦：13，外壁饰连续点状纹和两道条带彩。口径20、残高2.6、壁厚0.2~0.5厘米（图五〇：2）。

标本06XTLT6⑤：10，外壁饰条带纹彩。口径20、残高2.6、壁厚0.4厘米（图五〇：3）。

标本06XTLT9⑥：1，外壁饰条带和连续点状纹等彩。口径16、残高4.2、壁厚0.4厘米（图五〇：4）。

标本 06XTLT12⑥：8，外壁饰条带和连续点状纹彩。口径 18、残高 2.8、壁厚 0.3~0.5 厘米（图五〇：5）。

标本 06XTLT12⑥：10，外壁残留条带和连续点状纹等彩。口径 18、残高 2.6、壁厚 0.4~0.6 厘米（图五〇：6）。

盘圈足　仅残存圈足部，黄白陶，施赭红色彩。难以确定是 AⅡ式、BⅠ式还是 CⅡ式盘的圈足。圈足壁较薄，圈足底径一般在 12~18 厘米之间。

标本 06XTLT2⑥：17，外壁饰连续点状纹和两道条带纹彩，内壁饰两道条带纹彩。圈足上有镂孔。底径 16、残高 3.2、壁厚 0.4~0.7 厘米（图五〇：16）。

标本 06XTLT3⑦：11，外壁饰连续点状纹彩，内壁饰连续点状纹和条带纹彩。圈足上有镂孔。底径 14、残高 2.4、壁厚 0.2~0.4 厘米（图五〇：13）。

标本 06XTLT3⑦：14，内外壁均饰连续点状纹等彩。圈足上有镂孔。底径 16、残高 3、壁厚 0.3~0.6 厘米（图五〇：12）。

标本 06XTLT3⑦：15，外壁饰连续点状纹彩，内壁饰两道条带纹彩。底径 16、残高 2.6、壁厚 0.2~0.5 厘米（图五〇：15）。

标本 06XTLT4⑥：6，外壁饰条带纹和连续点状纹彩，内壁饰一道条带纹彩。底径 14、残高 2.2、壁厚 0.3 厘米（图五〇：7）。

标本 06XTLT4⑥：7，外壁饰两道条带纹彩，内壁饰一道条带纹彩。底径 14、残高 2.2、壁厚 0.3~0.4 厘米（图五〇：9）。

标本 06XTLT5⑤：7，外壁饰条带及曲线纹彩，内壁底部饰一道条带纹彩。底径 14.6、残高 3.8、壁厚 0.3~0.6 厘米（图五〇：11；图版二八：1、2）。

标本 06XTLT5⑤：13，外壁饰一道条带纹和连续点状纹彩，内壁饰一道条带纹彩。底径 14、残高 2.4、壁厚 0.4 厘米（图五〇：10）。

标本 06XTLT8⑥：2，内外壁均饰条带纹彩。底径 14、残高 2.4、壁厚 0.2~0.4 厘米（图五〇：8）。

标本 06XTLT15⑥：1，外壁饰连续点状纹和条带纹彩，内壁饰两道条带纹彩。圈足上部有圆形小镂孔。底径 15、残高 2.0、壁厚 0.2~0.5 厘米（图五〇：14；图版二八：3、4）。

罐　有 A 型和 B 型罐。黄白陶，施赭红色彩。

A 型　器壁较厚，底径一般在 18 厘米以上。

标本 06XTLT1⑥：19，仅残存圈足。外壁饰条带纹和曲线纹等彩。底径 18.1、残高 3、壁厚 0.2~0.4 厘米（图五一：8）。

标本 06XTLT2⑥：11，仅残存圈足。外壁残留条带纹彩。圈足上部有圆形镂孔。底径 28、残高 6.5、壁厚 0.2~0.6 厘米（图五一：12；图版二八：5）。

标本 06XTLT2⑥：16，仅残存圈足。外壁饰条带纹和连续点状纹等彩。底径 24、残高 4.4、壁厚 0.4~0.6 厘米（图五一：5）。

标本 06XTLT2⑥：18，仅残存圈足。内外壁均饰两道条带纹彩。圈足上有圆形镂孔。底径 18.2、残高 2.4、壁厚 0.3~0.5 厘米（图五一：11）。

　　标本 06XTLT2⑥：33，仅残存圈足。内外壁均饰条带纹彩。圈足上有圆形镂孔。底径 18.1、残高 2.2、壁厚 0.3~0.4 厘米（图五一：10）。

　　标本 06XTLT3⑦：2，仅残存领部。外壁饰条带纹和曲线纹彩，内壁近口沿处有两道条带纹彩。口径 16、残高 5.6、壁厚 0.4~0.6 厘米（图五一：3）。

　　标本 06XTLT3⑦：12，仅残存圈足。外壁残留条带纹等彩。底径 22、残高 3.2、壁厚 0.4~0.5 厘米（图五一：2）。

　　标本 06XTLT5⑤：2，残存领部和肩部。领内外壁和肩部外壁均饰条带纹彩。口径 13、残高

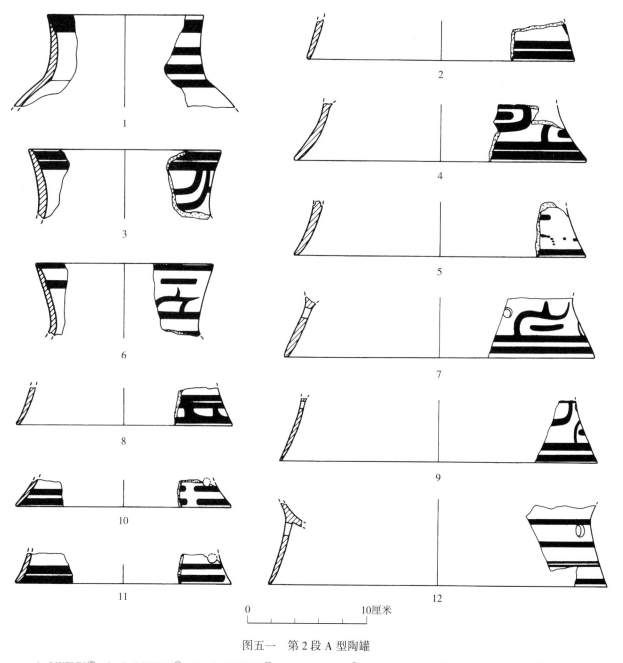

图五一　第 2 段 A 型陶罐

1. 06XTLT5⑤：2　2. 06XTLT3⑦：12　3. 06XTLT3⑦：2　4. 06XTLT6⑤：12　5. 06XTLT2⑥：16　6. 06XTLT7⑥：3

7. 06XTLT5⑤：3　8. 06XTLT1⑥：19　9. 06XTLT6⑤：4　10. 06XTLT2⑥：33　11. 06XTLT2⑥：18　12. 06XTLT2⑥：11

7.4、壁厚0.2~0.7厘米（图五一：1；图版二九：1、2）。

标本06XTLT5⑤：3，仅残存圈足。外壁饰条带纹和曲线纹彩。圈足上部有圆形镂孔。底径25.6、残高4.8、壁厚0.3~0.6厘米（图五一：7；图版二九：3、4）。

标本06XTLT6⑤：4，仅残存圈足。外壁饰条带纹、曲线纹及点状纹彩。圈足上部有圆形镂孔。底径26.2、残高5、壁厚0.2~0.4厘米（图五一：9；图版二九：5、6）。

标本06XTLT6⑤：12，仅残存圈足。外壁饰条带纹和曲线纹等彩。底径24、残高4.6、壁厚0.4~0.6厘米（图五一：4）。

标本06XTLT7⑥：3，仅残存领部。外壁饰条带纹和曲线纹彩，内壁饰两道条带纹彩。口径14.8、残高5.8、壁厚0.2~0.4厘米（图五一：6；图版三〇：1、2）。

B型　标本06XTLT7⑥：1，圈足残。领部较矮且较斜。外壁通体饰条带纹、曲线纹和连续点状纹等彩。圈足上部有圆形镂孔。口径12.2、腹径17.3、残高16.4、壁厚0.2~0.6厘米（图五二：5；图版三〇：3、4）。

残罐　仅残存腹部或肩部，黄白陶，施赭红色彩。难以确定是A型还是B型罐。

标本06XTLT2⑥：24，残存腹部。外壁饰曲线纹和连续点状纹彩。残高4.7、残宽6、壁厚0.3厘米（图五二：6）。

标本06XTLT2⑥：25，残存肩部。溜肩。外壁饰条带纹、曲线纹和连续点状纹彩。残高6.2、残宽11、壁厚0.4~0.6厘米（图五二：1）。

标本06XTLT4⑥：4，残存腹部。外壁饰曲线纹和连续点状纹等彩。残高4、残宽6、壁厚0.4厘米（图五二：7）。

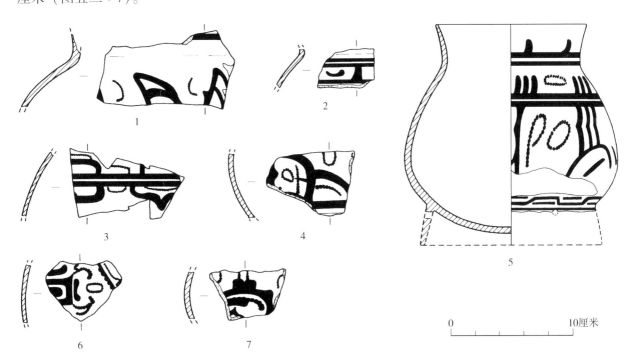

图五二　第2段B型陶罐、残陶罐

1~4、6、7. 残陶罐（06XTLT2⑥：25、06XTLT4⑥：8、06XTLT14⑥：7、06XTLT5⑤：14、06XTLT2⑥：24、06XTLT4⑥：4）　5. B型陶罐（06XTLT7⑥：1）

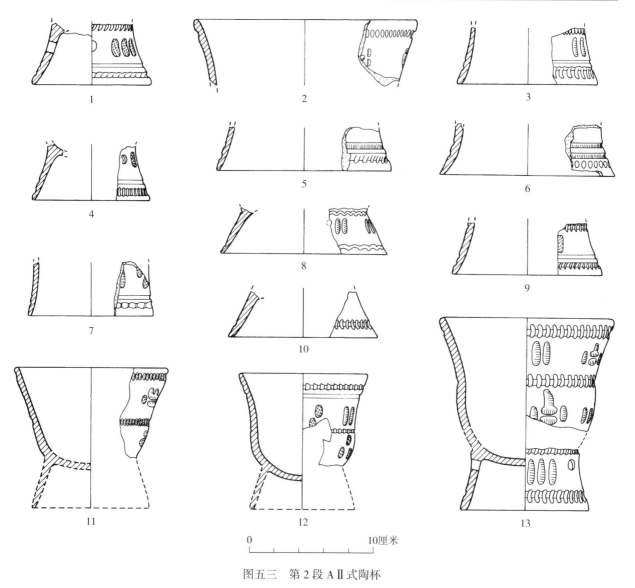

图五三　第 2 段 A Ⅱ 式陶杯

1. 06XTLT1⑥：11　2. 06XTLT5⑤：10　3. 06XTLT18⑥：2　4. 06XTLT6⑤：6　5. 06XTLT12⑥：9
6. 06XTLT3⑦：10　7. 06XTLT1⑥：20　8. 06XTLT1⑥：15　9. 06XTLT1⑥：13　10. 06XTLT18⑥：1
11. 06XTLT12⑥：4　12. 06XTLT7⑤：3　13. 06XTLT2⑥：1

标本 06XTLT4⑥：8，残存肩部。溜肩。外壁饰条带纹、曲线纹等彩。残高 3、残宽 4.6、壁厚 0.4 厘米（图五二：2）。

标本 06XTLT5⑤：14，残存腹部。外壁饰条带纹、曲线纹和连续点状纹彩。残高 5、残宽 7、壁厚 0.4 厘米（图五二：4）。

标本 06XTLT14⑥：7，残存腹部。外壁饰条带纹、曲线纹和连续点状纹彩。残高 5.4、残宽 9、壁厚 0.3 厘米（图五二：3）。

杯　有 A Ⅱ 式杯，均为白陶。

标本 06XTLT1⑥：11，残存圈足部。外壁饰戳印纹，中部戳印纹的戳槽内有凸起的小方格纹。圈足上部有圆形镂孔。底径 9.6、残高 4.7、壁厚 0.3~0.7 厘米（图五三：1；图版三〇：5、6）。

标本06XTLT1⑥：13，残存圈足部。外壁饰戳印纹，有的戳槽内有凸起的小方格纹。底径12、残高4、壁厚0.4厘米（图五三：9；图版三一：1）。

标本06XTLT1⑥：15，残存圈足部。外壁饰戳印纹，有的戳槽内有凸起的短线纹。圈足上部有圆形小镂孔。底径13.4、残高3.6、壁厚0.3~0.7厘米（图五三：8；图版三一：2、3）。

标本06XTLT1⑥：20，残存圈足部。外壁残留戳印纹，有的戳槽内有小方格纹。底径10、残高4.2、壁厚0.4厘米（图五三：7）。

标本06XTLT2⑥：1，外壁通体饰戳印纹，有的戳槽内有凸起的短线纹。圈足上部有圆形镂孔。口径14、高15、腹径11、圈足底径10.2、壁厚0.6厘米（图五三：13；图版三一：4、5）。

标本06XTLT3⑦：10，残存圈足部。外壁残留戳印纹，有的戳槽内有凸起的短线纹。底径14、残高4、壁厚0.4~0.6厘米（图五三：6）。

标本06XTLT5⑤：10，残存口沿和腹上部。外壁残留戳印纹，有的戳槽内有凸起的短线纹。口径18、残高5.2、壁厚0.6厘米（图五三：2）。

标本06XTLT6⑤：6，残存圈足部。外壁饰戳印纹，有的戳槽内有凸起的小方格纹。圈足上部有小镂孔。底径9.4、残高4.4、壁厚0.3~0.6厘米（图五三：4；图版三二：1、2）。

标本06XTLT7⑤：3，圈足残。外壁饰戳印纹，部分戳槽内有凸起的短线纹或小方格纹。口径10.4、残高8.4、腹径9、壁厚0.4~0.6厘米（图五三：12；图版三二：3、4）。

标本06XTLT12⑥：4，圈足残。外壁饰戳印纹，戳槽内有凸起的短线纹或小方格纹。口径12.4、残高7、腹径10.2、壁厚0.4~0.8厘米（图五三：11；图版三二：5、6）。

标本06XTLT18⑥：1，残存圈足部。外壁饰戳印纹。底径12、残高3.6、壁厚0.4~0.6厘米（图五三：10；图版三三：1）。

标本06XTLT18⑥：2，残存圈足部。外壁饰戳印纹，有的戳槽内有凸起的短线纹。底径11.2、残高4.4、壁厚0.3~0.6厘米（图五三：3；图版三三：2、3）。

标本06XTLT12⑥：9，残存圈足部。外壁残留戳印纹，有的戳槽内有凸起的短线纹。底径14、残高3.4、壁厚0.3~0.5厘米（图五三：5）。

钵　有A型钵。

标本06XTLT1⑥：1，口沿部残。白陶。腹部至底部饰凸点纹。残高12.6、腹径20.4、壁厚0.4~0.6厘米（图五四：18；图版三三：4）。

（二）夹砂陶

有釜和支脚。

釜　有A型釜。尖圆唇。颈部下饰竖细绳纹，器体靠下有交错细绳纹。

标本06XTLT2⑥：27，灰陶。口径30、残高7、壁厚0.4~1.0厘米（图五四：9）。

标本06XTLT2⑥：28，灰陶。口径18、残高8、壁厚0.4~0.8厘米（图五四：4）。

标本06XTLT2⑥：29，灰黑陶。外壁残留烟炱。口径18、残高6.6、壁厚0.6~0.8厘米（图五四：8）。

标本06XTLT2⑥：30，灰黑陶。外壁残留烟炱。口径24、残高5、壁厚0.4~0.8厘米（图五四：7）。

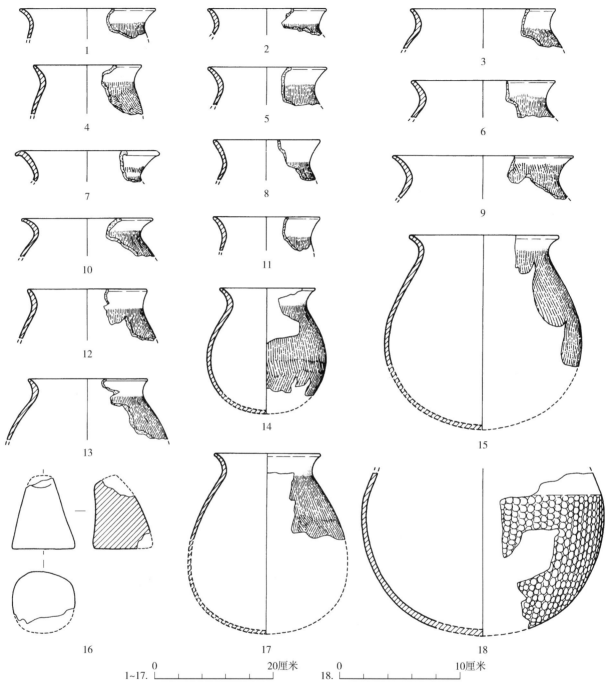

图五四　第 2 段 A 型陶钵、A 型陶釜、A 型陶支脚

1~15、17. A 型陶釜（06XTLT9⑥：6、06XTLT9⑥：3、06XTLT2⑥：31、06XTLT2⑥：28、06XTLT9⑥：4、06XTLT9⑥：2、
06XTLT2⑥：30、06XTLT2⑥：29、06XTLT2⑥：27、06XTLT9⑥：5、06XTLT12⑥：7、06XTLT7⑤：4、06XTLT7⑤：5、
06XTLT18⑥：3、06XTLT14⑥：10、06XTLT14⑥：11）　16. A 型陶支脚（06XTLZ4：1）　18. A 型陶钵（06XTLT1⑥：1）

　　标本 06XTLT2⑥：31，灰黑陶。外壁残留烟炱。口径 24、残高 6.4、壁厚 0.4~0.8 厘米（图
五四：3）。

　　标本 06XTLT7⑤：4，灰黑陶。外壁残留烟炱。口径 20、残高 8.4、壁厚 0.5~0.8 厘米（图五
四：12）。

标本06XTLT7⑤：5，灰黑陶。口径20、残高10、壁厚0.4~0.8厘米（图五四：13）。

标本06XTLT9⑥：2，灰陶。口径24、残高6、壁厚0.6~0.8厘米（图五四：6）。

标本06XTLT9⑥：3，灰陶。口径20、残高4.4、壁厚0.4~0.8厘米（图五四：2）。

标本06XTLT9⑥：4，灰陶。口径20、残高6.2、壁厚0.4~0.8厘米（图五四：5）。

标本06XTLT9⑥：5，灰陶。口径22、残高6.2、壁厚0.4~0.8厘米（图五四：10）。

标本06XTLT9⑥：6，橙黄陶。口径23、残高4.8、壁厚0.6厘米（图五四：1）。

标本06XTLT12⑥：7，灰陶。口径18、残高5.6、壁厚0.4~0.8厘米（图五四：11）。

标本06XTLT14⑥：10，底部残。灰陶。外壁残留烟炱。口径25、腹径33、复原高31.6、壁厚0.7厘米（图五四：15；图版四七：4）。

标本06XTLT14⑥：11，底部残。灰陶。外壁残留烟炱。口径18、腹径27、复原高29.4、壁厚0.5~0.8厘米（图五四：17；图版四七：5）。

标本06XTLT18⑥：3，底部残。灰陶。外壁残留烟炱。口径16、腹径20、复原高20.4、壁厚0.6~0.8厘米（图五四：14；图版四七：6）。

支脚　有A型支脚。

标本06XTLZ4：1，灰黑陶。素面。复原顶部长3.8、顶部宽3.6、底部长10.4、底部宽10、高12厘米（图五四：16；图版四八：1）。

二　石质品

石质品共23件，有锛（占13.0%）、饼形器（占4.3%）、凹石（占21.7%）、杵（占8.7%）、拍（占4.3%）、砧（占17.4%）以及石料（占30.4%）等（表一四）。

表一四　第2段石器、石料统计表

器　名	锛	饼形器	凹　石	杵	拍	砧	石　料		合　计
							锛坯	其　他	
件　数	3	1	5	2	1	4	1	6	23
百分比	13.0	4.3	21.7	8.7	4.3	17.4	4.3　　　26.1		100
							30.4		

锛　3件。只有A型锛。

标本06XTLT1⑥：6，泥质粉砂岩，灰黄绿色。弧顶，双面微弧刃。刃部略有崩损。长6.1、宽4.3、厚1.4厘米，重36克（图五五：1；图版七三：1）。

标本06XTLT5⑤：4，粉砂质板岩，灰绿色。微弧顶，单面弧刃。顶部、两侧及两面均有崩疤，刃部有崩损。长9.2、宽6.5、厚2.4厘米，重208克（图五五：3；图版七三：2）。

标本06XTLT15⑦：1，仅存刃部。含炭质粉砂岩，灰黑色。刃微弧，刃部略有崩损。残长1.9、残宽4.1、厚0.9厘米，重6克（图五五：2；图版七三：3）。

饼形器　1件。为A型饼形器。

标本06XTLT5⑤：5，器体残留近二分之一。中粗粒花岗岩，黄白色。残径6、厚6.4厘米，

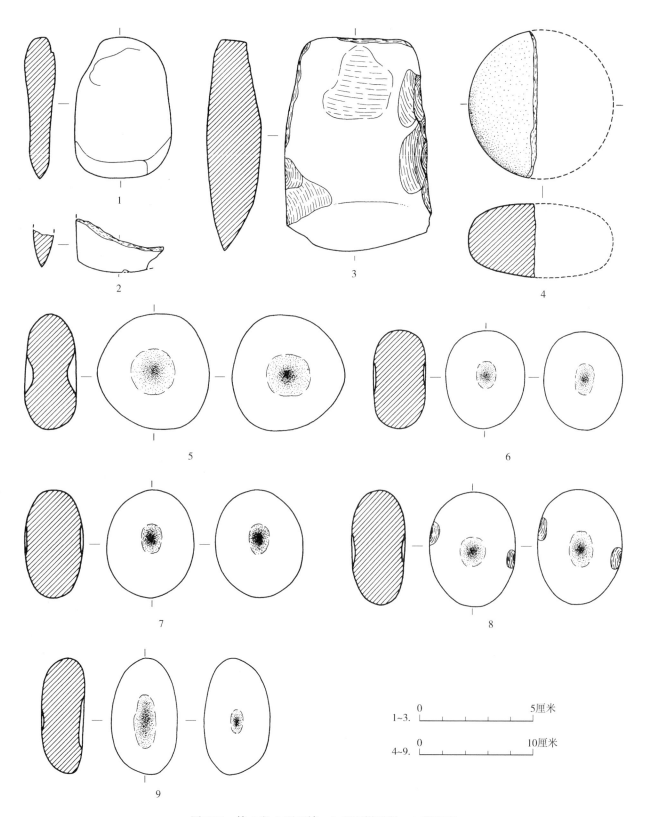

图五五　第 2 段 A 型石锛、A 型石饼形器、A 型凹石

1~3. A 型石锛（06XTLT1⑥：6、06XTLT15⑦：1、06XTLT5⑤：4）　4. A 型石饼形器（06XTLT5⑤：5）

5~9. A 型凹石（06XTLT3⑦：1、06XTLT1⑥：5、06XTLT4⑥：3、06XTLT2⑥：3、06XTLT1⑥：3）

重 654 克（图五五：4；图版七三：4）。

凹石　5 件。只有 A 型凹石。

标本 06XTLT1⑥：3，花岗岩，黄白色。两面各有一个砸击的椭圆形浅凹窝。直径 5.9～10.2、厚 3.8 厘米，重 320 克（图五五：9；图版七三：5）。

标本 06XTLT1⑥：5，花岗岩，浅黄白色。两面各有一个砸击的椭圆形浅凹窝。直径 7～8.5、厚 4.6 厘米，重 416 克（图五五：6；图版七三：6）。

标本 06XTLT2⑥：3，硅质砂岩，灰白色。两面各有一个砸击的椭圆形浅凹窝，侧缘有四处砸击疤痕。直径 7.5～9.8、厚 4.8 厘米，重 544 克（图五五：8；图版七四：1）。

标本 06XTLT3⑦：1，长英质杂砂岩，黄白色。两面各有一个砸磨较深的圆形凹窝。直径 10、厚 4.6 厘米，重 648 克（图五五：5；图版七四：2）。

标本 06XTLT4⑥：3，硅质砂岩，灰白色。两面各有一个砸击的椭圆形浅凹窝。直径 7.8～9.3、厚 5.2 厘米，重 528 克（图五五：7；图版七四：3）。

杵　2 件。只有 A 型杵。

标本 06XTLT7⑥：2，砂岩，灰黄色。两端有砸磨痕迹。长径 10.8、短径 7.4、厚 6.4 厘米，重 710 克（图五六：3；图版七四：4）。

标本 06XTLT12⑥：2，砂岩，灰黑色。两端有砸磨痕迹。长径 15.6、短径 6.4、厚 5.4 厘米，重 808 克（图五六：4；图版七四：5）。

拍　1 件。标本 06XTLT1⑥：2，器体残。粉砂岩，灰色。两面均残留五道较深的长条凹槽，一侧缘残留十三道较浅的短条凹槽。残长 10.8、残宽 3.2、厚 2.3 厘米，重 90 克（图五六：7；图版七四：6）。

砧　4 件。标本 06XTLT6⑤：4，砂岩，灰黑色。呈不规则形，两面有砸击窝痕。长 26、宽 16.4、厚 5 厘米，重 3528 克（图五六：6；图版七五：1）。

标本 06XTLT7⑤：1，花岗岩，黄白色。略呈椭圆形，一面有砸击窝痕。长 19、宽 15.8、厚 6.4 厘米，重 2914 克（图五六：2；图版七五：2）。

标本 06XTLT12⑥：3，细粒花岗岩，土灰黄色。略呈舌形，一面有砸击窝痕。长 12.4、宽 6.6、厚 2.4 厘米，重 334 克（图五六：8；图版七五：3）。

标本 06XTLT14⑥：4，页岩，土黄白色。略呈舌形，一面有砸击窝痕并附着有黑色物。长 16、宽 10、厚 3.2 厘米，重 620 克（图五六：1；图版七五：4）。

石料　7 件。有锛坯料和其他石料。

锛坯料　1 件。标本 06XTLT6⑤：3，凝灰质粉砂岩，灰白色。略呈梯形，弧顶，弧刃。通体有打击疤痕。长 8.1、宽 4.8、厚 1.6 厘米，重 56 克（图五六：5；图版七五：5）。

其他石料　6 件。标本 06XTLT1⑥：4，石英砂岩，灰黑色。呈椭圆形。长径 8.6、短径 6.7、厚 3 厘米，重 260 克（图五七：2）。

标本 06XTLT1⑥：7，页岩粉砂岩互层，灰黄色。呈长条形，边缘有崩疤。长 26、宽 8.4、厚 6.8 厘米，重 1604 克（图五七：4）。

标本 06XTLT1⑥：8，二长花岗岩，土黄色。呈不规则形，一侧有崩疤。长 38、宽 28.7、厚

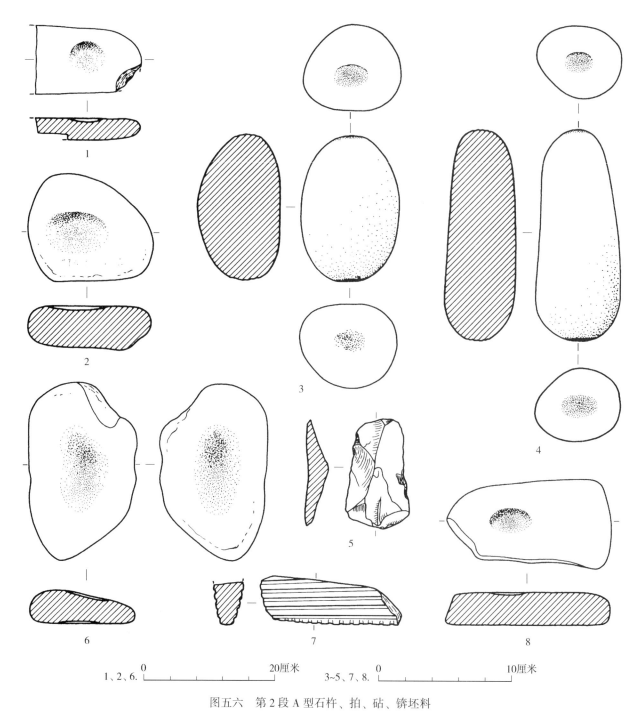

0 _____ 20厘米
1、2、6.

0 _____ 10厘米
3~5、7、8.

图五六　第2段A型石杵、拍、砧、锛坯料

1、2、6、8. 砧（06XTLT14⑥：4、06XTLT7⑤：1、06XTLT6⑤：4、06XTLT12⑥：3）　3、4. A型杵（06XTLT7⑥：2、06XTLT12⑥：2）　5. 锛坯料（06XTLT6⑤：3）　7. 拍（06XTLT1⑥：2）

6.3厘米，重11000克（图五七：1；图版七五：6）。

标本06XTLT6⑤：2，粗粒花岗岩，灰白色。呈片状不规则形，周缘有崩疤。长14.4、宽7.6、厚2.1厘米，重294克（图五七：6）。

标本06XTLT7⑤：2，二长花岗岩，灰白色。呈不规则形。长26、宽11.8、厚5厘米，重2504克（图五七：5；图版七六：1）。

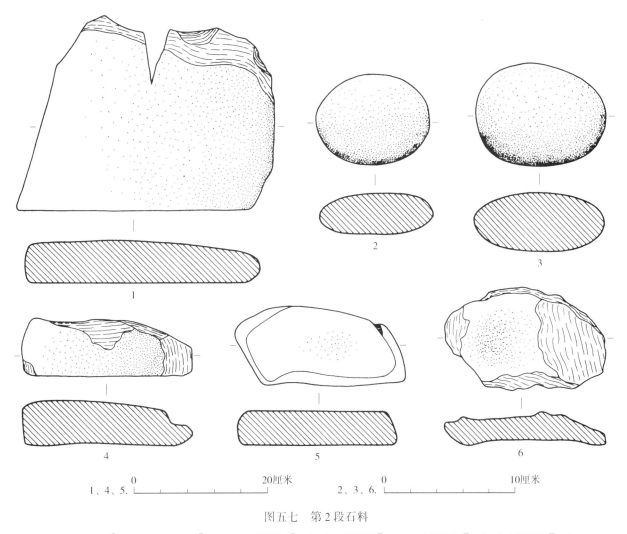

图五七　第 2 段石料

1. 06XTLT1⑥：8　2. 06XTLT1⑥：4　3. 06XTLT14⑥：3　4. 06XTLT1⑥：7　5. 06XTLT7⑤：2　6. 06XTLT6⑤：2

　　标本 06XTLT14⑥：3，长英质砂岩，黄白色。略呈椭圆形。长径 10、短径 7.6、厚 4.3 厘米，重 488 克（图五七：3；图版七六：2）。

第三节　第 3 段遗物

一　陶　器

　　据统计，陶器中夹砂陶占 59.4%，有灰陶（占 36.6%）、灰黑陶（占 13.2%）和橙黄陶（占 9.6%）；泥质陶占 40.6%，有白陶（占 10.3%）、黄白陶（占 28.5%）和磨光黑陶（占 1.8%）（表一五）。

表一五　第 3 段陶质、陶色统计表

陶　质	夹　砂			泥　质		
陶　色	灰　陶	灰黑陶	橙黄陶	白　陶	黄白陶	黑　陶
百分比	36.6	13.2	9.6	10.3	28.5	1.8
	59.4			40.6		
	100					

陶器上的纹饰有绳纹（占 80.4%）（图五八：1~4）、戳印纹（占 14.8%）（图五八：5~12；图五九~六一；图六二：1~14）、凸点纹（占 2.1%）（图六二：15、16）以及极个别的刻划凹弦纹，另外还有素面陶（占 2.7%）（表一六）。绳纹为较细的绳纹，平行的绳纹通常每厘米见方有 8~9 根，均为滚压而成，饰于陶釜颈部以下，腹上部基本为竖绳纹，腹下部及底部则见交错绳纹；戳印纹的风格比较疏朗，经模拟实验可知是用竹片做成不同形状端面的戳子戳印而成的组合图案（附录一），较特殊的图案有简化的鸟侧面形象和兽面形象，饰于白陶盘、杯、钵的外壁，一些矮圈足钵（B 型钵）的外底部也有戳印纹；凸点纹由不规则的大小不一的凸圆点组成，饰于白陶器外壁。可以确定器形的素面器物有支脚，还有一些素面白陶片和黄白陶片都比较碎小，难以确定器形。圈足器的圈足上多见大镂孔，有的圈足上的镂孔为两个大镂孔相连而成的"8"字形。

表一六　第 3 段陶器纹饰统计表

纹　饰	绳　纹	戳印纹	凸点纹	素　面
百分比	80.4	14.8	2.1	2.7
	100			

注：陶器及陶片上的彩陶纹样不作为纹饰看待，仅施彩的未统计在内。

彩陶器均为泥质陶，彩主要施于黄白陶的盘、罐的外壁以及圈足和罐口沿的内壁。所施的彩为赭红色，纹样有较粗的条带纹、曲线纹、折线纹和连续的点状纹（图一二：14~19），整体风格比较粗犷。施彩的陶器共占陶器总量的 30.3%。

陶器成型方法，除了支脚为捏塑法外，其余均为泥片贴筑法。器物成型后经刮削、拍打及用湿手抹平，泥质陶一般经磨光。总体来看，器物烧造的火候较前两段下降，一些陶器（如白陶盘和钵）的质地比较软。

陶器的组合为釜（占 56.5%）、圈足盘（占 16.6%）、豆（占 7.4%）、罐（占 9.5%）、杯（占 3.6%）、钵（占 3.5%）和支脚（占 2.9%）（表一七）。

表一七　第 3 段陶器器类统计表

器　类	釜	圈足盘	豆	罐	杯	钵	支　脚
百分比	56.5	16.6	7.4	9.5	3.6	3.5	2.9
	100						

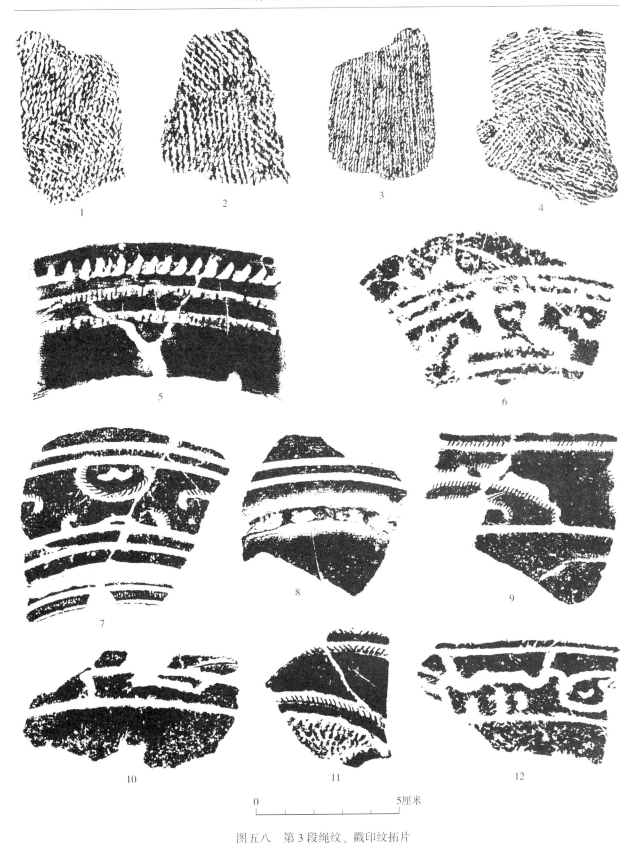

图五八　第 3 段绳纹、戳印纹拓片

1~4. 绳纹（06XTLT9⑤、06XTLT9⑤、06XTLT15⑤、06XTLT4⑤）　　5~12. 戳印纹（06XTLT1⑤：26、06XTLT5④、
06XTLT1⑤、06XTLT14⑤、06XTLT15⑤、06XTLT3⑥、06XTLT6④、06XTLT4⑤）

图五九　第3段戳印纹拓片

1. 06XTLT12⑤：4　2. 06XTLT1⑤：3　3. 06XTLT1⑤：2　4. 06XTLT3⑥：1

图六○　第 3 段戳印纹拓片

1. 06XTLT1⑤：25　2、3. 06XTLT1⑤　4. 06XTLT5④　5. 06XTLT10⑤　6. 06XTLT3⑥　7. 06XTLT15⑤

（一）泥质陶

有圈足盘、豆、罐、杯和钵。

圈足盘　有 A Ⅲ 式、B Ⅱ 式和 C Ⅲ 式圈足盘。

A Ⅲ 式　均为黄白陶，施赭红色彩。

标本 06XTLT2⑤：11，口沿残缺。腹外壁中部饰条带纹彩，圈足内外壁均饰点状纹和条带

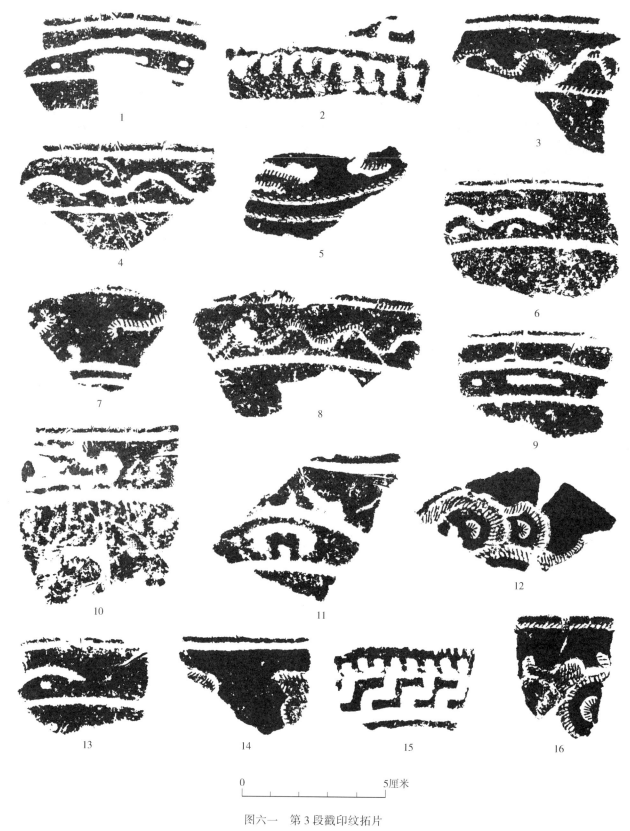

0　　　　　　　　　　5厘米

图六一　第3段戳印纹拓片

1、6、7、9、13. 06XTLT1⑤　2. 06XTLT12⑤　3、5. 06XTLT3⑥　4. 06XTLT10⑤　8. 06XTLT14⑤
10. 06XTLT7④　11. 06XTLT6④　12、16. 06XTLT15⑤　14. 06XTLT18⑤　15. 06XTLT5④

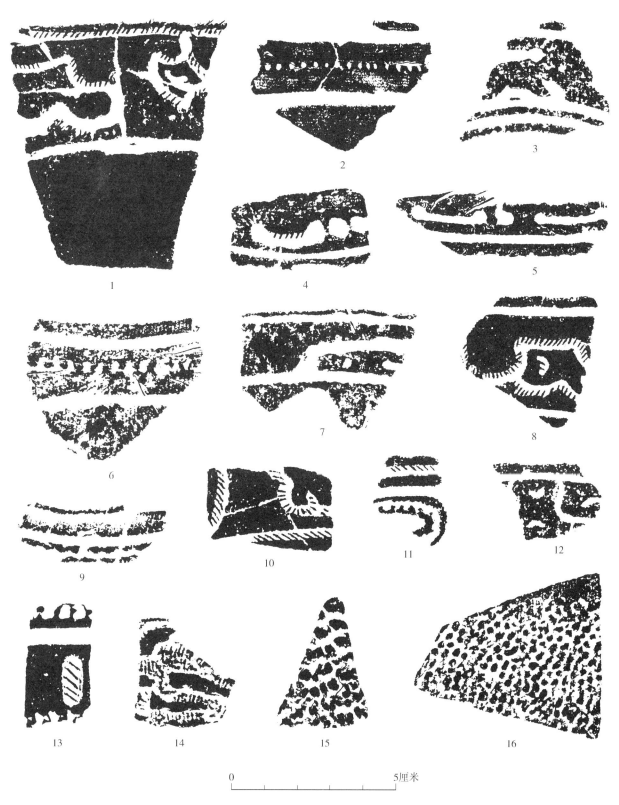

图六二　第 3 段戳印纹、凸点纹拓片

1~14. 戳印纹（06XTLT1⑤、06XTLT14⑤、06XTLT1⑤、06XTLT15⑤、06XTLT1⑤、06XTLT1⑤、06XTLT1⑤、06XTLT1⑤、
06XTLT1⑤、06XTLT1⑤、06XTLT2⑤、06XTLT12⑤、06XTLT2⑤、06XTLT9⑤）　15、16. 凸点纹（06XTLT2⑤、06XTLT2⑤）

纹彩。圈足上有圆形大镂孔。残高7.2、圈足底径17.6、壁厚0.2~0.4厘米（图六三：1；图版三三：5、6）。

标本06XTLT3⑥：4，圈足残。腹部残留条带纹彩，圈足内外壁饰连续点状纹彩。口径20、残高4.6、壁厚0.2~0.5厘米（图六三：5；图版三四：1）。

标本06XTLT12⑤：3，腹外壁中部残留彩，圈足内外壁饰点状纹和条带纹彩。圈足上部有圆形镂孔。口径19.6、高8、圈足底径18、壁厚0.3~0.5厘米（图六三：3；图版三四：2、3）。

BⅡ式　均为白陶。

标本06XTLT1⑤：7，外壁近口沿处及腹上部戳印有两道条纹和一道水波纹，腹下部饰两道条

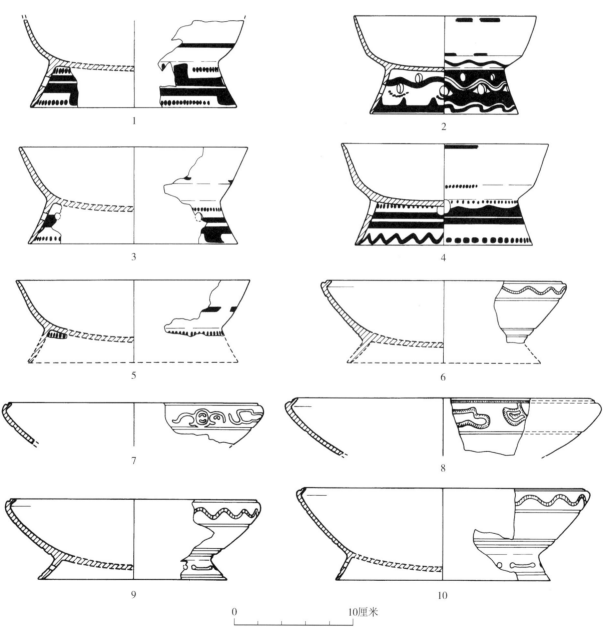

图六三　第3段AⅢ式、BⅡ式、CⅢ式陶圈足盘

1、3、5. AⅢ式（06XTLT2⑤：11、06XTLT12⑤：3、06XTLT3⑥：4）　2、4. CⅢ式（06XTLT9⑤：1、06XTLT6④：1）

6~10. BⅡ式（06XTLT12⑤：4、06XTLT3⑥：5、06XTLT1⑤：36、06XTLT1⑤：7、06XTLT12⑤：2）

纹，圈足外壁饰有戳印的圆圈纹和条纹。圈足上部有圆形镂孔。口径 21.4、高 6.6、圈足底径 16.2、壁厚 0.4~0.7 厘米（图六三：9；图版三四：4、5）。

标本 06XTLT1⑤：36，圈足残。口沿外壁有一道戳印条纹，戳槽内有凸起的短线纹，腹上部残留戳印纹，戳槽内有凸起的短线纹，腹中部有一道戳印条纹。口径 25.6、残高 4.8、壁厚 0.2~0.5 厘米（图六三：8；图版三五：1、2）。

标本 06XTLT3⑥：5，圈足残。外壁近口沿部和腹上部有两道条纹以及简化的鸟纹等戳印纹。口径 21.4、残高 3.4、壁厚 0.3~0.5 厘米（图六三：7；图版三五：3、4）。

标本 06XTLT12⑤：2，外壁近口沿处和腹上部饰两道条纹和一道水波纹，腹下部有两道条纹，圈足外壁饰条纹和戳印的圆圈纹。圈足上有圆形镂孔。口径 24、高 7.7、圈足底径 18、壁厚 0.2~0.3 厘米（图六三：10；图版三五：5、6）。

标本 06XTLT12⑤：4，圈足残。外壁近口沿处和腹上部有两道条纹和一道水波纹，水波纹内有凸起的短线纹，腹下部有两道条纹。口径 20、残高 5.1、壁厚 0.4~0.9 厘米（图六三：6；图版三六：1、2）。

C Ⅲ 式　均为黄白陶，施赭红色彩。

标本 06XTLT6④：1，口沿外壁饰条带纹彩，腹下部饰连续点状纹彩，圈足外壁有连续点状纹和条带纹彩，内壁饰条带纹、连续点状纹和水波纹彩。圈足上部有圆形大镂孔。口径 17.6、高 8.4、圈足底径 15、壁厚 0.2~0.6 厘米（图六三：4；图版三六：3）。

标本 06XTLT9⑤：1，外壁近口沿处饰条带纹彩，腹下部残留条带纹及水波纹彩，圈足外壁饰曲线纹等彩，内壁饰条带、曲线和连续点状纹等彩。圈足上有 16 个圆形大镂孔。口径 15.4、高 8.1、圈足底径 12.6、壁厚 0.1~0.5 厘米（图六三：2；图版三六：4）。

钵　有 B 型钵，均为白陶。

标本 06XTLT1⑤：25，口沿外壁及腹上部饰条带、曲线、圆点状戳印纹；腹外壁下部及圈足外壁饰条带、水波、曲线等戳印纹，有的戳槽内有凸起的短线纹；器外底也有戳印纹。矮圈足上部有圆形小镂孔。口径 20.4、高 7、圈足底径 10.2、壁厚 0.4~0.9 厘米（图六四：1；图版四○：3）。

标本 06XTLT1⑤：32，残存腹下部及底部。腹外壁饰条带、曲线等戳印纹；外底部也残留戳印纹，戳槽内有凸起的短线纹。残高 2.8、圈足底径 14、壁厚 0.3~0.9 厘米（图六四：5；图版四○：4）。

标本 06XTLT3⑥：1，器底部分残缺。器外壁有条带、曲线等戳印纹，有的戳槽内有凸起的短线纹。矮圈足上部有小镂孔。口径 20.4、高 6.5、圈足底径 10、壁厚 0.4~0.8 厘米（图六四：2；图版四○：5）。

标本 06XTLT7④：2，口沿外壁、腹部及底外壁均饰条带、曲线等戳印纹，戳槽内有凸起的短线纹。口径 24.0、残高 7、圈足底径 11、壁厚 0.3~0.8 厘米（图六四：3；图版四○：6）。

标本 06XTLT15⑤：3，仅残存腹下部和底部。外壁残留条纹等戳印纹，戳槽内有凸起的短线纹。圈足底径 10.2、残高 2.8、壁厚 0.4~0.8 厘米（图六四：4）。

圈足盘、钵口沿　仅残存口沿和腹上部，敛口近平，白陶。难以确定是 B Ⅱ 式圈足盘还是 B 型钵。

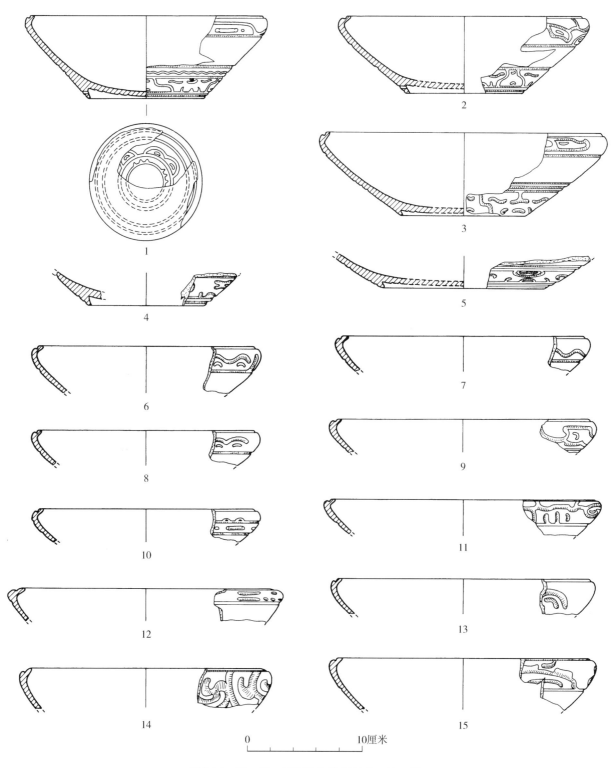

0　　　　　　　　　10厘米

图六四　第 3 段 B 型陶钵与陶圈足盘、钵口沿

1~5. B 型陶钵（06XTLT1⑤：25、06XTLT3⑥：1、06XTLT7④：2、06XTLT15⑤：3、06XTLT1⑤：32）　6~15. 陶圈足
盘、钵口沿（06XTLT1⑤：50、06XTLT1⑤：51、06XTLT1⑤：52、06XTLT1⑤：58、06XTLT1⑤：53、06XTLT4⑤：1、
06XTLT4⑤：5、06XTLT5④：2、06XTLT14⑤：4、06XTLT15⑤：5）

标本06XTLT1⑤：50，外壁饰条纹等戳印纹，戳槽内有凸起的短线纹。口径19、残高4、壁厚0.3~0.4厘米（图六四：6）。

标本06XTLT1⑤：51，外壁饰条纹等戳印纹，戳槽内有凸起的短线纹。口径22、残高3、壁厚0.4~0.6厘米（图六四：7）。

标本06XTLT1⑤：52，外壁饰条纹等戳印纹，戳槽内有凸起的短线纹。口径19、残高3、壁厚0.3~0.5厘米（图六四：8）。

标本06XTLT1⑤：53，外壁饰条纹等戳印纹，戳槽内有凸起的短线纹。口径19、残高2.8、壁厚0.3~0.5厘米（图六四：10）。

标本06XTLT1⑤：58，外壁饰条纹等戳印纹，有的戳槽内有凸起的短线纹。口径22、残高2.8、壁厚0.4~0.6厘米（图六四：9）。

标本06XTLT4⑤：1，口沿外壁和腹上部饰条纹等戳印纹，有的戳槽内有凸起的短线纹。口径23.2、残高3、壁厚0.3~0.6厘米（图六四：11）。

标本06XTLT4⑤：5，外壁饰条纹等戳印纹，有的戳槽内有凸起的短线纹。口径22.4、残高2.8、壁厚0.3~0.8厘米（图六四：12）。

标本06XTLT5④：2，外壁饰条纹等戳印纹，有的戳槽内有凸起的短线纹。口径22、残高3、壁厚0.3~0.5厘米（图六四：13）。

标本06XTLT14⑤：4，外壁饰条纹等戳印纹，戳槽内有凸起的短线纹。口径21、残高3.4、壁厚0.2~0.6厘米（图六四：14）。

标本06XTLT15⑤：5，外壁饰条纹等戳印纹，有的戳槽内有凸起的短线纹。口径22、残高4.4、壁厚0.4~0.6厘米（图六四：15）。

盘圈足　仅残存圈足部，黄白陶，施赭红色彩。难以确定是AⅢ式还是CⅢ式圈足盘。圈足壁较薄，底径一般为12~18厘米。另外，还有两件圈足（标本06XTLT1⑤：8、标本06XTLT1⑤：60）可能是一种异型圈足盘的圈足，在此一并介绍。

标本06XTLT1⑤：8，圈足上部微外弧，下部外撇。外壁饰条带纹、曲线纹和连续的点状纹彩，内壁近底部饰两道条带纹彩。圈足上部有竖"8"字形大镂孔。底径12、残高5.6、壁厚0.2~0.5厘米（图六五：1；图版三七：1）。

标本06XTLT1⑤：30，外壁饰连续点状纹和三道条带纹彩，内壁饰有两道条带纹彩。圈足上部有圆形大镂孔。底径15、残高3.8、壁厚0.2~0.4厘米（图六五：7；图版三七：2）。

标本06XTLT1⑤：43，内外壁均饰有条带纹、水波纹彩。圈足上有大镂孔。底径14、残高3.6、壁厚0.4厘米（图六五：5）。

标本06XTLT1⑤：47，外壁有条带纹和连续点状纹等彩，内壁饰两道条带纹彩。底径16、残高4、壁厚0.4~0.6厘米（图六五：8）。

标本06XTLT1⑤：54，内外壁均饰有彩。圈足上有大镂孔。底径16、残高3、壁厚0.4厘米（图六五：10）。

标本06XTLT1⑤：55，内外壁残留条带纹等彩。底径16、残高1.4、壁厚0.4厘米（图六五：9）。

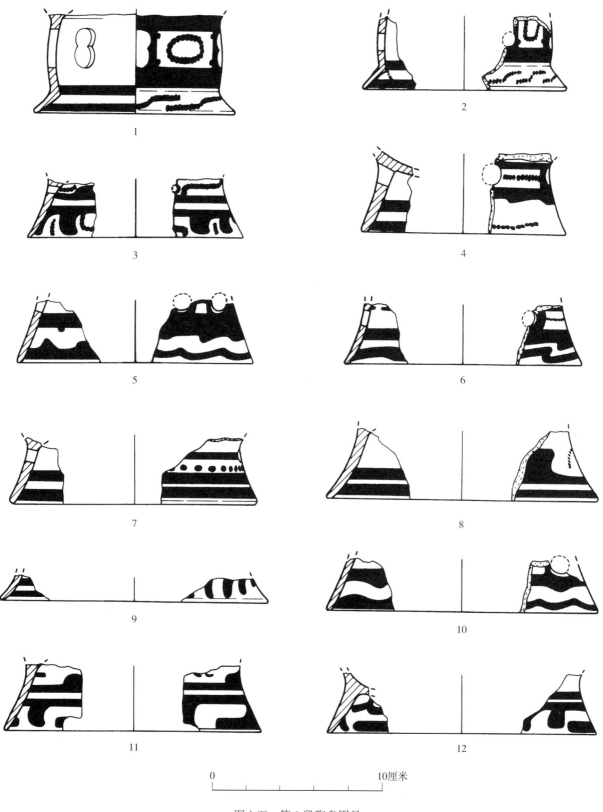

图六五　第 3 段陶盘圈足

1. 06XTLT1⑤：8　2. 06XTLT1⑤：60　3. 06XTLT3⑥：3　4. 06XTLT1⑤：61　5. 06XTLT1⑤：43　6. 06XTLT1⑤：62

7. 06XTLT1⑤：30　8. 06XTLT1⑤：47　9. 06XTLT1⑤：55　10. 06XTLT1⑤：54　11. 06XTLT2⑤：9　12. 06XTLT2⑤：12

　　标本06XTLT1⑤：60，上部微外弧，下部外撇。内外壁饰条带纹和连续点状纹等彩。圈足上有大镂孔。底径12、残高4.2、壁厚0.3~0.4厘米（图六五：2）。

　　标本06XTLT1⑤：61，外壁饰条带纹、曲线纹和连续点状纹彩，内壁饰两道条带纹彩。圈足上有大镂孔。底径12、残高4.6、壁厚0.4~0.8厘米（图六五：4）。

　　标本06XTLT1⑤：62，内外壁均饰有条带纹、曲线纹和连续点状纹彩。圈足上有大镂孔。底径14、残高3.4、壁厚0.4厘米（图六五：6）。

　　标本06XTLT2⑤：9，内外壁饰条带、曲线纹等彩。底径15.4、残高3.8、壁厚0.2~0.6厘米（图六五：11；图版三七：3）。

　　标本06XTLT2⑤：12，内外壁饰条带、曲线纹等彩。底径16、残高3.4、壁厚0.2~0.8厘米（图六五：12；图版三七：4）。

　　标本06XTLT2⑤：16，外壁饰条带纹等彩，内壁饰两道条带纹彩。底径16、残高4.4、壁厚0.6厘米（图六六：1）。

　　标本06XTLT3⑥：3，内外壁饰条带纹、连续的点状纹等彩。圈足上部有圆形镂孔。底径12.8、残高3.4、壁厚0.2~0.8厘米（图六五：3；图版三七：5）。

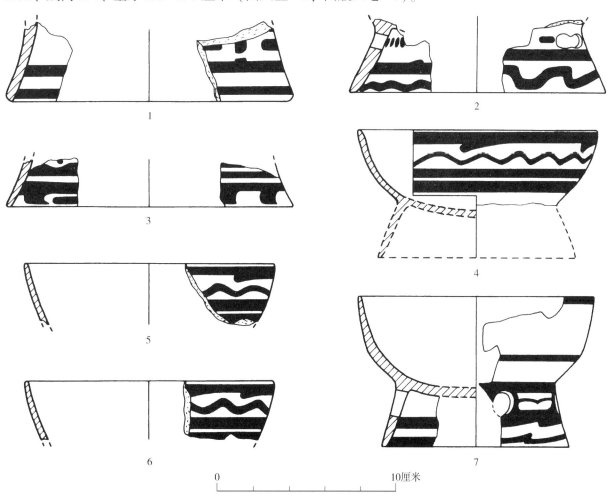

图六六　第3段陶盘圈足与AⅠ式、B型陶豆

1~3. 陶盘圈足（06XTLT2⑤：16、06XTLT14⑤：2、06XTLT16⑤：1）　　4~6. AⅠ式陶豆（06XTLT1⑤：22、06XTLT1⑤：45、06XTLT1⑤：46）　　7. B型陶豆（06XTLT1⑤：27）

标本06XTLT14⑤：2，外壁饰条带纹和曲线纹彩，内壁饰条带纹、曲线纹和连续点状纹彩。圈足上部有横"8"字形大镂孔。底径14.6、残高4、壁厚0.4~0.8厘米（图六六：2；图版三七：6）。

标本06XTLT16⑤：1，内外壁均饰条带纹等彩。底径16、残高2.6、壁厚0.2~0.4厘米（图六六：3）。

豆　有A I 式和B型豆。黄白陶，施赭红色彩。

A I 式　标本06XTLT1⑤：22，圈足残。外壁近口沿处饰有一道条带彩，腹外壁饰水波纹和两道条带纹彩。口径13.6、残高4.2、壁厚0.2~0.4厘米（图六六：4；图版三六：5）。

标本06XTLT1⑤：45，圈足残。外壁饰条带纹、曲线纹彩。口径14、残高3.4、壁厚0.3厘米（图六六：5）。

标本06XTLT1⑤：46，圈足残。外壁饰条带纹、曲线纹彩。口径14、残高3.2、壁厚0.3厘米（图六六：6）。

B型　标本06XTLT1⑤：27，口沿外壁、腹外壁和圈足内外壁饰条带纹等彩。圈足上部有圆形大镂孔。口径13.5、高8.2、圈足底径10.8、壁厚0.2~0.6厘米（图六六：7；图版三六：6）。

罐　有A型罐。黄白陶，施赭红色彩。底径一般在18厘米以上。

标本06XTLT1⑤：1，仅残存领部。外壁饰条带纹、曲线纹和点状纹等彩，内壁近口沿处饰两道条带纹彩。口径12、残高6、壁厚0.4~0.6厘米（图六七：5；图版三八：1）。

标本06XTLT1⑤：4，仅残存领部。外壁饰条带纹和点状纹彩，内壁近口沿处有一道条带彩。口径13.2、残高6.4、壁厚0.4~0.6厘米（图六七：7；图版三八：2）。

标本06XTLT1⑤：5，残存圈足部。外壁残留条带纹、折线纹彩。圈足上部有横"8"字形大镂孔。底径25、残高6.3、壁厚0.3~0.8厘米（图六八：8；图版三八：3）。

标本06XTLT1⑤：23，残存圈足部。外壁残留条带纹等彩。圈足上部有横"8"字形大镂孔。底径19.6、残高5.4、壁厚0.3~0.5厘米（图六七：4；图版三八：4）。

标本06XTLT1⑤：28，仅残存领部。外壁饰条带、曲线和连续点状纹彩，内壁近口沿处饰两道条带纹彩。口径12、残高4.2、壁厚0.3~0.5厘米（图六七：1；图版三八：5）。

标本06XTLT1⑤：29，残存圈足部。外壁饰条带纹和曲线纹彩。圈足上部有圆形大镂孔。底径20、残高6.8、壁厚0.4~0.8厘米（图六八：1；图版三八：6）。

标本06XTLT1⑤：38，残存圈足部。外壁饰曲线纹彩。圈足上有大镂孔。底径18.2、残高4、壁厚0.4~0.6厘米（图六七：8）。

标本06XTLT1⑤：39，仅残存圈足部。外壁有条带纹、曲线纹和连续点状纹彩。圈足上有横"8"字形大镂孔。底径26、残高5.6、壁厚0.4~0.6厘米（图六八：7）。

标本06XTLT1⑤：40，残存圈足部。外壁饰曲线纹等彩。圈足上有大镂孔。底径22、残高5.4、壁厚0.4~0.7厘米（图六八：5）。

标本06XTLT1⑤：41，残存圈足部。外壁饰条带纹、曲线纹彩。圈足上有横"8"字形大镂孔。底径18.1、残高4、壁厚0.4~0.6厘米（图六七：10）。

标本06XTLT1⑤：44，残存圈足部。外壁饰条带纹、曲线纹和连续点状纹彩。圈足上有横"8"字形大镂孔。底径22、残高4.6、壁厚0.4~0.6厘米（图六八：3）。

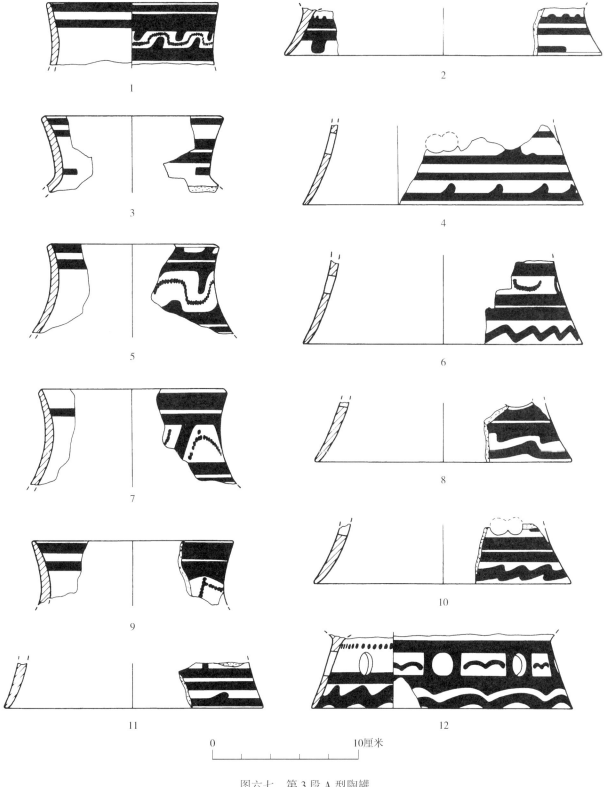

图六七　第 3 段 A 型陶罐

1. 06XTLT1⑤：28　2. 06XTLT4⑤：4　3. 06XTLT18⑤：2　4. 06XTLT1⑤：23　5. 06XTLT1⑤：1　6. 06XTLT14⑤：3

7. 06XTLT1⑤：4　8. 06XTLT1⑤：38　9. 06XTLT12⑤：6　10. 06XTLT1⑤：41　11. 06XTLT1⑤：56　12. 06XTLT14⑤：1

标本 06XTLT1⑤：56，残存圈足部。外壁饰条带纹等彩。底径 18.2、残高 3、壁厚 0.4～0.6 厘米（图六七：11）。

标本 06XTLT1⑤：59，残存圈足部。外壁饰条带纹、连续点状纹等彩。底径 20、残高 5.6、壁厚 0.3～0.5 厘米（图六八：2）。

标本 06XTLT2⑤：13，残存圈足部。外壁饰条带纹、水波纹等彩。底径 22、残高 3.2、壁厚 0.4 厘米（图六八：4）。

标本 06XTLT3⑥：6，圈足残。领外壁下部饰条带纹和曲线纹彩，肩、腹和圈足上部饰条带纹

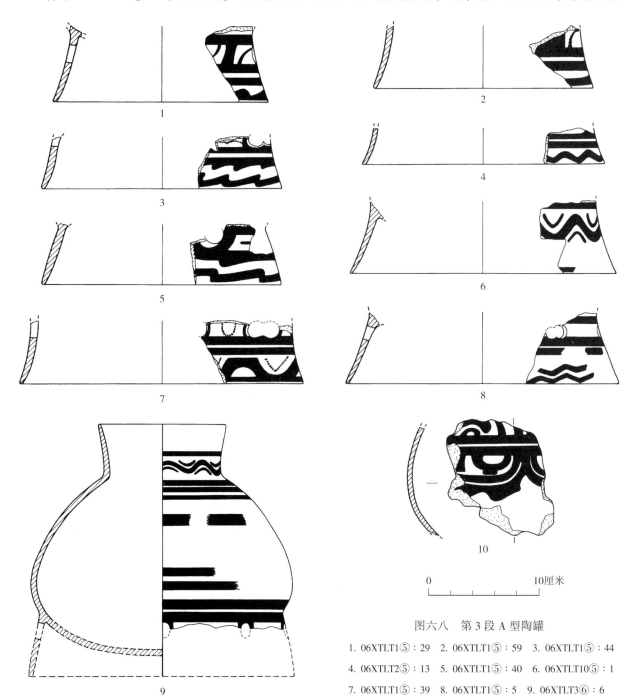

图六八　第 3 段 A 型陶罐

1. 06XTLT1⑤：29　2. 06XTLT1⑤：59　3. 06XTLT1⑤：44

4. 06XTLT2⑤：13　5. 06XTLT1⑤：40　6. 06XTLT10⑤：1

7. 06XTLT1⑤：39　8. 06XTLT1⑤：5　9. 06XTLT3⑥：6

10. 06XTLT5④：6

等彩。圈足上部有圆形大镂孔。口径11.8、腹径24.4、残高18.2、壁厚0.3~0.5厘米（图六八：9；图版三九：1）。

标本06XTLT4⑤：4，残存圈足部。内外壁均饰条带纹和连续点状纹彩。底径22、残高3.2、壁厚0.4~0.7厘米（图六七：2）。

标本06XTLT5④：6，残存腹部。外壁饰条带纹、曲线纹彩。残高10.4、残宽9.6、壁厚0.4厘米（图六八：10）。

标本06XTLT10⑤：1，残存圈足部。外壁饰条带纹和曲线纹彩。底径24.4、残高6.5、壁厚0.3~0.7厘米（图六八：6；图版三九：2）。

标本06XTLT12⑤：6，仅残存领部。外壁饰条带纹、连续点状纹等彩，内壁饰两道条带纹彩。口径14、残高4.4、壁厚0.4~0.6厘米（图六七：9）。

标本06XTLT14⑤：1，残存圈足部。外壁饰条带纹、曲线纹等彩，内壁饰有条带纹、曲线纹和连续点状纹彩。圈足上部有圆形大镂孔。底径18.4、残高5、壁厚0.4~0.6厘米（图六七：12；图版三九：3）。

标本06XTLT14⑤：3，残存圈足部。外壁饰条带纹、折线纹和连续点状纹彩。圈足上部有圆形大镂孔。底径19.6、残高5.6、壁厚0.3~0.5厘米（图六七：6；图版三九：4）。

标本06XTLT18⑤：2，仅残存领部。内外壁残留条带彩。口径12.8、残高5.2、壁厚0.4~0.6厘米（图六七：3；图版三九：5）。

杯　有AⅢ式和B型杯。白陶。

AⅢ式　标本06XTLT1⑤：3，圈足残。器外壁饰戳印纹，有的戳槽内有凸起的短线纹。口径11.6、腹径10.6、残高7.6、壁厚0.2~0.7厘米（图六九：1；图版三九：6）。

标本06XTLT1⑤：26，仅残存圈足。外壁饰戳印纹，有的戳槽内有凸起的短线纹。圈足上部有圆形镂孔。底径16、残高4.6、壁厚0.4~0.6厘米（图六九：3；图版四〇：1）。

B型　标本06XTLT1⑤：2，器体外壁饰条带、水波、圆圈、曲线等戳印纹，口沿内外侧及腹部残留赭红色彩。圈足上部有圆形小镂孔。口径8.3、高12.2、腹径10.2、圈足底径10.4、壁厚0.4~0.6厘米（图六九：2；图版四〇：2）。

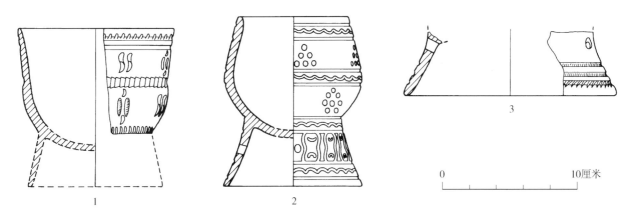

图六九　第3段AⅢ式、B型陶杯

1、3. AⅢ式（06XTLT1⑤：3、06XTLT1⑤：26）　2. B型（06XTLT1⑤：2）

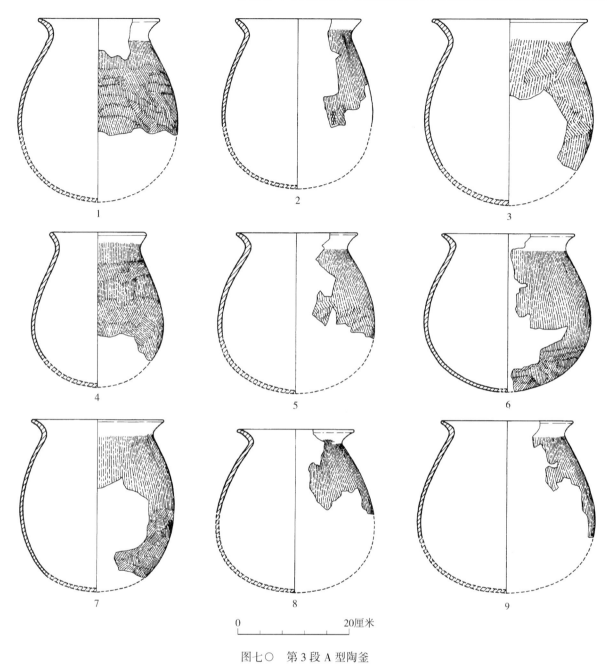

图七〇　第 3 段 A 型陶釜

1. 06XTLT1⑤：68　2. 06XTLT1⑤：70　3. 06XTLT3⑥：7　4. 06XTLT12⑤：1　5. 06XTLT10⑤：2
6. 06XTLT1⑤：69　7. 06XTLT3⑥：8　8. 06XTLT15⑤：8　9. 06XTLT2⑤：21

（二）夹砂陶

有釜和支脚。

釜　有 A 型釜。尖圆唇，颈部以下饰竖细绳纹，器体靠下有交错细绳纹。

标本 06XTLT1⑤：63，灰陶。外壁残留烟炱。口径 24、残高 5.6、壁厚 0.6 厘米（图七一：1）。

标本 06XTLT1⑤：64，橙黄陶。口径 18、残高 4、壁厚 0.6~0.8 厘米（图七一：2）。

标本 06XTLT1⑤：65，灰陶。外壁残留烟炱。口径 20、残高 4.2、壁厚 0.8~1 厘米（图七一：5）。

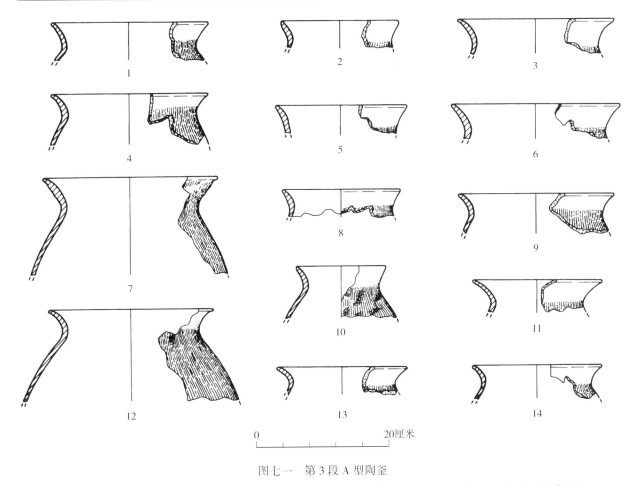

图七一　第 3 段 A 型陶釜

1. 06XTLT1⑤：63　2. 06XTLT1⑤：64　3. 06XTLT2⑤：17　4. 06XTLT5④：5　5. 06XTLT1⑤：65　6. 06XTLT2⑥：18
7. 06XTLT3⑥：13　8. 06XTLT1⑤：67　9. 06XTLT5④：4　10. 06XTLT2⑤：22　11. 06XTLT6④：2　12. 06XTLT2⑤：23
13. 06XTLT9⑤：3　14. 06XTLT15⑤：6

　　标本 06XTLT1⑤：67，灰陶。口径 18、残高 4.2、壁厚 0.4~0.8 厘米（图七一：8）。

　　标本 06XTLT1⑤：68，底部残。灰陶。外壁残留烟炱。口径 22、腹径 28.8、复原高 32、壁厚 0.7~1.1 厘米（图七〇：1；图版四八：2）。

　　标本 06XTLT1⑤：69，底部残。灰陶。外壁残留烟炱。口径 24、腹径 30、复原高 27.5、壁厚 0.7~1 厘米（图七〇：6；图版四八：3）。

　　标本 06XTLT1⑤：70，底部残。灰陶。外壁残留烟炱。口径 22.8、腹径 27.2、复原高 29.6、壁厚 0.6~0.8 厘米（图七〇：2；图版四八：4）。

　　标本 06XTLT2⑤：17，灰陶。口径 24、残高 5.2、壁厚 0.4~0.8 厘米（图七一：3）。

　　标本 06XTLT2⑤：18，灰陶。沿外壁残留烟炱。口径 26、残高 5.2、壁厚 0.5~0.9 厘米（图七一：6）。

　　标本 06XTLT2⑤：21，底部残。灰陶。外壁残留烟炱。口径 24、腹径 32、复原高 30、壁厚 0.6~0.8 厘米（图七〇：9；图版四八：5）。

　　标本 06XTLT2⑤：22，灰陶。口径 13.5、残高 7.8、壁厚 0.4~0.8 厘米（图七一：10；图版四八：6）。

标本06XTLT2⑤：23，橙黄陶。外壁残留烟炱。口径25.2、残高13.6、壁厚0.4～0.8厘米（图七一：12；图版四九：1）。

标本06XTLT3⑥：7，底部残。灰陶。外壁残留烟炱。口径28、腹径30.4、复原高32.4、壁厚0.7~0.9厘米（图七〇：3；图版四九：2）。

标本06XTLT3⑥：8，底部残。灰陶。外壁残留烟炱。口径24、腹径28、复原高30、壁厚0.6~0.8厘米（图七〇：7；图版四九：3）。

标本06XTLT3⑥：13，橙黄陶。口径27、残高14.4、壁厚0.6~1.2厘米（图七一：7；图版四九：4）。

标本06XTLT5④：4，灰陶。外壁残留烟炱。口径24、残高6、壁厚0.4~0.6厘米（图七一：9）。

标本06XTLT5④：5，灰陶。外壁残留烟炱。口径24、残高7.6、壁厚0.5～0.8厘米（图七一：4）。

标本06XTLT6④：2，灰陶。外壁残留烟炱。口径20、残高4.8、壁厚0.4～0.8厘米（图七一：11）。

标本06XTLT9⑤：3，橙黄陶。口径20、残高4.2、壁厚0.4~0.8厘米（图七一：13）。

标本06XTLT10⑤：2，底部残。灰陶。外壁残留烟炱。口径22、腹径28.8、复原高28、壁厚0.8厘米（图七〇：5；图版四九：5）。

标本06XTLT12⑤：1，底部残。灰陶。外壁残留烟炱。口径17.6、腹径24、复原高27、壁厚0.8厘米（图七〇：4；图版四九：6）。

标本06XTLT15⑤：6，灰陶。口径20、残高5、壁厚0.4~0.6厘米（图七一：14）。

标本06XTLT15⑤：8，底部残。橙黄陶。外壁残留烟炱。口径21、腹径28.8、复原高30.3、壁厚0.6~0.8厘米（图七〇：8；图版五〇：1）。

支脚　有A型和B型，均为素面。

A型　标本06XTLT1⑤：31，灰陶。顶部长3.4、顶部宽3.2、复原底部长13.2、底部宽11、复原高14.8厘米（图七二：4；图版五〇：2）。

B型　标本06XTLT1⑤：9，橙黄陶。外壁残留烟炱。顶部长4.4、顶部宽3、底部长13、复原底部宽9.4、高12.6厘米（图七二：2；图版五〇：3）。

标本06XTLT1⑤：33，灰陶。复原顶部长3.4、顶部宽3、底部长9.8、底部宽8.8、高12.4厘米（图七二：3；图版五〇：4）。

标本06XTLT1⑤：34，橙黄陶。两侧中部各有一个小圆孔。外壁残留烟炱。顶部长5.2、复原顶部宽4.4、底部长14、底部宽14、高16厘米（图七二：5；图版五〇：5）。

标本06XTLT1⑤：35，灰陶。顶部长3、顶部宽3、复原底部长12、底部宽8.6、高14厘米（图七二：1；图版五〇：6）。

二　石质品

石质品共25件。有锛（占16.0%）、饼形器（占4.0%）、凹石（占28.0%）、锤（占8.0%）、拍（占4.0%）、凿（占4.0%）、砧（占8.0%）、砺石（占12.0%）以及石料（占16.0%）（表一八）等。

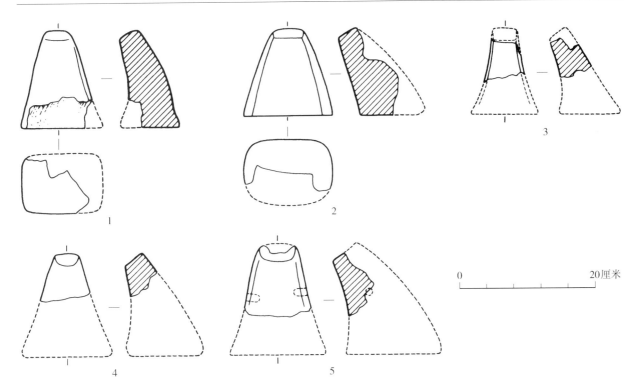

图七二　第3段A型、B型陶支脚

1~3、5. B型（06XTLT1⑤：35、06XTLT1⑤：9、06XTLT1⑤：33、06XTLT1⑤：34）　　4. A型（06XTLT1⑤：31）

表一八　第3段石器、石料统计表

器　名	锛	饼形器	凹　石	锤	拍	凿	砧	砺石	石料		合　计
									锛坯	其他	
件　数	4	1	7	2	1	1	2	3	1	3	25
百分比	16.0	4.0	28.0	8.0	4.0	4.0	8.0	12.0	4.0	12.0	100
									16.0		

锛　4件。只有A型锛。

标本06XTLT1⑤：6，器身两面均有残缺。泥质粉砂岩，褐灰色。微弧顶，单面弧刃。器体有崩疤，刃部有崩损。长6、宽5.3、厚1.2厘米，重50克（图七三：5；图版七六：3）。

标本06XTLT1⑤：18，泥质粉砂岩，灰黄色。弧顶，单面微弧刃。通体有崩损。长8.6、宽5.6、厚1.4厘米，重94克（图七三：1；图版七六：4）。

标本06XTLT17⑤：1，下部残。炭质页岩，灰黑色。微弧顶，两侧有崩疤。残长4.5、宽5.8、厚1.5厘米，重60克（图七三：4；图版七六：5）。

标本06XTLT18⑤：1，上部残。粉砂岩，褐红色。钝弧刃。一侧有崩疤，刃部有崩损。残长6.6、宽5.7、厚1.2厘米，重90克（图七三：2；图版七六：6）。

饼形器　1件。只有B型饼形器。

标本06XTLT5④：1，杂砂岩，土黄色。周缘有打击疤痕。直径4.3~4.7、厚1.8厘米，重56克（图七三：6；图版七七：1）。

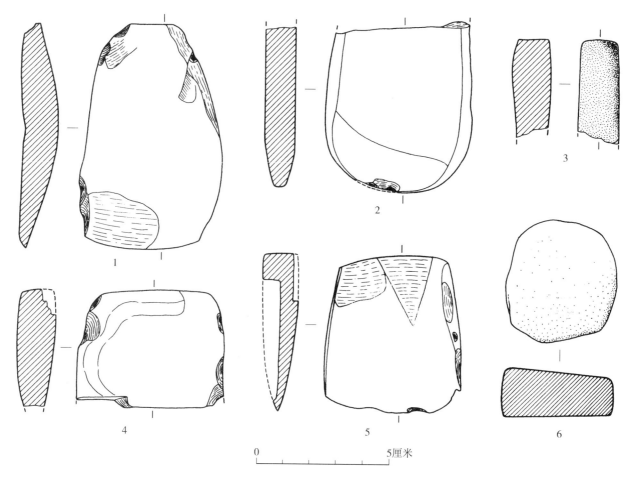

0 ⊢—————————⊣ 5厘米

图七三　第 3 段 A 型石锛、B 型石饼形器、石凿

1、2、4、5. A 型石锛（06XTLT1⑤：18、06XTLT18⑤：1、06XTLT17⑤：1、06XTLT1⑤：6）

3. 石凿（06XTLT1⑤：15）　　6. B 型石饼形器（06XTLT5④：1）

凹石　7 件。有 A 型和 B 型凹石。

A 型　6 件。标本 06XTLT1⑤：21，硅质砂岩，灰黑色。两面各有一个砸击的椭圆形浅凹窝。直径 9.8~10.2、厚 4.4 厘米，重 660 克（图七四：6；图版七七：2）。

标本 06XTLT2⑤：3，硅质砂岩，灰黑色。一面有砸击的圆形浅凹窝，另一面有砸击的椭圆形浅凹窝。直径 7.1~9.1、厚 4.5 厘米，重 420 克（图七四：2；图版七七：3）。

标本 06XTLT2⑤：5，砂砾岩，黄白色。两面各有一个砸击的椭圆形浅凹窝。直径 10~12、厚 7 厘米，重 1238 克（图七四：3；图版七七：4）。

标本 06XTLT2⑤：6，花岗斑岩，灰黄白色。两面各有一个砸击的椭圆形浅凹窝。直径 9.6~12.4、厚 5.3 厘米，重 942 克（图七四：1；图版七七：5）。

标本 06XTLT2⑤：7，粗粒花岗岩，黄白色。两面各有一个砸击的椭圆形浅凹窝。直径 7.2~8、厚 3.9 厘米，重 360 克（图七四：4；图版七七：6）。

标本 06XTLT2⑤：8，硅质砂岩，灰黑色。两面各有一个砸击的椭圆形浅凹窝。直径 6.2~9.3、厚 3.8 厘米，重 336 克（图七四：5；图版七八：1）。

B 型　1 件。标本 06XTLT1⑤：13，玄武岩，灰黑色。横截面呈圆角三角形。两面各有一个

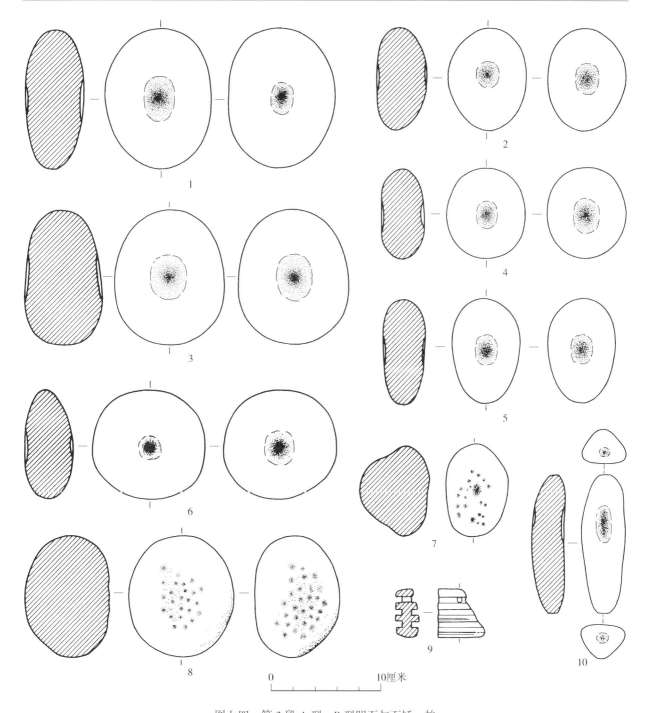

图七四　第 3 段 A 型、B 型凹石与石锤、拍

1~6. A 型凹石（06XTLT2⑤：6、06XTLT2⑤：3、06XTLT2⑤：5、06XTLT2⑤：7、06XTLT2⑤：8、06XTLT1⑤：21）

7、8. 锤（06XTLT2⑤：4、06XTLT1⑤：12）　9. 拍（06XTLT3⑥：2）　10. B 型凹石（06XTLT1⑤：13）

砸击的椭圆形浅凹窝，两端有砸磨痕迹。长 12.3、宽 4、厚 3 厘米，重 202 克（图七四：10；图版七八：2）。

　　锤　2 件。标本 06XTLT1⑤：12，砾岩，黄白色。直径 7.6~10.8 厘米，重 1104 克（图七四：8；图版七八：3）。

　　标本 06XTLT2⑤：4，硅质岩，灰白色。直径 5.7~8.2 厘米，重 356 克（图七四：7；图版

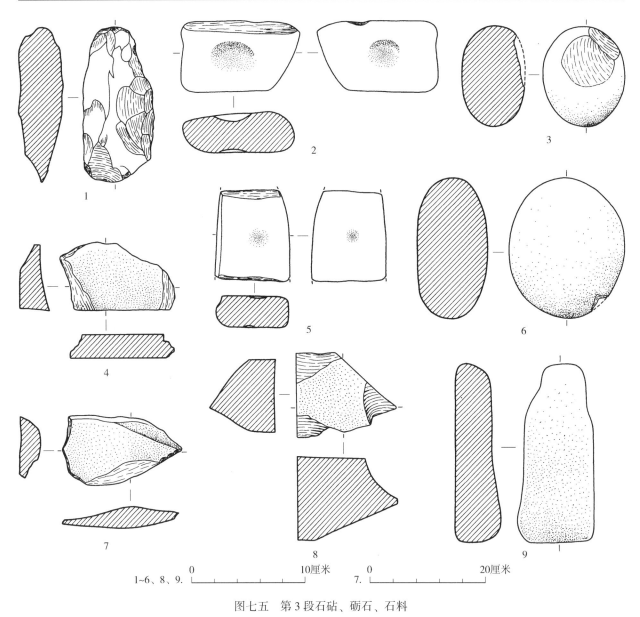

图七五　第3段石砧、砺石、石料

1. 锛坯料（06XTLT1⑤：20）　　2、5. 石砧（06XTLT2⑤：1、06XTLT1⑤：9）　　3、6、9. 其他石料（06XTLT1⑤：14、
06XTLT1⑤：11、06XTLT7④：1）　　4、7、8. 砺石（06XTLT1⑤：17、06XTLT1⑤：10、06XTLT1⑤：16）

七八：4）。

　　拍　1件。标本06XTLT3⑥：2，器体残。粉砂岩，灰红色。一面残留四道长条凹槽，其中三道宽深，一道窄浅，在其中一道槽脊上有一条长条形的浅锯痕；另一面有三道宽深的长条凹槽。近器体一侧的一道凹槽内有一圆形穿孔。残长4.2、宽4.3、厚2.1厘米，重30克（图七四：9；图版七八：5）。

　　凿　1件。标本06XTLT1⑤：15，下部残。板岩，灰黑色。微弧顶，一侧有打击疤痕。残长4、宽1.6、厚1.5厘米，重20克（图七三：3；图版七八：6）。

　　砧　2件。标本06XTLT1⑤：9，板岩，黄白色。略呈梯形。两面有砸击窝痕，器面有少量黑色附着物。长7.7、宽6.5、厚2.6厘米，重212克（图七五：5；图版七九：1）。

标本06XTLT2⑤：1，长英质杂砂岩，灰黄色。略呈梯形，两面有砸击窝痕。长10.4、宽6.1、厚3.4厘米，重310克（图七五：2；图版七九：2）。

砺石　3件。标本06XTLT1⑤：10，粉砂岩，灰黄色。呈不规则形，有三个磨面。长21、宽12、厚3.6厘米，重908克（图七五：7；图版七九：3）。

标本06XTLT1⑤：16，粉砂岩，紫红色。呈不规则形，有一个磨面。长8.5、宽7.1、厚5.7厘米，重380克（图七五：8；图版七九：4）。

标本06XTLT1⑤：17，粉砂岩，灰紫红色。呈不规则形，有两个磨面。长9、宽5.7、厚2.5厘米，重170克（图七五：4；图版七九：5）。

石料　4件。有锛坯料和其他石料。

锛坯料　1件。标本06XTLT1⑤：20，板岩，灰黄色。上窄下宽，略呈梯形。弧顶，斜弧刃。通体有明显的打击疤痕。长13、宽6.2、厚3.8厘米，重454克（图七五：1；图版七九：6）。

其他石料　3件。标本06XTLT1⑤：11，砂岩，灰黑色。呈椭圆形，有崩疤。长径11.8、短径10、厚6厘米，重976克（图七五：6；图版八〇：1）。

标本06XTLT1⑤：14，粉砂岩，褐色。呈椭圆形，有崩疤。长径8.4、短径7、厚5.5厘米，重464克（图七五：3；图版八〇：2）。

标本06XTLT7④：1，中细粒二长花岗岩，灰黄色。略呈长条形。长15、宽6.6、厚4厘米，重532克（图七五：9）。

第四节　第4段遗物

一　陶　器

据统计，陶器中夹砂陶占63.4%，有灰陶（占22.3%）、灰黑陶（占21.0%）、灰白陶（占2.7%）和橙黄陶（占17.4%）；泥质陶占36.6%，有白陶（占4.2%）和红褐陶（占32.4%）（表一九）。夹砂陶中有少量的器物由于烧造火候不均等原因，色泽略显斑驳。

表一九　第4段陶质、陶色统计表

陶　质	夹　砂				泥　质	
陶　色	灰　陶	灰黑陶	灰白陶	橙黄陶	白　陶	红褐陶
	22.3	21.0	2.7	17.4	4.2	32.4
百分比	63.4				36.6	
	100					

陶器上的纹饰有绳纹（占56.2%）（图七六）、戳印纹（占3.2%）（图七七：1、2、4、6、7、10）、刻划纹（占32.4%）（图七七：3、5、8、9、11~13；图七八）、贝划（印）纹①（占3.2%）

---

① 贝划（印）纹特指用各种贝壳做工具刻划或压印出来的纹饰（深圳市博物馆等：《深圳市大鹏咸头岭沙丘遗址发掘简报》，《文物》1990年11期；冯永驱等：《深圳史前沙丘遗址陶器纹饰制作模拟实验》，《南中国及邻近地区古文化研究》，中文大学出版社，1994年）。

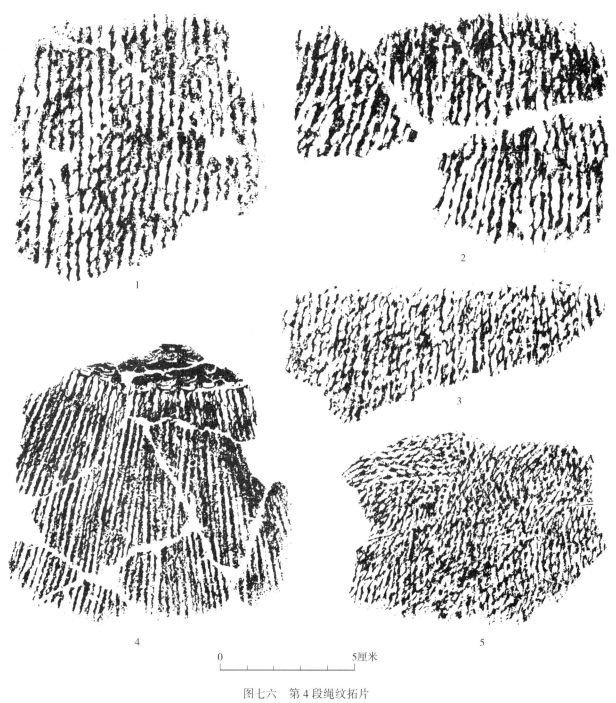

0   5厘米

图七六　第4段绳纹拓片

1、3. 06XTLT1④　　2、4. 06XTLT2④　　5. 06XTLT3⑤

（图七九）、之字纹（占1.2%）（图八○∶1~3），还有少量素面陶（占3.8%）（表二○）。绳纹绝大多数为粗绳纹，细绳纹极少见，平行的绳纹通常每厘米见方有3~5根，均为滚压而成，多饰于陶釜颈部以下，个别支脚和器座外壁也饰有绳纹，釜的腹上部、支脚和器座外壁基本为竖条绳纹，釜的腹下部及底部则见交错绳纹；戳印纹的风格疏朗，经模拟实验可知是用竹片做成不同形状端面的戳子戳印而成的组合图案（附录一），饰于白陶外壁；刻划纹是用锥状的竹、木或骨质工具刻划出的直线、折线和曲线纹，主要饰于彩陶盘的圈足外壁；贝划（印）纹用贝壳做工具划

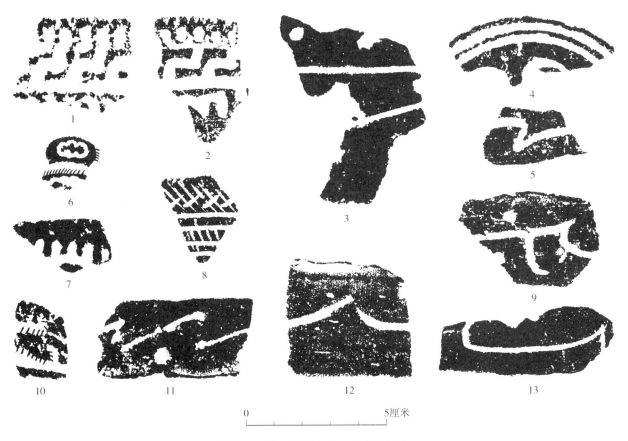

图七七　第 4 段戳印纹、刻划纹拓片

1、2、4、6、7、10. 戳印纹（06XTLT4④、06XTLT4④、06XTLT1④、06XTLT1④、06XTLT1④、06XTLT2④）　3、5、8、9、
11~13. 刻划纹（06XTLT3⑤、06XTLT3⑤、06XTLT2④、06XTLT3⑤、06XTLT1④、06XTLT1④、06XTLT1④）

（印）出纹饰，一般饰于陶釜和器座外壁；之字纹是用竹、木或骨质的锥状工具划出的纹饰，饰于
高领釜（D 型釜）的领外壁，本段的之字纹比较细密。可以确定器形的素面器物有一些支脚和器
座，还有一些素面白陶片比较碎小，难以确定器形。圈足器的圈足上的镂孔很小。

表二○　第 4 段陶器纹饰统计表

纹　饰	绳　纹	戳印纹	刻划纹	贝划（印）纹	之字纹	素　面
百分比	56.2	3.2	32.4	3.2	1.2	3.8
	100					

注：陶器及陶片上的彩陶纹样不作为纹饰看待，仅施彩的未统计在内。

彩陶器均为泥质陶，彩施于盘、豆的腹外壁以及圈足的内外壁。所饰的彩色纹样为赭红色，先
在红褐色胎上涂一层白陶衣，再在白陶衣上施彩；彩陶纹样有条带纹和曲线纹等（图一二：20~26），
总体风格粗放和简约兼有。现存彩陶上的白陶衣和彩剥落比较严重，大部分器物仅有部分残留。
彩陶器共占陶器总量的 32.4%。

陶器成型方法，除了支脚为捏塑法外，其余均为泥片贴筑法。器物成型后经刮削、拍打及用

图七八　第4段刻划纹拓片

1. 06XTLT3⑤：33　2、3、6、10. 06XTLT1④　4. 06XTLT2④　5. 06XTLT1④：4　7. 06XTLT1④：2
8. 06XTLT3⑤　9. 06XTLT3⑤：1

图七九　第4段贝划（印）纹拓片

1、2、4、10、15. 06XTLT3⑤　3、6、9、12、14、16、18、19、21. 06XTLT2④　5、7、8、11、13、17、20、22. 06XTLT1④

湿手抹平，泥质陶一般经磨光。总体来看，多数器物烧造的火候不太高，陶质比较软。

　　陶器的组合为釜（占57.7%）、圈足盘（占35.4%）、豆（占1.2%）、支脚（占3.2%）和器座（占2.5%）（表二一）。

表二一　第4段陶器器类统计表

器　类	釜	圈足盘	豆	支　脚	器　座
百分比	57.7	35.4	1.2	3.2	2.5
	100				

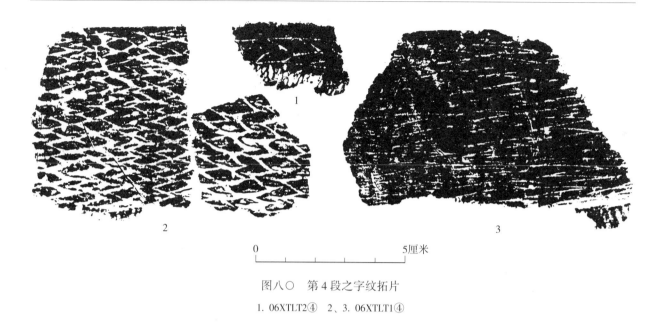

图八〇　第4段之字纹拓片

1. 06XTLT2④　2、3. 06XTLT1④

（一）泥质陶

有圈足盘和豆。

圈足盘　有 D 型圈足盘。均为红褐陶。

标本 06XTLT1④：1，圈足残缺。器壁残留白陶衣。在器物近口沿处两道裂璺的两侧及器下腹和器底相接处一道裂璺的两侧各有一组修补器物的缀合孔，每组小圆孔为两个。口径23.8、残高6.2、壁厚0.3~0.4厘米（图八一：1；图版四一：1）。

标本 06XTLT1④：2，器壁残留白陶衣。圈足外壁饰刻划纹，圈足上有两排圆形小镂孔。口径24.8、高8.2、圈足底径20.2、壁厚0.2~0.4厘米（图八一：4；图版四一：2）。

标本 06XTLT1④：3，施赭红色彩，器壁残留白陶衣。腹外壁与圈足相接处饰一道条带彩；圈足外壁饰刻划曲线纹，圈足中部有一排圆形小镂孔。口径24、高7.5、圈足底径21.1、壁厚0.2~0.4厘米（图八一：3；图版四一：3）。

标本 06XTLT1④：4，施赭红色彩，器壁残留白陶衣。腹外壁和圈足外壁残留条带纹、曲线纹和点状纹彩；圈足外壁中部饰刻划曲线纹。圈足上部有圆形小镂孔。口径22.2、高7.8、圈足底径19.2、壁厚0.4~0.6厘米（图八一：9；图版四一：4、5）。

标本 06XTLT1④：8，仅残存圈足。施赭红色彩，器壁残留白陶衣。外壁饰条带、曲线纹彩，内壁近底部有一道条带纹彩，圈足外壁有刻划纹。圈足上有两排圆形小镂孔。底径14.6、残高4、壁厚0.4~0.6厘米（图八四：13；图版四二：1、2）。

标本 06XTLT1④：88，圈足残。腹壁残留白陶衣。圈足上部有圆形小镂孔。口径21.6、残高5.5、壁厚0.2~0.4厘米（图八三：1；图版四二：3）。

标本 06XTLT1④：89，施赭红色彩，器壁残留白陶衣。腹下部外壁和圈足内壁残留条带纹彩，圈足外壁饰刻划曲线纹。圈足上有两排圆形小镂孔。口径22.4、高8、圈足底径21.2、壁厚0.3~0.6厘米（图八一：5；图版四二：4）。

标本 06XTLT1④：90，圈足残缺。施赭红色彩，器壁残留白陶衣。腹外壁和圈足外壁残留条

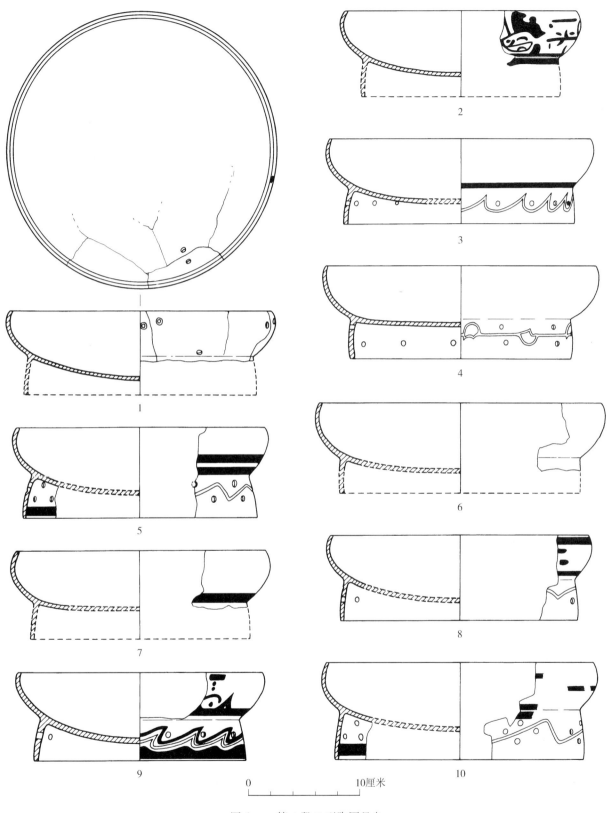

图八一　第 4 段 D 型陶圈足盘

1. 06XTLT1④：1　2. 06XTLT1④：90　3. 06XTLT1④：3　4. 06XTLT1④：2　5. 06XTLT1④：89

6. 06XTLT2④：12　7. 06XTLT4④：2　8. 06XTLT2④：14　9. 06XTLT1④：4　10. 06XTLT4④：4

带和点状等彩。口径 21.4、残高 5.8、壁厚 0.3~0.4 厘米（图八一：2；图版四二：5）。

标本 06XTLT1④：91，圈足残缺。施赭红色彩，腹壁残留白陶衣，腹部有彩。口径 21.2、残高 5.6、壁厚 0.3~0.4 厘米（图八三：3；图版四二：6）。

标本 06XTLT1④：97，仅残存圈足。器壁残留白陶衣。外壁饰刻划曲折及直线等纹饰。圈足上有圆形小镂孔。底径 23.2、残高 4.4、壁厚 0.4~0.6 厘米（图八四：10；图版四三：1）。

标本 06XTLT1④：98，仅残存圈足。施赭红色彩，器壁残留白陶衣。外壁饰条带纹和曲线纹等彩，并有刻划纹。圈足上有小镂孔。底径 24、残高 4、壁厚 0.5~0.8 厘米（图八四：12）。

标本 06XTLT1④：99，仅残存盘部。施赭红色彩，外壁残留白陶衣，并有条带纹、曲线纹等彩。口径 24、残高 3.4、壁厚 0.5 厘米（图八二：13）。

标本 06XTLT1④：100，仅残存盘部。口径 24、残高 3.8、壁厚 0.5 厘米（图八二：11）。

标本 06XTLT1④：145，仅残存圈足。施赭红色彩。外壁残留白陶衣，并有条带纹、曲线纹等彩，还有刻划纹；内壁有一道条带纹彩。底径 18、残高 4.2、壁厚 0.4~0.6 厘米（图八四：9）。

标本 06XTLT1④：103，仅残存圈足部。施赭红色彩。外壁残留白陶衣和条带纹、曲线纹等彩，并有刻划纹。圈足上有小镂孔。底径 20、残高 3.2、壁厚 0.4 厘米（图八四：4）。

标本 06XTLT1④：104，仅残存圈足部。施赭红色彩。外壁残留白陶衣和条带纹、曲线纹等彩，并有刻划纹。圈足上有小镂孔。底径 20、残高 2.8、壁厚 0.4 厘米（图八四：2）。

标本 06XTLT1④：105，仅残存盘部。器壁残留白陶衣。口径 20、残高 3.8、壁厚 0.5 厘米（图八二：8）。

标本 06XTLT1④：106，仅残存盘部。施赭红色彩。外壁残留白陶衣以及条带纹等彩。口径 20、残高 3.6、壁厚 0.4 厘米（图八二：5）。

标本 06XTLT1④：107，仅残存圈足。外壁有刻划纹。圈足上有小镂孔。底径 22、残高 4、壁厚 0.4~0.8 厘米（图八四：8）。

标本 06XTLT1④：120，仅残存盘部。施赭红色彩。外壁残留白陶衣以及条带纹等彩。口径 21.6、残高 3、壁厚 0.4~0.5 厘米（图八二：12）。

标本 06XTLT2④：12，圈足残缺。红褐陶，器壁残留白陶衣。口径 26、残高 6、壁厚 0.3~0.6 厘米（图八一：6；图版四三：2）。

标本 06XTLT2④：13，圈足残缺。施赭红色彩，器壁残留白陶衣。口沿外壁残留连续点状纹彩。口径 17.8、残高 4.8、壁厚 0.2~0.4 厘米（图八三：2；图版四三：3）。

标本 06XTLT2④：14，施赭红色彩，器壁残留白陶衣。口沿外壁和腹外壁饰条带纹彩，圈足外壁有刻划纹。圈足上有圆形小镂孔。口径 23.8、高 7.6、圈足底径 21.8、壁厚 0.3~0.4 厘米（图八一：8；图版四三：4）。

标本 06XTLT2④：15，圈足残缺。器壁残留白陶衣。口径 19.6、残高 5、壁厚 0.3~0.4 厘米（图八三：4；图版四三：5）。

标本 06XTLT2④：16，施赭红色彩，器壁残留白陶衣。腹底部外壁及圈足内外壁残留条带纹彩，圈足外壁饰刻划曲线纹。圈足上有圆形小镂孔。口径 22、高 7.4、圈足底径 18.4、壁厚 0.2~0.4 厘米（图八三：5；图版四三：6）。

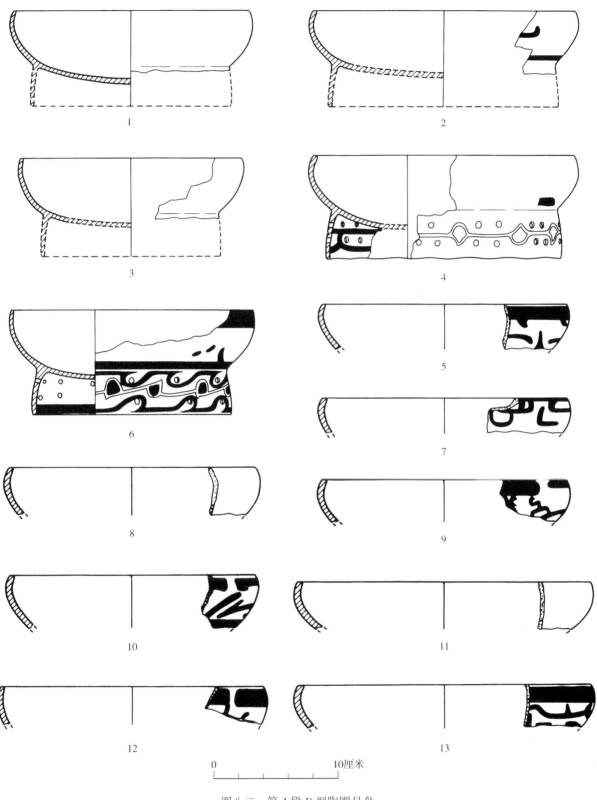

图八二　第 4 段 D 型陶圈足盘

1. 06XTLT3⑤：35　2. 06XTLT2④：20　3. 06XTLT3⑤：34　4. 06XTLT4④：5　5. 06XTLT1④：106

6. 06XTLT3⑤：33　7. 06XTLT3⑤：41　8. 06XTLT1④：105　9. 06XTLT3⑤：42　10. 06XTLT3⑤：45

11. 06XTLT1④：100　12. 06XTLT1④：120　13. 06XTLT1④：99

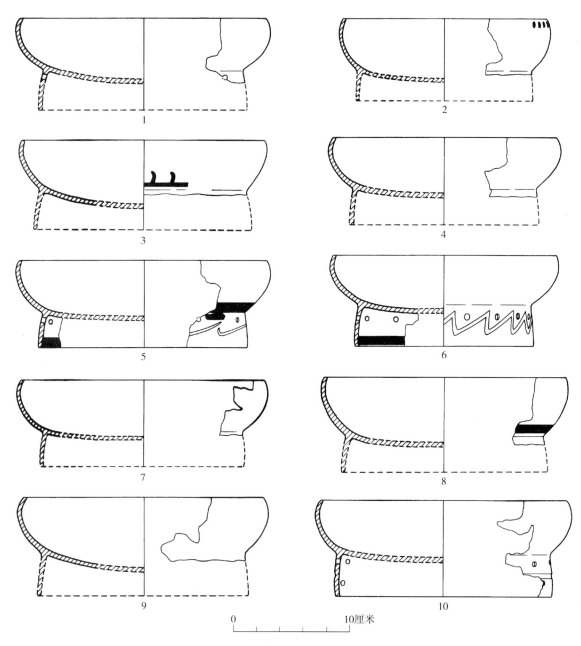

图八三　第 4 段 D 型陶圈足盘

1. 06XTLT1④：88　2. 06XTLT2④：13　3. 06XTLT1④：91　4. 06XTLT2④：15　5. 06XTLT2④：16
6. 06XTLT3⑤：1　7. 06XTLT2④：17　8. 06XTLT2④：18　9. 06XTLT2④：19　10. 06XTLT4④：3

标本 06XTLT2④：17，圈足残缺。腹壁残留白陶衣。口径 21.6、残高 4.6、壁厚 0.2~0.4 厘米（图八三：7；图版四四：1）。

标本 06XTLT2④：18，圈足残缺。施赭红色彩，腹壁残留白陶衣，腹下部残留条带纹彩。口径 21.2、残高 5.7、壁厚 0.3~0.6 厘米（图八三：8；图版四四：2）。

标本 06XTLT2④：19，圈足残缺。红褐胎，器表经火烧，部分呈红褐色，部分呈黑色，腹壁残留白陶衣。口径 21.2、残高 5.4、壁厚 0.3~0.5 厘米（图八三：9；图版四四：3）。

标本 06XTLT2④：20，圈足残缺。施赭红色彩，腹壁残留白陶衣和彩。口径 21.4、残高 5、壁厚 0.4~0.5 厘米（图八二：2；图版四四：4）。

标本 06XTLT2④：22，仅残存圈足。施赭红色彩。外壁有白陶衣和条带纹、曲线纹等彩，并有刻划纹。圈足上有小镂孔。底径 18、残高 5.4、壁厚 0.4~0.7 厘米（图八四：11）。

标本 06XTLT3⑤：1，施赭红色彩，器壁残留白陶衣。圈足内壁残留一道条带彩，外壁饰刻划折线纹。圈足上有圆形小镂孔。口径 19.5、高 7.7、圈足底径 15.6、壁厚 0.3~0.4 厘米（图八三：6；图版四四：5）。

标本 06XTLT3⑤：33，施赭红色彩，器壁残留白陶衣。外壁口沿处、腹下部以及圈足部残留条带纹和曲线纹等彩，内壁近底部有一道条带纹彩，圈足外壁有刻划纹。圈足上有两排圆形小镂孔。口径 20、高 8.4、圈足底径 16.2、壁厚 0.2~0.4 厘米（图八二：6；图版四四：6）。

标本 06XTLT3⑤：34，圈足残缺。器壁残留白陶衣。口径 18、残高 5、壁厚 0.2~0.4 厘米（图八二：3；图版四五：1）。

标本 06XTLT3⑤：35，圈足残缺。器壁残留白陶衣。口径 19.2、残高 5.8、壁厚 0.2~0.6 厘米（图八二：1；图版四五：2）。

标本 06XTLT3⑤：37，仅残存圈足。施赭红色彩。外壁残留条带纹、曲线纹等彩，并有刻划纹，内壁残留白陶衣。圈足上有小镂孔。底径 16、残高 3.8、壁厚 0.4 厘米（图八四：1）。

标本 06XTLT3⑤：38，仅残存圈足。施赭红色彩。外壁残留白陶衣并饰刻划纹，内壁有一道条带纹彩。圈足上有小镂孔。底径 16、残高 4.4、壁厚 0.4~0.8 厘米（图八四：3）。

标本 06XTLT3⑤：40，仅残存圈足部。施赭红色彩，器壁残留白陶衣。外壁残留彩和刻划纹。底径 16.4、残高 3、壁厚 0.4 厘米（图八四：6）。

标本 06XTLT3⑤：41，仅残存盘部。施赭红色彩，器壁残留白陶衣。外壁残留条带纹和曲线纹等彩。口径 20、残高 2.8、壁厚 0.5 厘米（图八二：7）。

标本 06XTLT3⑤：42，仅残存盘部。施赭红色彩，器壁残留白陶衣。外壁残留条带纹和曲线纹等彩。口径 20、残高 3.4、壁厚 0.4~0.6 厘米（图八二：9）。

标本 06XTLT3⑤：43，仅残存圈足部。器壁残留白陶衣。外壁有刻划纹，圈足上有小镂孔。底径 16、残高 3.4、壁厚 0.3~0.6 厘米（图八四：7）。

标本 06XTLT3⑤：44，仅残存圈足部。施赭红色彩，器壁残留白陶衣。外壁有刻划纹，内壁残留一道条带纹彩。圈足上有小镂孔。底径 16、残高 2.8、壁厚 0.2~0.4 厘米（图八四：5）。

标本 06XTLT3⑤：45，仅残存盘部。施赭红色彩，器壁残留白陶衣，外壁有条带纹等彩。口径 20、残高 4.2、壁厚 0.4~0.6 厘米（图八二：10）。

标本 06XTLT4④：2，圈足残缺。施赭红色彩，器壁残留白陶衣。腹下部和圈足相接处有一道条带彩。口径 22.8、残高 5.2、壁厚 0.4 厘米（图八一：7；图版四五：3）。

标本 06XTLT4④：3，器壁残留白陶衣。圈足外壁饰刻划纹。圈足上有圆形小镂孔。口径 21.6、高 8.2、圈足底径 18.8、壁厚 0.2~0.6 厘米（图八三：10；图版四五：4）。

标本 06XTLT4④：4，施赭红色彩，器壁残留白陶衣。腹部和圈足内壁残留条带纹彩，圈足外壁有刻划曲线纹。圈足上有圆形小镂孔。口径 24.6、高 8.6、圈足底径 22.8、壁厚 0.2~0.4 厘米（图八一：10；图版四五：5）。

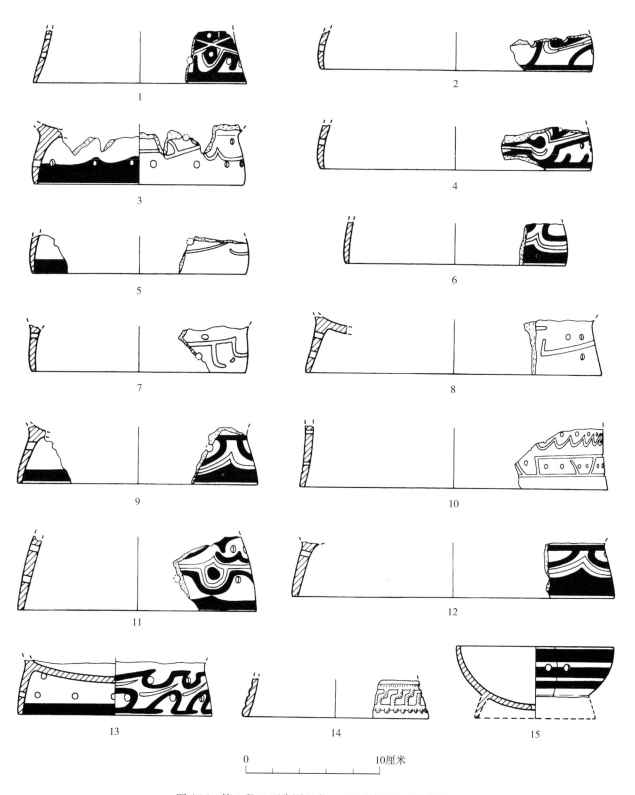

图八四　第4段D型陶圈足盘、AⅡ式陶豆与器物圈足

1~13. D型陶圈足盘（06XTLT3⑤：37、06XTLT1④：104、06XTLT3⑤：38、06XTLT1④：103、06XTLT3⑤：44、06XTLT3⑤：40、
06XTLT3⑤：43、06XTLT1④：107、06XTLT1④：145、06XTLT1④：97、06XTLT2④：22、06XTLT1④：98、06XTLT1④：8）

14. 器物圈足（06XTLT4④：9）　　15. AⅡ式陶豆（06XTLT1④：5）

标本06XTLT4④：5，施赭红色彩，器壁残留白陶衣。腹外壁和圈足内壁残留彩，圈足外壁有刻划纹。圈足上有两排圆形小镂孔。口径21.4、高8.2、圈足底径19.2、壁厚0.3~0.4厘米（图八二：4；图版四六：1、2）。

豆　有AⅡ式豆。

标本06XTLT1④：5，圈足残。白胎。器表经火烧，部分呈黑色。外壁近口沿处和腹部有条带彩。在腹中部一道裂璺的两侧有两个修补器物的缀合孔；底部残留一个修补器物的小圆孔。口径11.8、残高4.6、壁厚0.3~0.4厘米（图八四：15；图版四六：3、4）。

器物圈足　不知是何种器物的圈足。

标本06XTLT4④：9，仅存圈足部。白陶，圈足斜直。外壁戳印两道条纹和一排曲尺状纹，戳槽内有凸起的短线纹。底径14、残高2.8、壁厚0.4~0.6厘米（图八四：14）。

（二）夹砂陶

有釜、支脚和器座。

釜　有A型、B型、C型和DⅠ式釜。

A型　尖圆唇，颈部以下饰粗绳纹，有的器体靠下有交错粗绳纹。

标本06XTLT2④：50，灰陶。外壁残留烟炱。口径16.8、残高8.8、壁厚0.8厘米（图八五：3；图版五一：1）。

标本06XTLT3⑤：39，底部残。灰黑陶。外壁残留烟炱。口径16.8、腹径18、复原高18、壁厚0.7厘米（图八五：1；图版五一：2）。

B型　尖圆唇或圆唇，颈部以下均饰粗绳纹，有的器物领部或肩部还饰有贝划纹。

标本06XTLT1④：101，灰黑陶。外壁残留烟炱。口径20.4、腹径26、复原高26.8、壁厚0.8~1.2厘米（图八五：4；图版五一：3）。

标本06XTLT1④：108，底部残。橙黄陶。外壁残留烟炱。口径21.2、腹径28、复原高28、壁厚0.6~1.6厘米（图八五：7；图版五一：4）。

标本06XTLT1④：109，底部残。橙黄陶。外壁残留烟炱。口径20.4、腹径27.2、复原高24.8、壁厚0.8~1.6厘米（图八五：5；图版五一：5）。

标本06XTLT1④：110，橙黄陶。颈部以下饰绳纹和贝划纹。口径24、残高7、壁厚0.4~1.7厘米（图八六：1）。

标本06XTLT1④：111，橙黄陶。颈部以下饰绳纹和贝划纹。口径24、残高6.8、壁厚0.4~1.6厘米（图八六：3）。

标本06XTLT1④：112，灰陶。领外壁饰贝划纹，颈部以下饰绳纹。口径20、残高4.8、壁厚0.4~0.6厘米（图八六：16）。

标本06XTLT1④：115，橙黄陶。口径32、残高10.2、壁厚0.8~1.6厘米（图八六：18）。

标本06XTLT1④：116，灰陶。外壁残留烟炱。口径24、残高7.6、壁厚0.4~1.2厘米（图八六：4）。

标本06XTLT1④：119，灰白陶。口径20、残高6.6、壁厚0.4~2厘米（图八六：2）。

标本06XTLT1④：134，底部残。橙黄陶。外壁残留烟炱。口径26、腹径31.2、复原高27.2、

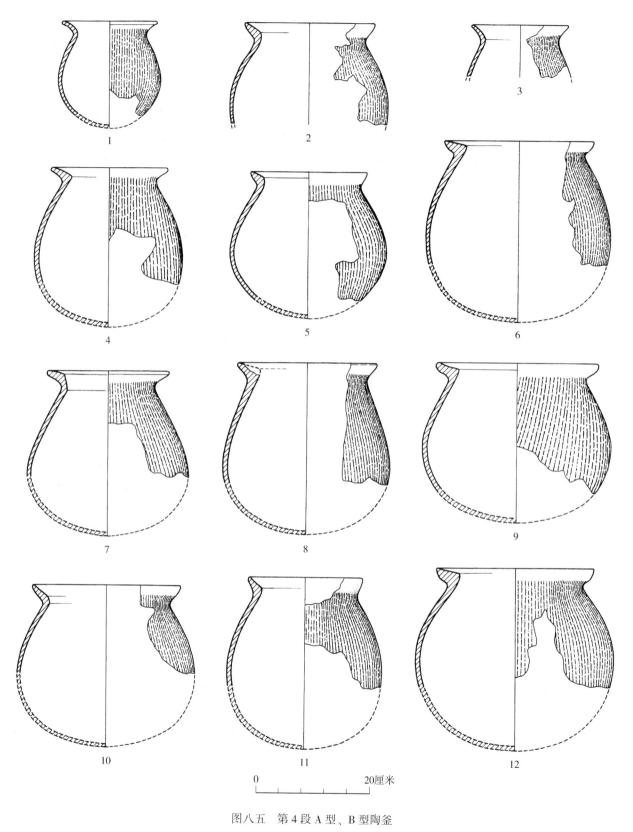

0　　　　　　　　20厘米

图八五　第4段 A 型、B 型陶釜

1、3. A 型（06XTLT3⑤：39、06XTLT2④：50）　　2、4~12. B 型（06XTLT1④：142、06XTLT1④：101、06XTLT1④：109、06XTLT1④：136、06XTLT1④：108、06XTLT1④：139、06XTLT2④：23、06XTLT1④：134、06XTLT1④：137、06XTLT1④：141）

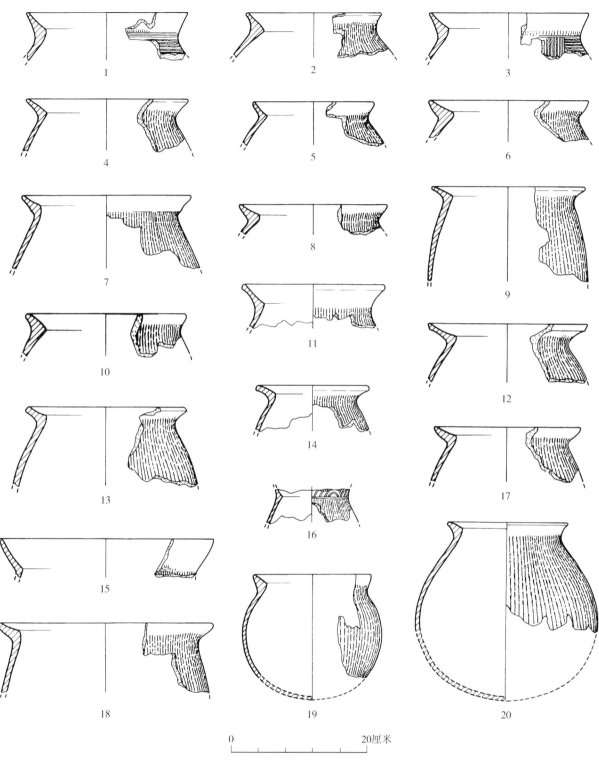

图八六　第 4 段 B 型陶釜

1. 06XTLT1④：110　2. 06XTLT1④：119　3. 06XTLT1④：111　4. 06XTLT1④：116　5. 06XTLT3⑤：48

6. 06XTLT2④：31　7. 06XTLT1④：135　8. 06XTLT3⑤：49　9. 06XTLT2④：51　10. 06XTLT4④：8

11. 06XTLT4④：6　12. 06XTLT3⑤：51　13. 06XTLT3⑤：47　14. 06XTLT4④：7　15. 06XTLT2④：32

16. 06XTLT1④：112　17. 06XTLT3⑤：50　18. 06XTLT1④：115　19. 06XTLT2④：47　20. 06XTLT2④：25

壁厚0.6~1.2厘米（图八五：10；图版五一：6）。

标本06XTLT1④：135，橙黄陶。外壁残留烟炱。口径25.2、残高10.6、壁厚0.7~1.2厘米（图八六：7；图版五二：1）。

标本06XTLT1④：136，底部残。橙黄陶。外壁残留烟炱。口径26、腹径32、复原高30.4、壁厚0.6~1.2厘米（图八五：6；图版五二：2）。

标本06XTLT1④：137，底部残。灰黑陶。外壁残留烟炱。口径20、腹径27.2、复原高28.8、壁厚0.8~1.5厘米（图八五：11；图版五二：3）。

标本06XTLT1④：139，底部残。橙黄陶。外壁残留烟炱。口径24.4、腹径29.2、复原高28.8、壁厚0.8~1.2厘米（图八五：8；图版五二：4）。

标本06XTLT1④：141，底部残。橙黄陶。外壁残留烟炱。口径27.6、腹径34.4、复原高30.6、壁厚0.8~1.6厘米（图八五：12；图版五二：5）。

标本06XTLT1④：142，橙黄陶。外壁残留烟炱。口径22.8、残高17、壁厚0.4~1.2厘米（图八五：2；图版五二：6）。

标本06XTLT2④：23，底部残。灰陶。外壁残留烟炱。口径28.2、腹径32.8、复原高26.8、壁厚0.8~1.1厘米（图八五：9；图版五三：1）。

标本06XTLT2④：25，底部残。灰陶。外壁残留烟炱。口径18、腹径27.2、复原高26、壁厚0.6~1.6厘米（图八六：20；图版五三：2）。

标本06XTLT2④：26，底部残。橙黄陶。外壁残留烟炱。口径26、腹径30.8、复原高27、壁厚0.8~2厘米（图八七：6；图版五三：3）。

标本06XTLT2④：31，橙黄陶。口径24、残高6、壁厚0.6~2厘米（图八六：6）。

标本06XTLT2④：32，灰陶。口径32、残高5.6、壁厚0.6~1厘米（图八六：15）。

标本06XTLT2④：46，底部残。灰陶。外壁残留烟炱。口径24.8、腹径27.2、复原高24.8、壁厚0.7~1.2厘米（图八七：1；图版五三：4）。

标本06XTLT2④：47，底部残。橙黄陶。外壁残留烟炱。口径19.8、腹径20.8、复原高18.2、壁厚0.4~1.2厘米（图八六：19；图版五三：5）。

标本06XTLT2④：51，灰陶。外壁残留烟炱。口径23.2、残高13.6、壁厚0.4~1厘米（图八六：9；图版五三：6）。

标本06XTLT3⑤：47，橙黄陶。外壁残留烟炱。口径24、残高11.6、壁厚0.8~1.6厘米（图八六：13）。

标本06XTLT3⑤：48，灰陶。外壁残留烟炱。口径18、残高6.4、壁厚0.4~1厘米（图八六：5）。

标本06XTLT3⑤：49，灰陶。外壁残留烟炱。口径22、残高4.4、壁厚0.4~2厘米（图八六：8）。

标本06XTLT3⑤：50，橙黄陶。外壁残留烟炱。口径22、残高8、壁厚0.7~1.6厘米（图八六：17）。

标本06XTLT3⑤：51，灰陶。口径24、残高8.6、壁厚0.6~1.7厘米（图八六：12）。

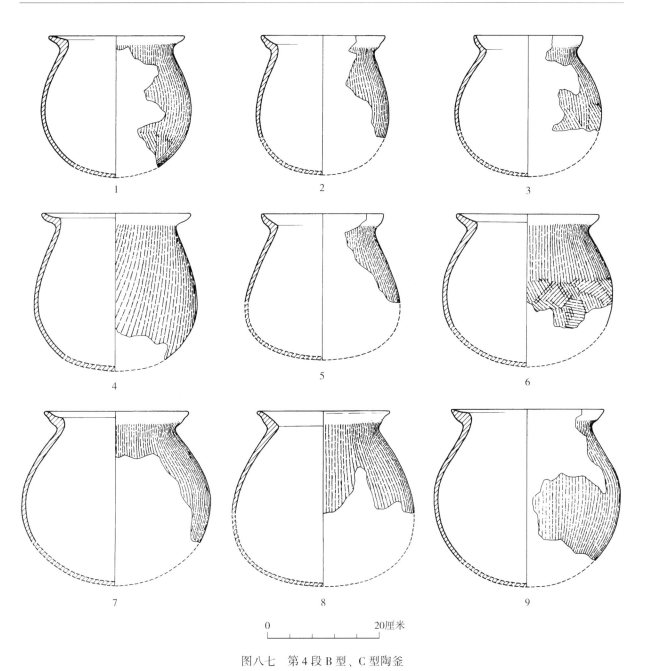

图八七　第 4 段 B 型、C 型陶釜

1、6、8. B 型（06XTLT2④：46、06XTLT2④：26、06XTLT3⑤：52）　2~5、7、9. C 型（06XTLT3⑤：56、
06XTLT1④：140、06XTLT2④：24、06XTLT2④：33、06XTLT3⑤：46、06XTLT4④：12）

标本 06XTLT3⑤：52，底部残。橙黄陶。外壁残留烟炱。口径 24、腹径 32.8、复原高 30.8、壁厚 0.6~2 厘米（图八七：8；图版五四：1）。

标本 06XTLT4④：6，灰陶。外壁残留烟炱。口径 21、残高 6.4、壁厚 0.7~1.2 厘米（图八六：11）。

标本 06XTLT4④：7，灰陶。口径 17、残高 6.6、壁厚 0.4~0.8 厘米（图八六：14）。

标本 06XTLT4④：8，橙黄陶。口径 24、残高 6.2、壁厚 0.8~2 厘米（图八六：10）。

C 型　尖圆唇或圆唇，颈部以下饰粗绳纹，有的器物领部和肩部还饰有贝划纹。

标本06XTLT1④：102，底部残。橙黄陶。外壁残留烟炱。口径15.6、腹径18.4、复原高19.2、壁厚0.6~0.8厘米（图八八：11；图版五四：2）。

标本06XTLT1④：113，灰陶。口径22、残高8.4、壁厚0.4~1厘米（图八八：2）。

标本06XTLT1④：114，橙黄陶。外壁残留烟炱。口径19、残高8.6、壁厚0.8~1.6厘米（图八八：5）。

标本06XTLT1④：117，灰陶。外壁残留烟炱。口径20、残高3.2、壁厚0.6厘米（图八八：1）。

标本06XTLT1④：140，底部残。灰白陶。口径20、腹径26.8、复原高24.8、壁厚0.7~1.1厘米（图八七：3；图版五四：3）。

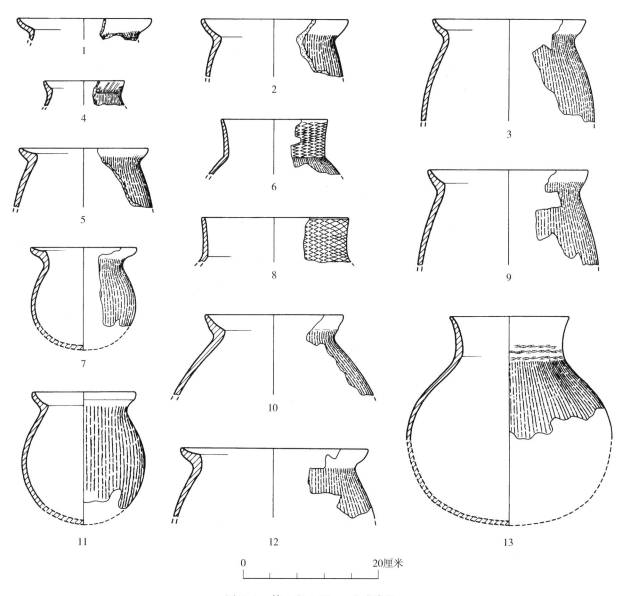

图八八　第4段 C 型、D I 式陶釜

1~5、7、9~12. C 型（06XTLT1④：117、06XTLT1④：113、06XTLT3⑤：57、06XTLT2④：28、06XTLT1④：114、06XTLT3⑤：54、06XTLT3⑤：55、06XTLT2④：49、06XTLT1④：102、06XTLT4④：13）　6、8、13. D I 式（06XTLT1④：122、06XTLT1④：121、06XTLT2④：27）

标本 06XTLT2④：24，底部残。橙黄陶。外壁残留烟炱。口径 27.2、腹径 29.6、复原高 27.6、壁厚 0.8~1 厘米（图八七：4；图版五四：4）。

标本 06XTLT2④：28，灰陶。领外壁饰贝划纹。口径 12、残高 3.6、壁厚 0.3~0.8 厘米（图八八：4）。

标本 06XTLT2④：33，底部残。橙黄陶。外壁残留烟炱。口径 22、腹径 28、复原高 25.6、壁厚 0.6~1.2 厘米（图八七：5；图版五四：5）。

标本 06XTLT2④：49，灰陶。外壁残留烟炱。口径 20.8、残高 11.6、壁厚 0.8~1.2 厘米（图八八：10；图版五四：6）。

标本 06XTLT3⑤：46，底部残。橙黄陶。口径 26、腹径 34、复原高 30.8、壁厚 0.8~2 厘米（图八七：7；图版五五：1）。

标本 06XTLT3⑤：54，底部残。灰黑陶。外壁残留烟炱。口径 15.8、腹径 15.6、复原高 14.8、壁厚 0.6~1.1 厘米（图八八：7；图版五五：2）。

标本 06XTLT3⑤：55，灰黑陶。外壁残留烟炱。口径 24、残高 13.8、壁厚 0.7~1.2 厘米（图八八：9；图版五五：3）。

标本 06XTLT3⑤：56，底部残。灰陶。外壁残留烟炱。口径 22.4、腹径 24、复原高 24.4、壁厚 0.7~1.2 厘米（图八七：2；图版五五：4）。

标本 06XTLT3⑤：57，橙黄陶。外壁残留烟炱。口径 23、残高 14.8、壁厚 0.8~1 厘米（图八八：3；图版五五：5）。

标本 06XTLT4④：12，底部残。灰陶。外壁残留烟炱。口径 28、腹径 34、复原高 31.2、壁厚 0.6~1 厘米（图八七：9；图版五五：6）。

标本 06XTLT4④：13，灰白陶。外壁残留烟炱。口径 28.4、残高 10、壁厚 0.7~1.2 厘米（图八八：12；图版五六：1）。

Ｄ Ｉ 式　尖圆唇。标本 06XTLT1④：121，灰陶。领外壁饰之字纹。口径 22、残高 6.4、壁厚 0.5~0.8 厘米（图八八：8；图版五六：2）。

标本 06XTLT1④：122，灰陶。领外壁饰之字纹，领部以下饰粗绳纹，外壁残留烟炱。口径 16、残高 8、壁厚 0.4~0.8 厘米（图八八：6；图版五六：3）。

标本 06XTLT2④：27，底部残。灰陶。领外壁下部饰贝印纹，领部以下饰粗绳纹，外壁残留烟炱。口径 17.6、腹径 30.4、复原高 30.4、壁厚 0.6~0.8 厘米（图八八：13；图版五六：4）。

支脚　有 B 型支脚。

标本 06XTLT1④：6，橙黄陶。饰绳纹。顶部长 1.8、顶部宽 1.8、复原底部长 7.4、底部宽 7.2、高 10.5 厘米（图八九：1；图版五六：5）。

标本 06XTLT1④：7，橙黄陶。饰绳纹。顶部长 1.8、顶部宽 1.6、底部长 7.8、底部宽 6.8、高 11.4 厘米（图八九：4；图版五六：6）。

标本 06XTLT1④：94，橙黄陶。素面。复原顶部长 3.8、顶部宽 3.2、底部长 10、底部宽 9.8、高 13.6 厘米（图八九：2；图版五六：7）。

标本 06XTLT1④：96，灰陶。素面。顶部长 2.8、顶部宽 2.8、复原底部长 9.6、底部宽 9.6、

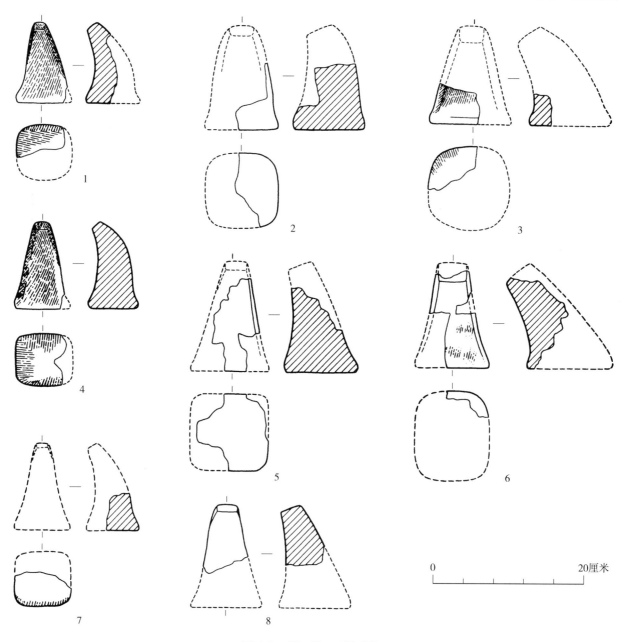

图八九　第4段 B 型陶支脚

1. 06XTLT1④：6　2. 06XTLT1④：94　3. 06XTLT2④：21　4. 06XTLT1④：7　5. 06XTLT3⑤：36
6. 06XTLT2④：43　7. 06XTLT2④：48　8. 06XTLT1④：96

高 13.4 厘米（图八九：8；图版五七：1）。

　　标本 06XTLT2④：21，灰陶。饰绳纹。复原顶部长 3.6、顶部宽 3.2、底部长 11、底部宽 11、高 12.8 厘米（图八九：3；图版五七：2）。

　　标本 06XTLT2④：43，灰陶。饰绳纹。复原顶部长 4、顶部宽 4、底部长 11.6、底部宽 10.1、高 13.8 厘米（图八九：6；图版五七：3）。

　　标本 06XTLT2④：48，橙黄陶。素面。复原顶部长 1.6、顶部宽 1.6、底部长 7.2、底部宽 7.2、高 11.7 厘米（图八九：7；图版五七：4）。

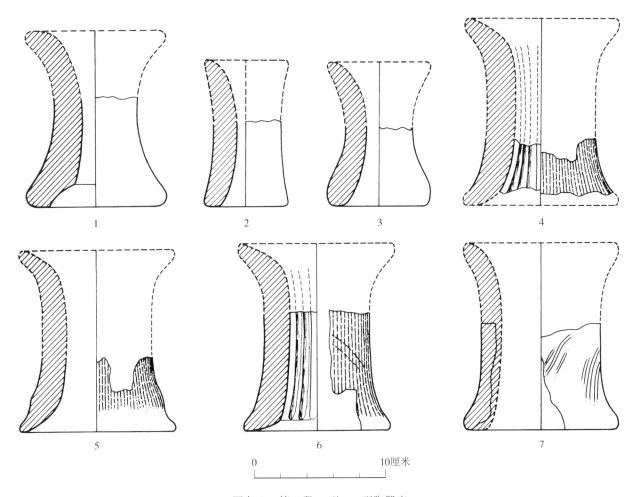

图九〇　第 4 段 A 型、B 型陶器座

1、3~7. B 型（06XTLT1④：93、06XTLT1④：95、06XTLT2④：42、06XTLT2④：44、06XTLT2④：45、
06XTLT1④：138）　　2. A 型（06XTLT1④：92）

标本 06XTLT3⑤：36，灰陶。素面。复原顶部长 3.8、顶部宽 3.4、底部长 10.6、底部宽
10.6、高 14.4 厘米（图八九：5；图版五七：5）。

器座　有 A 型和 B 型器座。

A 型　标本 06XTLT1④：92，灰陶。素面。底径 6.4、复原高 11、壁厚 1.6~1.8 厘米（图九
〇：2；图版五七：6）。

B 型　标本 06XTLT1④：93，橙黄陶。素面。底径 10.8、复原高 13.2、壁厚 2.2~2.8 厘米
（图九〇：1；图版五七：7）。

标本 06XTLT1④：95，橙黄陶。素面。底径 8、复原高 10.8、壁厚 1.6~2 厘米（图九〇：3；
图版五七：8）。

标本 06XTLT1④：138，灰陶。外壁饰刻划纹。底径 12、复原高 14、壁厚 1.2~1.6 厘米（图
九〇：7；图版五七：9）。

标本 06XTLT2④：42，残甚。灰陶。外壁饰粗绳纹，内壁残留纵向的竹片施压的凹痕。口及
底复原直径 12、复原高 14、壁厚 2.2 厘米（图九〇：4；图版五八：1）。

标本06XTLT2④：44，灰陶。外壁饰粗绳纹。底径12、复原高13.6、壁厚1~2厘米（图九○：5；图版五八：2）。

标本06XTLT2④：45，灰陶。外壁饰粗绳纹，内壁有纵向的竹片施压的凹痕。底径12、复原高14、壁厚2~2.2厘米（图九○：6；图版五八：3）。

二　石质品

石质品共127件，有锛（占10.2%）、饼形器（占30.7%）、凹石（占4.7%）、杵（占11.8%）、锤（占1.6%）、拍（占1.6%）、砧（占2.4%）、砺石（占7.1%）以及石料（占29.9%）等（表二二）。

表二二　第4段石器、石料统计表

器　名	锛	饼形器	凹石	杵	锤	拍	砧	砺石	石　料		合计
									饼坯	其他	
件　数	13	39	6	15	2	2	3	9	8	30	127
百分比	10.2	30.7	4.7	11.8	1.6	1.6	2.4	7.1	6.3 / 23.6 / 29.9		100

锛　13件。有A型、B型和C型锛。

A型　9件。标本06XTLF1：5，蚀变火山岩，灰黄色。微弧顶，单面弧刃。顶部及两面有崩疤，刃部略有崩损。长7、宽6.7、厚1.6厘米，重124克（图九一：1；图版八○：3）。

标本06XTLF1：7，泥质粉砂岩，灰黄色。平顶，单面弧刃。一面和一侧有崩疤。长5.8、宽5.4、厚1.5厘米，重78克（图九一：3；图版八○：4）。

标本06XTLF1：8，粉砂岩，灰绿色。微弧顶，单面弧刃。顶部及两侧有崩疤，刃部有崩损。长7.8、宽5.7、厚2厘米，重132克（图九一：5；图版八○：5）。

标本06XTLT1④：24，上部残。粉砂质板岩，灰黄色。单面弧刃。一面及一侧有崩疤，刃部有崩损。残长6、宽3.8、厚2.1厘米，重56克（图九二：4；图版八○：6）。

标本06XTLT1④：27，下部残。中粗粒粉砂岩，灰黑色。顶略斜。残长3.3、宽5.1、厚1.6厘米，重44克（图九二：5；图版八一：1）。

标本06XTLT1④：28，泥质粉砂岩，灰黑色。弧顶，单面弧刃。两侧及一面有崩疤，刃部有崩损。长7、宽5.1、厚1.5厘米，重76克（图九一：2；图版八一：2）。

标本06XTLT1④：35，上部残。粉砂岩，灰黄色。单面弧刃。两侧有崩疤，刃部有崩损。残长6.2、宽5.9、厚2厘米，重100克（图九一：4；图版八一：3）。

标本06XTLT1④：86，凝灰质粉砂岩，灰黄绿色。微弧顶，单面弧刃。两侧有崩疤，刃部残。长4.8、宽4.1、厚1.3厘米，重46克（图九二：2；图版八一：4）。

标本06XTLT3⑤：14，下部残。杂砂岩，浅紫红色。弧顶。残长6.9、宽6、厚2.7厘米，重102克（图九一：6；图版八一：5）。

B型　3件。标本06XTLF1：4，泥质粉砂岩，灰绿色。微弧顶，双面弧刃。两侧有弧肩，刃

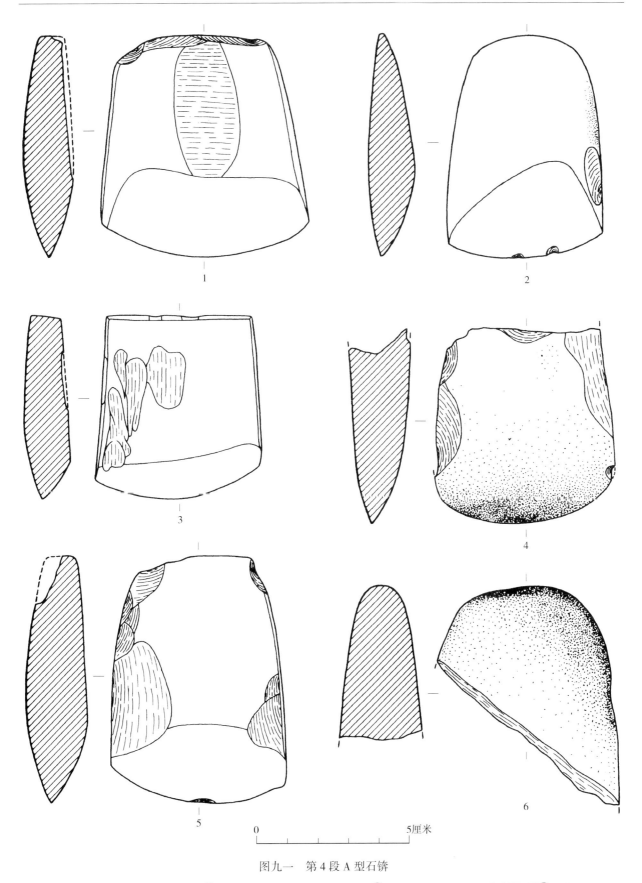

图九一　第 4 段 A 型石锛

1. 06XTLF1：5　2. 06XTLT1④：28　3. 06XTLF1：7　4. 06XTLT1④：35　5. 06XTLF1：8　6. 06XTLT3⑤：14

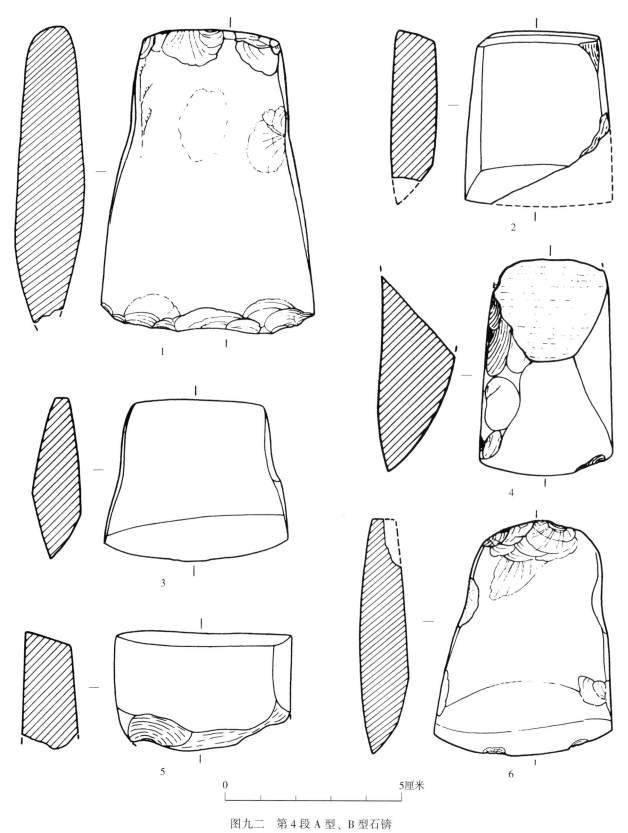

图九二   第 4 段 A 型、B 型石锛

1、3、6. B 型（06XTLT1④：78、06XTLF1：4、06XTLT1④：25）   2、4、5. A 型（06XTLT1④：86、
06XTLT1④：24、06XTLT1④：27）

部有崩损。长 4.5、宽 5.3、厚 1.4 厘米，重 52 克（图九二：3；图版八一：6）。

标本 06XTLT1④：25，凝灰质粉砂岩，土黄色。弧顶，单面弧刃。两侧略有肩，顶部及两侧有崩疤，刃部有崩损。长 6.5、宽 5.1、厚 1.4 厘米，重 64 克（图九二：6；图版八二：1）。

标本 06XTLT1④：78，含炭质粉砂岩，灰黑色。微弧顶，单面微弧刃。两侧略有肩，顶部及两侧有崩疤，刃部有崩损。长 8.4、宽 6.1、厚 2 厘米，重 178 克（图九二：1；图版八二：2）。

C 型　1 件。标本 06XTLT1④：60，炭质板岩，灰黑色。单面弧刃。两侧有崩疤，刃部有崩损。长 14.4、宽 5.7、厚 2.6 厘米，重 234 克（图九三：1；图版八二：3）。

饼形器　39 件。有 A 型、B 型和 C 型饼形器。

A 型　6 件。标本 06XTLT1④：12，器体残留近三分之一。中粗粒花岗岩，黄白色。残径 3.4、复原直径 11.4、厚 5.4 厘米，重 312 克（图九三：5；图版八二：4）。

标本 06XTLT1④：57，器体残留近二分之一。泥质粉砂岩，灰黄色。残径 7、复原直径 11、厚 3.4 厘米，重 266 克（图九三：4；图版八二：5）。

标本 06XTLT1④：66，泥质粉砂岩，灰黄色。两面有崩疤，两面均有黑色附着物。直径 8.9~9.8、厚 3.1 厘米，重 330 克（图九三：3；图版八二：6）。

标本 06XTLT1④：73，二长花岗岩，黄白色。直径 13~13.7、厚 6.4 厘米，重 1710 克（图九三：6；图版八三：1）。

标本 06XTLT3⑤：7，硅化石英砂岩，灰白色。器壁中部有弧棱。直径 7.8、厚 4.8 厘米，重 388 克（图九三：2；图版八三：2）。

标本 06XTLT3⑤：31，长英质杂砂岩，灰黄白色。直径 11.8~12.6、厚 6 厘米，重 1310 克（图九三：7；图版八三：3）。

B 型　25 件。标本 06XTLT1④：11，杂砂岩，灰黄色。壁缘略有残损。直径 5.9~6.7、厚 3 厘米，重 186 克（图九四：1；图版八三：4）。

标本 06XTLT1④：26，泥岩，紫色。直径 4~4.4、厚 1.2~2.2 厘米，重 52 克（图九四：9；图版八三：5）。

标本 06XTLT1④：29，器体残留近六分之一。杂砂岩，灰黄色。残径 2、复原直径 6.2、厚 2.2 厘米，重 18 克（图九三：8；图版八三：6）。

标本 06XTLT1④：30，粉砂岩，黄白色。器壁周缘有崩疤。直径 5、厚 1.6 厘米，重 50 克（图九四：10；图版八四：1）。

标本 06XTLT1④：31，器体残留近三分之一。杂砂岩，灰黄色。残径 2.3、复原直径 4.8、厚 2.3 厘米，重 28 克（图九四：11；图版八四：2）。

标本 06XTLT1④：36，凝灰质砂岩，灰红色。一面有崩疤，器壁局部有黑色附着物。直径 6.5、厚 3.1 厘米，重 222 克（图九四：4；图版八四：3）。

标本 06XTLT1④：37，局部残。花岗斑岩，灰黄色。直径 6.1~6.4、厚 2.6 厘米，重 146 克（图九四：2；图版八四：4）。

标本 06XTLT1④：40，长英质杂砂岩，土黄白色。一面有崩疤。直径 7.6、厚 3 厘米，重 226 克（图九四：5；图版八四：5）。

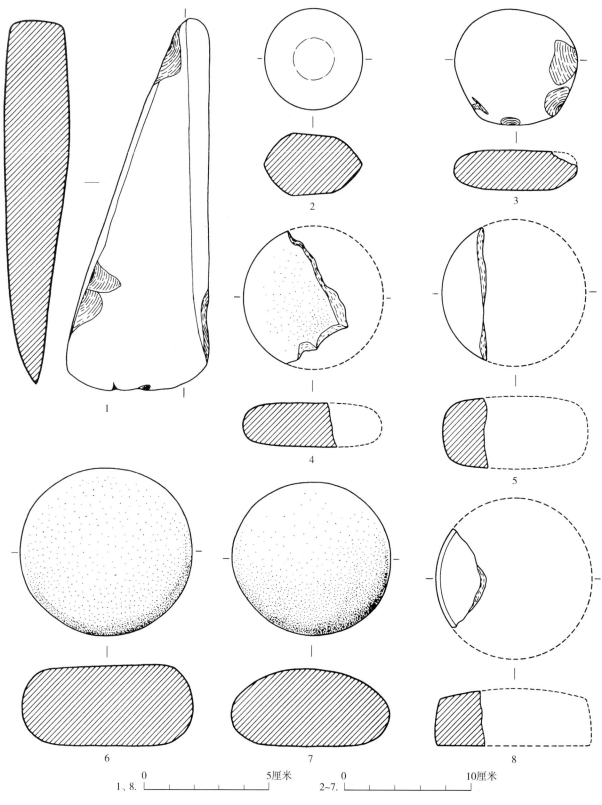

图九三　第 4 段 C 型石锛与 A 型、B 型石饼形器

1. C 型石锛（06XTLT1④：60）　2～7. A 型石饼形器（06XTLT3⑤：7、06XTLT1④：66、06XTLT1④：57、

06XTLT1④：12、06XTLT1④：73、06XTLT3⑤：31）　8. B 型石饼形器（06XTLT1④：29）

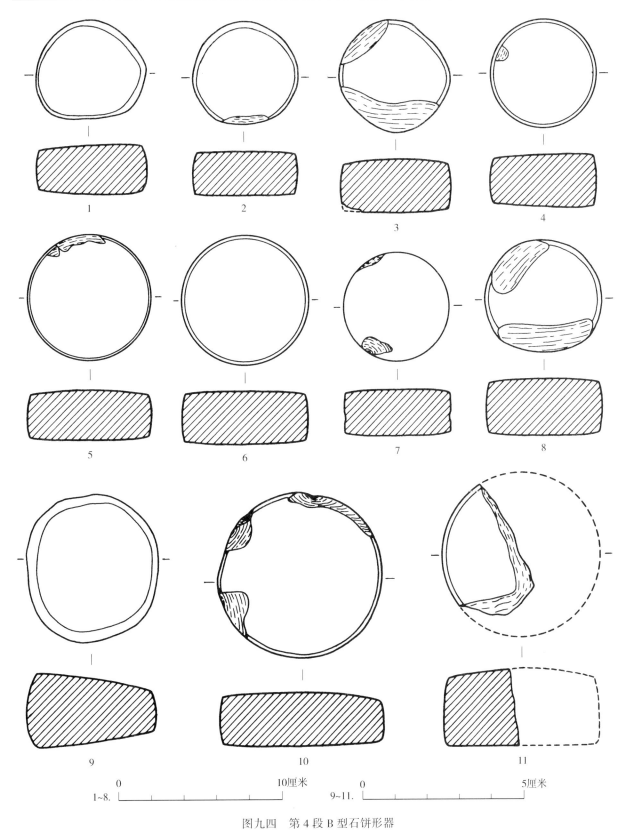

图九四　第 4 段 B 型石饼形器

1. 06XTLT1④：11　　2. 06XTLT1④：37　　3. 06XTLT1④：67　　4. 06XTLT1④：36　　5. 06XTLT1④：40　　6. 06XTLT1④：69

7. 06XTLT1④：41　　8. 06XTLT3⑤：23　　9. 06XTLT1④：26　　10. 06XTLT1④：30　　11. 06XTLT1④：31

标本 06XTLT1④：41，局部残。粉砂岩，土黄色。直径 6.5、厚 2.7 厘米，重 148 克（图九四：7；图版八四：6）。

标本 06XTLT1④：42，页岩，砖红色。直径 4.5、厚 2 厘米，重 56 克（图九五：2；图版八五：1）。

标本 06XTLT1④：56，二长花岗斑岩，黄白色。直径 12.8、厚 6.4 厘米，重 1776 克（图九五：5；图版八五：2）。

标本 06XTLT1④：59，花岗斑岩，灰黄色。直径 5.2~5.6、厚 2.6 厘米，重 112 克（图九五：6；图版八五：3）。

标本 06XTLT1④：67，局部残。风化花岗斑岩，灰黄色。直径 6.7~6.9、厚 3.2 厘米，重 186 克（图九四：3；图版八五：4）。

标本 06XTLT1④：68，风化花岗斑岩，灰白色。直径 5.1、厚 2.2 厘米，重 78 克（图九五：1；图版八五：5）。

标本 06XTLT1④：69，风化花岗斑岩，灰黄白色。直径 7.6、厚 3.1 厘米，重 250 克（图九四：6；图版八五：6）。

标本 06XTLT1④：72，器体残留近二分之一。风化花岗斑岩，灰黄色。残径 4.7、复原直径 12、厚 3.6 厘米，重 324 克（图九五：7；图版八六：1）。

标本 06XTLT1④：74，风化细晶岩，灰黄黑色。一面略残，两面中部各有一个浅钻的小圆孔。直径 5.4、厚 2.2 厘米，重 72 克（图九五：9；图版八六：2）。

标本 06XTLT1④：75，局部残。粉砂岩，灰黄色。直径 10、厚 4.6 厘米，重 446 克（图九五：3；图版八六：3）。

标本 06XTLT1④：77，器体残留近四分之三。含砾砂岩，砖红色。直径 5.5、厚 2 厘米，重 56 克（图九五：8；图版八六：4）。

标本 06XTLT1④：81，器体残留近三分之二。板岩，灰黄色。一面有黑色附着物。残径 7.6、复原直径 11、残厚 2 厘米，重 238 克（图九五：4；图版八六：5）。

标本 06XTLT2④：1，局部残。长英质粉砂岩，灰黄色。直径 5.5、厚 2 厘米，重 70 克（图九六：6；图版八六：6）。

标本 06XTLT2④：6，局部残。泥质粉砂岩，浅砖红色。直径 8.6~8.9、厚 3 厘米，重 254 克（图九六：1；图版八七：1）。

标本 06XTLT3⑤：9，器体残留近四分之一。花岗斑岩，土黄色。残径 4.2、复原直径 9.6、厚 3.3 厘米，重 152 克（图九六：3；图版八七：2）。

标本 06XTLT3⑤：21，器体残留近八分之一。花岗斑岩，灰黄色。残径 4.4、复原直径 13、厚 3.3 厘米，重 58 克（图九六：5；图版八七：3）。

标本 06XTLT3⑤：23，局部残。花岗斑岩，灰白色。直径 6.7~7.1、厚 3.4 厘米，重 214 克（图九四：8；图版八七：4）。

C 型　8 件。标本 06XTLT1④：52，板岩，灰黄色。器壁形状不规则。边缘有打击疤痕，一面有黑色附着物。直径 7.9~8.1、厚 2.3 厘米，重 176 克（图九七：4）。

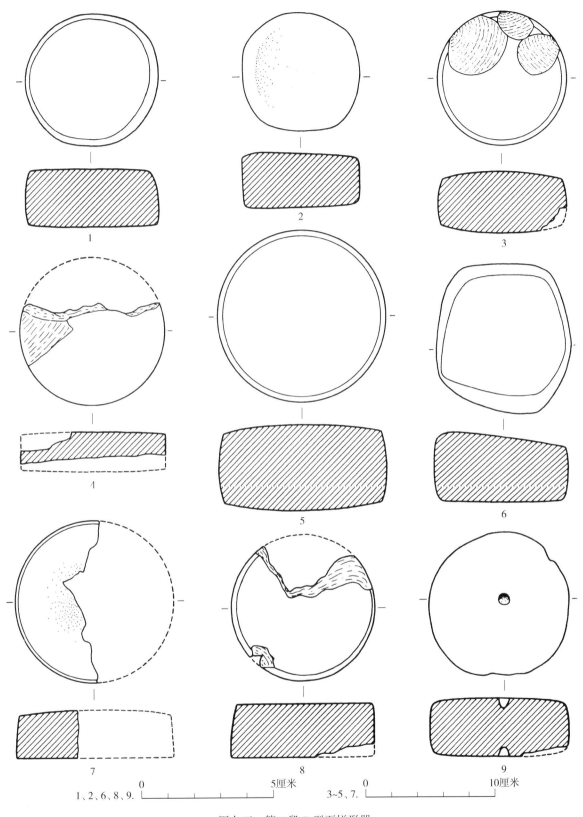

图九五　第 4 段 B 型石饼形器

1. 06XTLT1④：68　2. 06XTLT1④：42　3. 06XTLT1④：75　4. 06XTLT1④：81　5. 06XTLT1④：56　6. 06XTLT1④：59

7. 06XTLT1④：72　8. 06XTLT1④：77　9. 06XTLT1④：74

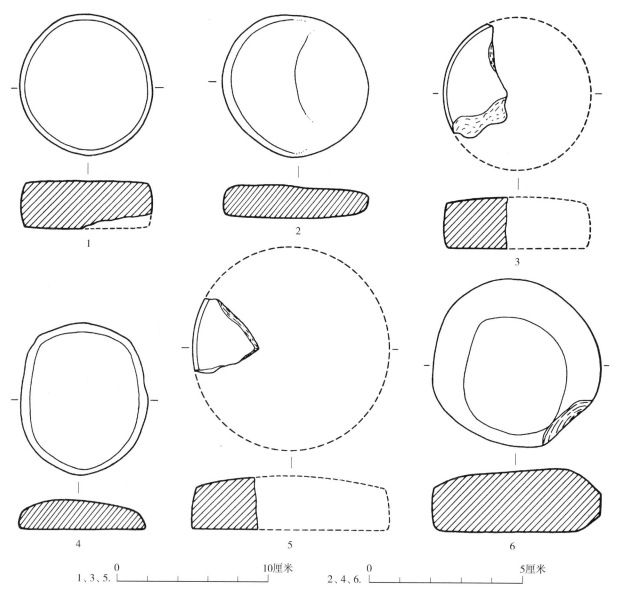

图九六　第 4 段 B 型、C 型石饼形器

1、3、5、6. B 型（06XTLT2④：6、06XTLT3⑤：9、06XTLT3⑤：21、06XTLT2④：1）

2、4. C 型（06XTLT2④：2、06XTLT1④：83）

标本 06XTLT1④：70，页岩，土黄色。略呈斜壁，周缘打磨痕迹明显。直径 7.5、厚 1.1 厘米，重 78 克（图九七：2）。

标本 06XTLT1④：83，长英质砂岩，灰黄色。略呈斜壁。直径 4.2～4.9、厚 1.2 厘米，重 30 克（图九六：4）。

标本 06XTLT2④：2，泥质板岩，灰黄色。器壁略弧。直径 4.5～4.8、厚 1.3 厘米，重 36 克（图九六：2）。

标本 06XTLT2④：3，炭质板岩，灰黑色。器壁较直，周缘有崩疤。直径 3.9～4.2、厚 0.7 厘米，重 18 克（图九七：1）。

标本 06XTLT2④：9，页岩，灰黄色。器壁略呈弧状，周缘有崩疤。直径 6～6.5、厚 1.3 厘

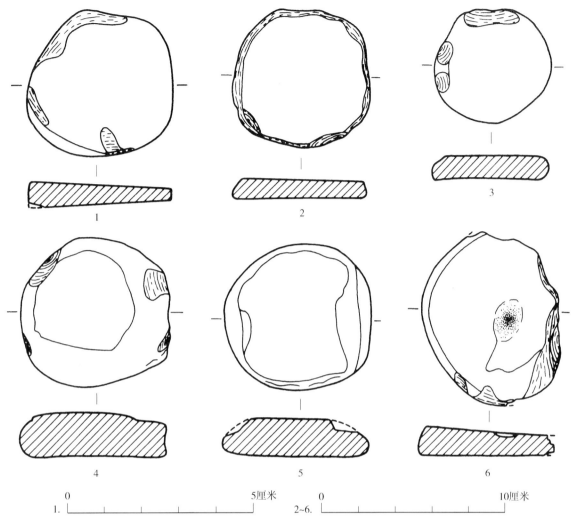

图九七　第4段 C 型石饼形器

1. 06XTLT2④：3　2. 06XTLT1④：70　3. 06XTLT2④：9　4. 06XTLT1④：52　5. 06XTLT3⑤：24　6. 06XTLT2④：11

米，重 58 克（图九七：3）。

标本 06XTLT2④：11，页岩，灰黄色。器壁有崩损，略呈弧状，一面有凹窝。直径 7.5～9.2、厚 1.5 厘米，重 102 克（图九七：6）。

标本 06XTLT3⑤：24，页岩，土黄色。器壁呈弧状，边缘有残缺，一面有黑色附着物。直径 7.7～8、厚 2 厘米，重 106 克（图九七：5）。

凹石　6 件。有 A 型和 B 型凹石。

A 型　3 件。标本 06XTLT1④：46，砂岩，浅灰黑色。两面各有一个砸击的略呈圆形的浅凹窝。直径 9.4～11、厚 8.5 厘米，重 1288 克（图九八：6；图版八七：5）。

标本 06XTLT1④：51，泥质板岩，灰黄色。两面各有一个砸击的椭圆形浅凹窝，其中一面有崩疤，器表残留黑色附着物。直径 7.6～9、厚 2.4 厘米，重 158 克（图九八：5；图版八七：6）。

标本 06XTLF1：9，砂砾岩，灰黑色。两面各有一个砸击的椭圆形浅凹窝。直径 11.2～12.2、厚 6.2 厘米，重 1232 克（图九八：8；图版八八：1）。

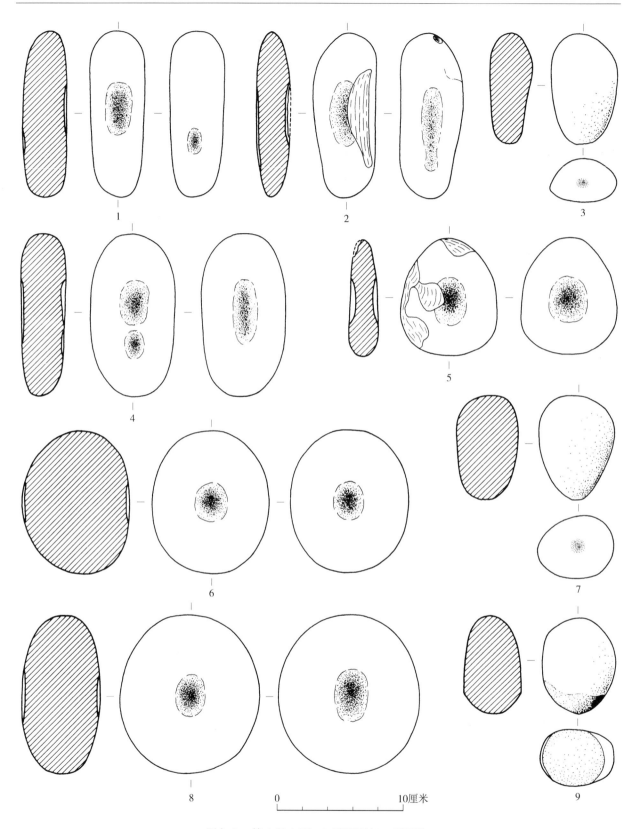

图九八　第 4 段 A 型、B 型凹石与 A 型石杵

1、2、4. B 型凹石（06XTLF1：3、06XTLT1④：17、06XTLT2④：8）　　3、7、9. A 型石杵（06XTLT3⑤：25、
06XTLT3⑤：4、06XTLT1④：48）　　5、6、8. A 型凹石（06XTLT1④：51、06XTLT1④：46、06XTLF1：9）

B 型　3 件。标本 06XTLT1④：17，基性火山岩，灰黑色。横截面略呈椭圆形。两面各有一个砸击的长椭圆形浅凹窝，其中一面有崩疤。长 12.7、宽 5、厚 2.6 厘米，重 248 克（图九八：2；图版八八：2）。

标本 06XTLT2④：8，石英砂岩，浅灰黑色。横截面呈椭圆形。一面有一个砸击的椭圆形浅凹窝，另一面有两个砸击的椭圆形浅凹窝。长 12.5、宽 6.8、厚 3.6 厘米，重 530 克（图九八：4；图版八八：3）。

标本 06XTLF1：3，含炭质粉砂岩，灰黑色。横截面呈椭圆形，两面各有一个砸击的椭圆形浅凹窝。长 12.8、宽 4.4、厚 3.5 厘米，重 350 克（图九八：1；图版八八：4）。

杵　15 件。有 A 型、B 型和 C 型杵。

A 型　13 件。标本 06XTLT1④：19，器体残。砂岩，灰黑色。一端有砸磨痕迹。残径 5.6~7.6、厚 7.4 厘米，重 434 克（图一〇〇：1；图版八八：5）。

标本 06XTLT1④：20，燧石岩，灰黑色。一端有砸磨痕迹。长径 12.4、短径 6、厚 5.6 厘米，重 776 克（图一〇〇：3；图版八八：6）。

标本 06XTLT1④：45，玄武岩，深灰黑色。两端有砸磨痕迹。长径 19、短径 8、厚 7 厘米，重 1720 克（图九九：4）。

标本 06XTLT1④：47，硅化石英砂岩，灰黄色。两端有砸磨痕迹。长径 14、短径 8、厚 6 厘米，重 988 克（图九九：5）。

标本 06XTLT1④：48，石英砂岩，灰黄色。一端有砸磨痕迹。长径 7.5、短径 5.8、厚 4.4 厘米，重 284 克（图九八：9；图版八九：1）。

标本 06XTLT1④：49，燧石岩，灰黑色。两端有砸磨痕迹。长径 10.2、短径 5.8、厚 5.2 厘米，重 522 克（图一〇〇：2；图版八九：2）。

标本 06XTLT1④：54，石英长石砂岩，土黄白色。两端有砸磨痕迹。长径 11.4、短径 8.8、厚 5.6 厘米，重 844 克（图九九：6；图版八九：3）。

标本 06XTLT3⑤：4，硅质岩，灰黄色。一端有砸磨痕迹。长径 8.1、短径 6、厚 4.8 厘米，重 366 克（图九八：7；图版八九：4）。

标本 06XTLT3⑤：8，一端残。石英砂岩，褐黄色。一端有砸磨痕迹。残长径 8、短径 7、厚 4.6 厘米，重 398 克（图一〇〇：4；图版八九：5）。

标本 06XTLT3⑤：25，砂砾岩，灰黄色。一端有砸磨痕迹。长径 8.6、短径 5.3、厚 3.3 厘米，重 200 克（图九八：3；图版八九：6）。

标本 06XTLT3⑤：27，英安斑岩，黄白色。两端有砸磨痕迹。长径 12.8、短径 8.4、厚 7.8 厘米，重 1258 克（图九九：2；图版九〇：1）。

标本 06XTLT3⑤：29，英安斑岩，黄白色。两端有砸磨痕迹。长径 17.6、短径 8.4、厚 6.8 厘米，重 1556 克（图九九：3；图版九〇：2）。

标本 06XTLYJ1：6，粗粒花岗岩，黄白色。两端有砸击痕迹。长径 11.8、短径 8.4、厚 6.4 厘米，重 824 克（图九九：1；图版九〇：3）。

B 型　1 件。标本 06XTLT3⑤：26，凝灰质粉砂岩，黄白色。器表有崩疤，两端有砸磨痕迹。

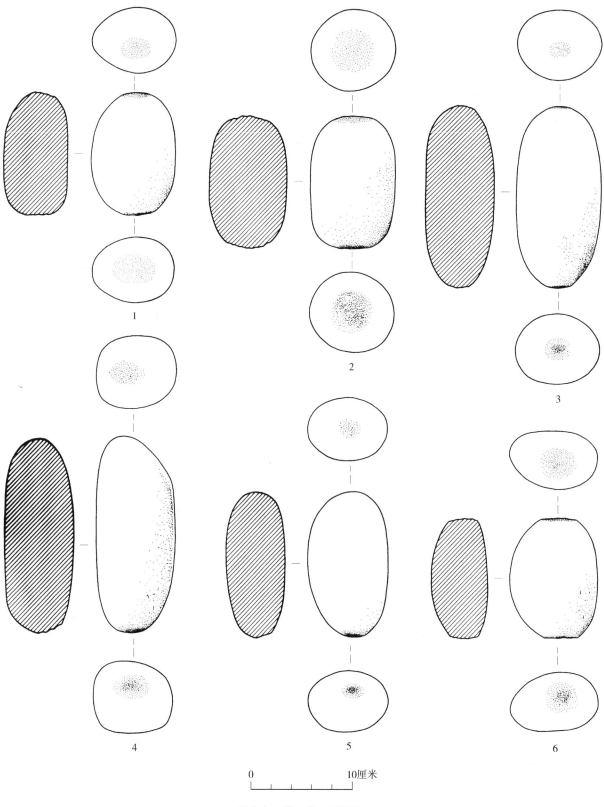

图九九　第4段A型石杵

1. 06XTLYJ1：6　2. 06XTLT3⑤：27　3. 06XTLT3⑤：29　4. 06XTLT1④：45　5. 06XTLT1④：47　6. 06XTLT1④：54

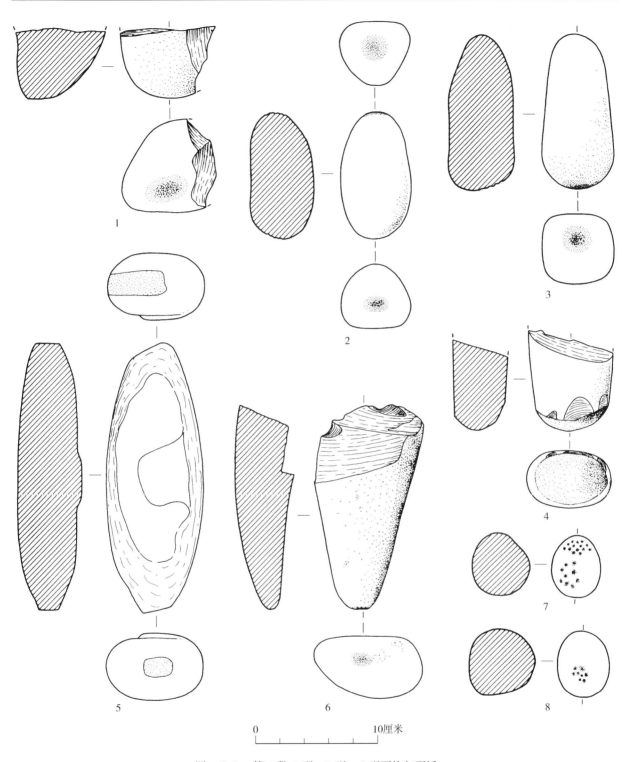

图一〇〇　第 4 段 A 型、B 型、C 型石杵与石锤

1~4. A 型石杵（06XTLT1④：19、06XTLT1④：49、06XTLT1④：20、06XTLT3⑤：8）　5. B 型石杵（06XTLT3⑤：26）

6. C 型石杵（06XTLT1④：62）　7、8. 石锤（06XTLT3⑤：5、06XTLT3⑤：3）

长 21.6、宽 8、厚 5.4 厘米，重 944 克（图一〇〇：5；图版九〇：4）。

　　C 型　1 件。标本 06XTLT1④：62，片麻岩，灰黑色。器体宽的一端有崩疤，窄的一端有砸磨痕迹。长 16.4、宽 8.4、厚 5 厘米，重 784 克（图一〇〇：6；图版九〇：5）。

锤　2件。标本06XTLT3⑤：3，杂砂岩，黄白色。直径4.3~5.5厘米，重170克（图一〇〇：8；图版九〇：6）。

标本06XTLT3⑤：5，花岗岩，黄白色。直径4~5厘米，重124克（图一〇〇：7；图版九一：1）。

拍　2件。标本06XTLT1④：34，器体残。粉砂岩，灰红色。两面均残留四道长条浅凹槽。残长4.1、残宽2.3、厚1.4厘米，重12克（图一〇一：5；图版九一：2）。

标本06XTLT2④：7，器体残。粉砂岩，橙红色。呈长条形，两面均残留四道长条浅凹槽。残长4.7、宽3、厚1.5厘米，重30克（图一〇一：7；图版九一：3）。

砧　3件。标本06XTLT1④：15，霏细岩，土黄色。略呈舌形，两面有砸击窝痕。长8.5、宽5.7、厚3厘米，重202克（图一〇一：1；图版九一：4）。

标本06XTLT1④：61，燧石岩，灰黑色。略呈梯形，一面有砸击窝痕。长13.4、宽5、厚3厘米，重390克（图一〇一：2；图版九一：5）。

标本06XTLT2④：10，砂岩，灰黄色。略呈椭圆形，两面有砸击窝痕。长13.2、宽9.6、厚5厘米，重894克（图一〇一：3；图版九一：6）。

砺石　9件。标本06XTLT1④：22，粉砂岩，灰黄色。呈不规则形，有一个磨面。长10.5、宽6.5、厚3.2厘米，重262克（图一〇一：10；图版九二：1）。

标本06XTLT1④：23，粉砂岩，紫红色。呈不规则形，有两个磨面。长6.2、宽5.5、厚2厘米，重52克（图一〇一：4；图版九二：2）。

标本06XTLT1④：38，粉砂岩，紫红色。呈不规则形，有两个磨面。长6.6、宽4.2、厚2厘米，重44克（图一〇一：6；图版九二：3）。

标本06XTLT1④：39，粉砂岩，灰黄色。呈不规则形，有两个磨面。长7.3、宽7、厚3.3厘米，重228克（图一〇一：8；图版九二：4）。

标本06XTLT1④：82，粉砂岩，暗紫红色。呈不规则形，有一个磨面。长8、宽5、厚0.9厘米，重40克（图一〇一：11；图版九二：5）。

标本06XTLT3⑤：17，粉砂岩，紫红色。呈不规则形，有两个磨面。长14.4、宽8.8、厚4.6厘米，重518克（图一〇二：6；图版九二：6）。

标本06XTLT3⑤：18，粉砂岩，紫红色。呈不规则形，有一个磨面。长10.1、宽6.5、厚2.2厘米，重102克（图一〇一：9；图版九三：1）。

标本06XTLYJ1：1，长英质霏细岩，黄白色。略呈三角形，有一个磨面。长21、宽13.5、厚5.6厘米，重2102克（图一〇二：4；图版九三：2）。

标本06XTLYJ1：7，流斑岩，黄白色。呈不规则形，有一个磨面。长38.4、宽18.4、厚13.6厘米，重11200克（图一〇二：1；图版九三：3）。

石料　38件。有饼坯料和其他石料。

饼坯料　8件。标本06XTLT1④：9，长英质砂砾岩，黄白色。周缘有打击疤痕。直径11、厚3.2厘米，重598克（图一〇二：2；图版九三：4）。

标本06XTLT1④：21，花岗斑岩，黄白色。周缘有打击疤痕。直径10.6~13、厚3.4厘米，重716克（图一〇二：7；图版九三：5）。

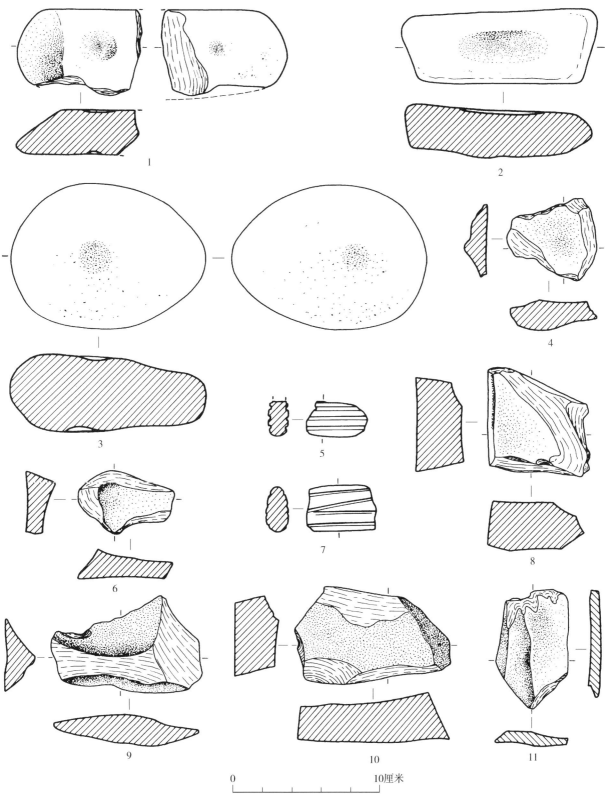

图一〇一　第 4 段石拍、砧、砺石

1~3. 砧（06XTLT1④：15、06XTLT1④：61、06XTLT2④：10）　4、6、8~11. 砺石（06XTLT1④：23、06XTLT1④：38、
06XTLT1④：39、06XTLT3⑤：18、06XTLT1④：22、06XTLT1④：82）　5、7. 拍（06XTLT1④：34、06XTLT2④：7）

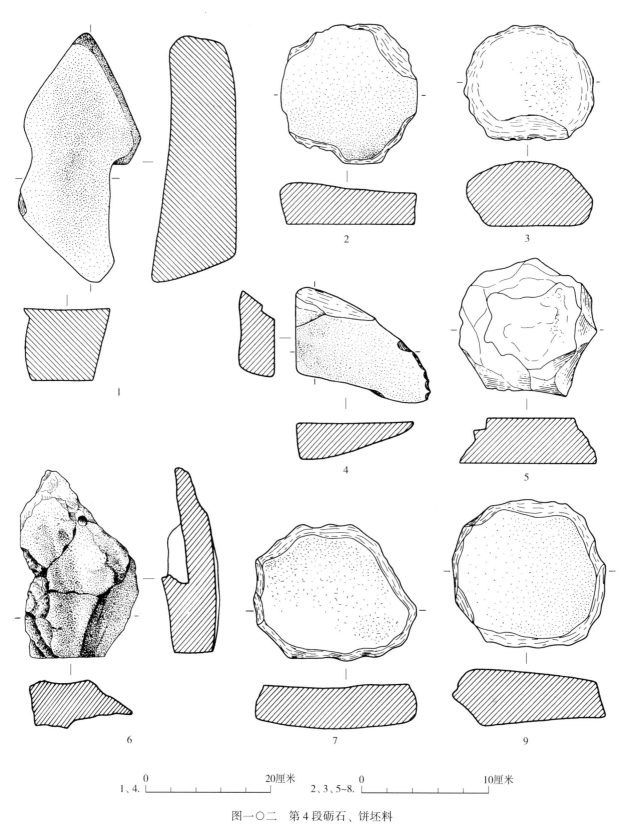

图一〇二　第4段砺石、饼坯料

1、4、6. 砺石（06XTLYJ1：7、06XTLYJ1：1、06XTLT3⑤：17）　2、3、5、7、8. 饼坯料（06XTLT1④：9、06XTLT1④：79、
06XTLT1④：50、06XTLT1④：21、06XTLT1④：84）

标本 06XTLT1④：50，板岩，土灰色。周缘有打击疤痕。直径 10.2~11、厚 3.6 厘米，重 500 克（图一○二：5；图版九三：6）。

标本 06XTLT1④：64，中粒花岗岩，黄白色。缘部有打击疤痕。直径 9~11.2、厚 4.2 厘米，重 598 克（图一○三：7；图版九四：1）。

标本 06XTLT1④：65，长英质砂岩，土黄色。周缘略有打击疤痕。直径 6.4、厚 3.2 厘米，重 148 克（图一○三：9；图版九四：2）。

标本 06XTLT1④：79，粉砂岩，灰紫色。周缘有打击疤痕。直径 8.8~10.3、厚 5 厘米，重 574 克（图一○二：3；图版九四：3）。

标本 06XTLT1④：84，杂砂岩，土黄色。周缘有打击疤痕。直径 11.6~12、厚 4.4 厘米，重 808 克（图一○二：8；图版九四：4）。

标本 06XTLT3⑤：30，长石砂岩，土黄色。周缘有打击疤痕。直径 10~10.6、厚 3.5 厘米，重 508 克（图一○三：1；图版九四：5）。

其他石料　30 件。标本 06XTLF1：1，英安斑岩，黄白色。略呈舌形。长 11、宽 7.2、厚 3 厘米，重 344 克（图一○三：8；图版九四：6）。

标本 06XTLF1：6，硅质砂岩，灰黑色。略呈椭圆形。长径 11、短径 9、厚 4.2 厘米，重 708 克（图一○三：10；图版九五：1）。

标本 06XTLF1：10，含层理粉砂岩，紫黄色。略呈椭圆形。长径 10.8、短径 8.4、厚 3.2 厘米，重 366 克（图一○三：4；图版九五：2）。

标本 06XTLT1④：14，花岗岩，黄白色。略呈椭圆形，有多处崩疤。长径 12、短径 11、厚 7 厘米，重 1154 克（图一○三：2）。

标本 06XTLT1④：16，硅质砂岩，浅灰黑色。略呈圆球形。直径 4.2~4.7、厚 3.3 厘米，重 94 克（图一○四：9；图版九五：3）。

标本 06XTLT1④：32，花岗岩，黄白色。略呈梯形，有崩疤。长 8.4、宽 7.3、厚 2.8 厘米，重 288 克（图一○四：1）。

标本 06XTLT1④：33，砂砾岩，灰黄色。略呈椭圆形。长径 7、短径 5.7、厚 3.5 厘米，重 252 克（图一○四：5；图版九五：4）。

标本 06XTLT1④：43，硅质砂岩，浅灰黑色，略呈圆球形。直径 6.4~7.8、厚 4.5 厘米，重 322 克（图一○四：4；图版九五：5）。

标本 06XTLT1④：44，中粗粒砂岩，灰红色。略呈椭圆形。长径 9、短径 6、厚 5.4 厘米，重 424 克（图一○四：10；图版九五：6）。

标本 06XTLT1④：53，炭质板岩，灰黑色。略呈椭圆形。长径 9、短径 8.1、厚 2.8 厘米，重 302 克（图一○三：11）。

标本 06XTLT1④：55，硅质砂岩，灰黑色。略呈椭圆形。长径 7.3、短径 4.5、厚 3.7 厘米，重 180 克（图一○三：12；图版九六：1）。

标本 06XTLT1④：58，硅质砂岩，褐红色。略呈圆球形。直径 4.7~4.9、厚 3 厘米，重 108 克（图一○三：5；图版九六：2）。

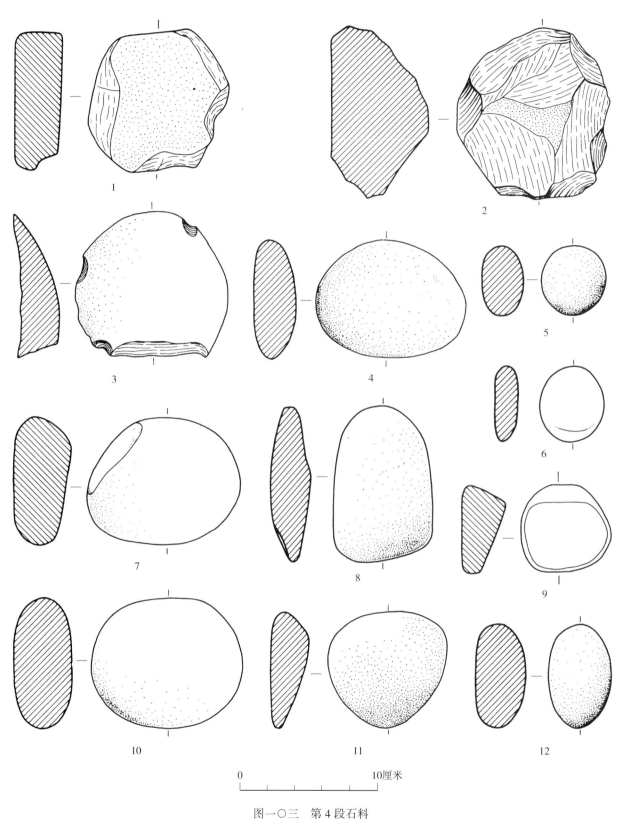

0　　　　　　　　　10厘米

图一〇三　第4段石料

1、7、9. 饼坯料（06XTLT3⑤：30、06XTLT1④：64、06XTLT1④：65）　　2~6、8、10~12. 其他石料（06XTLT1④：14、
06XTLT1④：71、06XTLF1：10、06XTLT1④：58、06XTLT2④：4、06XTLF1：1、06XTLF1：6、06XTLT1④：53、06XTLT1④：55）

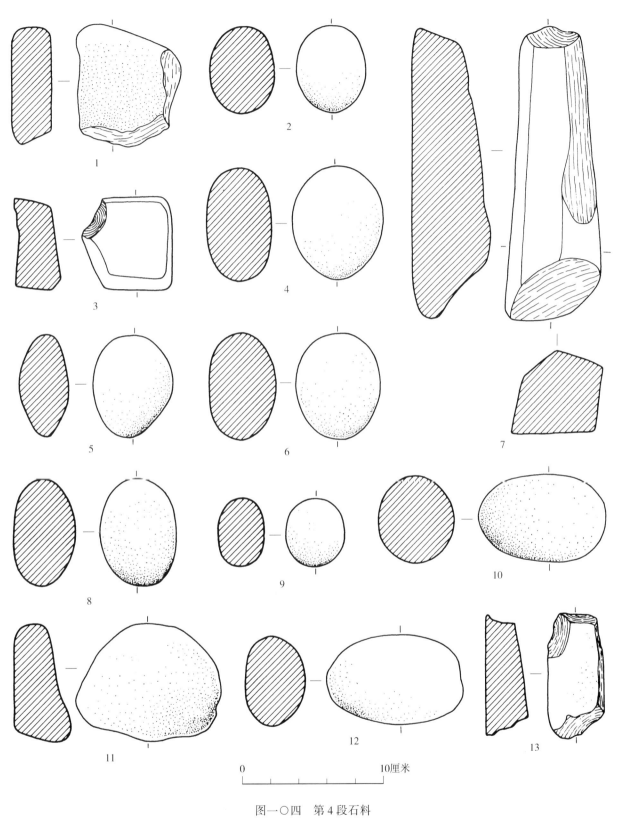

图一〇四　第 4 段石料

1. 06XTLT1④：32　2. 06XTLT3⑤：12　3. 06XTLT1④：76　4. 06XTLT1④：43　5. 06XTLT1④：33

6. 06XTLT3⑤：10　7. 06XTLT1④：63　8. 06XTLT3⑤：16　9. 06XTLT1④：16　10. 06XTLT1④：44

11. 06XTLT3⑤：15　12. 06XTLT1④：85　13. 06XTLYJ1：3

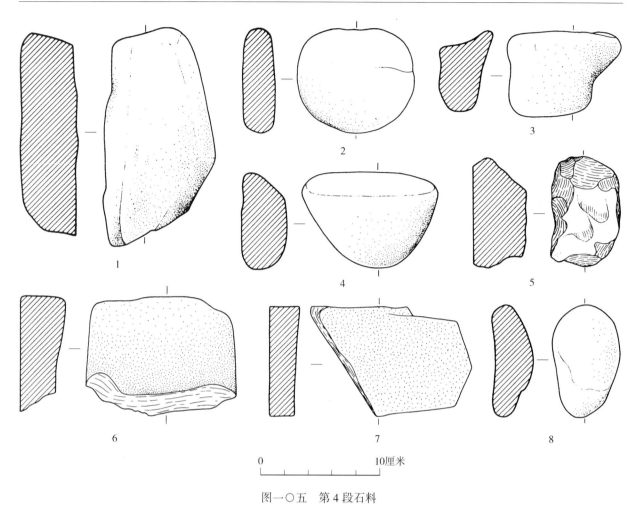

图一〇五　第4段石料

1. 06XTLYJ1：2　2. 06XTLT3⑤：28　3. 06XTLYJ1：5　4. 06XTLYJ1：4　5. 06XTLT3⑤：13

6. 06XTLT3⑤：32　7. 06XTLT3⑤：19　8. 06XTLT3⑤：22

标本06XTLT1④：63，细粒二长花岗岩，褐黄色。略呈长条形，有崩疤。长20.2、宽6.6、厚5.6厘米，重932克（图一〇四：7；图版九六：3）。

标本06XTLT1④：71，含炭质砂岩，灰黑色。略呈扁平圆形，有崩疤。直径10.2~11、厚2.8厘米，重410克（图一〇三：3）。

标本06XTLT1④：76，细粒二长花岗岩，黄白色。略呈五边形，一边有崩疤。长6.4、宽6.4、厚3.2厘米，重230克（图一〇四：3；图版九六：4）。

标本06XTLT1④：85，杂砂岩，灰黄白色。略呈椭圆形。长径9.6、短径6.2、厚4.2厘米，重354克（图一〇四：12；图版九六：5）。

标本06XTLT2④：4，硅质砂砾岩，灰黄色。略呈圆形。直径4.7~5.3、厚1.7厘米，重80克（图一〇三：6；图版九六：6）。

标本06XTLT3⑤：10，硅质砂岩，浅灰黑色。略呈圆球形。直径6~7.3、厚4.7厘米，重318克（图一〇四：6；图版九七：1）。

标本06XTLT3⑤：12，杂砂岩，黄白色。略呈圆球形。直径4.9~6、厚4.5厘米，重192克（图一〇四：2；图版九七：2）。

标本06XTLT3⑤：13，花岗岩，土黄色。呈不规则形，有多处崩疤。长9、宽5.7、厚4.4厘米，重258克（图一〇五：5；图版九七：3）。

标本06XTLT3⑤：15，粗粒花岗岩，黄白色。呈不规则形。长10.2、宽8.1、厚4厘米，重454克（图一〇四：11；图版九七：4）。

标本06XTLT3⑤：16，硅质砂岩，灰白色。略呈椭圆形。长径7.3、短径5.4、厚4.4厘米，重262克（图一〇四：8；图版九七：5）。

标本06XTLT3⑤：19，硅质岩，质地细腻，浅黄白色。略呈扁平五边形，有崩疤。长13.4、宽9、厚2.5厘米，重406克（图一〇五：7）。

标本06XTLT3⑤：22，花岗岩，黄白色。略呈椭圆形，有多处崩疤。长径9.2、短径5.6、厚3.2厘米，重232克（图一〇五：8；图版九七：6）。

标本06XTLT3⑤：28，含层理硅质砂岩，土黄色。略呈扁平圆形。直径8.6~9.8、厚2.7厘米，重404克（图一〇五：2；图版九八：1）。

标本06XTLT3⑤：32，花岗岩，灰白色。略呈长方形，一侧有打击疤痕。残长12.6、宽9.6、厚3.5厘米，重738克（图一〇五：6；图版九八：2）。

标本06XTLYJ1：2，流纹斑岩，土黄色。略呈长条形。长18、宽9.4、厚5厘米，重1226克（图一〇五：1；图版九八：3）。

标本06XTLYJ1：3，花岗斑岩，黄白色。略呈长条形，有崩疤。长8.6、宽4、厚3厘米，重154克（图一〇四：13；图版九八：4）。

标本06XTLYJ1：4，花岗岩，黄白色。略呈圆角三角形。长11.4、宽7.8、厚3.8厘米，重436克（图一〇五：4；图版九八：5）。

标本06XTLYJ1：5，花岗岩，浅黄红色。略呈靴形。长9.6、宽7、厚4厘米，重350克（图一〇五：3；图版九八：6）。

第五节　第5段遗物

一　陶　器

据统计，陶器中夹砂陶占91.6%，有灰陶（占33.5%）、灰黑陶（占15.1%）、灰白陶（占6.5%）和橙黄陶（占36.5%）；泥质陶占8.4%，有白陶（占2.4%）（图版六三）和红褐陶（占6.0%）（表二三）。夹砂陶中有一些器物由于烧造火候不均等原因，色泽略显斑驳。

表二三　第5段陶质、陶色统计表

陶　质	夹　砂				泥　质	
陶　色	灰　陶	灰黑陶	灰白陶	橙黄陶	白　陶	红褐陶
百分比	33.5	15.1	6.5	36.5	2.4	6.0
	91.6				8.4	
	100					

陶器上的纹饰有绳纹（占70.6%）（图一〇六）、戳印纹（占3.7%）（图一〇七：1～6、8～16、25、26）、刻划纹（占2.2%）（图一〇七：17～20、23）、贝划（印）纹（占8.5%）（图一〇八、一〇九）、之字纹（占1.4%）（图一〇七：7、21、24）、附加堆纹（占2.0%）（图一〇七：22、27；图版六四：2），还有一些素面陶（占11.6%）（表二四）。绳纹为粗绳纹，平行的绳纹通常每厘米见方有3～6根，绝大多数为滚压而成，个别为拍打或按压而成，多饰于陶釜外壁，个别器座外壁也饰有绳纹，釜的腹上部和器座外壁基本为竖条绳纹，釜的腹下部及底部则见交错绳纹；戳印纹较复杂细密，经模拟实验可知是用竹片做成不同形状端面的戳子戳印而成的组合图案（附录一），饰于白陶和少量夹细砂的陶器外壁；刻划纹是用锥状的竹、木或骨质工具刻划出的网格纹、直线纹以及凹弦纹，饰于白陶、夹砂陶和彩陶器的外壁；贝划（印）纹较上段增多，是用贝壳划（印）出纹饰，一般饰于陶釜和器座的外壁；之字纹是用竹、木或骨质的锥状工具划出的纹饰，饰于高领釜的领外壁，本段的之字纹较上段显得比较疏朗；附加堆纹饰于夹细砂的陶器外壁，先在器表贴细泥条，然后在泥条上戳印出细密的齿状纹。可以确定器形的素面器物有碗、圜底盘、支脚和一些器座，还有一些素面泥质白陶片和夹细砂的陶片都比较碎小，难以确定器形。

表二四　第 5 段陶器纹饰统计表

纹　饰	绳　纹	戳印纹	刻划纹	贝划（印）纹	之字纹	附加堆纹	素面
百分比	70.6	3.7	2.2	8.5	1.4	2.0	11.6
	100						

注：陶器及陶片上的彩陶纹样和陶衣不作为纹饰看待，仅施彩和涂陶衣的未统计在内。

彩陶器均为泥质陶，胎为红褐色，约占陶器总量的3.0%。彩色纹样为赭红色，只见条带纹，风格简约（图一二：27～29；图版六四：1）。出土的彩陶都是碎小的陶片，不能复原，但从碎片观察应为圈足盘（豆）一类器物。

很少量的泥质和夹细砂的陶器器壁上涂赭红色陶衣（图一一〇：1～3；图版六四：3）或白陶衣，由于陶片太碎小，难以准确判定器形，从碎片看应该有碗、钵、釜等器物。涂红陶衣和白陶衣的陶器约占陶器总量的2.0%。

陶器成型方法，除了支脚为捏塑法外，其余均为泥片贴筑法。器物成型后经刮削、拍打及湿手抹平，有的陶器经磨光。总体来看，多数器物烧造的火候不太高，陶质较软。

此次发掘出土的第5段的陶片很少，且大多为不能拼合的碎片。基本能确定器形的器物组合为釜（占58.6%）、碗（占16.3%）、圈足盘（豆）（占8.4%）、圜底盘（占3.0%）、支脚（占8.5%）和器座（占5.2%）（表二五）等。

表二五　第 5 段陶器器类统计表

器　物	釜	碗	圈足盘（豆）	圜底盘	支　脚	器　座
百分比	58.6	16.3	8.4	3.0	8.5	5.2
	100					

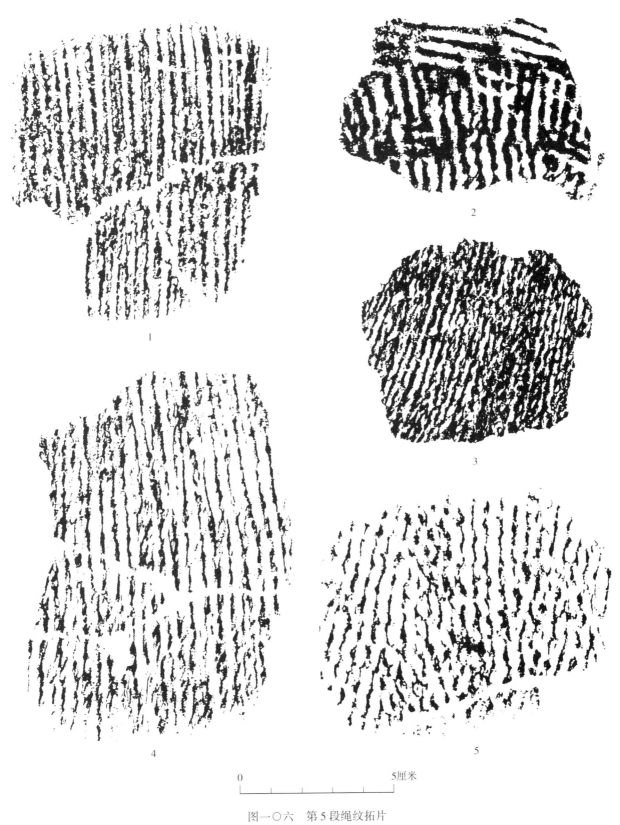

图一○六　第 5 段绳纹拓片

1. 06XTLT4③　2. 06XTLT11③　3. 06XTLT3④　4、5. 06XTLT14③

图一〇七　第5段戳印纹、刻划纹、之字纹、附加堆纹拓片

1~6、8~16、25、26. 戳印纹（06XTLT7③、06XTLT3④、06XTLT9③、06XTLT5③、06XTLT6③、06XTLT10③、06XTLT6③、
06XTLT8③、06XTLT7③、06XTLT6③、06XTLT5③、06XTLT4③、06XTLT6③、06XTLT4③、06XTLT3④、06XTLT5③、06XTLT7③）
7、21、24. 之字纹（06XTLT3④、06XTLT4③、06XTLT3④）　　17~20、23. 刻划纹（06XTLT7③、06XTLT3④、06XTLT3④、
06XTLT5③、06XTLT3④）　　22、27. 附加堆纹（06XTLT5③、06XTLT5③）

图一〇八　第5段贝划（印）纹拓片

1、5、8、20. 06XTLT5③　2、7、12、13、18、19、25. 06XTLT6③　3、4、10、11、21、22、24. 06XTLT3④
6. 06XTLT11③　9、23、26. 06XTLT9③　14. 06XTLT14③　15. 06XTLT13③　16、17. 06XTLT4③

图一〇九　第5段贝划（印）纹拓片

1、3、8、16. 06XTLT10③　2、7、11. 06XTLT9③　4、6、12. 06XTLT6③　5、9. 06XTLT5③
10、14. 06XTLT8③　13、15. 06XTLT3④

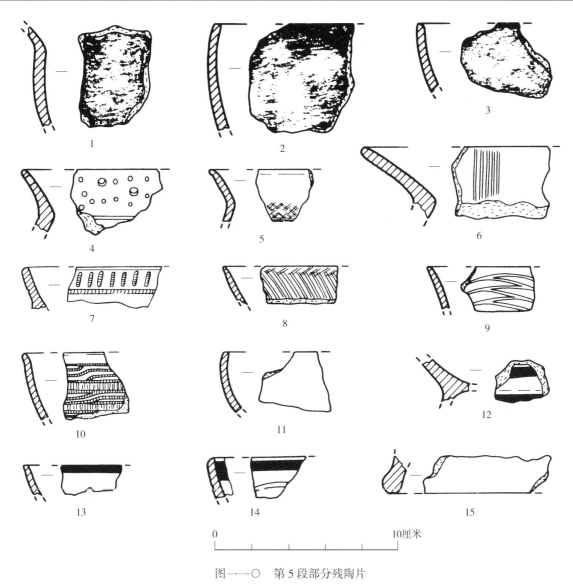

图一一〇　第 5 段部分残陶片

1. 灰胎施红陶衣口沿（06XTLT3④：9）　2. 灰胎施红陶衣器腹（06XTLT7③：11）　3. 橙黄陶口沿（06XTLT7③：12）
4. 灰陶戳印纹及镂孔口沿（06XTLT7③：14）　5. 灰黑陶刻划纹口沿（06XTLT4③：4）　6. 橙黄陶刻划纹口沿
（06XTLT3④：11）　7. 橙黄陶戳印纹口沿（06XTLT6③：8）　8. 白陶刻划纹口沿（06XTLT8③：6）　9. 灰陶之字纹口
沿（06XTLT3④：10）　10. 灰黑陶戳印纹口沿（06XTLT5③：3）　11. 红褐陶口沿（06XTLT3④：8）　12. 红褐胎彩陶
圈足（06XTLT3④：12）　13. 红褐胎彩陶口沿（06XTLT7③：13）　14. 红褐胎彩陶口沿（06XTLT9③：5）　15. 白陶圈
足（06XTLT6③：9）　（1~7、9、10 为夹砂陶，8、11~15 为泥质陶）

（一）泥质陶

均为很小的碎片，器物难以复原。从碎片看，应该有盘、罐等器物。下面选择几片陶片标本
加以说明。

标本 06XTLT8③：6，罐口沿。白陶。折沿，尖圆唇。沿外壁饰交错刻划纹。残高 2.4、厚
0.4 厘米（图一一〇：8）。

标本 06XTLT7③：13，盘口沿。红褐陶。尖圆唇，沿外壁饰一条条带纹彩。残高 2、厚 0.4 厘
米（图一一〇：13）。

标本06XTLT9③：5，盘口沿。红褐陶。尖圆唇。沿内、外壁各饰一条条带纹彩，沿外壁彩陶纹样下有刻划纹。残高2.4、厚0.5厘米（图一一〇：14）。

标本06XTLT3④：8，盘口沿。红褐陶，尖圆唇，素面。残高2.4、厚0.2厘米（图一一〇：11）。

标本06XTLT3④：12，盘。残甚。红褐陶，圈足外撇。腹下部和圈足上部各饰一条条带纹彩。残高1.6、厚0.4厘米（图一一〇：12）。

标本06XTLT6③：9，圈足。白陶，外撇，素面。残高1.4、厚0.8厘米（图一一〇：15）。

（二）夹砂陶

有釜、碗、圜底盘、支脚和器座。

釜　有B型和DⅡ式釜。

B型　尖圆唇或圆唇，一般在颈部以下饰竖粗绳纹，器体靠下有交错粗绳纹。有的器物在口沿外侧和肩、腹部饰贝划（印）纹或刻划纹。

标本06XTLT3④：6，灰陶。口沿外侧和肩部饰刻划纹。口径18、残高4、壁厚0.4厘米（图一一一：17）。

标本06XTLT3④：7，灰陶。口沿外侧和肩部饰刻划纹。口径18、残高3.2、壁厚0.4厘米（图一一一：10）。

标本06XTLT3④：18，灰黑陶。颈部饰绳纹，肩部饰贝划纹。口径19、残高7.6、壁厚0.7~1.2厘米（图一一一：3；图版五八：6、7）。

标本06XTLT3④：17，橙黄陶。颈部饰绳纹，肩部饰贝划纹。口径25.6、残高8、壁厚0.4~1.2厘米（图一一一：9；图版五八：4、5）。

标本06XTLT5③：9，橙黄陶。颈部饰绳纹，肩部饰贝划纹。口径23.6、残高7、壁厚0.4~0.8厘米（图一一一：12；图版五九：1）。

标本06XTLT6③：7，灰陶。口沿和肩部外壁饰贝印纹。口径20、残高3.4、壁厚0.3~0.8厘米（图一一一：5）。

标本06XTLT6③：11，灰陶。饰贝划纹。口径20.2、残高8、壁厚0.4~0.8厘米（图一一一：2；图版五九：2）。

标本06XTLT7③：10，灰陶。颈部以下饰粗绳纹。口径24、残高3.8、壁厚0.4~1.5厘米（图一一一：1）。

标本06XTLT8③：5，橙黄陶。颈部以下饰粗绳纹。口径20、残高5、壁厚0.4~1.2厘米（图一一一：4）。

标本06XTLT10③：4，灰陶。颈部以下饰粗绳纹，外壁残留烟炱。口径24、残高11、壁厚0.4~0.8厘米（图一一一：6）。

标本06XTLT10③：5，橙黄陶。颈部以下饰粗绳纹。口径21、残高4.4、壁厚0.4~0.8厘米（图一一一：13）。

标本06XTLT11③：4，橙黄陶。颈部以下饰粗绳纹。口径14、残高2.6、壁厚0.4~0.8厘米（图一一一：16）。

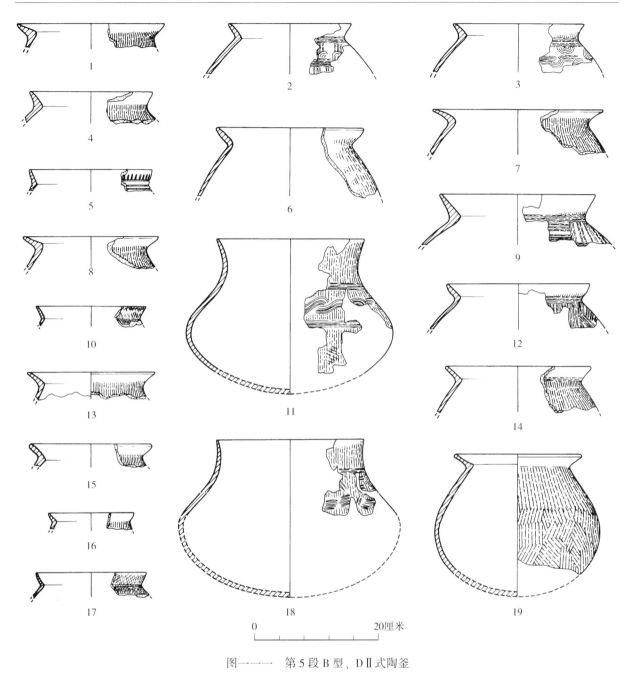

图一一一　第 5 段 B 型、DⅡ式陶釜

1~10、12~17、19. B 型（06XTLT7③：10、06XTLT6③：11、06XTLT3④：18、06XTLT8③：5、06XTLT6③：7、06XTLT10③：4、
06XTLT12③：2、06XTLT14③：6、06XTLT3④：17、06XTLT3④：7、06XTLT5③：9、06XTLT10③：5、06XTLT14③：5、
06XTLT13③：2、06XTLT11③：4、、06XTLT3④：6、06XTLT13③：1）　　11、18. DⅡ式（06XTLT8③：7、06XTLT5③：8）

　　标本 06XTLT12③：2，灰陶。颈部以下饰粗绳纹。口径 28、残高 7.2、壁厚 0.4~1.2 厘米
（图一一一：7）。

　　标本 06XTLT13③：1，灰陶。颈部以下饰粗绳纹，外壁残留烟炱。口径 21.2、腹径 27.2、复
原高 22.4、壁厚 0.4~0.9 厘米（图一一一：19；图版五九：3）。

　　标本 06XTLT13③：2，灰陶。颈部以下饰粗绳纹。口径 20、残高 3.6、壁厚 0.8~1.2 厘米
（图一一一：15）。

标本06XTLT14③：5，橙黄陶。颈部以下饰粗绳纹。口径24、残高7.4、壁厚0.4～1.2厘米（图一一一：14）。

标本06XTLT14③：6，橙黄陶。颈部以下饰粗绳纹。口径22、残高5.2、壁厚0.4～1.2厘米（图一一一：8）。

DⅡ式　尖圆唇，口沿以下饰绳纹，肩、腹部饰贝划纹。

标本06XTLT5③：8，灰白陶。口径24、腹径36、复原高24.8、壁厚0.4～0.8厘米（图一一一：18；图版五九：4）。

标本06XTLT8③：7，灰陶。口径24、腹径33.6、复原高24.4、壁厚0.4～0.8厘米（图一一一：11；图版五九：5）。

碗　尖圆唇，素面。标本06XTLT6③：12，仅存圈足。灰白陶。残高2.4、足径10.8、壁厚0.8～1厘米（图一一二：1；图版五九：6）。

标本06XTLT7③：16，仅存圈足。灰陶。残高2.8、足径8.4、壁厚0.8～1厘米（图一一二：2；图版六〇：5）。

标本06XTLT7③：17，仅存圈足。灰陶。残高2.8、足径12、壁厚0.8～1厘米（图一一二：3；图版六〇：6）。

标本06XTLT9③：1，橙黄陶。口径22、复原足径12.4、复原高7.6、壁厚0.4厘米（图一一二：9；图版六〇：1）。

标本06XTLT9③：2，橙黄陶。口径16.8、复原足径11.2、复原高6、壁厚0.4～1厘米（图一一二：5；图版六〇：2）。

标本06XTLT9③：8，橙黄陶。口径20、复原足径11.2、复原高7.2、壁厚0.8厘米（图一一二：8；图版六〇：3）。

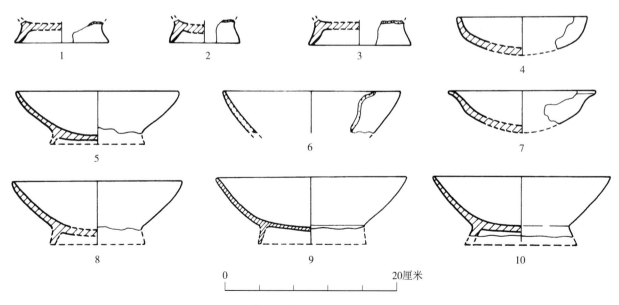

图一一二　第5段陶碗与A型、B型陶圈底盘

1～3、5、6、8～10. 陶碗（06XTLT6③：12、06XTLT7③：16、06XTLT7③：17、06XTLT9③：2、06XTLT14③：14、06XTLT9③：8、06XTLT9③：1、06XTLT12③：1）　4. A型陶圈底盘（06XTLT8③：8）　7. B型陶圈底盘（06XTLT7③：15）

标本06XTLT12③：1，橙黄陶。口径20、残高6.8、壁厚0.4~0.8厘米（图一一二：10；图版六〇：4）。

标本06XTLT14③：14，橙黄陶。口径20.8、残高5.2、壁厚0.6厘米（图一一二：6）。

圜底盘　有A型和B型圜底盘。

A型　标本06XTLT8③：8，橙黄陶。圆唇，素面。口径15.2、复原高4.4、壁厚0.6~0.8厘米（图一一二：4；图版六一：1）。

B型　标本06XTLT7③：15，橙黄陶。尖圆唇，素面。口径17.2、复原高4.8、壁厚0.6~0.8厘米（图一一二：7；图版六一：2）。

支脚　有A型和B型支脚。

A型　均为素面。

标本06XTLT6③：1，橙黄陶。器内泥芯脱落。顶部长3.8、复原顶部宽3、底部长12.4、底部宽11.4、复原高14.4厘米（图一一三：2；图版六一：3）。

标本06XTLT6③：2，橙黄陶。复原顶部长3.4、顶部宽2.6、底部长13、底部宽11、复原高14.4厘米（图一一三：1；图版六一：4）。

标本06XTLT6③：6，橙黄陶。顶部长4、复原顶部宽3.8、底部长12、底部宽11.2、复原高

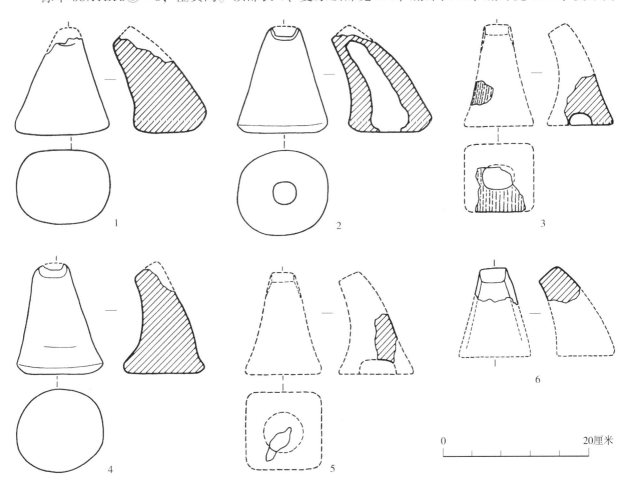

图一一三　第5段A型、B型陶支脚

1、2、4. A型（06XTLT6③：2、06XTLT6③：1、06XTLT6③：6）　3、5、6. B型（06XTLT4③：5、06XTLT5③：10、06XTLT4③：2）

15 厘米（图一一三：4；图版六一：5）。

B 型　标本 06XTLT4③：2，灰陶。素面。顶部长 3.6、顶部宽 3.2、复原底部长 10、复原底部宽 8、复原高 12 厘米（图一一三：6；图版六一：6）。

标本 06XTLT4③：5，橙黄陶。饰绳纹，底部有一椭圆形凹窝。复原顶部长 3.2、复原顶部宽 2.8、复原底部长 9.2、复原底部宽 9.2、复原高 13.6 厘米（图一一三：3；图版六一：7）。

标本 06XTLT5③：10，灰陶。饰绳纹，底部有一圆形凹窝。复原顶部长 3.2、复原顶部宽 3、复原底部长 10.4、复原底部宽 10.4、复原高 13.6 厘米（图一一三：5；图版六一：8）。

器座　有 B 型器座。

标本 06XTLT4③：3，橙黄陶。饰绳纹。口径 11.6、复原高 13.4、壁厚 0.8～2 厘米（图一一四：1；图版六二：1）。

标本 06XTLT5③：1，橙黄陶。饰刻划纹。口径 11、底径 11、高 13.4、壁厚 0.8～2.2 厘米

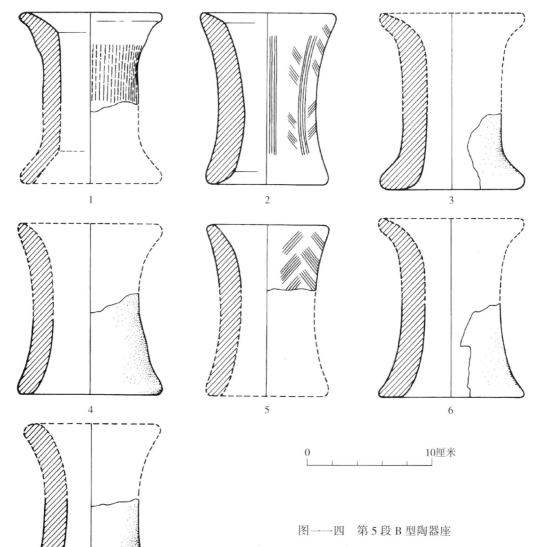

图一一四　第 5 段 B 型陶器座

1. 06XTLT4③：3　2. 06XTLT5③：1　3. 06XTLT6③：13　4. 06XTLT8③：3
5. 06XTLT5③：2　6. 06XTLT8③：10　7. 06XTLT8③：4

（图一一四：2；图版六二：2）。

标本06XTLT5③：2，橙黄陶。饰刻划纹。口径10、复原高13.4、壁厚0.8~1.8厘米（图一一四：5；图版六二：3）。

标本06XTLT6③：13，灰陶。素面。复原底径11.7、高13.8、壁厚2~2.4厘米（图一一四：3；图版六二：4）。

标本06XTLT8③：3，橙黄陶。素面。底径11.8、复原高13.4、壁厚1.7厘米（图一一四：4；图版六二：5）。

标本06XTLT8③：4，灰陶。素面。底径11.2、复原高13.2、壁厚2厘米（图一一四：7；图版六二：6）。

标本06XTLT8③：10，灰陶。素面。复原底径11.8、高14、壁厚2厘米（图一一四：6；图版六二：7）。

二 石质品

石质品共31件，有锛（占38.7%）、饼形器（占16.1%）、凹石（占6.5%）、拍（占3.2%）、凿（占3.2%）、砧（占3.2%）、砺石（占6.5%）以及石料（占22.6%）等（表二六）。

表二六 第5段石器、石料统计表

器 名	锛	饼形器	凹 石	拍	凿	砧	砺 石	石料	合 计
件 数	12	5	2	1	1	1	2	7	31
百分比	38.7	16.1	6.5	3.2	3.2	3.2	6.5	22.6	100

锛 12件。只有A型锛。

标本06XTLT3④：3，泥质板岩，灰黄绿色。弧顶，单面微弧刃。顶部及两侧有崩疤，刃部略有崩损。长6.5、宽3.8、厚1.9厘米，重82克（图一一五：2；图版九九：1）。

标本06XTLT7③：5，器体残。泥质粉砂岩，灰褐色。单面弧刃。器体有崩疤，刃部有崩损。残长7.2、残宽1.9、厚1.7厘米，重20克（图一一五：5；图版九九：2）。

标本06XTLT7③：6，上部残。泥质粉砂岩，土黄色。单面微弧刃。器体有崩疤，刃部略有崩损。残长2.5、宽3.3、厚0.9厘米，重12克（图一一六：3；图版九九：3）。

标本06XTLT7③：9，刃部部分残缺。粉砂岩，浅灰绿色。微弧顶，单面弧刃。顶部及两侧有崩疤，刃部有崩损。长14.6、宽6.7、厚2.9厘米，重430克（图一一五：3；图版九九：4）。

标本06XTLT8③：1，泥质粉砂岩，灰黄色。弧顶，单面弧刃。顶部及两侧有崩疤，刃部有崩损。长5.6、宽5.2、厚1.5厘米，重74克（图一一五：1；图版九九：5）。

标本06XTLT9③：1，泥质板岩，土灰色。微弧顶，单面微弧刃。顶部及两侧有崩疤，刃部有崩损。长7.5、宽4.6、厚1.1厘米，重68克（图一一五：4；图版九九：6）。

标本06XTLT9③：2，泥质板岩，土灰色。弧顶，单面弧刃。器体有崩疤，刃部有崩损。长5.4、宽4.4、厚1.4厘米，重52克（图一一五：9；图版九九：7）。

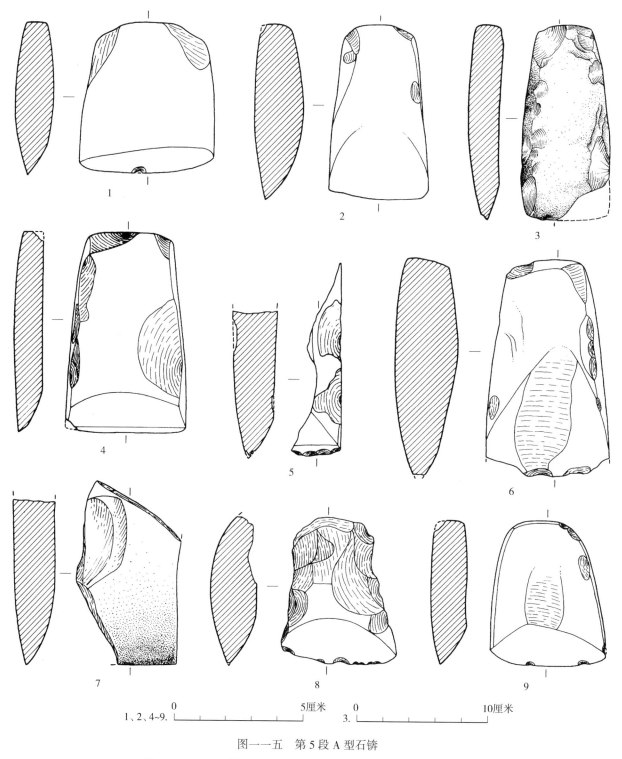

图一一五　第 5 段 A 型石锛

1. 06XTLT8③：1　2. 06XTLT3④：3　3. 06XTLT7③：9　4. 06XTLT9③：1　5. 06XTLT7③：5
6. 06XTLT10③：1　7. 06XTLT11③：1　8. 06XTLT18③：1　9. 06XTLT9③：2

　　标本 06XTLT10③：1，板岩，灰绿色。微弧顶，单面弧刃。顶部、两侧及一面均有崩疤，刃部有崩损。长 8.1、宽 4.7、厚 2.4 厘米，重 160 克（图一一五：6；图版九九：8）。

　　标本 06XTLT10③：2，上部及刃部残。杂砂岩，灰黑色。单面弧刃。两侧有崩疤，刃部有崩损。残长 4.8、宽 4、厚 1.4 厘米，重 36 克（图一一六：2；图版九九：9）。

标本 06XTLT10③：3，泥质板岩，灰色。微弧顶，单面弧刃。两侧有崩疤。长 4.8、宽 3.8、厚 1.6 厘米，重 50 克（图一一六：1；图版一〇〇：1）。

标本 06XTLT11③：1，器体残。含炭质粉砂岩，深灰色。直刃，器体有崩疤。残长 6.9、残宽 4.1、厚 1.6 厘米，重 68 克（图一一五：7；图版一〇〇：2）。

标本 06XTLT18③：1，炭质板岩，灰黑色。弧顶，单面弧刃。器体有崩疤，刃部有崩损。长 5.5、宽 4.4、厚 1.8 厘米，重 54 克（图一一五：8；图版一〇〇：3）。

饼形器　5 件。有 B 型和 C 型饼形器。

B 型　3 件。标本 06XTLT3④：4，器体残留近四分之一。花岗斑岩，浅砖红色。残径 3.8、复原直径 9、厚 2.8 厘米，重 120 克（图一一六：8；图版一〇〇：4）。

标本 06XTLT3④：5，器体残留近四分之一。花岗斑岩，浅砖红色。残径 4.4、复原直径 8.4、厚 3.2 厘米，重 88 克（图一一六：7；图版一〇〇：5）。

标本 06XTLT6③：4，长英质杂砂岩，灰黄白色。其中一面有四个浅钻的小圆孔。直径 6、厚 2.6 厘米，重 132 克（图一一六：4；图版一〇〇：6）。

C 型　2 件。标本 06XTLT6③：5，器体残留近四分之一。泥质粉砂岩，土黄色。弧壁，一面有黑色附着物。残径 4、厚 1.7 厘米，重 20 克（图一一六：6；图版一〇一：1）。

标本 06XTLT7③：3，一面残。板岩，灰黄色。弧壁，一面有黑色附着物。直径 7.9~8.4、厚 1.6 厘米，重 124 克（图一一六：5；图版一〇一：2）。

凹石　2 件。有 A 型和 B 型凹石。

A 型　1 件。标本 06XTLT4③：1，硅质砂岩，浅灰黑色。两面各有一个砸击的椭圆形浅凹窝。直径 7~8.4、厚 3.4 厘米，重 308 克（图一一六：10；图版一〇一：3）。

B 型　1 件。标本 06XTLT3④：2，硅质砂岩，灰黑色。略呈三棱长条形，横截面呈圆角三角形。三面各有一个砸击的长椭圆形浅凹窝。长 10.2、宽 5、厚 4 厘米，重 316 克（图一一六：9；图版一〇一：4）。

拍　1 件。标本 06XTLT7③：7，器体残。杂砂岩，灰黄色。两面均有七道长条浅凹槽。残长 7.1、宽 6、厚 2 厘米，重 110 克（图一一七：5；图版一〇一：5）。

凿　1 件。标本 06XTLT8③：2，刃部残缺。含炭质板岩，灰黑色。窄长条形，上窄下宽，微弧顶。器体顶部有打击疤痕。残长 7.8、宽 2.5、厚 1.4 厘米，重 44 克（图一一七：11；图版一〇一：6）。

砧　1 件。标本 06XTLT14③：1，细粒花岗岩，黄白色。略呈曲尺形，一面有砸击窝痕。长 12、宽 10.4、厚 3.6 厘米，重 680 克（图一一七：1；图版一〇二：1）。

砺石　2 件。标本 06XTLT9③：3，粉砂岩，土黄色。呈不规则形，有两个磨面。长 11、宽 10.4、厚 6.4 厘米，重 558 克（图一一七：12；图版一〇二：2）。

标本 06XTLT11③：3，粉砂岩，土黄色。呈三角形，有两个磨面。长 9.4、宽 8.6、厚 6.4 厘米，重 642 克（图一一七：10；图版一〇二：3）。

石料　7 件。标本 06XTLT3④：1，英安斑岩，黄白色。略呈圆角长方形。长 12、宽 8、厚 3

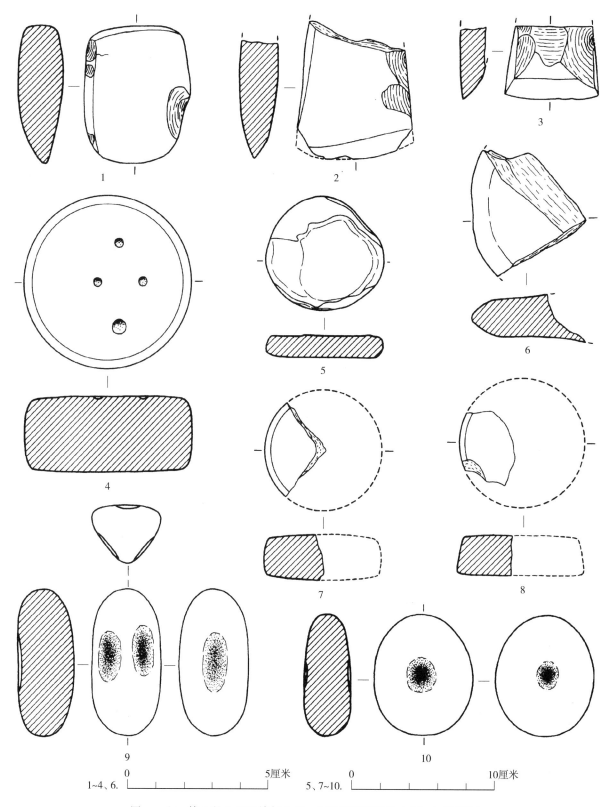

0　　　　　　　　　　　　5厘米
1~4、6.

0　　　　　　　　　　　　10厘米
5、7~10.

图一一六　第5段A型石锛与B型、C型石饼形器及A型、B型凹石

1~3. A型石锛（06XTLT10③：3、06XTLT10③：2、06XTLT7③：6）　　4、7、8. B型石饼形器（06XTLT6③：4、06XTLT3④：5、06XTLT3④：4）　　5、6. C型石饼形器（06XTLT7③：3、06XTLT6③：5）　　9. B型凹石（06XTLT3④：2）　　10. A型凹石（06XTLT4③：1）

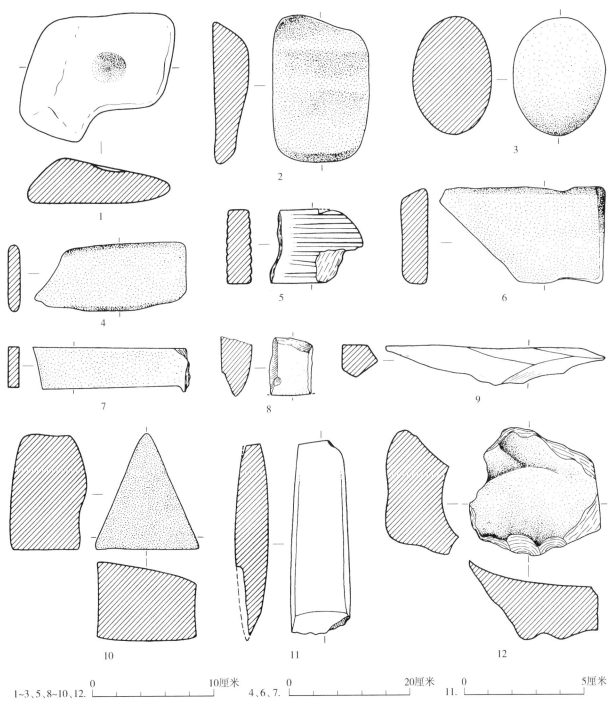

图一一七　第5段石拍、凿、砧、砺石、石料

1. 砧（06XTLT14③：1）　2~4、6~9. 石料（06XTLT3④：1、06XTLT11③：2、06XTLT14③：2、06XTLT14③：3、06XTLT9③：4、06XTLT7③：8、06XTLT6③：3）　5. 拍（06XTLT7③：7）　10、12. 砺石（06XTLT11③：3、06XTLT9③：3）　11. 凿（06XTLT8③：2）

厘米，重464克（图一一七：2；图版一〇二：4）。

标本06XTLT6③：3，板岩，黄白色。略呈长条形。长18.2、宽3、厚3厘米，重132克（图一一七：9）。

标本 06XTLT7③：8，板岩，浅黄绿色。略呈长方形。长 4.6、宽 3.7、厚 2.5 厘米，重 68 克（图一一七：8；图版一〇二：5）。

标本 06XTLT9③：4，板岩，灰黄白色。略呈扁平长方形，两面残留黑色附着物。长 26、宽 6.8、厚 1.8 厘米，重 364 克（图一一七：7；图版一〇二：6）。

标本 06XTLT11③：2，花岗岩，黄白色。略呈圆球形。直径 7.6~9.6、厚 6.6 厘米，重 666 克（图一一七：3；图版一〇三：1）。

标本 06XTLT14③：2，板岩，灰黄色。略呈扁平梯形，一面有黑色附着物。长 27.5、宽 15.6、厚 4.5 厘米，重 696 克（图一一七：4；图版一〇三：2）。

标本 06XTLT14③：3，长石石英砂岩，褐黄色。略呈梯形。长 27.8、宽 15.6、厚 4.4 厘米，重 2648 克（图一一七：6；图版一〇三：3）。

第五章　商时期遗物及其年代

在西北区西北部的 3 个探方（06XTLT1～06XTLT3）中分布有商时期的文化层，属于商时期的文化层是这 3 个探方的第 3 层。此次发掘不见商时期的遗迹①，而上述地层出土的商时期遗物的数量也不多。遗物有陶器和石质品。陶器有夹砂陶和泥质陶，夹砂陶的器类有釜、罐、器座，泥质陶的器类有罐、尊、钵、纺轮等。石质品有石器（锛、砧、砺石、网坠、镞、残石器）和石料。

第一节　遗　物

一　陶　器

据数量统计，陶器中夹砂陶占 74.4%，有灰陶（41.2%）、灰黑陶（11.0%）、灰白陶（20.9%）和橙黄陶（1.3%）；泥质陶占 25.6%，有白陶（3.2%）、灰陶（4.7%）、灰黑陶（9.3%）和橙黄陶（8.4%）（表二七）。夹砂陶中有少量的器物由于烧造火候不均等原因，色泽略显斑驳。

表二七　商时期陶质、陶色统计表

陶　质	夹　砂				泥　质			
陶　色	灰　陶	灰黑陶	灰白陶	橙黄陶	白　陶	灰　陶	灰黑陶	橙黄陶
百分比	41.2	11.0	20.9	1.3	3.2	4.7	9.3	8.4
	74.4				25.6			
	100							

陶器上所饰纹饰有绳纹（占 69.8%）（图一一八）、重圈纹（占 7.9%）（图一一九）、重菱格纹（占 5.3%）（图一二○：1～6、8、9；图一二一：2、3、6、9、10、12）、曲折纹（占 4.0%）（图一二二）、方格纹（占 3.4%）（图一二一：1、4、7、11）、云雷纹（占 2.7%）（图一二一：5）、弦纹（占 1.2%）（图一二一：8），有一件纺轮上有圆点形戳印纹，另外还有素面陶（占 5.7%）

---

① 在咸头岭遗址 1982 年的调查和 1985 年、1997 年、2004 年的发掘中发现有商时期的墓葬。1982 年的调查和 1985 年的发掘中发现的商时期的墓葬资料已经发表（杨耀林等：《深圳市先秦遗址调查与试掘》，《深圳考古发现与研究》，文物出版社，1994 年；深圳博物馆等：《环珠江口史前文物图录》，中文大学出版社，1991 年）。1997 年、2004 年的发掘中发现的商时期的墓葬资料还未发表。

图一一八　商时期绳纹拓片

1. 06XTLT2③　2~9. 06XTLT1③

（表二八）。绳纹为滚压而成，重圈纹、菱格纹、曲折纹、方格纹、云雷纹是用拍子拍印而成。绳纹大多数比较粗，平行的绳纹通常每厘米见方有 3~5 根，饰于釜的唇部或颈部以下以及器座外壁；但也有很少量的绳纹很细，平行的绳纹每厘米见方约有 10 根，饰于纺轮上；釜上部、器座外壁和纺轮上基本为竖条绳纹，釜的腹下部则见交错绳纹。重圈纹和重菱格纹饰于罐的颈部或肩部

图一一九　商时期重圈纹拓片

1、3~6、8. 06XTLT1③　　2、7. 06XTLT2③

以下。曲折纹饰于釜、罐的颈部以下。方格纹（有的略呈菱格形）饰于尊的高领以下、罐的颈部以下和钵的外壁。云雷纹饰于罐的肩、腹部。弦纹饰于纺轮上。可以确定器形的素面器物有一些器座，但有一些素面陶片比较碎小，难以确定器形。

表二八　商时期陶器纹饰统计表

纹　饰	绳　纹	重圈纹	重菱格纹	曲折纹	方格纹	云雷纹	弦　纹	素　面
百分比	69.8	7.9	5.3	4.0	3.4	2.7	1.2	5.7
	100							

成型方法有泥条圈筑法、捏塑法两种，以泥条圈筑法为主，捏塑法只用于制作纺轮。器物成型后，修整方法有拍打、刮削、湿手抹平、慢轮修整。总体来看，多数器物烧造火候比较高，陶质较硬。

陶器的组合为釜（占67.5%）、罐（占13.5%）、尊（占2.8%）、钵（占4.0%）、纺轮（占5.3%）和器座（占6.9%）（表二九）。

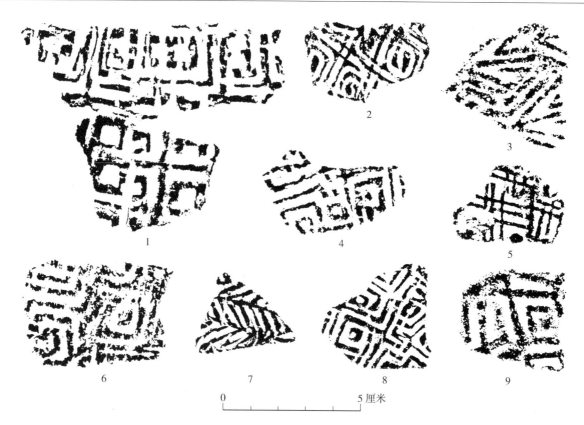

图一二〇　商时期重菱格纹、叶脉纹拓片

1~6、8、9. 重菱格纹（06XTLT2③、06XTLT1③、06XTLT1③、06XTLT2③、06XTLT1③、06XTLT2③、
06XTLT1③、06XTLT1③）　7. 叶脉纹（06XTLT1③）

表二九　商时期陶器器类统计表

器　物	釜	罐	尊	钵	纺　轮	器　座
百分比	67.5	13.5	2.8	4.0	5.3	6.9
	100					

釜　均为夹砂陶。有高领釜、宽折沿釜、窄折沿釜和盘口釜。

高领釜　折沿或略卷沿，尖圆唇，束颈，颈部以下饰粗绳纹。

标本 06XTLT3③：7，灰黑陶。口径 23.6、残高 10.6、壁厚 0.8~1 厘米（图一二三：1；图版六六：1）。

标本 06XTLT3③：8，灰白陶。口径 23、残高 11、壁厚 0.6~1.5 厘米（图一二三：6；图版六六：2）。

标本 06XTLT3③：9，橙黄陶。腹部最大径在中部略偏下。口径 16.4、腹径 14、复原高 16、壁厚 0.7 厘米（图一二三：14；图版六六：3）。

宽折沿釜　尖圆唇，束颈，颈部以下饰粗绳纹。

标本 06XTLT1③：30，灰白陶。口径 24、残高 6.2、壁厚 0.6~1.8 厘米（图一二三：3）。

标本 06XTLT1③：31，灰白陶。口径 30、残高 6.8、壁厚 0.8~2 厘米（图一二三：2）。

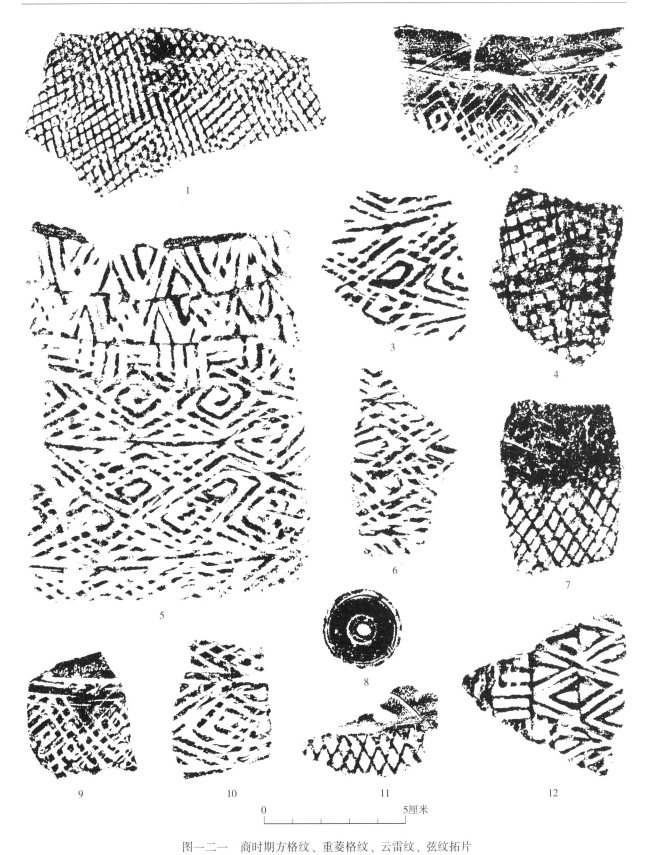

图一二一　商时期方格纹、重菱格纹、云雷纹、弦纹拓片

1、4、7、11. 方格纹（06XTLT1③、06XTLT1③、06XTLT1③、06XTLT1③）　2、3、6、9、10、12. 重菱格纹（06XTLT2③、
06XTLT1③、06XTLT1③、06XTLT1③、06XTLT1③、06XTLT1③）　5. 云雷纹（06XTLT1③）　8. 弦纹（06XTLT1③：2）

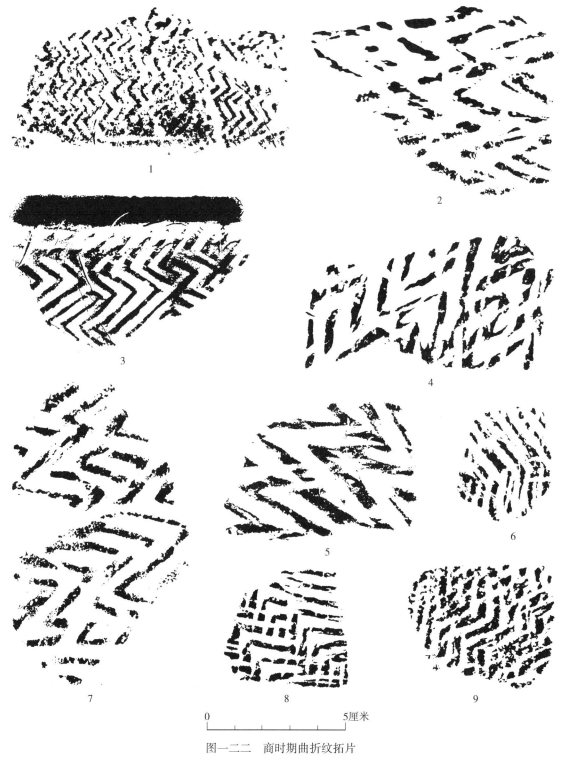

图一二二　商时期曲折纹拓片

1、2、4、6、8、9. 06XTLT1③　　3、5、7. 06XTLT2③

标本 06XTLT2③：7，橙黄陶。口径 26、残高 6、壁厚 0.7~1.6 厘米（图一二三：4）。

窄折沿釜　方唇，束颈，唇部及唇部以下均饰粗绳纹。

标本 06XTLT1③：24，橙黄陶。口径 20、残高 4、壁厚 0.7~1.6 厘米（图一二三：8）。

标本 06XTLT1③：25，灰陶。口径 20、残高 5、壁厚 0.7~1.6 厘米（图一二三：12）。

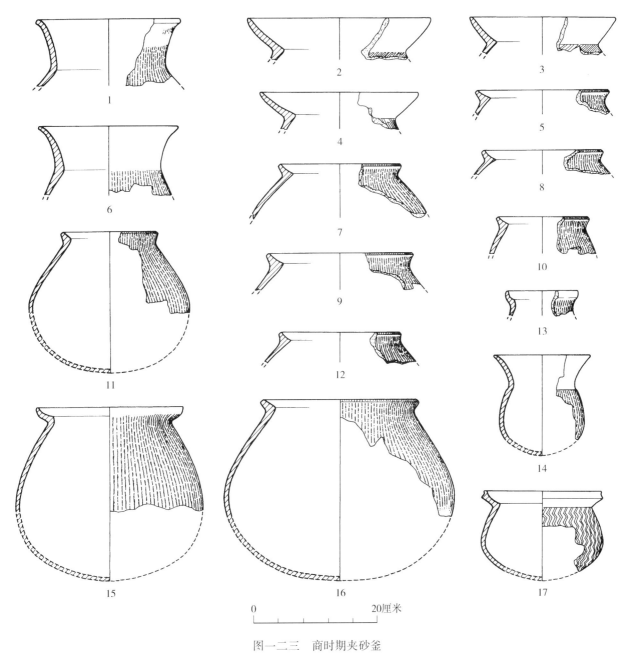

图一二三　商时期夹砂釜

1、6、14. 高领釜（06XTLT3③：7、06XTLT3③：8、06XTLT3③：9）　2~4. 宽折沿釜（06XTLT1③：31、06XTLT1③：30、06XTLT2③：7）　5、7~12、16. 窄折沿釜（06XTLT1③：32、06XTLT1③：26、06XTLT1③：24、06XTLT1③：28、06XTLT1③：27、06XTLT1③：40、06XTLT1③：25、06XTLT1③：39）　13、15、17. 盘口釜（06XTLT1③：29、06XTLT1③：19、06XTLT1③：20）

标本06XTLT1③：26，灰白陶。口径20、残高8.8、壁厚0.8~1.6厘米（图一二三：7）。

标本06XTLT1③：27，橙黄陶。口径15、残高6、壁厚0.5~1.2厘米（图一二三：10）。

标本06XTLT1③：28，橙黄陶。口径24、残高6、壁厚0.9~2厘米（图一二三：9）。

标本06XTLT1③：32，灰白陶。外壁残留烟炱。口径22、残高4、壁厚0.6~1.6厘米（图一二三：5）。

标本06XTLT1③：39，灰陶，外壁残留烟炱。腹部最大径在中部。口径26、腹径38、复原高28.8、壁厚0.8~1.2厘米（图一二三：16；图版六六：4）。

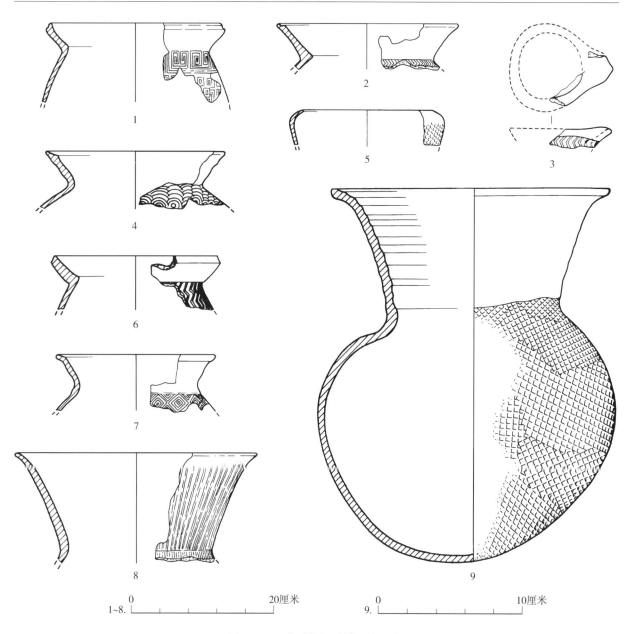

图一二四　商时期泥质罐、钵、尊

1、2、4、6、7. 折沿罐（06XTLT2③：10、06XTLT2③：13、06XTLT1③：37、06XTLT2③：8、06XTLT2③：9）

3. 带流罐（06XTLT1③：23）　　5. 钵（06XTLT1③：42）　　8、9. 尊（06XTLT2③：14、06XTLT1③：1）

标本06XTLT1③：40，灰黑陶，外壁残留烟炱。腹部最大径在中部。口径16、腹径26.4、复原高22.4、壁厚0.6~1.1厘米（图一二三：11；图版六六：5）。

盘口釜　束颈，颈部以下饰绳纹或曲折纹。

标本06XTLT1③：19，灰陶。圆唇，腹最大径在中部略偏下。饰绳纹，外壁残留烟炱。口径24、腹径30.4、复原高28、壁厚0.6~1.2厘米（图一二三：15；图版六六：6）。

标本06XTLT1③：20，灰黑陶。方唇略凹，腹最大径在中部略偏下。饰曲折纹，外壁残留烟炱。口径19.6、腹径20、复原高14.4、壁厚0.6~0.8厘米（图一二三：17；图版六七：1）。

标本06XTLT1③：29，灰白陶。圆唇，饰绳纹。口径12、残高4、壁厚0.3~0.8厘米（图一二三：13）。

罐　多为泥质，有的夹细砂。有折沿罐和带流罐。

折沿罐　束颈，颈部以下饰重圈、曲折、重菱格等纹饰。

标本 06XTLT1③：37，泥质灰黑陶。尖圆唇，唇内侧呈窄斜的平面。饰重圈纹。口径 25、残高 7.8、壁厚 0.4～0.8 厘米（图一二四：4；图版六七：2）。

标本 06XTLT2③：8，泥质灰白陶。方唇。饰曲折纹。口径 24、残高 7.4、壁厚 0.6～1.2 厘米（图一二四：6）。

标本 06XTLT2③：9，泥质灰陶。圆唇，唇内侧呈窄斜的平面。饰重菱格纹。口径 22.8、残高 7.6、壁厚 0.4～0.8 厘米（图一二四：7；图版六七：3）。

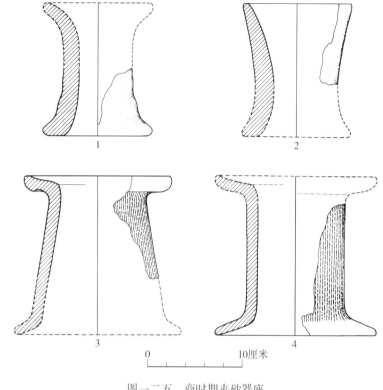

图一二五　商时期夹砂器座

1、2. 喇叭状器座（06XTLT2③：11、06XTLT3③：6）
3、4. "工"字形器座（06XTLT2③：12、06XTLT3③：5）

标本 06XTLT2③·10，夹细砂橙黄陶。方唇略凹。饰云雷纹和重菱格纹。口径 24.8、残高 10.6、壁厚 0.4～0.8 厘米（图一二四：1；图版六七：4）。

标本 06XTLT2③：13，夹细砂灰陶。圆唇，唇内侧略凹。饰曲折纹。口径 25、残高 6.2、壁厚 0.8～1 厘米（图一二四：2；图版六七：5）。

带流罐　标本 06XTLT1③：23，仅存部分口沿。泥质灰白陶。口部有一下凹的流嘴。外壁饰曲折纹。残高 2.8、壁厚 0.5～1 厘米（图一二四：3）。

钵　标本 06XTLT1③：42，泥质灰陶。敛口，尖圆唇。肩部以下饰方格纹。口径 18、残高 5.2、壁厚 0.4～0.8 厘米（图一二四：5；图版六七：6）。

尊　均为泥质陶。大敞口，高领，束颈。

标本 06XTLT1③：1，灰陶。圆鼓腹，圜底。颈部以下拍印方格纹，领内侧有明显的轮修痕迹。口径 19.6、腹径 20.8、高 25.4、壁厚 0.6～0.8 厘米（图一二四：9；图版六八：1）。

标本 06XTLT2③：14，橙黄陶。尖圆唇。唇部以下饰绳纹。口径 34.4、残高 15、壁厚 0.6～1.2 厘米（图一二四：8；图版六八：2）。

器座　均为夹砂陶，器体中空。有喇叭状和"工"字形两种。

喇叭状器座　两端外敞，略束腰，素面。标本 06XTLT2③：11，灰白陶。底径 11.5、复原高 13.6、壁厚 1.6～2 厘米（图一二五：1；图版六八：3）。

标本 06XTLT3③：6，橙黄陶。口径 11.7、复原高 13.6、壁厚 0.8～2 厘米（图一二五：2；图

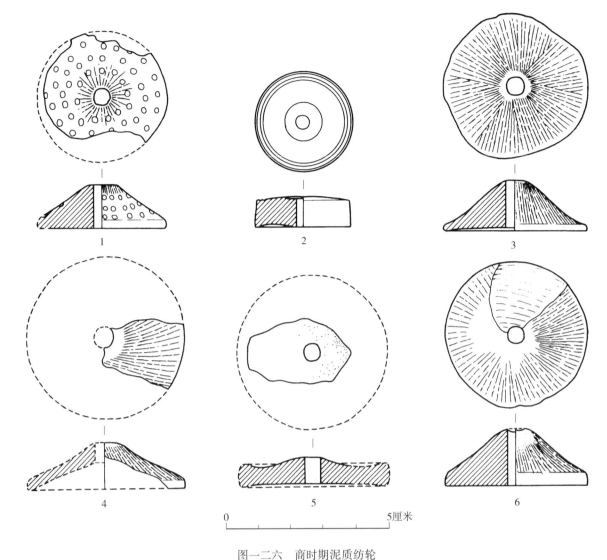

图一二六　商时期泥质纺轮

1、3、4、6. 斗笠形纺轮（06XTLT1③：4、06XTLT1③：3、06XTLT1③：18、06XTLT3③：2）

2、5. 圆饼形纺轮（06XTLT1③：2、06XTLT1③：17）

版六八：4）。

"工"字形器座　两端外折近平，直壁，侧视如"工"字。饰绳纹。标本 06XTLT2③：12，灰陶。壁斜直。口径 15.6、复原高 16.2、壁厚 1.2 厘米（图一二五：3；图版六八：5）。

标本 06XTLT3③：5，灰白陶。直壁。底径 17.2、复原高 16.3、壁厚 1～1.2 厘米（图一二五：4；图版六八：6）。

纺轮　均为泥质陶，器体中部有一贯穿的圆孔，有圆饼形和斗笠形两种。

圆饼形纺轮　均为橙黄陶。标本 06XTLT1③：2，竖截面呈长方形。一面饰三周弦纹。直径 3、孔径 0.2、厚 0.9 厘米（图一二六：2；图版六九：1）。

标本 06XTLT1③：17，竖截面略呈长方形。素面。复原直径 4.6、孔径 0.5、厚 0.8 厘米（图一二六：5；图版六九：2）。

斗笠形纺轮　标本 06XTLT1③：3，灰黑陶。饰细绳纹。直径 4.3、孔径 0.5、高 1.4 厘米

（图一二六：3；图版六九：3）。

　　标本06XTLT1③：4，灰陶。戳印圆点纹。复原直径4、孔径0.5、高1.3厘米（图一二六：1；图版六九：4）。

　　标本06XTLT1③：18，灰陶。底内凹，饰细绳纹。复原直径4.8、复原孔径0.6、高1.4厘米（图一二六：4；图版六九：5）。

　　标本06XTLT3③：2，灰陶。饰细绳纹。直径4.4、孔径0.5、高1.7厘米（图一二六：6；图版六九：6）。

二　石质品

　　石质品共17件，有锛（占35.3%）、砧（占5.9%）、砺石（占5.9%）、网坠（占5.9%）、镞（占5.9%）、残石器（占5.9%）以及石料（占35.3%）等（表三〇）。

表三〇　商时期石器、石料统计表

器　名	锛	砧	砺　石	网　坠	镞	残石器	石　料	合　计
件　数	6	1	1	1	1	1	6	17
百分比	35.3	5.9	5.9	5.9	5.9	5.9	35.3	100

　　锛　6件。有梯形锛、有肩无段锛和有肩有段锛。

　　梯形锛　2件。标本06XTLT3③：1，板岩，灰绿色。弧顶，单面弧刃。器体顶部及一侧有打击疤痕，刃部有崩损。长6.5、宽5.3、厚1.5厘米，重70克（图一二七：3）。

　　标本06XTLT1③：6，含炭质粉砂岩，灰黑色。弧顶，下部残缺，器体有打击疤痕。残长4.3、宽4.5、厚0.9厘米，重26克（图一二七：6；图版一〇三：4）。

　　有肩无段锛　2件。器体两侧有弧肩。

　　标本06XTLT2③：2，粉砂岩，灰黄色。顶部残，单面弧刃。器体有打击疤痕。残长7、宽6.4、厚1.6厘米，重112克（图一二七：2）。

　　标本06XTLT2③：5，粉砂岩，灰黄绿色。微斜顶，弧刃。器体顶部、两侧及两面均有打击疤痕，刃部有崩损。长11.2、宽6、厚2.4厘米，重220克（图一二七：9；图版一〇三：5）。

　　有肩有段锛　2件。器体两侧有弧肩，一面有段。

　　标本06XTLT1③：10，安山岩，灰黄绿色。斜顶，单面弧刃。顶部、两侧及一面均有打击疤痕。长7.2、宽4.7、厚1.9厘米，重94克（图一二七：1）。

　　标本06XTLT1③：5，杂砂岩，灰黑色。斜顶，单面微弧刃。顶部一角及刃部一角残缺，器体两侧有打击疤痕。长5、宽4.3、厚1.8厘米，重62克（图一二七：4）。

　　网坠　1件。标本06XTLT2③：1，粉砂岩，灰白色。略呈椭圆形，束腰，周缘有打击痕迹。长7.3、宽5.4、厚1.9厘米，重114克（图一二七：5；图版一〇三：6）。

　　镞　1件。标本06XTLT2③：6，鲕粒岩，灰褐色。扁平状，双面刃，锋部和铤部残。残长3、宽1.4、厚0.3厘米，重2克（图一二七：7；图版一〇四：1）。

　　砺石　1件。标本06XTLT1③：14，粉砂岩，灰黄色，有两个磨面。长14、宽7.6、厚5.8厘

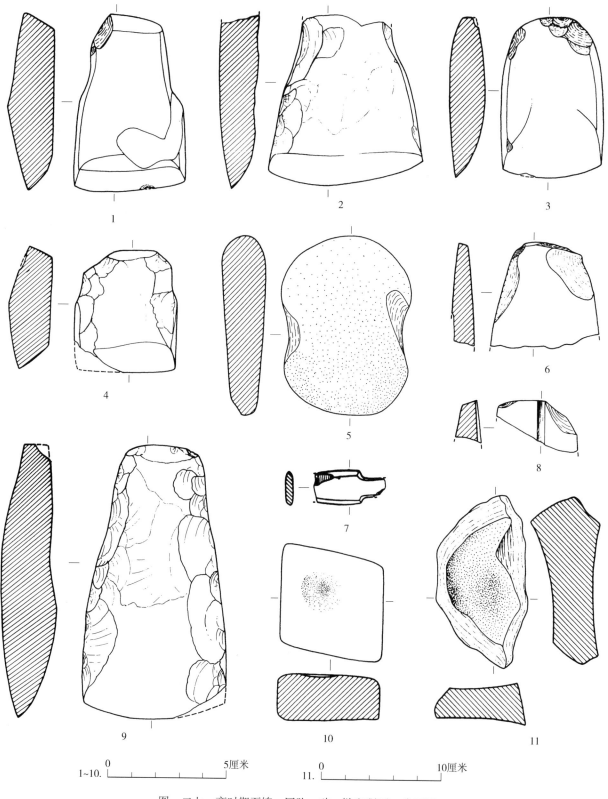

图一二七　商时期石锛、网坠、砧、镞和砺石、残石器

1、4. 有肩有段锛（06XTLT1③：10、06XTLT1③：5）　2、9. 有肩无段锛（06XTLT2③：2、06XTLT2③：5）

3、6. 梯形锛（06XTLT3③：1、06XTLT1③：6）　5. 网坠（06XTLT2③：1）　7. 镞（06XTLT2③：6）

8. 残石器（06XTLT1③：16）　10. 砧（06XTLT1③：8）　11. 砺石（06XTLT1③：14）

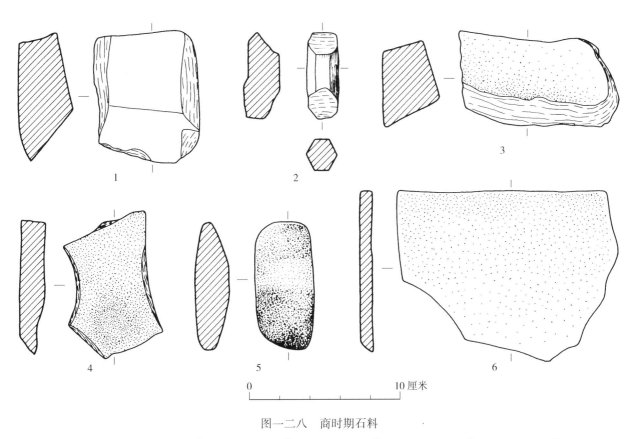

图一二八　商时期石料

1. 06XTLT2③：3　2. 06XTLT3③：3　3. 06XTLT2③：4　4. 06XTLT1③：11　5. 06XTLT1③：9　6. 06XTLT1③：12

米，重568克（图一二七：11；图版一〇四：2）。

　　砧　1件。标本06XTLT1③：8，硅质粉砂岩，褐红色。略呈方形，一面有砸击窝痕。长4.3、宽4、厚1.9厘米，重88克（图一二七：10；图版一〇四：3）。

　　残石器　1件。标本06XTLT1③：16，粉砂岩，黄褐色。一面有一道凹槽，周缘有打击疤痕。残长1.6、宽3.1、厚1.1厘米，重8克（图一二七：8；图版一〇四：6）。

　　石料　6件。标本06XTLT1③：9，霏细岩，灰黄色，长条形。长8.2、宽3.8、厚2.2厘米，重108克（图一二八：5；图版一〇四：4）。

　　标本06XTLT1③：11，板岩，土黄色，呈扁平不规则形。长8.8、宽6.1、厚1.7厘米，重94克（图一二八：4）。

　　标本06XTLT1③：12，板岩，褐黄色，呈扁平不规则形。长14.6、宽11、厚0.9厘米，重162克（图一二八：6；图版一〇四：5）。

　　标本06XTLT2③：3，长石砂岩，砖红色，略呈长方形。长8.5、宽6.8、厚3.5厘米，重266克（图一二八：1）。

　　标本06XTLT2③：4，含炭质板岩，深灰黑色，略呈长方形。长10.2、宽5.5、厚3.8厘米，重320克（图一二八：3）。

　　标本06XTLT3③：3，水晶，白色，略呈六边体。长5.5、宽2.1、厚2厘米，重34克（图一二八：2）。

第二节 年 代

咸头岭遗址商时期的带流罐与屋背岭遗址①二期的 Ba 型罐的形制相似；咸头岭遗址的一些折沿罐（06XTLT1③：37、06XTLT2③：9、06XTLT2③：13）与屋背岭遗址二期的 AbⅡ式和 AbⅢ式罐的形制接近；咸头岭遗址的高领釜与屋背岭遗址一、二期的 AⅠ式和 AⅡ式釜的形制相似；咸头岭遗址的大口尊与屋背岭遗址二期的 A 型尊的形制接近；咸头岭遗址的圆饼形纺轮与屋背岭遗址的 A 型纺轮的形制相似；咸头岭遗址的重菱格纹、叶脉纹、方格纹等与屋背岭遗址二期的同类纹饰很接近。咸头岭遗址商时期遗物的年代大体与屋背岭遗址的二期同时或略早，屋背岭遗址二期的年代报告定在"早晚商之际前后"。

咸头岭遗址商时期的盘口釜与鱿鱼岗遗址②二期的 B 型釜的形制相似；咸头岭遗址的一些折沿罐（06XTLT2③：8、06XTLT2③：10）与鱿鱼岗遗址二期的 B 型罐的形制接近；咸头岭遗址的宽折沿釜与鱿鱼岗遗址的 A 型釜的形制相似。鱿鱼岗遗址二期的年代报告认为"不会晚于商代早期"。

咸头岭遗址商时期的高领釜与增城石滩围岭遗址③早期文化的 B 型釜相似；咸头岭遗址的一些折沿罐（06XTLT1③：37、06XTLT2③：9、06XTLT2③：13）与围岭遗址早期文化的 B 型罐的形制接近；咸头岭遗址的喇叭状器座和"工"字形器座在围岭遗址早期文化中可以找到相似的同类器物；咸头岭遗址的重菱格纹、曲折纹、重圈纹、叶脉纹、云雷纹等在围岭遗址早期文化中可以找到相似的纹饰。围岭遗址早期文化的年代简报定为"大致相当于商代中晚期"。

咸头岭遗址商时期的高领釜与深圳盐田黄竹园遗址④商时期 1 组的 AⅠ式釜的形制相似；咸头岭遗址的宽折沿釜与黄竹园遗址商时期 1 组的 AⅡ式釜的形制接近；咸头岭遗址的盘口釜与黄竹园遗址商时期 1 组的 B 型釜的形制相似；咸头岭遗址的圆饼形纺轮与黄竹园遗址商时期 1 组的 A 型纺轮的形制接近；咸头岭遗址的重菱格纹、曲折纹、叶脉纹、云雷纹、方格纹等在黄竹园遗址商时期 1 组中可以找到相似的纹饰。黄竹园遗址商时期 1 组的年代简报定为早商时期。

咸头岭遗址商时期的宽折沿釜与珠海前山镇南沙湾遗址⑤的宽沿 A 型釜的形制相似；咸头岭遗址的窄折沿釜与南沙湾遗址的窄沿 A 型釜的形制接近；咸头岭遗址的重菱格纹、曲折纹、重圈纹等在南沙湾遗址中可以找到相似的纹饰。我们认为南沙湾遗址的年代为早商时期⑥。

综上所述，咸头岭遗址商时期遗物的年代大体为早商时期，下限到早晚商之际前后。

---

① 广东省文物考古研究所等：《深圳市屋背岭商时期墓葬群》，《华南考古》1，文物出版社，2004 年；广东省文物考古研究所等：《深圳屋背岭遗址发掘报告》，《考古学报》2004 年 3 期。

② 广东省文物考古研究所等：《南海市鱿鱼岗贝丘遗址发掘报告》，《广东省文物考古研究所建所十周年文集》，岭南美术出版社，2001 年。

③ 广州市文物考古研究所等：《增城石滩围岭遗址发掘简报》，《羊城考古发现与研究》（一），文物出版社，2005 年。

④ 深圳市博物馆等：《广东深圳市盐田区黄竹园遗址发掘简报》，《考古》2008 年 10 期。

⑤ 赵善德：《前山镇南沙湾遗址发掘》，《珠海考古发现与研究》，广东人民出版社，1991 年。

⑥ 李海荣等：《深圳屋背岭商时期墓葬群与环珠江口地区商时期遗址的分期》，《深圳文博论丛》，中华书局，2004 年。

下　篇

第一章　咸头岭新石器时代遗存与珠江三角洲地区相关遗址的分期与年代

在上篇第二章讨论了咸头岭遗址 2006 年发掘出土遗物的分段、分期与年代。本章则把咸头岭遗址 2006 年发掘的资料以及 1985、1989 年发掘已经发表的资料综合起来，讨论此遗址出土的新石器时代遗物总的分段、分期与年代；其次以咸头岭遗址总的分段、分期与年代作为标尺，探讨珠江三角洲地区距今 7000~6000 年遗址的分期与年代；最后讨论珠江三角洲地区距今 6000~4000 年遗址的序列与年代。

第一节　咸头岭新石器时代遗存的总分期与年代

查看咸头岭遗址前后五次发掘的资料①，第三次发掘的区域与第一、二次发掘的区域相连，均在遗址的二级沙堤上，出土遗物的总体特征一致，年代跨度应该大体同时；第四次发掘的区域与第五次发掘的区域相连，均在遗址的二级沙堤上，出土遗物的总体特征一致，年代跨度也应该基本同时。所以，虽然本节没有涉及第三、四次发掘的资料，而仅依据第五次发掘的资料以及第一、二次发掘的已经发表的资料，但是这样对咸头岭遗址出土的新石器时代遗物总体的分段、分期与年代研究并没有大的影响。

根据地层叠压关系、各层陶器的特征及形式变化特点和器物组合关系，在上篇第二章把咸头岭遗址 2006 年发掘出土的新石器时代遗物分为 5 段三期。1985 年和 1989 年咸头岭遗址第一、二次发掘的部分资料已经发表②，这批遗物与 2006 年发掘的遗物之间是什么关系呢？

咸头岭遗址 1985 年和 1989 年的发掘，根据简报介绍，各个探方在近现代扰乱层（第 1 层）下只有一层文化层（第 2 层），因此从地层学的角度无法对这批资料再进行分段、分期。而从总体

---

① 咸头岭遗址第一至四次发掘的资料现存于深圳市博物馆，第五次发掘的资料现存于深圳市文物考古鉴定所。咸头岭遗址前后五次发掘的资料，之前已经发表的有限，1985 年、1989 年第一、二次发掘的简报见《文物》1990 年 11 期（深圳市博物馆等：《深圳市大鹏咸头岭沙丘遗址发掘简报》）；2006 年第五次发掘的基本介绍见《考古》2007 年 7 期（深圳市文物考古鉴定所等：《广东深圳市咸头岭新石器时代遗址》）；1997 年第三次发掘和 2004 年第四次发掘的资料的整理工作还未完成，仅有很少量的资料见于一些图录和文章中（杨耀林：《深圳咸头岭史前文化遗存初步研究》，《广东省文物考古研究所建所十周年文集》，岭南美术出版社，2001 年，此文又见《深圳文博》，人民出版社，2001 年；深圳市文物管理委员会办公室等：《深圳 7000 年——深圳出土文物图录》，文物出版社，2006 年；广东省文化局等：《东莞蚝岗遗址博物馆》，岭南美术出版社，2007 年）；此外还有少量采集的标本已发表（珠江三角洲史前遗址调查组：《珠江三角洲史前遗址调查》，《考古学研究》（四），科学出版社，2000 年）。

② 深圳市博物馆等：《深圳市大鹏咸头岭沙丘遗址发掘简报》，《文物》1990 年 11 期；邓聪等：《大湾文化试论》，《南中国及邻近地区古文化研究》，中文大学出版社，1994 年。

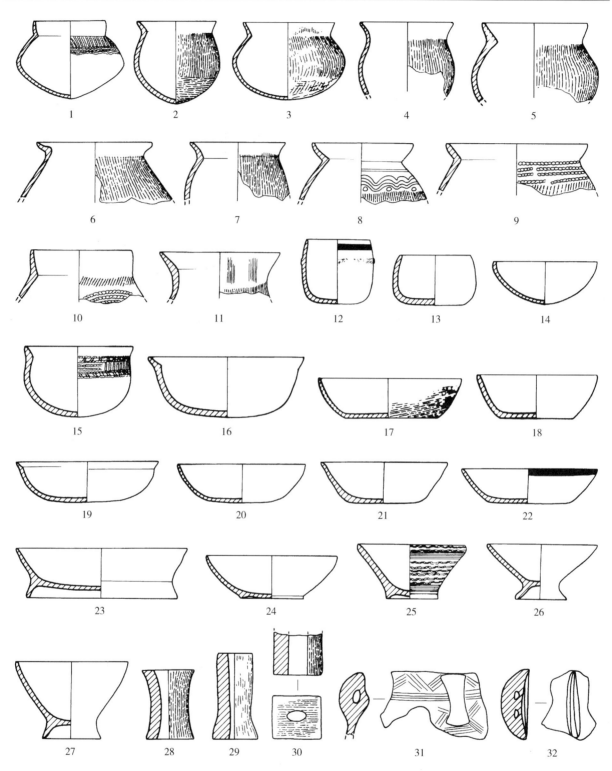

图一二九　咸头岭遗址第一、二次发掘出土陶器

1~10. 釜（T101②：4、T109②：6、T202②：24、T202②：1、T202②：8、T102②：25、T107②：11、T201②：30、T202②H2：2、T201②：32）　11. 罐（T201②：49）　12. 双耳杯（T104②：26）　13、14. 钵（T117②：13、T203②B：47）　15、16. 盆（T103②：25、T116②：26）　17~23. 盘（T101②：24、T203②：49、T107②：33、T103②：27、T107②：23、T104②：2、T105②：25）　24~27. 碗（T108②：13、T105②：30、T107②：25、T111②：18）　28~30. 器座（T107②：27、T107②：28、T104②：27）　31、32. 器耳（T105②、T202②）

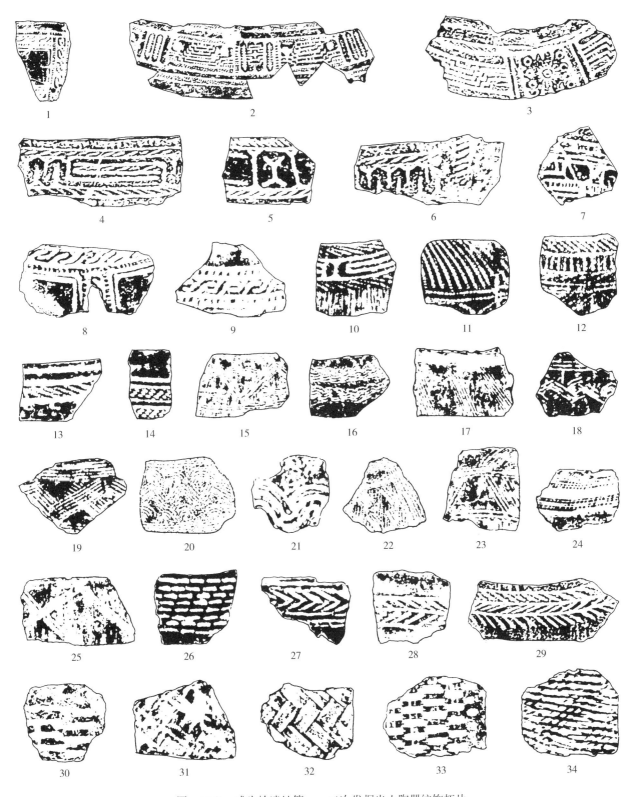

图一三〇　咸头岭遗址第一、二次发掘出土陶器纹饰拓片

1~8. 戳印纹　9、10. 戳印纹（T201、T104）　11~14. 贝印纹（T101、T107、T201、T202）　15~23. 贝划纹（T112、T116、T201、T201、T201、T201、T201、T203）　24. 附加堆纹（T201）　25、26. 刻划纹（T201、T102）　27. 横人字纹（T201）　28、29. 叶脉纹（T201）　30~33. 编织纹（T201）　34. 绳纹（T104）

特征来看，这批遗物（图一二九）与咸头岭遗址 2006 年发掘第 5 段的遗物的特征很接近①，前者夹砂陶占 96.52%，后者占 91.6%；前者以绳纹为主，贝划（印）纹次之，后者也是如此；前者和后者的戳印纹（图一三〇：1~10；图一一：25、26）、贝划（印）纹（图一三〇：11~23；图一一：29、30）、附加堆纹（图一三〇：24；图一一：32、33）的风格非常接近；前者和后者的彩陶纹样均以简洁的条带纹为特色（图一二九：12、22；图一二：27~29；图一一〇：12~14）；前者一些陶器器壁上涂赭红色陶衣②，后者也有（图一一〇：1~3）；前者和后者的白陶所占比例都很小，烧造火候都低；前者的陶釜（图一二九：1~10）多以矮折沿、腹较浅为主要特征，这与后者的陶釜的特征基本一致（图九 B：32）；前者的一些陶碗（图一二九：24~27）与后者的陶碗的形制接近（图九 B：36）；前者的卷折沿的圜底盘（盆）（图一二九：16、19）与后者的 B 型圜底盘的形制接近（图九 A：12）；前者的略侈口的圜底盘（图一二九：20）与后者的 A 型圜底盘的形制相似（图九 A：11）；前者的一些器座（图一二九：28）也可以在后者中找到相同的（图九 C：46）；前者和后者的石器的种类和各类石器的形制大致相同。因此，咸头岭遗址 1985 年和 1989 年发掘的遗物与 2006 年发掘的第 5 段的遗物的时代应该同时。

在上篇第一章第一节已介绍，咸头岭遗址所处的迭福湾的原始地形有三列与海岸线大致平行的沙堤。第三列沙堤为距今 7000 多年前全球大暖期高海面时由海浪潮汐堆积而成，当时的海平面比现今高约 2 米。由于当时的海平面较高，因而堆积了较高的沙堤。其后海平面逐渐降低，海岸线西移，故其堆积的第二、第一列沙堤的高度较第三列沙堤低。咸头岭遗址位于第三列沙堤和第二列沙堤，而 1985 年、1989 年和 1997 年发掘的区域在第二列沙堤，2004 年和 2006 年发掘的区域主要在第三列沙堤。从出土遗物的分段研究来看，2006 年发掘的遗物早、晚都有，而 1985 年和 1989 年发掘的遗物的年代则相对都是偏晚的，这与沙堤的形成年代也是吻合的。由于咸头岭遗址 2006 年出土的第 5 段的遗物的数量很少，而 1985 年和 1989 年出土的遗物的数量较多且丰富，所以可以补充咸头岭遗址第 5 段的不足。

综合上述，咸头岭遗址目前所见的新石器时代遗物总体上可以分为 5 段。考察各段器物的演变特征和器物组合关系，又可以把这 5 段的遗物分为三期，1~3 段连接紧密为第一期，4 段为第二期，5 段为第三期。又从器物的总体特点来看，3 段和 4 段之间的差别较大，衔接不上，因此这两段之间应该有缺环。第 1 段的绝对年代上限应该超过距今 6900 年，可能接近距今 7000 年；第 2 段的绝对年代上限与第 1 段的年代咬合得很紧密，而其年代下限推测在距今 6600 年前后；第 3 段的绝对年代上限紧接第 2 段，下限在距今 6400 年前后；第 4 段的绝对年代在距今 6200 年前后；第 5 段的绝对年代推测在距今 6000 年前后。

---

① 简报中的"Ⅱ型圈足盘"（器物号为 T101②：29）是一件彩陶圈足盘的圈足部，是在地表采集的，但是简报却把它放到文化层中发表了（叶杨：《深圳新石器时代考古》，《深圳博物馆开馆十周年纪念文集》，中华书局，1998 年；叶杨：《浅析咸头岭遗址》，《深圳文博》，人民出版社，2001 年）。这件圈足的特征与简报中发表的文化层中出土的遗物的特征差别很大，年代也应该不一样。从圈足较高、饰粗犷的赭红色彩陶纹样和大的"8"字形镂孔看（简报图九：14），它与咸头岭遗址 2006 年发掘第 3 段的彩陶圈足器的特征接近（本书图九 A：9、15；图一二：14~19），年代也应该同时。另据深圳博物馆杨耀林所言，这个圈足采集于遗址西北部的三级沙堤上，不在遗址东部 1985 年和 1989 年的发掘区域内，而是在 2004 年和 2006 年的发掘区域内。

② 叶杨：《浅析咸头岭遗址》，《深圳文博》，人民出版社，2001 年。

第二节 珠江三角洲地区距今 7000~6000 年遗址的分期与年代

以上主要以 2006 年发掘的资料以及 1985、1989 年发掘的已经发表的资料为依据，讨论了咸头岭遗址出土的新石器时代遗物总的分段、分期和年代。下面探讨距今 7000~6000 年珠江三角洲地区遗址总的分段、分期和年代。

深圳大黄沙遗址[①] 此遗址的地层性质存在争论。简报介绍的地层有 5 层，第 1 层为表土层，第 2 层为扰乱层，第 3 层有间歇层的性质，第 4 层出土大量单纯的新石器时代的遗物，第 5 层出土遗物极少。有研究者则说简报对地层的介绍不准确，认为简报的第 1、2 层是挖大坑挖出的沙土覆盖层，第 3 层为原表土层，而简报的第 2 层的遗物除少量扰乱物外，大部分的遗物与第 4 层完全一样，包括彩陶及其所占的比例[②]。无论哪种意见更接近实际情况，双方都认为第 4、5 层为未经扰乱的新石器时代文化层；无论简报中的第 3 层"有间歇层的性质"还是"原表土层"，这层中的陶片极少，主要为泥质红褐陶，与第 4 层的一些陶片完全一样，没有分段、分期的意义；简报中的第 2 层双方都认为是经过扰动的，那么此层中的新石器时代遗物应该是下面文化层中扰动上来的。从未经扰乱的第 4、5 层已经发表的遗物特征来看，这两层的遗物没有非常明显的区别。大黄沙遗址出土的遗物总体特征与咸头岭遗址第 4 段的遗物特征相似，前者和后者均以夹砂陶为大宗，次为泥质红褐陶，泥质白陶很少；前者和后者的彩陶器均为泥质陶，胎基本为红褐色，所饰的彩色纹样为赭红色，彩陶纹样以条带纹和曲线纹为主（图一三一：1~11；图一二：20~26）；前者和后者均以绳纹为主，戳印纹、刻划纹、贝划纹的风格非常接近（图一三一：12~25；图一一：16~22）；前者的彩陶圈足盘腹略鼓，口微敛，尖圆唇，大圈足，圈足壁较直或微外鼓，圈足上的镂孔很小（图一三二：9；图一三一：1~6），特征与后者的 D 型盘一样（图九 A：10；图一一：18~20）；前者和后者陶釜的口沿主要为折沿（图一三二：2~8；图九 B：31），还见少量略呈盘口的（图一三二：1；图九 B：33）；前者见与后者 A 型器座和 B 型器座相似的器座（图一三二：19、20；图九 C：44、45）；前者见与后者 B 型支脚相似的支脚（图一三二：15、16；图九 B：42）。大黄沙遗址出土的遗物与咸头岭遗址第 4 段的遗物的时代应该基本同时。大黄沙遗址 T101④层出土的炭化粮食标本（ZK2513）的碳十四测年数据为距今 6255±260 年（经树轮校正）。

深圳麒麟山庄果场遗址 在此遗址采集到一件彩陶高领罐的口沿残片（图一三三：1），其饰宽的条状彩和刻划纹，与咸头岭遗址第 1 段一些器物的装饰风格一样（图一二：1~6）。这件罐的时代与咸头岭遗址第 1 段同时。

深圳盐田港东山遗址 在此遗址采集到一件白陶杯的腹部残片，其饰较复杂和细密的戳印纹（图一三三：2）与咸头岭遗址第 2 段一些白陶杯（图九 B：23）的风格基本一样。这件杯的时代与咸头岭遗址第 2 段应该同时。

---

① 深圳市博物馆等：《深圳市大黄沙沙丘遗址发掘简报》，《文物》1990 年 11 期；邓聪等：《大湾文化试论》，《南中国及邻近地区古文化研究》，中文大学出版社，1994 年。
② 叶杨：《浅析咸头岭遗址》，《深圳文博》，人民出版社，2001 年。

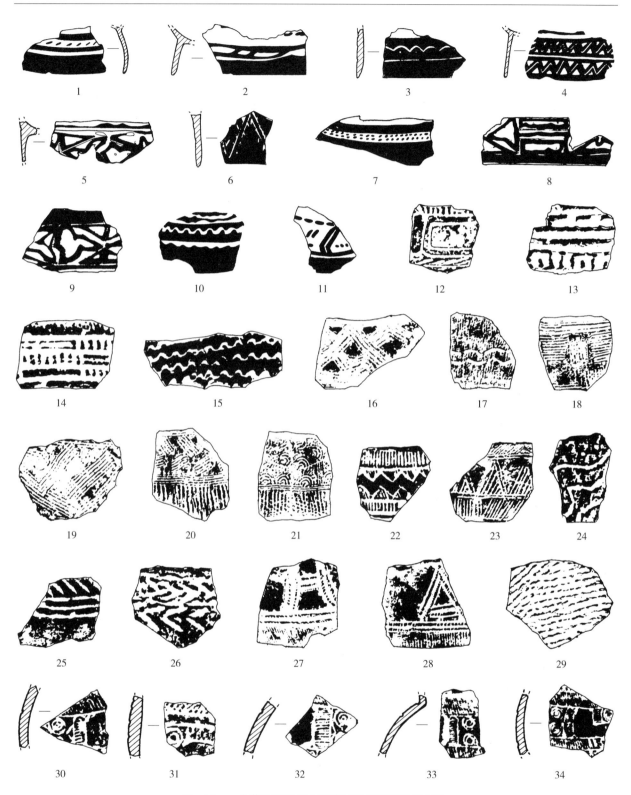

图一三一　大黄沙遗址出土彩陶纹样和陶器纹饰拓片

1~11. 彩陶圈足盘纹样（T101④：19、T202④：21、T202④：34、T101④：31、T202④：24、T202④：28、T202④：15、
T202④：32、T202④：10、T202④：18、T202④：37）　12~14. 戳印纹（T201④、T202②、T101②）　15. 贝印纹（T202②）
16~21. 贝划纹（T201②、T202②、T202②、T202②、T202④、T202④）　22~25. 刻划纹（T101①、T202④、T202④、
T201④）　26. 横人字纹（T202②）　27、28. 附加堆纹（T202④）　29. 绳纹（T202④）　30~34. 戳印圆圈纹

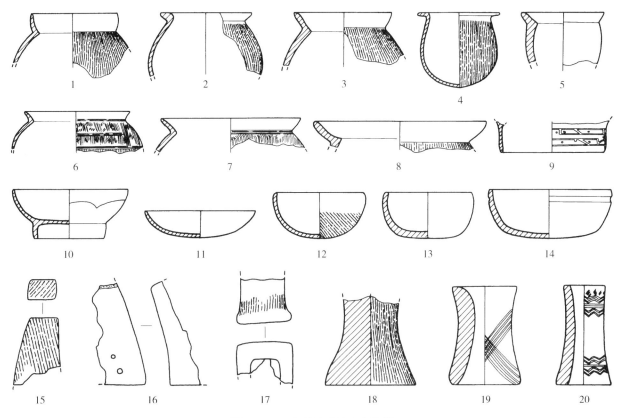

图一三二　大黄沙遗址出土陶器

1~8. 釜（T101②：6、T202④：23、T202②：11、T202⑤B：5、T201②：11、T201②：3、T201②：12、T201⑤A：7）　9. 圈足

盘（T202④：19）　10. 碗（T201②：13）　11. 盘（T101②：7）　12、13. 钵（T202②：3、T101①：8）　14. 盆（T201④：4）

15~17. 支座（T202④：15、T201④：21、T202④：22）　　18~20. 器座（T202④：14、T202②：2、T101②：9）

图一三三　麒麟山庄果场和盐田港东山遗址采集陶片　　　图一三四　小梅沙遗址出土陶器及纹饰拓片

1. 彩陶高领罐（麒麟山庄果场）　2. 白陶杯（盐田港东山）　　　1. 盘　2. 釜　3、4. 贝划纹　5. 刻划纹

　　深圳小梅沙遗址①　此遗址与咸头岭遗址相比，前者的彩陶盘（图一三四：1）的形制与后者第 4 段的 D 型盘（图九 A：10）相似，所饰彩也与后者第 4 段的一些盘上所饰彩（图一二：20~22）的风格相近；前者的釜是矮折沿（图一三四：2），与后者第 4 段出现的 B 型釜（图九 B：31）一样；前者的贝划纹（图一三四：3）与后者第 4 段出现的贝划纹（图一一：21、22）相近。小梅沙遗址的年代应该与咸头岭遗址第 4 段基本同时。

―――――――――――

① 莫稚：《深圳市考古重要发现》，《文物》1982 年 7 期；杨耀林等：《深圳市先秦遗址调查与试掘》，《深圳考古发现与研究》，文物
　　出版社，1994 年；深圳市文物管理委员会办公室等：《深圳 7000 年——深圳出土文物图录》，文物出版社，2006 年。

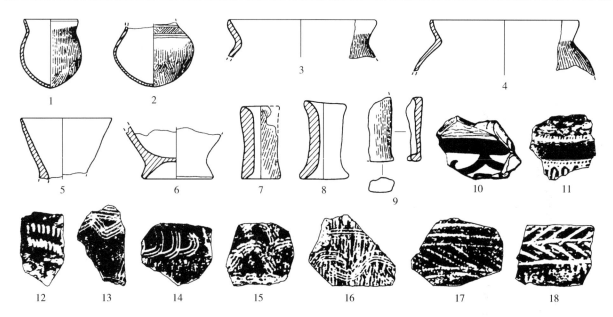

图一三五　大梅沙遗址的陶器及纹饰拓片

1~4. 釜（T109②：1、T109②：2、83LYD：04、83LYD：03）　5、6. 碗（T111②：9、T113②：3）　7、8. 器座（T111②：10、83LYD：05）　9. 支脚（T111②：11）　10. 彩陶片（83LYD：08）　11、12. 戳印纹　13~16. 贝划纹　17. 贝印纹　18. 叶脉纹

　　深圳大梅沙遗址①　此遗址经过发掘和调查，其Ⅰ区第2层的遗物为新石器时代的。除了在此遗址采集的一片彩陶片（图一三五：10）的时代可能略早，其饰有条带和曲线彩，大体与咸头岭遗址第4段同时，其余的器物与咸头岭遗址第5段的器物特征相近。大梅沙遗址与咸头岭遗址第5段相比，前者和后者的夹砂陶均占绝大多数；前者和后者均见在少量陶器上饰红陶衣；前者的一些戳印纹（图一三五：11）与后者第5段的一些戳印纹（图一三○：4~8）基本一样；前者的贝划纹（图一三五：13~16）与后者第5段的贝划纹（图一一：29；图一三○：15~23）相似；前者的贝印纹（图一三五：17）与后者第5段的贝印纹（图一一：30；图一三○：11~14）相近；前者的叶脉纹（图一三五：18）与后者第5段的叶脉纹（图一三○：28、29）基本一样；前者的釜（图一三五：1~4）均可以在后者第5段的釜（图九B：32；图一二九：1~9）中找到形制相似的；前者的碗（图一三五：5、6）与后者第5段的一些碗（图一二九：26、27）形制基本一样。大梅沙遗址Ⅰ区第2层遗物的年代基本与咸头岭遗址第5段同时。大梅沙遗址Ⅰ区第2层的木炭标本的测年为距今6895±85年（经树轮校正）②，这个数据明显偏早，应该不代表此层的实际年代。

　　东莞蚝岗遗址③　此遗址2003年的发掘简报将出土遗物分为三期。

---

① 深圳市博物馆：《广东深圳大梅沙遗址发掘简报》，《文物》1993年11期；杨耀林等：《深圳市先秦遗址调查与试掘》，《深圳考古发现与研究》，文物出版社，1994年；深圳市文物管理委员会办公室等：《深圳7000年——深圳出土文物图录》，文物出版社，2006年。

② 叶杨：《深圳新石器时代考古》，《深圳博物馆开馆十周年纪念文集》，中华书局，1998年。

③ 李子文：《广东东莞市蚝岗贝丘遗址调查》，《考古》1998年6期；珠江三角洲史前遗址调查组：《珠江三角洲史前遗址调查》，《考古学研究》（四），科学出版社，2000年；东莞市文化局等：《东莞文物图册》，中国建筑工业出版社，2005年；冯孟钦：《蚝岗遗址发掘的主要收获》，《东莞蚝岗遗址博物馆》，岭南美术出版社，2007年；广东省文物考古研究所等：《东莞市南城区蚝岗遗址初步发掘简报》，《华南考古》2，文物出版社，2008年。

蚝岗遗址一期的器物主要出于 H8，其圈足盘上所饰的刻划纹和小镂孔（图一三六：4~7）与咸头岭遗址二期第 4 段的圈足盘（图九 A：10；图一一：18~20）的特征相似，但是陶质"类似环珠江口其他遗址所见白陶"（2003 年发掘简报照片 1），而不是咸头岭遗址第 4 段圈足盘的红褐

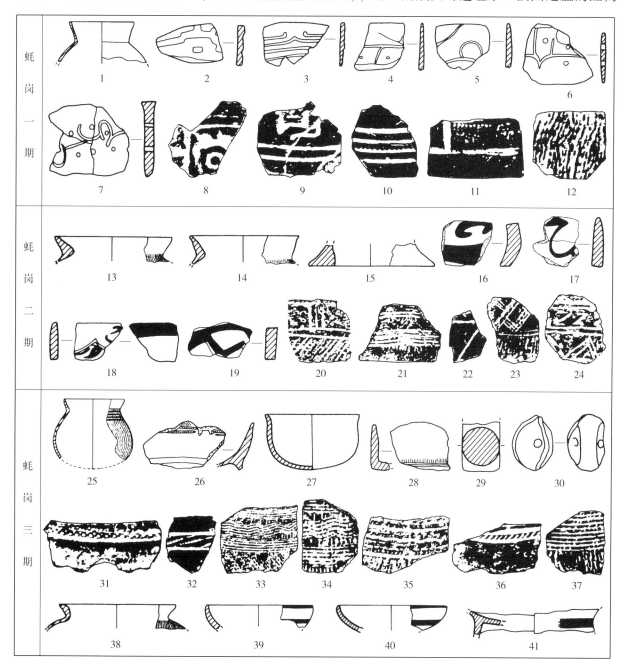

图一三六　蚝岗遗址出土陶器及纹饰拓片

1. 釜（H8：1）　2~7. 圈足盘（H8：15、H8：9、H8：21、H8：7、H8：23、H8：82）　8. 戳印纹（H8）　9、10. 刻划纹（H8）　11. 刻划纹和戳印篦点纹（H8）　12. 绳纹（H8）　13、14. 釜（G1：23、T0306⑤：36）　15. 器座（T0306⑥：160）　16~19. 圈足盘（T0306⑥：30、T0306⑥：31、T0307⑥：132、T0407⑤：80）　20、21. 贝划纹（T0406⑤、T0306⑤）　22~24. 刻划纹（T0306⑤、T0306⑥、T0306⑤）　25. 釜（T0306④：88）　26. 圈足盘（T0404④：20）　27. 盆（T0404③：34）　28. 钵（T0304④：70）　29. 支座（T0406②：11）　30. 器耳（T0306④：17）　31、32. 戳印纹（T0304、T0404）　33、34. 贝划纹（T0306）　35~37. 刻划纹（T0304）　38. 釜（SD②：1）　39~41. 圈足盘（SD②：2、SD②：3、SD②：4）

色陶；一期不见咸头岭遗址第4段出现的贝划纹，而白陶戳印纹的沟槽中有赭红彩（即有填彩），这又与咸头岭遗址一期的一些器物特点相似；一期的戳印纹比较疏朗（图一三六：2、3、8），与咸头岭遗址3、4段的戳印纹相似（图一一：12、13、16、17）；一期釜的口沿近折且较高（图一三六：1），形制介于咸头岭遗址第3段的A型釜（图九B：30）和第4段的B型釜（图九B：31）之间；一期的绳纹较细（图一三六：12），从咸头岭遗址绳纹由细向粗发展的规律来看，其比咸头岭遗址第4段的粗绳纹年代要偏早。蚝岗遗址一期的器物特征，既带有咸头岭遗址第3段的特点，也有第4段的特点，其相对年代应该在咸头岭遗址的3、4段之间。

蚝岗遗址二期的彩陶圈足盘均为泥质，胎为红褐色，所饰的彩色纹样为赭红色，先在红褐色胎上涂一层白陶衣，再在白陶衣上施彩，而彩陶纹样有条带纹和曲线纹等（2003年发掘简报照片2；图一三六：16~19），这与咸头岭遗址第4段的彩陶圈足盘的特征一致（图一二：20~26）；二期的釜的口沿为矮折沿（图一三六：13、14），形制与咸头岭遗址的B型釜接近（图九B：31、32）；二期圈足上的镂孔很小（2003年发掘简报照片2），这与咸头岭遗址第4段圈足器上的镂孔（图九A：10；图一二：20~22、26）一样；二期的器座（图一三六：15），形制与咸头岭遗址第4段的B型器座相似（图九C：45）；二期还出现了贝划纹、粗绳纹，其相对年代应该晚于咸头岭遗址第3段。蚝岗遗址二期应该与咸头岭遗址第4段基本同时。

蚝岗遗址三期出土遗物的总体特征与咸头岭遗址第5段的遗物特征相似，前者的戳印纹、贝划（印）纹、刻划纹（图一三六：25、26、31~37）与后者的一些同类纹饰（图一一：25~30；图一三〇：1~23、25、26）相似；前者的陶釜为矮折沿（图一三六：25），与后者的B型釜相似（图九B：32）；前者的陶盆（图一三六：27）与后者的一些陶盆的形制一样（图一二九：15）；前者的陶钵（图一三六：28）与后者的一些钵的形制相似（图一二九：13）；前者的器耳（图一三六：30）与后者的一些器耳的形制基本一样（图一二九：31、32）。蚝岗遗址三期应该与咸头岭遗址第5段基本同时。

蚝岗遗址的二期和三期用蚝壳和含贝壳的土共做过6个碳十四测年数据，最早的一个数据所用标本为二期T0406⑤层的蚝壳，年代为距今3880±100年（树轮校正为距今4255±150年），最晚的一个数据所用标本为三期T0304③层的蚝壳，年代为距今2880±90年（树轮校正为距今3010±120年）。简报已经说明"测年数据与考古类型学所做的年代推测相比要偏晚，原因未明，或者是因为环境受污染所致"。

蚝岗遗址1990年调查的遗物也与咸头岭遗址第5段的遗物基本同时。前者和后者泥质陶的陶胎都见红褐色；前者的泥质彩陶器的彩色纹样为赭红色，都是简单的条带纹（图一三六：39~41），这与后者的彩陶器所饰彩色纹样的特点一样（图一二：27~29；图一一〇：12~14；图一二九：12、22）；前者的泥质圈足盘的形制（图一三六：39~41）和后者的一些器物的形制（图一一〇：11~14；图一二九：23）基本一样。

东莞万福庵遗址① 此遗址经过调查和发掘，属于新石器时代的文化层只有一层（第2层）。

---

① 广东省博物馆等：《广东省东莞市三处贝丘遗址调查》，《考古》1991年3期；珠江三角洲史前遗址调查组：《珠江三角洲史前遗址调查》，《考古学研究》（四），科学出版社，2000年；广东省文物考古研究所：《东莞市万福庵贝丘遗址考古调查报告》，《广东文物》2003年1期；莫稚等：《广东珠江三角洲贝丘遗址》，《南粤考古文集》，文物出版社，2003年；东莞市文化局等：《东莞文物图册》，中国建筑工业出版社，2005年。

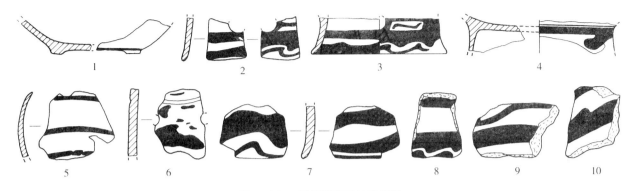

图一三七　万福庵遗址的彩陶器

1~7. 圈足盘（采：6、采：3、采：2、采：4、采：1、采：5、万福庵）　8~10. 陶片

万福庵遗址与咸头岭遗址比较，其陶器与咸头岭遗址第 3 段的陶器特征基本一样，前者和后者的陶釜均饰细绳纹；前者和后者的彩陶器为泥质米黄（黄白）陶[1]，饰赭红色彩，彩陶纹样有较粗的条带纹、曲线纹、折线纹等，风格多比较粗犷（图一三七：1~10；图一二：14~19）；前者和后者的彩陶圈足器的圈足都外撇（图一三七：2~4；图九 A：3、9、13、15），且镂孔多见较大的镂孔（图一三七：2、3、6；图九 A：9、15、20；图一二：16）。万福庵遗址与咸头岭遗址第 3 段的年代应该大体同时。万福庵遗址虽然不见咸头岭遗址第 4 段的典型器物，但是泥质彩陶器上一般涂有白色的陶衣，已经出现了一些咸头岭遗址第 4 段彩陶圈足盘的装饰特点，那么万福庵遗址的年代可能在咸头岭遗址第 3 段偏晚的阶段。

珠海后沙湾遗址[2]　简报根据地层和出土遗物的变化把此遗址划分为两期，其中第二期遗物的年代已经到了夏至早商时期[3]，这里只讨论第一期（遗址第⑥层）的遗物的年代。后沙湾遗址第一期与咸头岭遗址相比，前者的绳纹有粗有细，而后者第一期的绳纹都是细绳纹，第二期（4 段）的绳纹基本是粗绳纹；前者不见后者第 4 段出现的贝划纹；泥质陶前者以米黄色（黄白色）为大宗，还有少量的红褐陶和白陶，而后者的第 3 段以黄白色为大宗，不见红褐陶，第 4 段以红褐陶为大宗，罕见白陶；前者和后者的彩陶器均施赭红色彩，但是前者只有部分彩陶先涂白陶衣，而后者的第 3 段不见白陶衣，第 4 段则基本涂有白陶衣；前者的彩陶纹样主要是条带纹和曲线纹（图一三八：2~9），偶见点状纹，这与后者的第 3 段和第 4 段的彩陶纹样相似（图一二：14~26）；前者圈足器上的镂孔多为小镂孔（图一三八：3~7），与后者第 4 段圈足器上的镂孔相近（图九 A：10；图一二：20~22、26），但也有后者第 3 段所见的"8"字形大镂孔[4]；前者的彩陶圈足盘（图一三八：2~7）与后者第 4 段 D 型盘（图九 A：10）以及与后者第 4 段基本同时的大黄沙遗址圈足盘（图一三二：9）的形制相似；前者的白陶敛口圈足盘（图一三八：1）与后者一期的 B 型盘（图九 A：4~6）的形制有相似之处，似有演变关系；前者的高领罐（图一三八：8、

---

①　东莞市文化局等：《东莞文物图册》页 15 照②，中国建筑工业出版社，2005 年。

②　广东省博物馆等：《珠海市淇澳岛古文化遗址调查》，《广东省博物馆馆刊》1988 年 1 期；广东省博物馆等：《广东珠海市淇澳岛沙丘遗址调查》，《考古》1990 年 6 期；李子文：《淇澳岛后沙湾遗址发掘》，《珠海考古发现与研究》，广东人民出版社，1991 年。

③　李海荣等：《深圳屋背岭商时期墓葬群与环珠江口地区商时期遗址的分期》，《深圳文博论丛》，中华书局，2004 年。

④　广东省文物局等：《东莞蚝岗遗址博物馆》页 124 上图，岭南美术出版社，2007 年。

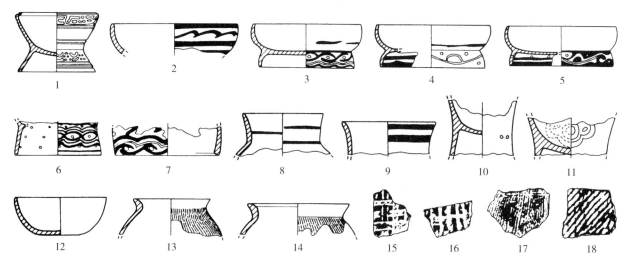

图一三八　后沙湾遗址出土陶器及纹饰拓片

1~7. 盘（T2⑥：5、T2⑥：54、T2⑥：6、T2⑥：7、T2⑥：34、T2⑥：9、T2⑥：20）　8、9. 罐（T2⑥：8、T2⑥：23）

10、11. 杯（T2⑥：1、T2⑥：2）　12. 钵（T2⑥：21）　13、14. 釜（T2⑥：39、T2⑥：40）　　15、16. 编织纹　17. 绳

纹　18. 刻划条纹（15~18 为第⑥层出土）

9）与后者一期的 A 型罐（图九 A：16、18、20）的形制相似；前者的杯（图一三八：10、11）
与后者第 3 段的 AⅢ式杯（图九 B：24），形制既有相似之处，也有不同，应有演变关系；前者的
钵（图一三八：12）形制与大黄沙遗址的一些钵（图一三二：12、13）相似。后沙湾遗址第一期
的器物特征既有咸头岭遗址第 3 段的特点，也有第 4 段的特点，其相对年代应该在咸头岭遗址的
3、4 段之间。后沙湾遗址第 6 层做过一个陶片热释光的测年，为距今 4828±483 年，这个数据与考
古类型学比较所做的年代推断明显偏晚。

　　珠海草堂湾遗址①　简报把此遗址分为两期，其中第二期遗物的年代已经到了早商时期②，这
里只讨论第一期（遗址第⑤、⑥层）的遗物的年代。草堂湾遗址和咸头岭遗址相比，前者和后者
第 5 段的夹砂陶均占 90%以上，泥质陶很少；前者的贝划纹（图一三九：15、16）与后者第 5 段
的贝划纹（图一一：29；图一三〇：15~23）相似；前者的刻划纹（图一三九：18、19）与后者
第 5 段的刻划纹（图一一：28；图一一〇：5、8）相似；前者的陶釜（图一三九：1~4）与后者
第 5 段的 B 型釜（图九 B：32）的形制基本一样；前者的圈足盘敞口、盘部比较浅（图一三九：5~
8），形制与后者第 5 段的圈足盘（图一二九：23）近似，而与后者第 4 段的 D 型盘（图九 A：
10）似有演变关系。草堂湾第一期的年代大体和咸头岭遗址第 5 段相去不远。

　　珠海棠下环遗址③　此遗址出土有新石器时代和商时期的遗物，这里只讨论新石器时代遗物
的年代。棠下环遗址与咸头岭遗址相比，出土的新石器时代的遗物有一些较早的因素，如夹砂陶
的绳纹多较细密。但是其出土的一件彩陶圈足盘（图一四〇：1），尖唇、敞口、浅盘，形制与草

①　梁振兴等：《三灶岛草堂湾遗址发掘》，《珠海考古发现与研究》，广东人民出版社，1991 年；珠江三角洲史前遗址调查组：《珠江
　　三角洲史前遗址调查》，《考古学研究》（四），科学出版社，2000 年。

②　李海荣等：《深圳屋背岭商时期墓葬群与环珠江口地区商时期遗址的分期》，《深圳文博论丛》，中华书局，2004 年。

③　广东省文物考古研究所等：《珠海平沙棠下环遗址发掘简报》，《文物》1998 年 7 期。

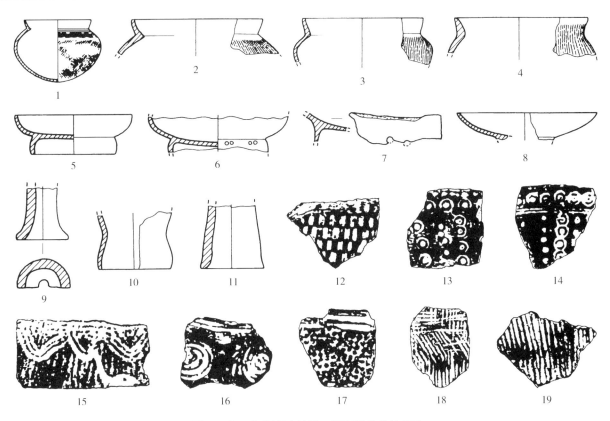

图一三九　草堂湾遗址第一期陶器及纹饰拓片

1~4. 釜（T2⑥：2、T2⑥：3、T3⑥：5、T3⑤：9）　5~8. 盘（T2⑥：1、T3⑤：2、T3⑥：13、T3⑥：1）　9~11. 器座
（T2⑤：1、T3⑤：2、T2⑤：2）　12. 编织纹　13、14. 戳印纹　15、16. 贝划纹　17. 凸点纹　18、19. 刻划条纹

堂湾遗址第一期的一件圈足盘（图一三九：8）一样；此彩陶盘为泥质橙红（红褐）陶，盘外壁施条带状红褐（赭红）彩，这种简约的施彩风格又与咸头岭遗址第5段的彩陶（图一二：27~29）风格一样。棠下环遗址出土的厚体、壁直的饼形器（图一四〇：2、3），与咸头岭遗址3~5段的B型饼形器（图一〇A：10~12）的形制一样。棠下环遗址发表的新石器时代的遗物很少，不太好判断准确的年代，这里暂把其年代定为与咸头岭遗址第5段大体同时。

　　中山龙穴遗址[①]　此遗址经过多次的调查、试掘和发掘，出土的遗物有新石器时代和夏商时期的，这里只讨论新石器时代遗物的年代。龙穴遗址与咸头岭遗址相比，前者的泥质陶以红褐色为主，也有少量米黄色（黄白色）和白陶，后者的泥质陶一期的主要为黄白色，有少量白陶而不见红褐色，第4段

图一四〇　棠下环遗址出土陶、石器

1. 彩陶圈足盘（ⅡT14⑤：123）　2、3. 石饼形器
（ⅡT25④：14、ⅡT13④a：16）

---

① 中山市博物馆编：《中山历史文物图集》，香港大公报印，1991年；杨式挺等：《从中山龙穴及白水井发现的彩陶谈起》，《南中国及邻近地区古文化研究》，中文大学出版社，1994年；李子文：《龙穴沙丘遗址发掘及相关问题的考察》，《广州文物考古集》，文物出版社，1998年；珠江三角洲史前遗址调查组：《珠江三角洲史前遗址调查》，《考古学研究》（四），科学出版社，2000年；广东省中山市博物馆等：《2004年广东中山龙穴遗址发掘简报》，《四川文物》2005年4期。

大多为红褐色，见少量白陶；前者的彩陶纹样粗犷与简约兼有（图一四一：11、12、20~22、29~39），多与后者3、4段（图一二：14~26）的彩陶纹样相似，也与后者第4段基本同时的大黄沙遗址的彩陶纹样（图一三一：1~11）相似；前者的绳纹有粗有细，而后者一期的绳纹都是细绳纹，第4段的绳纹都是粗绳纹；前者白陶器上的戳印纹比较疏朗（图一四一：15~19），与后者3、4段白陶器上的戳印纹（图九A：6；图一一：12、13、16、17）的风格相似；前者的刻划纹（图一四一：10、14、40~45）多与后者第4段的刻划纹（图一一：18~20）相似；前者圈足器上的小镂孔（图一四一：10~12、14、29、30、33、40~43）与后者第4段圈足器上的镂孔（图九A：10；图一一：18~20）的特点一样；前者的卷沿釜（图一四一：5、6）与后者一期的A型釜（图九B：28~30）的特征近似，前者略呈盘口的釜（图一四一：1、2）与后者第4段的C型釜（图九B：33）的特征相似，前者折沿近平的釜（图一四一：3、4）则与大黄沙遗址的一些釜（图一三二：2、4）的特征一样；前者的高领罐（图一四一：7）与后者一期的A型罐（图九A：16、18、20）的特征相似；前者的大圈足盘（图一四一：10~14）与后者第4段的D型盘（图九A：10）的形制接近；前者的白陶敛口圈足盘（图一四一：15~18）与后者第3段的BⅢ式盘（图九A：6）的形制相似，也与大体介于后者3、4段之间的后沙湾遗址的白陶盘（图一三八：1）接近；前者的敞口豆（图一四一：20、21）与后者第3段的AⅠ式豆（图九A：13）有相似之处，只是前者的腹部比较深，似与后者有演变关系；前者口微敛的豆（图一四一：22）与后者第4段的AⅡ式豆（图九A：14）近似。从上述分析，龙穴遗址遗物的特征多与咸头岭遗址第4段的遗物的特征相似，但也有不少的特征与咸头岭遗址第3段的遗物的特征近似。另外，从发表的材料看，龙穴遗址不见贝划纹，而贝划纹的出现是咸头岭遗址第4段的一个重要特征。所以龙穴遗址的年代似略早于咸头岭遗址第4段，介于咸头岭遗址3、4段之间。

中山白水井遗址① 此遗址经过试掘，新石器时代的文化层仅有一层。白水井遗址与咸头岭遗址相比，前者的泥质陶有白陶、红褐陶和灰白陶，而后者的第3段大都是白陶或黄白陶，第4段则基本是红褐色陶；前者粗、细绳纹兼有，而后者一期的绳纹基本为细绳纹，第4段基本是粗绳纹；前者不见贝划纹，后者一期没有贝划纹，第4段开始有贝划纹；前者的灰白胎（黄白胎）彩陶不见施白陶衣，与后者一期的黄白胎彩陶一样，前者红褐色胎的彩陶有施白陶衣再绘彩的，与后者第4段红褐色胎的彩陶风格一样；前者的彩陶纹样（图一四二：1~24）与后者3、4段的彩陶纹样（图一二：14~26）的风格相似；前者圈足器上较大的镂孔（图一四二：4、5）与后者第3段的镂孔（图九A：9、15、20；图一二：14、16、17）一样，小镂孔（图一四二：3、7、25）则与后者第4段的镂孔（图九A：10；图一二：20~22、26）一样，而大镂孔是后者第3段的一个明显特征，到了第4段则均为小镂孔；前者的刻划纹（图一四二：25、26）与后者第4段的刻划纹（图一一：19）相似，也与介于咸头岭遗址3、4段之间的龙穴遗址的刻划纹（图一四一：40~43）相似；据介绍，前者的釜（罐）的口沿有敞口微卷、侈口短颈、近盘口、直口高颈等几种，敞口微卷的应该与后者一期的A型釜（图九B：28~30）相似，侈口短颈的与后者第4段的B型釜（图九B：31）近似，近盘口的与后者第4段的C型釜（图九B：33）一样，而直口高颈的

① 杨式挺等：《从中山龙穴及白水井发现的彩陶谈起》，《南中国及邻近地区古文化研究》，中文大学出版社，1994年；杨式挺：《"大湾文化"初议——珠江三角洲考古学文化命名探讨》，《南方文物》1997年2期。

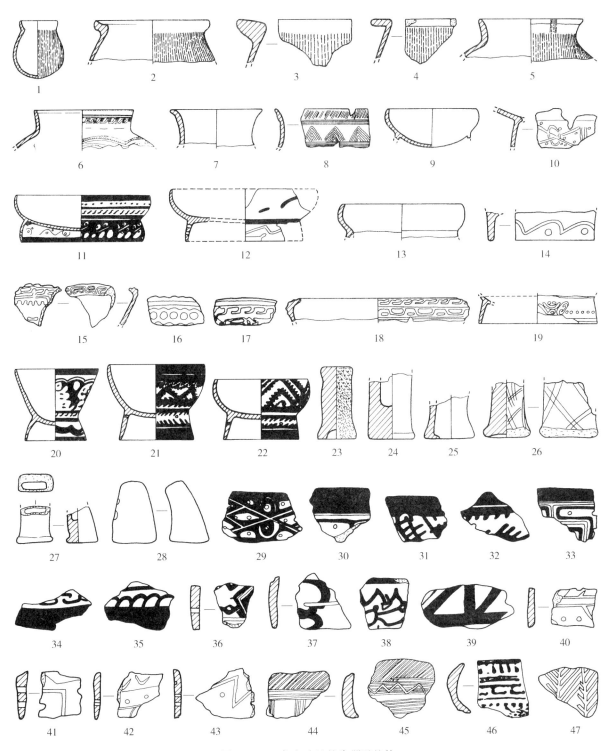

图一四一　龙穴遗址的陶器及纹饰

1. 釜　2~5. 釜（04T14②：14、04T13②：26、04T13②：25、04T14②：11）　6. 釜　7、8. 罐（04ZLD：13、04T12②：16）　9、10. 盘（04T12②：6、04T12②：14）　11. 盘　12~14. 盘（90T3③、04T12②：10、04T12②：15）　15、16. 白陶盘（90T3③）　17~19. 白陶盘　20. 豆　21、22. 豆（90T3③：2、90T3③：1）　23. 器座　24~26. 器座（04Z1：1、04T16②：9、04T14②：12）　27. 支脚（04Z1：11）　28. 支脚　29~39. 彩陶片　40~43. 刻划纹　44、45. 刻划纹（90T3③）　46. 戳印纹　47. 叶脉纹（90T3③）

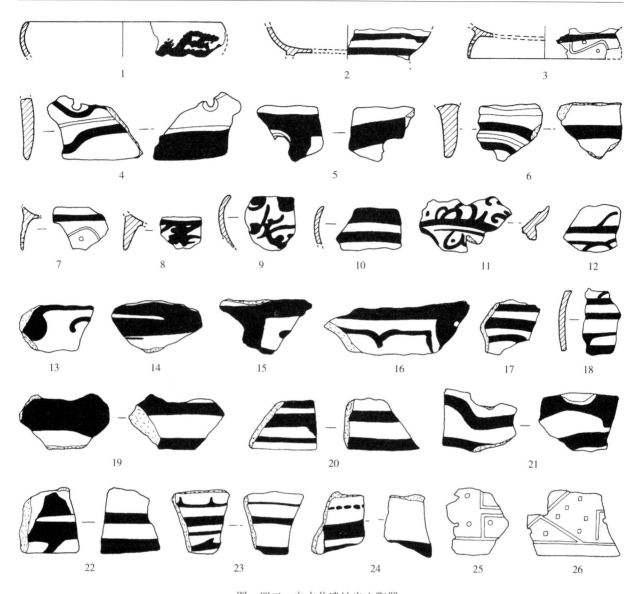

图一四二　白水井遗址出土陶器

1~3. 盘　4~24. 彩陶片　25、26. 刻划纹陶片

应该与介于咸头岭遗址 3、4 段之间龙穴遗址的罐（图一四一：7、8）相似；前者的彩陶盘（图一四二：1~3）的形制与后者第 4 段的 D 型盘（图九 A：10）近似，与介于咸头岭遗址 3、4 段之间的后沙湾遗址的一些盘（图一三八：3~5）一样；前者复原的一件碗（豆）[①] 与介于咸头岭遗址 3、4 段之间的龙穴遗址的一件豆（图一四一：20）的形制基本一样。白水井遗址的遗物的特征既有与咸头岭遗址第 4 段的遗物的特征相似的，也有与咸头岭遗址第 3 段的遗物的特征近似的，故此遗址的年代似略早于咸头岭遗址第 4 段，介于咸头岭遗址 3、4 段之间。白水井遗址有 3 个测年数据，一个木炭标本碳十四测年数据为距今 4820±130 年（树轮校正为距今 5400±160 年[②]），另有两个陶片做了热释光测年，为距今 5500±550 年和距今 5340±550 年。这几个测年数据与考古类型

---

① 杨式挺：《“大湾文化”初议——珠江三角洲考古学文化命名探讨》图八：1，《南方文物》1997 年 2 期。

② 介绍白水井遗址的文章中没有说明测试此数据的半衰期是多少年，这里所做树轮校正数据半衰期用的是 5730 年。

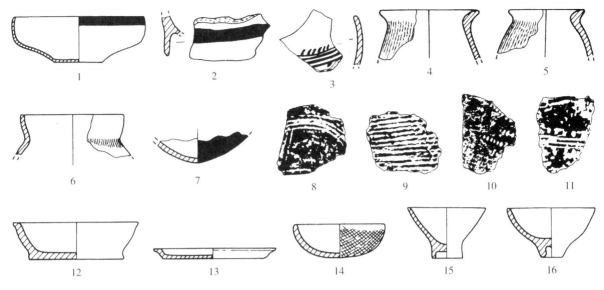

图一四三 金兰寺遗址出土陶器及纹饰拓片

1~3. 彩陶器 4~7. 釜 8. 刻划纹 9. 条纹 10. 戳印纹 11. 戳印纹和划纹 12、13. 盘（增金T5C、增金T5B）
14. 钵（增金T1） 15、16. 豆（增金T1、增金T5C）

学比较所做的年代推测相比要偏晚。

增城金兰寺遗址① 此遗址的发掘简报把地层分为三个文化层，第二、三文化层出土遗物的年代比较晚，这里仅讨论第一文化层出土遗物的年代。金兰寺遗址与咸头岭遗址相比，前者的彩陶纹样主要为简单的条带纹（图一四三：1~3），与后者第5段的彩陶纹样（图一二：27~29；图一一〇：12~14；图一二九：12、22）相似；前者和后者第5段（图一一〇：1~3）都见在素面陶器器壁上涂赭红色陶衣的现象；前者的圆点状戳印纹（图一四三：10、11）与后者第5段的贝印纹（图一一：30）近似；前者的釜为矮折沿、圜底（图一四三：4~6），与后者第5段的一些釜的形制基本一样（图九B：32；图一二九：2、3、5）；前者的一件盘（图一四三：12）与后者第5段的一些盘、盆的形制有相近之处（图一二九：16、19）；前者的钵（图一四三：14）与后者第5段的一些钵的形制相似（图一二九：14）；前者的碗（图一四三：15、16）与后者第5段的一些碗的形制近似（图一二九：26、27）。金兰寺遗址的年代应该与咸头岭遗址第5段的年代相去不远。

肇庆蚬壳洲遗址② 此遗址1986年和1987年经过两次发掘，发掘区域不相连，出土陶器的特征也略有差别。可以把两次发掘的出土遗物分为两组，第一组为1986年发掘的遗物（图一四四：1~9），第二组为1987年发掘的遗物（图一四四：10~20）。

① 莫稚：《广东考古调查发掘的新收获》，《考古》1961年12期；莫稚等：《广东珠江三角洲贝丘遗址》，《南粤考古文集》，文物出版社，2003年。

② 陈小鸿：《高要广利贝丘遗址又有重要发现》，《广东省博物馆馆刊》1988年1期；广东省博物馆等：《广东高要县蚬壳洲发现新石器时代贝丘遗址》，《考古》1990年6期；广东省博物馆：《高要县龙一乡蚬壳洲贝丘遗址》，《文物》1991年11期；珠江三角洲史前遗址调查组：《珠江三角洲史前遗址调查》，《考古学研究》（四），科学出版社，2000年。蚬壳洲遗址的行政区划原属高要县广利镇龙一乡，现属肇庆市鼎湖区广利镇。

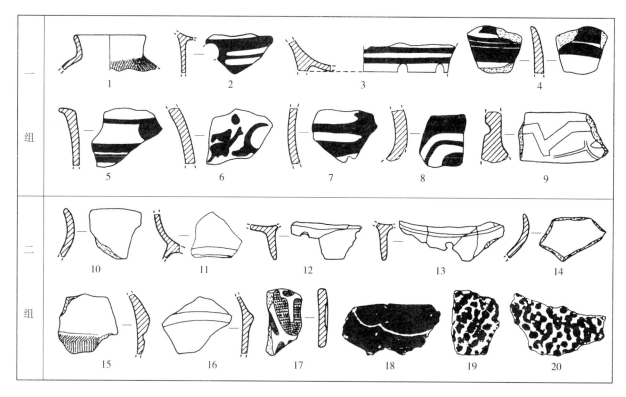

图一四四　蚬壳洲遗址的陶器及纹饰拓片

1. 釜（T1③：10）　　2、3. 圈足盘（采：1、T1③：2）　　4~8. 彩陶片（T1③：3、T1③：1、T1③：6、T1③：8、T1③：4）

9. 圈足（T1③：5）　　10. 釜（T23④A：2）　　11~13. 圈足盘（T31⑤：2、T23⑤：3、T31⑤：3）　　14~17. 陶片（T32④B：

2、T32④B：3、T32④B：8、T32④B：4）　　18. 刻划纹（4B层）　　19、20. 凸点纹（4A层、4B层）

　　蚬壳洲遗址第一组与咸头岭遗址比较，其陶器与咸头岭遗址第 3 段的陶器的特征基本相同，前者和后者的陶釜均饰细绳纹（图一四四：1；图九 B：30）；前者和后者的彩陶器为泥质黄白陶，饰赭红色彩，彩陶纹样有较粗的条带纹、曲线纹、点状纹等，风格多比较粗放（图一四四：2~8；图一二：14~19）；前者和后者的彩陶圈足器的圈足外撇（图一四四：3；图九 A：3、9、15），且镂孔多为较大的镂孔（图一四四：2、3；图九 A：9、15、20；图一二：14、16、17）。蚬壳洲遗址第一组与咸头岭遗址第 3 段的年代大体同时。

　　蚬壳洲遗址第二组与咸头岭遗址比较，前者的绳纹有粗有细，而后者第一期的绳纹都是细绳纹，第二期第 4 段的绳纹基本是粗绳纹；前者的戳印纹（图一四四：17）与后者 3、4 段所见的一些戳印纹（图一一：12、13、16、17）的风格相似，都比较疏朗；前者的凸点纹（图一四四：19、20）与后者一期 2、3 段所见的凸点纹（图一一：9、10、14）一样；前者的刻划纹（图一四四：18）与后者第 4 段的一些刻划纹（图一一：18）相似；前者不见后者第 4 段出现的贝划纹；前者的泥质彩陶器的胎为红褐色，施白陶衣，饰赭红色彩，这与后者第 4 段的彩陶相似；前者的陶釜是卷沿的（图一四四：10），不同于后者第 4 段的折沿或近盘口（图九 B：31、33），而与后者第一期的陶釜（图九 B：28~30）近似；前者的圈足盘（图一四四：11~13）与后者第 4 段的圈足盘（图九 A：10）的形制近似。蚬壳洲遗址第二组的器物特征，既带有咸头岭遗址第 3 段的特点，也有第 4 段的特点，其相对年代在咸头岭遗址的 3、4 段之间。

蚬壳洲遗址1986年的发掘，对M3的人骨做了碳十四测年，其年代为距今5130±100年（经树轮校正）。这个数据与考古类型学比较所做的年代推测相比要明显偏晚。

澳门黑沙遗址① 此遗址出土的先秦时期遗物的年代并不一致，晚的可能到了新石器时代晚期②，这里仅讨论以彩陶为代表的遗物的年代。黑沙遗址与咸头岭遗址相比，前者的彩陶纹样（图一四五：2~7）与后者第4段的彩陶纹样（图一二：20~26）相似；前者圈足盘上所饰的小镂孔（图一四五：1、5~8）与后者第4段圈足器上的小镂孔（图九A：10；图一一：18~20）一样；前者的戳印圆圈纹（图一四五：9）与和后者第4段同时的大黄沙遗址所见的戳印圆圈纹（图一三一：30~34）一样；前者的彩陶圈足盘（图一四五：1）的形制与后者第4段的D型盘（图九A：10）相近。黑沙遗址以彩陶为代表的遗物的年代应该与咸头岭遗址第4段基本同时。此遗址最早的碳十四测年数据超过距今6000年，校正值为距今6795±205年、距今6350±135年③。

香港深湾村东谷遗址④ 此遗址先秦时期的遗物的年代不一致，晚的已经到了商时期，这里仅讨论以彩陶为代表的器物的年代。深湾村东谷遗址与咸头岭遗址相比，前者的彩陶纹样（图一四六）与后者第3段的彩陶纹样（图一二：14~19）比较接近，所饰的大镂孔也与后者第3段圈足器上的大镂孔（图九A：9、15、20；图一二：14、16、17）一样。深湾村东谷遗址彩陶的年代应该与咸头岭

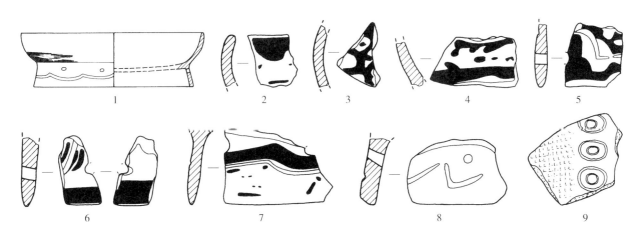

图一四五　黑沙遗址出土陶器
1~8. 彩陶圈足盘　9. 戳印纹陶片

① W. Kelly, Excavation At Hac Sa, *Journal of the Hong Kong Archaeological Society*, Volume Ⅳ, 1973；William Meacham, Hac Sa Wan, Macau, *Journal of the Hong Kong Archaeological Society*, Volume Ⅶ, 1976-1978；William Meacham, Hac Sa Wan, Macau, Phase Ⅲ, *Journal of the Hong Kong Archaeological Society*, Volume Ⅺ, 1984-1985；深圳博物馆等：《环珠江口史前文物图录》，中文大学出版社，1991年；邓聪等：《大湾文化试论》，《南中国及邻近地区古文化研究》，中文大学出版社，1994年；邓聪等：《澳门黑沙》，中文大学出版社，1996年。黑沙遗址"多误称为黑沙湾遗址"（商志䪛：《香港地区新石器时代文化分期及与珠江三角地带的关系》注释37，《香港考古论集》，文物出版社，2000年）。
② 黑沙遗址1995年的发掘，L1的木炭样品碳十四测年数据为距今4190±210年（邓聪等：《澳门黑沙》，中文大学出版社，1996年），树轮校正为距今4640±200年。
③ 李松生：《试论咸头岭文化》，《深圳考古发现与研究》，文物出版社，1994年。
④ William Meacham, Archaeological Investigations on Chek Lap Kok Island, *Journal Monograph Ⅳ*, Hong Kong Archaeological Society, 1994；邓聪等：《大湾文化试论》，《南中国及邻近地区古文化研究》，中文大学出版社，1994年。

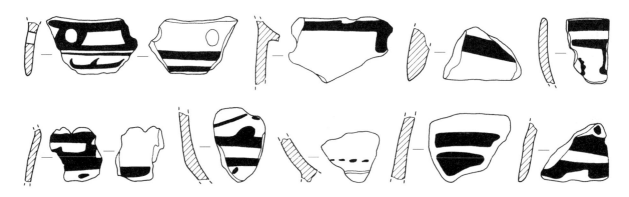

图一四六   深湾村东谷遗址出土彩陶片

遗址第 3 段相去不远。此遗址有一个陶片内炭屑的碳十四测年数据，校正后为 5035~4405 BC①。

香港春坎湾遗址②   此遗址出土物的地层叠压关系不太明确，出土遗物的年代不单一，这里仅讨论彩陶的年代。春坎湾遗址与咸头岭遗址相比，前者的彩陶纹样（图一四七：2~4、6~18）与后者第 3 段和第 4 段的彩陶纹样（图一二：14~26）相近；前者圈足盘上所饰的小镂孔（图一四七：4、5、10~13、15、17、19~24）与后者第 4 段圈足器上的小镂孔（图九 A：10；图一一：18~20）一样；前者的杯（图一四七：1）与后者第 3 段的 AⅢ式杯（图九 B：24）的形制有相近之处，但似有演变关系；前者的折腹盘（图一四七：2、3）与后者第 3 段的 CⅢ式盘（图九 A：9）的形制相似；前者的腹略鼓、口微敛、尖圆唇、大圈足、圈足壁较直或微外鼓、盘底部略外鼓或近平的盘（图一四七：4~7），与后者第 4 段的 D 型盘（图九 A：10）相似。春坎湾遗址的彩陶器，既带有咸头岭遗址第 3 段的特点，也有第 4 段的特点，这里暂把其相对年代放在咸头岭遗址的 3、4 段之间。春坎湾遗址有两个碳十四测年数据，校正后分别为 4535~3930 BC 和 3640~2920 BC③，后一个数据与考古类型学比较所做的年代推测相比要明显偏晚。

香港长沙栏遗址④   此遗址出土遗物的年代不一致，最晚的遗物可能已经到了春秋时期，这里只讨论 T1L4 层和 T4L4 层出土的以泥质白陶、红褐陶以及夹砂细绳纹陶为代表的遗物的年代。长沙栏遗址与咸头岭遗址相比，前者的戳印圆圈纹（图一四八：3~9）与和后者第 4 段同时的大黄沙遗址的戳印圆圈纹（图一三一：30~34）相似；前者器物上所饰的小镂孔（图一四八：11、12）与后者第 4 段圈足器上的小镂孔（图九 A：10；图一一：18~20）一样。长沙栏遗址 T1L4 层和 T4L4 层遗物的年代应该与咸头岭遗址第 4 段基本同时。

① 商志𩽾：《香港地区新石器时代文化分期及与珠江三角洲地带的关系》附表二，《香港考古论集》，文物出版社，2000 年。

② Chung Hom Wan Excavation, *Journal of the Hong Kong Archaeological Society*, Volume Ⅱ, 1970; Sarah Tomlin, Chung Hom Kok, *Journal of the Hong Kong Archaeological Society*, Volume Ⅲ, 1972; S. M. Bard, Chung Hom Kok, *Journal of the Hong Kong Archaeological Society*, Volume Ⅵ, 1975；邓聪：《香港考古之旅》，香港区域市政局出版，1991 年；邓聪等：《大湾文化试论》，《南中国及邻近地区古文化研究》，中文大学出版社，1994 年。春坎湾（Chung Hom Wan）又称春坎角（Chung Hom Kok）（见商志𩽾：《香港地区新石器时代文化分期及与珠江三角洲地带的关系》注释 23，《香港考古论集》，文物出版社，2000 年）。

③ 商志𩽾：《香港地区新石器时代文化分期及与珠江三角洲地带的关系》附表一，《香港考古论集》，文物出版社，2000 年。

④ 区家发：《大屿山长沙栏考古调查试掘报告》，《粤港考古与发现》，三联书店（香港）有限公司，2004 年。

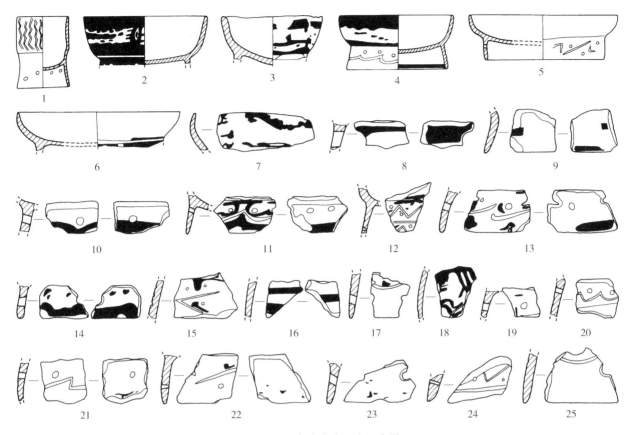

图一四七　春坎湾遗址出土陶器

1. 杯　2~25. 盘

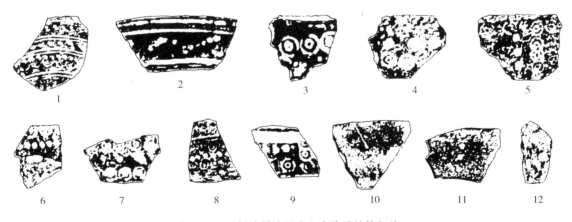

图一四八　长沙栏遗址出土白陶片纹饰拓片

1. 戳印纹（T1L1：17）　　2~9. 戳印纹（T1L4）　　10. 刻划纹（T1L4）　　11、12. 镂孔（T4L4）

　　香港蟹地湾遗址[①]　　此遗址的彩陶纹样（图一四九：1~3）与咸头岭遗址第 4 段的彩陶纹样（图一二：20~26）相似，圈足上所饰的小镂孔（图一四九：1、3）也与咸头岭遗址第 4 段圈足器上的小镂孔（图九 A：10；图一一：18~20）一样。蟹地湾遗址的年代应该与咸头岭遗址第 4 段

① Bernard Williams, Hai Dei Wan, *Journal of the Hong Kong Archaeological Society*, Volume Ⅷ, 1979；邓聪等：《大湾文化试论》，《南中国及邻近地区古文化研究》，中文大学出版社，1994 年。

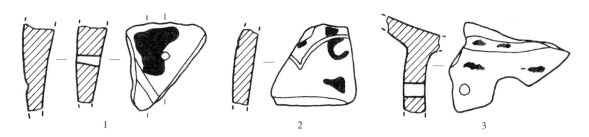

图一四九　蟹地湾遗址出土陶器

1、2. 彩陶片　3. 盘

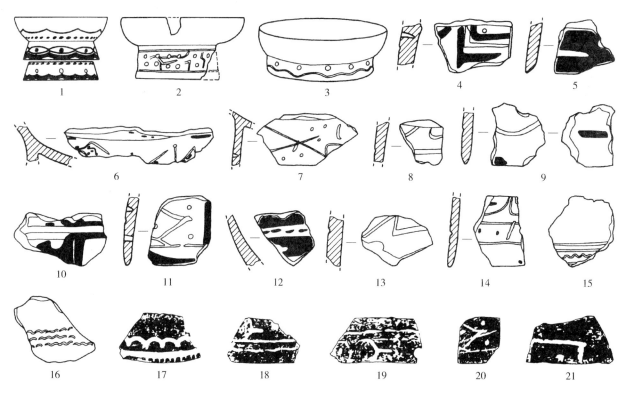

图一五〇　大湾遗址出土陶器及纹饰拓片

1~14. 盘　15~17. 戳印纹　18~21. 刻划纹

基本同时。此遗址有一个碳十四测年数据，校正后为 4221~3700 BC[①]。

　　香港大湾遗址[②]　此遗址先秦时期遗物的年代不一致，晚的已经到了商周时期，这里只讨论新石器时代遗物的年代。大湾遗址与咸头岭遗址相比，前者盘的圈足上所饰的刻划纹（图一五〇：2、

① William Meacham, A More Precise Chronology for Hong Kong's Prehistory Based on the C-14 Dates from Chek Lap Kok, Yung Long and Other Recently Excavated Sites, Archaeological Investigations on Chek Lap Kok Island, *Journal Monograph Ⅳ*, Hong Kong Archaeological Society；William Meacham, On the Dating of Painted Pottery in Hong Kong,《南中国及邻近地区古文化研究》，中文大学出版社，1994 年。

② Finn, D. J., *Archaeological Finds on Lamma Island Near Hong Kong*, University of Hong Kong, 1958；C. J. Barrett S. J., Tai Wan Reconsidered, *Journal of the Hong Kong Archaeological Society*, Volume Ⅳ, 1973；邓聪：《香港考古之旅》，香港区域市政局出版，1991 年；区家发等：《香港南丫岛大湾遗址发掘简报》，《南中国及邻近地区古文化研究》，中文大学出版社，1994 年；邓聪等：《大湾文化试论》，《南中国及邻近地区古文化研究》，中文大学出版社，1994 年；邓聪：《香港出土文物精品简介》，《文物》1997 年 6 期。

3、6～11、13、14、18～21）与后者第4段圈足器上的刻划纹（图一一：18～20）相似；前者盘的圈足上所饰的小镂孔（图一五〇：1～4、7、11、20）与后者第4段圈足器上的小镂孔（图九A：10；图一一：18～20）一样；前者盘的形制（图一五〇：1～3）与后者第4段

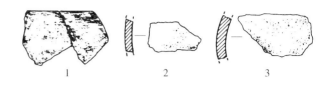

图一五一　吐露港丫洲遗址出土陶片
1. 泥质陶片　2、3. 夹砂陶片

的D型盘（图九A：10）近似。大湾遗址的年代应该与咸头岭遗址第4段基本同时。大湾遗址有两个陶片热释光测年数据，分别为距今5300±900年和距今4900±690年①。

香港丫洲遗址②　此遗址出土的遗物有新石器时代和青铜时代的遗物，这里讨论新石器时代遗物的年代。丫洲遗址出土的一件泥质陶片为橙红色（红褐色）胎，内壁和外壁均有陶衣（图一五一：1），这与咸头岭遗址第4段一些泥质红褐色胎的陶器的特点一样。丫洲遗址的年代应该与咸头岭遗址第4段相去不远。此遗址有一个陶片热释光测年数据，为距今7300±1100年。

香港沙下遗址③　此遗址的考古报告还未出版，但从已经发表的材料看，有一些遗物的特点与大黄沙、虎地、西湾等遗址出土遗物的特点有相近之处。沙下遗址白陶上的圆圈戳印纹（图一五二：1）与大黄沙遗址的圆圈戳印纹（图一三一：30～34）相似，刻划纹（图一五二：3～5）在虎地（图一五六）、西湾（图一五九）等遗址可以找到类似的。沙下遗址有一些遗物的年代可能接近距今6000年。

香港涌浪遗址④　此遗址出土遗物的年代不一致，晚的遗物起码已经到了新石器时代晚期，这里只讨论以彩陶为代表的遗物的年代。涌浪遗址的彩陶纹样（图一五三：1、2）与咸头岭遗址第4段的彩陶纹样（图一二：20、26）相似，涌浪遗址的刻划纹、贝划纹（图一五二：3～6）与和咸头岭遗址第4段同时的大黄沙遗址的刻划纹、贝划纹（图一三一：17、22～25）相近。涌浪遗址以彩陶为代表的遗物的年代应该与咸头岭遗址第4段同时。涌浪遗址南区简报中所说的新石

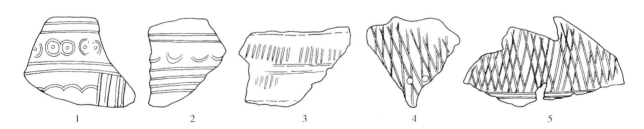

图一五二　沙下遗址出土陶片纹饰
1、2. 戳印纹　3～5. 刻划纹

①　商志醰：《香港地区新石器时代文化分期及与珠江三角洲地带的关系》附表四，《香港考古论集》，文物出版社，2000年。

②　香港中文大学中国考古艺术研究中心等：《香港吐露港丫洲的考古收获》，《东南考古研究》第三辑，厦门大学出版社，2003年。

③　康乐及文化事务署古物古迹办事处编：《香港的远古文化——西贡沙下考古发现》，2005年。

④　William Meacham, Middle and Late Neolithic at "Yung Long South"，《东南亚考古论文集》，香港大学美术博物馆，1995年；邓聪等：《大湾文化试论》，《南中国及邻近地区古文化研究》，中文大学出版社，1994年；香港古物古迹办事处：《香港涌浪新石器时代遗址发掘简报》，《考古》1997年6期。

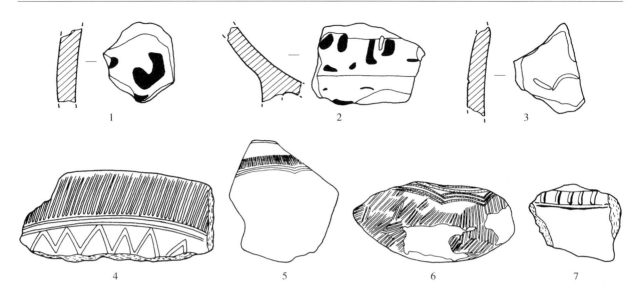

图一五三 涌浪遗址出土陶片及纹饰

1、2. 彩陶片 3~5. 刻划纹 6. 贝划纹 7. 附加堆纹

器时代中期有 6 个测年数据，经校正后分别为 4340～3789 BC、4665～3980 BC、3775～3100 BC、
4838～3816 BC、4034～3199 BC、3780～3047 BC，其中的一些数据应该偏晚。

　　香港龙鼓洲遗址①　此遗址经过调查和发掘，先秦时期遗物的年代不一致，晚的已经到了商
时期，这里只讨论新石器时代遗物的年代。1994 年发掘的一些层位可能有问题，T2L5 所出的遗物
有相当于咸头岭遗址第 1 段和第 2 段的遗物，此层层位或可以再细划分。

　　龙鼓洲遗址新石器时代的器物大体可以分为五组（图一五四）。

　　第一组器物的彩陶纹样和刻划纹（图一五四：1～3）与咸头岭遗址第 1 段的彩陶纹样和刻划
纹（图一二：1～6）一样，高领罐（图一五四：1）的形制也与咸头岭遗址第 1 段的高领罐（图九
A：16）一样。第一组器物的年代应该与咸头岭遗址第 1 段同时。

　　第二组器物彩陶纹样的风格（图一五四：4）与咸头岭遗址第 2 段的一些彩陶纹样（图一二：
7～13）很接近，圈足盘（图一五四：4）的形制也与咸头岭遗址第 2 段的 AⅡ式盘（图九 A：2）
相似。第二组器物的年代应该与咸头岭遗址第 2 段同时。

　　第三组器物斜圈足上饰大镂孔（图一五四：5），风格与咸头岭遗址第 3 段的一些圈足（图九
A：9、15、20；图一二：14、16、17）一样。第三组器物的年代应该与咸头岭遗址第 3 段同时。

　　第四组器物所饰彩纹样、小镂孔、刻划纹（图一五四：6～13）的风格与咸头岭遗址第 4 段

①　W. J. Kelly, Tung Kwu, *Journal of the Hong Kong Archaeological Society*, Volume Ⅴ, 1974；W. J. Kelly, Tung Kwu Phase 3, *Journal of
the Hong Kong Archaeological Society*, Volume Ⅵ, 1975；William Meacham, Tung Kwu Phase 4, *Journal of the Hong Kong Archaeological So-
ciety*, Volume Ⅵ, 1975；Beth Gott, Tung Kwu A note On The Flora, *Journal of the Hong Kong Archaeological Society*, Volume Ⅵ, 1975；邓
聪等：《大湾文化试论》，《南中国及邻近地区古文化研究》，中文大学出版社，1994 年；区家发：《龙鼓洲遗址调查报告》，《香港
考古学会会刊》第十五卷，2002 年；区家发：《龙鼓洲遗址抢救发掘简报》，《粤港考古与发现》，三联书店（香港）有限公司，
2004 年。铜鼓洲（Tung Kwu）今称龙鼓洲（Lung Kwu Chau）（见《环珠江口新石器时代及先秦考古遗址》，《澳门黑沙》附图，
中文大学出版社，1996 年；商志醰：《香港地区新石器时代文化分期及与珠江三角洲地带的关系》注释 25，《香港考古论集》，文
物出版社，2000 年）。

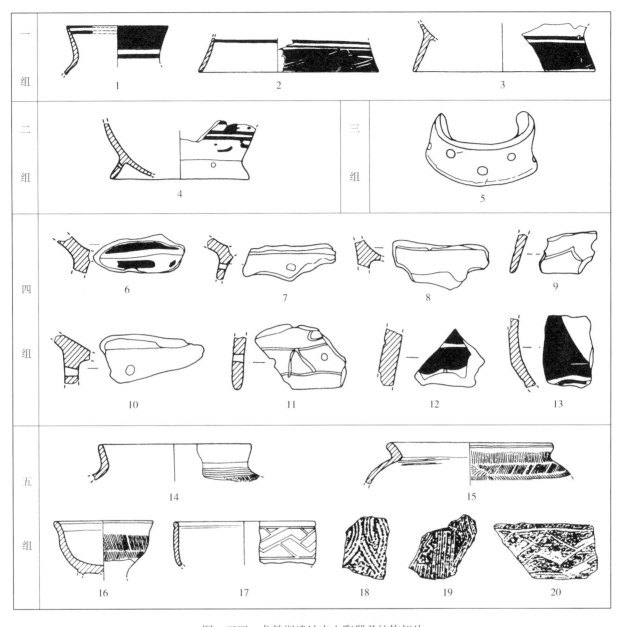

图一五四　龙鼓洲遗址出土陶器及纹饰拓片

1. 罐（LKCT2L5：28）　2. 圈足（LKCT2L5）　3. 盘（LKCT2L5：29）　4. 盘（LKCT2L5）　5. 圈足　6~11. 盘　12、13. 彩陶片　14、15. 釜（LKCT2L3）　16. 碗（LKCT2L3：5）　17. 钵（LKCT2L3：R12）　18、19. 贝划纹　20. 刻划纹

（图一一：18~20；图一二：20~26）相似。第四组器物的年代应该与咸头岭遗址第 4 段同时。

　　第五组器物以 1994 年发掘的 T2L3 层出土的遗物为代表（图一五四：14~20）。此层没有发现彩陶器，出土的一件钵（图一五四：17）的形制和纹饰与珠海宝镜湾遗址第 3 段的一件钵（图一六二：25）近似，这件钵上所饰的刻划纹与宝镜湾遗址一期 1 段和二期 3 段的一些刻划纹（图一六二：2、18、19、25）非常接近。宝镜湾遗址第 3 段的年代上限大约接近距今 4800 年或稍后，下限则超过距今 4000 年（下详），龙鼓洲遗址第五组的年代大体与之同时。

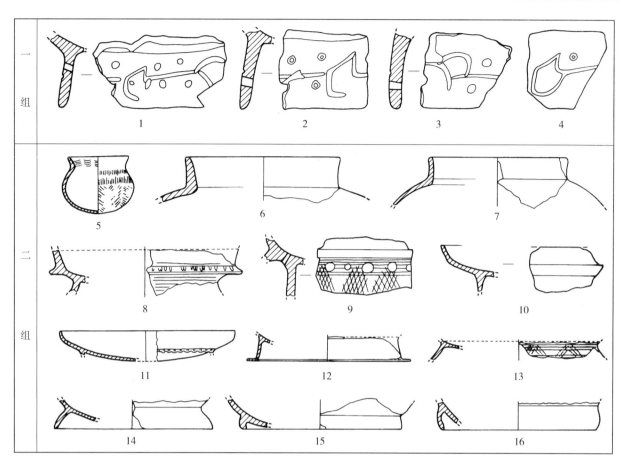

图一五五　深湾遗址 F 层出土陶器

1~4. 盘　5. 釜　6、7. 罐　8~14. 盘　15、16. 圈足

　　香港深湾遗址①　此遗址的发掘报告将 F 层定为新石器时代中期，但是这一层出土遗物的年代并不一致，其出土的遗物至少可以分为两组（图一五五）。

　　第一组的器物以刻划纹、小镂孔的圈足盘为代表（图一五五：1~4），其形制、刻划纹、小镂孔与咸头岭遗址第 4 段的 D 型盘（图九 A：10；图一一：18~20）一样。第一组器物的年代应该与咸头岭遗址第 4 段同时。另据报道，在 F 层出有在橙红色（红褐色）泥质圈足上有彩的痕迹，"而其纹饰形状和镂孔风格与大湾所出彩陶盘相似"②，这些彩陶也应归入第一组。

　　第二组器物的总体特征与香港虎地遗址出土遗物的特征比较一致，年代也应该大体同时。深湾遗址 F 层第二组与虎地遗址相比，前者的三角形刻划纹（图一五五：9、13）与后者的三角形刻划纹（图一五六：9）相近；前者的一些釜为矮折沿、在沿内部饰有贝划纹（图一五五：5），后者也见这样特征的釜（图一五六：2~4）；前者的陶罐（图一五五：6、7）与后者的罐（图一五六：5、6）的形制近似；前者的折腹带棱盘（图一五五：8、9）在后者有一样的（图一五六：11）；

① S. M. Bard, Sham Wan, *Journal of the Hong Kong Archaeological Society*, Volume Ⅲ, 1972; S. M. Bard, Sham Wan, Phase Ⅲ, Plot 3, *Journal of the Hong Kong Archaeological Society*, Volume Ⅴ, 1974; 秦维廉：《南丫岛深湾——考古遗址调查报告》，香港考古学会专刊第三本，1978 年 6 月；邓聪等：《大湾文化试论》，《南中国及邻近地区古文化研究》，中文大学出版社，1994 年。

② 商志䁖：《香港地区新石器时代文化分期及与珠江三角洲地带的关系》，《香港考古论集》，文物出版社，2000 年。

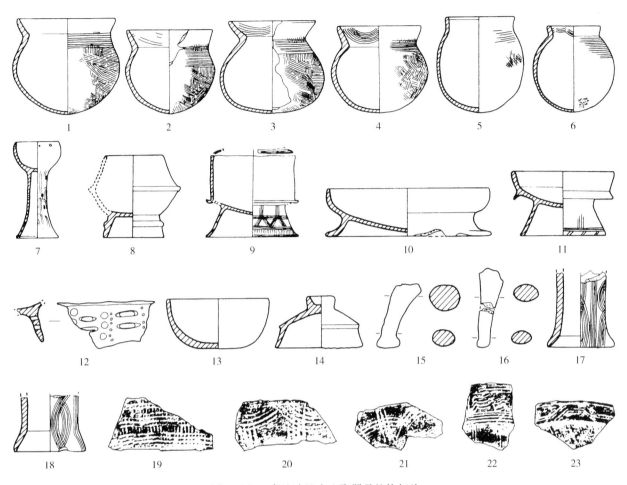

图一五六　虎地遗址出土陶器及纹饰拓片

1~4. 釜（FT42、FT107、FT110、FT1022）　5、6. 罐（FT41、FT104）　7、8. 豆（FT1012、FT1021）　9. 尊（FT43）
10、11. 盘（FT、FT108）　12. 圈足（FT）　13. 钵（FT）　14. 器盖（FT39）　15、16. 器足（FT1024、FT）
17、18. 器座（FT）　19~23. 贝划纹

表三一　珠江三角洲地区距今 7000~6000 年遗址分段、分期表

期	段	遗　　　　址
一期	一段	咸头岭 1 段、麒麟山庄果场、龙鼓洲第一组
	二段	咸头岭 2 段、盐田港东山、龙鼓洲第二组
	三段	咸头岭 3 段、万福庵、蚬壳洲第一组、深湾村东谷、龙鼓洲第三组
二期	四段	蚝岗一期、后沙湾、龙穴、白水井、蚬壳洲第二组、春坎湾
	五段	咸头岭 4 段、大黄沙、小梅沙、蚝岗二期、黑沙、长沙栏、蟹地湾、大湾、丫洲、涌浪、龙鼓洲第四组、深湾 F 层第一组
三期	六段	咸头岭 5 段、大梅沙、蚝岗三期、草堂湾、棠下环、金兰寺

前者大圈足外折的盘（图一五五：12）在后者有相似的（图一五六：10）。虎地遗址的年代上限可能接近咸头岭遗址第 5 段，下限应该在距今 5500 年前后（下详），深湾遗址第二组的年代也应该在这个时期。

深湾遗址 F 层有几个碳十四测年数据，分别为 2700 BC、1200 BC、700 BC，报告已经指出这些数据明显偏晚。

综上所述，以咸头岭遗址 2006 年发掘的资料以及 1985、1989 年发掘的资料为基础，可以把距今 7000~6000 年珠江三角洲地区的遗址总体分为六段（表三一）。考察各段器物的演变特征和器物的组合关系，又可以把这六段的遗物分为三期，一、二、三段连接紧密为第一期，四、五段连接紧密为第二期，六段为第三期。第一期的年代上限为距今近 7000 年，下限可能接近距今 6400 年；第二期的年代上限大约在距今 6400 年前后，下限大致在距今 6200 年前后；第三期的年代推测在距今 6000 年前后。

第三节　珠江三角洲地区距今 6000~4000 年遗址的序列与年代

在以往讨论咸头岭一类遗存的文章中，经常涉及一些实际晚于咸头岭一类的遗存，下面探讨一些包含这些遗存的遗址的序列和年代。

香港虎地遗址[①]　此遗址出土的器物以口沿内侧有划纹的折沿釜、球腹罐、高柄豆、带腰沿的豆、敛口尊、圈足外撇折的盘、折腹带棱的盘（图一五六）等为代表。这些器物的形制与咸头岭一类遗存的器物的形制相比区别很明显，另外此遗址已经不见彩陶器。虎地遗址的这类遗存与咸头岭一类遗存在文化面貌上已经有了很大的区别，两者应该归属于不同的考古学文化。

虎地遗址有 4 个碳十四测年数据，除一个（BETA-42859）为 11280±80 年，明显偏早外，其余 3 个校正后分别为 4100~3655 BC、3890~3355 BC、4221~3817 BC。报告推测虎地遗址的年代为 3900~3600 BC，大体不误，其年代上限可能接近咸头岭遗址第 5 段，下限大体在距今 5500 年前后。

香港沙头角新村遗址[②]　此遗址的下文化层出土的遗物都是打制粗糙简单的砾石石器，没有发现陶片，这些石器的绝对年代不好确定，中文化层 B 层和 A 层则出有磨光红陶、磨光白陶和夹砂陶等。发表的一件中文化层 B 层白陶圈足为斜圈足略外鼓（图一五七），形制与深湾 F 层二组的一些圈足盘的圈足（图一五五：14）相似，时代大约也与深湾 F 层二组基本同时。新村遗址中文化层 B 层有一个碳十四数据，为距今 5320±100 年（树轮校正[③]为距今 5960±125 年），中文化层 A 层有 4 个碳十四数据，

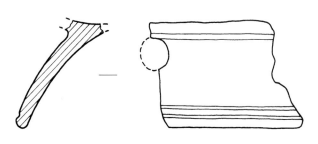

图一五七　沙头角新村遗址出土白陶圈足（T4L5：1772）

---

①　William Meacham, Archaeological Investigations on Chek Lap Kok Island, *Journal Monograph* Ⅳ, Hong Kong Archaeological Society, 1994.

②　莫稚：《香港沙头角新村遗址考古发掘报告》，《香港考古学会会刊》第十五卷，2002 年。

③　新村遗址所测碳十四数据的半衰期在报告中没有说明，这里对此遗址的校正数据所取的半衰期为 5730 年。

分别为距今 5170±90 年（树轮校正为距今 5795±115 年）、距今 5210±90 年（树轮校正为距今 5840±115 年）、距今 5250±90 年（树轮校正为距今 5885±115 年）、距今 5240±250 年（树轮校正为距今 5875±180 年）。新村遗址中文化层 B 层和 A 层的年代上限可能接近距今 6000 年，下限大体在距今 5700 年前后。

香港东湾仔北遗址① 简报把此遗址分为三期，第二期的年代已经进入商时期，这里只讨论第一期的年代。第一期的釜为折沿，在口沿的内侧有弧线刻划纹（图一五八：1），形制和纹饰风格与虎地遗址的一些釜（图一五六：2~4）一样；第一期的器座饰刻划纹（图一五八：2、3），在

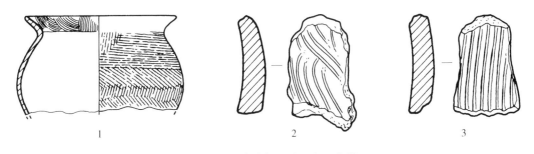

图一五八 东湾仔北遗址出土陶器

1. 釜（C1008：1）　2、3. 器座（C1008：5、6）

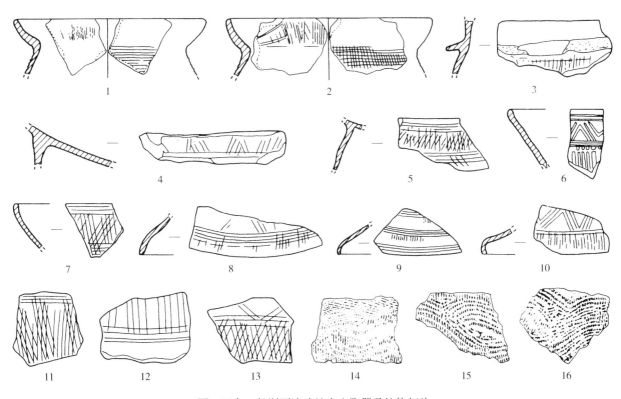

图一五九 长洲西湾遗址出土陶器及纹饰拓片

1、2. 釜　3. 罐　4、5. 盘　6~13. 陶片　14~16. 纹饰拓片

① 香港古物古迹办事处等：《香港马湾岛东湾仔北史前遗址发掘简报》，《考古》1999 年 6 期。

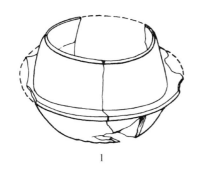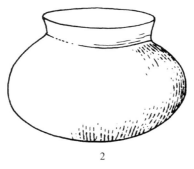

1   2   3

图一六〇 古椰遗址出土陶器

1. 钵 2、3. 釜

虎地遗址也有风格相似的器座（图一五六：17、18）。东湾仔北遗址第一期的年代大体与虎地遗址的年代相去不远。

香港长洲西湾遗址① 在此遗址没有发现彩陶，器物上的纹饰以刻划纹为特色（图一五九）。刻划纹与虎地遗址（图一五六）和深湾 F 层二组（图一五五）的刻划纹的风格非常接近，年代也应该基本同时。西湾遗址有一个碳十四测年数据，校正后为 3155~2560 BC，还有 3 个陶片内炭屑的碳十四测年数据，校正后分别为>5040~3865 BC、>5375~4400 BC、>6750~5425 BC②。

高明古椰遗址③ 据报道此遗址可以分为四个阶段，第一阶段的陶器可以复原的有敞口球腹釜和带腰沿的钵等（图一六〇）。从钵（图一六〇：1）的形制看，其与虎地遗址带腰沿的豆盘部（图一五六：8）基本一样。前文已述虎地遗址的年代的上限可能接近咸头岭遗址第 5 段，下限应该在距今 5500 年前后，那么古椰遗址第一阶段的年代起码要到距今 5500 年前后。

香港过路湾遗址上区④ 此遗址出土的器物以折沿釜、折腹圈足罐、敛口深腹盘、折腹杯（图一六一）等为代表。这些器物的形制与咸头岭一类遗存的器物的形制相比区别很明显，另外在此遗址不见彩陶器。过路湾遗址上区的这类遗存与咸头岭一类遗存在文化性质上已经有了很大的区别，应该归属不同的考古学文化。过路湾遗址上区有两个碳十四测年数据，校正后分别为 3350~2900 BC、3628~3039 BC，其年代应该紧接虎地遗址，大体在距今 5500~5000 年前后。

珠海宝镜湾遗址⑤ 发掘报告把此遗址分为三期5段（1、2 段为第一期，3、4 段为第二期，5 段为第三期），并推断第一期的年代为距今 4500~4300 年，第二期的年代为距今 4200 年或稍后，第三期相当于中原地区的商时期。报告对 1~3 段的年代的推断可能偏晚（图一六二）。

① Willam Meacham, Sai Wan, *Journal of the Hong Kong Archaeological Society*, Volume Ⅶ, 1976-1978；Sally Rodwell and Paul Wellings, A Report of the Excavation at Sai Wan, Cheung Chau, *Journal of the Hong Kong Archaeological Society*, Volume Ⅻ, 1986-88；邹兴华：《珠江三角洲史前文化分期》，《岭南古越族文化论文集》，香港市政局出版，1993 年。

② 商志䉻：《香港地区新石器时代文化分期及与珠江三角洲地带的关系》附表一、附表二，《香港考古论集》，文物出版社，2000 年。

③ 崔勇：《广东高明古椰贝丘遗址发掘取得重要成果》，《中国文物报》2007 年 1 月 12 日。

④ William Meacham, Archaeological Investigations on Chek Lap Kok Island, *Journal Monograph* Ⅳ, Hong Kong Archaeological Society, 1994.

⑤ 广东省文物考古研究所等：《珠海宝镜湾——海岛型史前文化遗址发掘报告》，科学出版社，2004 年。

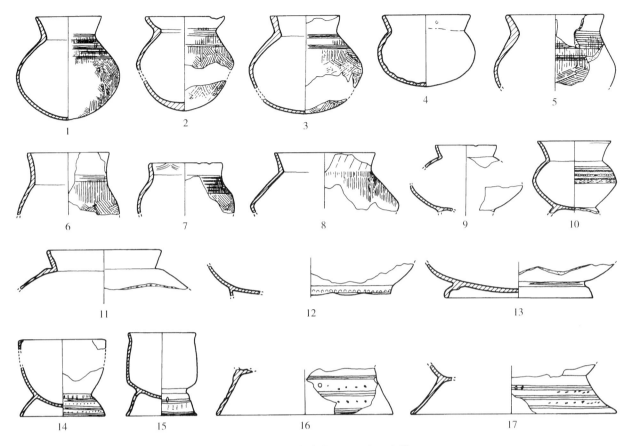

图一六一　过路湾遗址上区出土陶器

1～8. 釜（KLW86、KLW102、KLW58、KLW69、KLW70、KLW21、KLW103、KLW）　9～13. 罐（KLW89、KLW16、KLW55、KLW55、KLW）　14. 盘（KLW22）　15. 杯（KLW87）　16、17. 圈足（KLW20、KLW78）

此遗址的一期第 2 段有两个碳十四测年数据，一个是距今 4360±80 年（树轮校正为距今 5010±180 年），一个是距今 4260±90 年（树轮校正为距今 4880±185 年）。宝镜湾遗址一期的年代上限大体应该在距今 5000 年前后，下限在距今 4800 年前后。

此遗址第 3 段有两个碳十四测年数据，一个是距今 4200±120 年（树轮校正为距今 4805±160 年），一个是距今 3460±170 年（树轮校正为距今 3735±195 年[①]）。考虑到通过考古类型学的对比，宝镜湾遗址 4、5 段遗物的年代下限可能已经进入夏商时期[②]，那么后一个数据明显偏晚。宝镜湾遗址第 3 段的年代上限大约接近距今 4800 年或稍后，下限则超过距今 4000 年。

香港东湾遗址[③]　此遗址的 L5 层出土打制粗糙的石器，这些石器的绝对年代不好确定。

L4 层出土的遗物有釜、罐、器盖、钵、盆、器座等（图一六三）。此层器盖的形制（图一六

[①]　在报告附录二中没有说明测试此数据的半衰期是多少年，这里所做树轮校正数据半衰期用的是 5730 年。

[②]　李海荣等：《深圳屋背岭商时期墓葬群与环珠江口地区商时期遗址的分期》，《深圳文博论丛》，中华书局，2004 年。

[③]　区家发：《香港大屿山东湾新石器时代沙丘遗址发掘简报》，《纪念马坝人化石发现三十周年文集》，文物出版社，1988 年；区家发等：《香港石壁东湾新石器时代遗址——1987、1988 年两次发掘综合报告》，*Journal of the Hong Kong Archaeological Society*，Volume Ⅻ，1986-1988；邓聪：《香港考古之旅》，香港区域市政局出版，1991 年；深圳博物馆等：《环珠江口史前文物图录》，中文大学出版社，1991 年。

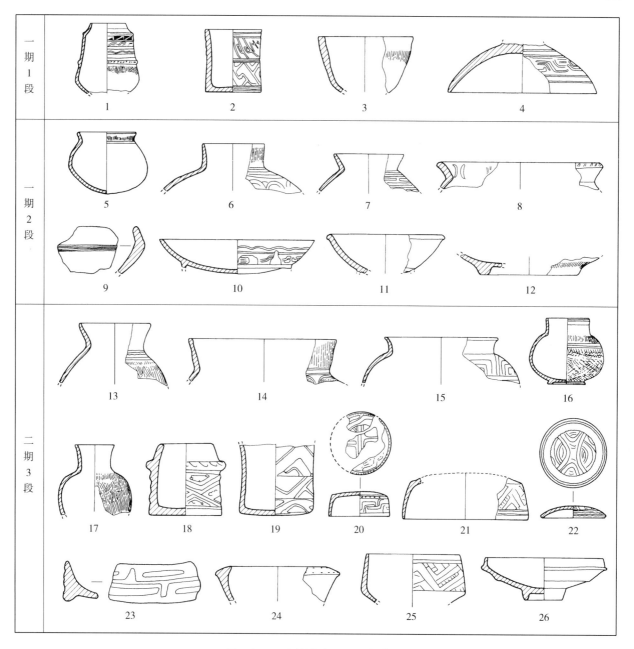

图一六二　宝镜湾遗址 1~3 段陶器

1. 釜（H21：01）　2. 杯（H21：3）　3. 盆（T12④B：01）　4. 器盖（T12④B：13）　5~8. 釜（T19④A：21、T15④A：42、T15④A：43、T15④A：05）　9. 豆（T15④A：01）　10、11. 盘（H22：4、T28④A：01）　12. 碗（T20④A：01）　13~15. 釜（H5：3、H5：4、T14③B：03）　16、17. 罐（T1③B：03、T14③B：02）　18、19. 杯（H2：2、T1③B：85）　20~22. 器盖（T1③B：02 T9③B：160、T9③B：35）　23、24. 盘（T1③B：3、T16③B：01）　25. 钵（T9③B：160）　26. 豆（T15③B：23）

三：3、4）与宝镜湾遗址第 3 段的一些器盖（图一六二：20、21）相似，器物上所饰的刻划纹（图一六三：3、4、6、9、10）的风格也与宝镜湾遗址一期和二期第 3 段的一些刻划纹（图一六二：1、2、4、10、18~22、25）非常接近。宝镜湾遗址第 3 段的年代上限大约接近距今 4800 年或稍后，下限则超过距今 4000 年，东湾遗址 L4 层遗物的年代应该与之相去不远。东湾遗址第 4 层有

图一六三　东湾遗址 CL4 出土陶器

1~4. 器盖　5. 钵　6. 圈足

7~9. 器座　10、11. 罐

两个碳十四数据，校正后为 4130~3640 BC 和 3785~3200 BC[1]，这两个数据与考古类型学比较所做的年代推断要偏早。

综合上述，可以把珠江三角洲地区一些距今 6000 年前后至距今 4000 多年遗存的年代序列大体归纳如下：

咸头岭遗址第 5 段

（年代为距今 6000 年前后）

↓

虎地遗址、深湾遗址 F 层第二组、东湾仔北遗址第一期、

沙头角新村遗址中文化层 B 层和 A 层、西湾遗址、古椰遗址第一阶段的遗存

（年代上限接近咸头岭遗址第 5 段，下限在距今 5500 年前后）

↓

过路湾遗址上区的遗存

（年代大体在距今 5500~5000 年前后）

↓

宝镜湾遗址第一期（1、2 段）的遗存

（年代上限大体在距今 5000 年前后，下限在距今 4800 年前后）

↓

宝镜湾遗址第 3 段、东湾遗址 L4 层、龙鼓洲遗址 T2L3 层的遗存

（年代上限大约接近距今 4800 年或稍后，下限则超过距今 4000 年）

---

① 商志䪻：《香港地区新石器时代文化分期及与珠江三角洲地带的关系》附表一，《香港考古论集》，文物出版社，2000 年。

　　在珠江三角洲地区，宝镜湾遗址第 3 段等遗存之后应该以香港涌浪遗址晚期遗存为代表，主要出土器物有圆鼓腹圈足罐、壶、折沿鼓腹釜以及石钺、铲、镞、玦等。涌浪遗址晚期遗存的年代，简报推测 "与中原地区相比，大约相当于龙山时代晚期"①。参照涌浪南 L1B 的 7 个碳十四年代数据②，除 Beta60313 为距今 4700±120 年明显偏早外，其余年代在距今 4170±80 年至距今 3810±70 年之间，所以涌浪遗址晚期遗存的年代下限可能已经进入相当于中原地区的夏时期。涌浪遗址晚期遗存之后，则以深圳屋背岭墓葬群为代表③，珠江三角洲地区的古文化进入到了相当于中原地区商时期的阶段。

---

① 香港古物古迹办事处：《香港涌浪新石器时代遗址发掘简报》，《考古》1997 年 6 期。

② William Meacham, Middle and Late Neolithic at "Yung Long South"，《东南亚考古论文集》，香港大学美术博物馆，1995 年。

③ 广东省文物考古研究所等：《深圳市屋背岭商时期墓葬群》，《华南考古》1，文物出版社，2004 年；广东省文物考古研究所等：《深圳屋背岭遗址发掘报告》，《考古学报》2004 年 3 期；李海荣等：《深圳屋背岭商时期墓葬群与环珠江口地区商时期遗址的分期》，《深圳文博论丛》，中华书局，2004 年。

第二章 距今 7000~6000 年珠江三角洲地区考古学文化

本章首先归纳距今 7000~6000 年珠江三角洲地区考古学文化的总面貌，其次概括论述咸头岭文化，最后讨论咸头岭文化与周边地区考古学文化的关系。

第一节 距今 7000~6000 年珠江三角洲地区考古学文化总貌

广义的珠江三角洲区域①，有的学者也称为粤中区，主体面积约 1.1 万平方公里。其西起肇庆，东至惠州，北起清远，南到海边，包括珠江口一带、潭江谷地、高要盆地、惠州盆地、广花平原、清远平原、四会平原等。珠江三角洲居西江、北江、东江三江的下游，地势较低，为华南最大的冲积平原，是一个营建在下沉海湾中的复合三角洲。循珠江口的漏斗湾（狮子洋和伶仃洋）分成东西两部：东部主要为东江所成的东江三角洲，大致以东莞石龙为顶点；西部主要为西、北二江合力造成的三角洲，其中西江三角洲的顶点在羚羊峡东口的肇庆广利，北江三角洲的顶点在飞来峡南口的清远芦苞。

从地貌类型看，现今的珠江三角洲可分为平原与岛丘（丘陵台地）两大类。珠江三角洲平原上岛丘突起，共占三角洲总面积的 1/5，在三角洲范围内共有 160 个岛丘。这 100 多个岛丘，实际是原始溺谷湾内广布的岛屿。在珠江三角洲建造过程中，溺谷湾内岛屿波影区内的沉积起了一定的作用，但主要是各河河口向溺谷湾伸延的沉积过程中，由于受阻于一连串东北—西南走向的山地及台地，从而使山地及台地间的狭窄"口门"成为大河流出地点。大量的水沙集中于几个"口门"流出，各自以"口门"形成一个小型三角洲（冲缺三角洲）。这些冲缺三角洲逐渐复合，使珠江三角洲不断向海推进。冲缺三角洲的复合过程，就是珠江三角洲的发育过程。

现有的证据表明，目前确切所知的人类在珠江三角洲地区最早的活动大约距今 7000 年。其古环境背景是全新世全球环境进入一个新阶段，冰期结束，高温期开始，气温急剧上升，海平面也随之升高，全球发生冰后期海侵。至中全新世初期，海水淹至目前大陆廓线，称大西洋海侵。此时低洼的珠江三角洲开始接受大规模的海进，大片土地被淹没于水体之下，海面上升的高度在今日的海面上下。在全新世中期海进时，现今的珠江三角洲平原重又沦为深入内陆的河口湾，大部分为海湾环境，陆地部分也是河流纵横、湖沼遍野。河水和海水相互交汇，使得来自陆上和海上的各种有机营

---

① 任美锷、包浩生主编：《中国自然区域及开发整治》，科学出版社，1992 年；广东地质地矿局：《广东省区域地质志》，地质出版社，1988 年；陈正祥：《广东地志》，天地图书有限公司，1978 年。

养物在此聚集，加上海湾外围星罗棋布的岛屿保护，使得该区域成为水生生物良好的繁殖空间，不仅生长着丰富的贝类和鱼类，一些远海的鱼类也到此觅食。大片的水域给先民提供了丰富的水族食物资源，使得人们可以在河流、湖泊、海滨或海湾从事水上捕捞经济。距今六七千年前，海进造就的珠江河口湾，深入内陆 150 公里之远，肇庆羚羊峡、清远芦苞、广州花都（新华）、惠州潼湖和开平县水口以下，是一个多基岩岛屿的河口湾，诸江分别汇入，并开始发育现代三角洲①。所以当时的珠江三角洲地区，水域广阔而且交互相连，为人类的联系提供了便利的条件。

可见，在距今 7000~6000 年，珠江三角洲地区是一个相对独立的基本以河口湾和岛屿为特色的海湾环境的地理单元，其内部比较便于联系。在这样一种自然地理单元中孕育出的文化，其面貌有较强的一致性，而相对于其他地区来说也具有比较明显的地域特色。

在珠江三角洲地区，年代在距今 7000~6000 年的遗址，目前已经发表资料的有将近 30 个（参见下篇第一章第二节）。从这些遗址的性质来看，有海边的沙丘遗址、沿海岸的山岗坡地遗址以及贝丘遗址。其中沙丘遗址占绝大多数，分布于珠江三角洲的南部一带；沿海岸的山岗坡地遗址很少，也只见于珠江三角洲的南部一带，而且这些遗址或者是与海边的沙丘相接壤或者本身就是沙丘遗址往周围山岗的延续，故而这些遗址可以与沙丘遗址大体归为一类；贝丘遗址分布于珠江三角洲的北部一带，有蚝岗、万福庵、金兰寺和蚬壳洲这四个遗址。

这些遗址发现的遗迹、遗物所反映的考古学文化面貌，可以归纳如下。

一 遗 迹

有房基、柱洞、沙土台、红烧土、灶、灰坑、沟、立石和墓葬等。

（一）房基与柱洞

在珠江三角洲地区，距今 7000~6000 年的一些遗址发现有房基和柱洞。下面将这些遗址发现的房基与柱洞列表如下（表三二）。

表三二　距今 7000~6000 年珠江三角洲地区房基与柱洞统计表

遗址	单位	期	段	遗址性质	形 制
蚝岗一期		二	四	贝丘	房基一处，只见柱洞 38 个，结构不明
咸头岭	06XTLF1	二	五	沙丘	形制描述见上篇第三章第二节
蚝岗二期	F1	二	五	贝丘	未完全揭露。长方形，单间。已揭露部分长 6.6、内宽 2.5 米。墙基开槽填充贝壳，墙基宽 0.15~0.20、深约 0.20 米
蚝岗二期		二	五	贝丘	有柱洞，未能看出分布规律，结构不明
咸头岭	85XTLF1	三	六	沙丘	因未扩方和清理隔梁，全貌不清。房基叠压在沙层上，表面基本平整，有的地方微凹，边缘不太规整。用较硬的灰褐色土铺垫而成，内含细沙。最长 7.7、宽 4.8、厚 0.13~0.20 米。房基上有大柱洞 1 个，直径 44 厘米；大柱洞附近散布小柱洞 12 个，均上大下小，壁斜直，圜底，直径 8~24、深 15~40 厘米。大柱洞的一边散布一些石块
咸头岭	89XTL	三	六	沙丘	发现零散柱洞 14 个，分布无规律，相距 0.1~4.5 米。平面均为圆形，大小不一，直径 14~44、深 8~40 厘米。洞壁斜收，除个别平底外，余为圜底。少数洞中出土夹砂陶片
金兰寺		三	六	贝丘	有 12 个柱洞，距离不等，没有一定的排列规律。有的洞中出有夹砂陶片。形状有两种：一种为圆筒形，圜底，共 8 个，最大的一个为(61)T1：D2，口径 32、深 54 厘米；另一种为椭圆口，圜底，曲尺形，共 4 个，最大的一个为(61)T3：D1，口径 68、深 68 厘米

---

① 赵焕庭：《珠江河口演变》，海洋出版社，1990 年。

从表三二可知，房屋及柱洞在沙丘和贝丘遗址中都可以见到，这些房屋及柱洞属于距今 7000~ 6000 年珠江三角洲地区遗址总分期的二、三期，一期目前还未发现。

房基大体有三种类型。见于沙丘遗址的有两种类型，一种比较讲究，平面形状大体呈方形或长方形，挖坑填入黏性沙土以及岩石碎块来建筑较硬的房基；另一种是直接用较硬的土铺垫在沙层上来筑房基。见于贝丘遗址的有一种类型，平面形状呈长方形①，墙基开槽填充贝壳。

柱洞的分布难以看出明显的规律，但是有一部分应该与房屋建筑有关系，因为一些柱洞就分布在房基周围，还有一些柱洞的周围分布有红烧土面。柱洞的口为圆形或椭圆形，壁较直或斜直或略曲，底为圜底或平底。柱洞的直径和深度不一。

（二）沙土台

沙土台见于中山龙穴遗址，由掺有黏土的黄褐色沙土筑成，结构坚实，似经过夯打。已清理部分形状近似梯形，长 3.4、北端宽 4.7、南端宽 3.3、高 0.4~0.5 米。沙土台遗迹周围是出土彩陶、白陶最集中的区域。研究者认为这处沙土台遗迹"可能是与遗址居民的某种特殊活动（诸如祭祀一类）相关的遗存"②。这处沙土台属于距今 7000~6000 年珠江三角洲地区遗址总分期的二期四段。

（三）红烧土

在珠江三角洲地区，距今 7000~6000 年的一些遗址发现有红烧土。下面将这些遗址发现的红烧土列表如下（表三三）。

表三三　距今 7000~6000 年珠江三角洲地区红烧土统计表

遗址	单位	期	段	遗址性质	形　制
咸头岭 1 段	06XTLHST1	一	一	沙丘	形制描述见上篇第三章第三节
蚬壳洲一组		一	三	贝丘	不规则长条形，北高南低。已清理部分长 3、宽 1.9、厚 5 厘米。烧土中羼有烧成灰黑色的贝壳，烧土表面较坚实
大黄沙		二	五	沙丘	发现多处红烧土面。为黏土烧成的硬面，呈龟裂状，基本平整，形状不太规则。面积小的不到 1 平方米，面积大的超过 4 平方米，厚 5~30 厘米。附近有较多的陶片
咸头岭 5 段	85XTL 89XTL	三	六	沙丘	有的呈块状堆积，有的散乱分布，含沙较多。块状堆积一般长约 0.6、宽 0.3 米。在 T109 有一处呈不规则散布，长 7、宽 4 米，夹杂不少石块和少量陶片。有的小块能拼对成大块，一般厚 1.5~3.0 厘米。有的一面较平整光滑，另一面则有夹竹条和木棍的印痕，有印痕的推测是夹竹或木棍墙倒塌所致
大梅沙		三	六	沙丘	大致呈椭圆形，由许多烧土碎块组成。东西长 1.5、南北长 1.0 米
蚝岗三期		三	六	贝丘	残损不相连。残存面积约 50 平方米，厚约 20 厘米

从表三三可知，红烧土在沙丘和贝丘遗址中都可以见到，在距今 7000~6000 年珠江三角洲地区遗址总分期的一至三期均有。

红烧土的形状一般不规则，面积大小也相差很大。不同的红烧土遗迹，其功用也应该有所区

① 东莞市文化局等：《东莞文物图册》，第 16 页，图 2，中国建筑工业出版社，2005 年。
② 李子文：《龙穴沙丘遗址发掘及相关问题的考察》，《广州文物考古集》，文物出版社，1998 年。

别。大面积的红烧土有的可能与房屋建筑或大型活动有关系，小面积的红烧土有的可能与灶（用火）有关。

（四）灶

在珠江三角洲地区，距今 7000~6000 年的一些遗址发现有灶。下面将这些遗址发现的灶列表如下（表三四）。

表三四　距今 7000~6000 年珠江三角洲地区灶统计表

遗址	单位	期	段	遗址性质	形　　　制
咸头岭 1 段	06XTLZ2	一	一	沙丘	形制描述见上篇第三章第一节
咸头岭 1 段	06XTLZ3	一	一	沙丘	形制描述见上篇第三章第一节
咸头岭 1 段	06XTLZ5	一	一	沙丘	形制描述见上篇第三章第一节
咸头岭 2 段	06XTLZ4	一	二	沙丘	形制描述见上篇第三章第一节
咸头岭 3 段	06XTLZ1	一	三	沙丘	形制描述见上篇第三章第一节
龙穴	04ZLZ1①	二	四	沙丘	近椭圆形，圜底。长径约 80、短径约 70、深约 30 厘米。灶内出土夹砂陶片、2 件残破的陶支脚和一些石块
大黄沙		二	五	沙丘	灶底为红烧土面，略呈椭圆形，较平整，周边已残。长 40、宽 24、厚 1.5~2 厘米。在烧土面的东侧竖有两块厚约 4 厘米的板岩，间距 15 厘米，石块内侧有烟炱痕迹
大梅沙		三	六	沙丘	整体略呈圆角方形，灶壁呈马蹄形，灶口向北略偏西。边长 90、高 20 厘米，灶壁宽 25~30、灶口宽 15 厘米。在灶的北端 40 厘米有一处呈半月形的红烧土，长 75、宽 40 厘米，应该与灶的使用有关

从表三四可知，目前在沙丘遗址中距今 7000~6000 年珠江三角洲地区遗址总分期的第一至三期发现有灶。

这些灶的结构都非常简单，大体有两种形制，一种直接在沙面上建灶，一种把沙面略下挖建灶。直接在沙面上建灶占大多数，这种灶的灶底一般在沙层表面涂抹一层含沙的粗黏土，在这层粗黏土上烧火，但也有直接在沙层表面烧火的；在灶体周围放置天然石块或者陶支脚，用以垫起陶釜等炊煮器来烹饪食物；沙层表面涂抹的粗黏土经火烧烤后往往形成一层红褐色烧土面，灶的周围往往散乱地分布很多黑灰色的灰烬和小炭屑。把沙面略下挖建灶，这种形制的灶目前只在龙穴遗址发现一处。

（五）灰坑

在珠江三角洲地区，距今 7000~6000 年的一些遗址发现有灰坑。下面将这些遗址发现的灰坑列表如下（表三五）。

---

① 龙穴遗址 2004 年发掘的遗存多为新石器时代的，但是少量晚的遗存应该已经进入了商时期（如 ZLM1）。ZLZ1 开口于 2004ZLT11 的第 2 层下，但是其年代在简报中没有明确说明。从简报介绍的 2004ZLT11 第 2 层的出土物来看，有夹砂陶片、泥质彩陶片和石器，可辨器物有釜（罐）、支脚、圈足盘、石饼形器、锛（斧）、拍、砺石、锤等。从这些遗物来看，没有明显的晚于新石器时代的遗物，2004ZLT11 的第 2 层应该是新石器时代的文化层。那么，开口于 2004ZLT11 第 2 层下的 ZLZ1 应该是新石器时代的遗存。

表三五　距今 7000～6000 年珠江三角洲地区灰坑统计表

遗址	单位	期	段	遗址性质	形　制
蚬壳洲一组	H1	一	三	贝丘	坑口近椭圆形，长径 67、短径 54 厘米，坑深 30 厘米。填土中夹杂几块夹砂细绳纹陶片
蚝岗一期	H8	二	四	贝丘	坑口近椭圆形，壁微弧、平底。坑口长径 142、短径 124 厘米，坑底长径 120、短径 104 厘米，坑深 55 厘米。填土中有夹砂陶片、泥质白陶片和砺石
蚝岗一期	H9	二	四	贝丘	坑口为椭圆形，斜壁、圜底。坑口长径 160、短径 150 厘米，坑深 42 厘米。填土中夹杂少量贝壳
蚝岗一期	H10	二	四	贝丘	坑口近圆形[1]。仅进行了解剖，未完全清理
咸头岭 5 段	89XTLH1 89XTLH2	三	六	沙丘	两坑形状大体相同，均为圆口、斜壁、圜底，口径 53～75 厘米。以 H1 为例，口径 53、深 38 厘米，出土少量夹砂绳纹陶片
金兰寺		三	六	贝丘	有 4 个。椭圆形口、圜底，剖面呈半球形，最大的一个为（61）T2：H1，口径 100、深 42 厘米。填土中有少量贝壳和不少的夹砂陶片

从表三五可知，灰坑在沙丘和贝丘遗址中都可以见到，在距今 7000～6000 年珠江三角洲地区遗址总分期的一至三期均有。

灰坑的形制都很简单，坑口呈椭圆形或圆形，斜壁或弧壁，底为平底或圜底。一般灰坑的填土中有陶片等，在贝丘遗址的灰坑填土中还有贝壳。

（六）沟

在蚝岗遗址二期发现一条沟（编号为 G1），已清理部分长 9.2、宽 0.75～1.8、深 0.20 米。沟壁略有弯曲[2]，沟的填土中出有少量陶片以及一些动物残骸。G1 位于 F1 的南部，发掘者推测可能是房子与房子之间的排水沟[3]。蚝岗遗址二期的绝对年代与距今 7000～6000 年珠江三角洲地区遗址总分期的二期五段同时。

（七）立石

咸头岭遗址发现一处立石遗迹，形制见上篇第三章第四节的描述，其绝对年代与距今 7000～6000 年珠江三角洲地区遗址总分期的二期五段基本同时。

这处立石遗迹的功能和性质，由于缺乏证据和更多的比对资料，还难以确定。但是先民把石头摆放成如此特殊的样子，应当有其特殊的含义。

（八）墓葬

在珠江三角洲地区，距今 7000～6000 年的一些遗址发现有墓葬。下面将这些遗址发现的墓葬列表如下（表三六）。

---

[1]　东莞市文化局等：《东莞文物图册》，第 16 页，图 2，中国建筑工业出版社，2005 年。

[2]　东莞市文化局等：《东莞文物图册》，第 16 页，图 2，中国建筑工业出版社，2005 年。

[3]　冯孟钦：《蚝岗遗址发掘的主要收获》，《东莞蚝岗遗址博物馆》，岭南美术出版社，2007 年。

表三六　距今 7000~6000 年珠江三角洲地区墓葬统计表

遗址	单位	期	段	遗址性质	形 制
万福庵		一	三	贝丘	从断面看，第 2 层叠压一座墓葬[1]。而第 2 层出土遗物的年代大体与咸头岭遗址 3 段同时（参见下篇第一章第二节），此墓葬的年代当不晚于咸头岭遗址 3 段。但是这座墓葬未进行清理。另外，与动物贝壳和骨骼"共出的人骨甚多，当是被破坏墓葬主人的遗骨"[2]
蚬壳洲一组	M2	一	三	贝丘	头向 352°。做圹于贝壳层中，墓坑不太明显。骨架保存较差。头北足南，面朝西，头骨下垂，双膝弯屈至上颌处，侧卧于贝壳中。上颌内侧门齿似为人工拔除。无随葬品
蚬壳洲一组	M3	一	三	贝丘	东西向。长方形土坑竖穴，墓长 125、宽 70、深 16 厘米。骨架保存差。头东足西，面南，脊椎骨呈弧状弯曲，双腿并拢，双膝上屈顶至下颌处，足跟抵至盆骨处，左手置于右腿，右臂残朽。胸肋之下有一件打制石片
蚬壳洲一组	M4	一	三	贝丘	方向 8°。长方形土坑竖穴，墓长 85、宽 57、深 15 厘米。骨架保存较好。头北足南，头盖骨被压碎而遮住颜面骨，双腿弯屈，双膝顶至下颌，足跟抵至盆骨处，双手呈抱膝状。无随葬品
蚝岗一期	M1	二	四	贝丘	头向 35°。长方形土坑竖穴，长 210、宽 50、深 20 厘米。骨骼保存较好，仰身直肢。墓主为男性，属蒙古人种南亚类型，40~45 岁，身高 166 厘米[3]。无随葬品
蚝岗一期	M2	二	四	贝丘	方向与 M1 相同。位置与 M1 略错位平行，两者相距 60 厘米。骨骼保存较差，不具备性别、年龄鉴别的条件。无随葬品
蚬壳洲二组	M15	二	四	贝丘	方向 8°。墓圹为不规则椭圆形。长径 126、短径 63、深 500 厘米。填土中掺杂碎贝壳。人骨架面西侧卧，下肢弯屈并拢，双臂伸直，上颌左外侧上门齿被拔除
蚬壳洲二组	M17	二	四	贝丘	方向 90°。墓圹近长方形，长 96、残宽 58、深约 20 厘米。填土中掺杂碎贝壳。三具人骨架相互叠压，中间为儿童，上、下为成人。均侧身屈肢，头向、面向一致
蚬壳洲二组	M19	二	四	贝丘	方向 220°。墓圹近圆形，直径约 80、深约 11 厘米。填土中掺杂较多贝壳。人骨架面向东南，屈肢蹲葬
蚬壳洲二组	M20	二	四	贝丘	方向 135°。墓圹为不规则椭圆形，长径 96、短径 83、深 20 厘米。填土中掺杂碎贝壳。屈肢，头骨枕于膝关节上，面向东南。枕骨部位有骨笄 1 件
蚬壳洲二组	M28	二	四	贝丘	方向 354°。墓圹呈不规则形，长 108、宽 78 厘米。填土中掺杂碎贝壳。屈肢双人合葬，头向分别为东、北，面向分别向南、东南。出土多孔石刀 2 件
蚬壳洲二组	M30	二	四	贝丘	方向 163°。墓圹近长方形，长 172、宽 64、深约 25 厘米。填土主要为贝壳，夹杂少量灰土。屈肢双人合葬，头向分别为南、北，面向分别向东、西
蚬壳洲二组	M32	二	四	贝丘	方向 283°。墓圹近椭圆形，长径 76、短径 50~68、深约 27 厘米。填土分为两层，上层为贝壳夹杂少许灰土，下层为黄褐色黏土。人骨架双臂反剪于背后，俯身屈肢

从表三六可知，目前发现的明确无误的墓葬只见于贝丘遗址，这些墓葬属于距今 7000~6000 年珠江三角洲地区遗址总分期的第一、二期，第三期还未发现。万福庵遗址的墓葬没有清理，蚝岗遗址和蚬壳洲遗址的墓葬进行了清理。

蚝岗遗址发现墓葬两座。这两座墓的方向一致，均为长方形土坑竖穴墓[4]，没有发现葬具，无随葬品。M1 的骨骼保存较好，仰身直肢，墓主为男性。M1 和 M2 略错位平行，相距仅 60 厘米。

在珠江三角洲地区晚于咸头岭一类遗存的新石器时代至商周时期，发现的墓葬数量虽然已经

---

① 广东省博物馆等：《广东省东莞市三处贝丘遗址调查》，《考古》1991 年 3 期。

② 莫稚等：《广东珠江三角洲贝丘遗址》，《南粤考古文集》，文物出版社，2003 年。

③ 张文光等：《东莞市蚝岗新石器时代遗址 1 号墓人骨鉴定报告》，《东莞蚝岗遗址博物馆》，岭南美术出版社，2007 年。

④ 东莞市文化局等：《东莞文物图册》，第 16 页，图 2，中国建筑工业出版社，2005 年。

不少，但是往往人骨不存或残缺太甚，可考葬式的墓葬不是很多。在增城金兰寺[1]、南海灶岗[2]、南海鱿鱼岗[3]、三水银州[4]、广州南沙鹿颈村[5]、佛山河宕[6]等遗址发现的墓葬，可以辨别葬式的均为直肢葬。但是屈肢葬也有很少量的发现，香港马湾岛东湾仔北遗址第二期遗存的 19 座墓葬中，可以判别葬式的有 6 座仰身直肢葬，但有 1 座为侧身屈肢葬[7]；东莞村头遗址墓葬的葬式主要为仰身直肢，但是 M3 为侧身屈肢[8]。可见直肢葬一直是先秦时期珠江三角洲地区墓葬葬式的主流。而直肢葬这种葬式以距今 7000~6000 年珠江三角洲地区遗址总分期二期四段的蚝岗遗址 M1 为代表，已经开启了先河。

蚬壳洲遗址地处西江下游高要盆地河谷平原上的低平台地上，前后两次发掘共发现新石器时代墓葬 24 座。墓主头向各异，躯体弯曲甚，似经捆缚后埋葬。葬式大多为单身侧身屈肢葬，也有俯身屈肢葬和蹲式屈肢葬。还有三例合葬墓，一例为三人合葬，两例为双人合葬。三人合葬者骨架相互叠压，双人合葬者并排而置，头向相反。均未发现葬具，墓圹因埋葬方式和人数多少而变化，以圆角方形和椭圆形竖穴土坑墓最多。墓葬面积大小有差别，但是均不大，最大的为 M30，长方形，尺寸为 172×64-25 厘米；最小的为 M23，不规则形，尺寸为 67×45-17 厘米。随葬品的数量极少，仅 M3 随葬 1 件打制石片，M20 随葬 1 件骨笄，M28 随葬 2 件多孔石刀。墓葬的整体布局有一定规律，如 1987 年底至 1988 年初的发掘分为 Ⅰ、Ⅱ 两个区，Ⅰ 区的墓葬分南部和东北部两组，Ⅱ 区的 3 座墓葬为一组，各组均围成一个近乎封闭的圈。这个墓地"应为一个氏族的公共墓地，不同的组可能表示氏族内不同的家族"[9]。

珠江三角洲地区先秦时期的墓葬是以直肢葬这种葬式为主流的，咸头岭一类遗存的屈肢葬和蹲葬的葬式只见于蚬壳洲遗址，而晚于咸头岭一类遗存的屈肢葬虽然存在，但是只见于东湾仔北、村头等个别遗址，且数量极少。与广东相邻的广西地区，在其史前时期屈肢葬或蹲葬则是非常流行的葬式，而且分布范围也很广，在桂林庙岩[10]、甑皮岩[11]、轿子岩[12]、临桂大岩[13]、柳州鲤鱼

[1] 莫稚等：《广东珠江三角洲贝丘遗址》，《南粤考古文集》，文物出版社，2003 年。

[2] 广东省博物馆：《广东南海县灶岗贝丘遗址发掘简报》，《考古》1984 年 3 期。

[3] 广东省文物考古研究所等：《广东南海市鱿鱼岗贝丘遗址的发掘》，《考古》1997 年 6 期；广东省文物考古研究所等：《南海市鱿鱼岗贝丘遗址发掘报告》，《广东省文物考古研究所建所十周年文集》，岭南美术出版社，2001 年。

[4] 广东省文物考古研究所等：《广东三水市银州贝丘遗址发掘简报》，《考古》2000 年 6 期。

[5] 广州市文物考古研究所：《广州南沙鹿颈村遗址的发掘》，《广州文物考古集——广州考古五十年文选》，广州出版社，2003 年。

[6] 广东省博物馆等：《佛山河宕遗址——1977 年冬至 1978 年夏发掘报告》，广东人民出版社，2006 年。

[7] 香港古物古迹办事处等：《香港马湾岛东湾仔北史前遗址发掘简报》，《考古》1999 年 6 期。

[8] 广东省文物考古研究所等：《东莞村头遗址第二次发掘简报》，《文物》2000 年 9 期。

[9] 广东省博物馆等：《高要县龙一乡蚬壳洲贝丘遗址》，《文物》1991 年 11 期。

[10] 谌世龙：《桂林庙岩洞穴遗址的发掘与研究》，《中石器文化及有关问题研讨会论文集》，广东人民出版社，1999 年；张子模等：《广西桂林甑皮岩遗址人骨葬式的再研究》，《中石器文化及有关问题研讨会论文集》，广东人民出版社，1999 年。

[11] 广西壮族自治区文物工作队等：《广西桂林甑皮岩洞穴遗址的试掘》，《考古》1976 年 3 期；中国社会科学院考古研究所：《桂林甑皮岩》，文物出版社，2003 年。

[12] 陈远璋：《蹲葬探源》，《广西考古文集》（第三辑），文物出版社，2007 年。

[13] 傅宪国等：《桂林地区史前文化面貌轮廓初现》，《中国文物报》2001 年 4 月 4 日；唐春松：《桂林新石器时代文化遗址概述及相关问题探讨》，《岭南考古研究》6，中国评论学术出版社，2007 年。

嘴①、南宁长塘②、横县西津③、秋江④、灰窑田⑤、扶绥敢造⑥、邕宁顶狮山⑦、都安北大岭⑧、百色革新桥⑨、那坡感驮岩⑩等遗址中见有屈肢葬或蹲葬。广西地区史前时期的屈肢葬和蹲葬习俗最早见于旧石器时代晚期至新石器时代早期的桂北洞穴遗址，大约出现于距今 15000～12000 年，至新石器时代中期渐次发展到桂南地区以及其他地区，成为沿江河岸贝丘遗址的主要葬式之一；而上面提到的广西地区各个遗址发现的屈肢葬和蹲葬的年代多数比蚬壳洲遗址的年代要早⑪。已有研究者指出蚬壳洲遗址屈肢葬的习俗源于广西地区的史前文化⑫，这种观点应该是正确的。

在珠江三角洲地区距今 7000～6000 年的遗址中，蚬壳洲遗址是最靠西北的一个遗址。再往西走，沿西江逆流而上就可以与广西境内的桂江、浔江、郁江等很多河流相通，而广西境内同时期遗址的文化面貌从出土遗物来看，与珠江三角洲地区的文化面貌相比差别比较大，它们应该归属于不同的考古学文化。虽然蚬壳洲遗址屈肢葬和蹲葬的葬俗是从广西一带传来的，但是蚬壳洲遗址出土的遗物与同时期珠江三角洲地区其他遗址出土的遗物没有什么差别（参见下篇第一章第二节）。可以看出蚬壳洲遗址的遗存是广西境内的古文化顺西江而下与珠江三角洲地区的古文化相互交流结合而形成的，而蚬壳洲遗址应该是两地文化相互交汇、碰撞的一个地点，也是同时期珠江三角洲地区古文化的西北边界点。葬俗的不同只是有可能说明了族属的差异，而不同的族属是可以创造同一种考古学文化的。

二　遗　物

有陶器、石器、骨器、蚌器和木器。

（一）陶器

在珠江三角洲地区，距今 7000～6000 年的各个遗址均出土有陶器。下面将这些遗址出土陶器的器类列表如下（表三七）⑬。

---

① 柳州市博物馆等：《柳州市大龙潭鲤鱼咀新石器时代贝丘遗址》，《考古》1983 年 9 期。

② 广西壮族自治区文物工作队等：《广西南宁地区新石器时代贝丘遗址》，《考古》1975 年 5 期。

③ 广西壮族自治区文物工作队等：《广西南宁地区新石器时代贝丘遗址》，《考古》1975 年 5 期；彭书琳等：《广西西津贝丘遗址及其有肩石器》，《东南文化》1991 年 3、4 期。

④ 广西壮族自治区文物工作队：《广西横县秋江贝丘遗址的发掘》，《广西考古文集》（第二辑），科学出版社，2006 年。

⑤ 陈远璋：《蹲葬探源》，《广西考古文集》（第三辑），文物出版社，2007 年。

⑥ 广西壮族自治区文物工作队等：《广西南宁地区新石器时代贝丘遗址》，《考古》1975 年 5 期。

⑦ 中国社会科学院考古研究所广西工作队：《广西邕宁县顶狮山遗址的发掘》，《考古》1998 年 11 期。

⑧ 林强等：《广西都安北大岭遗址考古发掘取得重要成果》，《中国文物报》2005 年 12 月 2 日；林强：《广西红水河流域新石器时代台地遗址的发现和研究》，《南方文物》2007 年 3 期；林强：《广西红水河流域新石器时代台地遗址的研究》，《岭南考古研究》6，中国评论学术出版社，2007 年。

⑨ 广西壮族自治区文物工作队：《广西百色市革新桥新石器时代遗址》，《考古》2003 年 12 期。

⑩ 广西壮族自治区文物工作队：《广西那坡县感驮岩遗址发掘简报》，《考古》2003 年 10 期。

⑪ 陈远璋：《蹲葬探源》，《广西考古文集》（第三辑），文物出版社，2007 年。

⑫ 李岩等：《珠江三角洲贝丘遗址考古研究的实践与思考》，《南方文物》1995 年 1 期。

⑬ 由于一些遗址发掘的面积有限，或者出土遗物太少，所以本表中列出的这些遗址的陶器器类并不一定代表该遗址全部的陶器组合。个别陶器器类的命名，本表与原报告的不同。特此说明。

表三七　距今 7000~6000 年珠江三角洲地区陶器统计表

遗址	期	段	出土陶器
咸头岭 1 段	一	一	圈足盘、罐、杯、釜、支脚
麒麟山果场	一	一	罐
龙鼓洲一组	一	一	圈足盘、罐等
咸头岭 2 段	一	二	圈足盘、罐、杯、钵、釜、支脚
龙鼓洲二组	一	二	圈足盘
盐田港东山	一	二	杯
咸头岭 3 段	一	三	圈足盘、罐、杯、钵、豆、釜、支脚
龙鼓洲三组	一	三	圈足盘
万福庵	一	三	圈足盘、豆、釜等
蚬壳洲一组	一	三	圈足盘、釜
深湾村东谷	一	三	圈足盘、杯
蚝岗一期	二	四	圈足盘、釜
后沙湾	二	四	圈足盘、罐、杯、钵、釜
龙穴	二	四	圈足盘、罐、豆、釜、支脚、器座
白水井	二	四	圈足盘、豆、釜等
蚬壳洲二组	二	四	圈足盘、釜等
春坎湾	二	四	圈足盘、杯等
咸头岭 4 段	二	五	圈足盘、豆、釜、支脚、器座
大黄沙	二	五	圈足盘、碗、钵、圜底盘、盆、釜、支脚、器座
小梅沙	二	五	圈足盘、釜
蚝岗二期	二	五	圈足盘、釜、器座
黑沙	二	五	圈足盘等
长沙栏	二	五	圈足盘等
蟹地湾	二	五	圈足盘等
大湾	二	五	圈足盘等
丫洲	二	五	圈足盘等
涌浪	二	五	圈足盘、釜、器座
龙鼓洲四组	二	五	圈足盘
深湾 F 层一组	二	五	圈足盘等
咸头岭 5 段	三	六	圈足盘、碗、双耳杯、钵、罐、盆、圜底盘、平底盘、釜、支脚、器座等
大梅沙	三	六	碗、釜、支脚、器座
蚝岗三期	三	六	圈足盘、钵、釜、支脚、器座、陶饼等
草堂湾	三	六	圈足盘、釜、器座
棠下环	三	六	圈足盘、釜等
金兰寺	三	六	圈足盘、平底盘、碗、钵、釜等

从表三七可知,距今 7000~6000 年珠江三角洲地区遗址总分期的第一期陶器常见的组合是圈足盘、罐、釜和支脚,另外不同的组合再配以杯、钵、豆等器类中的一种或数种;第二期陶器常见的组合是圈足盘、釜、支脚和器座,另外不同的组合再配以罐、杯、碗、钵、豆、盆等器类中的一种或数种;第三期陶器常见的组合是圈足盘、釜、碗、支脚和器座,另外不同的组合再配以钵、圜底盘、平底盘、双耳杯、罐、盆等器类中的一种或数种。从第一期到第三期,首先圈足盘、釜、支脚的陶器基本组合没有变化,而且这些器类的数量也最多,其次罐、杯、钵也有一定数量,而豆、碗、圜底盘、平底盘、盆等则比较少。

珠江三角洲地区距今 7000~6000 年遗址出土的陶器总体可以分为六段三期,而每一段、期陶器的形制特点、纹饰特色和彩陶纹样风格等,在上篇第二章、第四章以及下篇第一章已经有比较详细的叙述,此不赘言。

(二)石器

在珠江三角洲地区,距今 7000~6000 年的大多数遗址出土有石器。下面把这些遗址出土石器的器类列表如下(表三八)[①]。

表三八　距今 7000~6000 年珠江三角洲地区石器统计表

遗址	期	段	出土石器
咸头岭 1 段	一	一	锛、凹石、砧、砺石
咸头岭 2 段	一	二	锛、饼形器、凹石、杵、拍、砧
咸头岭 3 段	一	三	锛、饼形器、凹石、锤、拍、凿、砧、砺石
万福庵	一	三	锛(斧)、砺石
蚬壳洲一组	一	三	斧(锛)
蚝岗一期	二	四	饼形器、砺石
龙穴	二	四	斧(锛)、饼形器、凹石、杵、拍、砧、尖状器、砺石
白水井	二	四	锛、拍、砺石等
蚬壳洲二组	二	四	锛(斧)、刀等
咸头岭 4 段	二	五	锛、饼形器、凹石、杵、锤、拍、砧、砺石
大黄沙	二	五	锛、斧、饼形器、凹石、拍、砧、砺石等
小梅沙	二	五	刮削器
蚝岗二期	二	五	锛、斧、饼形器、拍、刀、尖状器、砺石
长沙栏	二	五	锛(斧)、凹石、杵、锤、砺石
丫洲	二	五	砍砸器、锤、刮削器、坠
涌浪	二	五	锛(斧)等
咸头岭 5 段	三	六	锛、斧、饼形器、凹石、拍、凿、砧、刀、砺石等
大梅沙	三	六	锛、斧、拍、刀、砺石等
蚝岗三期	三	六	锛、斧、饼形器、拍、尖状器、砺石等
草堂湾	三	六	尖状器、砺石
棠下环	三	六	饼形器
金兰寺	三	六	锛、斧

① 由于一些遗址发掘的面积有限,或者出土遗物太少,所以本表中列出的这些遗址的石器器类并不一定代表该遗址全部的石器组合。个别石器器类的命名,本表与原简报不同。特此说明。

从表三八可知，距今 7000～6000 年珠江三角洲地区遗址总分期的第一期的石器常见锛、饼形器、凹石、砧和砺石，另外还有斧、锤、拍、凿等；第二期的石器常见锛、饼形器、凹石、杵、砧和砺石，另外还有斧、锤、拍、尖状器、刀、刮削器、砍砸器等；第三期的石器常见锛、饼形器、凹石、拍和砺石，另外还有斧、尖状器、凿、砧、刀等。从第一期到第三期，最常见的石器基本是锛、饼形器、凹石和砺石，另外杵、砧、拍、尖状器也有一定数量，而斧、锤、凿、刀、刮削器和砍砸器等则较少见。上述石器绝大多数是磨制的，只有很少数是打制的，打制石器主要是尖状器、刮削器和砍砸器。

珠江三角洲地区距今 7000～6000 年遗址出土的石器，咸头岭遗址出土的锛、饼形器、凹石、杵、拍、锤、凿、砧、砺石等已经在上篇第二章和第四章有较详细的介绍，而其他遗址出土的同类器物的形制与咸头岭遗址所出土的相比没有大的区别。这里仅就一些有特色的之前没有详细描述的器物以及需要特别说明的器物加以叙述。

锛　形制主要是梯形或略呈梯形，少量的为有肩无段和长三角形。梯形或略呈梯形的锛很普遍，第一至三期都有，长三角形锛仅在咸头岭遗址发现一件，应该是受石料的限制偶尔为之。这里主要探讨有肩石器在珠江三角洲地区最早出现的年代。过去一般认为珠江三角洲地区最早的有肩石器见于南海西樵山遗址群，年代大约距今 5000 多年[1]。而在咸头岭遗址，目前所见最早的有肩无段锛见于此遗址的二期 4 段（相当于距今 7000～6000 年间珠江三角洲地区遗址总分期的二期五段），出土 3 件，在器体两侧有比较明显的窄肩（参见上篇第四章第四节）；同属于总分期二期五段的大黄沙遗址[2]、长沙栏遗址[3]也出有双肩锛。但是上述三个遗址出土的有肩无段锛，从整个珠江三角洲地区来看并不是最早的。属于总分期一期三段的万福庵遗址，报告中提到出土了一件有肩式锛（斧），肩部经过草率加工[4]；属于总分期一期三段的蚬壳洲一组，简报中介绍有一件采集的双肩斧（锛），肩部残留打制疤痕，肩部明显[5]。这件双肩斧（锛）虽然为采集品，但是发掘的地层除了新石器时代的文化层，就是宋代文化层，所以此器应该是新石器时代的遗物；属于总分期二期四段的蚬壳洲二组，简报中介绍有一件出土的有肩斧（锛），一侧略有肩，肩部残留打制疤痕[6]。从目前的资料看，珠江三角洲地区最早的有肩石器见于咸头岭一类遗存中，其年代大体在本书所分距今 7000～6000 年间珠江三角洲地区遗址总分期的一、二期之际，也就是大约距今 6400 年。

研究者对于华南地区有肩石器的起源有不同的看法，有的认为起源于珠江三角洲地区的西樵

---

[1]　杨式挺：《试论西樵山文化》，《考古学报》1985 年 1 期；曾骐：《珠江文明的灯塔——南海西樵山古遗址》，中山大学出版社，1995 年；广东省文物考古研究所：《广东省考古五十年》，《新中国考古五十年》，文物出版社，1999 年。

[2]　深圳市博物馆等：《深圳市大黄沙沙丘遗址发掘简报》图八：5，《文物》1990 年 11 期。

[3]　区家发：《大屿山长沙栏考古调查试掘报告》图二，《粤港考古与发现》，三联书店（香港）有限公司，2004 年。

[4]　莫稚等：《广东珠江三角洲贝丘遗址》，《南粤考古文集》，文物出版社，2003 年。

[5]　广东省博物馆：《广东高要县蚬壳洲发现新石器时代贝丘遗址》图二：6，《考古》1990 年 6 期。

[6]　广东省博物馆等：《高要县龙一乡蚬壳洲贝丘遗址》图七：1，《文物》1991 年 11 期。

山等遗址，并影响到其他地区①；有的认为广西西津遗址与西樵山遗址的双肩石器分别起源于本地，只是后来各地出现的双平肩石器才是西樵山文化传播的结果②；有的认为以西津等遗址出土的顶狮山文化的双肩石器是两广双肩石器的首创者（图一六七：9~11），西樵山文化的双肩石器应该是从顶狮山文化传入，并在西樵山文化得到迅猛发展，然后又传回到广西甚至更远的云贵高原和东南亚地区③。广西境内最早出现的有肩石器是发现于西津④、豹子头、江西岸⑤等遗址的有肩石锛（斧），它们属于顶狮山文化，年代距今 8000~7000 年⑥，显然比珠江三角洲地区最早的有肩石器要早。广西一带与珠江三角洲地区一直以来水道相通，文化间的交往比较密切，珠江三角洲地区最早出现的有肩石器是受到来自广西一带考古学文化的影响而出现的观点应该是成立的。

拍　　石拍在距今 7000~6000 年间珠江三角洲地区遗址总分期的一、二、三期均有，且在沙丘遗址和贝丘遗址中都有出土，而咸头岭遗址一期 2 段发现的一件石拍（06XTLT1⑥：2）是目前所知最早的石拍。珠江三角洲地区的石拍大都呈扁平状，主要是圆角舌形和长方形的，另外还有少量长条形和圆饼形的。大多数拍的一面或者两面有数量不等的竖条凹槽，个别的侧缘也有凹槽，在龙穴遗址还出土一件方格纹凹槽的石拍，有的拍上还有穿孔。较早的石拍的凹槽多比较粗疏，较晚的石拍的凹槽则相对比较细密。从目前的资料看，石拍可能是距今 6600 多年前最早出现在珠江三角洲地区的一种石器，其后逐渐影响到广西⑦、粤东⑧、台湾⑨等地，甚至还可能间接影响到越南、泰国、菲律宾、马来半岛、大洋洲岛屿以及美洲⑩，形成了十多种各有特色的地方类型⑪。

---

① 曾骐：《有段石锛、双肩石器和"几何形印纹陶"的有关问题》，《文物集刊》第 3 辑，文物出版社，1981 年；杨式挺：《试从考古发现探索百越文化源流若干问题》，《学术研究》1982 年 1 期；王仁湘：《关于我国新石器时代双肩石器的几个问题》，《南方民族考古》1987 年 1 辑；傅宪国：《论有段石锛和有肩石器》，《考古学报》1988 年 1 期；易西兵：《试论西樵山双肩石器的源流——西樵山遗址探索之一》，《岭南考古研究》2，岭南美术出版社，2002 年；石兴邦：《有关东南沿海与珠江流域氏族部落文化的一些问题（摘要）》，《华南与东南地区史前考古——纪念甑皮岩遗址发掘 30 周年国际学术研讨会论文集》，文物出版社，2006 年。

② 彭书琳等：《试论广西的有肩石器》，《纪念黄岩洞遗址发现三十周年论文集》，广东旅游出版社，1991 年。

③ 覃芳：《顶狮山文化衰变的人类学探索》，《广西考古文集》，文物出版社，2004 年；彭长林等：《试论广西新石器时代文化》，《广西考古文集》第三辑，文物出版社，2007 年。

④ 彭书琳等：《广西西津贝丘遗址及其有肩石器》，《东南文化》1991 年 3、4 期。

⑤ 广西壮族自治区文物考古训练班等：《广西南宁地区新石器时代贝丘遗址》，《考古》1975 年 5 期；彭书琳：《广西西津贝丘遗址及其有肩石器》，《东南文化》1991 年 3、4 期。

⑥ 中国社会科学院考古研究所广西工作队：《广西邕宁县顶狮山遗址的发掘》，《考古》1998 年 11 期；彭长林等：《试论广西新石器时代文化》，《广西考古文集》第三辑，文物出版社，2007 年。

⑦ 广西壮族自治区文物工作队等：《广西那坡县感驮岩遗址发掘简报》，《考古》2003 年 10 期；广西文物考古研究所：《广西红水河流域新石器时代遗址考古调查报告》，《广西考古文集》第三辑，文物出版社，2007 年；邱龙：《大化县音墟新石器时代遗址》，《中国考古学年鉴》1992，文物出版社，1993 年；广西壮族自治区文物工作队：《广西马山县六卓岭、尚朗岭新石器时代遗址发掘报告》，《广西考古文集》（第二辑），科学出版社，2006 年。

⑧ 广东省文物考古研究所等：《广东普宁市池尾后山遗址发掘简报》，《考古》1998 年 7 期；邓聪：《东南中国树皮布石拍使用痕试释——后山遗址石拍的功能》，《揭阳考古》，科学出版社，2005 年。

⑨ 邓聪：《台湾地区树皮布石拍初探》，《东南文化》1999 年 5 期；邓聪：《台湾出土冯原式石拍的探讨》，《桃李成蹊集——庆祝安志敏先生八十寿辰》，中国考古艺术研究中心，2004 年。

⑩ 邓聪：《华南土著文化圈之考古学重建举要》，《东南考古研究》第二辑，厦门大学出版社，1999 年；邓聪：《树皮布——中国对世界衣服系统的伟大贡献》，《中国文物报》2000 年 11 月 15 日；吴春明：《菲律宾史前文化与华南的关系》，《考古》2008 年 9 期。

⑪ 邓聪：《史前蒙古人种海洋扩散研究——岭南树皮布文化发现及其意义》，《东南文化》2000 年 11 期；邓聪：《东亚出土树皮布石拍的考古学考察》，《史前与古典文明》，"中央研究院"历史语言研究所，2003 年。

关于石拍的用途，有的认为用于拍印陶器纹饰（绳纹、网格纹等）[1]；有的认为是制作树皮布的工具[2]；有的认为用于梳理麻披——将麻披拉紧，用这种石拍不断地顺着纤维的方向来回摩擦梳理，尽量去掉麻披上的木质化物质而保留其韧皮纤维并使其表面尽量光滑——获得较粗糙的麻线[3]；有的认为是加工处理食物或者沐浴时作为搓澡的工具[4]等。近年随着对石拍功用研究的深入，多数学者更倾向于石拍与制作树皮布有关[5]。

尖状器　见于龙穴、蚝岗二期、蚝岗三期和草堂湾等遗址，在沙丘遗址和贝丘遗址中都可以见到。体形比较厚重，打制而成，一端打成尖状。尖状器，有研究者称为蚝蛎啄[6]或牡蛎啄，可能用于采蚝和开蚝等[7]。

刀　见于蚬壳洲二组、蚝岗二期、咸头岭 5 段和大梅沙等遗址。虽然刀的数量不多，但是形制比较多样，大体可分为略呈方形的弧刃刀、略呈椭圆形的弧刃刀、略呈三角形的弧刃刀等。蚬壳洲二组的略呈三角形的薄片穿孔双面弧刃刀制作比较精致，很有特点。

刮削器　见于小梅沙、丫洲等遗址。体形不大，均为扁平长条形，打制而成，三面刃，刃部有加工的疤痕。

砍砸器　见于丫洲等遗址。体形比较厚重，为砾石做成，在砾石中部劈裂开，同一破裂面上可见上下对向的破裂痕，使用石器钝的边缘砍砸。

讨论珠江三角洲地区新石器时代的石器，是无法绕开南海西樵山遗址群的石器的[8]。西樵山遗址群已经发现的石器地点有 20 多处，出土的各类石器在数万件以上，而出土的陶片数量并不是太多，因此学术界一般认为此遗址群是采石、制造石器的场所。西樵山遗址群生产的石器有两类：一类是细石器，以燧石、玛瑙以及少量的霏细岩为原料，包括石核、石片（石叶）以及用石片加工的刮削器、尖状器，还有雕刻器、石钻、啄背小刀、镞等；一类是双肩石器（有锛、斧、铲等），主要以霏细岩和少量的燧石为原料，所见绝大多数为双肩石器的半成品或留有许多疤痕的磨制双肩石器，通体磨光的很少。因为有地层和测年的证据，一般认为西樵山遗址群的细石器要早

① 深圳市博物馆等：《深圳市大黄沙沙丘遗址发掘简报》，《文物》1990 年 11 期。

② 凌纯声：《树皮布印文陶与造纸印刷术发明》，"中央研究院"民族学研究所，1963 年；邓聪、黄韵璋：《大湾文化试论》，《南中国及邻近地区古文化研究》，中文大学出版社，1994 年；邓聪：《古代香港树皮布文化发现及其意义浅释》，《东南文化》1999 年 1 期；邓聪：《从二重证据法论史前石拍的功能》，《东南考古研究》第三辑，厦门大学出版社，2003 年；本书附录四。

③ 参见本书下篇第五章第四节。

④ 容达贤：《关于环珠江口地区史前"树皮布文化"若干问题的探讨》，《深圳文博》，人民出版社，2001 年。

⑤ 安志敏：《香港考古的回顾与展望》，《东亚考古论集》，中国考古艺术研究中心，1998 年；石兴邦：《有关东南沿海与珠江流域氏族部落文化的一些问题（摘要）》，《华南与东南地区史前考古——纪念甑皮岩遗址发掘 30 周年国际学术研讨会论文集》，文物出版社，2006 年；任式楠：《中国新石器时代纺织遗存的发现与研究》，《任式楠文集》，上海辞书出版社，2005 年。

⑥ 广东省文物管理委员会：《广东潮安的贝丘遗址》，《考古》1961 年 11 期。

⑦ 冯孟钦：《蚝岗遗址发掘的主要收获》，《东莞蚝岗遗址博物馆》，岭南美术出版社，2007 年。

⑧ 中山大学调查组：《广东南海县西樵山石器的初步调查》，《中山大学学报》（自然科学版）1959 年 1 期；彭如策等：《西樵山古代石器》，《文物》1959 年 5 期；广东省博物馆：《广东南海西樵山出土的石器》，《考古学报》1959 年 4 期；黄慰文等：《广东南海县西樵山遗址的复查》，《考古》1979 年 4 期；广东省博物馆：《广东南海县西樵山遗址》，《考古》1983 年 12 期；广东省文物考古研究所等：《广东省南海市西樵山佛子庙遗址的发掘》，《考古》1999 年 7 期；莫稚：《广东珠江三角洲贝丘遗址》，《南粤文物考古集》，文物出版社，2003 年。

于双肩石器①。

　　关于西樵山遗址群石器的分期和年代的说法较多，有的认为西樵山的打制石器为旧石器时代晚期至新石器时代初期的，即中石器时代，而磨制石器则为新石器时代中晚期的②；有的把西樵山遗址群当时发现的 14 处地点分为三类，第一类不见磨制石器和陶片，"时间为新石器时代早期或稍早"，第二类出现磨制石器和陶片，年代比第一类稍晚，第三类磨制石器与印纹陶片共存，"其时间当又较后"③；有的认为可能较早于以印纹陶为代表的遗存④；有的认为细石器与磨光石器应是"同时异相"，距今五六千年⑤；有的认为开始于一万年前的旧石器末期，包含了旧石器和新石器不同时期的遗存⑥；有的认为包含新石器早、中、晚不同时期的遗存，早期的年代上限距今七八千年，中期的年代距今五六千年，晚期的年代大致距今四千年，下限可能要到商代。早期的遗存指细石器，中、晚期的遗存以有肩石器为代表⑦；有的认为细石器的年代约距今 6300 年，第 15 地点的双肩石器的年代约距今 5260 年，双肩石器制造场的使用下限可能延续到青铜时代⑧；有的认为细石器的年代约距今 6500~6000 年，但是其下限可能在双肩石器出现后仍有一段共存的时间，而从伴出的陶器分析，第二类双肩石器的年代大约出现于距今 5500 年，并一直延续到青铜时代⑨；有的认为第 7 地点（佛子庙）可以分为两期，"时间从新石器时代延续到青铜时代（约相当于中原商周时期）"⑩等。可见各家的意见差别比较大，因此对西樵山遗址群出土石器的细致分期以及准确年代的研究今后还需要做更多的工作。

　　西樵山遗址发现后不久就一直有学者使用"西樵山文化"这个概念⑪。有的学者还对其所说的"西樵山文化"作了深入的论证⑫，认为西樵山文化是珠江三角洲地区存在的一种经历时间长（距今七八千年到商代）、分布范围广、内涵丰富多彩的一种原始文化。但是，这些学者所说的"西樵山文化"的内涵、分布空间以及具体时间等都有继续讨论的余地⑬。就是从距今七千年算起到夏商时期，珠江三角洲地区也经历了将近四千年的历史发展，在这么长的一个时间段内，考古

① 李松生：《西樵山考古研究的发展》，《中山大学学报》1991 年 4 期；曾骐：《珠江文明的灯塔——南海西樵山古遗址》，中山大学出版社，1995 年。

② 中山大学调查组：《广东南海县西樵山石器的初步调查》，《中山大学学报》（自然科学版）1959 年 4 期。

③ 广东省博物馆：《广东南海西樵山出土的石器》，《考古学报》1959 年 4 期。

④ 安志敏：《中国新石器时代考古学上的主要成就》，《文物》1959 年 10 期。

⑤ 黄慰文等：《广东南海县西樵山遗址复查》，《考古》1979 年 4 期。

⑥ 苏秉琦等：《关于考古学文化的区系类型问题》，《文物》1981 年 5 期。

⑦ 杨式挺：《试论西樵山文化》，《考古学报》1985 年 1 期。

⑧ 曾骐：《珠江文明的灯塔——南海西樵山古遗址》，中山大学出版社，1995 年。

⑨ 广东省文物考古研究所：《广东省考古五十年》，《新中国考古五十年》，文物出版社，1999 年。

⑩ 广东省文物考古研究所等：《广东省南海市西樵山佛子庙遗址的发掘》，《考古》1999 年 7 期。

⑪ 贾兰坡：《广东地区古人类学及考古学研究的未来希望》，《理论与实践》1960 年 3 期；郑德坤：《中国史前学的新发现》，人民出版社，1965 年；夏鼐：《三十年来的中国考古学》，《考古》1979 年 5 期。

⑫ 杨式挺：《试论西樵山文化》，《考古学报》1985 年 1 期；曾骐：《西樵山石器和"西樵山文化"》，《中国考古学会第三次年会论文集》，文物出版社，1984 年；曾骐：《珠江文明的灯塔——南海西樵山古遗址》，中山大学出版社，1995 年。

⑬ 邓聪等：《环珠江口史前考古刍议》，《环珠江口史前文物图录》，中文大学出版社，1991 年；吴增德等：《论新石器时代珠江三角洲区域文化》，《考古学报》1993 年 2 期；邱立诚：《对广东先秦考古研究的检讨》，《广东省文物博物馆事业前瞻》，广东人民出版社，2001 年。

遗存的总体面貌不是一成不变的，而是有很大变化的。把珠江三角洲地区至少四千年的庞杂而文化面貌又有很大变化的考古遗存统归为一种考古学文化，我们认为是不太合适的。首先，西樵山遗址是一个石器加工场，只要石料资源充足，不同时期、不同群体的人们都有可能利用这里的石料来加工石器，不能说出于西樵山遗址群的石器就一定属于同一种考古学文化。其次，从上述可知，西樵山遗址的双肩石器一般认为出现在距今5000多年，而咸头岭一类遗存的有肩无段锛（斧）最早出现的年代大约要早到距今6400年。从年代早晚来看，咸头岭一类遗存的双肩石器不可能受到西樵山遗址群双肩石器的影响，而可能受到了来自广西一带考古学文化因素的影响而出现。咸头岭一类遗存的文化面貌与西樵山遗址群所反映出的文化面貌的差别太大，它们不可能归属为一种考古学文化。第三，如果考古学文化最基本的内涵是一定时期、一定分布地域内具有共同特征的一群古代遗存（遗迹和遗物）的共同体的总称，那么把年代上有差别、文化面貌也差别很大的以细石器为主要特征的遗存和以双肩石器为主要特征的遗存归属为一种考古学文化，这也是有问题的。一些曾经论证过西樵山文化的学者也意识到了这个问题，又把细石器遗存分出来称为"西樵山细石器文化"①。总而言之，不能一看到有燧石、霏细岩打制石器和双肩石器就全都简单地统归为一种考古学文化。我们认为"西樵山文化"这个概念需要重新考虑，起码要重新界定其时空和内涵。

咸头岭一类遗存中是否有来自西樵山石器加工场的石器呢？咸头岭遗址2006年发掘出土的新石器时代的石器和石料共225件，全都作了岩性鉴定（参见附表八）。通过与本地石料的对比，研究者认为"咸头岭遗址新石器时代石器的石料基本源自咸头岭本地"（参见附录三）。咸头岭遗址二期4段有燧石石器3件，其中杵2件（T1④：20、T1④：49），砧1件（T1④：61）；二期4段还有霏细岩石器2件，其中砺石1件（YJ1：1），砧1件（T1④：15）。咸头岭遗址出土有很少量的在西樵山遗址常见的燧石和霏细岩质地的石器，但是这些石器的形制与西樵山遗址石器的形制基本没有可比性，很难说它们之间有什么关系。然而，在小梅沙遗址文化层中出土有一件燧石打制的刮削器（SLS：03），为距今7000～6000年间珠江三角洲地区遗址总分期的二期五段的器物，其形制与西樵山遗址的一些石片石器比较相似；在澳门圣保禄神学院发现两件打制的燧石石器，一件是石核，一件是刮削器，有学者认为属于大湾文化（即咸头岭一类遗存）②。所以，还不能完全排除咸头岭一类遗存中可能有很少量的来自西樵山石器加工场的石器。

（三）骨器

在珠江三角洲地区，距今7000～6000年间的少数遗址出土有骨器。把这些遗址出土骨器的器类列表说明（表三九）。

---

① 杨式挺：《广东新石器时代文化类型探讨》，《人类学论文选集》（1），中山大学出版社，1986年；杨式挺：《广东新石器时代文化及相关问题的探讨》，《史前研究》1986年1、2期合刊。
② 邓聪：《澳门半岛最古老的文化》，《文物》1999年11期。

表三九　距今 7000~6000 年珠江三角洲地区骨器统计表

遗址	期	段	遗址性质	出土骨器
万福庵	一	三	贝丘	凿等
蚬壳洲二组	二	四	贝丘	哨、笄
蚝岗二期	二	五	贝丘	铲、锥
蚝岗三期	三	六	贝丘	铲
金兰寺	三	六	贝丘	凿、锥

从表三九可知，目前发现的骨器只见于贝丘遗址，距今 7000~6000 年珠江三角洲地区遗址总分期的一、二、三期均有。

骨器的器类有凿、哨、铲、锥、笄。凿见于万福庵和金兰寺遗址，是用牛肋骨的一端磨出刃部。哨见于蚬壳洲遗址，用动物肢骨制成，两端有明显的切割和磨制痕迹，表面打磨光滑，一侧钻有上下两个小孔。铲见于蚝岗遗址，用动物肩胛骨磨制或把动物长骨切开磨制而成，一般为单面刃。锥见于蚝岗和金兰寺遗址，用动物骨磨制而成，长条形，锥尖圆锐。笄见于蚬壳洲遗址，用动物骨骼磨制而成，端头略尖，表面打磨光滑，截面呈椭圆形或弧形。

（四）蚌器

在珠江三角洲地区，距今 7000~6000 年的个别遗址出土有蚌器。将这些遗址出土蚌器的器类列表说明（表四○）。

表四○　距今 7000~6000 年珠江三角洲地区蚌器统计表

遗址	期	段	遗址性质	出土蚌器
万福庵	一	三	贝丘	斧
蚝岗二期	二	五	贝丘	穿孔蚌壳

从表四○可知，目前发现的蚌器只见于贝丘遗址，这些蚌器属于距今 7000~6000 年珠江三角洲地区遗址总分期的一、二期，三期还未发现。

蚌器的器类有斧和穿孔蚌壳。斧只见于万福庵遗址，是用蚌壳打磨而成，两件为扁平长身、圆刃，一件为长身、单肩、平刃。穿孔蚌壳只见于蚝岗遗址，用蚌壳打磨并穿孔而成，一件为镰刀形，下侧有凹刃，上部近边缘处有一个孔；另一件是在完整的蚝壳上穿了一个孔。

（五）木器

在珠江三角洲地区，距今 7000~6000 年的遗址中，目前只在万福庵贝丘遗址出土有 7 件木器。这些木器略呈短棍状，一头尖，尖端用石器琢削而成。只有 2 件保存较好，其中 1 件长 14.2、直径 4.3 厘米。万福庵遗址出土遗物的绝对年代与距今 7000~6000 年珠江三角洲地区遗址总分期的一期三段同时。

第二节　咸头岭文化概论

一　命　名

以咸头岭遗址为代表的这一类新石器时代遗存，陶器以夹砂的陶釜、碗、圈底盘、支脚、器座以及泥质的圈足盘、罐、杯、钵等为代表，而且从距今 7000~6000 年珠江三角洲地区遗址总分期的第一期至第三期，圈足盘、釜和支脚的陶器基本组合没有变化；石器则以锛、饼形器、凹石、拍、杵、尖状器、砧、砺石等为代表，而且从第一期至第三期，锛、饼形器、凹石和砺石的石器基本组合没有大的变化。多数陶器器类的形制演变序列清晰（参见上篇第二章第四节、下篇第一章第二节）；泥质彩陶和白陶器由繁盛逐渐走向衰落，数量逐渐变少，而夹砂陶器则越来越多。各种纹饰和彩陶纹样的演变序列也很清楚，绳纹由细逐渐变粗；戳印纹由复杂细密到疏朗，再到细密；贝划（印）纹由没有到出现，再到数量较多；彩陶纹样由简单到复杂，再到简约。另外还要说明，在珠江三角洲地区晚于咸头岭一类遗存的先秦时期遗存中白陶仍然存在，至少延续到商时期（参见上篇第五章、下篇第一章第三节），但不发达；而彩陶则极少发现①。也就是说以咸头岭遗址为代表的这类遗存自始至终都有彩陶，是一支具有特色的彩陶文化，彩陶是其区别于珠江三角洲地区先秦时期其他遗存的重要标志之一。

我们认为以咸头岭遗址为代表的这一类新石器时代遗存应该归属于一个考古学文化，这支考古学文化分布于珠江三角洲地区，而以珠江口一带最为密集。此类遗存发表的材料虽然有限，但是这类遗存一直是学术界关注的岭南史前考古学研究的焦点之一。1980 年代对咸头岭遗址的前两次发掘以及对大黄沙等遗址的发掘，使考古学界较前比较清楚地了解到珠江三角洲地区距今 6000 年前考古学文化的面貌，李伯谦于 1992 年提出应该以咸头岭遗址的文化遗存为代表，将珠江三角洲地区的同期考古学文化命名为"咸头岭文化"②，随后又有许多研究者参与了讨论。虽然前后参与讨论的研究者对这类遗存的考古学文化命名不同，有的同意"咸头岭文化"的命名③，有的称为"西樵山一期文化"或"金兰寺文化一期文化"④，有的称为"汤家岗文化后沙湾大黄沙类型"⑤，有的称为"大湾文化"⑥，有的称为"金兰寺文化"⑦，有的称为"咸头岭—大黄沙文

① 广东省博物馆：《广东南海县灶岗贝丘遗址发掘简报》，《考古》1984 年 3 期；杨式挺：《试论西樵山文化》，《考古学报》1985 年 1 期；杨式挺：《试论闽台粤先秦考古学文化关系》，《闽台古文化论文集》，《福建文博》1990 年增刊；广东省博物馆等：《佛山河宕遗址——1977 年冬至 1978 年夏发掘报告》，广东人民出版社，2006 年。

② 李伯谦：《广东咸头岭一类遗存浅识》，《东南文化》1992 年 3~4 期。

③ 李松生：《试论咸头岭文化》，《深圳考古发现与研究》，文物出版社，1994 年；叶杨：《深圳新石器时代考古》，《深圳博物馆开馆十周年纪念文集》，中华书局，1998 年；杨耀林：《深圳咸头岭史前文化遗存初步研究》，《深圳文博》，人民出版社，2001 年。

④ 杨式挺：《广东新石器时代文化及相关问题的探讨》，《史前研究》1986 年 1、2 期合刊。

⑤ 区家发：《浅谈长江中下游诸原始文化向广东地区的传播与消亡》，《岭南古越族文化论文集》，市政局，1993 年。

⑥ 邓聪等：《大湾文化试论》，《南中国及邻近地区古文化研究》，中文大学出版社，1994 年。

⑦ 任式楠：《论华南史前印纹白陶遗存》，《南中国及邻近地区古文化研究》，中文大学出版社，1994 年。

化"①，有的称为"咸头岭类型"② 等，但是研究者都看到了这类遗存所具有的明显区别于其他考古学文化或类型的地方性特点。因为在这类遗存的遗址中，咸头岭遗址是发现比较早的、发掘面积最大的一个遗址；其次，虽然咸头岭一类遗存的遗址在珠江三角洲地区已经发现了近 30 处，但是在这些遗址中除了咸头岭遗址出土了非常丰富而成系列的遗存外，其他遗址发现的遗存基本上是零星的，咸头岭遗址是目前出土这类遗存的遗址中独一无二的最具代表性的遗址；另外，"咸头岭文化"是严格按照考古学文化命名的原则，最早清晰地对这类遗存文化性质的归纳。所以我们认为把这类遗存称为"咸头岭文化"是最合适的，它是对珠江三角洲地区距今 7000～6000 年考古学文化最恰当的概括。

咸头岭文化清晰的六段三期，既反映了咸头岭文化在约 1000 年的历史过程中循序渐进的演变趋势，也反映了咸头岭文化发展变化的三个明显的大阶段。也就是说咸头岭文化的六段连接紧密，从考古学文化的性质来讲难以从中截然割断；但是，咸头岭文化自产生后也经历了两次比较大的变化，不过这两次大的变化主要是其内部的调整变化，并没有改变它的考古学文化性质。咸头岭文化在珠江三角洲地区一出现以至出现后的一段时间内，即咸头岭文化第一期阶段，就具有明显的地方特色，彩陶高领圈足罐、白陶戳印纹圈足杯、白陶戳印纹矮圈足敛口钵、支脚等陶器以及饼形器、凹石、拍、杵等石器不见或少见于同时期其他地区的考古学文化，戳印纹和彩陶纹样也具有地方特点；但是这一阶段受到广西和湖南境内一些考古学文化影响的烙印也较深，这种影响主要体现在卷沿釜和圈足盘的形制以及白陶、彩陶、兽面纹和鸟纹等（参见本章第三节）。其后，咸头岭文化经历了第一次大的内部调整，即咸头岭文化二期阶段，最主要的变化表现为泥质陶的数量减少，特别是白陶的数量减少较多，圈足盘、釜等一些器类的形制有较大变化，出现了器座和贝划（印）纹等；具有强烈地方特色的石器的数量明显增加，但是在这个阶段有肩石锛应该是受到广西境内一些考古学文化的影响而出现的。再后，咸头岭文化又经历了第二次大的内部调整，即咸头岭文化三期阶段，最主要的变化表现为泥质彩陶和白陶的数量已经更少，夹砂陶占了绝大多数，贝划（印）纹的数量有所增加；从陶器和石器的形制、纹饰来看，与同时期其他地区比较，多具有强烈的地方特色。从文化因素的角度来看，咸头岭文化的部分文化因素虽然显示出了与广西、湖南境内早一期和同期考古学文化比较密切的联系，但是大部分的文化因素又具有很强的地方特色，表明这支考古学文化虽然受到了外来文化因素的影响，但却是本地发展起来的一支土著文化。咸头岭文化所经历的两次大的内部调整变化，则也显示出其所受外来文化因素的影响在逐渐削弱，而具有很强的地方特色的文化因素越来越多，也越来越强。

有学者通过观摩深圳咸头岭遗址前后五次发掘出土的器物，认为咸头岭遗址可以分为"前后相续的属于两种文化的新石器时代遗存"，其较晚者即为学者所称的以"大湾式彩陶盘"等典型器物为代表的"大湾文化"、"咸头岭文化"或"后沙湾类型文化"；其较早者与"高庙文化"和"松溪口文化"具有直接的亲缘关系，但在生产工具和生活用具的一些侧面又表现出其为适应当地生态环境的自身特点，可被视为由高庙文化发展演变而来的一支区域性亚文化③。我们认为咸头

---

① 贺刚：《南岭南北地区新石器时代中晚期文化的关系》，《中国考古学会第九次年会论文集》，文物出版社，1997 年。

② 裴安平：《环珠江口地区咸头岭类型的序列与文化性质》，《东南考古研究》，厦门大学出版社，1999 年。

③ 贺刚等：《高庙文化及其对外传播与影响》，《南方文物》2007 年 2 期。

岭遗址新石器时代遗存可以分为 5 段三期，3 段和 4 段之间（也就是一、二期之间）的差别确实比较大，衔接不上，这是因为 3、4 段之间有缺环（参见上篇第二章第四节、下篇第一章第一节）；但是通过对目前已知的珠江三角洲地区距今 7000~6000 年遗存的总体把握，在咸头岭遗址 3 段和 4 段之间可以补入一段，这样就可以把珠江三角洲地区距今 7000~6000 年的遗存总体分为六段三期，而这六段三期的演变序列就显得比较紧密而有序（参见下篇第一章第二节），难以从中截然割断。同时我们也认为咸头岭文化经历过两次比较大的变化，但是这两次变化并没有改变它的考古学文化性质，而是展示了其在外来文化因素的影响下产生、发展，并使地方文化因素越来越壮大的历史过程。咸头岭文化与高庙文化、松溪口文化相似的因素主要是圈足盘、兽面纹和鸟纹，大部分的陶器器形和纹饰不同或有差别，彩陶的纹样也各有特色；石器的差别也很明显，比如高庙文化中大量的大型片状砍砸器和片状亚腰网坠不见于咸头岭文化，而咸头岭文化中的石拍等则不见于高庙文化。因此，在看到咸头岭文化与高庙文化、松溪口文化的一些文化因素有联系的同时，也要看到它们是分布于不同地域、不同时间的各具特色的不同的考古学文化。

目前在珠江三角洲地区还没有发现公认的早于咸头岭遗址 1 段的遗存。虽然有报道在香港西贡黄地峒发现了最早接近距今 4 万年的"旧石器时代晚期"的大型石器加工场遗址，"出土和采集到的人工打制石制品将近一万件"，"石器除了从山坡冲下来之外，仍有原地埋葬的可能性"[1]。但是有的研究者认为"学术界普遍对发现旧石器的报道存疑，提出应审慎地分析其石器组合及年代测定报告；至于该遗址年代是否属史前时期，以及遗址的性质都应作更为客观的分析"[2]。在广州番禺飘锋山发现了两件燧石打制的细小石器[3]，研究者认为"是一种刮削器"，并推测其与粤东南澳县象山遗址的细小石器同时，即大约距今 8000 年[4]。但是这两件燧石刮削器均已脱层，是采集的；另外在咸头岭文化的小梅沙遗址文化层中也出土有一件燧石打制的刮削器（SLS：03）[5]，说明距今 6000 多年打制的燧石刮削器在珠江三角洲是存在的。所以飘锋山石器准确的年代还有待继续研究。在香港石壁东湾下文化层发现有一些打制石器，以尖突单边砍砸和双边砍砸技术制作[6]，有学者"估计其年代距今可能在 7000 年以前"[7]；在香港西贡蠔涌遗址的地层中发现一些小石片，上有明显的人工剥片和打制痕迹，共出的还有一些"火候低而原始的夹砂陶片"；在香港西

① 吴伟鸿等：《香港深涌黄地峒遗址试掘简报》，《人类学报》第 25 卷 1 期，2006 年；吴伟鸿：《香港深涌黄地峒遗址新发现的意义》，《中国东南沿海岛屿考古学研讨会论文集》，连江县政府编印，2005 年；吴伟鸿等：《香港西贡黄地峒遗址正式发掘与初步研究》，《岭南考古研究》5，香港考古学会出版，2006 年；张镇洪：《为何如此巧合——谈香港黄地峒遗址》，《岭南考古研究》5，香港考古学会出版，2006 年；容观琼：《南蛮不蛮——〈香港深涌黄地峒遗址试掘简报〉读后感》，《岭南考古研究》6，中国评论学术出版社，2007 年。

② 香港古物古迹办事处：《香港近年的考古发现与研究》，《考古》2007 年 6 期。

③ 曾祥旺：《广州番禺飘锋山旧石器遗存》，《南方文物》1997 年 4 期。

④ 邱立诚：《岭南前期新石器文化的研究》，《湖南考古辑刊》7，1999 年。

⑤ 杨耀林等：《深圳市先秦遗址调查与试掘》，《深圳考古发现与研究》，文物出版社，1994 年。

⑥ 区家发等：《香港石壁东湾新石器时代遗址——1987 年及 1988 年两次发掘综合报告》，《香港考古学会会刊》XII，1986~1988 年；区家发等：《香港大屿山东湾新石器时代沙丘遗址的发掘》，《纪念马坝人化石发现 30 周年文集》，文物出版社，1988 年；邓聪：《香港考古之旅》，香港区域市政局出版，1991 年；邓聪等：《略谈香港大屿山东湾遗址早期之打制石器》，《纪念黄岩洞遗址发现三十周年论文集》，广东旅游出版社，1991 年。

⑦ 邓聪：《古代香港历史的新发现》，《历史研究》1997 年 3 期。

贡涌西洲的山岗上发现了一些打制石片，并采样进行了¹⁴C 测年，测定为约距今 7000 年①；在香港沙头角新村遗址的下文化层出土的遗物都是打制粗糙简单的砾石石器，简报推测年代在新石器时代初期②。因为在咸头岭文化的一些遗址中也常发现打制石器（参见本章第一节二），甚至珠江三角洲地区一直到夏商时期的一些遗址中也还有一些打制石器的存在，因此不能一见到打制石器就认为年代一定要早到新石器时代早期或更早。学术界对香港等地发现的这几批打制石器的年代仍有争议③，这些石器的准确年代还需要继续研究。

　　总之，咸头岭遗址 1 段的遗存是目前所知珠江三角洲地区有准确测年的新石器时代最早的遗存，咸头岭文化也是目前所能够确定的珠江三角洲地区最早的一支新石器时代考古学文化。

二　类　型

　　一些学者通过对珠江三角洲地区不同性质古遗址分布状况的研究，认为珠江三角洲地区新石器时代遗址的空间分布很有特点，不同类型的遗址有不同的分布区域④。河岸型和河—潮型贝丘遗址主要分布于三角洲上游地区，即成陆年代较早的区域。在西、北江三角洲，其分布范围大致在南海九江—佛山—广州一线的西北。在东江三角洲其分布区域主要集中在东莞石龙以东以北地段。河岸型和河—潮型贝丘遗址在分布地段上没有明显的界限，但河—潮型贝丘遗址相对集中于该区的下游地段。河岸型和河—潮型贝丘遗址的分布状况，反映了这些地区在当时已经基本成陆，河流水系已经形成，并时常遭受咸潮的影响。海湾型贝丘遗址分布于现今三角洲中部的边缘地带，这一带的三角洲平原成陆年代较晚。这类贝丘遗址的分布状况，反映了这些地区在当时仍处于海湾环境。河—潮型贝丘遗址分布区与海湾型贝丘遗址分布区之间，有一片尚未发现新石器时代遗址的"空白区"，说明这片区域当时仍为水域。沙丘遗址主要分布于现今三角洲前缘、海滨或海岛周围，即现今的深圳、香港、珠海、澳门、中山境内的山丘和岛屿的边缘，尤其以山湾和岛屿的沙堤最为多见。沙丘遗址分布区远离贝丘遗址分布区，其间也有一个新石器时代遗址的"空白区"，这反映了沙丘遗址分布区在当时为海岛环境，周围皆为海域，现今的山湾就是当时的岛湾。上述的遗址分布状况，反映了新石器时代珠江三角洲的古地理环境空间格局。

　　咸头岭文化的遗址有海边的沙丘遗址、沿海岸的山岗坡地遗址以及贝丘遗址。沙丘遗址占绝大多数，分布于珠江三角洲的南部一带；沿海岸的山岗坡地遗址很少，也只见于珠江三角洲的南部一带，而且这些遗址或者是与海边的沙丘相接壤或者本身就是沙丘遗址往周围山岗的延续，故而这些遗址大体可以与沙丘遗址归为一类；贝丘遗址则都分布于珠江三角洲的中部及其以北，目前发现的只有蚝岗、万福庵、金兰寺和蚬壳洲这四个遗址。从贝丘遗址的贝壳种类来看，万福庵遗址新石器时代文化层（第 2 层）中包含较多的贝壳，初步鉴定主要是河口及淡水生长的小型贝

---

① 香港古物古迹办事处：《香港澳门五十年来的考古收获》，《新中国考古五十年》，文物出版社，1999 年。
② 莫稚：《香港沙头角新村遗址考古发掘报告》，《香港考古学会会刊》第十五卷，2002 年。
③ 香港古物古迹办事处：《香港澳门五十年来的考古收获》，《新中国考古五十年》，文物出版社，1999 年。
④ 李平日等：《珠江三角洲一万年来环境演变》，海洋出版社，1991 年。

类（河蚬）①；蚬壳洲遗址的贝类均为现生种，生活于淡水环境中的种类个体数占 80%，生活于咸淡水之交环境中的种类个体数占 20%②；蚝岗遗址的贝壳种类主要是生息于潮间带的牡蛎、文蛤等③；金兰寺遗址的贝壳种类以淡水蚬为多，也有少量蚌、蚶、蚝、螺等④。因为河口段水中藻类等贝类的饵料最为丰富，海水中反而比较少，故河口段贝类丰富，海洋贝类相对较少。数千年前珠江河口湾在现今珠江三角洲中部，深圳、珠海、香港等地当时的周围还是大海⑤，其时的先民在现今珠江三角洲中部及其以北很容易找到大量贝类作为食物，故而堆积成成堆的贝壳形成贝丘，而深圳、珠海、香港等地贝类较少，可能不常用贝类作为食物，所以沙丘遗址遗留下来的贝壳鲜见。

咸头岭文化的沙丘遗址和贝丘遗址，一、二、三期都有，但是分布范围各有其所，一南一北，界限分明；正如有的研究者所说的，"珠江口地区史前遗存以沙丘遗址为其特征，珠江三角洲中北部史前遗存则以贝丘遗址别具特色"⑥。从咸头岭文化沙丘遗址和贝丘遗址的文化面貌来看，相同器类陶器的形制以及陶器上的花纹、彩陶的纹样等没有太大的区别。沙丘遗址和贝丘遗址的石器中多数器类一样，形制也没有大的区别，如锛、斧、饼形器、拍、砺石等；但是各自也有一些特点，比如在沙丘遗址中常见的数量较多的凹石、杵等在贝丘遗址中没有发现，而蚬壳洲遗址的多孔刀⑦、穿孔椭圆形器⑧以及金兰寺遗址所见的有肩式穿孔锛⑨等穿孔石器不见于沙丘遗址。在贝丘遗址中所见的骨器、蚌器和木器等有机材料制成的工具，目前在沙丘遗址中没有发现。活动于沙丘遗址的先民应该也使用一些易于得到的有机材质的工具，比如石质尖状器在贝丘遗址和沙丘遗址中都有，有的研究者又称之为牡蛎啄，可能用于采蚝和开蚝，说明当时沙丘遗址的先民与贝丘遗址的先民一样，也食用贝类食物，而咸头岭文化二、三期所见的贝划（印）纹一般认为是用毛蚶（蛤）等贝壳做工具制作的⑩；咸头岭文化中极具特色的戳印纹，经过实验证明应该是用竹制的工具戳印的（参见附录一）。贝划（印）纹和戳印纹在咸头岭文化的贝丘遗址和沙丘遗址中均见。由于沙丘遗址酸性的埋藏环境，有机材料制成的工具难以保存至今。我们虽然不能认为沙丘遗址没有有机材质的工具，但是用有机的材料做工具在贝丘遗址中比较普遍。2006 年在佛山高明古椰贝丘遗址的发掘中又出土了一批保存比较好的木器和骨器⑪，古椰遗址第一阶段的年代上限应该晚于咸头岭文化的年代下限，但其年代下限不会晚于距今 5500 年前后（参见下篇第一章第三节）。所以，从目前的资料来看，普遍使用骨器、蚌器和木器应该是贝丘遗址的一个特点。沙丘

---

① 广东省博物馆等：《广东省东莞市三处贝丘遗址调查》，《考古》1991 年 3 期；珠江三角洲史前遗址调查组：《珠江三角洲史前遗址调查》，《考古学研究》（四），科学出版社，2000 年；莫稚等：《广东珠江三角洲贝丘遗址》，《南粤考古文集》，文物出版社，2003 年。

② 广东省博物馆等：《高要县龙一乡蚬壳洲贝丘遗址》，《文物》1991 年 11 期。

③ 李子文：《广东东莞市蚝岗贝丘遗址调查》，《考古》1998 年 6 期。

④ 莫稚等：《广东珠江三角洲贝丘遗址》，《南粤考古文集》，文物出版社，2003 年。

⑤ 赵焕庭：《珠江河口演变》，海洋出版社，1990 年；范信平等：《香港概览》，海洋出版社，1992 年。

⑥ 李子文：《龙穴沙丘遗址发掘及相关问题的考察》，《广州文物考古集》，文物出版社，1998 年。

⑦ 广东省博物馆：《高要县龙一乡蚬壳洲贝丘遗址》图七：3、4，《文物》1991 年 11 期。

⑧ 珠江三角洲史前遗址调查组：《珠江三角洲史前遗址调查》图三：1，《考古学研究》（四），科学出版社，2000 年。

⑨ 莫稚：《广东珠江三角洲贝丘遗址》图四：1，《南粤考古文集》，文物出版社，2003 年。

⑩ 冯永驱等：《深圳史前沙丘遗址陶器纹饰制作模拟实验》，《南中国及邻近地区古文化研究》，中文大学出版社，1994 年。

⑪ 崔勇：《广东高明古椰贝丘遗址发掘取得重要成果》，《中国文物报》2007 年 1 月 12 日；另据笔者到古椰遗址发掘工地参观所见和听发掘者介绍。

遗址房屋建筑的特点，或是挖坑填入黏性沙土以及岩石碎块来建筑房基，或是直接用土铺垫在沙层上来筑房基；而墙基开槽填充贝壳，则是贝丘遗址房屋建筑的特色。

　　咸头岭文化的沙丘遗址和贝丘遗址，这两种类型遗址的遗存所反映出来的文化面貌总体上是一致的，把它们归属为一个考古学文化是无疑的；但是，这两种类型遗址的遗存所反映出来的文化面貌也有一些明显的区别和特点。这些区别和特点应该是人类适应不同的自然地理环境的结果，是原始人类"在不同的环境中适应生存的产物"①。所以目前的资料虽然零散而少，但是可以看出一些迹象，可以把咸头岭文化粗略分为两个类型，一个类型以沙丘遗址为特色，分布于珠江三角洲的南部；一个类型以贝丘遗址为特色，分布于珠江三角洲的中部及其以北。

三　聚　落

　　由于目前咸头岭文化的各个遗址发掘的面积多比较小，总体上遗迹和遗物发现的少而且多残损不全，所以进行细致的聚落研究的条件还不成熟。但是咸头岭文化各个遗址的面积大小则有比较明显的区别。

　　咸头岭文化的遗址，多数由于其所在地的开发建设，或多或少遭到一定程度的破坏，所以遗址的实际面积大都已经不能精确测算。现将已知的一些遗址现存面积列表说明（表四一）。

表四一　距今 7000~6000 年珠江三角洲地区遗址面积统计表

遗址名称	现存面积（平方米）	出　　处
咸头岭	30000	见脚注②
蚬壳洲	20000~52000	见脚注③
万福庵	15000~30000	见脚注④
棠下环	12000	见脚注⑤
大黄沙	10000	见脚注⑥
金兰寺	10000	见脚注⑦

①　李子文：《龙穴沙丘遗址发掘及相关问题的考察》，《广州文物考古集》，文物出版社，1998 年。

②　这个数据是通过实地调查以及对该遗址前后五次发掘范围的总体考察得出的。1981 年、1989 年发掘的简报中说"现存面积 13200 平方米"（深圳市博物馆等：《深圳市大鹏咸头岭沙丘遗址发掘简报》，《文物》1990 年 11 期），这是根据当时发掘和调查的情况估计的，并不准确，它没有把迭福湾三级沙堤中、西部的一大片区域估算进来。而正是在三级沙堤中、西部的范围内，在 2004 年和 2006 年的发掘中发现了丰富的遗物和遗迹。

③　对该遗址面积的估计有不同意见，一种意见认为是 20000 多平方米（广东省博物馆等：《广东高要县蚬壳洲发现新石器时代贝丘遗址》，《考古》1990 年 6 期；广东省博物馆等：《高要县龙一乡蚬壳洲贝丘遗址》，《文物》1991 年 11 期）；另一种意见认为是约 52000 平方米，而中心范围约为 8000 平方米（珠江三角洲史前遗址调查组：《珠江三角洲史前遗址调查》，《考古学研究》（四），科学出版社，2000 年）。

④　对该遗址面积的估计有不同意见，一种意见认为是约 15000 平方米（莫稚等：《广东珠江三角洲贝丘遗址》，《南粤考古文集》，文物出版社，2003 年）；另一种意见认为是约 30000 平方米（珠江三角洲史前遗址调查组：《珠江三角洲史前遗址调查》，《考古学研究》（四），科学出版社，2000 年）。

⑤　广东省文物考古研究所等：《珠海平沙棠下环遗址发掘简报》，《文物》1998 年 7 期。

⑥　深圳市博物馆等：《深圳市大黄沙沙丘遗址发掘简报》，《文物》1990 年 11 期。

⑦　莫稚等：《广东珠江三角洲贝丘遗址》，《南粤考古文集》，文物出版社，2003 年。

续表

遗址名称	现存面积（平方米）	出　　处
草堂湾	6000~10000	见脚注①
麒麟山庄果场	8000	见脚注②
盐田港东山	8000	见脚注③
龙穴	6000	见脚注④
深湾	6000	见脚注⑤
蚝岗	1000	见脚注⑥
后沙湾	500	见脚注⑦
丫洲	93.5	见脚注⑧

　　首先，表四一中遗址的现存面积数据，虽然不能精确说明各个遗址实际的面积，但是认为咸头岭文化各个遗址的面积是有大小之分的，这应该没有什么问题。其次，从表四一的数据来看，可以推测咸头岭文化的遗址大致可以分为大、中、小三类，大型遗址的面积在20000平方米及其以上；中型遗址的面积在10000平方米及其以上，20000平方米以下；小型遗址的面积在10000平方米以下。另外，从表四一对咸头岭文化遗址面积不完全的统计来看，大型遗址最少，中型遗址其次，小型遗址最多。

　　在距今7000~6000年的原始社会，遗址面积的大小应该直接与队群人口的多少有关。其时人类的自我生产占据非常重要的地位，因为人类的自我生产不仅仅是一种自然行为，更是维护队群繁衍和强大的社会需求。一个队群的人口众多，其聚居地自然就要占据比较大的面积，而一个队群的人口寡少，其聚居地当然面积就小。咸头岭文化各个遗址的面积有大小之分，这应该直接反映了各个遗址队群人口的多少。另外，遗址面积的大小也应该反映了遗址的不同地位。在一个遗址生活的队群，如果人丁兴旺，队群就强大；队群强大，就可以在与其他队群的争斗中占据优势；占据优势，就可以控制更大的区域以及其他队群，从而获取更多的食物以及其他自然资源。咸头

①　对该遗址面积的估计有不同意见，一种意见认为是约6000平方米（梁振兴等：《三灶岛草堂湾遗址发掘》，《珠海考古发现与研究》，广东人民出版社，1991年）；另一种意见认为是10000多平方米（珠江三角洲史前遗址调查组：《珠江三角洲史前遗址调查》，《考古学研究》（四），科学出版社，2000年）。

②　深圳市文物考古鉴定所实地调查所估。

③　深圳市文物考古鉴定所实地调查所估。

④　中山市博物馆编：《中山历史文物图集》，香港大公报印，1991年；广东省中山市博物馆等：《2004年广东中山龙穴遗址发掘简报》，《四川文物》2005年4期。

⑤　秦维廉：《南丫岛深湾——考古遗址调查报告》，香港考古学会专刊第三本，1978年6月。

⑥　此数据是1990年调查时估计的（李子文：《广东东莞市蚝岗贝丘遗址调查》，《考古》1998年6期）。1995年的调查也认为遗址的"面积约千余平方米"（珠江三角洲史前遗址调查组：《珠江三角洲史前遗址调查》，《考古学研究》（四），科学出版社，2000年）。2003年发掘时估计遗址A区（新石器时代聚落）的现存面积为600平方米（冯孟钦：《蚝岗遗址发掘的主要收获》，《东莞蚝岗遗址博物馆》，岭南美术出版社，2007年；广东省文物考古研究所等：《东莞市南城区蚝岗遗址初步发掘简报》，《华南考古》2，文物出版社，2008年）。

⑦　李子文：《淇澳岛后沙湾遗址发掘》，《珠海考古发现与研究》，广东人民出版社，1991年。

⑧　香港中文大学中国考古艺术研究中心等：《香港吐露港丫洲的考古收获》，《东南考古研究》第三辑，厦门大学出版社，2003年。

岭文化的遗址大致可以分为大、中、小三类，应该反映了各个遗址地位的高低。

从遗址面积的大小来看，目前所知咸头岭文化的大型遗址有咸头岭遗址和蚬壳洲遗址，可能还要加上万福庵遗址。蚬壳洲遗址和万福庵遗址，由于发掘面积比较小等原因，出土的遗物数量与咸头岭遗址相比也少很多，如果今后在这两个遗址继续做工作，可能会有更多新的发现。在咸头岭文化的遗址中，咸头岭遗址相对保存比较好，发掘面积也大，是咸头岭文化最具代表性的遗址，也是目前唯一一处可以比较全面地反映咸头岭文化面貌的典型遗址。从现有资料来看，咸头岭遗址与咸头岭文化的其他遗址相比，具有很明显的几个特点：首先，它的面积大；其次，它出土的遗物最为丰富，而且遗物所反映的制作工艺水平很高；第三，它有一些其他遗址少见或不见的遗迹，比如大面积的红烧土面、立石等；第四，其出土的第一期的遗物在其他20多个遗址中不见或鲜见，出土的第二、三期遗物的数量也大大超过其他遗址。这些特别之处可能表明咸头岭遗址是当时规格很高的对周围遗址有较强文化辐射力或者控制力的一个中心性遗址，最起码是咸头岭文化分布于珠江三角洲南部以沙丘遗址为特色的遗址类型中的中心聚落遗址。

第三节　咸头岭文化与周边地区考古学文化的关系

一　咸头岭文化与粤东地区考古学文化的关系

目前粤东地区发现的最早的出土有陶器的新石器时代遗址是南澳县的象山遗址[1]，采集的遗物有石制品和夹砂陶片。石制品包括石器、石片、石核，石器有刮削器、尖状器、雕刻器、钻等细小石器；陶片有1片，质地粗，火候、硬度低，内壁有浅的不连续的压印方格纹，外表有绳纹。简报认为该遗址的年代在距今8000年前后。象山遗址出土遗物的年代早于咸头岭文化遗物的年代，看不出它们之间有明显的联系，而粤东象山等遗址的细小石器与福建漳州地区的细小石器有密切的关系[2]。

20世纪五六十年代在粤东潮安发现三处新石器时代的贝丘遗址——石尾山、陈桥村和海角山遗址[3]，这三处遗址都只见夹砂陶片，不见泥质陶片，石器中打制的占一定数量或者全部是打制的。石尾山遗址发现有4片器形不辨、素面无纹的夹砂陶片；石器全部都是打制的，有尖状器（蚝蛎啄）、砍砸器等。陈桥村遗址，其第三层是新石器时代文化层，出土有夹砂陶器、石器和骨器。陶器器类以圈底的釜、钵最多，全部陶器的表里面均磨光，有的在口沿边及器里、有的在颈部、有的在腹部饰有宽带状的赭红彩，其上多再饰以贝划（印）纹和线纹；石器以打制的为主，有尖状器、砍砸器、梯形锛和砺石等；骨器有"斧（本章执笔注：应为铲）、两端刃器、刀、锥、镞、针、簪等"；发现有10个个体的人骨，当属墓葬，但葬式不详，在尸骨上有撒赭红色矿物质的现象。海角山遗址发现有夹砂陶釜等陶片，"表面多带绳纹和篮纹，也有素面、磨光或上红泥色

---

① 南澳县海防史博物馆等：《广东南澳县象山新石器时代遗址》，《考古与文物》1995年5期。

② 邱立诚：《两广地区打制石器文化遗存的研究》，《广西博物馆文集》第四辑，广西人民出版社，2007年。

③ 广东省文物管理委员会：《广东潮安的贝丘遗址》，《考古》1961年11期；广东省博物馆：《广东考古结硕果，岭南历史开新篇》，《文物考古工作三十年》，文物出版社，1979年；广东省文物考古研究所：《广东省考古五十年》，文物出版社，1999年。

陶衣的"；石器中以磨制的较多，有砍砸器、锛和砺石等。

　　简报认为石尾山遗址出土石器的形制大致与陈桥村遗址的相同，但是陶器较为原始，也不见骨器，所以年代可能比陈桥村遗址略早。海角山遗址磨制石器增多，应该比陈桥村遗址略晚，但是都属于"新石器时代中期"。潮安的这三处遗址，出土的尖状器（蚝蛎啄）、砍砸器、锛和砺石等石器在咸头岭文化的一些遗址中也可以见到，形制没有大的差别；陈桥村遗址出土的骨器，其中铲、锥、簪（笄）在咸头岭文化的贝丘遗址可以见到，形制也没有大的差别；陈桥村和海角山遗址夹砂陶器上所施的赭红色彩，与咸头岭遗址 5 段的一些陶器特征一样（参见上篇第四章第五节）；陈桥村遗址所见的贝划（印）纹，在咸头岭文化二、三期的一些遗址中可以见到；潮安的这三处遗址出土的陶器都是夹砂陶，咸头岭遗址 5 段虽然有少量的泥质陶，但是夹砂陶占绝大多数（为 91.6%）。粤东潮安的三处遗址，其绝对年代虽然难以准确判断，但是年代应该大体相当，可能只是略有先后而已，之前有学者认为"年代距今约 6000 多年"①，或认为"应该与珠江三角洲的大黄沙等彩陶遗址基本同时"②。通过潮安三处遗址出土遗物与咸头岭文化遗物的对比来看，或可估计其年代大体与咸头岭文化偏晚的阶段（主要是第三期前后）基本同时。

　　另外，揭阳玉湖湖岗遗址出土的陶片均为夹砂陶，手制，胎厚薄不匀，饰绳纹，器形仅见圜底釜、罐，并见涂红色陶衣，"年代可能与陈桥村遗址相当"③。可见，在粤东地区曾经一段时期存在着在陶器上涂红色陶衣的文化特征④，而这个特征与咸头岭文化第三期的一些陶器特征一样。

　　珠江三角洲地区与粤东地区的文化交流，从现有材料来看，至迟在夏商时期已经很频繁，在深圳⑤、香港⑥、惠阳、南海⑦、中山⑧、珠海⑨等地发现有不少与粤东后山类型以及浮滨文化的典型器物形制非常相似的器物，如陶鸡形壶、刻符壶、大口尊、折腹豆、酱褐釉长颈圈足壶、石戈等；在粤东普宁后山遗址发现有 10 余件扁平长方形或圆角长方形的所谓"石锉磨器"⑩，一面有数量不等的长条形凹槽，"年代相当于夏商之际或商代早期"。后山遗址"石锉磨器"的形制与咸

① 朱非素：《广东新石器时代考古若干问题的探讨》，《广东出土先秦文物》，香港中文大学文物馆，1984 年；广东省文物考古研究所：《广东省考古五十年》，《新中国考古五十年》，文物出版社，1999 年。

② 严文明：《新石器时代考古三题》，《广东文物》2001 年 1 期。

③ 邱立诚等：《广东揭阳先秦遗存考古调查》，《南方文物》1998 年 1 期。

④ 在揭阳洪岗贝丘遗址也采集有器表涂赭红陶衣的陶片，在此遗址不仅采集夹砂陶，还采集有泥质陶，而且有的陶片上的纹饰是复线梯格纹（张宗仪等主编：《揭阳文物志》，揭阳博物馆，1986 年）。洪岗遗址遗物的年代应该有区别，涂赭红陶衣的陶片可能与陈桥村遗址遗物的年代大体同时；复线梯格纹陶片，根据在香港涌浪（香港古物古迹办事处：《香港涌浪新石器时代遗址发掘简报》，《考古》1997 年 6 期）、深圳屋背岭（广东省文物考古研究所等：《深圳屋背岭遗址发掘报告》，《考古学报》2004 年 3 期）等遗址发现的梯格纹陶片的年代，其年代可能已经到了新石器时代晚期，甚至进入了夏时期。

⑤ 杨耀林等：《深圳市先秦遗址调查与试掘》，《深圳考古发现与研究》，文物出版社，1994 年；深圳市文管会办公室等：《深圳市南山向南村遗址的发掘》，《考古》1997 年 6 期；广东省文物考古研究所等：《深圳屋背岭遗址发掘报告》，《考古学报》2004 年 3 期。

⑥ William Meacham, Kwo Lo Wan Lower, Archaeological Investigation on Chek Lap Kok Island, *Journal Monograph* Ⅳ, *Hong Kong Archaeological Society*, 1994；香港古物古迹办事处等：《香港马湾岛东湾仔北史前遗址发掘简报》，《考古》1999 年 6 期。

⑦ 邱立诚等：《论浮滨文化》，《潮学研究》第 6 辑，1997 年。

⑧ 中山市博物馆编：《中山历史文物图录》图 25，1991 年 11 月。

⑨ 赵善德：《前山镇水涌、猫地遗址调查》，《珠海考古发现与研究》，广东人民出版社，1991 年。

⑩ 广东省文物考古研究所等：《广东普宁市池尾后山遗址发掘简报》，《考古》1998 年 7 期。

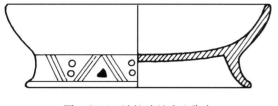

图一六四　沙坑遗址出土陶盘

头岭文化中的一些石拍一样，有学者就直接命名为石拍①，其源于咸头岭文化中的石拍应该无疑。

但是，由于资料所限，早至咸头岭文化时期珠江三角洲地区与粤东地区考古学文化的关系还不能说得很清楚。不过，从上述的一些迹象来看，在距今6000年前后珠江三角洲地区与粤东地区已经有了文化交流是有可能的，而两地的交流应该主要是以粤东地区东北—西南走向的莲花山脉以南的沿海丘陵和狭窄平原区域作为联系走廊的。在粤东海丰沙坑出有一件镂孔圈足盘（图一六四）②，其形制与香港虎地遗址一些盘的形制基本相同（图一五六：10），圈足上所饰的三角形划纹与虎地遗址（图一五六：9）和香港深湾F层第二组的一些器物上的三角形划纹（图一五五：9、13）相似。这件盘应该是受到珠江三角洲地区虎地一类遗存影响的反映，其年代大体与虎地遗址和深湾F层第二组同时，上限接近咸头岭文化的下限，下限在距今5500年前后（参见下篇第一章第三节）。而海丰的位置在莲花山脉西段以南，正好连接珠江三角洲地区与粤东地区。

二　咸头岭文化与粤北地区考古学文化的关系

目前粤北地区发现的出土有陶器的新石器时代遗址，年代早的多是一些洞穴遗址，也有少量的山岗遗址。

英德青塘的洞穴遗址有多处③，地层堆积中一般见有田螺壳、哺乳动物骨骼、打制简单的石器、灰屑和烧骨等，有的遗址的地层中还出有少量夹砂陶片。石器除在仙佛岩遗址地表采集了一件磨制石锛外，均为打制石器，有锛、斧、砍砸器、砧、砺石、石片等。在朱屋岩、仙佛岩、黄岩门2号洞等处发现有少量夹砂粗陶片，均出自可靠的地层中，火候低，多饰绳纹，"有的加上红赭色的陶衣"。在黄岩门3号洞、仙佛岩等遗址的地表也采集有泥质陶片，上饰曲尺纹、编织纹、方格纹；这些泥质陶片的年代与地层中夹砂陶片的年代应该不同，可能要比地层中夹砂陶片的年代晚许多。由于资料所限，以打制石器和夹砂陶片为代表的青塘的7处洞穴遗址，相对年代以及绝对年代都难以很准确地判断。但是研究者认为朱屋岩等遗址的"年代大约在距今14000～9000年，代表着旧石器时代向新石器时代的过渡阶段"，而仙佛岩遗址"已出现局部磨制石器与陶器共存，显然已进入新石器时代"④；也有研究者认为"青塘类型"的年代，"可推定在距今七八千年前"⑤，或"距今约七千年"⑥。

英德云岭牛栏洞洞穴遗址⑦，其年代跨度较长，包括了旧石器时代末期、中石器时代和新石

---

① 邓聪：《东南中国树皮布石拍使用痕试释——后山遗址石拍的功能》，《揭阳考古》，科学出版社，2005年。

② Rafael Maglioni, Archaeological Discovery in Eastern Kwangtung, *Journal Monograph* Ⅱ, *Hong Kong Archaeological Society*, 1975；［意］麦兆良：《粤东考古发现》，第55页，图7，汕头大学出版社，1996年。

③ 广东省博物馆：《广东翁源县青塘新石器时代遗址》，《考古》1961年11期。青塘现归英德市管辖。

④ 广东省文物考古研究所：《广东省考古五十年》，《新中国考古五十年》，文物出版社，1999年。

⑤ 杨式挺：《广东新石器时代文化及相关问题的探讨》，《史前研究》1986年1、2期合刊。

⑥ 朱非素：《广东新石器时代考古若干问题的探讨》，《广东出土先秦文物》，香港中文大学文物馆，1984年。

⑦ 金志伟等：《英德云岭牛栏洞遗址试掘简报》，《江汉考古》1998年1期。

器时代早期。简报认为与牛栏洞第三期类似的遗存在桂林甑皮岩遗址和英德青塘仙佛岩遗址中都有发现，将其年代定为"新石器时代早期应问题不大"。有研究者推测牛栏洞第三期的"年代约为距今10000~7000年"[1]，或距今10000~8000年[2]。牛栏洞遗址第三期的遗物有陶器、石器、蚌器和骨器，陶器只见器形不辨的9片夹砂绳纹陶片；石器除打制的端刃器、边刃器、斜刃器外，也有一件磨制的石斧；有一件穿孔蚌器和几件骨针、骨锥等。

始兴玲珑岩洞穴遗址，出有打制石器和夹砂绳纹陶片。研究者认为其年代与怀集岗坪大沙岩二洞、英德青塘等洞穴遗址相近，当在新石器时代早期[3]。

英德沙口史老墩山岗遗址[4]，发掘者认为是一处石器制作场。石器的器类主要是斧和切割器，还有刀、环、砍砸器、砺石、石片等，相当部分为未完成制作的毛坯，还有一些是制作过程中受损而废弃的。石器中多为毛坯，经加磨的较少。陶片出土6片，均为夹砂陶，手制，或素面或饰不太清晰的粗绳纹，似为釜（罐）类。史老墩遗址的年代，简报认为"可能属于距今7000年左右的新石器时代早期"。也有研究者认为，史老墩遗址第一期的Ⅱ、Ⅲ段的打制石器的数量和磨制石器相当，还出有一件双肩石器，年代大致为距今6000~5000年[5]。

青塘、牛栏洞以及玲珑岩遗址，以夹砂陶片和打制石器或还有少量保留有打制疤痕的磨制石器为代表的遗存的年代，应该早于咸头岭文化的年代；史老墩遗址的年代或与咸头岭文化有并行的一段时间。从目前的资料来看，还看不出上述遗址出土的遗物与咸头岭文化的遗物有很明显的直接联系。

以粤北曲江石峡遗址第4层为代表的石峡第一期文化（即"前石峡文化"）[6]，出土遗物比较少，以夹砂陶为主，陶器烧制火候不高；出土陶器有折沿、鼓腹、圜底的夹砂釜、罐，夹砂器盖，略敛口、圈足高5~8厘米而且有镂孔的泥质盘，泥质折腹杯和平底曲腹杯等（图一六五·18~25）；陶器纹饰有绳纹、细绳纹、刻划纹、篦点纹、指甲纹、小圆圈纹、方格纹、菱纹、叶脉纹、水波纹等；石器有小型的锛、镞。与曲江石峡遗址第4层相似的遗物，在曲江鲶鱼转2B层和马坝河岸边东华围下边山等遗址也有发现。

石峡第一期文化的年代，学者们有不同的说法，有的认为"前石峡文化"的圈足盘"形制与珠江三角洲新石器中期的彩陶盘及湖南安乡汤家岗大溪文化印纹白陶盘颇为相近"，"年代估计在距今6000~5500年前[7]；有的认为在石峡遗址的第4层"出有戳印纹和镂孔的白陶圈足盘、细绳纹圜底釜（均是残片）等均与草堂湾一期等所出同类器物相同，说明二者年代相若，文化上也有一些联系"[8]；有的认为"前石峡文化"的典型器物为饰刻划纹、镂孔的泥质圈足盘和细绳纹夹砂

① 广东省文物考古研究所：《广东考古世纪回顾》，《考古》2000年6期。
② 邱立诚：《英德牛栏洞遗址的初步研究》，《广东文物千年特刊》，广东省文物管理委员会，2000年。
③ 邱立诚：《广东封开、怀集的几处洞穴人类文化遗存》，《考古与文物》1989年4期。
④ 邱立诚等：《广东英德沙口狗了冲古文化遗存调查与试掘》，《江汉考古》1998年1期。
⑤ 王宏：《北江流域新石器时代的石器与经济生活》，《岭南考古论文集》1，岭南美术出版社，2001年。
⑥ 杨式挺：《广东新石器时代文化与毗邻原始文化的关系》，《中国考古学会第七次年会论文集》，文物出版社，1989年；朱非素：《试论石峡遗址与珠江三角洲古文化的关系》，《广东省文物考古研究所建所十周年文集》，岭南美术出版社，2001年；杨式挺等：《试析石峡第一期文化的白陶及其源流问题》，《东南考古研究》第四辑，厦门大学出版社，2010年。
⑦ 杨式挺：《广东新石器时代文化与毗邻原始文化的关系》，《中国考古学会第七次年会论文集》，文物出版社，1989年。
⑧ 严文明：《珠海考古散记》，《珠海考古发现与研究》，广东人民出版社，1991年。

陶罐（釜），器物造型和纹饰作风与后沙湾第一期遗存颇有相似之处，因此"前石峡文化"遗存与后沙湾第一期同类遗存基本同时①；有的认为石峡"第一期文化的年代与湖南汤家岗文化相若，陶器均为手制，纹饰流行细绳纹、刻划纹、压印纹，器物组合为圈足盘、釜、罐、杯、器盖"②；有的认为石峡第一期文化的年代距今 6000～5000 年③。

在广东以及其他地区，史前时期敛口或略敛口的圈足盘的分布范围很广，而且存在的时间也比较长。年代比较早的敛口圈足盘，在沅水流域距今 7800～6800 年的高庙文化④，洞庭湖北部晚于彭头山文化而早于汤家岗文化的皂市下层文化⑤，洞庭湖地区距今 6800～6300 年的汤家岗文化⑥，沅水流域距今 6000 多年的松溪口文化⑦，湘江流域相当于汤家岗文化至大溪文化时期的堆子岭文化⑧，重庆、湖北以及洞庭湖区的大溪文化⑨，洞庭湖区、沅水中上游至鄂西地区的屈家岭文化⑩，珠江三角洲地区的咸头岭文化等都有发现，只不过不同地区、不同时期的敛口圈足盘在形制及纹饰上略有差别而已。所以仅据敛口圈足盘是难以准确判定绝对年代的。

石峡第一期文化的敛口圈足盘（图一六五：18～20），与大溪文化（图一六五：1、2、5）、屈家岭文化（图一六五：8～10）的一些圈足盘的形制最为接近；石峡第一期文化的器盖（图一六五：

---

① 李子文：《淇澳岛后沙湾遗址发掘》，《珠海考古发现与研究》，广东人民出版社，1991 年。

② 广东省文物考古研究所：《广东考古世纪回顾》，《考古》2000 年 6 期。

③ 朱非素：《试论石峡遗址与珠江三角洲古文化的关系》，《广东省文物考古研究所建所十周年文集》，岭南美术出版社，2001 年。

④ 湖南省文物考古研究所：《湖南黔阳高庙遗址发掘简报》，《文物》2000 年 4 期；贺刚：《湖南洪江高庙遗址发掘》，《2005 中国重要考古发现》，文物出版社，2006 年；湖南省文物考古研究所：《湖南洪江市高庙新石器时代遗址》，《考古》2006 年 7 期。

⑤ 湖南省博物馆：《湖南石门县皂市下层新石器遗存》，《考古》1986 年 1 期；裴安平：《论皂市下层文化》，《苏秉琦与当代中国考古学》，科学出版社，2001 年。

⑥ 湖南省博物馆：《湖南安乡县汤家岗新石器时代遗址》，《考古》1982 年 4 期；湖南省博物馆：《澧县东田丁家岗新石器时代遗址》，《湖南考古辑刊》1，岳麓书社，1982 年；湖南省文物考古研究所等：《湖南安乡划城岗遗址第二次发掘报告》，《考古学报》2005 年 1 期；湖南省文物考古研究所：《澧县城头山——新石器时代遗址发掘报告》，文物出版社，2007 年；尹检顺：《汤家岗文化初论》，《南方文物》2007 年 2 期。

⑦ 湖南省文物考古研究所：《湖南辰溪县松溪口贝丘遗址发掘简报》，《文物》2001 年 6 期；湖南省文物考古研究所：《湖南辰溪县征溪口贝丘遗址发掘简报》，《文物》2001 年 6 期。

⑧ 湖南省文物考古研究所：《湖南湘潭县堆子岭新石器时代遗址》，《考古》2000 年 1 期；郭伟民：《论堆子岭文化》，《江汉考古》2003 年 2 期。

⑨ 四川长江流域文物保护委员会文物考古队：《四川巫山大溪新石器时代遗址发掘记略》，《文物》1961 年 11 期；湖北省荆州地区博物馆：《湖北松滋县桂花树新石器时代遗址》，《考古》1976 年 3 期；纪南城文物考古发掘队：《江陵毛家山发掘记》，《考古》1977 年 3 期；中国社会科学院考古研究所湖北工作队：《湖北枝江县关庙山新石器时代遗址发掘简报》，《考古》1981 年 4 期；中国社会科学院考古研究所湖北工作队：《湖北枝江关庙山遗址第二次发掘》，《考古》1983 年 1 期；湖南省博物馆：《安乡划城岗新石器时代遗址》，《考古学报》1983 年 4 期；湖北省荆州地区博物馆：《湖北王家岗新石器时代遗址》，《考古学报》1984 年 2 期；宜昌地区博物馆：《宜昌县杨家湾新石器时代遗址》，《江汉考古》1984 年 4 期；国家文物局三峡考古队：《湖北宜昌中堡岛遗址发掘简报》，《文物》1989 年 2 期；湖南省文物考古研究所等：《湖南安乡划城岗遗址第二次发掘报告》，《考古学报》2005 年 1 期；湖南省文物考古研究所：《澧县城头山——新石器时代遗址发掘报告》，文物出版社，2007 年；王杰：《试论湖南大溪文化》，《考古》1990 年 3 期。

⑩ 中国社会科学院考古研究所湖北工作队：《湖北枝江县关庙山新石器时代遗址发掘简报》，《考古》1981 年 4 期；中国社会科学院考古研究所湖北工作队：《湖北枝江关庙山遗址第二次发掘》，《考古》1983 年 1 期；国家文物局三峡考古队：《湖北宜昌中堡岛遗址发掘简报》，《文物》1989 年 2 期；湖南省博物馆：《安乡划城岗新石器时代遗址》，《考古学报》1983 年 4 期；湖南省文物考古研究所等：《怀化高坎垅新石器时代遗址》，《考古学报》1992 年 3 期；湖南省文物考古研究所等：《湖南安乡划城岗遗址第二次发掘报告》，《考古学报》2005 年 1 期；湖南省文物考古研究所：《澧县城头山——新石器时代遗址发掘报告》，文物出版社，2007 年。

图一六五　石峡第一期文化与大溪、屈家岭和堆子岭文化陶器对比图

1. 划城岗（T26⑥A：1）　　2. 城头山（M391：2）　　3. 划城岗（F12：2）　　4. 关庙山（T74③：1）　　5. 城头山（T4305⑩）

6. 城头山（M680：3）　　7. 城头山（T4255⑧A）　　8. 划城岗（M128：1）　　9. 高坎垅（M46：11）　　10. 高坎垅（M15：5）

11. 划城岗（M120：1）　　12. 关庙山（T201②：4）　　13. 划城岗（M132：1）　　14. 城头山（M480：24）　　15. 堆子岭

（T4⑧：17）　　16. 堆子岭（T4⑤：13）　　17. 堆子岭（H3：35）　　18～25. 石峡

22、23），可以在大溪文化（图一六五：3）中找到形制相似的；石峡第一期文化的曲腹平底杯①（图一六五：25），与大溪文化（图一六五：4）、屈家岭文化（图一六五：14）的一些曲腹平底杯的形制相似；石峡第一期文化的折腹杯②（图一六五：24），与屈家岭文化的折腹杯（图一六五：11~13）的形制很接近；石峡第一期文化有一种圈足中部外凸的圈足器（图一六五：21），在大溪文化（图一六五：6、7）有形制相似的，也可以在湘江流域的堆子岭文化三、四期中找到形制近似的（图一六五：15、16）。石峡第一期文化的曲腹平底杯、折腹杯、圈足中部外凸的圈足器等应该源于湖南地区的新石器文化。大溪文化的年代距今 6300~5300 年，屈家岭文化的年代距今 5300~4600 年③，堆子岭文化三、四期的年代大体与大溪文化同时④。石峡第一期文化出土的遗物很少，绝对年代难以准确地判断，但是从上面的分析来看，估计石峡第一期文化的年代大体在大溪文化的末期至屈家岭文化时期，应该不会有大的错误。石峡第二期文化（即"石峡文化"）的年代为距今 4600~4200 年⑤，那么石峡第一期文化的年代下限应该接近石峡第二期文化的上限，即接近距今 4600 年；石峡第一期文化的年代上限约距今 5500 年。湖南地区新石器文化的因素向粤北的南传通道，可能是溯湘江流域南行，然后过湘粤之间南北交往的南岭骑田岭道⑥等天然孔道，再入北江流域。

石峡第一期文化是一支晚于咸头岭文化的考古学文化，从目前出土的遗物来看，它与咸头岭文化没有直接的联系；石峡第一期文化与南岭以北的考古学文化有比较密切的联系，它应该受到了大溪文化、屈家岭文化比较大的影响，可能也还受到了堆子岭文化的影响。

虽然从目前的材料来看，还没有证据说明咸头岭文化与粤北地区的考古学文化之间有明显的直接联系，但是粤北地区与珠江三角洲地区地域相连，它们之间不仅没有大的地理阻隔，而且还有北江等河流相通。所以，咸头岭文化与粤北地区考古学文化之间的交流很可能是存在的，不过这有待新材料的发现来证明。

三　咸头岭文化与粤西地区及广西境内考古学文化的关系

目前粤西地区发现的出土有陶器的新石器时代遗址，年代早的主要见于肇庆市的怀集和封开两县境内。

怀集岗坪大沙岩二洞洞穴遗址⑦，出土有两件石器和数片陶片。石器中一件是打制的砍砸器，一件是刃部经磨的切割器。陶片中有一片是素面泥质软陶片，其余的为夹砂陶片，夹砂陶片有素面和饰叠压绳纹的两种。大沙岩二洞遗址的简报认为其年代"当在新石器时代早期"，那么应该早于咸头岭文化的年代。从目前的资料来看，还看不出大沙岩二洞遗址的遗物与咸头岭文化有明显的联系。

① 杨式挺等：《试析石峡第一期文化的白陶及其源流问题》，《东南考古研究》第四辑，厦门大学出版社，2010 年。
② 杨式挺等：《试析石峡第一期文化的白陶及其源流问题》，《东南考古研究》第四辑，厦门大学出版社，2010 年。
③ 尹检顺：《洞庭湖区新石器文化及其影响》，《东莞蚝岗遗址博物馆》，岭南美术出版社，2007 年。
④ 郭伟民：《论堆子岭文化》，《江汉考古》2003 年 2 期。
⑤ 朱非素：《试论石峡遗址与珠江三角洲古文化的关系》，《广东省文物考古研究所建所十周年文集》，岭南美术出版社，2001 年。
⑥ 李孝聪：《中国区域历史地理》，北京大学出版社，2004 年。
⑦ 邱立诚：《广东封开、怀集的几处洞穴人类文化遗存》，《考古与文物》1989 年 4 期。

　　封开簕竹口遗址①，出土有大量的石器、石料和少量夹砂陶片。陶器有釜（罐）和一件拍面有阴阳刻纹的粗绳纹陶拍；石器有锛、斧、刀、凿、镞、杵、搅拌棒、砺石等。简报根据地层叠压关系和器物特点把出土遗物分为两期。第一期的陶器流行口沿外卷的釜（罐）（图一六六：2~4），也见折沿（图一六六：5）和口微侈的高直领（图一六六：1）釜（罐），器胎较厚，所饰绳纹及于唇沿且较粗乱，有的唇部还压印锯齿纹（图一六六：4、5），还见有极少量的篮纹。第二期的陶器流行口沿外卷的釜（图一六六：7），也见直矮领（图一六六：8）和口微侈的高直领（图一六六：6）釜（罐），器胎较薄，绳纹较细，纹饰退至颈部以下，仍然有在唇部压印纹饰的器物（图一六六：8）。

　　簕竹口遗址出土的遗物，有一些与咸头岭遗址出土的同类遗物形制相似，前者的夹砂釜（罐）主要是外卷沿的（图一六六：2~4、7），这与后者一期的 A 型釜的形制接近（图九 B：28~30）；前者的夹砂釜（罐）有口微侈高直领的（图一六六：1、6），这与后者的 D 型釜相似（图九 B：34、35）；前者釜的口沿还有个别折沿的（图一六六：5），这与后者的 B 型釜相似（图九 B：31、32）；前者的一些梯形锛、凿、杵等，在后者中可以找到相似的同类器物。但是，簕竹口遗址一、二期有的夹砂釜（罐）的唇部压印纹饰或花边，这种装饰风格在咸头岭文化中不见；簕竹口遗址一期釜（罐）的绳纹及于唇部，这在咸头岭文化中是极为少见的，只见于咸头岭文化一期一段的个别釜（图三八：6、8）。而正如簕竹口遗址简报所说的，这些装饰特征与广西境内一些遗址出土遗物的特征相同，应该源于广西境内的考古学文化；另外，簕竹口遗址的篮纹、镞、搅拌棒等不

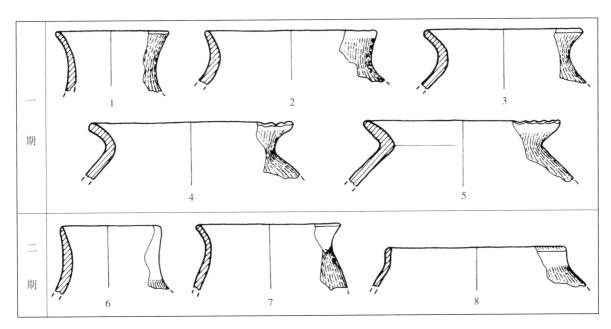

图一六六　簕竹口遗址出土陶器

1. T107⑧：68　2. T107⑧：67　3. T107⑧：60　4. T107⑨：79　5. T107⑧：61　6. T107⑦A：56
7. T107⑦A：54　8. T107⑦A：58

---

① 广东省文物考古研究所等：《广东封开簕竹口遗址发掘简报》，《文物》1998 年 7 期。

见于咸头岭文化，而咸头岭文化中的彩陶和白陶器、戳印纹等则不见于籈竹口遗址。可见籈竹口遗址出土的遗物虽然可能与咸头岭文化的遗物有一些联系，但是它们不属于同一支考古学文化，籈竹口遗址出土遗物所反映的考古学文化面貌更接近于广西境内的一些考古学文化。简报认为籈竹口遗址的年代在距今 6000 年以上，也有研究者认为在距今 7000 年前后①。籈竹口遗址二期的卷沿釜（罐），胎壁较薄，绳纹较细，而且都饰于颈部以下，这些特征与咸头岭文化一期的绝大多数陶釜特征一样；而其口微侈高直领的釜（罐），绳纹也饰于颈部以下，这又与咸头岭文化二、三期的 D 型釜特征有近似之处。推测籈竹口遗址二期的年代大体相当于咸头岭文化的一期前后，而籈竹口遗址一期的年代上限则应该早于咸头岭文化一期。籈竹口遗址位于西江上游的支流贺江东岸，稍往西则可进入广西境内的桂江、浔江、郁江等流域，往东顺西江而下可进入珠江三角洲地区。籈竹口遗址出土的新石器时代遗物，应该主要反映了广西境内史前考古学文化沿西江流域向东的拓展。

广西与广东同属于岭南，自然环境相似，交通（特别是水路）十分便利，两地区的文化交流也比较密切。

咸头岭文化最早的夹砂陶釜（一期的釜）是卷沿的。而在广西境内的桂林、南宁等地的一些遗址的考古遗存中，卷沿或沿微卷的陶釜（罐）的出现要远早于咸头岭文化一期的卷沿陶釜，而且数量比较多，延续时间也很长。在桂林甑皮岩遗址，其第二期就有卷沿陶釜（罐）（图一六七：1），三期（图一六七：2）、四期（图一六七：3）也有较多的卷沿陶釜（罐）。甑皮岩遗址第二、三、四期被命名为"甑皮岩文化"，年代在距今 11000~10300 年②。在南宁顶狮山遗址的二期（图一六七：4）、三期（图一六七：5、6）、四期（图一六七：7）都有卷沿或沿微卷的陶釜（罐），二、三期的遗存被命名为"顶狮山文化"，年代在距今 8000~7000 年，四期的年代推测大约在距今 6000 多年③，有研究者称之为"大龙潭类型"④。广西境内距今 7000 年以前，也就是早于咸头岭文化一期的卷沿陶釜（罐），与咸头岭文化一期的卷沿陶釜在形制上有相似之处，但是纹饰的施法有比较明显的区别，前者的器表通体饰绳纹，有的在唇部也压印有纹饰或花边（图一六七：2~6、8），后者的绝大多数只在颈部以下饰有细绳纹，只有极个别一期 1 段的器物绳纹及于唇下；而在广西境内晚于距今 7000 年的遗存中，也出现了只在颈部以下饰绳纹的陶釜（罐）（图一六七：7）。联系封开籈竹口遗址所反映的广西境内考古学文化沿西江流域向东的拓展，广西境内"顶狮山"等文化的有肩石器以及屈肢葬和蹲葬等葬式影响到了珠江三角洲地区（参见本章第一节），那么咸头岭文化一期的卷沿陶釜也很可能是受到了广西境内一些考古学文化的影响而出现的。

文化间的交流多是双向的，广西境内考古学文化的一些因素影响到了珠江三角洲地区，珠江三角洲地区考古学文化的一些因素也会反向影响广西境内的考古学文化。目前在岭南地区发现的年代比较准确的最早的贝划（印）纹陶器见于咸头岭文化第二期，出土于咸头岭、大黄沙、小梅沙、大梅沙、蚝岗等遗址，年代约距今 6200 年（参见上篇第二章第四节和下篇第一章第二节）。

---

① 邱立诚：《广东先秦时期考古研究的新进展》，《岭南考古研究》2，岭南美术出版社，2002 年。

② 中国社会科学院考古研究所：《桂林甑皮岩》，文物出版社，2003 年。

③ 中国社会科学院考古研究所广西工作队：《广西邕宁县顶狮山遗址的发掘》，《考古》1998 年 11 期；傅宪国：《广西地区史前文化发展序列初论》，《桃李成蹊集——庆祝安志敏先生八十寿辰》，香港中文大学中国考古艺术研究中心，2004 年。

④ 彭长林等：《试论广西新石器时代文化》，《广西考古文集》（第三辑），文物出版社，2007 年。

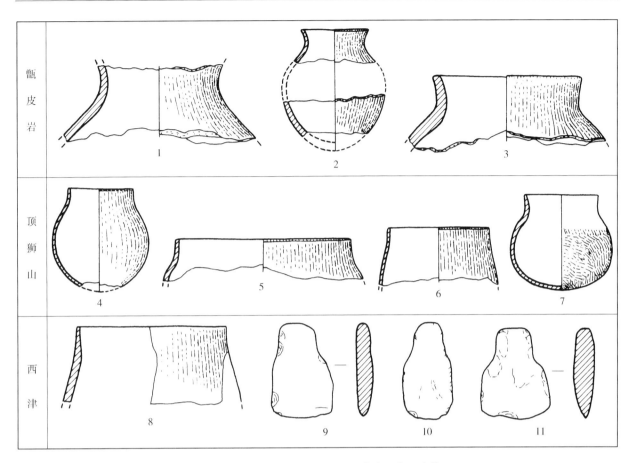

图一六七　甑皮岩、顶狮山、西津遗址出土遗物

1. DT4②⑧：052（二期）　2. DT6⑭：002（一期）　3. SBKDT5③·048（四期）　4. T2302⑥：1（二期）

5. H3：21（三期）　6. T2402②：7（三期）　7. T1107②：1（四期）　8. Td2：2b：43　9. T11：2：94

10. TE2：2a：6　11. Tc1：2：95

又从目前的资料看，石拍是距今 6600 多年前最早出现在珠江三角洲地区的一种石器，咸头岭遗址一期 2 段发现的一件石拍（06XTLT1⑥：2）是目前所知最早的石拍（参见本章第一节）。在广西的平南石脚山、资源县晓锦、那坡县感驮岩、巴马瑶族自治县坡六岭、马山六卓岭、大化音墟等遗址出土有与咸头岭文化的贝划（印）纹相似的纹饰或者发现有石拍。

　　石脚山遗址位于西江上源浔江的支流白沙河的东边①，其 T1 的第 2、3 层为新石器时代文化层。陶质以夹砂为主，陶色以灰褐色为主，其次为黑皮陶、红褐陶、黄陶，还有少量白陶；出土的陶器有釜（罐）、鼎、器座，采集的陶器还有豆、盘，而鼎是不见于咸头岭文化的器物；出土的石器主要有锛和砺石等；采集有一片泥质彩陶片，但是与咸头岭文化的彩陶不同的是，其上施白衣黑彩（图一六八：1）。有研究者把以石脚山遗址为代表的遗存称为"石脚山类型"②。石脚山遗

① 中国社会科学院考古研究所广西工作队等：《1996 年广西石器时代考古调查简报》，《考古》1997 年 10 期；广西壮族自治区文物工作队等：《广西平南县石脚山遗址发掘简报》，《考古》2003 年 1 期。

② 李珍：《广西新石器时代考古七十年述略》，《广西考古文集》（第二辑），科学出版社，2006 年；彭长林等：《试论广西新石器时代文化》，《广西考古文集》（第三辑），文物出版社，2007 年。

址出土遗物总的文化面貌与咸头岭文化有别，然而也有一些文化因素与咸头岭文化有关系，石脚山遗址采集的一些陶片上有戳印纹（图一六八：2~4），这些纹饰与咸头岭遗址二、三期（4、5段）的戳印纹（图一一：16、17、25、26）很相似；石脚山遗址一些陶片上饰有"划纹"（图一六八：5~8），与咸头岭遗址二、三期（4、5段）的贝划（印）纹（图一一：21、22、29、30）很相似。石脚山遗址新石器时代遗存的年代，调查简报认为是距今6000~4000年，从与咸头岭遗址的对比来看，其年代的上限在距今6000年前后应该没有问题。无论是石脚山遗址的调查简报还是发掘简报，都认为石脚山遗址的一些文化因素与珠江三角洲地区的咸头岭一类遗存有关系，这应该是没有疑问的。

晓锦遗址在广西东北部越城岭西麓的资江流域①。简报把遗存分为三期，并把第一、二期的遗存命名为"晓锦文化"，也有研究者称为"晓锦类型"②。该遗址的陶器具有比较强的地方特点，均为夹砂陶，以红陶为主，也有少部分灰陶；纹饰以绳纹为主，也有少量刻划纹；陶器的基本组合为折沿束颈的釜（罐）、略呈盘口的釜（罐）、高领罐、器座、碗、盆、纺轮等；石器有锛、斧、凿、镞、矛、刀、锤、尖状器、刮削器、砍砸器、钻、臼、砺石等；第一期出土有赭红色的彩陶片（图一六八：9），但是所饰纹样与咸头岭文化的彩陶纹样有别，第二期则彩陶消失，出现少量夹砂白陶。简报推测第一期的年代为距今6500~6000年，第二期的年代为距今6000~4000年。虽然晓锦遗址第一期的碳十四数据比第二期的还晚，测年数据有不可信之处，但是晓锦遗址第一、二期的碳十四测年数据总体来看都没有达到距今6000年的，最早的两个数据为第二期的98ZXNT7③和98ZXNT4③，测定年代为距今4700±800年和距今4700±200年③，这两个数据经树轮校正后大约为距今5260±190年④。所以晓锦遗址第二期的年代上限大约不会超过距今5500年，而第一期的年代上限未必有简报估计的那么早，可能最早也就距今6000年多一点。晓锦遗址第一、二期的一些陶器上有少量的刻划纹（图一六八：10~16），这些纹饰与咸头岭遗址二、三期（4、5段）的贝划纹（图一一：21、22、29、30）相似，已有研究者指出过⑤；另外，晓锦遗址折沿束颈的釜（罐）、略呈盘口的釜（罐）与咸头岭遗址二、三期（4、5段）的B型和C型釜的形制也比较近似，只是前者承继之前广西当地考古学文化施加绳纹的特点，多数从唇部就开始饰绳纹，而后者是从颈部以下才饰绳纹。

感驮岩遗址是距离右江的支流谷拉河不远的一个洞穴遗址⑥，简报认为该遗址的出土遗物特点鲜明，风格独特，可能代表着一种新的考古学文化，有研究者把感驮岩遗址一、二期归为"感驮岩类型"⑦。其第一、二期有一些刻划纹（图一六八：17~20），这些纹饰与咸头岭遗址二、三期（4、5段）的贝划纹（图一一：21、22、29、30）相似；其第二期前段出土有一件有网格凹槽

① 广西壮族自治区文物工作队等：《资源县晓锦新石器时代遗址发掘简报》，《广西考古文集》，文物出版社，2004年。
② 彭长林等：《试论广西新石器时代文化》，《广西考古文集》（第三辑），文物出版社，2007年。
③ 广西壮族自治区文物工作队等：《资源县晓锦新石器时代遗址发掘简报》附录三，《广西考古文集》，文物出版社，2004年。
④ 校正数据半衰期以5730年计。
⑤ 何安益等：《从晓锦遗址看新石器时代洞庭湖区与珠江流域原始文化的交往》，《广西考古文集》，文物出版社，2004年。
⑥ 广西壮族自治区文物工作队等：《广西那坡县感驮岩遗址发掘简报》，《考古》2003年10期。
⑦ 李珍：《广西新石器时代考古七十年述略》，《广西考古文集》（第二辑），科学出版社，2006年；彭长林等：《试论广西新石器时代文化》，《广西考古文集》（第三辑），文物出版社，2007年。

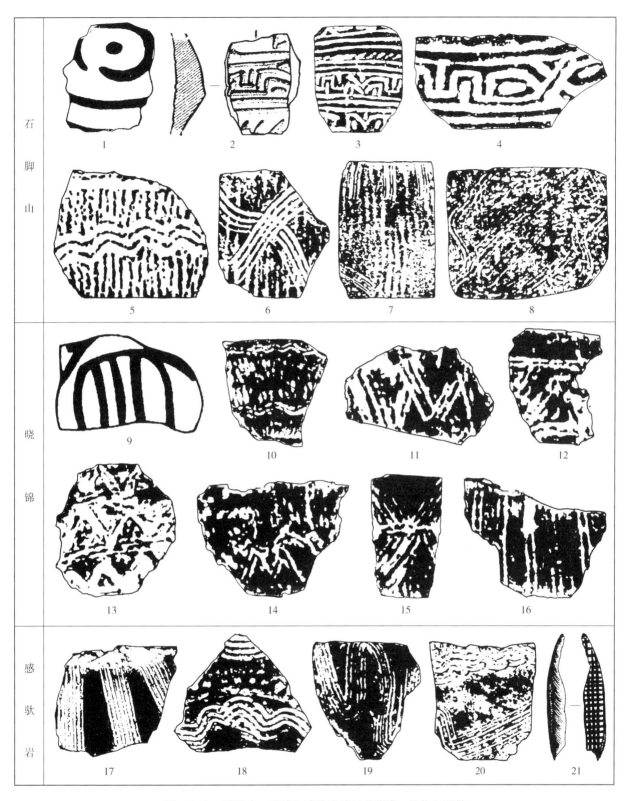

图一六八　石脚山、晓锦和感驮岩遗址的彩陶、纹饰和石拍

1. 彩陶（采集）　　2. 戳印纹（GPS：50）　　3、4. 戳印纹（采集）　　5. 划纹（GPS：33）　　6~8. 划纹（T1②）　　9. 彩陶（99ZXNT8⑦）　　10~16. 刻划纹（99ZXNT7⑧、99ZXNT8⑥、01ZXWT1⑨、99ZXNT3③、01ZXWT1④、01ZXWT2⑦、01ZXWT2⑦）　　17~20. 刻划纹（AT01④：P14、AT01④：P50、AT01④：P12、AT01④：19）　　21. 石拍（BT08③：7）

的石拍（图一六八：21）。感驮岩遗址一期有一个碳十四测年数据，"树轮校正后的年代为公元前3560±205 年（半衰期为 5730 年）"，从这个数据可以推测一期的年代上限可能为距今 5000 多年。简报认为第二期的年代为距今 3800~2800 年，但是这个年代应该估计的略偏晚。第二期有 4 个碳十四测年数据——距今 3815±50 年、距今 3463±50 年、距今 3131±50 年、距今 2883±50 年，这些数据如果经过树轮校正，上限应该为距今 4000 多年。

六卓岭遗址位于红水河的右岸台地上[①]，出土有一件一面有网格凹槽的石拍（SAT15②：1），出土的陶片上也有近似咸头岭文化的贝划纹的纹饰（原报告图六）。简报推测年代为距今 4500~3000 年，但也有研究者认为该遗址的"年代大致在距今 6000~5000 年，甚至更晚"[②]。

坡六岭遗址位于红水河的支流巴廖河的东岸[③]，在该遗址采集到一件一面有网格凹槽的石拍（BBP：44）。从这件石拍的网格凹槽特征来看，其年代应该大体与感驮岩、六卓岭等遗址的石拍的年代相去不太远。

音墟遗址位于红水河西岸的坡地上[④]，也发现了两件有网格凹槽的石拍。有研究者认为该遗址石拍的年代为距今 7000~6000 年[⑤]，但是其理由之一就是与珠江三角洲地区石拍年代的对比，所以音墟石拍的年代未必有估计的那么早。而网格凹槽的特征与感驮岩、六卓岭、坡六岭遗址石拍的一样，它们的年代也应该相去不太远。

珠江三角洲地区的石拍，多数是一面或者两面有数量不等的竖条凹槽，个别的侧缘有短横道凹槽，但在中山龙穴遗址也出土有一件方格纹凹槽的石拍[⑥]。感驮岩、六卓岭、坡六岭和音墟遗址的石拍则与龙穴遗址的方格纹凹槽石拍的形制相似。

在石脚山、晓锦、感驮岩、六卓岭、坡六岭和音墟等遗址发现的与咸头岭文化的贝划（印）纹相似的划纹、刻划纹以及石拍等，应该反映了珠江三角洲地区咸头岭文化的一些文化因素直接或间接地对广西境内一些考古学文化的影响。

从遗址分布的地点来看，珠江三角洲地区与广西境内考古学文化之间的相互影响，应该主要是通过各条水道来完成的。石脚山遗址位于西江上源浔江的支流白沙河的东边，而从珠江三角洲地区沿西江而上，很容易就可以到达浔江流域。晓锦遗址地处越城岭腹地的资江流域，越城岭为长江水系和珠江水系的分水岭，资江发源地与珠江水系的漓江、寻江源头相距不远。由晓锦遗址一带向南过了越城岭就可以进入漓江或者柳江的支流寻江，然后再顺桂江或融江、柳江、黔江进入浔江，再往东到西江就连接到了珠江三角洲地区。感驮岩遗址是距离右江的支流谷拉河不远的一个遗址，由西江上溯到达浔江，然后再经过郁江、邕江，就可以到达右江流域。坡六岭、六卓岭、音墟遗址位于红水河流域，由西江到浔江，再过黔江就可到达红水河流域。咸头岭文化最靠

① 广西壮族自治区文物工作队：《广西马山县六卓岭、尚朗岭新石器时代遗址发掘报告》，《广西考古文集》（第二辑），科学出版社，2006 年。

② 林强等：《广西红水河流域新石器时代遗址的发现与研究》，《广西考古文集》（第三辑），文物出版社，2007 年。

③ 广西文物考古研究所：《广西红水河流域新石器时代遗址考古调查报告》，《广西考古文集》（第三辑），文物出版社，2007 年。

④ 邱龙：《大化县音墟新石器时代遗址》，《中国考古学年鉴》1992，文物出版社，1993 年；林强：《广西红水河流域新石器时代台地遗址的发现和研究》，《南方文物》2007 年 3 期。

⑤ 林强等：《广西红水河流域新石器时代遗址的发现与研究》，《广西考古文集》（第三辑），文物出版社，2007 年。

⑥ 李子文：《龙穴沙丘遗址发掘及相关问题的考察》，《广州文物考古集》，文物出版社，1998 年。

西北的一个遗址为蚬壳洲遗址，其地处西江下游的高要盆地，该遗址的屈肢葬和蹲葬的葬俗应该就是从广西境内传来的。可见西江流域是珠江三角洲地区与广西境内考古学文化交流的一条非常重要的通道，而实际从自然地理的角度来看，上述广西境内的浔江、桂江、漓江、黔江、红水河、柳江、融江、寻江、郁江、邕江、右江等河流最终都要通过西江流入大海，都可以看做是西江的源江。

四　咸头岭文化与湖南境内考古学文化的关系

咸头岭一类遗存与湖南境内考古学文化的关系一直有学者进行探讨，有的认为咸头岭一类遗存是受到汤家岗早期文化的影响而产生的[①]；有的认为珠江三角洲地区的圈足盘、彩陶技术和白陶，是从长江中游大溪文化辗转传到珠江口沿岸的[②]；有的认为咸头岭一类遗存中出现的与石门皂市下层类型和大溪文化早期遗存相似的因素可能是后者向南传播的结果[③]；有的认为咸头岭一类遗存的浅腹弧壁圈足盘等有大溪文化影响的迹象，但是白陶上的印纹已经比较简化，具有当地自身的特点[④]；有的认为咸头岭一类遗存的一些基本特征与文化因素的形成与湖南境内早一期和同期遗存关系密切[⑤]；有的认为咸头岭遗址与湖南的汤家岗类型、皂市下层文化、高庙文化、彭头山文化的主体特征差异较大，难以将其归为一类[⑥]；有的认为咸头岭遗址的遗存可分为前后相续的两种文化，较晚者即为以前所称的"咸头岭文化"、"大湾文化"或"后沙湾类型文化"，这些遗存的发现亦是大溪文化南传的物证，较早者与高庙文化和松溪口文化具有直接的亲缘关系，为高庙文化发展演变而来的一支区域性亚文化[⑦]。

白陶和彩陶是咸头岭文化中具有代表性的文化因素，目前在珠江三角洲地区乃至整个岭南地区还没有证据说明有比咸头岭遗址 1 段更早的白陶和彩陶器。从咸头岭文化最具代表性的咸头岭遗址来看，其 1 段的白陶和彩陶的制作技术一出现就是很成熟的，可是从 1 段至 5 段却显示出一个明显衰退的过程，这应该暗示着咸头岭文化的白陶和彩陶技术并非是本地起源的。

中国现今所知年代最早的白陶器见于湘西沅水流域的高庙文化，在该文化中与白陶同出的还有朱红色或黑色彩的彩陶器和填彩陶器，其年代为距今 7800~6800 年[⑧]。在湘西沅水流域取代高庙文化的是松溪口文化，在该文化中也有彩陶和白陶，其年代下限约为距今 6600 年[⑨]。从已发表

①　区家发：《浅谈长江中下游诸原始文化向广东地区的传播与消亡》，《岭南古越族文化论文集》，香港市政局，1993 年。
②　邓聪等：《环珠江口史前考古刍议》，《环珠江口史前文化图录》，中文大学出版社，1991 年；邓聪等：《大湾文化试论》，《南中国及邻近地区古文化研究》，香港中文大学出版社，1994 年；何介钧：《环珠江口的史前彩陶与大溪文化》，《南中国及邻近地区古文化研究》，香港中文大学出版社，1994 年；贺刚：《南岭南北地区新石器时代中晚期文化的关系》，《中国考古学会第九次年会论文集》，文物出版社，1997 年。
③　李伯谦：《广东咸头岭一类遗存浅识》，《东南文化》1992 年 3~4 期。
④　任式楠：《论华南史前印纹白陶遗存》，《南中国及邻近地区古文化研究》，香港中文大学出版社，1994 年。
⑤　裴安平：《环珠江口地区咸头岭类型的序列与文化性质》，《东南考古研究》，厦门大学出版社，1999 年。
⑥　叶杨：《浅析咸头岭遗址》，《深圳文博》，人民出版社，2001 年。
⑦　贺刚等：《高庙文化及其对外传播与影响》，《南方文物》2007 年 2 期。
⑧　湖南省文物考古研究所：《湖南黔阳高庙遗址发掘简报》，《文物》2000 年 4 期；贺刚：《湖南洪江高庙遗址发掘》，《2005 中国重要考古发现》，文物出版社，2006 年；湖南省文物考古研究所：《湖南洪江市高庙新石器时代遗址》，《考古》2006 年 7 期。
⑨　湖南省文物考古研究所：《湖南辰溪县松溪口贝丘遗址发掘简报》，《文物》2001 年 6 期；湖南省文物考古研究所：《湖南辰溪县征溪口贝丘遗址发掘简报》，《文物》2001 年 6 期。

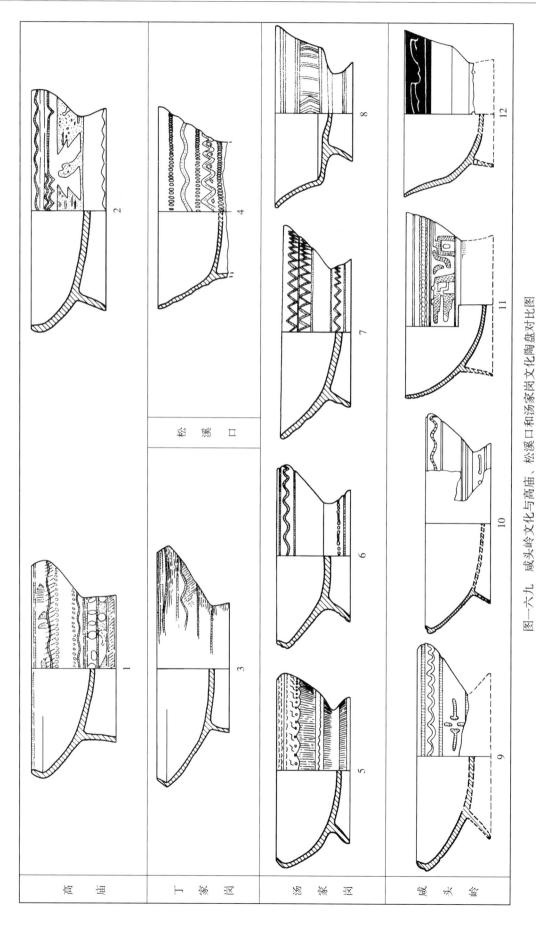

图一六九 咸头岭文化与高庙、松溪口和汤家岗文化陶盘对比图

1. T1105⑩：66 2. T0914⑭：45 3. M21：1 4. T3①：22 5. M5：3 6. M2：1 7. M5：1 8. M1：4 9. 06XTLT5⑤：1 10. 06XTLT12⑤：2 11. 06XTLT1⑧：1 12. 06XTLT12⑧：1

图一七〇　咸头岭文化与高庙文化兽面纹对比图

1. T1015⑧：16　2. T1014⑬　3. T2003㉑：12　4. 04XTLT3⑧：1　5. 06XTLT2⑥：1　6. 06XTLT1⑤：3

的材料看，咸头岭遗址白陶上所饰的一些复杂精细的戳印纹、敞口圈足盘和敛口圈足盘等（图一六九：9～11）能在上述两个考古学文化中找到相似的（图一六九：1、2、4）。有獠牙的兽面纹是高庙文化中非常有代表性的图案（图一七〇：1～3），在咸头岭遗址 1 段（图一七〇：4）、2 段

图一七一　咸头岭文化与高庙文化鸟纹对比图

1. T0914⑭：47　2. T2003㉔：22　3. T1⑧：1　4. T3⑥：5

（图一七〇：5）和3段（图一七〇：6）也可以找到已经抽象化的戳印出的兽面纹①，只不过高庙文化中的兽面纹具象，而咸头岭遗址的兽面纹则越来越抽象，甚至到了最后（3段）演变为一种难以看出具体含义的装饰性符号。侧视的鸟纹也是高庙文化中非常有代表性的一种纹饰（图一七一：1、2），在咸头岭遗址1段（图一七一：3）和3段（图一七一：4）也可以找到相似的戳印出的鸟纹。可以认为咸头岭文化受到了湘西地区高庙等文化比较强烈的影响，它们之间的一些文化因素应该有亲缘关系。

在洞庭湖区的汤家岗文化、大溪文化中也有精美的白陶和彩陶，汤家岗文化的年代一般认为是距今6800~6300年，大溪文化的年代为距今6300~5300年②。咸头岭遗址白陶上的一些戳印纹、敞口圈足盘、敛口圈足盘和折腹圈足盘等（图一六九：9~12）也可以在洞庭湖区的汤家岗等文化中找到相似的（图一六九：3、5~8）。

从上所述可以看出，珠江三角洲地区的咸头岭文化一直与湖南境内的一些考古学文化有着比较密切的联系，前者中的白陶、彩陶、兽面纹、鸟纹、圈足盘等应该是受到后者的影响而出现的，也就是说，咸头岭文化与湖南境内的一些考古学文化之间联系的方式主要是自北向南的影响。区域性文化的形成是人类适应某一地区的特殊自然生态环境并在这种环境中生存和发展过程中必然形成的结果，人类生存的过程就是适应生态的过程。从湖南境内传播来的一些生产、生活方式

① 咸头岭遗址出土陶器上的戳印兽面纹由于已经演变得很抽象，所以发掘者最初没有看出这种纹饰的真正含义。贺刚在观摩2006年咸头岭遗址出土的遗物时，最早提出这种纹饰应该是兽面纹。

② 尹检顺：《洞庭湖区新石器文化及其影响》，《东莞蚝岗遗址博物馆》，岭南美术出版社，2007年。

（有的可能就是人群的迁徙直接带来的），要适应珠江三角洲地区的自然生态环境，先民的承继是一方面，更重要的应该是创新。咸头岭文化中的一些遗物虽然显示出了与湖南境内一些考古学文化的联系，但是两地考古学文化中大部分器物的形制差别又很大，各自都具有比较强的地方特色（图一七二），即使圈足盘等形态相似的器物其纹饰的细部也多有不同，彩陶器上的纹样差别则很大，这些明显的区别应该表明了考古学文化的性质不同。

总之，珠江三角洲地区的咸头岭文化，虽然其不仅受到了广西境内一些考古学文化的影响（参见本节三），而且还受到了湖南境内一些考古学文化的影响，但是它却是在本地发展起来的一

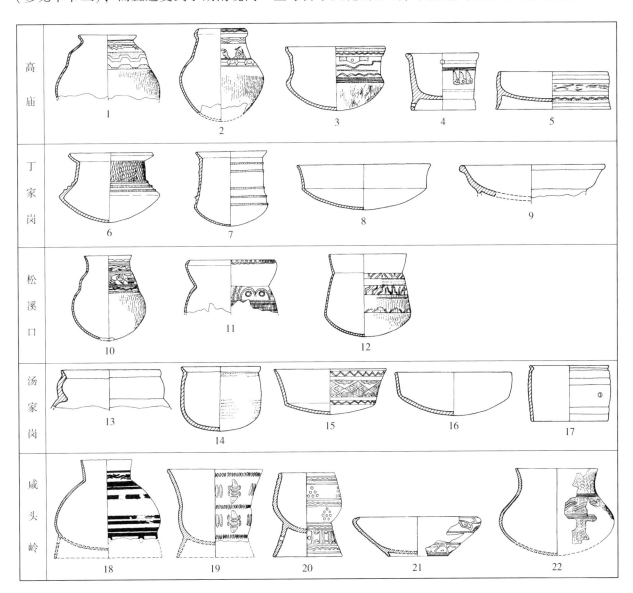

图一七二　咸头岭文化与高庙、松溪口和汤家岗文化陶器对比图

1. 罐（T2003㉕：23）　2. 罐（T1114⑩：32）　3. 钵（T0914⑭：25）　4. 碗（T1215⑪：37）　5. 盘（T0913⑪：14）

6. 釜（T1③：11）　7. 釜（M3：3）　8. 钵（M3：1）　9. 盘（T6③：13）　10. 罐（T3⑬：4）　11. 釜（T2⑳：43）

12. 釜（T2⑳：11）　13. 罐（T11③：2）　14. 釜（M4：6）　15. 钵（M4：2）　16. 钵（M3：1）　17. 器座（T13②：5）

18. 罐（06XTLT3⑥：6）　19. 杯（06XTLT14⑧：4）　20. 杯（06XTLT1⑤：2）　21. 钵（06XTLT3⑥：1）　22. 釜（06XTLT8③：7）

支独立的考古学文化。

　　湖南境内考古学文化对珠江三角洲地区咸头岭一类遗存影响的通道也有学者进行过探讨，有的认为是由沅水转道西江而向东南珠江三角洲推移的①；有的认为"溯湘江而上，越过南岭进入广东北部的曲江，其后再沿北江顺流南下进入珠江三角洲，并扩至沿海一带和其他地区"，还可能有另外的传播路线，即溯湘江而上再沿漓江而下进入西江至珠江三角洲，或者转潇水上溯再沿贺江而下进入西江②；有的认为至少有一部分经由资水上溯，经扶夷水（即资江）进入桂北，再沿漓江而下到达西江流域③；有的认为湖南的原始文化向珠江三角洲地区的传播，沅水、桂东北、桂东、西江是通道④。

　　从目前的资料看，湖南境内的原始文化向南的影响，越过南岭进入广东北部的曲江，其后再沿北江顺流南下进入珠江三角洲，推测的这条通道目前还没有明显的考古学上的证据（参见本节二），有待进一步的考察。经由资水上溯，经扶夷水（即资江）进入桂北，再沿漓江而下到达西江流域的说法，主要根据的是晓锦遗址的资料，但是晓锦遗址第一期的年代未必有简报估计的那么早，反倒是咸头岭文化的一些因素可能影响到了该遗址（参见本节三）。而由沅水过桂东北、桂东，达西江后再向东南珠江三角洲推移，这条通道目前已有一些考古学上的证据。漓江流域桂林甑皮岩遗址第五期的总体特征与高庙文化有比较密切的联系⑤；桂江流域平乐纱帽山遗址的遗物与高庙文化中晚期的遗物一样；浔江流域平南石脚山遗址一部分陶器的形制与纹饰与沅水流域相当于洞庭湖区大溪文化最早阶段的遗存特征有相似之处⑥，也有一部分陶器的纹饰与咸头岭文化的一些陶器纹饰相似（参见本节三），而该遗址的遗存"含有更多的珠江三角洲文化因素，是在珠江三角洲文化的影响下出现的"⑦；咸头岭文化最西北的遗址——肇庆蚬壳洲就在西江的中游。这些证据至少说明，由沅水过桂东北、桂东，达西江后再向东南珠江三角洲推移，是湖南境内的考古学文化对咸头岭文化影响的一条重要通道。

① 何介钧：《环珠江口的史前彩陶与大溪文化》，《南中国及邻近地区古文化研究》，香港中文大学出版社，1994年。
② 区家发：《浅谈长江中下游诸原始文化向广东地区的传播与消亡》，《岭南古越族文化论文集》，香港市政局，1993年。
③ 何安益等：《从晓锦遗址看新石器时代洞庭湖区与珠江流域原始文化的交往》，《广西考古文集》，文物出版社，2004年。
④ 贺刚：《南岭南北地区新石器时代中晚期文化的关系》，《中国考古学会第九次年会论文集》，文物出版社，1997年；贺刚等：《高庙文化及其对外传播与影响》，《南方文物》2007年2期。
⑤ 中国社会科学院考古研究所：《桂林甑皮岩》，文物出版社，2003年；李珍：《广西新石器时代考古七十年述略》，《广西考古文集》（第二辑），科学出版社，2006年；贺刚等：《高庙文化及其对外传播与影响》，《南方文物》2007年2期。
⑥ 贺刚等：《高庙文化及其对外传播与影响》，《南方文物》2007年2期。
⑦ 彭长林等：《试论广西新石器时代文化》，《广西考古文集》（第三辑），文物出版社，2007年。

第三章　咸头岭遗址出土陶器工艺研究

本章是在对 2006 年咸头岭遗址第五次发掘出土陶器全面观察的基础上写就的。下面将此次发掘出土的新石器时代 1~5 段和商时期的陶器按照制陶工艺流程来叙述。

第一节　新石器时代第 1 段制陶工艺

一　原料制备工艺

原料的制备工艺系指通过选择、加工或羼和而取得制陶原料的工艺过程，是制作器物之前的预备阶段，包括制胎原料的选择和使用方式两方面。

（一）制胎原料的选择

制胎原料有陶土、羼和料两类。陶土就是黏土，属于塑性原料，具有可塑性[1]；羼和料属于瘠性[2]原料。

1. 陶土

陶土是制陶的主要原料，有普通易熔黏土、高铝质耐火黏土、高镁质易熔黏土三类，以普通易熔黏土为主，高镁质易熔黏土罕见。

普通易熔黏土。其化学组成以低 SiO_2、低 Al_2O_3、高助熔剂为特征。除泥质白陶系以外，其他陶系都应属于普通易熔黏土。在普通易熔黏土中，以泥质黄白陶系引人注目。据统计，1 段泥质黄白陶占 26.8%，其陶色介于黄色与白色之间，比白色要泛黄，因此称为黄白陶。据化学分析[3]，1 段彩陶（泥质黄白陶）的化学组成，SiO_2 含量为 67.06%，Al_2O_3 含量为 23.97%，助熔剂（K_2O、Na_2O、CaO、MgO、TiO_2、Fe_2O_3）总和为 7.98%。着色剂[4] Fe_2O_3 含量较低，为 2.39%，因此呈现黄白色。在黄白陶上适宜绘赭红色彩，因为黄白色与赭红色之间的反差较大。

高铝质耐火黏土（高岭土）。这是制作白陶的主要原料。据统计，1 段泥质白陶占 16.5%。高

---

① 可塑性是指黏土制备成的泥料受到外力作用时会变形，失去外力后仍然保持变化后的形状这一性能。

② 瘠薄之意，与塑性相对而言。

③ 数据引自本书附录二《深圳咸头岭遗址出土新石器时代陶器的科学技术研究》表二，1-6，助熔剂总和为引者所加。

④ TiO_2、Fe_2O_3 都是着色剂，其中 Fe_2O_3 对陶色影响较大。

铝质耐火黏土的化学组成以低 SiO_2、高 Al_2O_3、低助熔剂为特征。据化学分析[①]，1 段高铝质白陶[②] SiO_2 含量为 46.99%~67.87%，平均值为 57.70%；Al_2O_3 含量为 23.11%~41.66%，平均值为 32.29%，助熔剂总和为 8.04%~10.35%，平均值为 9.02%；Fe_2O_3 含量较低，为 2.87%~3.98%，平均值为 3.50%，因此呈现白色。在白陶上适宜施加戳印纹。

据报道，深圳市石岩、龙华一带出产"砂质高岭土矿"。"矿石呈白色土状，矿物以高岭土为主，含少量石英，化学成分为：$SiO_2$70%~74%，$Al_2O_3$18%~20%，$Fe_2O_3$0.65%~1.0%。"[③] 高岭土是制作高铝质白陶的原料。

高镁质易熔黏土（滑石质黏土）。这是制作白陶的次要原料，或者说是另一种原料，此段仅发现 1 片（盘口沿 06XTLT6⑦：10），手摸器表有明显的滑腻感，经放大观察，器表有细小的闪光点，与滑石的特征相似，该陶片未作化学分析。

2. 羼和料

羼和料是制胎的辅助原料，或者说是配料，只有砂粒一种，均为磨圆磨光的自然砂粒，应是选自海滩。以石英砂粒为主，肉眼观察为白色；钾长石砂粒较少，肉眼观察为黄色。粒径为 0.5~1.5 毫米，粗细不匀，未经筛选，属于细砂[④]。例如：釜 06XTLT3⑨：4，所含砂粒直径为 0.5~1.5 毫米；釜 06XTLT8⑧：3，所含砂粒直径为 0.5~1 毫米。

制陶者在制作釜类时，有意在陶土中配入适量的砂粒，其目的是：陶釜作为炊器使用时，如果升温过急或冷却太快，胎壁各部分之间膨胀或收缩不一致，会产生破坏应力，当应力超出胎壁的强度时，胎壁就会开裂。砂粒的重要作用在于提高胎壁的耐温度急变性能，增强胎壁的强度，减少应力，防止开裂。

（二）制胎原料的使用方式

所谓制胎原料的使用方式系指陶土是单独使用，还是配入适量羼和料之后使用。由于使用方式的不同，陶器分为有羼和料的陶器、无羼和料的陶器两类。据统计，以有羼和料的陶器即夹砂陶较多，占 53.6%；无羼和料的陶器即泥质陶较少，占 46.4%。

1. 夹砂陶

由黏土与砂粒组合（羼和）而成，以黏土为主，砂粒为辅。在夹砂陶中以灰陶最多，占 33.2%；灰黑陶次之，占 15.1%；橙黄陶最少，占 5.3%。

2. 泥质陶

泥料未经淘洗，土中含有个别砂粒。在泥质陶中，以黄白陶最多，占 26.8%；白陶次之，占 16.5%；黑陶最少，占 3.1%。

二　坯体成型工艺

烧制之前的器物称为坯体，烧制之后的器物称为陶器。目前尚未发现陶器上的慢轮修整痕迹，

---

① 数据引自本书附录二《深圳咸头岭遗址出土新石器时代陶器的科学技术研究》表二，1-3、1-4、1-5、1-7，平均值、助熔剂总和为引者所加。

② 白陶有两类：以高铝质耐火黏土制成的白陶简称为高铝质白陶，以高镁质易熔黏土制成的白陶简称为高镁质白陶。

③ 广州地理研究所主编：《深圳自然资源与经济开发》，第 189 页，广东科技出版社，1986 年。

④ 粒径 1.5 毫米以下（含 1.5 毫米）为细砂，2.0 毫米以上为粗砂。

一些器物（如杯06XTLT14⑧：4）的口边高低不平，一些器物（如盘06XTLT1⑧：1、06XTLT14⑧：1）的两周凹弦纹之间不够平行，而且线条不够直，这些现象表明当时尚未出现慢轮装置，应是利用垫板制陶，坯体的成型、修整和装饰都是在垫板上进行。

成型是坯体制作工艺的第一个阶段。成型系指将泥料制成坯体的工艺过程，推测成型时所用泥料的含水量为20%～22%。所谓含水量系指泥料中所含水的重量与泥料重量（湿重量）的百分比，即含水量＝（湿重量－干重量）／湿重量×100%。

坯体的成型方法，除支脚为捏塑法外，都是泥片贴筑法。泥片贴筑法系指将泥料先搓成泥球或短泥条，再按压、拍打或滚压成泥片，然后通过手捏、拍打或滚压，使各泥片互相粘贴在一起形成坯体的方法。经观察，各种器物均为正筑，也就是说从底部开始逐渐筑到口部，正筑的特征是泥片都向器内倾斜。例如：盘口沿06XTLT2⑧：9，残存口部内壁有三道纵向的泥片缝隙，泥片略呈圆角方形。泥片之间的接缝简称为泥片缝隙。纵剖面显示：口部泥片向器内倾斜，这表明泥片是从器壁内侧加上的；盘圈足06XTLT12⑧：8（图一七三：2），圈足是另外制作，其上端贴附于器身底部，然后在相接处内侧附加泥条一周，以便加固，泥条宽0.9厘米，厚0.15厘米，最后将泥条抹平；罐肩部至领部06XTLT15⑨：1（图一七三：1），肩部残存一块泥片，领部由两圈泥片贴筑而成，泥片略呈方形。纵剖面显示：泥片都向器内倾斜，这表明泥片都是从器壁内侧加上的。值得注意的是，领与肩呈现斜茬相接即套接，套接比平接要牢固，平接是平茬相接，容易脱落；杯06XTLT14⑧：4（图一七三：3），器身已经顺着纵向和横向的泥片缝隙开裂，由此可知腹部用8块泥片贴筑而成，口部用11块泥片贴筑而成，泥片略呈长方形。器身的纵剖面显示，泥片都向器内倾斜，这表明腹部的泥片从器底内侧加上，口部的泥片从腹壁内侧加上；釜06XTLT3⑨：4（图一七三：4），肩部至口部内壁有纵向、横向的泥片缝隙，泥片形状不规则。纵剖面显示，泥片向器内倾斜，这表明泥片是从器壁内侧加上的。

三　坯体修整工艺

坯体成型之后都要经过修整，这是坯体制作工艺的第二个阶段。推测进行修整时，坯体的含水量为16%～17%。修整的作用是：消除坯体上的泥片缝隙，提高胎壁的致密度，从而加固胎壁，使胎壁各部位厚薄比较均匀，器物的形制，尤其是口部的形制比较规整，因而具有整形的作用，使器表变得比较平整。

现在从器表上能够看到痕迹的修整方法只有刮削、湿手抹平两种。原来可能还有拍打。

（一）刮削

刮削是利用竹、木制成的片状工具即刮板进行的，也可以用贝壳进行，刮掉器表上多余的泥料，使胎壁各部位厚薄比较均匀。例如：盘06XTLT8⑧：1（图一七四：1），器身内壁留有一道道横向的刮削痕迹，每道痕迹宽约5毫米；圈足盘06XTLT1⑧：29（图一七三：5），在圈足与器身相接，并且在相接处内侧附加泥条之后，在外底进行刮削，由于从四周向中央刮削，形成一道道排列成放射状的刮削痕迹；釜口沿06XTLT8⑧：3（图一七四：2），口沿内外表留有一道道横向的刮削痕迹。

（二）湿手抹平

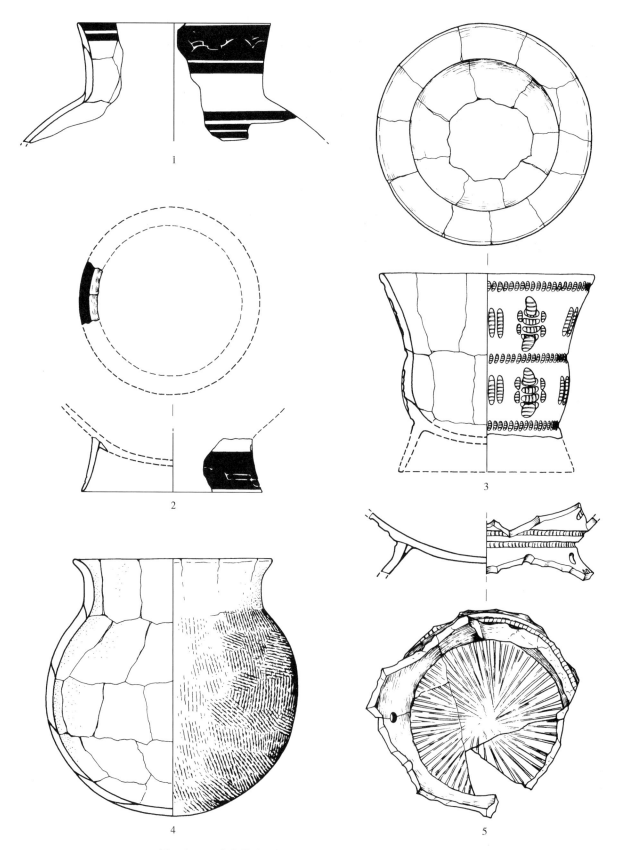

图一七三　咸头岭遗址新石器时代第 1 段制陶工艺图（一）

1、3、4. 泥片贴筑（T15⑨：1、T14⑧：4、T3⑨：4）　2. 附加泥条（T12⑧：8）　5. 刮削（T1⑧：29）

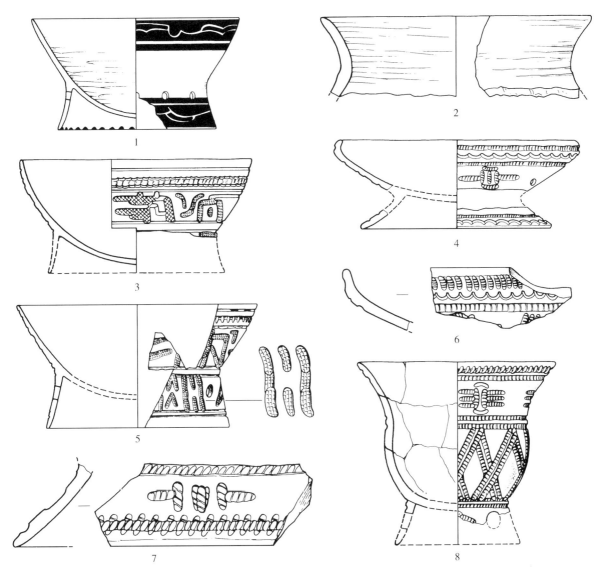

图一七四　咸头岭遗址新石器时代第 1 段制陶工艺图（二）

1、2. 刮削（T8⑧：1、T8⑧：3）　　3～8. 戳印纹（T1⑧：1、T14⑧：2、T14⑧：1、T1⑧：18、T1⑧：27、T12⑧：9）

用沾水的手将器表抹一遍，由于器表吸水，从泥料中析出细泥浆，遮盖在器表上的小凹坑、粗颗粒或刮削痕迹之上，从而使器表显得平整。例如：盘 06XTLT14⑧：1，内壁用湿手抹平；釜 06XTLT8⑧：3，口沿内外表经过横向刮削之后，用湿手略加抹平，但未抹彻底，仍留有刮削痕迹。由此可见，刮削的工序在先，湿手抹平的工序在后。湿手抹平是最后一道修整工序。

四　坯体装饰工艺

这是坯体制作工艺的第三个阶段，也是最后的一个阶段。装饰工艺包括以下四类。

（一）坯体修整后施加的纹饰

施加的纹样主要有绳纹、凹弦纹、戳印纹、镂孔和刻划纹五种。其中以绳纹的数量最多，以戳印纹最复杂，而且最有特色。推测施加绳纹时坯体的含水量为 16%～17%，也就是说修整之后立即施绳纹；施加凹弦纹、戳印纹、镂孔时坯体的含水量为 14%～15%，换句话说，略晚于施加绳纹，掌握适当的时机才能够达到最佳的施纹效果。

1. 绳纹

据统计，1 段有绳纹的陶器占 52.2%。经观察，全部绳纹都是滚压而成的细绳纹①。所用的施纹工具是绕绳圆棍。绳纹普遍施于釜类外表，在颈部只能滚压竖绳纹，从肩部至底部可以滚压竖绳纹，也可以滚压交错绳纹。例如：釜 06XTLT3⑨：4，颈下部滚压竖绳纹，从肩部至底部滚压交错绳纹，绳股印痕向左斜。

2. 凹弦纹

一边用垫板带着坯体旋转，一边手持钝尖状工具固定不动，在坯体上划出凹弦纹。例如：盘 06XTLT1⑧：1（图一七四：3），腹上部有凹弦纹一组四周，以中间两周作为施加戳印纹的基线②。腹与圈足交界处有凹弦纹一组两周；盘 06XTLT14⑧：1（图一七四：5），腹上部有凹弦纹一组三周，以下面两周作为施加戳印纹的基线。腹与圈足交界处、圈足下部各有凹弦纹一组两周。这些凹弦纹除有自身的装饰作用外，还兼有纵向划分戳印纹图案带的作用。

从以上情况可以看到凹弦纹有三个作用：一是有自身的装饰作用，二是作为施加戳印纹的基线，三是从纵向划分戳印纹的图案带。

3. 戳印纹

所谓戳印纹一般是用长条状工具（戳子）的前端向坯体外表触动而不穿透所形成的凹槽状纹饰（阴纹），主要施于盘和杯的器身和圈足上。戳印纹涉及施纹的时机、施纹的工具、戳印纹的形状、戳槽内的纹理、施纹的程序、由各种戳印纹组合而成的图案等问题。现综合在一起叙述如下。

施加戳印纹的最佳时机，在坯体的含水量为 14%～15% 时，泥料具有较强的韧性，此时施加戳印纹，工具既能戳进胎壁，形成凹槽，又与胎壁之间毫无粘连现象，因而戳印纹的形状和槽内的纹理都十分清晰。

施纹的工具。是用竹、木两种材料制成戳子，以竹为主。多数戳印纹的凹槽内有纤细的"隔梁"，呈现为凸起的短线纹、小方格纹、菱格纹。戳子前端的形状有半月形、弯月形、椭圆形、圆角弧形、圆角梯形、长条形等，因此戳印纹也有各种形状。

锯齿状戳印纹。例如：盘 06XTLT1⑧：1（图一七四：3），在腹上部的凹弦纹基线上施戳印纹，形成两周锯齿状纹。

半月形戳印纹。例如：盘口沿 06XTLT6⑦：8，戳子是用细竹竿劈开两半而成，经测量，竹竿外径为 6 毫米，内径为 0.5 毫米，可见这是一种胎壁厚、空腔很小的细竹竿。在腹上部施半月形戳印纹一周，每个都平面在上，弧面在下，即朝上弧，凹槽上浅下深，显然是戳子斜向戳印而成的。

弯月形戳印纹。例如：盘口沿 06XTLT1⑧：18（图一七四：6），戳子也是用细竹竿劈开两半而成，与半月形戳子的区别是胎壁薄、空腔较大。在腹上部施加弯月形戳印纹一周，每个都朝上弧③，由于彼此相连，形成水波纹。经放大观察，戳印纹之间有打破关系，都是右边的戳印纹打破左边

---

① 绳粗 1.5 毫米以下（含 1.5 毫米）为细绳纹，2.0 毫米以上为粗绳纹。

② 基线是施加戳印纹时作为基准的线条。可以在凹弦纹之上施加戳印纹，也可以在凹弦纹一侧施加戳印纹。

③ 弧是圆周的任意一段，弧的朝向是以圆心为基准：弧在圆心下方称为朝上弧，弧在圆心上方称为朝下弧，弧在圆心右方称为朝左弧，弧在圆心左方称为朝右弧。

的戳印纹。由此而知，当时垫板带着坯体按顺时针方向转动，用右手持戳子按逆时针方向一个个戳印；盘 06XTLT14⑧：2（图一七四：4），腹上部的弯月形戳印纹也连成水波状，戳印纹之间有打破关系，是按逆时针方向逐个戳印而成。圈足部的弯月形戳印纹是按顺时针逐个戳印的。

椭圆形戳印纹。例如：盘圈足 06XTLT1⑧：27（图一七四：7），戳子前端刻斜向凹短线，因而戳槽内有斜向、凸起的短线纹，即纤细的"隔梁"。在残存的圈足上有三组椭圆形戳印纹，每组两个或三个。左边一组两个，左边一个为横向，右边一个为竖向，经放大观察，前者打破后者。中间一组三个，均为纵向，中间的打破左边和右边的。右边一组两个，左边一个为竖向，右边一个为横向，后者打破前者。上述打破关系表明当时垫板带着坯体按顺时针方向转动，用右手持戳子按逆时针方向逐个戳印。

圆角弧形戳印纹。例如：盘 06XTLT14⑧：1（图一七四：5），戳子用较大、胎较厚的竹竿劈开加工而成，与弯月形戳子的差别是胎较厚，弧度较小，而且修成圆角。戳子前端刻有方格，因而戳槽内有纤细、凸起的方格纹。在圈足上，由八个圆角弧形戳印纹形成一组图案，分为左中右三行，左右两行都分为上中下三段，中行只有上下两段。经放大观察，施纹的程序是，先戳印左右两行的中段，由于用力较小，戳槽较浅，这两个戳印纹在整个图案中起定位①作用，后戳印各行的上下两段，由于用力较大，戳槽都较深，而且打破了左右两行的中段。值得注意的是，上段三个戳印纹都朝左弧，下段三个戳印纹都朝右弧，结果左右两行都略呈反"S"状，显示出戳印纹图案的曲线美。戳印纹产生朝左、朝右弧的差别是同一个戳子使用的方向相反所致。

圆角梯形戳印纹。例如：杯 06XTLT14⑧：4，戳子也是用较大、胎较厚的竹竿劈开加工而成，与圆角弧形戳子的差别是修成圆角梯形。戳子前端阴刻短线纹。在残存的腹部上下各有一组戳印纹，每组分为左中右三行，中行分为上中下三段。施纹程序是，先戳印中行中段的四个圆角弧形戳印纹，在整个图案中起定位作用；后戳印中行上下两个圆角梯形戳印纹。经放大观察，两个圆角梯形戳印纹都打破靠边的圆角弧形戳印纹。值得注意的是，上下两个圆角梯形戳印纹的朝向相反，上下对称；最后戳印左右两行较小的半月形戳印纹，每行两个，左右对称，左边的朝右弧，右边的朝左弧，显然这四个半月形戳印纹只起陪衬作用。可见主从分明。

长条形戳印纹。例如：杯 06XTLT12⑧：9（图一七四：8），施纹工具是用宽扁的竹片制成端面窄长的戳子，且端面阴刻有纤细的短线纹。在腹部，由戳子戳印组成网格状图案。经放大观察，各道长条纹之间有打破关系，根据打破关系可以断定施纹程序是，先从右下方朝左上方压印，后从左下方朝右上方压印，结果形成网格状图案。

4. 镂孔

例如：盘 06XTLT14⑧：1（图一七四：5），圈足上残存有椭圆形镂孔一个，是由外向内捅成。

（二）彩陶

彩陶是先绘彩后烧制的陶器。彩陶并非独立的陶系，咸头岭遗址的彩陶分别从属于泥质黄白陶系、泥质红褐陶系，1段的彩陶则从属于泥质黄白陶系。在黄白胎上适宜绘赭红彩。绘彩时坯

---

① 先确定位置，可以控制整个图案。制陶者很注意这一点。

体的含水量为 14%～15%，此时坯体具有吸附颜料浆的能力。据化学分析①，1 至 5 段的赭红彩，主要着色剂为 Fe_2O_3，颜料是一种含 Fe_2O_3 较高而且比胎的颗粒度更细的黏土，Fe_2O_3 含量为 5.39%～10.61%，平均值为 7.38%。从 1 段至 5 段，颜料中 Fe_2O_3 的含量有逐步增多的趋势。颜料比胎的颗粒度更细是经过精细淘洗所致。Fe_2O_3 含量的增多是精心选择、精细淘洗的结果。

彩陶的纹样简单，绝大多数为条带纹，只有极少量的连续点状纹，条带纹有宽、窄之分。例如：盘 06XTLT2⑧：4，泥质黄白陶，口外至腹上部外表绘宽、窄条带纹各一周，上周宽 2.5 厘米，下周宽仅 0.3 厘米，可见宽窄相差悬殊；盘圈足 06XTLT12⑧：8，泥质黄白陶，外表绘宽条带纹一周；罐圈足 06XTLT5⑦：1，泥质黄白陶，圈足外表绘宽条带纹一周，内壁下部绘窄条带纹一周；残罐 06XTLT15⑨：1，泥质黄白陶，领上部外表绘宽、窄条带纹各一周，上周较宽，下周较窄；领内壁绘窄条带纹两周；肩部外表绘窄条带纹三周（图一七三：1）。

彩陶的条带纹，在盘的口部至腹上部、罐的领部外表，凡是有宽、窄两种条带纹并用时，必定是宽的在上，窄的在下；在盘的圈足外表，凡是有宽、窄两种条带纹并用时，必定是窄的在上，宽的在下。特点是宽条带纹总是把守器物的上下两边，给人以安稳的感觉。

（三）器表磨光

器表磨光是在坯体将干未干，即含水量为 11%～13% 时，用质地坚硬而光滑的工具（如河卵石、骨器）进行的。磨光可以提高器表的致密度，还可以使器表的矿物晶体（石英、云母等）顺着磨光工具用力的方向重新排列，从而呈现光泽，更加美观。器表磨光有以下两种情况。

一种是施加戳印纹之后进行磨光。见于泥质白陶或泥质黑陶的盘和杯。例如：盘 06XTLT1⑧：1，泥质黑陶，器身内外表和圈足外表略加磨光；盘 06XTLT1⑧：8，泥质白陶，器身内外表和圈足外表略加磨光；杯 06XTLT12⑧：9，泥质黑陶，器身内外表和圈足外表磨光；杯 06XTLT14⑧：4，泥质白陶，器身内外表略加磨光。

另一种是绘彩之后进行磨光。见于泥质黄白陶的盘和罐。例如：盘 06XTLT2⑧：4，泥质黄白陶，器身内外表磨光；盘 06XTLT8⑧：1，泥质黄白陶，器身内外表和圈足外表磨光；罐圈足 06XTLT5⑦：1，泥质黄白陶，由于外表所绘赭红彩 Fe_2O_3 含量较高，颜料浆较浓，经过精细磨光、烧成温度较高（约 800℃）等因素的共同作用，赭红彩上富有光泽，相当美观；罐口沿 06XTLT14⑧：25，泥质黄白陶，特点是，外表所绘赭红彩的含铁量较高，颜料浆较稠，绘彩后先经过横向磨光，留有一道道较粗的磨光纹理，又经过纵向磨光，留有一道道较细的磨光纹理，并且打破横向的纹理，形成纵横交错的磨光纹理，烧成温度较高（约 850℃），由于这些因素的共同作用，红彩条带纹颜色鲜艳，富有光泽。

（四）器表磨光后施加的纹饰

只有刻划纹一种。刻划是在坯体的含水量为 9%～10% 时进行的。将绘彩、磨光、刻划这三种技法分别运用，综合在一起，这是不寻常的 1 段特有的装饰工艺，只见于赭红彩宽条带纹上。例如：盘 06XTLT12⑧：1，在口外至腹上部的宽条带纹上刻划曲线纹。从两段曲线纹的接头处可以看到打破关系，右边一段打破左边一段，这表明当时垫板带着坯体按顺时针方向转动，制陶者用

---

① 数据引自本书附录二《深圳咸头岭遗址出土新石器时代陶器的科学技术研究》表一，1-6、1-8、1-9、2-4、3-4、3-5、4-3、5-8、5-9，平均值为引者所加。

右手持锥状工具按逆时针方向分段刻划曲线纹；盘圈足 06XTLT12⑧：8，在宽条带纹上刻划曲线纹（图一七三：2）；罐圈足 06XTLT5⑦：1，在宽条带纹上刻划曲线纹，像卷起的浪花；罐口沿至肩部 06XTLT15⑨：1，在宽条带纹上刻划曲线纹。

从以上情况可以看到，刻划纹均施于宽条带纹部位，克服了宽条带纹单调的缺点，使它变得具有活力，曲线纹像海面上激起的浪花；刻划所用的工具是骨锥或竹锥，刻划纹粗约 1 毫米，经放大观察，刻划纹两侧的胎壁及红彩有细小的崩脱现象，这是在器表磨光之后进行刻划的直接证据，胎壁崩脱是坯体的含水量甚低所致。所刻之处，都露出泥质黄白胎，与赭红彩之间形成鲜明的对照，因而曲线纹清晰可见，曲线纹与赭红彩互相映衬。

五　陶器烧制工艺

坯体阴干之后置于陶窑内烧制，使其发生物理、化学变化成为陶器，不过，目前在遗址内尚未发现陶窑。烧制工艺包括烧成温度、烧成气氛、渗碳操作三方面。

（一）烧成温度

根据陶胎硬度，推测烧成温度为 750~850℃。例如：盘口沿 06XTLT6⑦：10，泥质白陶，质地较软，烧成温度约 750℃；盘口沿 06XTLT6⑦：9，泥质白陶；盘 06XTLT8⑧：1，泥质黄白陶；罐圈足 06XTLT5⑦：1，泥质黄白陶。这些器物的烧成温度均约 800℃；罐口沿 06XTLT14⑧：25，泥质黄白陶，烧成温度约 850℃。值得注意的是，06XTLT5⑦：1 和 06XTLT14⑧：25 两件罐由于烧成温度较高，质地较硬，彩料与胎壁之间结合比较牢固。

（二）烧成气氛

据统计，夹砂橙黄陶、泥质白陶和泥质黄白陶其占陶器总数的 48.6%，这些陶器都是在氧化气氛中烧制而成。夹砂灰陶占 33.2%，这些陶器呈现为灰色可能有两种原因：一种是由于烧成温度偏低，氧化不充分，黏土中所含碳素尚未烧尽，肉眼观察呈灰色；另一种是经过还原烧成，陶胎中的铁质大部分由 Fe_2O_3 转化成 FeO，因此陶胎由红色变成灰色。那么，究竟哪一种原因的可能性较大？只有通过化学分析，测定出陶胎中铁质的还原比值（FeO 与 Fe_2O_3 的比值）才能够得出结论。

（三）渗碳操作

所谓渗碳系指在烧成后期采用适当的操作方法使窑内产生大量黑烟，黑烟中的碳粒渗透到处于红热状态（500℃以上）陶胎的孔隙之内，致使器表乃至胎心变成黑色的工艺过程。据统计，夹砂灰黑陶和泥质黑陶共占 18.2%，这些陶器是在窑内经过不同程度的渗碳所致。例如：盘 06XTLT1⑧：1，泥质黑陶，经过磨光，内外表均为黑色，成为磨光黑陶；杯口沿 06XTLT9⑧：2，泥质黑陶，内外表均为黑色；杯 06XTLT12⑧：9，泥质黑陶，内外表呈黑色。

六　烧制后填彩工艺

填彩是彩绘陶的一种特殊表现方式。彩绘陶是先烧制后绘彩的陶器。填彩与一般的彩绘之间的差别在于，填彩是在限定的范围内，即在戳印纹的凹槽之内绘彩，"填"既有限定范围之意，又有填充之意；一般的彩绘不受范围的限制，可以任意在器表上绘成某种图案。经观察，填彩所用的颜料为赭红色矿物,其化学成分应与彩陶上所用的颜料赭红彩相同,是一种含 Fe_2O_3 较高且比胎的颗粒度细的黏土。为了使彩料与陶胎之间粘得比较牢固,有可能在颜料浆中加入适量的胶质(如植物胶)作为黏合剂。制作彩陶在坯体上绘彩,所用的颜料浆是不需要加上黏合剂的。由此可见彩绘陶与彩陶在施彩方法上存在差别。

填彩只见于 1 段盘类。例如:盘 06XTLT1⑧:1,泥质黑陶,在戳印纹的凹槽内残留有赭红彩,经笔者用棉签擦拭,凹槽较深,填彩较厚处,彩料容易脱落,这表明是先烧制后填彩,属于彩绘陶范畴;盘 06XTLT1⑧:8,泥质白陶,在凹弦纹和戳印纹的凹槽内残留有赭红彩;盘 06XTLT1⑧:17,泥质白陶,在戳印纹的凹槽内残留有赭红彩;盘 06XTLT14⑧:1,泥质白陶,在戳印纹的凹槽内残留有赭红彩,经笔者用棉签擦拭,彩不易脱落,这表明彩料中可能加入黏合剂。

在中国境内,彩绘陶出现的年代早于彩陶,例如,江西万年县仙人洞遗址下层,属于新石器时代早期,有的陶器"在圆窝之上涂朱"[1],圆窝纹属于戳印纹范畴,填入朱砂(HgS)就是填彩,属于彩绘陶范畴。之后,在湖南洪江市高庙遗址下层的高庙文化中也有填彩的陶器,在戳印纹的凹槽内"填涂有朱红色或黑色的矿物颜料"[2]。朱红色颜料可能是朱砂,黑色颜料可能是铁锰结核或锰铁矿。

第二节　新石器时代第 2 段制陶工艺

一　原料制备工艺

包括制胎原料的选择和使用方式两方面。

(一)制胎原料的选择

制胎原料有陶土、羼和料两类。

1. 陶土

有普通易熔黏土、高铝质耐火黏土两类,以前一类为主。

普通易熔黏土。除泥质白陶系以外,其他陶系都应属于普通易熔黏土。在普通易熔黏土当中,泥质黄白陶系引人注目。据统计,泥质黄白陶在陶器总数中占 29.8%。据化学分析[3],2 段彩陶(泥质黄白陶)的化学组成, SiO_2 含量为 69.03%, Al_2O_3 含量为 22.35%,助熔剂总和为 7.62%。泥质黄白陶 Al_2O_3 的含量明显低于高铝质白陶,因此属于普通易熔黏土;着色剂 Fe_2O_3 的含量较低,为 3.18%,因此呈现黄白色。黄白陶上适宜绘赭红彩,因为黄白色与赭红色之间对比强烈,彩色图案醒目。与 1 段相比,2 段的泥质黄白陶由 26.8% 增加到 29.8%,这表明 2 段的制陶者对泥质黄白陶优点的认识有所提高。

高铝质耐火黏土(高岭土)。这是制作白陶的主要原料。据统计,泥质白陶占 12.3%。据化学

---

① 江西省博物馆:《江西万年大源仙人洞洞穴遗址第二次发掘简报》,《文物》1976 年第 12 期。

② 湖南省文物考古研究所:《湖南洪江市高庙新石器时代遗址》,《考古》2006 年第 7 期。

③ 数据引自本书附录二《深圳咸头岭遗址出土新石器时代陶器的科学技术研究》表二,2-4,助熔剂总和为引者所加。

分析①，2 段高铝质白陶 SiO_2 含量为 54.23%～64.69%，平均值为 59.08%；Al_2O_3 含量为 26.23%～35.46%，平均值为 31.08%；助熔剂总和为 6.83%～10.67%，平均值为 8.84%。着色剂 Fe_2O_3 含量为 2.44%～3.71%，平均值为 2.92%，因此呈现为白色。在白陶上适宜施加戳印纹。与 1 段相比，2 段的泥质白陶由 16.5% 下降到 12.3%。

2. 羼和料

只有砂粒一种。粒径多为 0.5～1.5 毫米，属于细砂。有的器物如支脚 06XTLZ4：1，所含砂粒直径为 1～5 毫米。砂粒粗细不均，都未经过筛选。

（二）制胎原料的使用方式

可分为有羼和料的陶器即夹砂陶和无羼和料的陶器即泥质陶两类。据统计，夹砂陶占 55.9%，泥质陶占 44.1%。

1. 夹砂陶

在夹砂陶中，以灰陶最多，占 34.6%；灰黑陶次之，占 14%；橙黄陶最少，占 7.3%。

2. 泥质陶

在泥质陶中，以黄白陶最多，占 29.8%；白陶次之，占 12.3%；黑陶最少，占 2%。泥料未经淘洗，含有少量砂粒。

二　坯体成型工艺

成型方法有泥片贴筑法和捏塑法两种。以泥片贴筑法占绝对优势，捏塑法只作为一种补充。

（一）泥片贴筑法

各种器物均为正筑，即从底部筑到口部，泥片都从器壁内侧加上。例如：盘口沿 06XTLT1⑥：21（图一七五：1），内壁有纵向、横向的泥片缝隙，泥片略呈梯形。纵剖面显示，泥片向器内倾斜，这表明泥片是从器壁内侧加上的；罐 06XTLT7⑥：1（图一七五：5），从肩部至口部内壁有纵向、横向的泥片缝隙，泥片形状不规则，是由四圈泥片贴筑而成。纵剖面显示，泥片向器内倾斜，这表明泥片是从器壁内侧加上的。俯视唇部的泥片缝隙，可以看到左边的泥片在外侧，右边的泥片在内侧，二者形成斜茬相接，这表明在成型过程中，垫板带着坯体按逆时针方向转动，泥片按顺时针方向逐块加上，而且是从器壁内侧加上；杯腹片 06XTLT1⑥：24（图一七五：2），是从杯腹部脱落下来的一块略呈方形的泥片，上下左右四边都有与相邻泥片斜茬相接的痕迹，因此泥片的纵剖面、横剖面都略呈菱形。接茬呈现光秃，有别于断茬。接茬的情况表明，当时垫板按逆时针方向转动，泥片按顺时针方向逐块加上，而且是从器壁内侧加上。泥片宽 4.5 厘米，高 4.5 厘米，下部较厚为 0.7 厘米；钵 06XTLT1⑥：1（图一七六：3），口部残，器底已经脱落，推测为圜底。腹部内壁有纵向、横向的泥片缝隙，泥片形状不规则。腹部由五圈泥片贴筑而成，每圈首尾衔接，这种成型方法称为泥片圈筑法。腹部纵剖面显示，泥片向器内倾斜，这表明泥片是从器壁内侧加上的。泥片从底部开始一直贴筑到口部，这种成型方法称为正筑法。总体来说，采用正筑泥片圈筑法成型，这是咸头岭文化陶器常用的典型的成型方法；釜口沿至肩部 06XTLT9⑥：4，口

---

① 数据引自本书附录二《深圳咸头岭遗址出土新石器时代陶器的科学技术研究》表二，2-2、2-3、2-5、2-8、2-9，平均值、助熔剂总和为引者所加。

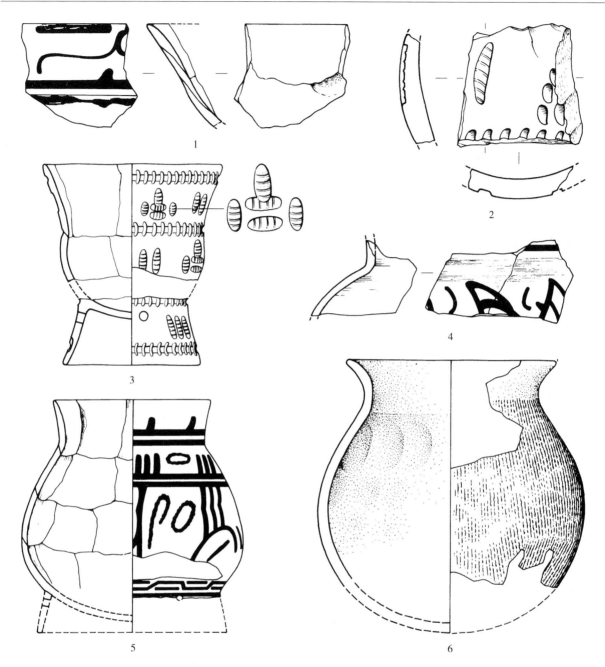

图一七五　咸头岭遗址新石器时代第 2 段制陶工艺图（一）

1、2、5. 泥片贴筑（T1⑥：21、T1⑥：24、T7⑥：1）　　3. 戳印纹（T2⑥：1）　　4. 刮削（T2⑥：25）　　6. 拍打（T18⑥：3）

沿纵剖面有泥片缝隙，泥片向器内倾斜，这表明泥片是从器壁内侧加上的。

（二）捏塑法

直接用一块或数块泥料捏塑成坯体，没有经过泥片这一中间环节，因此又称直接成型法。只用于支脚的成型。例如：支脚 06XTLZ4：1，实心，用一块泥料直接捏塑而成。

三　坯体修整工艺

修整的方法有刮削、拍打、湿手抹平三种。

（一）刮削

利用刮板进行。例如：罐肩部 06XTLT2⑥：25（图一七五：4），内、外壁留有横向的刮削痕迹；杯底部 06XTLT6⑤：15（图一七六：2），将圈足贴附于外底之后，在外底从四周向中央进行刮削，留有呈现为放射状的刮削痕迹；釜口沿 06XTLT2⑥：28、06XTLT9⑥：4，内壁都留有横向的刮削痕迹。

（二）拍打

拍打方法主要用于罐和釜的外表。在用光面（素面）拍子拍打外表的同时，在内壁用河卵石垫子作依托，通过拍打使胎壁变薄，腹部变鼓，对夹砂陶来说，拍打尤为重要，可以使黏土和砂粒这两种不同性质的制胎原料紧密地结合在一起，从而提高胎壁的致密度。推测拍子是木质的。经过拍打的器物，例如：釜 06XTLT18⑥：3（图一七五：6），内壁留有明显的不规则形的河卵石垫窝三个，垫窝之间有打破关系，右边一个被中间一个打破，中间一个又被左边一个打破。这表明拍打外表时，垫板带着坯体按顺时针方向转动，制陶者右手持拍子按逆时针方向进行拍打。至于外表的拍打痕迹由于滚压绳纹而消失。

（三）湿手抹平

这是最后的一道修整工序。例如：钵 06XTLT1⑥：1，内壁用湿手抹平；釜口沿 06XTLT9⑥：4，口外留有横向湿手抹平的纹理。

四　坯体装饰工艺

包括以下三类。

（一）坯体修整后施加的纹饰

纹样有绳纹、凹弦纹、戳印纹、镂孔、凸点纹五种。其中以绳纹数量最多，以戳印纹最复杂，而凸点纹是 2 段新出现的。

1. 绳纹

施于釜类外表，均为滚压而成的细绳纹。例如：釜 06XTLT2⑥：28，颈部以下滚压细竖绳纹和斜绳纹，经测量，绳粗 1 毫米，绳股印痕向左斜；釜口沿 06XTLT9⑥：4，颈部以下滚压细竖绳纹，绳粗 1.5 毫米，绳股印痕向左斜。

2. 凹弦纹

见于杯类外表。例如：杯 06XTLT2⑥：1（图一七五：3），泥质白陶，在口外、腹中部、器身与圈足交界处、圈足下部曾经分别施凹弦纹一周，作为施加弯月形戳印纹的基线，后来只在弯月形戳印纹之间遗留一点凹弦纹的痕迹，丧失了凹弦纹自身的装饰功能。

3. 戳印纹

施于盘和杯类外表。例如：盘 06XTLT4⑥：1（图一七六：1），泥质白陶。在口外，先横向压印凹弦纹两周（这种戳印纹既有自身的装饰作用，又有为椭圆形戳印纹定位的作用），然后其间施加椭圆形戳印纹两周，每个都略向左斜，戳槽内都有纤细、凸起的短线纹。残存腹部有一组复杂的戳印纹，分为左中右三行，中行又分为上中下三段。施纹程序，先戳印中行中段三个横向的半月形戳印纹，在整个图案中起定位作用；后戳印中行上下两个椭圆形戳印纹，并且分别打破靠边的半月形戳印纹；最后戳印左右两行，每行三个半月形戳印纹，这些戳印纹不但小，而且都朝向中行，显然起陪衬作用。在这一组戳印纹的凹槽内都有纤细凸起的菱格纹。杯 06XTLT2⑥：1（图一七五：3），泥质白陶，在口外、腹中部、器身与圈足交界处、圈足下部的凹弦纹基线之上，分别施弯月形戳印纹一周，前三周都朝左弧，唯独后一周朝右弧，戳印纹弧的朝向不同是戳子的朝向相反所致。腹上部其中的一组戳印纹，分为左中右三行，中行又分为上下两段。施纹程序，先施中行下段两个横向的椭圆形戳印纹，在整个图案中起定位作用；后施中行上面一个纵向的椭圆形戳印纹，并且打破靠上的一个横向椭圆形戳印纹；最后施加左右两个椭圆形戳印纹。这组戳印纹的凹槽内都有纤细凸起的短横线纹。整个图案左右对称，但是上下不对称，中行缺少一个（下面的）纵向椭圆形戳印纹，这也许是施纹空间的宽度不够，制陶者随机应变所致。杯腹片 06XTLT15⑥：4，泥质白陶，在椭圆形戳印纹的凹槽内有纤细凸起、呈放射状的短线纹，经测量，凹槽深 2 毫米。

4. 镂孔

例如：杯 06XTLT2⑥：1（图一七五：3），泥质白陶，圈足上部有圆形镂孔，由外向内捅成。

5. 凸点纹

见于钵类。例如：钵 06XTLT1⑥：1（图一七六：3），泥质白陶，底残缺，腹部滚压凸点纹（阳纹）。经观察，凸点纹是利用有凹点纹（阴纹）的圆棍纵向滚压而成，不是拍印而成。有两个证据，一是凸点纹纵向大致排列成行，而且在较长一段距离内排列成连续凸点纹；二是器表没有

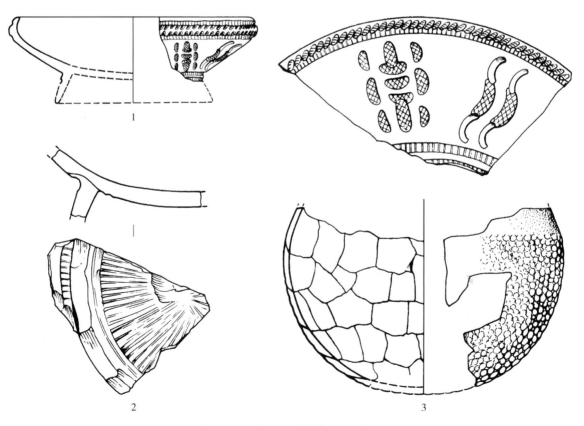

图一七六　咸头岭遗址新石器时代第 2 段制陶工艺图（二）

1. 戳印纹（T4⑥：1）　2. 刮削（T6⑤：15）　3. 泥片贴筑（T1⑥：1）

图一七七　仿制的凸点纹陶钵

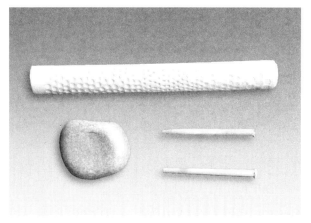

图一七八　凸点纹制作工具

因拍打而形成的一个个小平面，施纹后仍保持较好的球面状。凸点的大小不一，直径1.5~5毫米，以大凸点占大多数，小凸点少见。凸点大小不一的原因有两个：主要原因是圆棍上的凹点大小不一；次要原因是滚压时交界处有些凸点被叠压和打破，只剩下一部分，成为不完整的凸点。笔者仿制了一件钵（图一七七），以山东章丘市城子崖遗址附近的黄河边淤泥作为原料，经过陈腐，采用正筑泥片圈筑法成型，当时坯体的含水量约20%，在含水量下降到14%~15%时，将坯体扣放，用凹点纹圆棍从底部至腹上部进行滚压。凹点纹圆棍是这样制作的：利用质地松软，剥掉树皮，已经干燥的松木圆棍，长22厘米，直径2.5厘米；用竹竿制成两根小棍，长约8.5厘米，下端都磨成圆钝状，直径分别为4毫米、2.5毫米，预备一块石锤，将竹棍下端对准圆棍上的适当位置，用石锤砸击竹棍上端，圆棍上便出现一个个凹坑，凹坑剖面呈现"U"字形，这种方法可以称为间接砸击法（图一七八）。凹坑的大小取决于竹棍前端直径的大小，凹坑的深浅取决于砸击时用力的大小。需要注意的是，凹点纹圆棍不可以用水洗，因为被砸击处吸水后会立即膨胀起来导致凹坑变浅甚至消失，不能用于滚压凸点纹。凸点纹有数种成因，上面所说的是一种成因。钵腹片06XTLT2⑥：35，外表也有凸点纹。湖南黔阳县（今洪江市）高庙遗址上层的陶器上也有凸点纹，发掘简报认为是用鳖甲制成的工具拍印而成的，并且发表了甲拍（T1215⑦：4）的线图，"为鳖甲壳的自然凹窝面，表面已有明显的使用痕。陶器上的凸点纹就是由这种甲拍拍制而成。"[1] 这可能是凸点纹的另一种成因，有待模拟实验的证实。

（二）彩陶

彩陶都从属于泥质黄白陶系，用赭红彩绘成图案，纹样有窄条带纹、竖条纹、曲线纹、连续点状纹等。例如：盘06XTLT9⑥：1，泥质黄白陶，绘赭红彩。外表有窄条带纹、竖条纹和连续点状纹；罐06XTLT2⑥：25，泥质黄白陶，绘赭红彩。有窄条带纹、曲线纹、连续点状纹；罐06XTLT7⑥：1（图一七五：5），泥质黄白陶，绘赭红彩。有窄条带纹、曲线纹和连续点状纹。从以上情况可以看到，2段彩陶的纹样发生了变化，宽条带纹及上面的刻划纹已消失，窄条带纹继续沿用；连续点状纹增多，这样的纹样也可以称为虚线纹，应是用较细的类似毛笔的工具绘成。

---

① 湖南省文物考古研究所：《湖南黔阳高庙遗址发掘简报》，《文物》2000年第4期。

（三）器表磨光

有两种情况。

一种是施加戳印纹之后经过磨光。例如：盘 06XTLT4⑥：1，泥质白陶，外表略加磨光。杯 06XTLT2⑥：1，泥质白陶，外表略加磨光。

另一种是绘彩之后经过磨光。例如：盘口沿 06XTLT1⑥：21、06XTLT9⑥：1，盘 06XTLT12⑥：1，均为泥质黄白陶，外表略加磨光，赭红彩上也有光泽；罐 06XTLT2⑥：25，泥质黄白陶，外表略加磨光，赭红彩上也有光泽。

五　陶器烧制工艺

包括烧成温度、烧成气氛、渗碳操作三方面。

（一）烧成温度

根据陶胎硬度，推测烧成温度为 700~900℃，例如：罐 06XTLT7⑥：1，陶质较软，外表皮有剥落现象，烧成温度约 700℃。支脚 06XTLZ4：1，陶质坚硬，烧成温度约 900℃。

（二）烧成气氛

据统计，夹砂橙黄陶、泥质白陶、泥质黄白陶共占陶器总数的 49.4%，这些陶器都是在氧化气氛中烧制而成。夹砂灰陶占 34.6%，这些灰陶是否经过还原烧成，只有通过化学分析，测定出陶胎中铁质的还原比值才能够断定。

（三）渗碳操作

据统计，夹砂灰黑陶和泥质黑陶共占陶器总数的 16%，器表呈现灰黑色或黑色是在窑内经过不同程度的渗碳所致。

第三节　新石器时代第 3 段制陶工艺

一　原料制备工艺

包括制胎原料的选择和使用方式两方面。

（一）制胎原料的选择

所用的制胎原料有陶土、羼和料两类。

1. 陶土

有普通易熔黏土、高铝质耐火黏土、高镁质易熔黏土三类，以普通易熔黏土为主，高镁质易熔黏土罕见。

普通易熔黏土。除泥质白陶以外，其他陶系都应属于普通易熔黏土。在普通易熔黏土当中，以泥质黄白陶系引人注目。据统计，3 段泥质黄白陶占 28.5%，与 2 段相比，略有下降，2 段为 29.8%。据化学分析①，3 段彩陶（泥质黄白陶），SiO_2 含量为 68.57% ~ 70.68%，平均值为

---

① 数据引自本书附录二《深圳咸头岭遗址出土新石器时代陶器的科学技术研究》表二，3-4、3-5，平均值、助熔剂总和为引者所加。

69.63%；Al_2O_3 含量为 22.57%~24.93%，平均值为 23.75%；助熔剂总和为 5.5%~5.75%，平均值为 5.63%；着色剂 Fe_2O_3 含量较低，为 1.55%~1.88%，平均值为 1.72%。与 2 段彩陶（泥质黄白陶）相比，助熔剂总和由 7.62% 降到 5.63%，Fe_2O_3 含量由 3.18% 降到 1.72%。这表明 3 段泥质黄白陶的原料制备工艺水平有较大提高，在泥质黄白陶上适宜绘赭红彩。

高铝质耐火黏土（高岭土）。这是制作白陶的主要原料。据化学分析[1]，3 段高铝质白陶，SiO_2 含量为 38.28%~68.15%，平均值为 55.21%；Al_2O_3 含量为 23.85%~52.47%，平均值为 35.84%；助熔剂总和为 7.0%~8.59%，平均值为 7.95%；着色剂 Fe_2O_3 含量为 1.94%~4.0%，平均值为 3.06%。与 2 段高铝质白陶相比，SiO_2 含量平均值由 59.08% 降到 55.21%，Al_2O_3 含量平均值由 31.08% 上升到 35.84%，助熔剂总和平均值由 8.84% 降到 7.95%。其中 Al_2O_3 含量的提高、助熔剂总和的降低反映了 3 段高铝质白陶的原料制备工艺水平有所提高。

高镁质易熔黏土（滑石质黏土）。这是制作白陶的次要原料，其化学组成以低 SiO_2、贫 Al_2O_3、富 MgO、高助熔剂为特征。据化学分析[2]，3 段高镁质白陶，SiO_2 含量为 60.16%，Al_2O_3 含量为 7.02%，MgO 含量为 27.49%，助熔剂总和为 31.82%，着色剂 Fe_2O_3 含量为 2.45%，这种黏土由于助熔剂含量很高，成为易熔黏土；由于富含 MgO，具有滑石性质，用手摸高镁质白陶的器表，有明显的滑腻感。

据统计，3 段泥质白陶占 10.3%，与 2 段相比，由 12.3% 下降到 10.3%。在泥质白陶中包括高铝质白陶、高镁质白陶，经观察实物，以前者为主，后者甚少。高铝质耐火黏土，由于耐火度很高，成为后世制作瓷器的原料之一；高镁质易熔黏土，由于耐火度低，与后世制作瓷器的原料无关。两者的含铁量都很低，因此都可以制作白陶。

2. 羼和料

只有砂粒一种。为细砂，一般粒径为 0.5~1 毫米，未经筛选。例如：釜 06XTLT1⑤：68、69 和 06XTLT12⑤：1，所含砂粒直径为 0.5~1 毫米，粗细（大小）不均。

（二）制胎原料的使用方式

可分为有羼和料的陶器即夹砂陶和无羼和料的陶器即泥质陶两类。据统计，夹砂陶较多，占 59.4%；泥质陶较少，占 40.6%。

1. 夹砂陶

在夹砂陶中以灰陶最多，占 36.6%；灰黑陶次之，占 13.2%；橙黄陶最少，占 9.6%。

2. 泥质陶

在泥质陶中以黄白陶最多，占 28.5%；白陶次之，占 10.3%；黑陶最少，占 1.8%。泥质陶所用的泥料都未经淘洗，含有少量砂粒。

二　坯体成型工艺

成型方法有泥片贴筑法和捏塑法两种。泥片贴筑法占绝对优势，捏塑法只作为一种补充。

---

[1]　数据引自本书附录二《深圳咸头岭遗址出土新石器时代陶器的科学技术研究》表二，3-2、3-3、3-8，平均值、助熔剂总和为引者所加。

[2]　数据引自本书附录二《深圳咸头岭遗址出土新石器时代陶器的科学技术研究》表二，3-1，助熔剂总和为引者所加。

（一）泥片贴筑法

经观察，各种器物均为正筑，即从底部筑到口部。例如：盘口沿 06XTLT5④：2，内壁有纵向、横向的泥片缝隙，存有上下两排泥片，泥片略呈方形。纵剖面显示，泥片向器内倾斜，这表明泥片是从器壁内侧加上的；盘圈足 06XTLT1⑤：8（图一七九：2），圈足是另外制作的，其上端贴附于器身底部之后，在相接处内侧附加泥条一周，起加固作用，泥条宽 0.3~0.5 厘米。罐领部 06XTLT5④：8（图一七九：1），是脱落下来的一块泥片，其上端与口部泥片呈斜茬相接，留有疤痕；其下端与肩部也呈斜茬相接，留有疤痕。因此这块泥片纵剖面略呈菱形，泥片向器内倾斜。这表明泥片是从器壁内侧加上的；罐圈足 06XTLT14⑤：1（图一七九：4），是脱落下来的圈足，其上端有凸起的网格状纹理。纹理的成因是：为了使圈足与器身底部相接牢固，首先在罐底部一周用锥状工具刻划成网格状沟槽（阴纹），使此处形成粗糙的接触面，然后可能在相接处补水（刷水），使其软化，再将圈足上端贴附于罐底部，由于圈足是后制作的，比器身稍软，圈足上端立即从网格状沟槽上印出凸起的网格状纹理（阳纹）；釜 06XTLT12⑤：1（图一七九：3），腹中部至口部由五圈泥片贴筑而成，内壁有纵向、横向的泥片缝隙，泥片形状不规则。纵剖面显示，泥片向器内倾斜，这表明泥片是从器壁内侧加上的。口沿一周有 14 道纵向呈现曲线状的泥片缝隙，这表明口沿一周是用 14 块泥片贴筑而成。泥片宽 3.1~5.1 厘米。

（二）捏塑

只见于支脚。例如：支脚 06XTLT1⑤：9，实心，从外表观察，由五块泥捏塑在一起，各块泥之间有缝隙。这五块泥都不是泥片，因此不属于泥片贴筑法范畴。由此可见，捏塑法既可以用一块泥捏塑而成，也可以用数块泥捏塑而成。

三　坯体修整工艺

修整方法有拍打、刮削、湿手抹平三种。

（一）拍打

在用光面（素面）拍子拍打坯体外表的同时，内壁用河卵石垫子作依托。例如：釜 06XTLT1⑤：68（图一八〇：4），内壁留有垫窝，直径 6 厘米，呈不规则形，是河卵石印痕。

（二）刮削

用刮板进行刮削。例如：釜 06XTLT1⑤：69（图一八〇：2）、06XTLT12⑤：1（图一七九：3），口沿内、外壁都留有横向的刮削痕迹。

（三）湿手抹平

这是最后一道修整工序。例如：盘口沿 06XTLT3⑥：11、06XTLT5④：2，内壁、外表都用湿手抹平；杯 06XTLT1⑤：2，内壁用湿手抹平；釜 06XTLT1⑤：67~69、06XTLT12⑤：1，内壁都用湿手抹平。

四　坯体装饰工艺

包括以下三类。

（一）坯体修整后施加的纹饰

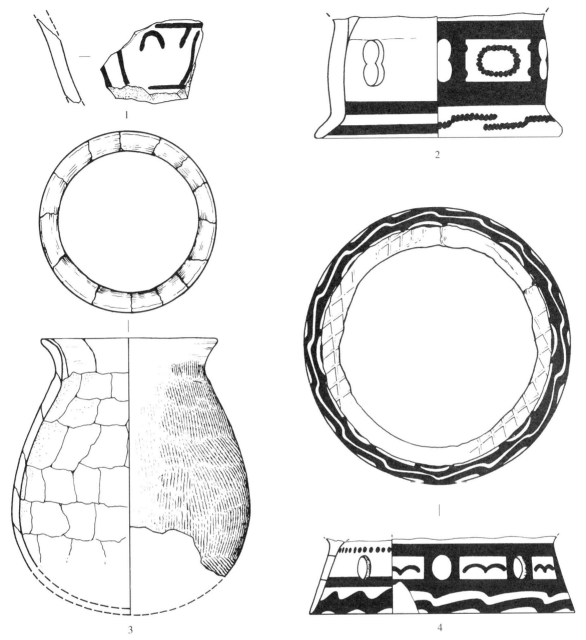

图一七九　咸头岭遗址新石器时代第 3 段制陶工艺图（一）

1、3. 泥片贴筑（T5④：8、T12⑤：1）　2. 附加泥条（T1⑤：8）　4. 网格状纹理（T14⑤：1）

纹样有绳纹、凹弦纹、戳印纹、刻划纹、镂孔、凸点纹等，其中以绳纹数量最多。

1. 绳纹

均为滚压而成的细绳纹。例如：釜 06XTLT1⑤：68，肩部滚压细绳纹，经测量，绳粗 1 毫米，腹部滚压交错绳纹，绳股印痕向左斜；釜 06XTLT3⑥：7，肩部滚压竖绳纹、斜绳纹，绳股印痕向左斜；釜 06XTLT12⑤：1，肩部、腹部滚压细竖绳纹、斜绳纹，经测量，1 厘米见方有 9 根细绳纹印痕，即绳粗约 1 毫米，绳股印痕向左斜。

从以上情况可以看到，3 段陶器上的绳纹较细，一般绳粗 1 毫米，绳股印痕都向左斜。

2. 凹弦纹

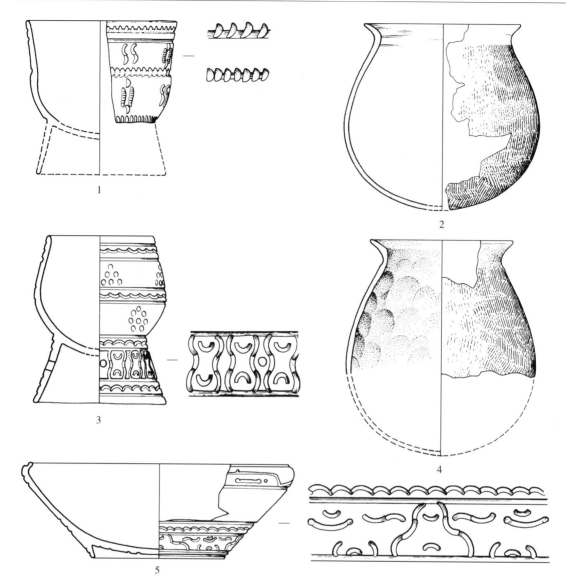

图一八〇　咸头岭遗址新石器时代第 3 段制陶工艺图（二）

1、3、5. 戳印纹（T1⑤：3、T1⑤：2、T1⑤：25）　2. 刮削（T1⑤：69）　4. 拍打（T1⑤：68）

　　用圆钝工具划成，往往两周为一组。例如：钵 06XTLT1⑤：25（图一八〇：5），泥质白陶，口外至腹上部、腹中部、圈足各施凹弦纹一组两周。这些凹弦纹除有自身的装饰作用外，还有纵向划分戳印纹图案带的作用。外底有凹弦纹四周；盘 06XTLT12⑤：2，泥质白陶，口外至腹上部有凹弦纹一组两周，这些凹弦纹除有自身的装饰作用外，还作为施加戳印纹的边框。腹下部施凹弦纹一组两周，圈足下部施凹弦纹一周；杯 06XTLT1⑤：3（图一八〇：1），泥质白陶，口外施凹弦纹一组两周，其中上周作为施加戳印纹的基线，在基线上施加戳印纹，打破了凹弦纹，因而只在戳印纹之间剩下一点凹弦纹的痕迹。腹中部、器身与圈足交界处各施凹弦纹一周，都作为施加戳印纹的基线，被戳印纹打破，只在戳印纹之间剩下一点痕迹。

　　从以上情况可以看到，凹弦纹的作用有四个：一是有自身的装饰作用；二是作为施加戳印纹的边框；三是纵向划分戳印纹的图案带；四是作为施加戳印纹的基线，以便戳印纹横向排列得整齐有序，然而凹弦纹自己却丧失了装饰作用。从中还可以看到制陶者对整个装饰工艺有通盘筹划，在施加凹弦纹时已经充分考虑到戳印纹如何布局，前一道工序为后一道工序创造条件。

3. 戳印纹

钵 06XTLT1⑤：25（图一八〇：5），泥质白陶，口外至腹上部、腹下部各有戳印纹图案带一个。在腹下部的图案带当中有"弓"字形和反"弓"字形戳印纹，这些戳印纹都是利用弯月形戳子，经上下两次戳印之后纵向连接而成。因为上下两次戳子弧的朝向相反，一次朝左弧，另一次朝右弧，所以连成"弓"字形或反"弓"字形戳印纹。由于上下两次用力大小不一，戳槽有深有浅，连接处形成打破关系；盘口沿 06XTLT3⑥：11，泥质白陶，在两周凹弦纹边框之内，施水波状戳印纹，其实也是利用弯月形戳子戳印而成的，是将许多横"S"形戳印纹连接在一起。经放大观察是用右手持弯月形戳子从左向右，即按逆时针方向一个个戳印而成，朝上弧与朝下弧相间排列，由于用力大小不一，在连接处多有打破关系。由此可见利用同一个弯月形戳子，只要改变一下弧的朝向，朝上弧或朝下弧，朝左弧或朝右弧，朝向一致连续排列或朝向相反相间排列，就可以创作出不同的戳印纹图案。杯 06XTLT1⑤：2（图一八〇：3），泥质白陶，在口外、腹中部的凹弦纹边框之内，各有水波状戳印纹一周，是用右手持弯月形戳子戳印而成，特点是均朝上弧，连接处的打破关系明显，弯月形戳印纹是按逆时针方向逐个戳印而成的。圈足上部、圈足下部的凹弦纹边框之内各有水波状戳印纹一周，也是用弯月形戳子戳印而成，特点是均朝下弧，这一点与器身上的两周水波状戳印纹不同。在圈足中部有若干组戳印纹图案，每组外形呈现为束腰葫芦形，是由中间两个弯月形戳印纹（上面一个朝上弧，下面一个朝下弧）、左边一个反"弓"字形戳印纹、右边一个"弓"字形戳印纹组成。反"弓"字形和"弓"字形戳印纹都是由三个弯月形戳印纹纵向连接而成，连接处有打破关系。整个图案上下对称，左右对称。在腹上部、腹下部用平头圆棍施加圆点状戳印纹，分别组成三角形图案和圆形图案；杯 06XTLT1⑤：3（图一八〇：1），泥质白陶，残存的腹上部有两组戳印纹图案。左边一组是由两个并排的"S"形戳印纹组成，每个"S"形戳印纹是由两个弯月形戳印纹纵向连接而成。右边一组由四个戳印纹组成，中间两个为并排的梭形戳印纹，上面和下面各有一个半月形戳印纹，均朝左弧。上述戳印纹的凹槽内都有纤细、凸起的短横线纹。在残存的腹下部也有这两组图案，但是左右对调。

从以上情况可以看到，弯月形戳印纹是构成各种图案的一个重要因素，横向排列可以组成水波状图案，纵向排列可以组成"S"形图案，还可以组成"弓"字形图案。圆点状戳印纹是3段新出现的，可以组成三角形图案和圆形图案。制陶者对于戳印纹高度重视，一向在四个方面下工夫，一是改变戳印纹的形状以及戳槽内的纹理，二是改变戳印纹弧的朝向，三是改变戳印纹排列的方向（纵向或横向），四是改变不同形状戳印纹的组合状况。因此能够创作出多种多样的图案。制陶者将戳印纹施于稀有的白陶之上，使白陶显得更加珍贵。

4. 刻划纹

这是在坯体的含水量下降到14%～15%时，用钝尖状工具在器表刻划而成的纹饰。此时形成的刻划纹，凹槽之内是光洁的，没有毛刺，显然不同于1段彩陶在器表磨光之后、含水量为9%～10%时施加的刻划纹。例如：盘 06XTLT9⑤：1，泥质黄白陶，在圈足中部刻划水波纹一周，线条流畅、弯曲自然，凹槽内光洁，毫无崩脱现象。水波状刻划纹除有自身的装饰作用外，还为随后施加圆形镂孔起定位作用。

5. 镂孔

盘06XTLT9⑤：1，泥质黄白陶，在圈足上的水波状划纹上下两侧，用锥状工具由外向内捅成较大的圆形镂孔，上下两排错开位置。刻划水波纹在先，捅扎镂孔在后，这样安排的好处是刻划水波纹时胎壁是完好的，抗压强度大，不会变形。盘圈足06XTLT1⑤：8（图一七九：2），泥质黄白陶，用锥状工具由外向内捅成两个较大、上下相连、有打破关系的圆形镂孔，结果形成"8"字形图案，这是圆形镂孔在表现形式上的一种创新；杯06XTLT1⑤：2（图一八〇：3），泥质白陶，在圈足中部两组戳印纹图案之间，用锥状工具由外向内捅成圆形镂孔，起陪衬作用；罐圈足06XTLT14⑤：1（图一七九：4），在圈足上部用锥状工具捅成圆形大镂孔。

6. 凸点纹

少见。例如：钵腹片06XTLT2⑤：19，泥质白陶，外表滚压凸点纹，大致纵向排列成行，凸点直径1~3毫米；钵腹片06XTLT2⑤：20，泥质白陶，外表有凸点纹，呈圆形、椭圆形、不规则形，排列无序，凸点直径3~6毫米。

（二）彩陶

3段的彩陶一般从属于泥质黄白陶系，个别从属于泥质白陶系。均绘赭红彩，以外彩为主，内彩较少。纹样有窄条带纹、曲线纹、连续点状纹等。例如：盘06XTLT9⑤：1，泥质黄白陶，绘赭红彩，在圈足外表，顺着水波状划纹两边和圆形镂孔周围绘成水波纹。水波状划纹、圆形镂孔、赭红彩水波纹三者巧妙配合，互相映衬。圈足内壁绘水波纹等；罐圈足06XTLT14⑤：1（图一七九：4），泥质黄白陶，绘赭红彩，外表有窄条带纹、竖条纹、曲线纹等；内壁有窄条带纹、曲线纹和连续点状纹。值得注意的是，圈足上部的曲线纹类似飞翔的海鸥，下部的曲线纹像海浪；杯06XTLT1⑤：2，泥质白陶，在口外、腹部以及凹弦纹的凹槽内残留有赭红彩，这是个别现象。在坯体上绘彩不同于在陶器上填彩。

（三）器表磨光

有以下三种情况。

一种是器表施加戳印纹之后经过磨光。例如：盘06XTLT12⑤：2、杯06XTLT1⑤：3，器表都略加磨光。

另一种是器表绘彩之后经过磨光。例如：盘06XTLT9⑤：1、盘圈足06XTLT1⑤：8、罐圈足06XTLT14⑤：1，器表都经过精细磨光，彩上也有光泽。

还有一种是器表施加戳印纹、绘彩之后经过磨光，这是个别现象。例如：杯06XTLT1⑤：2，器表略加磨光。

五　陶器烧制工艺

包括烧成温度、烧成气氛和渗碳操作三方面。

（一）烧成温度

根据陶胎硬度，推测烧成温度为700~850℃。例如：盘06XTLT5④：2，陶质较软，烧成温度约700℃；盘06XTLT9⑤：1、盘圈足06XTLT1⑤：8、罐圈足06XTLT14⑤：1，陶质都较硬，器表上所绘的彩保存较好，烧成温度约 850℃。

（二）烧成气氛

据统计，夹砂橙黄陶、泥质白陶、泥质黄白陶共占陶器总数的 48.4%，这些陶器都是在氧化气氛中烧制而成；夹砂灰陶占 36.6%，这些灰陶是否经过还原烧成，只有通过化学分析，测定出陶胎中铁质的还原比值后才能够断定。

（三）渗碳操作

据统计，夹砂灰黑陶和泥质黑陶共占 15%。器表呈灰黑色或黑色是在窑内经过不同程度的渗碳所致。

第四节　新石器时代第 4 段制陶工艺

一　原料制备工艺

包括制胎原料的选择和使用方法两方面。

（一）制胎原料的选择

所用的制胎原料有陶土和羼和料两类。

1. 陶土

有普通易熔黏土、高铝质耐火黏土两类，以前一类为主。

普通易熔黏土。除泥质白陶系以外，其他陶系都应当属于普通易熔黏土。在普通易熔黏土中，惊人的变化是泥质黄白陶系基本消失，泥质红褐陶系突然涌现，据统计，它一出现就占陶器总数的 32.4%。据化学分析[1]，4 段彩陶（泥质红褐陶）及无彩的泥质红褐陶，SiO_2 含量为 64.88%～65.15%，平均值为 65.02%；Al_2O_3 含量为 22.91%～24.31%，平均值为 23.61%；助熔剂总和为 9.8%～10.95%，平均值为 10.38%。着色剂 Fe_2O_3 含量为 4.94%～7.04%，平均值为 5.99%。与 3 段彩陶（泥质黄白陶）相比，着色剂 Fe_2O_3 含量由 1.72% 猛然上升至 5.99%。由此可知，泥质红褐陶与泥质黄白陶在陶色上呈现明显差别，其根源在于黏土中 Fe_2O_3 含量高低相差悬殊。可以设想这两种黏土的来源不同，换句话说选自不同的地点。隐藏在泥质黄白陶基本消失、泥质红褐陶突然涌现背后的深层次原因是：第 4 段制陶者选择黏土的标准和对陶色的审美观念都发生了较大变化，因而变更选土地点和选土对象。

高铝质耐火黏土（高岭土）。用于制作白陶。据统计，4 段泥质白陶占 4.2%，与 3 段泥质白陶相比，有明显衰落的趋势，由 10.3% 下降到 4.2%。据化学分析[2]，4 段高铝质白陶，SiO_2 含量为 59.88%～66.35%，平均值为 62.78%；Al_2O_3 含量为 25.89%～32.67%，平均值为 29.33%；助熔剂总和为 6.24%～8.11%，平均值为 6.89%；着色剂 Fe_2O_3 含量为 2.09%～4.09%，平均值为 2.92%。

---

① 数据引自本书附录二《深圳咸头岭遗址出土新石器时代陶器的科学技术研究》表二，4-3、4-4，平均值、助熔剂总和为引者所加。

② 数据引自本书附录二《深圳咸头岭遗址出土新石器时代陶器的科学技术研究》表二，4-1、4-2、4-7、4-8，平均值、助熔剂总和为引者所加。

2. 羼和料

只有砂粒一种。砂粒粗细不匀，未经筛选，直径 1~7 毫米。其中以粗砂为主，有的含细砂。例如：釜 06XTLT1④：102、06XTLT1④：136、06XTLT2④：23、06XTLT3⑤：53，所含砂粒直径分别为 2~3 毫米、1~7 毫米、1~4 毫米、2~5 毫米，为粗砂。罐 06XTLT2④：27，所含砂粒直径 0.5~1 毫米，为细砂。

（二）制胎原料的使用方式

可分为有羼和料的陶器即夹砂陶和无羼和料的陶器即泥质陶两类。据统计，以夹砂陶较多，占 63.4%；泥质陶较少，占 36.6%。

1. 夹砂陶

在夹砂陶中，以灰陶较多，占 22.3%；灰黑陶次之，占 21%；橙黄陶再次之，占 17.4%；灰白陶最少，占 2.7%。其中，灰白陶是 4 段新出现的。

2. 泥质陶

在泥质陶中，以红褐陶为主，占 32.4%；白陶很少，仅占 4.2%。红褐陶刚一出现就占据首位，引人注目。

二　坯体成型工艺

成型方法有泥片贴筑法、捏塑法两种。泥片贴筑法占绝对优势，捏塑法只作为一种补充。

（一）泥片贴筑法

各类器物均为正筑，即从底部筑到口部。例如：盘 06XTLT1④：1（图一八一：1），泥质红褐陶，腹部有纵向的泥片缝隙，腹与底之间有横向的泥片缝隙，器身的成型方法是，在圈底的基础上，用 10 块大泥片贴筑成器壁。从这件器物上可以看到泥片贴筑法的缺点，由于泥片之间缺乏横向的连续性，容易顺着纵向的泥片缝隙产生开裂现象。开裂之后，这件盘的使用者用钻头在裂缝两侧由外向内钻成三组六个缀合孔，以便穿绳连缀，继续使用；盘 06XTLT1④：4，泥质红褐陶，器身内壁有纵向、横向的泥片缝隙，泥片形状不规则。纵剖面显示，腹部由两圈泥片贴筑而成，泥片向器内倾斜，这表明下面的一圈泥片是从器底内侧加上的，上面的一圈泥片是从器壁内侧加上的；盘腹下部 06XTLT2④：35，泥质红褐陶，这是从腹下部脱落下来的一块泥片，从内壁观察，其上侧和右侧都有与相邻泥片斜茬相接的痕迹，这些痕迹表明，在横向，泥片是从器壁内侧按顺时针方向逐块加上的；在纵向，泥片是从器壁内侧自下而上逐块加上的，也就是说正筑成型；釜 06XTLT1④：101（图一八二：1），腹上部至口部由三圈泥片贴筑而成，内壁有纵向、横向的泥片缝隙，泥片的形状不规则。纵剖面显示，泥片向器内倾斜，这表明泥片是从器壁内侧加上的。从口沿内壁观察，纵向的泥片缝隙呈现为波状曲线，缝隙左边的泥片在外侧，右边的泥片在内侧，这种叠压关系表明，泥片是按顺时针方向逐块加上的。这件釜的口边高低不平，这是在垫板上制陶所致，可见当时尚未出现慢轮；釜 06XTLT1④：109，肩部至口部由三圈泥片贴筑而成，内壁有纵向、横向的泥片缝隙，其中口沿的泥片缝隙呈现为波状曲线，泥片的形状不规则。纵剖面显示：泥片向器内倾斜，这表明泥片是从器壁内侧加上的；釜 06XTLT2④：23，腹中部至口部由四圈泥

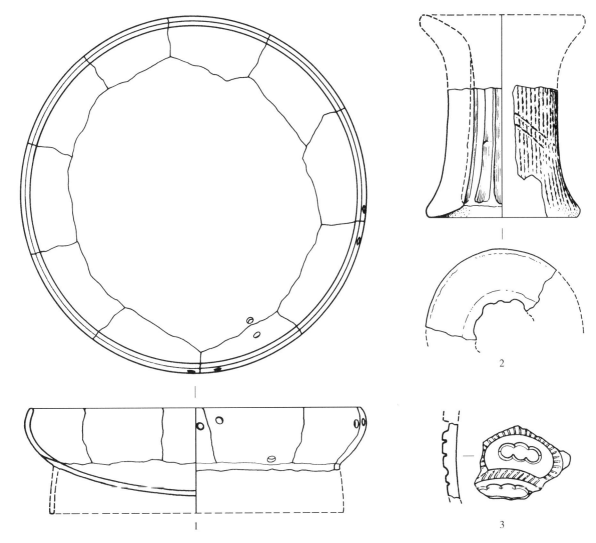

图一八一　咸头岭遗址新石器时代第 4 段制陶工艺图（一）

1. 泥片贴筑（T1④：1）　　2. 竹片施压（T2④：45）　　3. 戳印纹（T1④：131）

片贴筑而成，内壁有纵向、横向的泥片缝隙，上下圈泥片之间形成"错缝"[①] 现象，客观上有利于防止纵向开裂，泥片的形状不规则。纵剖面显示，泥片向器内倾斜，这表明泥片是从器壁内侧加上的。釜 06XTLT2④：24（图一八二：4），腹下部至口部由三圈大泥片贴筑而成，内壁有纵向、横向的泥片缝隙，上下圈泥片之间形成"错缝"现象，泥片的形状不规则，腹上部有一块泥片经过测量，宽度为 10 厘米。纵剖面显示，泥片向器内倾斜，这表明泥片是从器壁内侧加上的。

上述事实表明：4 段坯体的成型方法依旧，采用正筑泥片圈筑法成型；大圈足盘（D 型盘）和器座是 4 段新出现的器形。

（二）捏塑法

只见于支脚。例如：支脚 06XTLT1④：7，实心，用一块泥料捏塑而成；支脚 06XTLT2④：43，实心，有两层胎。成型方法是：先捏塑成一个泥心，后捏塑外层，包住泥心。泥心已经脱落，

---

① 后世砌砖墙有意识地采用错缝方法，防止墙体纵向开裂。

在外层的内壁留有凹凸不平的疤痕。外层厚 0.3~1.6 厘米。

三　坯体修整工艺

修整方法有拍打、竹片施压、刮削、湿手抹平四种。

（一）拍打

在用光面（素面）拍子拍打外表的同时，内壁以河卵石垫子作依托。例如：釜 06XTLT1④：137（图一八二：2）、06XTLT3⑤：47，肩部、腹部内壁留有垫窝，形状不规则，窝内凹凸不平，这是河卵石垫子的印痕；釜 06XTLT3⑤：53，腹部内壁留有河卵石垫窝，直径约 2 厘米。

（二）竹片施压

这种修整方法适用于器座内壁，因为器座瘦高，呈束腰形，中空，虽然两端开口，可是手伸不进去。例如：器座 06XTLT2④：42，内壁有竹压痕；器座 06XTLT2④：45（图一八一：2），残器内壁残留有纵向的竹片施压痕迹四道，压痕残长 5.7 厘米，竹片外径 2 厘米，竹节痕迹明显，

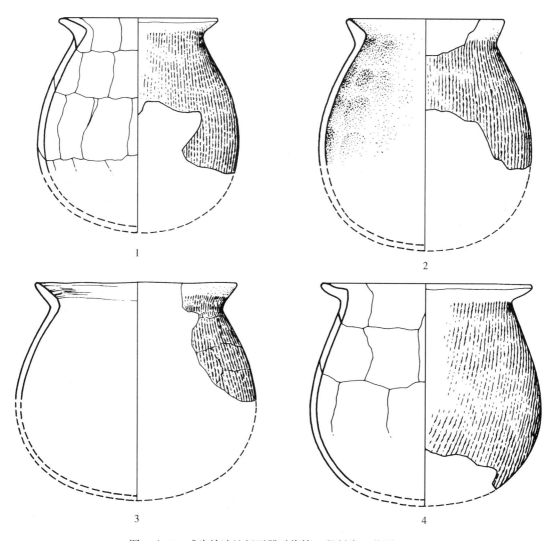

图一八二　咸头岭遗址新石器时代第 4 段制陶工艺图（二）

1、4. 泥片贴筑（T1④：101、T2④：24）　2. 拍打（T1④：137）　3. 刮削（T1④：134）

竹节宽 2 毫米。其中三道竹青朝向坯体内壁，一道竹黄朝向坯体内壁。推测修整方法是：一手托着坯体，另一手持竹片对坯体内壁施压，目的是消除泥片缝隙，提高胎壁的致密度。

（三）刮削

少见。例如：釜 06XTLT1④：134（图一八二：3），口沿内壁有横向的刮削痕迹。

（四）湿手抹平

这是普遍采用的最后一道修整工序。例如：釜 06XTLT1④：101、102、109、113、121、134、135，06XTLT2④：23、27、38，06XTLT3⑤：50、53、54，06XTLT4④：7 的内壁都用湿手抹平；器座 06XTLT1④：9 的外表都用湿手抹平。

四　坯体装饰工艺

包括以下四类。

（一）坯体修整后施加的纹饰

纹样有绳纹、戳印纹、贝印纹、刻划纹、贝划纹、镂孔等。

1. 绳纹

均为利用绕绳圆棍滚压而成，绳股印痕均向左斜。根据绳子的粗细，可分细绳纹、粗绳纹两种。细绳纹为 1.5 毫米，粗绳纹为 2~3 毫米，以粗绳纹为主。例如：釜 06XTLT1④：135、06XTLT3⑤：53，颈部以下都滚压粗竖绳纹，绳粗 1.5 毫米，绳股印痕向左斜；釜 06XTLT1④：101、06XTLT1④：102、06XTLT1④：109、06XTLT1④：113、06XTLT3⑤：47、06XTLT3⑤：50，颈部至腹部都滚压粗竖绳纹，绳粗 2 毫米，绳股印痕向左斜；釜 06XTLT1④：136、06XTLT2④：23、06XTLT2④：24，颈部以下都滚压粗竖绳纹，绳粗 3 毫米，绳股印痕向左斜。

从以上情况可以看到：4 段粗绳纹很多，细绳纹极少。值得注意的是，绳纹变粗与粗砂陶的增多有密切关系，因为粗绳纹与粗砂陶相适应，在粗砂陶上不宜滚压细绳纹。

2. 戳印纹

据统计，4 段戳印纹只占 3.2%。与 3 段戳印纹相比，由 14.8% 骤降到 3.2%。只见于一些残片。例如：腹片 06XTLT1④：131（图一八一：3），泥质白陶，在外表，由六个弯月形戳印纹组成类似连环状的图案，上面三个朝下弧，下面三个朝上弧，是用同一个戳子分六次印成的，连接处略有错位现象。经测量，戳子印痕的外径为 4 毫米；腹片 06XTLT4④：10，泥质白陶，由三个长方形戳印纹组成横 "Z" 形图案。戳印时，中间的一个用力较小，凹槽较浅；左右两个用力较大，凹槽较深。由此可知先戳印中间一个，起定位作用，后戳印左右两个，并且打破中间一个。戳槽内都有凸起的短横线纹。

3. 贝印纹

与戳印纹相比，施纹工具不同，是用海贝壳作为工具，因而纹样也不同于戳印纹。例如：釜肩部 06XTLT1④：123，用海贝壳的口边压印而成，贝印纹的特点是：凹槽两边不够齐，凹槽的横断面呈现为 "U" 形，不同于用竹戳子压印而成的凹弦纹。

4. 刻划纹

用尖状工具在器表上刻划而成。例如：盘 06XTLT1④：2、06XTLT4④：5，均为泥质红褐陶，在圈足外表，先刻划一道横向的曲线纹，是由横"S"形与反"S"形曲线相间连接而成，类似蔓草，后在横"S"与反"S"纹连接处上下两侧分别刻划半圆形的弧线纹，朝上弧与朝下弧相间排列，像蔓草上的花苞。盘06XTLT1④：3、06XTLT1④：4，均为泥质红褐陶，在圈足外表，刻划曲线纹，形成海浪状图案，线条流畅，富有活力，是用右手持锥状工具按逆时针方向刻划而成的；釜领部06XTLT1④：121、06XTLT1④：122，外表都有横刻竖排"之"字纹，刻划纹粗0.5毫米，乍一看似横压竖排"之"字纹（例如兴隆洼文化的横压竖排"之"字纹），但用放大镜观察后即可发现，是用锥状工具划出的，特征是线条拐弯处呈弧状。咸头岭文化的横刻竖排"之"字纹属于刻划纹范畴，兴隆洼文化的横压竖排"之"字纹属于压印纹范畴。二者成因不同，纹理也有差异。

5. 贝划纹

与刻划纹相比，所用的施纹工具不同，因而纹理也不同。例如：釜肩部06XTLT2④：38，外表有纵向和横向的贝划纹各一组，是用海贝壳的口边连刮带划而成，若干道划纹并列，划纹凹槽的横断面呈"U"形；器座06XTLT2④：45的下端有贝划纹。

6. 镂孔

均为圆形小镂孔，见于盘的圈足上。例如：盘06XTLT1④：2，在曲线刻划纹上下两侧分别捅成一个小镂孔，上下对称，两个为一组；盘06XTLT4④：5，在曲线刻划纹上下两侧分别捅成两个小镂孔，上下对称，四个为一组；盘06XTLT1④：3、06XTLT1④：4，在海浪状曲线刻划纹上侧捅成一个个小镂孔，横向排列。

（二）涂刷白陶衣

陶衣也称色衣，因为其颜色不同于胎的颜色。白陶衣应是用高岭土淘洗而成的细泥浆，涂刷在红褐胎上。白陶衣中着色剂 Fe_2O_3 的含量很低，因此呈现为白色，可以将红褐胎遮盖起来，实际上起到化妆土的作用，为随后进行的绘赭红彩工序创造了有利条件。假如在红褐胎上绘赭红彩，由于胎色与彩色的差别很小，彩色图案不易被看到。在白陶衣上绘彩，由于白色与彩色对比强烈，彩色图案很显眼。因此在红褐胎上涂刷白陶衣是很有必要的。涂刷白陶衣是在坯体的含水量为14%~15%时进行的，因为此时坯体具有吸附泥浆的能力。白陶衣普遍施于盘的器表。例如：盘06XTLT1④：3，泥质红褐陶，器表残留少量白陶衣。在圈足上的刻划纹凹槽之内也有白陶衣，这表明先施加刻划纹，后涂刷白陶衣；盘06XTLT1④：4，泥质红褐陶，器表留有较多的白陶衣，在圈足上的凹弦纹凹槽之内也有白陶衣。

第4段泥质红褐陶一出现，白陶衣就跟着出现，这表明二者之间具有主从关系，白陶衣从属于泥质红褐陶，是专门为红褐胎起"化妆"作用的。

（三）彩陶

4段彩陶主要从属于泥质红褐陶系。均施赭红彩，以外彩为主，内彩较少。例如：盘06XTLT1④：3，泥质红褐陶，涂刷白陶衣后，在腹下部绘赭红彩窄条带纹一周；盘06XTLT1④：4，泥质红褐陶，涂刷白陶衣后，绘赭红彩。近口部和腹下部外表有窄条带纹各一周，其间有曲线纹和连续点状纹；在圈足上顺着海浪状曲线刻划纹的两侧绘曲线纹；豆06XTLT1④：5，泥质白陶，在4段属于极个别现象。没有涂刷白陶衣就直接在腹部外表绘赭红彩窄条带纹三周。由于器身纵向开裂，使用者在裂缝两侧各钻成缀合孔一个，底部中央也残存有钻孔一个，以便穿绳连缀，继续使用。

（四）器表磨光

有以下两种情况。

一种是涂刷白陶衣、绘赭红彩之后经过磨光。例如：06XTLT1④：4，泥质红褐陶，磨光后，白陶衣和赭红彩上都略有光泽。

另一种是无陶衣，绘赭红彩之后经过磨光。例如：豆06XTLT1④：5，泥质白陶，磨光后白胎和赭红彩上都略有光泽。

将第4段与第3段坯体上的装饰工艺进行比较，便可以发现第4段发生了显著变化：一是绳纹突然变粗。3段绳纹为细绳纹，一般绳粗1毫米；4段以粗绳纹为主，多数绳粗2~3毫米，绳纹变粗的根源是夹砂陶所用的羼和料（砂粒）变粗。二是刻划纹基本取代了戳印纹的重要地位。据统计，4段划纹急剧上升，占32.4%；戳印纹明显下降，仅占3.2%。其根源在于白陶减少和审美观念的变化。三是白陶衣跟随泥质红褐陶大量出现。

五　陶器烧制工艺

包括烧成温度、烧成气氛、渗碳操作三方面。

（一）烧成温度

根据陶胎硬度，推测烧成温度为700~950℃。例如：盘06XTLT1④：2，陶质较软，表层有剥落现象，烧成温度约700℃；盘口沿06XTLT1④：125、06XTLT2④：34，盘06XTLT4④：5，釜06XTLT1④：136，烧成温度约750℃；釜肩部06XTLT2④：38，烧成温度约800℃；釜06XTLT3⑤：17，陶质较硬，烧成温度约850℃；釜肩部06XTLT1④·23，陶质坚硬，烧成温度约950℃。

（二）烧成气氛

据统计，夹砂橙黄陶、泥质白陶、泥质红褐陶共占陶器总数的54%，这些陶器是在氧化气氛中烧制而成；夹砂灰陶、夹砂灰白陶共占25%，这些陶器是否经过还原烧成，只有经过化学分析，测定出陶胎中铁质的还原比值后才能够断定。

（三）渗碳操作

据统计，夹砂灰黑陶占21%，这些灰黑陶是在窑内经过渗碳所致。另外，出现了窑外渗碳现象。例如：豆06XTLT1④：5，泥质白陶，内壁呈现黑色，应是在窑外渗碳所致。窑外渗碳是指陶器刚出窑时，趁热迅速将草末等渗碳材料①装入处于红热状态②的陶器之内，渗碳材料被烧焦产生浓烟③，浓烟中的碳粒立即渗入陶胎的孔隙之内这一工艺过程。

---

① 草末、锯末、稻壳等有机物都可以作为窑外渗碳的渗碳材料。
② 陶器在500℃以上处于红热状态。
③ 浓烟实际上是大量微小的碳粒。

第五节　新石器时代第 5 段制陶工艺

一　原料制备工艺

包括制胎原料的选择和使用方式两方面。

（一）制胎原料的选择

所用的制胎原料有陶土、羼和料两类。

1. 陶土

有普通易熔黏土、高铝质耐火黏土两类，以前一类为主。

普通易熔黏土。除泥质白陶系以外，其他陶系都应属于普通易熔黏土。在普通易熔黏土当中，泥质红褐陶明显减少，由 4 段的 32.4% 急剧下降到 5 段的 6%，由于泥质红褐陶减少，彩陶也跟着减少，并且走向衰落。据化学分析[①]，5 段彩陶（泥质红褐陶）和无彩的泥质红褐陶，SiO_2 含量为 68.05% ~ 72.03%，平均值为 69.58%；Al_2O_3 含量为 18.38% ~ 22.82%，平均值为 20.55%；助熔剂总和为 8.14% ~ 10.33%，平均值为 8.82%。着色剂 Fe_2O_3 含量为 3.55% ~ 5.85%，平均值为 4.24%。与 4 段的彩陶（泥质红褐陶）和无彩的泥质红褐陶相比，着色剂 Fe_2O_3 含量由 5.99% 下降为 4.24%。

高铝质耐火黏土（高岭土）。用于制作白陶。据统计，5 段泥质白陶仅占 2.4%，与 4 段相比，泥质白陶由 4.2% 下降为 2.4%，可见白陶已经衰落。据化学分析[②]，5 段高铝质白陶，SiO_2 含量为 56.33% ~ 70.07%，平均值为 65.13%；Al_2O_3 含量为 22.45% ~ 33.86%，平均值为 26.77%；助熔剂总和为 5.99% ~ 8.8%，平均值为 7.09%。着色剂 Fe_2O_3 含量为 1.99% ~ 3.46%，平均值为 2.62%。与 4 段高铝质白陶相比着色剂 Fe_2O_3 含量由 2.92% 下降至 2.62%。

2. 羼和料

有粗砂、细砂之分，以粗砂为主，细砂少见。细砂显然经过人工筛选。在此遗址首次出现筛选工艺。

细砂。粒径 0.5 ~ 1.0 毫米，粒径较均匀。例如：碗腹片 06XTLT3④：9，所含砂粒直径为 0.5 毫米；釜 06XTLT3④：6，所含砂粒直径为 0.5 ~ 1.0 毫米。

粗砂。粒径 1.0 ~ 7.0 毫米。例如：碗 06XTLT9③：1，所含砂粒直径为 1 ~ 5 毫米；罐 06XTLT8③：7，所含砂粒直径为 1 ~ 7 毫米；釜口沿 06XTLT12③：2，所含砂粒直径为 1 ~ 6 毫米；器座 06XTLT8③：10，所含砂粒直径为 1 ~ 5 毫米，大多数为白色石英砂粒，少数为黄色长石砂粒。

从以上情况可以看到：5 段器物普遍含有砂粒，甚至新出现的斜壁圈足碗也含有细砂粒。

---

① 数据引自本书附录二《深圳咸头岭遗址出土新石器时代陶器的科学技术研究》表二，5-8、5-9、5-4、5-5，平均值、助熔剂总和为引者所加。

② 数据引自本书附录二《深圳咸头岭遗址出土新石器时代陶器的科学技术研究》表二，5-6、5-7、5-10，平均值、助熔剂总和为引者所加。

（二）制胎原料的使用方式

可分为有羼和料的陶器即夹砂陶和无羼和料的陶器即泥质陶两类。据统计，夹砂陶占绝对优势，为91.6%；泥质陶骤然减少，仅占8.4%。

1. 夹砂陶

在夹砂陶中，以橙黄陶较多，占36.5%；灰陶次之，占33.5%；灰黑陶再次之，占15.1%；灰白陶最少，占6.5%。根据碗类器表上砂粒的散布状况，估计在夹砂陶中，黏土重量与砂粒重量的比例为4∶1。

2. 泥质陶

在泥质陶中，以红褐陶稍多，占6%；白陶很少，占2.4%。所用的泥料都未经淘洗，含有少量砂粒。

与4段相比，夹砂陶由63.4%急剧上升至91.6%，泥质陶由36.6%猛然下降至8.4%，这表明5段在原料制备工艺上发生了重大变化。

二　坯体成型工艺

成型方法有泥片贴筑法、捏塑法两种。泥片贴筑法占绝对优势，捏塑法只作为一种补充。

（一）泥片贴筑法

仍然沿用垫板制陶的方法。个别碗的外底留有"人"字形席纹，应是用草席作为坯体与垫板之间的隔离层所致，隔离层可以防止坯体与垫板粘连。例如：碗06XTLT9③∶1、06XTLT12③∶1，外底的"人"字形席纹均清晰可见，席子应是用宽扁草编成，草宽4毫米。

各类器物均为正筑，即从底部筑到口部，例如：碗06XTLT9③∶1（图一八三∶4），腹部至口部由两圈泥片贴筑而成，内壁有泥片缝隙，泥片的形状很不规则。纵剖面显示：泥片向器内倾斜，这表明下圈泥片是从器底内侧加上的，上圈泥片是从器壁内侧加上的；盘口沿06XTLT9③∶6（图一八三∶2），剖面有泥片缝隙，泥片向器内倾斜，这表明泥片是从器壁内侧加上的；釜口沿06XTLT7③∶10，口沿剖面有泥片缝隙，呈现为两层胎，第二层是从口沿内侧加上的，其下端向外窝，贴附于肩部内侧，以便加固；釜06XTLT13③∶1（图一八三∶3），腹部至口部由五圈泥片贴筑而成，内壁有纵向、横向的泥片缝隙，泥片的形状不规则。纵剖面显示：泥片向器内倾斜，这表明泥片是从器壁内侧加上的；器座06XTLT5③∶1（图一八三∶5），由三圈泥片贴筑而成，器壁有纵向、横向的泥片缝隙。纵剖面显示：泥片向器内倾斜，这表明泥片是从器壁内侧加上的；器座06XTLT8③∶10，内外两层胎，仅存外层的下部，由四块泥片贴筑而成，其下端向内窝，以便包住内层，但内层已脱落。这种内外两层胎、外层下端窝边的做法是承袭4段器座的成型方法。

（二）捏塑法

只见于支脚。例如：支脚06XTLT4③∶5，实心，先捏塑成一个泥心，直径1.5~2.0厘米，然后在泥心外面用泥料进行包裹，再度捏塑成为支脚。最后在底部中央用手指按压成一个圆窝，直径4厘米，深1.8厘米。圆窝周边凸出，具有类似圈足的作用，便于支脚放置稳定；支脚06XTLT6③∶6，实心，用三块泥料捏塑而成，中下部为两块，上部为一块，各块之间有接缝。

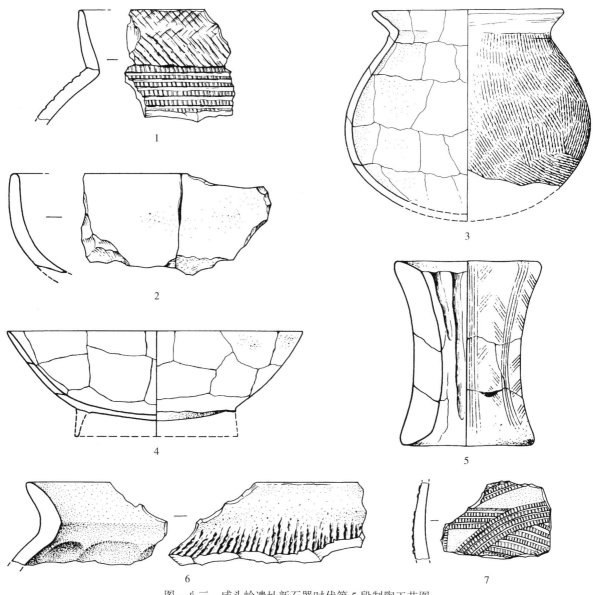

图一八三　咸头岭遗址新石器时代第5段制陶工艺图

1. 刻划纹、凹弦纹（T3④：6）　　2~5. 泥片贴筑（T9③：6、T13③：1、T9③：1、T5③：1）　　6. 拍打（T8③：5）

7. 附加堆纹（T5③：4）

三　坯体修整工艺

修整的方法有拍打、刮削、湿手抹平三种。

（一）拍打

在用素面（光面）拍子拍打外表的同时，内壁用河卵石垫子作依托。例如：釜口沿 06XTLT8③：5（图一八三：6），肩部内壁有垫窝；釜 06XTLT13③：1（图一八三：3），腹部内壁有多个明显的垫窝，致使内壁凹凸不平。垫窝直径约 3 厘米。至于外表的拍打痕迹，由于施加绳纹而消失。

（二）刮削

盘底部 06XTLT7③：15，外底有刮削痕迹。

（三）湿手抹平

普遍采用，例如：碗 06XTLT12③：1 的外表用湿手抹平；盘 06XTLT9③：6、罐 06XTLT8③：7、釜口沿 06XTLT3④：6 的内壁都用湿手抹平。

四 坯体装饰工艺

包括以下四类。

（一）坯体修整后施加的纹饰

纹样有绳纹、刻划纹、贝划纹、凹弦纹、附加堆纹等。

1. 绳纹

施纹方法主要是滚压，个别有拍打和按压的。均为粗绳纹。例如：釜口沿 06XTLT7③：10，颈部滚压粗竖绳纹，绳粗 3 毫米，绳股印痕向左斜；釜 06XTLT13③：1，肩部至腹中部滚压粗竖绳纹，绳粗 2 毫米，绳股印痕向右斜；腹下部至底部改为拍打交错绳纹，形成一个个小平面，各小平面之间有打破关系，绳粗 2.5 毫米，绳股印痕也向右斜。在上述两种绳纹的交界处有叠压关系：拍打绳纹叠压在滚压绳纹之上，这表明滚压绳纹的工序在先，拍打绳纹的工序在后。可以设想，这件釜的制作者同时拥有两种施加绳纹的工具：一种是木制的绕绳圆棍，另一种是木制的绕绳拍子；器座 06XTLT4③：3，外表滚压粗竖绳纹，绳股印痕向右斜；支脚 06XTLT4③：5，外表和底面都滚压粗竖绳纹，绳粗 2 毫米。引人注目的是，在支脚残存的两面有竖向按压而成的绕绳圆棍印痕，呈现凹槽状，宽 1 厘米，凹槽内有横绳纹。打破关系表明：滚压竖绳纹的工序在先，按压横绳纹的工序在后。按压的目的是进一步加固坯体。至此，咸头岭文化制陶者常用的施纹工具——绕绳圆棍的样子终于显现出来。

与 4 段及其以前的绳纹相比，5 段绳纹有三点是新出现的：一是拍打绳纹；二是按压绳纹；三是绳股印痕向右斜的绳纹，反映出绳子的捻向有变化。

2. 刻划纹

用尖状工具刻划而成。例如：釜口沿 06XTLT3④：6（图一八三：1），口沿外表有斜向交错排列密集的划纹，肩部外表有排列密集的竖划纹。经观察，都是一道道刻划而成。

3. 贝划纹

用海贝壳口边划成。例如：罐 06XTLT8③：7，在肩部，先用湿手将滚压的绳纹抹掉，但未抹彻底；再用海贝壳施加多组弧线状划纹，一组朝下弧，另一组朝上弧，上下相对；器座 06XTLT5③：1（图一八三：5），外表有数组纵向的长条状贝划纹，各组之间有多组斜向、短条状贝划纹，有的向左斜，有的向右斜。

4. 凹弦纹

釜口沿 06XTLT3④：6（图一八三：1），肩部残留有凹弦纹五道，打破竖向刻划纹，这表明施加刻划纹的工序在先，施加凹弦纹的工序在后。

5. 附加堆纹

腹片 06XTLT5③：4（图一八三：7），在外表，先附加多根细泥条，排列成"人"字形纹，泥条被压扁后，宽1~2毫米，泥条之间相距约2毫米。有几段泥条已经脱落，留有疤痕，证实这些泥条都是附加而成；然后用薄木片或竹片在数根泥条上由左向右依次进行压印，使泥条上产生短横线状凹槽，结果附加堆纹上呈现出排列有序的小方块状凸起（阳纹）；腹片06XTLT5③：6、06XTLT5③：7，所施附加堆纹与06XTLT5③：4相同。

上述附加堆纹是5段新出现的，其施纹工艺细致的程度不亚于戳印纹。

（二）涂刷陶衣

有红陶衣、白陶衣两种，红陶衣是5段新出现的。例如：碗腹片06XTLT3④：9，夹细砂橙黄陶，外表涂刷红陶衣；釜口沿06XTLT3④：6，夹细砂灰陶，内、外壁涂刷白陶衣。

（三）彩陶

彩陶属于泥质红褐陶系，绘赭红彩，只见窄条带纹，风格简略，这表明5段彩陶工艺已经衰落。

（四）器表磨光

碗腹片06XTLT3④：9，夹细砂橙黄陶，外表涂刷红陶衣之后，经过横向磨光，留有一道道磨光纹理。

五　陶器烧制工艺

包括烧成温度、烧成气氛、渗碳操作三方面。

（一）烧成温度

根据陶胎硬度，推测烧成温度为750~850℃，以约800℃较多。例如：盘口沿06XTLT9③：6，烧成温度约750℃；碗06XTLT9③：1、06XTLT9③：2、06XTLT12③：1，盘底部06XTLT7③：15，釜口沿06XTLT8③：5，支脚06XTLT6③：6，烧成温度均约800℃；釜口沿06XTLT12③：2，烧成温度约850℃。

（二）烧成气氛

据统计，夹砂灰陶占33.5%，夹砂灰白陶占6.5%，二者共占陶器总数的40%。在这些陶器中，确实有经过还原烧成的陶器，例如釜口沿06XTLT3④：6，唇部露出深灰陶，深灰色是还原烧成所致，内壁、外表的白陶衣，由于含铁量低，仍保持白色。至于其他灰陶和灰白陶是否都经过还原烧成，只有经过化学分析，测定出陶胎中铁质的还原比值才能够断定。

（三）渗碳操作

据统计，夹砂灰黑陶占15.1%，呈现灰黑色是在窑内渗碳所致。另外，碗腹片06XTLT3④：9，内壁呈现黑色，应是在窑外渗碳所致。外表未经渗碳，仍然保持红色。整件陶器呈现为"外红内黑"。

第六节　商时期制陶工艺

相当于中原地区商时期的陶器出土较少。

一　原料制备工艺

包括制胎原料的选择和使用方式两方面。

（一）制胎原料的选择

所用的制胎原料有陶土、羼和料两类。

1. 陶土

有普通易熔黏土、高铝质耐火黏土两类。以前一类为主。

普通易熔黏土。除泥质白陶系以外，其他陶器都属于普通易熔黏土，据统计共占 96.8%。

高铝质耐火黏土（高岭土）。据统计，泥质白陶占 3.2%，这些白陶应当主要是用高岭土制作而成。例如：罐口沿 06XTLT1③：35、06XTLT1③：36 均为白陶，手摸器表没有滑腻感，是用高岭土制成的。

2. 羼和料

只有砂粒一种，以白色石英砂粒为主，黄色长石砂粒较少。砂粒有粗、细之分，细砂经过人工筛选。至于粗砂，在海边随处可得，不必经过筛选。

夹细砂的陶器。砂粒直径 0.5~1 毫米。例如：罐 06XTLT1③：38，所含砂粒直径为 0.5~1 毫米；罐口沿 06XTLT2③：9，所含砂粒直径小于 0.5 毫米。

夹粗砂的陶器。砂粒直径 1.5~5 毫米。例如：釜 06XTLT1③：20，所含砂粒直径为 1.5~3 毫米；釜口沿 06XTLT1③：25、06XTLT1③：28，所含砂粒直径为 2~5 毫米。

（二）制胎原料的使用方式

可分为有羼和料的陶器即夹砂陶和无羼和料的陶器即泥质陶两类。据统计，夹砂陶占 74.4%，泥质陶占 25.6%。

1. 夹砂陶

在夹砂陶中，以灰陶最多，占 41.2%；灰白陶次之，占 20.9%；灰黑陶再次之，占 11.0%；橙黄陶最少，占 1.3%。

2. 泥质陶

在泥质陶中，以灰黑陶最多，占 9.3%；橙黄陶次之，占 8.4%；灰陶再次之，占 4.7%；白陶最少，占 3.2%。

二　坯体成型工艺

制作坯体在慢轮上进行。成型方法有泥条圈筑法、捏塑法两种，以泥条圈筑法为主，捏塑法只作为一种补充。

（一）泥条圈筑法

泥条圈筑法系指将泥料先搓成泥条，再通过手捏使泥条一圈圈垒叠而上，每圈首尾衔接，泥条之间的缝隙（简称泥条缝隙）大致呈水平状。泥条圈筑是与泥条盘筑①相对而言。泥条圈筑成

---

① 泥条盘筑的特点是泥条呈现盘旋上升，泥条缝隙呈倾斜状。

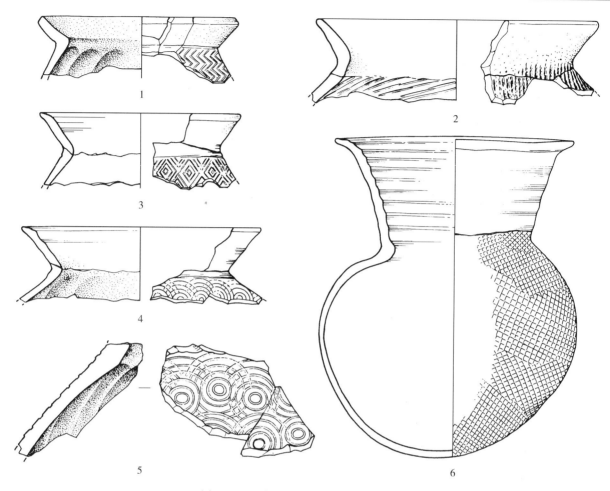

图一八四　咸头岭遗址商时期制陶工艺图

1、5. 拍打（T2③：8、T1③：33）　2. 刮削（T3③：4）　3、4. 泥条圈筑（T2③：9、T1③：37）　6. 慢轮修整（T1③：1）

型的器物，例如：罐口沿 06XTLT1③：37（图一八四：4），口沿与肩部交界处有泥条缝隙一道，大致呈水平状，展开后长 22 厘米。纵剖面显示：口沿的泥条向器内倾斜，这表明口沿是从肩内侧加上的；罐口沿 06XTLT2③：9（图一八四：3），颈部有泥条缝隙一道，展开后长 11 厘米。纵剖面显示：泥条向器内倾斜，这表明泥条是从器壁内侧加上的；口沿与肩部交界处也有泥条缝隙一道，口沿向器内倾斜，这表明口沿是从肩内侧加上的。

（二）捏塑法

只用于制作纺轮。例如：纺轮 06XTLT1③：2、06XTLT1③：3、06XTLT1③：4，均为捏塑成型。

三　坯体修整工艺

修整方法有拍打、刮削、湿手抹平、慢轮修整四种。

（一）拍打

一手持素面拍子或有重圈纹、重菱纹、曲折纹、方格纹、云雷纹等纹样的拍子拍打坯体外表，另一手持河卵石垫子垫在坯体内壁作依托。素面拍子应是木质的，有纹样的拍子是木质的还是陶质的，尚待今后的发现和研究。例如：釜口沿 06XTLT1③：28，肩部内壁留有垫窝，这表明在外表滚压竖绳纹之前，曾经用素面拍子进行过拍打，拍打痕迹被竖绳纹淹没；罐肩部 06XTLT1③：33（图一八四：5），外表留有重圈纹；内壁残留有河卵石垫窝三个，按顺时针方向排列，并且形成打破关系。这表明用重圈纹拍子进行拍打修整时，慢轮带着坯体按逆时针方向转动①。经测量内壁垫窝的直径为 6 厘米；罐口沿 06XTLT1③：37（图一八四：4），肩部外表有重圈纹，按顺时针方向逐个排列，并且形成打破关系；内壁有垫窝。这表明修整坯体时慢轮按逆时针方向转动；罐口沿 06XTLT2③：8（图一八四：1），肩部外表用曲折纹的拍子进行拍打，内壁留有垫窝。

（二）刮削

罐口沿 06XTLT2③：9（图一八四：3），口沿内壁留有横向的刮削痕迹；釜口沿 06XTLT3③：4（图一八四：2），肩部内壁留有一道道向左斜的刮削痕迹，刮痕宽而浅，间距 3 毫米，这应是扇贝壳的刮痕。

（三）湿手抹平

釜 06XTLT1③：19、06XTLT1③：20，罐口沿 06XTLT1③：35、06XTLT1③：36，肩部内壁都用湿手抹平。

（四）慢轮修整

所谓慢轮修整系指一边利用慢轮带着坯体旋转，一边用刮板或者用湿手对坯体进行修整，使坯体形制规整浑圆，口沿细部特征鲜明这一工艺过程。修整后器表留有细密的呈平行线状或螺旋状的纹理，简称细密轮纹，这是器表经过慢轮修整的直接证据。例如：釜 06XTLT1③：20、罐 06XTLT1③：37（图一八四：4）、06XTLT2③：8，口沿内壁外表都经过慢轮修整，留有细密轮纹；尊 06XTLT1③：1（图一八四：6），利用弧刃的刮板对口沿进行慢轮修整，口沿内、外壁留有呈瓦棱状的轮修痕迹并且有细密轮纹，口沿内轮廓线呈现波浪状曲线。

四　坯体装饰工艺

包括以下两类。

（一）坯体修整过程中产生的纹饰

纹样有重圈纹、重菱格纹、曲折纹、方格纹、云雷纹等②。在进行拍打修整的同时有意识地将这些纹饰保留下来作为装饰，并且尽可能做到排列整齐有序，结果同一道工序产生修整和装饰两种作用，可谓一举两得。这道工序从修整角度称为拍打，从装饰角度称为拍印。

1. 重圈纹

由数个凸起的半径不同的圆圈重合而成，呈现为阳纹。由此可知拍子上为阴纹。例如：罐口沿 06XTLT1③：37（图一八四：4），肩部外表拍印重圈纹，每一组由五个圆圈重合而成；罐肩部 06XTLT1③：33（图一八四：5），外表拍印重圈纹，每组由六个圆圈重合而成，最外边一个圆圈经过测量半径为 2.3 厘米。

2. 重菱格纹

由数个凸起的大小不同的菱形纹重合而成，呈现为阳纹。由此可知拍子上为阴纹。例如：罐

---

① 咸头岭文化，对坯体进行拍打修整时，垫板按顺时针方向转动。例如 2 段釜 06XTLT18⑥：3。可见时代不同，修整方法也有差异。

② 其纹样与江西地区商时期的印纹陶相似，然而咸头岭遗址出土的均为普通陶器，所用陶土和烧成温度都不同于印纹硬陶。

肩腹部06XTLT1③：38，肩上部外表拍印重菱格纹，每组由四个菱形重合而成；罐口沿06XTLT2③：9（图一八四：3），肩部外表拍印重菱格纹。

　　3. 曲折纹

由凸起的纵向的折线横向排列而成，呈现为阳纹。由此可知拍子上为阴纹。例如：釜06XTLT1③：20，从肩部至腹部拍印曲折纹；罐口沿06XTLT2③：8（图一八四：1），肩部拍印曲折纹。

　　4. 方格纹

均为斜方格纹，呈现为阳纹。拍子上为阴纹。例如：尊06XTLT1③：1（图一八四：6），从肩部至底部都拍印斜方格纹；罐口沿06XTLT1③：35、06XTLT1③：36，肩部都拍印斜方格纹。

　　5. 云雷纹

由凸起的线条按顺时针方向由外向内转折而成，确切地说是雷纹[1]，呈现为阳纹。例如：罐肩腹部06XTLT1③：38，肩下部拍印云雷纹，呈折线状。

　　（二）坯体修整后施加的纹饰

纹样有绳纹、凹弦纹、戳印纹三种。

　　1. 绳纹

均为滚压而成的粗竖绳纹。例如：釜06XTLT1③：19，从口沿下部至腹部都滚压粗竖绳纹，绳粗2毫米，绳股印痕向左斜；罐口沿06XTLT1③：35、06XTLT1③：28，沿外和肩部都滚压粗竖绳纹，绳股印痕向左斜，由于唇部滚压绳纹[2]，形成方唇。前一件绳粗3毫米，后一件绳粗2毫米。

　　2. 凹弦纹

只见于纺轮06XTLT1③：2，上面有凹弦纹三周，非常规整，是轮旋而成。

　　3. 戳印纹

只见于纺轮06XTLT1③：4，上面施加圆形戳印纹，排列成三周。

五　陶器烧制工艺

包括烧成温度、烧成气氛、渗碳操作三方面。

　　（一）烧成温度

根据陶胎硬度，推测烧成温度为700~1000℃。例如：罐口沿06XTLT1③：35、06XTLT1③：36，均为高铝质白陶，陶质较软，烧成温度约700℃；罐肩腹部06XTLT1③：38，釜06XTLT1③：20、06XTLT1③：25、06XTLT1③：28，罐06XTLT1③：37，烧成温度均约800℃；罐口沿06XTLT2③：8、06XTLT2③：9、06XTLT3③：4，罐肩部06XTLT1③：33，陶质都较硬，烧成温度约850℃；尊06XTLT1③：1，领部为橙黄色，陶质坚硬，烧成温度约900℃，腹部渐变为灰色，陶质更坚硬，烧成温度约1000℃。推测腹部挨近火源，因此烧成温度更高。

---

[1]　云雷纹是云纹和雷纹的总称，云纹呈弧线状，雷纹呈折线状。
[2]　连口沿外表和唇部也滚压绳纹，这种做法与咸头岭文化明显不同。

（二）烧成气氛

以还原烧成为主，氧化烧成较少。据统计，夹砂灰陶占41.2%，夹砂灰白陶占20.9%，泥质灰陶占4.7%，均为还原烧成，陶胎中所含铁质大部分已由 Fe_2O_3 转化成 FeO。泥质橙黄陶占8.4%，泥质白陶占3.2%，夹砂橙黄陶占1.3%，均为氧化烧成。

（三）渗碳操作

据统计，夹砂灰黑陶占11.0%，泥质灰黑陶占9.3%，呈现黑色是在窑内渗碳所致。

第七节 咸头岭文化制陶工艺特征

通过考察和研究，对咸头岭文化制陶工艺的特征有以下几点认识。

一 原料制备工艺

（一）陶土

以普通易熔黏土为主，高铝质耐火黏土较少，高镁质易熔黏土罕见。

在以普通易熔黏土制成的陶器中，有两种引人注目：一是泥质黄白陶，常见于1至3段，然而在4段基本消失；二是泥质红褐陶，在1至3段未见，然而在4段突然涌现，在5段明显减少。

泥质白陶有两种：一是高铝质白陶，出土较多，是用本地产的高铝质耐火黏土（高岭土）制成；二是高镁质白陶，出土甚少，是用高镁质易熔黏土（滑石质黏土）制成，是否在深圳当地制造的尚待研究。泥质白陶流行于1至3段，在4、5段衰落。

（二）羼和料

只有砂粒一种，其矿物成分以白色石英砂粒为主，黄色钾长石砂粒较少。1至3段都用细砂；4段所用砂粒粗细不匀，以粗砂为主，有的含细砂；5段夹砂陶骤然增多，占绝对优势，泥质陶很少，所用砂粒有粗细之分，以粗砂为主，细砂经过人工筛选。

上述事实表明：1至3段的原料制备工艺基本相同，属于第一期；4段发生突变，属于第二期；5段又发生较大变化，属于第三期。

二 坯体成型工艺

在1至5段的陶器上未见慢轮修整的痕迹——细密轮纹，推测先民利用垫板制陶，坯体的成型、修整和装饰都在垫板上进行。一些陶器的口边不齐是垫板转动时不够平稳所致。

成型方法有泥片贴筑法、捏塑法两种，前者占绝对优势，后者仅作为一种补充。

（一）泥片贴筑法

从1段至5段始终流行泥片贴筑法，具体方法是正筑泥片圈筑法。所谓正筑是从底部开始筑到口部；所谓泥片圈筑是用泥片一圈圈垒叠而上，每圈首尾衔接。正筑泥片圈筑法成型的典型器物如1段杯06XTLT12⑧：9（图一七四：8），2段罐06XTLT7⑥：1（图一七五：5）、杯腹片06XTLT1⑥：24（图一七五：2）、钵06XTLT1⑥：1（图一七六：3），4段盘06XTLT2④：35、釜06XTLT1④：101（图一八二：1）等，纵剖面显示：泥片向器内倾斜，这表明泥片是从器壁内侧加上的；横剖面显示（或者俯视口沿内壁）：左边的泥片在外侧，右边的泥片在内侧，互相叠压，这表明垫板按逆时针方向转动，泥片按顺时针方向从器壁内侧逐块加上。从1段至5段，泥片贴筑的操作方法变化不大，已经达到规范化的程度。

（二）捏塑法

只见于支脚的成型，用一块或数块泥料捏塑而成，没有经过泥片这一中间环节。在当地慢轮制陶和泥条筑成法（包括泥条盘筑法和泥条圈筑法）何时出现尚待研究。

三　坯体修整工艺

修整方法主要有拍打、刮削、湿手抹平三种。拍打外表时，内壁用河卵石垫子作依托，2段釜06XTLT18⑥：3（图一七五：6）内壁河卵石垫窝之间的打破关系表明：垫板按顺时针方向转动，制陶者右手持拍子按逆时针方向拍打外表。

四　坯体装饰工艺

在各种纹饰中有三种需要特别关注。

（一）绳纹

这是数量最多的一种纹饰，据统计，在1段、2段、3段、4段、5段分别占52.2%、74.8%、80.4%、56.2%、70.6%，因此值得重视。1段至3段绳纹均为滚压而成的细绳纹，绳粗1～1.5毫米，绳股印痕都向左斜；4段绳纹均为滚压而成，以粗绳纹为绝大多数，绳粗2～3毫米，细绳纹极少，绳粗1.5毫米，绳股印痕都向左斜；5段绳纹多数为滚压而成，少数为拍打或按压而成，均为粗绳纹，绳粗2～3毫米，绳股印痕既有向左斜的，也有向右斜的。

上述事实表明：1至3段绳纹的特征基本相同，属于第一期；4段出现粗绳纹，属于第二期；5段出现拍打绳纹和绳股印痕向右斜的现象，属于第三期。

（二）戳印纹

这是纹样最多、图案最复杂、最有特色的一种纹饰，制陶者总是在改变戳印纹的形状、弧的朝向、排列的方向、组合状况诸方面下工夫，前面已叙述，不再重复。从总体上看有两点引人注目：一是施纹的方向。1段盘口沿06XTLT1⑧：18（图一七四：6），3段盘口沿06XTLT3⑥：11、杯06XTLT1⑤：2（图一八〇：3）都表明：垫板带着坯体按顺时针方向转动，制陶者右手持戳子按逆时针方向一个个戳印，即从左往右逐步戳印。二是施纹的程序。1段盘06XTLT14⑧：1（图一七四：5）、06XTLT14⑧：4（图一七三：3），2段盘06XTLT4⑥：1（图一七六：1）、杯06XTLT2⑥：1（图一七五：3），4段腹片06XTLT4④：10都表明：先在适当位置戳印一个或数个戳印纹，起定位作用，以便控制整个图案，然后戳印其余戳印纹，形成整个图案。上述情况表明，施纹方向和施纹程序都已达到规范化的程度。

戳印纹盛行于1至3段，在4、5段衰落。

（三）彩陶

彩陶盛行于1至4段，在5段衰落。

1至3段彩陶直接在泥质黄白胎上绘彩，4段彩陶在涂刷白陶衣的泥质红褐胎上绘彩，可见二者差别甚大。

1 段彩陶在磨光之后的宽条带纹部位施加刻划纹，克服了条带纹单调的缺点，这是 1 段彩陶特有的做法。1 段盘 06XTLT12⑧：1，刻划纹的打破关系表明：垫板带着坯体按顺时针方向转动，制陶者右手持锥状工具按逆时针方向刻划。事实表明，咸头岭文化制陶者惯用右手。

4 段彩陶以白陶衣作为"化妆土"使红褐胎的颜色变浅，以便克服胎色与彩色之间反差小的缺点。然而白陶衣和彩容易脱落，客观效果不佳，这表明 4 段彩陶的工艺水平有所下降。

五　陶器烧制工艺

推测烧成温度为 700~950℃。以氧化烧成为主，一部分灰陶、灰白陶是否经过还原烧成，有待化学分析后才能断定。一部分黑陶或灰黑陶是经过不同程度窑内渗碳所致，有个别陶器经过窑外渗碳，呈现"外红内黑"。

第四章　咸头岭遗址出土石器工艺研究

咸头岭遗址 2006 年的发掘共出土 200 多件石质品，包括新石器时代和商时期的石器以及部分自然河砾石。岩性的类型及特征已经鉴定（参见附录三），本章仅作石器工艺学方面的考察。

作石器工艺学的分析，有必要就石器技术结构的概念作简略说明。石器技术是人类自身行为的一种表现，石器的分析必须从动态的连锁动作（Chaîn Opêratoire）去考察，这包括原石获得、石器制作、使用以至废弃的全部过程。在不同阶段所生产的石器，均为人类连锁行为在物质方面的反映，通过物质工具所处状态的分析，可以揭示人类行为系统性构造的全貌。咸头岭石器工艺技术组成问题的考察，包括如何从出土石器中分辨出各种类型的工具及其形态分析、使用痕研究、制作技术系统复原、遗址的性质与石器的对应关系、各种石器的时空分布、石材来源、原产地状况分析等。

一般来说，新石器时代的石器工具以狩猎、渔捞、木工采伐和挖土农耕等特殊功能的工具相互结合。一些石器直接使用自然砾石而不必特别加工，如石锤、凹石、杵、砧等。但是挑选什么样的自然砾石做石器，是有人为的主观因素的。而石锛、凿、拍、砺石、饼形器等，这些石器具有较复杂的生产与使用形态的变化。从生产来说，一些大型的石锛等很可能是由石片加工而成，因此石片分解技术也是必须进一步探索的问题。石器的器类与型式的相互关系、石器与不同岩石性质的对应关系等都属于技术结构范围。特别是石锛和砺石在使用过程中形态上的变化尤其明显，锛的顶部装柄与刃部使用痕迹更是观察的重点。砺石在研磨面的摩擦方式与摩擦痕组别的区分，对砺石具体功能的推测有着决定性的意义。因受研究条件的限制，我们未能对石器制作及使用痕进行显微镜的过镜分析，目前只能以肉眼配合 10×手持放大镜观察。此外，由于咸头岭遗址出土的石拍涵义深远，故以独立篇章讨论（参见附录四）。

第一节　新石器时代第 1 段石器工艺

此段石质品共 19 件，包括锛、砺石、凹石、砧等石器以及石料。

1. 锛

4 件。均为梯形。长 5~6、宽 4~5、厚 1.5 厘米。研磨精致，可能属于中小型的木工工具。按照使用痕的显著差异可分为以下两类。

A 类：刃沿有较多细微破裂痕，如 T1⑧：5（图一八五）。石锛 b 背面的顶部，尚可见破裂痕，估计是石锛毛坯打制成形时的遗痕。石锛 a 正面较平整，是制柄的一种设计。d 一侧刃部有细微破裂面，长 0.6、宽 0.2 厘米，都是石锛使用过程中形成的。细微破裂面 e 相对于石锛刃沿两侧

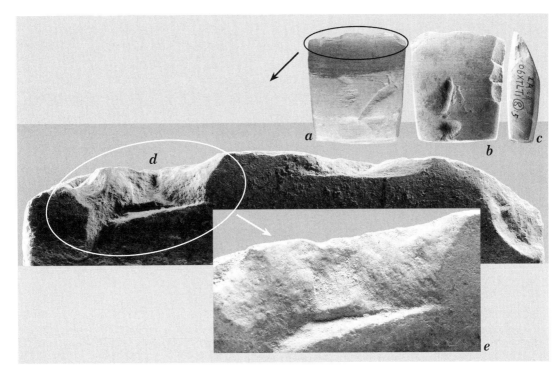

图一八五　石锛 (T1⑧：5)

角尤其发达。背面 b 呈樋状长条剥离面，也很可能是使用中形成的。从这件石锛细微破裂面集中的位置考察，石锛使用者操作石锛劈裂木料往往是以石锛刃沿边角的位置作为劈入点，这样可以减低反作用力、增加工作效率，因此形成石锛刃两侧角的部位出现较集中的细微破裂痕。从 T1⑧：5 石锛的使用情况来看，使用者在石锛刃部出现细微破裂痕后仍继续加工使用，一直到石锛刃角几乎不能使用才进行刃部再生修整。从石锛使用痕来看，T1⑧：5 是一件刃部有待再生的石锛。

B 类：刃沿有较多短而呈直线状的擦痕，如 T12⑧：2（图一八六）。一侧刃沿 d 有不连续的细微破裂痕，其中较大的约 0.6×0.2 厘米，侧刃沿崩损。石锛另一侧刃沿 e 未见细微破裂痕，但有较多明显的短而直的线状擦痕〔striations〕，无疑是使用痕。根据观察，这些短而呈直线状的擦痕都集中在刃沿，长 0.2~0.3 厘米，基本与石锛主轴平行。石锛刃部不同位置有不同的使用痕，可能是与石锛的使用方式有关。

此外，T1⑧：6、T3⑨：1 石锛刃部两侧并不对称，很可能是经过使用后再生刃沿的石锛（图一八七）。

2. 砺石

2 件。T6⑦：1 的侧沿均有明显研磨痕迹，估计是一种多用途的砺石（图一八八）。但从砺石两面较大的平面看，无疑是一种定置砺石，人手持被研磨物在砺石上推磨。从 a 所见，砺石面上有较多宽 5~6 厘米的长条形磨擦痕。同样 T14⑧：9 砺石也有相若的磨面（图一八九）。这些磨面最大的可能是与锛的刃部再生时研磨而成。此外，T14⑧：9 的 b 有一较大破裂面。以上两件砺石在某些侧沿仍有较大的破裂面，估计砺石打制成毛坯后，在研磨使用过程中，形状不断变化。

3. 凹石

3 件。均为扁平椭圆形自然河砾石，在两面的中心部位有约 2×2 厘米的椭圆形凹坑。T12⑧：

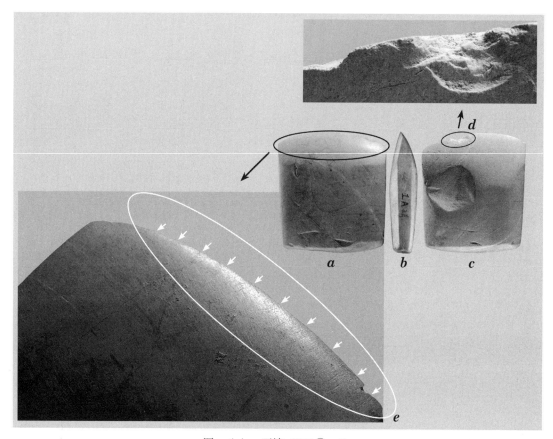

图一八六　石锛（T12⑧∶2）

图一八七　石锛（T3⑨∶1）

3 凹坑较浅，T14⑧∶8 两面凹坑较深。凹坑内可见较均匀的琢击痕，中心部位为最低的部分。T14
⑧∶8（图一九〇）的周边尚可见若干被琢击的痕迹。

4. 砧

3 件。其中 T2⑧∶2 是一件砧与砺石的复合工具（图一九一）。a 面中间部位有 3 个较深的凹
坑，平滑的 b 面是砺石研磨的使用痕迹，其中心部位有集中被砸击的痕迹。

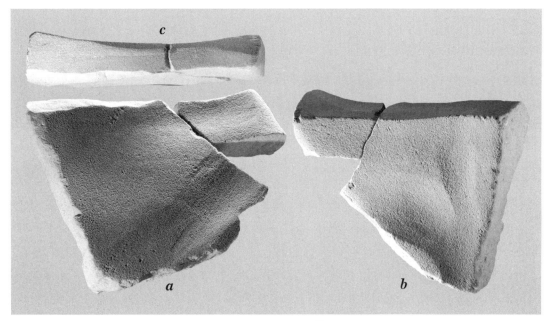

图一八八　砺石（T6⑦：1）

图一八九　砺石（T14⑧：9）

第 1 段出土的石质品较少，仅 19 件，而石器只有 12 件，因此并不能反映这个阶段石器全面的特征，有待今后资料的增加。石器的主要特征可以概括为以下几点。

（1）锛的长、宽一般在 6×4 厘米之间，呈梯形，属于中小型的木工工具。从锛的刃口周沿使用痕——细微破裂面、线状痕和刃沿一侧偏斜等特征考察，这些锛均经过长期使用。

（2）从锛的刃口形态考虑，T1⑧：5 的偏刃显示可能是刃部经过再生，从刃沿上线状使用痕及细微破裂面、刃沿形态基本完整等因素判断，这是"使用中的锛"。T1⑧：5 的刃两面有明显较多细微破裂面，这是"刃部有待再生的锛"。T3⑨：1 的刃部一侧角位为偏刃，是刃部经过再生的锛，也是使用中的锛。

（3）从锛与砺石共存的状态以及锛的刃部机能上不断再生的需要，再结合一些砺石表面研磨使用过程中形成的比较长而宽的凹面来看（如 T6⑦：1），这些砺石可能主要用作锛刃部再生的研磨。锛与刃部再生砺石组合的认识，对动态上理解锛的使用有一定的意义。

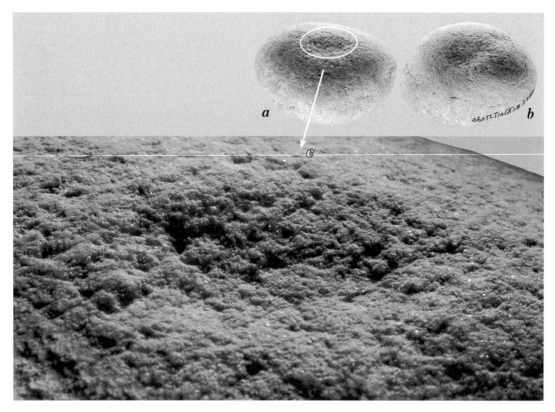

图一九〇　凹石（T14⑧：8）

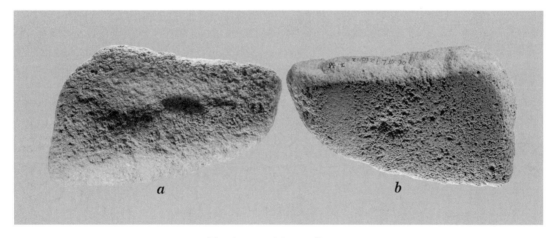

图一九一　石砧（T2⑧：2）

（4）锛的石质以粉砂岩为主，石质与石器种类有着强烈的对应关系。

（5）从石器组合来看，仅有锛、砺石、凹石、砧等，未见砍砸器，这也是重要的特色。

第二节　新石器时代第 2 段石器工艺

此段石质品共 23 件，包括锛、凹石、砧、杵、饼形器、拍等石器以及石料。

1. 锛

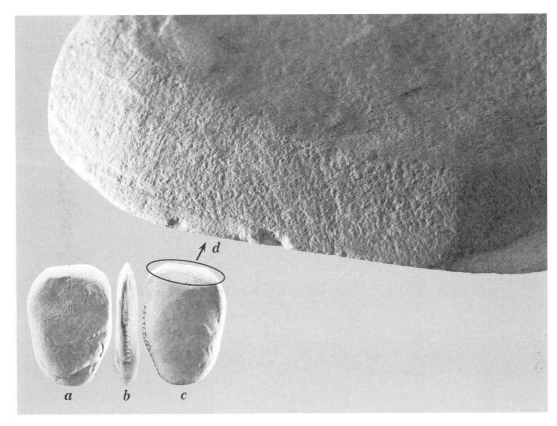

图一九二　石锛（T1⑥：6）

3件。1件只残留刃部，另2件完整。

T1⑥：6（图一九二）是一件磨刃石锛。原材料很可能是一件扁平河砾石，只在长轴的一侧交错研磨出刃部。刃沿上可见若干不连续的细微破裂面，可能是在使用中的木工工具。从器身侧可见石器厚度并不均匀，大致是刃口一侧较薄，锛背一侧较厚。由于是原河砾石只作刃沿加工，所以反映出较原始的技术特征。

T5⑤：4是一件多次刃部再生后使用中的石锛（图一九三）。

这件锛反映出极复杂的技术形态，按形成次序至少包括以下五个阶段的痕迹。

第一阶段：c所示的部分是锛背面近顶部较大的破裂面，估计是打制成毛坯时留下的痕迹，是该石锛表面所遗留的较早的制作痕迹。

第二阶段：a、c面所示除刃部周沿范围以外的研磨面，估计是在打制石锛毛坯的破裂面上研磨而成。

第三阶段：a、c面箭头所示是从石锛两侧向锛体部的对向加工。很可能是最初石锛经过较长时期使用后石锛从锛柄部分离了，譬如木柄在使用过程中破损不能再用。在a、c所见石锛两侧的打击角度和范围来说，打击面的打击点基本不存在，打点被后来的琢磨除去，打击面的分布以石锛两侧边沿为主。以上痕迹可以总结为对向打击加工、琢和磨打三项工序。这三项工序的目的应该与石锛体两侧的减薄相关，可称为第二次减薄加工，很可能是为了再次把石锛与木柄的前部木台面更稳定地装置起来。

第四阶段：d面所示破裂面约4×3厘米的周沿上有明显的光泽痕迹。光泽痕迹主要集中显现

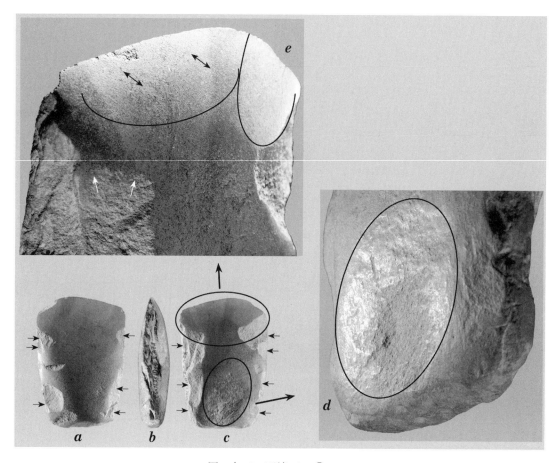

图一九三　石锛（T5⑤：4）

在破裂面四周的边沿上，而破裂面中心的低洼部分不见光泽。光泽部位于石锛正面，与相对的另一面都是安装木柄台面的位置，也就是木柄与石锛捆缠的位置。石锛与木柄捆缠，可能先铺垫柔软如皮或者布等包裹物后再以绳子固定。应该是在使用过程中，这些包裹物与石锛背部不断磨擦而形成了非常明显的光泽。

第五阶段：e 所示刃沿两侧为偏刃，是长期以两侧的刃角作为砍伐用力点形成的一种形态。e 图局部扩大后可显示出在砺石上刃部再生研磨的线状磨擦痕，刃沿左边可见刃部再生研磨部分叠压在第二次减薄加工的破裂面上，形成清晰的先后关系。在刃部还有明显的细微破裂面，说明应该是一件正在使用中的石锛。此锛现长 9.2 厘米，考虑到刃沿经过多次修整，原来的长度可能在 10 厘米以上，是一件较大型的木工工具。

T15⑦：1 是锛刃部残件，很可能是石锛刃部受力之际的破损。

2. 锛坯料

T6⑤：3 是长条形石片，但是这件器物也有可能是一件刮削器，长 8.1、宽 4.8、厚 1.6 厘米（图一九四）。a 正面由多个破裂面构成，破裂方向基本上与背面打点方向相同，b 面一侧仍保留有打击点。二次加工主要是由背面向正面的方向，加工范围为石片的两侧及石片的远程 0.3 厘米的周沿，在台面一侧基本没有加工痕迹。c 从石片远程局面扩大观察，二次加工打击破裂面的顺序可以判读为由左向右进行。从二次加工后石器的整体形状看，很明显石片台面一侧是手持部位，这

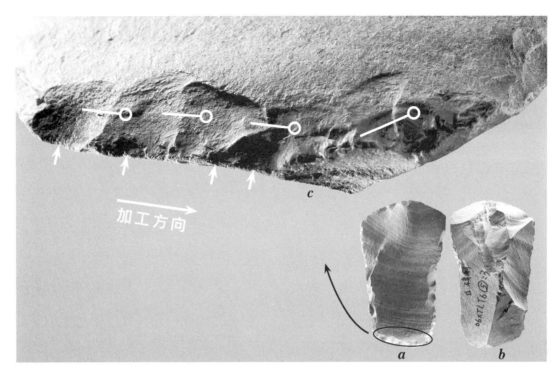

加工方向

图一九四　石锛坯料（T6⑤∶3）

处部位未见有装柄的痕迹。石器的使用部位，无疑是以石片远程一侧为重心。这件石器和旧石器时代以来的所谓端刮削器（end-scraper）的形状比较接近。

3. 凹石

5件。均为椭圆形河砾石，除凹坑外，一般不见加工制作痕迹，两面中心位置均有对应的凹坑。T3⑦∶1是较厚重的一件，两面中央各有一琢制较深的凹坑，平面面积约为4厘米×4厘米，最深约1厘米（图一九五）。凹坑四壁倾斜平缓，中心为低洼的底部。凹坑应是制作的痕迹，而并非完全是使用中形成的，更值得注意的是这件凹石两面凹坑壁都粘附一些黑色附着物，通过分析化验也许可以解决凹石的功用问题。

4. 砧

4件。多为采用扁平不定形的河砾石，制作痕迹不显著，是一种从使用痕辨析的石器。T6⑤∶4是最大的石砧，长26、宽16.4厘米，是大型的扁平河砾石（图一九六）。两面中央在约12×7厘米的范围内有密集的敲打痕迹，形成一些凹坑。T7⑤∶1为扁平河砾石，石器中央约8×6厘米的范围内有较浅的敲打痕迹，并带有黑色附着物。T12⑥∶3同样为扁平砾石，一面有3×2厘米的凹坑，另一面未见加工和使用痕（图一九七）。T14⑥∶4为页岩，亦为河砾石，一端被折断。从使用痕观察，石器一面有9×5厘米范围的黑色附着物，近中央部位有1.5×2厘米的凹坑一处。

5. 杵

2件。T7⑥∶2为河砾石，长轴两端都有砸击研磨痕迹，是一种按使用痕迹辨别的石器，基本不必制作（图一九八）。然而在选取砾石的形态大小和重量上，肯定反映此种石器在功能上的一些要求。T12⑥∶2的使用痕迹不太明显。

6. 饼形器

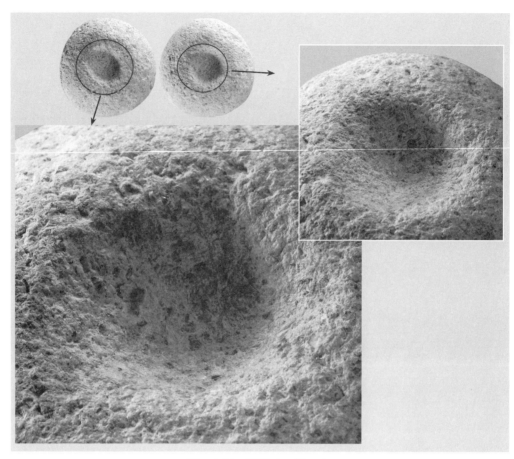

图一九五　凹石（T3⑦：1）

图一九六　石砧（T6⑤：4）

图一九七　石砧（T12⑥：3）

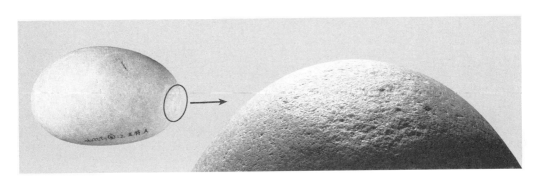

图一九八　石杵（T7⑥：2）

　　1件。T5⑤：5为扁平圆形河砾石。在沿边用琢制技术敲打制作，主要目的是想把它敲打成为一件圆饼状石器。可能由于岩石内包含节理等杂质，该石器在沿边琢击过程中就破裂了。石器的上下两面仍保留自然面，是一件未制作完成的饼形器。

　　第2段石器的种类新出现了石拍、饼形器、杵等。此外，石锛大型化也是比较重要的变化。石器的主要特征可以概括为以下几点。

　　（1）锛的大型化以T5⑤：4为代表，其长轴约10厘米。从这件锛两侧减薄和刃部多次再生工艺来看，无疑是一件较长时期使用的木工工具。大型木工工具的出现反映出对沙丘遗址周边积极的开发，这对当时生态环境的影响肯定是相当深刻的。

　　（2）饼形器在咸头岭遗址的第4段很发达，但在第2段已经出现，这里可能是环珠江口已知制作及使用饼形器最早的一处遗址。

第三节　新石器时代第 3 段石器工艺

此段石质品共 25 件，包括锛、凿、砺石、饼形器、砧、锤、凹石、拍等石器以及石料。

1. 锛

4 件。另有 1 件锛坯。

锛坯 T1⑤：20，本报告分类作为锛，未尝不是一种权宜分类（图一九九）。从此石器 c 面的中央部位，有约 2×2 厘米经细致研磨的面，从 d 所见此研磨面为四周而来的不同破裂面所打破，这意味着在该研磨面是此石器现存最早的加工痕迹。对这种在石器中心位置出现的最早的研磨面如何解释？较合理的解释是该石器原来可能为较大型的磨制锛，残缺后进行全身再次制作，研磨面是原来磨制石器留下的部分。石锛再次制作技术最少分为三个步骤。

第一，为器身作较大的剥离减薄修整，剥离工作是沿器身的周沿进行，对向剥离面大致平分器身左右。从器表剥离状态观察，先进行 a 面全面修整，其特征之一是 a 面上的剥离痕、打点都不存在。另一方面，b 面剥离面上近打点位置保存相对较完整。

第二，为器身用沿夹角角度剥离调整，仍为沿器身的周沿剥离加工，但剥离面较小，在 0.5~1 厘米。从侧面 b 可见沿侧是用了交换剥离法加工，调整了夹角的角度。

第三，为锛的刃部修整，可以再细分两步。在锛的长轴一端拟作锛刃口部分，以较大的剥离加工把锛刃口修成 65° 前后夹角。其次在刃沿位置进行连贯细微剥离对刃口夹角调整加工，这些细微剥离面在 0.3~0.5 厘米。

从以上分析看，T1⑤：20 是一件已经剥离打制成的锛坯，刃口细微夹角调整基本已完成，再进一步应该是敲打琢击或是全面磨光的工序。经仔细分析，它的制作过程的三个主要步骤仍然是

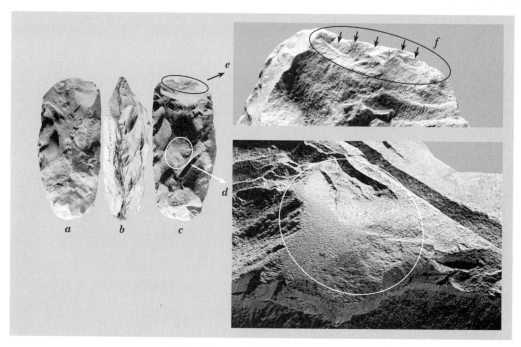

图一九九　石锛坯料（T1⑤：20）

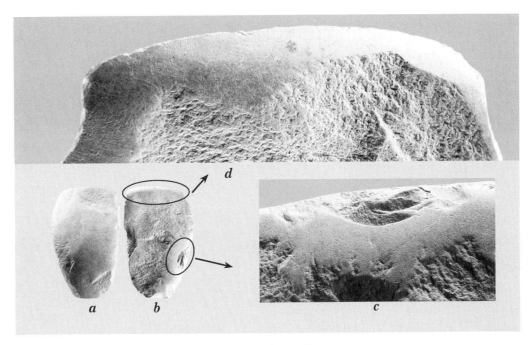

图二〇〇　石锛（T1⑤：18）

清晰可辨的。

T1⑤：18 为一横长石片，是一件研磨刃沿的锛（图二〇〇）。背部原来破裂面大部分被研磨，近边沿位置亦可见若干破裂面之痕迹，背面则保留较多原石片的主剥离面。图 c 部位是原打击石片半锥体疤隆起部分，可见制作者着意把半锥体疤磨平。d 为原石片一侧，大部分主剥离面的破裂特征如舌状辐射线及波纹均清晰可辨，只在沿边对向磨薄夹角形成锛的刃部。

这件锛既保留较多原石片主剥离面的痕迹，又在横长一边磨出刃部。从工艺角度看，这件石锛与一些新石器时代早期只做出磨刃的石斧、锛的特征也有相似之处。

T1⑤：6 为梯形石锛，原锛已破裂成三份。从破裂特征看，此件石锛可能是因受加热而破损。

2. 凿

1 件。T1⑤：15 残存凿身上部，折断面并不见打击点，是截断破裂。可能是凿的刃部受冲击力之际导致凿身的折断，折断面较平齐，无破坏起点的特征。

3. 砺石

3 件。T1⑤：10 是一种定置砺石，砺石底略磨平，四边都是破裂面（图二〇一）。砺石上面较平一面有若干宽 5~6 厘米长条形磨擦的槽痕，从这些磨擦形态来看，是锛或凿的刃部再生形成的。T1⑤：17 是较宽平的一件砺石，使用的一面平缓，不见使用磨擦槽痕，唯中心有若干似琢击的痕迹，那是石砧功能的一种转化。当时社会上一器多用也是可以理解的。

4. 饼形器

1 件。T5④：1（图二〇二）呈不规则圆饼状，器体厚薄亦不均匀。器身直径最大 4.7、厚 1.8 厘米。器身正反两面分别为粗细不同的研磨面。a 面较平滑，而 c 面研磨面较粗糙，b 面为琢击后成形。如果 a、c 两面的研磨面是使用过程中形成的话，则是研磨对象的粗细度直接影响了这两个研磨面的粗糙程度。从此器物大小约 5 厘米的直径来看，是作为一种直接手持的研磨工具。

图二〇一 砺石（T1⑤：10）

图二〇二 石饼形器（T5④：1）

a、c两面都不同于b面，b面看来是握持的主要部位，a、c两面都作研磨使用。

5. 砧

2件。T1⑤：9为梯形，沿边打制加工，两面中心部位有凹坑，其上有黑色附着物。这件器物分类作为砧固无不妥，但从岩石性质及所附黑色附着物考察，与某圆形的饼形器亦无多大差异。

T2⑤：1 略呈梯形，两面中央部位有 2×3 厘米的较深凹坑，这件石器分类为砧，但也与凹石有相近之处。

6. 锤

2 件。直径为 5~10 厘米的球状锤，器体上有明显的敲打痕迹。大的重 1104 克，小的重 356 克，是应不同的需要而使用大小不同的石锤。

7. 石料

4 件。其中 T1⑤：14 和 T1⑤：11 均为明显受高热后破裂的河砾石，未见明显的使用敲打痕迹。民族学所见一些在火膛中放置河砾石加热的炊煮方法，也会形成这样的砾石。

第 3 段石器的种类新出现了凿，其他石器器类不见较大变化。石器的主要特征可以概括为以下几点。

（1）锛与锛刃部再生的砺石两者显示稳定共存的关系。

（2）锛以石片作素材在此遗址中是首次确认。T1⑤：18 是横长石的可能性较大，刃部局部研磨，保留较大原主剥离面等，均是石锛较为原始形态的一种表现。T1⑤：20 作为锛坯外，还不能否定有可能是由一件大型石锛残破后再次制作。锛刃部角度调整等均以打制技术为主完成。

（3）饼形器 T5④：1 为一种手持研磨工具，两面研磨面粗细不一致的特征可能是使用痕的反映。

第四节　新石器时代第 4 段石器工艺

此段石质品共 127 件，包括锛、砺石、饼形器、凹石、杵、锤、砧、拍等石器以及石料，其中饼形器的数量最多。

1. 锛

13 件。长 5~14、宽 3~6 厘米。出现了有肩锛。

刃部线状使用痕特征石锛。T1④：28 锛长 7、宽 5.1 厘米，属于中型石锛（图二〇三）。a 面的中央，尚留下与锛长轴直角交叉较大的横向剥离面。此锛 a 面的上部即图之 c 部位斜白线状痕的磨平，是石锛与木柄台稳定结合的一种保障设施。a 面刃即 d 图所示，离刃沿较远位置有斜向打磨时留下的斜向线状痕。a 面之 d2—d3 刃口范围内，集中有与刃沿约垂直的交错长短不一、0.2~1 厘米的线状痕，然而在刃沿面边角位置以上所述线状痕则不明显，这可能是石锛挥动的动作变化影响到不同种类使用痕的形成。b 面刃沿有明显的刃部不断再生的调整痕迹。这一面刃沿都可见比较连续的细微剥离痕，肉眼不见有 d 面与刃部几近垂直的线痕。同一石锛刃部以及刃中央与两侧使用痕差异相当明显，考古实验可望复原石锛的具体操作动作和使用方法。

刃部细微破裂痕特征石锛。F1：5 锛的 a 面有较大破裂面，有可能是原石片的主剥离面（图二〇四）。a 面周沿一侧研磨较光滑，整体表面较粗糙。b 面为石锛的背面，此面刃沿中央 c 面有连续细微破裂痕，此面也可见明显的刃部再生加工。

T1④：78 石锛背腹两面的区分并不明显（图二〇五）。a 面较大可能是石锛的正面，但刃部的

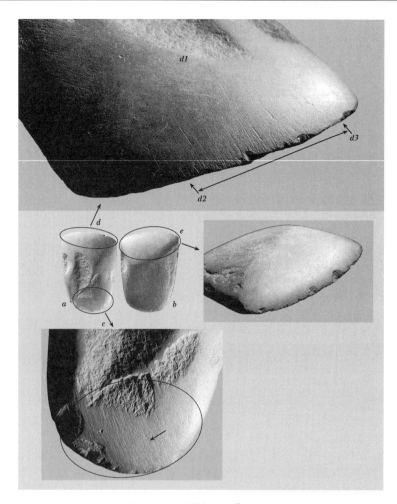

图二〇三　石锛（T1④：28）

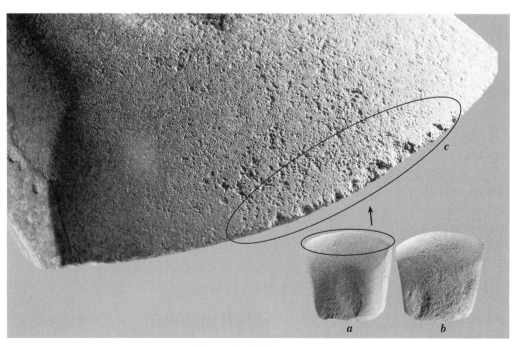

图二〇四　石锛（F1：5）

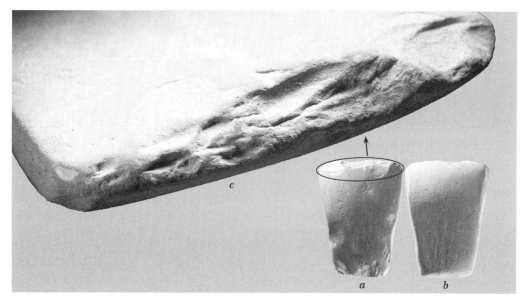

图二〇五　石锛（T1④：78）

图二〇六　石锛（T1④：25）

中央及两侧几乎被破裂面所覆盖。从刃口角度 c 面来看，这件石锛已到难以再进行砍劈的程度，很有可能石锛刃角到了这样的状态就要进行刃部再生了，否则只能废弃。这件石锛的另一可注意处是两侧带弧肩。

　　从 T1④：25 观察，这种弧肩是研磨制成（图二〇六）。其 a 面刃部可见多次反复刃部再生的调整。

　　F1：4 有明显的弧肩，弧肩部分约占石锛整体长度的 2/3。从刃沿来看，这件石锛刃部两面都有明显的刃部再生调整。

　　如果把 T1④：78→T1④：25→F1：4 三者并列，可以看到弧肩锛体与刃部所占比例的变化，这很可能反映了石锛在使用过程中石锛刃与体部不断向顶部后退的变化过程，这既反映了石锛本身形态的一种动态变化，也显示出锛的一生使用过程。其中锛刃部由使用破损到刃部再生，几乎是石锛形态变化最重要的机制。

T1④：60 石锛的形制较特殊，呈三角形，可能受到材料形态上的限制。

2. 砺石

9 件。

石锛的刃部再生砺石。T3⑤：17，长 14.4、宽 8.8 厘米，上下两面均为砺石磨面。一面中部略凸起，两侧有宽 5×6 厘米的长条形磨擦痕。此砺石脊的一面破损，剩下一小片带凹面磨擦痕的面。从此砺石的使用痕推测，很可能是用作锛刃部再生的砺石。同样，T3⑤：18 亦为锛刃部再生用砺石。其底面破裂了一小部分并有研磨痕迹，另一面中央起棱脊，左右两面有带状凹槽研磨痕，是锛刃部再生后的使用痕。

砺石一面或两面有较平坦的研磨面。T1④：22，长 10.5 厘米，从反面看即可判断为剥离出的砂岩石片，估计是使用中较大型的砺石断裂而成。正面的打击点清晰可辨，背面为较缓平的磨面。T1④：23 和 T1④：39 一面研磨面边沿均有打击修沿痕迹，上下两面为缓平研磨面，整体器身被截断，为残器。T1④：82 为完整砺石，上面的砺石面有一平缓弧面，背面为节理破裂。

特殊的砺石。YJ1：1，直轴长 21、宽 13.5 厘米，质地较特殊，并非一般的粉砂岩，而是长英质霏细岩，为长条状河砾石。上面砺石面研磨平整光滑，下面没有加工。另一件 YJ1：7 为流斑岩，长 38.4 厘米，同样是河砾石。向下一面为砾石自然面，向上一面为大面积平缓磨面，每隔 7~8 厘米有一凹坑。上述两件都是一种多用途定置的重型砺石。

3. 饼形器

39 件。一般指圆饼扁体状的一种石器。按其制作及功能上的差异，可分为以下五类讨论。

第一类：块类状饼形器，仅 1 件。T2④：3，两面基本研磨平缓。一面在研磨面下部尚可见较大破裂痕，显示这件石器很可能是以石片为素材。器身周沿亦磨平。这件器物周沿磨圆，厚仅 0.7 厘米，比其他饼形器明显薄。两面研磨面都未完全磨平，这与一般饼形器上下两面均经细致加工有较大差异。笔者推测 T2④：3 上下面的研磨面可能是一种制作痕迹。同样器物在环珠江口新石器时代晚期环、玦作坊中有较大量的发现。

第二类：T3⑤：7，为硅化石英砂岩，直径 7.8、厚 4.8 厘米。如本报告书所指出，此石器的特征是"器壁中部有弧棱"，是本遗址中出土饼形器中所仅见的。从工艺技术来看，T3⑤：7 上下各有一个小平面，其余全身被细致琢击研磨，而特意制作出中部起弧棱状的形态。而所谓上下两个小平台面，据肉眼观察并未见研磨痕迹，很明显这两个小平台面被器身周沿琢磨所打破。虽然我们暂不能认为两面的小平台是河砾石的自然面，但 T3⑤：7 与本遗址出土的其他两面具研磨痕的饼形器并不是同样的器物。从笔者所见，在石器时代晚期特别是珠海宝镜湾及澳门黑沙环、玦玉石作坊中，就出土有与 T3⑤：7 相当一致的石器。例如已公布的宝镜湾遗址中的环、玦毛坯（P. 27 no. 12），中部也同样有弧棱。由于 T3⑤：7 这类形态的器物仅有一件，尚有待更多资料的发现来探讨。

第三类：7 件。属饼形器中较大的，两面的研磨面均呈弧凸状，为一种重型手持研磨工具。T1④：56（图二〇七）最典型，属二长花岗斑岩，直径 12.8、厚 6.4 厘米，重 1776 克，无疑是一件重型的手持研磨工具。从侧面所见，此石器的两面微弧凸。周沿呈圆形，主要是由细致琢击后

图二〇七　石饼形器（T1④：56）

图二〇八　石饼形器（T3⑤：23）

研磨而成的。两个研磨面不见线状磨擦痕，c 面上的 d 部分为前一阶段研磨带光泽的磨面被后来较粗糙的磨面所覆盖，这可能显示研磨对象由细而粗的改变。与此类型的饼形器形制接近的毛坯较多。T1④：73 为扁圆形河砾石，直径 13～13.7、厚 6.4 厘米，石质及大小均与上述的一件非常相近。从这件标本所见，周沿约 1/3 被细致琢制研磨外，其余部分均未见加工。由于周沿尚未琢击完成，这件应为第三类饼形器的毛坯。

从制作工艺上考察，首先是以采集到近似扁圆形的材料，其次是周沿琢制以控制出圆形，最后才是上下两研磨台面的制作。T1④：84、T1④：21 都是第三类饼形器的毛坯，均沿边垂直角度修整，而上下两平面都是自然面，尚未加工。从这些砾石自然面的形态来看，都是河砾石。

第四类：28 件。圆饼形，两面或一面为研磨面，大致直径 4～13.7、厚 1.1～6.4 厘米。按研磨面差异，可以再分为三型。

4a 型：11 件。有上下两处研磨面，然而两面的研磨面有明显的平滑和粗糙之异。直径 4.2～9.6、厚 2～3.4 厘米。T1④：11 及 T3⑤：23（图二〇八），周沿琢制磨圆，均 a 面研磨平滑有光泽，而 b 面粗糙。T1④：83 的 a 面平滑带直线状痕，b 面则粗糙有敲击疤痕。

4b 型：15 件。上下两面研磨粗糙的程度大约相近。直径 4～13、宽 1.2～4.6 厘米。T1④：36 为规整圆形，上下两处研磨面细致平滑。同样 T1④：41 也是两面研磨面，均很平滑，但带有交叉的线状使用痕。

4c 型：2 件。只有一处研磨面。如 T2④：6 研磨面上有交错线状使用痕。

图二〇九　石饼形器（T1④：66）

第五类：7 件。均不见研磨面。可以再细分为两型。

5a 型：4 件。带有黑色附着物。T1④：66 为不规则圆形，两面均有黑色附着物（图二〇九）。

5b 型：3 件。T2④：9、T3⑤：24 则不见黑色附着物。T1④：11 的中央有一凹坑。

4. 凹石

6 件。均为河砾石，石器中央上下两面有对应的凹坑。T1④：51 一面凹坑及凹坑外沿周围都附有黑色附着物。T2④：8 两面均有凹坑，其中一面有两处一浅一深的凹坑，较深凹坑的底部尖窄且有黑色附着物，浅凹坑为琢击而成。另一面的凹坑则较浅。

5. 杵

15 件。T1④：48 为河砾石，

只在长轴一侧有明显的使用痕迹。使用面有明显敲打痕，值得注意的是使用面由不同角度研磨的平面组合而成，显示这种杵的使用方式既有敲打也有研磨。T1④：48 使用面侧有明显黑色附着物。T1④：54 为河砾石，在长轴两端都有使用面，使用面上既有敲打也有研磨痕迹。T3⑤：8 为河砾石，长轴的一端有明显敲打研磨痕，另一侧为截断破裂，可能是使用中断裂的。

6. 锤

2 件。均为河砾石。直径 4~5.8 厘米，是较小型的石锤，均有敲打痕迹。

7. 砧

3 件。均为河砾石。T1④：15 的上下两面均有砸击痕迹。

8. 石料

38 件。以圆形河砾石为主，其次是扁平的河砾石。

第 4 段石器中饼形器的数量骤增，是咸头岭遗址各种石器比例组合重要的变动期，未见新种类的石器。石器的主要特征可以概括为以下几点。

（1）从 T1④：28 刃部的清晰线状使用痕，可以看出石锛使用过程中运动的方式。

（2）从带弧肩石锛的肩部与体部和刃部比例的变化，显示出是由于刃部再生的不断进行而造成石锛体部由长变短。

（3）饼形器可能包括几种工艺不同、功能不同的石器。

（4）第一、二类饼形器均只有一件，但都具有明显的自身特征。从现今环珠江史前考古学角度看，相近似的石制品在环、玦制作坊中有发现。这两种饼形器的时代所属及功能的认识，有待进一步探讨。

（5）第三、四类饼形器都是一种手持研磨工具。两者在形态及大小上有明显的差别。第三类饼形器弧凸的研磨面很有特色。

（6）第四类饼形器基本有两个研磨面。上下磨面粗糙程度相若的占 35%，不同的占 26%，两者合占半数，研磨面以平滑为主。粗与细研磨面在同一饼形器上出现，显示由于研磨对象的差异，使饼形器两面出现粗糙程度的差异。若干饼形器研磨面上可见直线状痕或交叉线状痕，估计这与使用饼形器前后推动的运动方向相关，不见明显的盘旋运动的磨擦痕。从一些研磨面有倾斜面的饼形器看，如 T3⑤：23，饼形器与研磨对象的接触面也是相当平滑的，甚至有些接触物可能为较光滑的柔软物质，这使饼形器的研磨呈现若干磨光的光泽。部分饼形器研磨面有若干敲打痕，也可能是被作为砧来使用。

（7）第五类饼形器不具有研磨的功能。用肉眼观察近半数以上都有黑色附着物，应当是与此种饼形器的功用有密切的关系，很可能此种饼形器是一种盛载体。

第五节　新石器时代第 5 段石器工艺

此段石质品共 31 件，包括锛、凿、砺石、饼形器、砧、凹石、拍等石器以及石料。

1. 锛

12 件。长 5 ~ 14、宽 3 ~ 6 厘米。

T7③：9 为大型锛，长 14.6、宽 6.7、厚 2.9 厘米（图二一〇）。此锛曾长期被使用。a 为正面，b 为背面，a、b 面均全面研磨。b 面中央尚可见前毛坯打制时修整的痕迹。a 面两侧琢制磨平，上部有较大范围的磨擦光泽痕，与装柄有关。b 面上部固定在木柄台面后，以绳索固定石锛与木柄位置。d 面是石锛使用刃的弯角部分时两次以不同方向破裂，e 面亦可见石锛刃沿形成的几次较大的破裂面。综合观察，此石锛的刃部已严重破损，破损面集中于石锛的刃部。可判断此锛已失去砍砸木材的功能，有必要进行刃部再生。因为此锛现残长 14.6 厘米，如果要把 d 面刃部

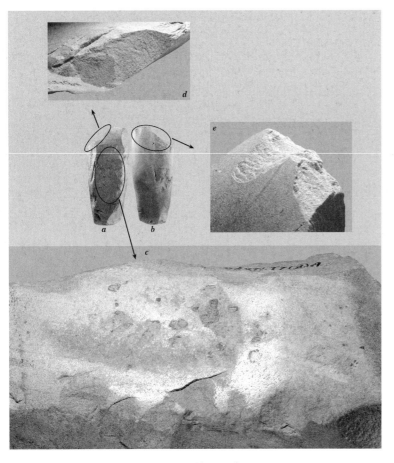

图二一〇　石锛（T7③：9）

破损修整的话，至少刃部要往锛体部后退 3~4 厘米，再生刃部后的锛几乎就只有原来 3/4 的长度。就此一例，可推测锛刃部破损与再生所带来的形态上较大的变化。T10③：1，a 为背面，b 为正面（图二一一）。a、b 均研磨平滑，只留下若干下凹破裂痕，估计也是以打制的毛坯研磨而成。石锛刃左右两侧角都在使用中严重破损，刃中部有较多细微的破裂痕。此锛刃部已难以使用，有必须进行刃部再生的修复。如果从两侧刃角破损形态来看，刃部再生后此锛仅有原长的约 4/5。

T18③：1（图二一二）很可能经长期反复使用，b 为正面，a 为背面。a、b 表面原都经细致研磨，然后再从两侧作较大幅度的向 b 面的加击修整，其目的仍主要是减薄锛的体部，b 面体部基本为加击范围。估计 a 面安置木柄台面，而 b 面体部是绳子捆缠的位置，在 b 面把原研磨部分加击减薄是为了稳固装柄，这意味着 T18③：1 可能是木柄更新转变后的调整。b 面的刃部明显被再生，从 a 面刃部沿边分布有连续细微的破裂痕。d 面所示石锛两侧除减薄外，尚有收窄的加工，主要用敲打琢击技术。整体来说，此石锛处于刃部有待再生的阶段。

T8③：1、T3④：3、T9③：1 这 3 件石锛的刃部大致完整，是仍可伐木的工具（图二一三）。T8③：1，a 面为背面，b 面可见刃部曾被再生研磨。T3④：3，a 面为正面，c 面背面左上角刃有细长条状剥面，是以石锛刃部角为重心砍砸的使用痕迹。c 面体部一些破裂面是毛坯阶段遗留下的痕迹。T9③：1，a 面为背面。c 面左右剥离痕均早于体部磨擦痕，是毛坯阶段的痕迹，而刃部也明显可见再生的加工。a 面刃部有若干不连续的细微剥离痕。

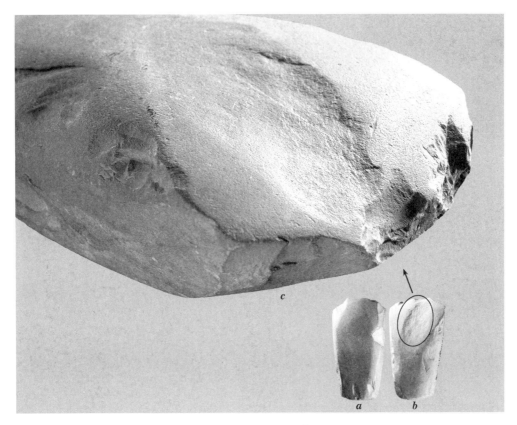

图二一一　石锛（T10③：1）

图二一二　石锛（T18③：1）

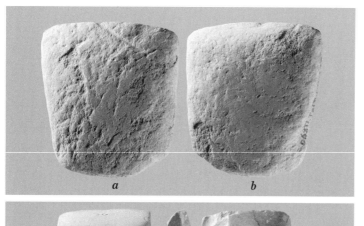

图二一四　石凿（T8③：2）

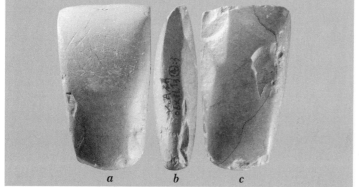

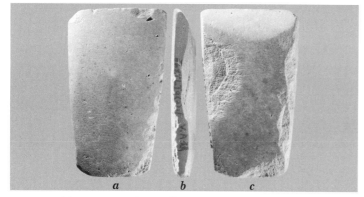

图二一三　石锛（T8③：1、T3④：3、T9③：1）

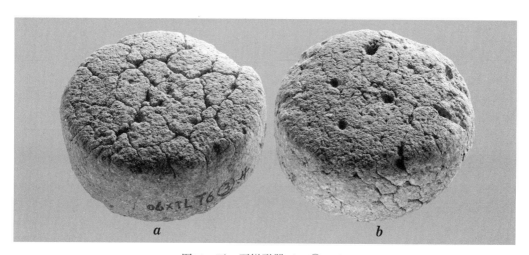

图二一五　石饼形器（T6③：4）

使用中破损的锛。T7③：5 是刃部侧沿的崩裂残件，a 面是正面，b 面破裂面不见破坏的起点，是截断破裂。T11③：1 与上述 T7③：5 破裂机制大致相同，都是在砍砸过程中刃部纵向折损。T10③：2 则是使用中石锛的横向折损，刃部的侧角位明显破损。

2. 凿

1 件。T8③：2，残长 7.8、宽 2.5、厚 1.4 厘米，器身明显比锛窄（图二一四）。b 面刃部有较大的剥离面，为刃部的破损，有待刃部再生的调整。

3. 砺石

2 件。T9③：3 为不规则形砺石，有三四处相邻的磨面，是锛、凿刃部再生的研磨工具。T11③：3 磨面较平坦，且其上有集中敲打的痕迹。

4. 饼形器

5 件。按第 4 段饼形器的分类，有第四、五类饼形器。

第四类：3 件。其中 2 件残缺，1 件完整。

4a 型：T3④：5，残。两个研磨面的粗糙程度差异明显。T3④：4 亦为残器。

4b 型：T6③：4，两个研磨面的平滑度基本相同，器身表面龟裂，可能是受热的结果。b 面研磨面上有 4 个小孔，功能不明（图二一五）。

第五类：2 件。

5a 型：T7③：3 为不规则圆饼形，两面均非研磨面。a 面有较大范围的黑色附着物。T6③：5 亦应列入同类型，一面有黑色附着物。

5. 砧

1 件。T14③：1，扁平河砾石，在其中一面上有几处零散砸击痕。

这个阶段石器的主要特征可以概括如下。

（1）锛和凿都具有明显的使用痕，从破损的锛中可见纵向、横向两种破裂方式，一次刃部破损足以废止石锛的功能。

（2）饼形器的种类只有 4a、4b、5a 型共 5 件，在数量和类型上均难以与第 4 段相比。

第六节　商时期石器工艺

商时期的石质品共 17 件，包括锛、锯、砺石、砧、网坠、镞等石器以及石料。

1. 锛

6 件。有梯形锛、有肩无段锛和有肩有段锛。

T2③：5（图二一六），a 是正面，b 为背面。此锛的工艺及使用痕的分析可从以下几个方面讨论。

第一，a、b 面顶部及中部都有原毛坯的破裂面，大部分被后来研磨的抛光面所覆盖。

第二，c 图破裂面是位于锛的刃沿侧角的几个大小相叠压的破裂面，这些破裂都是从刃角周围产生，无疑是石锛使用过程中形成的，也是在刃沿再生后发生的。

图二一六　石锛（T2③：5）

第三，d 图显示 c 面破裂痕打破 d 面破裂面。d 面破裂面前沿的棱线被研磨过，这个研磨与 b 面前一阶段的刃沿再生有关。

第四，b 面锛的前沿有较大范围的刃部再生研磨痕迹。

第五，d、e 几个从侧沿向锛中央的剥离痕，都保留有较清楚的打击点痕迹，估计这几处修整都是在整体完成研磨后才加工的。打击破裂面未经进一步的研磨抛光，这几处打击痕与减薄锛体一侧的厚度有关。

第六，e 破裂面及其周围有明显捆缠而产生的光泽痕迹。

第七，刃部侧沿的破裂面未见破起点，破裂面的前沿有研磨痕迹，应是刃部再生的研磨痕。

从 T2③：5 现存的状况来看，这件石锛仍是在砍伐使用中的石锛。

T1③：5 的刃部一侧边角破损，是常见的以刃角作中心砍砸的结果。T2③：2、T1③：10、T3③：1 这 3 件锛的刃部基本完整，是正在使用中的锛。

T1③：16 为一件残器，有可能是锛的头部残件，其中间位置有一道由片状切割形成的沟槽锯痕。

2. 锯

1 件。T1③：12（图二一七），此器在本书上篇第五章中被列为石料，但是边缘有磨痕，有可能是一件板岩制成的大型石锯。锯宽一侧残缺，另一侧折断，锯高 14.6 厘米。可供切割玉石器用。

3. 砺石

1 件。上下两面有研磨面，砺石中间破损折断。

4. 砧

1 件。T1③：8，方形，一面有砸击的痕迹。

图一一七　石锯（T1③：12）

5. 网坠

1件。T2③：1，扁平河砾石，为在长轴两侧以琢击技术制作出的束腰状网坠。

6. 镞

1件。T2③：6，研磨而成。尖端残损，折断面有明显的细微破裂痕，可能显示有改做的意图。

商时期石器的主要特征可以概括为以下几点。

（1）有肩有段锛是新石器时代所没有的。一些使用痕的特征大致与新石器时代石锛相近。

（2）大型石锯的出现也是商代石器中的新因素。由于石锯高 14.6 厘米，是否手持就可以使用，有待进一步考证。

第七节　余　论

从本遗址新石器时期出土石器的形态来看，发掘范围内并不是生产石器的场所，例如从石锛的形态观察，都可能是长期使用的工具。由于石锛制作不在遗址的发掘范围内，这对于石锛制作技术系统的认识有较大的限制。目前石锛制作早期的石片开片无法详知，石锛最初完成阶段刃部打制与研磨的具体操作还无法复原，如何区别最初成器后锛的刃部与使用后的刃部变形、再生等对比的研究也有待新资料的出土。

从动态技术角度看，可以把咸头岭新石器时代石锛的刃部状态分成在使用中的（如 T12⑧：2）、刃部有待再生的（如 T1④：78、T1⑧：5）和刃部再生完成的（如 T5⑤：4）三种。

石锛的刃部使用痕可分为线状痕（如 T1④：28）及细微剥离痕（如 F1：5），锛的两侧刃角经常出现破裂，这些对石锛的运动方向、使用方式的探索提供了新的理解。

石锛刃部再生是经常性的行为，刃部再生配合使用的砺石与锛组合出现。对刃部形态与砺石研磨面使用痕的深入分析，可以复原木工工具具体操作的使用方式。

石锛刃部再生，促使石锛体部由长变短。从一些弧肩石锛肩与体部比例的变化可以推测石锛在使用过程中的动态变化，如 T1④：78→T1④：25→F1：4 很可能代表早、中、晚三个阶段石锛的形态。

石锛在全身磨制完成后，再次对锛体进行大规模的打制修整，如 T5⑤：4、T18③：1，这很可能与石锛体再次减薄相关，意味着石锛重新装柄的一种适应。另外，有些石锛背面留有特殊光泽（如 T7③：9、T5⑤：4），可能是木柄与石锛捆缚而形成的。

有关饼形器的分析，1991 年笔者将深圳大黄沙出土的此类器物订名为磨石，认为是一种手持研磨工具①。在这次分析中又把饼形器分为四类，其中包括不同制作工艺和功能上差别很大的几种石制品，看来饼形器的命名应当根据更多资料的分析重新确定名称。由于饼形器在北部中国如兴隆洼、赵宝沟文化中都是常见的器类②，对咸头岭这种石器的深入分析将是有意义的。咸头岭第 4 段出现数量众多的饼形器，其中第四类饼形器可能是一种研磨制粉工具。从东莞蚝岗的发现显示，第四类饼形器可能是与一些体积稍大具有平缓研磨面的磨石共同使用的。

新石器时代的石器，主要是生态及经济生活的一种具体反映，估计山区平原与海岸沙丘环境的差异也可能反映在石器类型上的变化。笔者曾指出环珠江口距今 7000～6000 年的遗址，可以被试释为长江稻作农业与内河渔业向珠江口沿海岸传播的过程中，最后演变发展为适应海洋沿岸生态的文化。从这个角度来看，咸头岭遗址的遗存就是中国南海沿岸早期适应海洋文化的代表。

环珠江口新石器时代的主要石器，可能是海洋生态下经济生活的一种反映。咸头岭与东莞蚝岗遗址的发现相比较③，两者都有锛、砺石、锤、拍、饼形器等，而蚝岗第二期较常见的尖状器则在咸头岭基本不见。蚝岗出土有蚝壳，这些尖状器可能与采蚝有关。另外，蚝岗遗址因保存条件良好，发现了骨铲、骨锥和蚌器，这些骨制工具暗示着可能同样在咸头岭新石器时代也有存在的可能。

①　邓聪等：《环珠江口史前文物图录》，香港中文大学出版社，1991 年。
②　王小庆：《石器使用痕迹显微观察的研究》，文物出版社，2008 年。
③　冯孟钦：《蚝岗遗址发掘的主要收获》，《东莞蚝岗遗址博物馆》，岭南美术出版社，2007 年。

第五章 咸头岭遗址的生态环境
与人们的谋生方式

本章以咸头岭遗址发掘的考古材料和地方文献为基础，借助地理学、生态学、生物学、文化学和民俗学的研究成果，以及实地考察的资料，复原咸头岭遗址当时的生态环境为大西洋期末演替为顶极群落的沙堤—潟湖生境，并以文化遗存乃人们有效地适应生态环境的创造物为思路，复原遗址居民的谋生手段和谋生方式。

第一节 咸头岭遗址沙堤的成因与年代

海岸沙丘是海滩上作波状起伏的沙质堆积体，考古学界则习惯把坐落在上面的遗址称为沙丘遗址。但有些沙丘是顺岸分布、内侧与基本海岸相毗连的；有些沙丘却是与陆地以潟湖相隔的岸外堆积体。地理学界一般把后者称为堡岛或障壁岛或岸外沙堤。由于潟湖是特殊的生态系统，并与渔猎—采集社会的谋生手段和谋生方式密切相关，所以为了强调这种特殊的生态环境，本章特把坐落在岸外沙堤上的沙丘遗址称为沙堤遗址。咸头岭遗址所在的大鹏湾东北的迭福湾，形成了从海往陆由新至老排列着的、与海岸线大致平行的第一至第三道沙堤，第三道沙堤后面有潟湖；其文化遗存主要分布于最老的第三道沙堤和次老的第二道沙堤上，因此咸头岭遗址乃本章中所特指的沙堤遗址。

沙堤"成因多样，大多数是冰后期海面上升的产物。冰后期低海面时期，在沿岸风及海浪潮汐作用下海滩上形成波状起伏的沙质堆积体，即海岸沙丘。同时，在涌浪上冲水流作用下于海岸线上形成泥沙堆积体，即滩脊。后来，海面上升淹没了沙丘或滩脊向陆的一侧，形成潟湖，原先的海岸沙丘或滩脊就演化成堡岛。也有一些堡岛是由于顺岸延伸的沙嘴基部被波浪或潮流冲断而形成"[1]。

在中国，"冰后期海平面变动的进程可分两个阶段：距今7500年前，海平面上升速度较快，平均每年达到0.6~1.6厘米，7500年以来海平面上升速度逐渐减小"。由于"海面迅速上升，海水进侵，淹没古沿岸平原时，泥砂在波浪的作用下于海岸线附近形成滨岸砂体。海面上升超过砂体后的平原高程时，海水淹没堤后地带，形成潟湖，滨岸砂体转变为滨外砂体"。这样，其间潟湖

---

[1] 以上引文见中国大百科全书地理学编辑委员会：《中国大百科全书地理学卷》，"海岸堆积地貌·隔岸地貌"条，第184页，中国大百科全书出版社，1990年。

的发展方向是："封闭潟湖→半封闭潟湖→海湾潟湖"①。易言之，咸头岭遗址所在的沙堤—潟湖体系是约距今 7000 年，由于冰后期海进而开始形成的。

当然，也未可排除咸头岭遗址所在的沙堤—潟湖体系中最老的第三道沙堤由约距今 7500 年开始形成，而次老的第二道沙堤形成于距今 6000 多年。因为，现代珠江三角洲在最后冰期时为大陆架平原，但已局部形成深切的河谷系统。冰后期（肇始时间与全新世同）海水倒灌，至大西洋期时（距今 7500~6000 年）海平面约高出现代的 2 米，使它变为三角湾，顶端地区为古河口，山丘变成岛屿。稍后，海平面基本稳定在现代的水平上，现代三角洲平原才逐渐地、自北而南地、镶嵌式地形成②。

第二节　咸头岭遗址新石器时代遗存的年代及其形成过程

咸头岭遗址前后五次的发掘，均集中于第三道沙堤和第二道沙堤的部分区域。根据第五次发掘清晰的地层叠压关系、各文化层陶器的特征及形式变化特点和器物组合关系，可以把咸头岭遗址新石器时代的遗存分为三期 5 段，即 1、2、3 段连接紧密为第一期，4 段为第二期，5 段为第三期。又根据 2004 年和 2006 年发掘中不同层位所出木炭样品碳十四测年数据和大黄沙等遗址碳十四测年数据推断，其绝对年代大致为：第 1 段，上限接近距今 7000 年；第 2 段，下限距今 6600 年前后；第 3 段，下限距今 6400 年前后；第 4 段，距今 6200 年前后；第 5 段，距今 6000 年前后（参见上篇第二章第四、五节）。

易言之，1985~2006 年五次在第三道沙堤和第二道沙堤发掘所获文化遗存的年代为距今 7000~6000 年。这与上文所归纳的咸头岭遗址所在的沙堤—潟湖体系中最老的第三道沙堤由约距今 7500 年开始形成，而次老的第二道沙堤形成于距今 6000 多年基本吻合。

咸头岭文化遗存创造者的来源有三种可能。一是最后冰期末期之时，原在大陆架平原谋生的人们，为躲避冰后期初期海进而"高迁"至丘陵高地（即后来的海湾陆地）；二是大西洋期之早期约距今 7000 年，来自西江及其以北的地区的"南迁"者；三是二者的结合③。无论如何，咸头岭遗址形成的过程均可表述为：冰后期海进时，人们先在各类资源丰富、互补、季节性波动小的迭福湾河谷丘陵谋生④；当海湾转变为潟湖时，水生资源则更为丰富和易于攫取（详后），于是人们的主要活动区域转移至沙堤；并随时间的推移，由第三道沙堤扩延到第二道沙堤。

---

① 李从先、陈刚：《冰后期海进海退和沙坝—潟湖沉积体系》，《海洋学报》1984 年第 6 卷第 5 期。

② 《珠江志》编纂委员会：《珠江志》卷一，第 134 页，广东科技出版社，1991 年；李平日等：《珠江三角洲一万年来环境演变》，第 65 页，海洋出版社，1991 年。

③ 这里文化遗存创造者的三种来源，只有"南迁"具有实证意义（参见下篇第二章第三节），其他两种仅存理论上的可能性，出于考古研究"未发现不宜说其无"之虑，兹列之。

④ 因为曾在珠海棠下环遗址的海湾山麓发现有年代相当于咸头岭第三期 5 段前后，即咸头岭文化偏晚的彩陶（参见广东省文物考古研究所等：《珠海平沙棠下环遗址发掘简报》，《文物》1998 年第 7 期）。虽然至今尚未在咸头岭遗址周围的海湾山麓发现彩陶等遗物，但无法排除日后的调查或发掘将有新的发现。故备此说。

第三节　咸头岭遗址沙堤—潟湖生境的生态环境

既然咸头岭遗址的遗存与其所在沙堤的形成年代是吻合的，那么该时期沙堤—潟湖生境的生态环境，将对人们的谋生方式发生重大甚至是决定性的影响。因此有必要首先着重说明沙堤—潟湖生境的情况。

一　沙堤—潟湖生境

随着冰后期的到来，气候变得温湿；南中国海基岩海岸的花岗岩不断地风化产沙，又被经常性的雨水搬运入海；稳定的季风和岸浪又将海沙搬运而形成沙丘；最后由于上述因素与海进的共同作用，形成了由海湾陆地、潟湖和潟湖外浅海三个生物群落镶嵌组成的一种特殊的生态系统，本文称之为沙堤—潟湖生境；一般，至大西洋期之末，沙堤—潟湖生境当已演替为生态学中的顶极群落①。

咸头岭沙堤—潟湖生境的形成过程描述：海湾陆地子生态系统首先演替至顶极群落，其多样性和极其丰富的植物和动物的腐殖质，被山溪淡水搬运至潟湖和潟湖外浅海，使其水体营养丰富与盐度多样化，最后导致其水生资源的多样并极为丰富，同时具有稳定性和明显的个性特征。与此同时，潟湖和潟湖外浅海的水雾也为海湾陆地提供温湿的水分，加速各种类别的植物和动物的成长。由于大西洋期之末的海平面趋于稳定，潟湖逐渐淤积成陆，湖岸周围成为各种植物和动物麇集的优势空间，最后又有助于各个子生态系统之间的资源互惠共生，而促使沙堤—潟湖生境不断获得动态之稳定。

咸头岭沙堤—潟湖生境的物理环境描述：海湾陆地顶极群落，形成时间最早，是咸头岭沙堤—潟湖生境形成的基础。在其演替过程中，不与外界隔绝，因此是由气候所决定的、最为稳定的生物群落。这样，在分析海湾陆地子生态系统的资源时，所依据的乃当时珠江三角洲以及区内其他地方的物理环境（主要包括气候条件、土壤条件和降水量）。

潟湖外浅海生物群落最初形成于冰后期，此时它也不与外界隔绝，因此其特征也由区域物理环境所决定；但在整个沙堤—潟湖生境形成之后，它的小环境就会受到海湾陆地和潟湖两个子系统的较大影响（例如盐度、营养度及某些物种的耐受性等）。

潟湖顶极群落的情况与潟湖外浅海群落相似。但在整个沙堤—潟湖生境形成过程的后期与形成之后，它便基本与外界隔绝了，因此其特征的个性明显：物种数目少，竞争和捕食并不十分激烈，而大种群随机灭绝的可能性也比较小②。因为咸头岭潟湖的面积略大，潟湖顶极群落还是抗干扰的。

现今的环珠江口地区，处于常绿阔叶林带到热带雨林的过渡带的最南端③。今深圳大鹏镇辖

---

① 一个经过形成、发展和演替，最后趋于相对稳定的生物群落。这种群落本身维持其稳定的持久性，与其本身所处的环境条件维持平衡。见戈峰主编：《现代生态学》，第 240 页，科学出版社，2002 年。

② 尚玉昌：《普通生态学》，第 309~321 页，北京大学出版社，2002 年。

③ 侯学煜编著：《中国的植被》，第 157 页，人民教育出版社，1960 年。

区内，地形以丘陵、低山为主。年平均气温22℃，最高气温33℃，最低1.4℃；相对湿度年平均80%，降雨量年平均1933毫米。属亚热带海洋性气候①。在距今10000~7500年，珠江三角洲较冷，年均气温比现在低4℃。距今7500年以来，基本与现在的气候差不多，平均变幅±2℃②。但考虑到距今7500~5000年的中期，中国气候处于"仰韶高温期"③，这里还应更温湿些，故在分析咸头岭沙堤—潟湖生境的本底植物群落时，我们主要参照纬度较之更低的雷州半岛和海南岛季雨林带的情况。

二　海湾陆地生物群落的资源分析

（一）海湾陆地植物资源的特征

新石器时代中期以来珠江三角洲地区的植被种类大致有：栲属、杜英属、胡椒科、棕榈科、红树科、夹竹桃科、柞木属、石柯属、榄红树属、桉属、松属、水松属、杨梅属、栎属、栗属、桑科、胡桃属等木本植物，莎草科、禾本科、藜科等草本植物以及水龙骨科、凤尾蕨科、芒萁属、铁线蕨属、鳞盖蕨属等蕨类植物④。考古工作者在发掘珠海市宝镜湾遗址时，曾采集土样作过孢子花粉分析，统计显示在距今约4500年，珠海的植被种属有桑科、榕属、原皮树属、杨梅属、山龙眼属、紫金牛属、樟科、夹竹桃科、松属、马鞭草科、禾本科、蒿、菊科、水蕨、网蕨、芒萁、里白属、膜蕨、石松、海金沙、凤尾蕨、环纹藻等⑤。

与论题密切相关，本文用植物所含主要物质成分为标准分类，仅分析与人类生计密切相关的根茎主要含淀粉类、籽实主要含脂肪类、籽实主要含维生素类和植株主要含纤维类等植物资源。

1. 根茎主要含淀粉类

木薯。灌木状多年生作物。块根肉质，富含淀粉。木薯耐旱耐瘠，最适于在年平均温度约27℃，日平均温差6~7℃，年降雨量1000~2000毫米，土层深厚，pH6.0~7.5的土地生长。野生种可分为甜、苦两个品种类型。现栽培种广泛分布于中国华南地区。

薯蓣科各野生种。薯蓣科乃缠绕草质藤本植物，其中的薯蓣，也叫山药或淮山；参薯（大薯）与薯蓣相似，区别在于栽培的块茎变异大，通常圆锥形或球形的块茎外皮为褐色或紫黑色。薯蓣科植物的栽培种或野生种，中国南方现在很常见。人们熟悉的番薯，在中国华南地区尚未见到野生种，但同为旋花科蔓生草本的甘薯（甜薯）则有野生种，其营养价值比番薯更高。

2. 籽实主要含脂肪类

山柚。别名山柑、山柑仔。常绿小乔木，其嫩叶可食。但由其成熟果子核仁经脱水精榨而获得的山柚油，现在民间还常用于产孕妇和老年人的体血调理。主要生长于低纬度、低海拔的树林里。

露兜。别名林茶、野菠萝。露兜树科。它近球形的复果由50~70或更多的肉质的小核果集合而成，小核果中的白仁含丰富的植物脂肪。多见于亚洲和大洋洲的热带海岸地带；现今咸头岭潟

① 深圳市史志办公室：《深圳市十九镇简志》，第202~203页，海天出版社，1996年。
② 李平日：《六千年来珠海地理环境演变与古文化遗存》，《珠海考古发现与研究》，广东人民出版社，1991年。
③ 竺可桢：《中国近五千年来气候变迁的初步研究》，《考古学报》1972年第1期。
④ 李平日、乔彭年等：《珠江三角洲一万年来环境演变》，海洋出版社，1991年。
⑤ 广东省文物考古研究所等：《珠海宝镜湾——海岛型史前文化遗址发掘报告》，第359页，科学出版社，2004年。

湖周边常见。

黑莎草。黑莎草属。多年生、粗壮草本。籽实可榨油。产于华南和西南的干燥草山上。

3. 籽实主要含维生素类

荸荠。俗称马蹄，又称地栗。莎草科，荸荠属。浅水性宿根草本，球茎含丰富维生素，可清热生津。盛产于两广地区。

野蕉。芭蕉科。与常见的芭蕉科果蕉相似，但其果实内含籽，味酸。分布于广西、广东、福建、台湾等地。

大果人面子。乔木，籽实状如花生米，棕色，富含油分，可食。南方随地可见。

山稔子。即桃金娘的果实。熟果味甘，含糖类和氨基酸等营养成分。中国华南地区多见。

山竹。藤黄属，常绿乔木，树高可达15米，果皮实硬，果肉雪白嫩软，味清甜甘香。华南地区常见。

荔枝。原产于中国南部，现在广东、广西及海南雨林中仍可找到野生种。3世纪，《吴录》言："苍梧多荔枝，生山中，人家亦种。"

龙眼。原产于中国南部及西南部，今海南可见到野生种。

杨桃。古称五敛子。"色青黄皮，肉脆软，味极酸，身有五棱，邑人呼镜为敛，故以为名，能解蛊毒，以蜜渍之，甘酸而美。《虞衡志》：五棱子即五敛子，又名羊桃，又名三敛。"中国为原产地之一。

柠檬。古称宜母果。"又名宜濛，俗呼林檬。制以为浆甘酸解暑。"中国为原产地之一。

木瓜。亦称万寿果。"实在树间，如柚，味香甜可人。"今两广地区常见。

柚子。古称油柚子。"山果也，皮滑如柰，色青黄，大如弹丸，味甘而微苦，食后香留舌末。"[1] 华南地区盛产。

4. 植株主要含纤维类

"藤之类不一，有黄藤、白藤、沙藤、金刚藤之殊。"[2]

红藤来源于林通科植物大血藤的干燥藤茎；白藤也叫省藤。现在人们所用的各类藤具，一般乃用这两种藤编织而成。我国云南、广东、广西、福建均出产。

苘麻（青麻）。韧皮纤维灌木。连杆砍下后，沤于水中两天，即可剥其皮加工麻纤维制品。产于热带和亚热带地区。

(二) 海湾陆地动物资源的特征

深圳大鹏镇一带，今有野生动物30多种，包括蟒蛇、眼镜蛇、金环蛇、银环蛇、白鹳、穿山甲、大小灵猫、大壁虎、野猪、果子狸、豪猪、小鹿、野兔等[3]。古代人们采食的动物大致有：

石蜜，"蜂属也……今邑人斲竹为笼，畜以为业。至四月取其酿，曰百花糖"。

蚺蛇（即蟒蛇），"大者能吞鹿食人……其肉可食其皮可备鼓"。

① 以上均见（清）舒懋官修、王崇熙等纂：《新安县志·舆地略·物产》卷三，第123~125页，嘉庆二十九年刊本，台湾成文出版有限公司，1974年。

② （清）舒懋官修、王崇熙等纂：《新安县志·舆地略·物产》卷三，第130页，嘉庆二十九年刊本，台湾成文出版有限公司，1974年。

③ 深圳市史志办公室：《深圳市十九镇简志》，第207页，海天出版社，1996年。

鸟类有鹧鸪、鹌鹑、画眉、兜兜雀、鹐鸡、江鸥等。

兽类有虎、猴、黄麖（似鹿而小）、地陇猪（似猪而小，藏山麓穴中，夜则食薯芋，猎人捕之，一身皆不能伤，惟在软嘴处击之则倒）、山猪（即豪猪）、獭（水兽也，善捕鱼。猎人于春前捕之，取其皮以为裘[①]）。

三　潟湖和潟湖外浅海的资源分析

（一）潟湖和潟湖外浅海水体特征

1. 潟湖水体特征

由于接收溪水搬运的陆上腐殖质，因此潟湖水体营养丰富，是高生产力的生态系统；由于潟湖仅靠潮流通道与湖外浅海连系，因此水体缺氧，盐度多样化；水深约 1 米，不断成陆；水体日照时数长。

2. 潟湖外浅海水体特征

大鹏湾西南为九龙半岛，北及东北面为大鹏半岛的山地环抱。海湾的北及东北面海岸较为平直，沙堤、岬角交错分布；西南面多小岛及凹湾，海岸曲折。海湾顶部及西南沿岸潮间带滩涂略宽，底质属于泥沙质及沙质类型，局部细沙及砾石，大部分沿岸潮间带狭窄。潮下带浅海大部分底质为泥或泥沙质，局部为沙质。海湾的顶部及东北部浅海水深多为 2~6 米，靠近西南面及湾口水深 10~15 米（引者注：故知潟湖外浅海日照时数长），除周围少数山地溪涧的径流注入外，无大河注入。海水盐度……季节性变化小，表、底一致（引者注：但靠近潟湖潮流通道的浅海，尤其是雨季咸淡水交换频繁），海水温度年平均 21.6℃，平均水温 1 月最低，为 14.9℃；8 月最高，达 29.9℃；12 月至翌年 3 月的月平均水温皆在 20℃ 以下；属亚热带海域[②]。

上述水体构成了潟湖和潟湖外浅海的水生资源：丰富、季节性波动小、易于攫取。

（二）潟湖和潟湖外浅海食物网

1. 潟湖和潟湖外浅海的自养生物

潟湖和潟湖外浅海的自养生物除了岸边的红树林之外，还有水下大型植物、附生植物以及各种海域藻类。大型藻类主要有浒苔（基部以固着器附着在岩石上，生长在中潮带滩涂或石砾上。12 月至翌年 4 月是生长盛期。富含碳水化合物、蛋白质、粗纤维及矿物质，同时还含有脂肪和维生素）、石花菜和鹅肠菜、马尾藻，现有 250 种，大多为暖水性种类，广泛分布于暖水和温水海域。其中有的种类如羊栖菜可食用[③]。然而，大鹏湾的浮游植物"春季种类较多，尤其是甲藻，不仅种类多，数量也大，主要种群有夜光藻；硅藻全年均有分布，数量上尤在夏季占绝对优势；除某些夏季常见藻类等继续占优势外，菱形海线藻、细长翼根管藻等种类也成为该季主要的优势种群；中肋骨条藻占有相当的优势"[④]。

---

① 以上均见（清）舒懋官修、王崇熙等纂：《新安县志·舆地略·物产》卷三，第 130~140 页，嘉庆二十九年刊本，台湾成文出版有限公司，1974 年。

② 余勉余、梁超愉等：《广东省浅海滩涂增养殖渔业环境及资源》，第 63 页，科学出版社，1990 年。

③ 曾呈奎主编：《中国海藻志》，第 33 页，科学出版社，2000 年。

④ 吕颂辉、齐雨藻：《南海大鹏湾浮游植物种群的季节演替》，《暨南大学学报》（自然科学版）1995 年第 1 期。

在古代，"大叶苔，海藻，俗名马尾茜，人多采之以油醋拌食"。紫菜因为"生海崖石上"，故得来不易，但"为食品所珍，故销售甚广"①。

2. 潟湖和潟湖外浅海的最低级动物②

潟湖和潟湖外浅海的最低级动物主要包括以下几类。

螺贝类：此乃构成本海湾海洋生物的主要类群，其中作为食用的主要种类有毛蚶、胀毛蚶、半扭蚶、粒帽蚶、翡翠贻贝、马氏珠母贝、企鹅珍珠贝、栉江珧、二色裂江珧、旗江珧、华贵栉孔扇贝、长肋日月贝、草莓海菊蛤、日本镜蛤、波纹巴非蛤、杂色鲍、泥东风螺、管角螺、瓜螺等。上述主要贝类以埋栖生活的占多数，如毛蚶、胀毛蚶、二色裂江珧、旗江珧等，它们的栖息范围遍及海湾的各水域；华贵栉孔扇贝、翡翠贻贝、马氏珠母贝、草莓海菊蛤等多见于石砾或沿岸礁区；泥东风螺、管角螺多见于海湾的湾口区域。在古代，人们在沿海潮间带捕捉到的螺类主要有蚝、沙螺、丫螺、潺螺（又称花螺，垂直分布于潮下带数米至数十米水深处）、指甲蟹等。《新安县志·舆地略·物产》卷三云："蚝，壳可以砌墙，可烧灰。肉最甘美。""螺，种类亦繁。"

浮游动物：以沿岸暖水种类为主。其中有水母类、栉水母类、枝角类、介形类、桡足类、十足类等。优势种有显著的季节更替③。古人早已认识水母，云"每夏月，贾人集而货之，名曰海蜇"④。

甲壳类软体动物："蟹族，类不一，水乡皆有。"⑤ 有多分布于海湾东部海岸的远海梭子蟹（古人称蝤蛑）和小娘蟹（俗称外海蟹），有生活于潮间带的石蟹和竹蟹（深水蟹）。而群栖于浅海海底的花蟹则可大量捕捉⑥。

虾"类不一，有沙虾、麻虾、斑节、金钩之名，大者曰龙虾"⑦；另有明虾、银虾。沙虾是生活在海边滩涂的中小型虾类；麻虾是产于海淡水交界处淡水中的一种野生小虾；明虾即对虾；银虾"状如绣针……稍大者出新安铜鼓角海，名铜鼓虾。以盐藏之，味亦美"⑧。

此外还有海龟⑨。

其他软体动物有墨鱼和章鱼；沿岸礁区的棘皮动物有糙海参、棕环海参和紫海胆等⑩。

---

① （清）舒懋官修、王崇熙等纂：《新安县志·舆地略·物产》卷三，第122页，嘉庆二十九年刊本，台湾成文出版有限公司，1974年。

② 海洋动物资源部分，主要引自余勉余、梁超愉等：《广东省浅海滩涂增养殖渔业环境及资源》，第63~64页，科学出版社，1990年。

③ 黄小平、岳维忠等：《大鹏湾平洲岛附近海域生态环境特征及其演变过程》，《热带海洋学报》2004年第9期。

④ （清）舒懋官修、王崇熙等纂：《新安县志·舆地略·物产》卷三，第138~139页，嘉庆二十九年刊本，台湾成文出版有限公司，1974年。

⑤ （清）舒懋官修、王崇熙等纂：《新安县志·舆地略·物产》卷三，第138页，嘉庆二十九年刊本，台湾成文出版有限公司，1974年。

⑥ 深圳市史志办公室：《深圳市十九镇简志》，第224页，海天出版社，1996年。

⑦ （清）舒懋官修、王崇熙等纂：《新安县志·舆地略·物产》卷三，第139页，嘉庆二十九年刊本，台湾成文出版有限公司，1974年。

⑧ （清）舒懋官修、王崇熙等纂：《新安县志·舆地略·物产》卷三，嘉庆二十九年刊本，台湾成文出版有限公司，1974年，引李调元《南越笔记》卷十一。

⑨ 深圳市史志办公室：《深圳市十九镇简志》，第207页，海天出版社，1996年。

⑩ （清）舒懋官修、王崇熙等纂：《新安县志·舆地略·物产》卷三，第137页，嘉庆二十九年刊本，台湾成文出版有限公司，1974年。

3. 潟湖和潟湖外浅海的高级鱼类

《新安县志·舆地略·物产》卷三所记与远古人们的捕食能力相关的高级鱼类有：

"鲚鱼，至冬益肥。"鲚鱼平日栖息于浅海，繁殖季节大量从海中洄游至江河口半咸淡水区域产卵。

鲈鱼，喜栖息于河口咸淡水，也能生活于淡水。性凶猛，以鱼、虾为食。

"贴沙鱼，一名版鱼，种类不一……喜贴沙上，即尔雅所谓比目鱼也。一名鲽，咸淡水皆有之。"

"印鱼……不可常得。"但这种鱼以大鱼吃残渣为食，也食小鱼及无脊椎动物，可能常在潟湖浅海生活。

"鱲追鱼，海产蟮族也。味甘多脂。""鳗鳝鱼，此与……鱲追、骨鳝、鹤鳝、沙鳝等同出海中。"蟮族一般埋栖咸淡水之交之沙质水底。

可能为远古人们所捕获的鱼类有：

石斑鱼：主要种类有青石斑鱼和鲑点石斑鱼等。青石斑鱼为暖水性近底层鱼类，喜栖息在多岩礁海域中，用手钓及底拖网可捕获。鲑点石斑鱼为底层近海性鱼类，喜栖息在多岩石的海域中，用手钓可捕获[1]。

鲷鱼：有黄鳍鲷和黑鲷等。黄鳍鲷，大亚湾、大鹏湾皆有分布，以盐田至沙头角及澳头、稔山、范和港较多。黑鲷分布较广，沙头角、盐田、梅沙、澳头、稔山、平海一带皆有分布，多栖息于近岸礁区或沙、石砾底质海域[2]。

蓝子鱼：分布广，盐田、大鹏澳、哑铃湾、金门塘数量多。为暖水性近海鱼类。常见种类有黄斑蓝子鱼及褐蓝子鱼等。

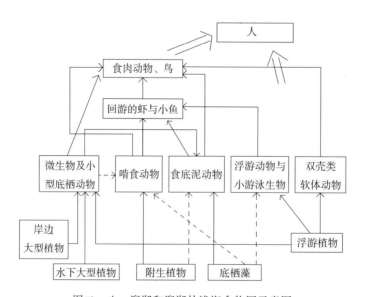

图二一八　潟湖和潟湖外浅海食物网示意图

---

① 国家水产总局南海水产研究所等：《南海诸岛海域鱼类志》，第133~136页，科学出版社，1979年。

② 余勉余、李茂照、梁超愉等：《广东省潮间带生物调查报告》，第141页，科学出版社，1990年。

斑鱼：四季皆有，性长耐活，肉质极好。有红斑、青斑、泥斑等。多栖息于海崖岩礁处①。

鱿鱼：全年可捕捞，3~4 月和 7~8 月为旺季②。

此外，还有明清时期人们所捕食或认识的海鱼类：大者数十丈的海鳅，排齿如锯的锯鱼，肉厚细嫩的鲢鱼，鳞细而肉颇粗的马五（马母），用罾合围方可捕取的黄花鱼，大者数百斤的坭顶鱼，其味甚美的石斑鱼，春季捕获的马鲛，渔者合围取之的鲭鱼，季春时最盛的鳓鱼，皮肉俱美的青衣鱼，烹之甚美的飞鱼，等等。

4. 潟湖和潟湖外浅海的食肉类和鸟类动物

分布于浅海及河口的海豚和海牛，《新安县志》称之为海猪和人鱼。以海鱼和水母等软体动物为主要食物的海鸬鹚和白腹军舰鸟，古代也多见，可推知海洋生物之丰富。

5. 潟湖和潟湖外浅海食物网

通过上面的分析，可构建潟湖和潟湖外浅海食物网示意图（图二一八）。

第四节　咸头岭遗址谋生方式复原

本节将以文化遗存乃人们有效地适应生态环境的创造物为思路，联系上节所复原的生态环境，分析具体的文化遗存以复原人们的谋生手段和谋生方式。然而，如所周知，渔猎—采集社会人们的游动性较大，所创造的文化遗存少且分散，再加上沙堤遗址特殊的埋藏环境，得以保留的就更少且分散，囿于此，复原将尝试借助更多的民族志和民俗学材料。

一　谋生手段复原

（一）文化遗存反映的基本情况

咸头岭遗址的发掘者利用第五次发掘的材料以及珠江三角洲的相关材料，将咸头岭文化划分为六段三期（参见下篇第一章第二节）。本章仅摘录其中与咸头岭遗址有关的部分制表说明。

表四二　咸头岭文化和咸头岭遗址新石器时代遗存分期和年代表

咸头岭文化期别和年代	咸头岭文化段别	咸头岭遗址段别
第一期（距今 7000~6400 年）	第一段至第三段	第 1 段至第 3 段
第二期（距今 6400~6200 年）	第四段	
	第五段	第 4 段
第三期（约距今 6000 年）	第六段	第 5 段

表四二显示的事实有二。一是咸头岭文化第二、三期延续的时间较短，但第一期则略长。二是在第一、二期之间的文化内涵，咸头岭文化衔接比较紧密，但咸头岭遗址的遗存则略有缺断；这也许意味着咸头岭人当时的生产和生活方式均发生了某些变化。

---

① 深圳市史志办公室：《深圳市十九镇简志》，第 224~225 页，海天出版社，1996 年。

② 深圳市史志办公室：《深圳市十九镇简志》，第 224 页，海天出版社，1996 年。

表四三　咸头岭遗址新石器时代各段石器、石料统计表

期别段别 / 数量（件）及比例（%）/ 石器	锛	饼形器	凹石	锤	杵	拍	凿	砧	砺石	石料	合计
第一期1段	4 21.1		3 15.8					3 15.8	2 10.5	7 36.8	19 100
第一期2段	3 13	1 4.3	5 21.7		2 8.7	1 4.3		4 17.4		7 30.4	23 100
第一期3段	4 16	1 4	7 28	2 8		1 4	1 4	2 8	3 12	4 16	25 100
第二期4段	13 10.2	39 30.7	6 4.7	2 1.6	15 11.8	2 1.6		3 2.4	9 7.1	38 29.9	127 100
第三期5段	12 38.7	5 16.1	2 6.5			1 3.2	1 3.2	1 3.2	2 6.5	7 22.6	31 100

表四三显示的事实有三。一是第一期石器的种类少，第二、三期种类增多；这说明随着时间的推移，人们谋生的手段日益多样化。二是用于加工植物纤维的饼形器（详后）等在第二期猛然增多；这意味着充分利用植物纤维的可能性增大。三是主要用于砍斫的石锛在第三期猛然增多；这或许是生活方式有所改变。

表四四　咸头岭遗址新石器时代各段陶质统计表

期别段别 / 比例（%）/ 陶质	夹砂陶	泥质陶	合计
第一期1段	53.6	46.4	100
第一期2段	55.9	44.1	100
第一期3段	59.4	40.6	100
第二期4段	63.4	36.6	100
第三期5段	91.6	8.4	100

表四四显示的事实是夹砂陶的比例，在第二期已渐提高，而至第三期则提高到极致；一般夹砂陶器是用于炊煮食物而泥质陶器是用于盛、贮食物的；前者多后者少，可能说明人们在日常生活中并不倾向于贮存食物。

表四五　咸头岭遗址新石器时代各段陶器器类统计表

期别段别 / 比例（%）/ 器形	釜	罐	圈足盘	圈底盘	钵	碗	杯	豆	支脚	器座	合计
第一期1段	52.2	14.7	25.5				6.6		1.0		100
第一期2段	53.5	9.3	28.1	1.5			5.2		2.4		100
第一期3段	56.5	9.5	16.6	3.5		3.6	7.4		2.9		100
第二期4段	57.7	35.4					1.2		3.2	2.5	100
第三期5段	58.6			3.0	16.3		8.4	8.5	5.2		100

　　表四五显示的事实是用于炊煮的釜类器物贯穿始终。各期段用于盛贮的器物形制有别，第一期圈足盘和杯并行但以圈足盘为主，第二期仅盛行圈足盘，第三期为碗所代替；这种器物的形制变异而功能不变，可能与文化的传播或无意的创新（文化的次要特质）关系较为密切，而与谋生手段（文化核心）的关系可能是随机的。

　　综合上述四组数据及其所显示的事实，可知三点基本情况：其一，遗址发掘者将 5 次发掘的文化遗存甄定为一种考古学文化是合适的；分期也是清晰的。其二，人们在日常生活中并不倾向于贮存食物（第三期的遗存反映得更为明确）。其三，第一期石器的种类少，第二、三期种类增多；特别是用于加工植物纤维的饼形器等在第二期猛然增多，主要用于砍斫的石锛在第三期猛然增多。

　　结合文化遗存与沙堤—潟湖生境的形成和演变过程，从谋生手段和谋生方式的角度分析，则可从上述三点基本情况中衍生出下面四个问题：其一，遗存创造者的人群亲缘关系以及人地关系是稳定的。其二，野外食物资源相对充裕且季节性波动小（这是人们不倾向于贮存食物的客观条件）。其三，自第二期开始，环境的变化促使人们充分利用了植物纤维。其四，至第三期，生产能力的提高和人口的增殖，允许人们更多地顾及蔽体之物。

　　下面跟随文化遗存与沙堤—潟湖生境的形成和演变过程，通过分析复原谋生手段的途径，详细阐述这四个问题。最后综合之以说明咸头岭人的谋生方式。

　　（二）谋生手段复原

　　第一，人群亲缘关系以及人地关系是稳定的。

　　本章第三节在述及沙堤—潟湖生境时，已经分析了它是由海湾陆地、潟湖外浅海和潟湖三个生物群落，依次演替至顶极群落镶嵌组成的、并不断获得动态稳定的、特殊的生态系统。同时在第二节述及咸头岭文化创造者来源的三种可能："高迁"、"南迁"以及二者的结合。下面就此三种可能逐一分析其人地关系。

　　若"高迁"，则在最后冰期末期之时，有人群在大陆架平原上谋生。而现今遗址所坐落的大鹏半岛西岸的小海湾的迭福湾，当时应是一片平原连接着一连串的丘陵山地；冰期气候对低纬度地区的植被影响小，丘陵山地上的生物群落与全新世相差不大，人们理应熟悉而利用丘陵山地的资源。随着冰后期尤其是大西洋期的到来，大陆架平原变为海域，人们迁至丘陵山地谋生而逐渐更有效地利用其资源；同时随着丘陵山麓的海湾浅海的形成，人们也会利用而熟悉水生资源。最后至沙堤—潟湖生境的形成，人们也就熟悉而有效地适应其生态环境而构建稳定的人地关系。

　　若"南迁"，须先辨明三个基础性问题。一是迁徙时间，二是迁徙者原居住地当时的生态环境，三是迁徙的动因与途径。

　　迁徙时间不辨自明。因为咸头岭遗址新石器时代遗存是目前可确认的、今珠江三角洲最早的文化遗存，所以其上限时间只能是约距今 7000 年。

　　迁徙者原居住地当时的生态环境。距今 11000 ~ 7000 年的西江及其以北地区，一方面，植被和气候经历了三个阶段的变化：疏林、温湿偏凉→阔叶植物为主的针阔叶混交林、暖热潮湿→针叶植物为主的针阔叶混交林、温暖稍干[①]，所以陆上资源实有日渐匮乏之嫌疑。另一方面，早期上

　　────────────────

　　① 　王丽娟：《桂林甑皮岩洞穴遗址第四纪孢粉分析》，《人类学学报》1989 年第 2 期。

述部分地区临近江河入海口，而随着海平面稳定和现代珠江三角洲的日渐形成，就逐步变为江河的中游了。因为历史地理学家在距今约 6500 年的珠江三角洲演变图上是这样画的：崖门—开平水口—江门—鹤山—高明明城—肇庆金利—肇庆—芦苞—黄埔—增城石滩—东莞企石—莞城—东莞长安—深圳南头①。所以水生资源也逐渐地由丰富向相对贫乏转变。但是，迁徙者是熟悉于攫取河口的陆上和水生资源的，而河口之生态环境与沙堤—潟湖生境大同小异。

迁徙的动因与途径。具体的动因是，因为河口区域中易于渔捞的水生资源，远比中游区域要丰富得多；传统于攫取水生资源者自然会随河口的变动而迁徙。对具体动因的抽象乃有效地适应环境的扩张。因为咸头岭遗址当时与西江及其以北地区阻隔着漏斗状大海湾，所以只能利用简单的木筏或独木舟顺水而下②。迁徙者已熟谙在河海中活动。

如此看来，"南迁"人群也完全可以跟随着沙堤—潟湖生境形成过程，而熟悉有效地适应其生态环境，或言人地关系是稳定的。

若二者的结合，则会出现这种情况：一个人群，游动迁徙到新的生态环境中谋生，假如新地点存在另一个人群，则因为不同传统文化面对相同的生态环境也会有不同的适应策略，使同一环境中的新、老文化既有区别又有联系；而上述文字表明，由于当时西江及其以北地区的生态环境与沙堤—潟湖生境大同小异，因而两个人群的传统文化也会是大同小异的，至少是可以融合的。进而言之，人地关系也是稳定的。

需要提及的是，咸头岭遗址的西部沿着海岸线分布着诸如大黄沙、小梅沙和大梅沙等"空间上的连续性和时间上的稳定性"③的沙堤遗址，虽然这些遗址居民的谋生活动是开放的，但由于遗址所处的生态环境相似，以及远古先民受生产能力的限制而导致文化内涵更受制于生态环境所致，所以咸头岭遗址居民的谋生活动即使是半开放的，但也并不与人群亲缘关系和人地关系的稳定相抵触。

第二，野外食物资源相对充裕而且季节性波动小，人们不倾向于贮存食物。

一般而言，若生态环境可能提供丰富的野外食物，远古先民在人口压力小的情况下，并不强烈追求贮存食物乃至发生种植业。然而，丰富的食物资源必须满足两个条件：其一，人类所需要的淀粉类、维生素类和蛋白质类三种基本营养物质的相对均衡。例如新几内亚中部高原的土著策姆巴加人，为了解决缺乏蛋白质类营养物质的困境，付出高昂的代价以养猪④。其二，以太阳年为周期，各个季节的野外食物的季节性波动小。下面考察具体的生态环境，分析咸头岭遗址的野外食物资源是否满足上述两个条件。

（1）关于海湾陆地资源。第三节"海湾陆地生物群落的资源分析"中所列举的木薯和包括淮

---

① 《珠江志》编纂委员会：《珠江志》卷一，第 136 页，图 1-4，广东科技出版社，1991 年；李平日等：《珠江三角洲一万年来环境演变》，第 78 页，图 4-3，海洋出版社，1991 年。

② 居住在太平洋海域岛屿上的波利尼西亚人，在和欧洲人接触之前即用石器和贝壳加工木材，制作独木舟。迁徙者亦可为之。参见 [苏联] C. П. 托尔斯托夫等主编、周为铮等译：《普通民族学概论》，第 84~85 页，科学出版社，1960 年；[英] 雷蒙德·弗思著、费孝通译：《人文类型》，第 51 页，商务印书馆，1991 年。另，在 2006 年发掘的年代稍晚于咸头岭第 5 段的广东高明古椰遗存中发现有规整的木桨，有桨便有船，可为旁证。

③ 张光直：《考古学专题六讲·谈聚落形态考古·聚落形态的考古学研究》，第 84~93 页，文物出版社，1986 年。

④ [美] 马文·哈里斯著，李培茱、高地译，陈观胜校：《文化人类学》，第 62~67 页，东方出版社，1988 年。

山、参薯和甘薯在内的薯蓣科各野生种，现在的咸头岭遗址中均有生长，人们可在 6~11 月份采掘乃至晒干贮存，补充人体所需要的淀粉类。此外，这里盛产的各种植物果实也可提供维生素类。例如，野杨桃、野蕉、山稔子从 5 月份就开始结果成熟；稍后，人面子和山竹也可被采食；球茎含丰富维生素的荸荠，现在还是南方人清热生津的佳品。至秋冬之交，还可撷取富含植物蛋白质和脂肪的黑莎草、山柚和露兜。

冬春两季陆上资源主要是蛋白质类。深圳大鹏镇一带，今有野生动物 30 多种。古代人可采食的动物大致有：包括青蛙、蟒蛇、穿山甲和果子狸在内的各种两栖动物和爬行动物。这些动物的捕捉比较简单，远古人只需利用简易的石器和木器即可获取。居住在非洲卡拉哈里沙漠的布须曼人，不知农耕和畜牧，"除吃兽肉和鸟肉外，还吃青蛙和蝗虫，炸蝗虫是为美味"[①]。蟒蛇"大者能吞鹿食人"，但人们只要熟悉其习性，捕捉之也并不困难。本章执笔之一于 1980 年代在海南岛尖峰岭地区，亲睹了当地黎族人用竹编笼子装着 20 多斤重的大蟒蛇到收购站变卖。跟他们聊天得知，打蛇不能用硬棍子而要用富有弹性的红藤，因为硬棍子打出去只有一个点着地，难于打准伤蛇，但红藤打出去则像鞭子一样乃一条线着地而更易伤蛇。然而捕捉活蟒蛇，红藤只用于自卫，蟒蛇忌人体的渍汗气味，若抛去汗味极浓的布料蒙之，它会变得柔顺，黎族人就是这样捕捉蟒蛇的。诸如鹧鸪、鹌鹑、画眉和兜兜雀等鸟类，大洋洲土著人乃模拟它们的啼鸣声尽量接近后，再用其特制的投矛器投掷木矛或狼牙器或回旋刀击之[②]；在咸头岭遗存虽未发现此类木器，但可以相信其居民也可利用木器或石器或竹编器打击或诱捕飞禽。至于如猴、黄麖、地陇猪、豪猪和獭等兽类，只要运用简易的木器和石器，借助多人的力量，则完全可以捕杀。

（2）关于潟湖和潟湖外浅海资源。水生资源主要为居民提供蛋白质类食物。虽然 7~8 月份是台风季节，12~1 月份时有寒潮南下，但台风、暴雨和寒潮均来去匆匆，恶劣天气的时间很短，所以人们一年四季均可撷取水生资源；况且冬春两季陆上蛋白质类资源仍可补充。

可见，咸头岭遗址的野外食物资源可以满足营养种类互补与季节供给互补两个条件。

第三，人们最初主要直接利用海湾陆地资源，互补利用水生资源以谋生。

理论上，常绿阔叶林带或热带雨林带中动物的生物量很低；人们若长时间过分地依赖海湾陆地撷取蛋白质类食物，必然会失衡。但是，经过第一期 500 多年的演变，沙堤—潟湖生境已演替为顶极群落，潟湖和潟湖外浅海的水生资源也随即呈现出稳定性、复杂性、多样性、生物量最高的特征；人们对其中的各种资源当可充分认识而有效利用。在渔猎—采集社会中，当人们投入"生产"的热量（输入）仅稍大于所获食物可能取得的热量（输出）时，在技术不变的情况下，人们可能扩张（"生产"的地域按比例扩大），也可能强化（增加人力而不扩大"生产"的地域），但接踵而来的则是改变技术，否则由于自然资源的过度损耗，输入将大于输出[③]。在沙堤—潟湖生境这种特定的生态环境中，由主要利用海湾陆地资源，到主要利用潟湖和潟湖外浅海的水生资源，既是扩张，也是强化，还是改变技术的过程。下面将参考相关民族志和民俗的资料，以及我们的调查资料，阐述撷取水生资源的具体手段。

---

① ［苏联］C. П. 托尔斯托夫等主编、周为铮等译：《普通民族学概论》，第 237 页，科学出版社，1960 年。

② ［苏联］C. П. 托尔斯托夫等主编、周为铮等译：《普通民族学概论》，第 54 页，科学出版社，1960 年。

③ ［美］马文·哈里斯著，李培茱、高地译，陈观胜校：《文化人类学》，第 56~62 页，东方出版社，1988 年。

　　需要说明的是，我们认为，咸头岭遗址的先民进一步发掘海湾陆地资源和转化至主要利用潟湖和潟湖外浅海的水生资源的改变技术行为，肇始于第二期。具体说，咸头岭遗址新石器时代遗存的第一期人们尚未发明和利用植物纤维网，而第二期和第三期始有（下文将详细论证）。这里仅阐述第一期未利用植物纤维网的获取方式。

　　（1）照海。人们利用鱼、虾、蟹在刚涨潮时特别活跃又趋光的特点，在天刚黑便涨潮和没有月光的晚上，在浅海中缓走，火光照海，没有距离感的鱼、虾、蟹只管迎光而来，很容易被捕捉。螃蟹徒手捕捉即可，鱼、虾则须借助用竹编成鸡笼状的鱼罩罩住再抓。这种方法特别适用于潟湖与潟湖外浅海的作业。

　　（2）打蟹。因为螃蟹喜啃红树等树的树皮，在红树林泥沼中打洞，海南岛有些红树林滩涂地带，螃蟹麇集。夏季朔、望日大潮时，小螃蟹和毛蟹随着潮水的上涨，爬到红树、海莲树、蜡烛果树、须叶藤树（均属红树科）上，很容易被捕捉。与此相近，中国东海沿岸及岛屿的“滩涂上，蟹洞，鳗穴，蛏子藏在泥涂下，牡蛎生在礁岩上。人工采集之，不需要高深的技术、先进的工具，也不需要群体协作”①。咸头岭遗址当时也盛产螃蟹，其居民当可用此法捕捉之。

　　以下乃台湾高山族各族群的几种简易的捕鱼方法②，实际上，人类各族群也同样有所应用。

　　（3）涸渔。此乃选择鱼多的小溪涸水处，竭泽而渔。捕鱼人只需涉足浅水中，即可徒手将鱼捕获。咸头岭遗址注入潟湖的小溪，落差较大，利用这种方法可更省力。

　　（4）毒渔。把含毒汁的藤根，用石头砸破，取其毒汁注入上流溪水中，使鱼中毒缺氧，漂浮于水上，徒手取之。因为咸头岭遗址水域与海潮畅通，水产资源可在短时间内得到补充，故此法亦可取；而文化遗存中的石杵与凹石可为捣藤根毒汁所用。

　　（5）筌渔。鱼筌乃竹编的椭圆体篮子，其口部扣着被称为“龙须”的装置，鱼、虾只能进不能出。在溪流狭窄处堰造隘口以放置鱼筌，并导溪水带鱼而下，流入鱼筌，打开“龙须”取之（图二一九）。

　　筌渔再发展即箔渔（图二二〇）。居住在今北部湾顶端海岛的京族人，对此非常熟练③。

　　（6）箔渔。鱼箔即竹编的篱笆，编插于水中可控制鱼、虾的游动路向。京族人一般沿着海滩裂沟两旁设置由宽渐窄，由大到小，状如漏斗的鱼箔沟，再于其中设置三个依次大小并相互连通的箔漏（即特制的鱼筌）。涨潮时，

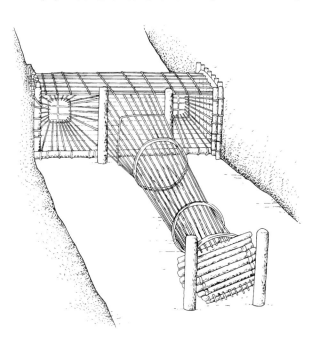

图二一九　克瓦基乌特人捕鲑鱼的堤笼

（采自《普通民族概论·美洲民族志章》图六）

①　姜彬主编：《东海岛屿文化与民俗》，第226页，上海文艺出版社，2005年。

②　许良国、曾思奇编：《高山族风俗志》，第35~37页，中央民族学院出版社，1988年。

③　中华文化通志编委会：《中华文化通志·民族文化·壮、布依、傣、仡佬、京族》，第521页，上海人民出版社，1998年。

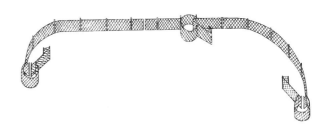

图二二〇　渔箔

（采自《东海岛屿文化与民俗》图 27）

鱼箔全被海水淹没，鱼、虾随着潮水进入鱼箔范围内；退潮时，鱼、虾只能随退去的潮水钻入三个箔漏之中。海南岛文昌市有一条颇为深入的港汊，它由清澜港插入并穿过县城，长约 20 公里，其中段沿岸主要是沼泽地，但又多被高墩切割成小片水域，只要人们对这些小片水域略加塞堰，便可造成仅存一条水道与潮水连接的圩。圩中的食物网结构与咸头岭潟湖的基本一致。圩的主人只要每天在潮水涨满时放置鱼筌，潮水退低时收筌，其收益便可供其衣食。因此说，咸头岭人在无植物纤维网的情况下，一是借助淡水小溪的复杂地形，经常利用筌、箔相结合的捕鱼法。二是借助潟湖与潟湖外浅海的"潮流通道"，编插鱼箔和安置箔漏，坐收渔利。南方多竹，而编织纹乃遗存中陶器常见的纹饰，咸头岭人当熟谙各种竹编工艺而编织鱼筌等器具。

下面介绍的"拉网"，人们不一定在实际作业中利用之，但可能在偶然耍玩中获得创造的灵感。

（7）厚藤拉网。厚藤盛产于暖海沙滩，长者近 10 米。把十数条带叶的厚藤缠纽在一起，加重，10 多米长的"拉网"便做成了。用时，两人将之置于坡度平缓的浅海中，拖动至岸上时，水退回但被水连带拖上的鱼、虾、蟹则留在岸上，可手捉。

第四，人们最后主要直接利用水生资源以谋生，互补利用海湾陆地资源，并随着生产能力的提高和人口的增殖，相对顾及蔽体之物与居所。

面对"瓢箵鱼"的丰富资源，人们在利用筌渔与箔渔或者玩耍厚藤拉网的过程中，很容易观察到这种现象：编织物特别是柔软的编织物，能够把水中的鱼、虾、蟹捞离水面而易于捕捉。于是，人们会在"柔软的编织物"和"捞"的方向上思考和实践。

先说"柔软的编织物"——麻网的发生，再介绍各种简易的网具及其使用方法。

（1）"柔软的编织物"——麻网的发生。由沙堤—潟湖生境演替为顶极群落的过程观之，海湾陆地资源乃随着全新世和大西洋期接踵而至，而先于潟湖和潟湖外浅海之形成和演替的。从文化遗存的年代上说，遗址居民也是在沙堤—潟湖生境尚未演替为顶极群落时便已进驻此地而有效地利用其资源谋生的。因此人们最先主要利用的应是海湾陆地资源。渐次，才可能进一步发掘海湾陆地资源和转化至主要利用潟湖和潟湖外浅海的水生资源。

在中国仰韶文化等诸多遗存中，很容易发现渔网的证据。当时所编织和使用的无疑是麻网。

"在查干淖尔（引者注：位于今吉林省松原市前郭尔罗斯境内，北纬 45°09′30″，东经 124°03′34″），渔民使用的网叫麻网，麻网是用麻的纤维编制而成的（图二二一、二二二）。秋季的时候，渔民们把麻割下来，成捆地使车拉回去，投放到村中大水坑里去沤，俗称'沤麻'。……麻经过沤发，外皮就会从杆上脱离，这就是皮麻。皮麻经过干燥、捶压、梳理等阶段，使其中柔软的纤维突露出来成为'麻'。为了织网，还要把麻披纺成经，就是一种细线，缠在'线桄子'上，以便织网片。"[1]

---

[1]　曹保明：《最后的渔猎部落》，第 77~80 页，上海文化出版社，2004 年。

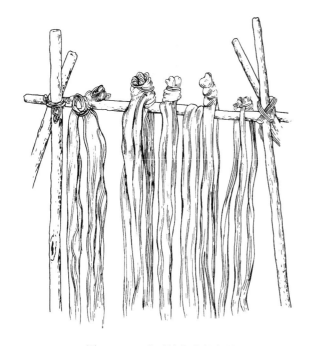

图二二一　查干淖尔人的麻披

（采自《最后的渔猎部落》第 79 页）

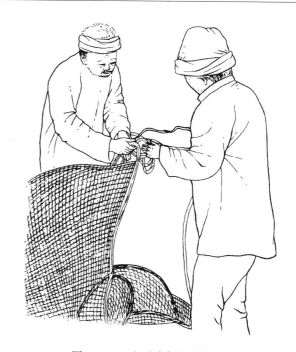

图二二二　查干淖尔人的麻网

（采自《最后的渔猎部落》第 79 页）

土著澳大利亚女人也"用植物纤维或毛（发）搓成线和绳，并把它们织成提包、网及其他等"①。

在舟山群岛，渔网的材料开始大都用苎麻编织，为了防止落水腐烂，用前需要先用猪血（引者注：海南岛渔民的最简易方法是用红树皮煮水）进行栲染处理。后来改用棉纱网。1958～1959年试用尼龙网取得成功②。

海南文昌市现代还常用的椰绳（俗称"牛索"），其制作过程与此相似：捶打椰子果的椰衣，剥掉并不柔软的表皮，置于水中沤发几天后，将变得柔软些的椰衣捞起捶打，去其海绵质而留其纤维成为椰丝，晒干后再用手把一段段的椰丝拧成长长的细绳，最后将 3 股细绳绞成拇指粗的椰绳。不利用金属器具，也可完成全部工序。

咸头岭遗存各时期的石器中，石锛乃常见者；饼形器和杵，在第二期猛然增多；同时鉴于咸头岭盛产苘麻。因此可推测：咸头岭人用石锛砍下苘麻，沤发后剥出皮麻，置于凹石或石砧上，先用石锤重捶，再用饼形器轻捶，获得麻披——从皮麻中获得麻披，乃将皮麻中的木质化物质分离掉而保留其韧皮纤维，这需要技术。因为麻浸水后易腐烂，若沤发过度或大力重捶，则会把韧皮纤维捶断变短；但浸水不够或捶打太轻，则未可分离其木质化物质——石饼的大小不一，直径3～10、厚3～5 厘米不等，重100～2000 克。其中特别厚重的、外加一些木棒可用于加工下文将述及的"树皮布"；但约1000 克的，则可用于重捶皮麻；数百克的，可用于轻打并不时顺着纤维的方向压磨和梳理麻披。

①　［苏联］C. П. 托尔斯托夫等主编、周为铮等译：《普通民族学概论》，第 54 页，科学出版社，1960 年。
②　姜彬主编：《东海岛屿文化与民俗》，第 223 页，上海文艺出版社，2005 年。

上述查干淖尔人和土著澳大利亚女人可以把麻披纺成细线，理论上咸头岭人也是可以做到的，但尚未发现纺轮①，不便妄论。不过，制作"牛索"的经验说明，咸头岭遗址新石器时代遗存中较多见的长方扁薄体、带有平行凹槽的石拍，应是用于梳理麻披的——将麻披拉紧，用这种石拍不断地顺着纤维的方向来回梳理，尽量去掉麻披上的木质化物质而保留其韧皮纤维并使其表面尽量光滑以获得较粗糙的麻线。这种麻线可能仅可用于编织最简易的纤维网。顺便提及，织布比用麻线织网要复杂得多，布乃经纬线交叉相挤，难于固定得紧密。网有网目，目间可打网结以固定；而最简易的网，其网目可大可小，要求不严格，打结固定之就更容易。

理论上，随着人口的不断增殖，原本生物量就低的常绿阔叶林带或热带雨林，蛋白质类食物将逐渐相对匮乏；而随着沙堤—潟湖生境的演替，潟湖和潟湖外浅海的水生资源则越为丰富多样，这就要求人们进一步发掘海湾陆地资源，和充分利用潟湖和潟湖外浅海的水生资源。因此说，咸头岭遗存第二期和第三期，利用麻网主要直接攫取水生资源以谋生，乃生态环境变化的需要、谋生的需要、技术装备之允许的三者重合。

（2）简易网具与使用方法。下面介绍的内容依然参考相关民族志和民俗以及调查的资料，按简单到复杂的逻辑过程展开。

其一，推缯网。此乃把网固定在网架上，人在水中握住网架贴着水底地面缓行前推，不时将网架提离水面，抓获在前推过程中落入网兜的鱼、虾、蟹（图二二三）。本章执笔之一的家乡有一种最小型的推缯网，俗称"网丫"。其制法是：先削好一支长约1、丫长约0.4米的树丫；再将一段长约2、宽约0.06米的麻竹烤弯成"U"形，两端直插丫叉，用白藤绑紧；用一条近2米的白藤或红藤，绑在麻竹片的内侧，但在丫端处须弯回来让它组成一个周长约1.6米的弧形方框；网是网兜状的，网兜周长与网架方框相符，兜深约0.5米，将其绑紧在网架藤质的弧形方框上，网丫则制作完成。使用时，一手握着丫把，一手握住丫叉缓行前推，当感觉到网中有动静时，即刻上提，因为网目从上到下是由疏渐密的，所以上提时水的阻力小，落在网兜里的鱼、虾、蟹也不可逃遁。

稍大形的推缯网，网兜加深，周长近4米，在海南岛叫"网缯"。体壮并能利用腰力的人可一人操作，但一般需两人协调合作方可上提。这种网在舟山群岛俗称"推潮网"。傍晚使用时还在推网人的头顶上系上桅灯，以灯光诱鱼②。

其二，扳罾网。网的构造基本同于推缯网，但面积更大。使用时不必涉水推缯，但用饵料诱鱼进入网的范围，人在岸上利用杠杆原理（或辘轳）提网，用长把网兜捞取网中鱼、虾、蟹③。

图二二三　推缯网

（采自《东海岛屿文化与民俗》图28、33）

---

① 1985年发掘出土的4件所谓"石纺轮"，因为中间没有穿孔，应该不是纺轮。参见深圳市博物馆等：《深圳市大鹏咸头岭沙丘遗址发掘简报》，《文物》1990年第11期。

② 姜彬主编：《东海岛屿文化与民俗》，第227页，上海文艺出版社，2005年。

③ 姜彬主编：《东海岛屿文化与民俗》，第229页，上海文艺出版社，2005年。

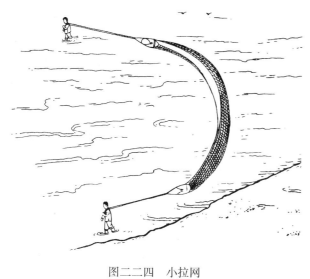

图二二四　小拉网

（采自《东海岛屿文化与民俗》图28、33）

其三，小拉网。其操作原理与上文提及的厚藤拉网相同，只不过这是纤维线编织而成的网，同时必须有网纲，并在上纲系浮标、下纲系网坠加重，才能让网在水中竖起"网墙"以拦截鱼、虾、蟹，不过它与先进的"刺网"相比，浮标的浮力与网坠的重力不必十分精确（图二二四）。

其四，多法并用捕鱼。上文提及的海南文昌的圩，每过3~5年均须清理一次。清圩日子挑选在暮秋的一个朔或望日，因为这天潮差最大，潮水可以退至最低。其程序是：潮水涨满也即圩内水位最高时，用鱼箔封住圩与潮水连接的水道，以免退潮时鱼、虾、蟹逃遁，同时放置鱼筌，以便潮水退低时收筌。当潮水退至一半时，圩内水浅了，多人便用网丫和缯网开始在圩内推捞，因为此时水尚齐腰，故收获物较少，但让鱼、虾、蟹不易藏匿。潮水退近最低时，圩内水不没膝，鱼、虾、蟹也昏昏沉沉地到处窜动，易于为人所获。清圩结束后，立即封闭潮水通道，半月后即紧接着的一个满潮日，再打通通道灌入海水。清圩是人们优化水质，无意识间营造圩内各种资源的生态平衡的行为；同时，一次清圩可收获数量相当可观的鱼、虾、蟹。假如我们把咸头岭遗址的潟湖当做一个大圩，咸头岭人也会每隔一段时间清湖。

如果说上文所阐述的，仅为人们的谋食手段，那么人们物质生活中衣和住的情况怎样呢？

（3）缝合"树皮布"以蔽体。"树皮布"的做法与上文提及的加工麻披相似：把剥下的树皮投放到水坑里沤发数天，使其变得柔软，然后捞出捶打，尽量去其海绵质而留其纤维。再经过干燥、梳理、捶压，即为一块块的"树皮布"。用麻线将其若干块缝合，便可做成简易的蔽体之物。可见"树皮布"并非后世人概念中用纤维线编织出来的布，其制成品也非现在概念中的衣服。据考证，记载这类布的最早文献是《韩诗外传》，但在中国的起源还应早到新石器时代。整个环太平洋地区分布有"树皮布文化"①。学者近年的调查与研究还获知，分布在海南岛中南部的黎族人也曾制作"树皮布"。参照上述制作粗糙麻线的方法，可以说，咸头岭人可利用各种石器制作"树皮布"。

（4）亭棚与巢居相结合的居所。在咸头岭遗址发现了几处与居所相关的遗迹。其中在2006年发掘西北区T3以东发现一处红烧土面（06XTLHST1），其"可以确定的面积至少"达到41.2米×4.9米＝201.88平方米。还有几处被确定为灶（Z1~Z5），灶在咸头岭文化的其他一些遗址也有发现。从年代上说，06XTLHST1和Z2、Z3、Z5均属于咸头岭遗址的第1段；从分布上看，灶分布在红烧土面的东、西部及以外，有关联；因此可把它们当做一组遗迹来分析。这次发掘的房基（F1）

---

① 凌纯声、凌曼立：《树皮布印纹陶与造纸印刷术发明》，第一、八章，（台北）"中央研究院"民族研究所，1963年；［英］雷蒙德·弗思著、费孝通译：《人文类型》，图7，商务印书馆，1991年；邓聪：《东南亚树皮布石拍之考古学考察》，《东南文化》2000年第11期。

和立石（YJ1），分别位于西北区 06XTLT2 的东部和中部略偏南，均为咸头岭遗址第二期 4 段的遗迹，当做另外一组来分析。但它们仍有联系。下面详细分析。

首先，这些遗迹均分布在沙堤上，可见沙堤是当时人们生产和生活的最主要场所。鱼趋光，随潮走，因此如望日及其前后傍晚开始涨潮的日子，是捕捉鱼、虾、蟹的最佳时段，夜间作业多，要等候潮涨潮落，人们在沙堤上活动的时候较多。在湿热天气占去一年多半时间的咸头岭，沙堤上比海湾山麓更凉爽，人们多在沙堤上休憩或加工各种器具。由《龙宿郊民图》（五代董源）联想到海南岛渔民在沙滩上祭祀"海公"的喜庆活动，可推测沙堤景观开阔，是人们集会或举行喜庆活动的"聚落广场"[1]。

由于红烧土面的面积至少达 200 余平方米，我们可否定它是"大房子"。理由很简单，在沙堤上建筑半个篮球场大小的房子，工程巨大，即使建成也很容易毁于台风和暴雨。如果在上面修建若干座小房屋，当暴雨到来时将无法及时排水而造成其间的房屋内涝，也不可能。也可能是烧造陶器的遗留，但考虑到把陶土和干柴搬运到沙堤上，浪费功力，只好存疑。同样出于原料搬运的理由，是否为制作石器而修建，也只能存疑。因为大多数竹器是要使用到潟湖和湖外浅海中去的，不存在原料搬运的问题，而编织竹器确实需要一块较大面积的空旷地，但是在空旷平坦的沙堤上，同样可以编织，似无必要大耗功力来修造这样的一片红烧土面，也只能存疑。上面我们是有意把这片红烧土面想象为连续的和一次性形成的，来设想和存疑几种使用的可能性，鉴于几种可能性皆有不妥之处，故推测更大的可能是聚会的场所。因为聚会的主要内容离不开烧煮、饱食收获物，同时期的 Z2、Z3 和 Z5 与之关联，也可以出现红烧土；长年累月，红烧土面就变厚、变宽了。

遗迹中的 YJ1 可能是用于感恩和祈祷的信物。

下面联系 F1，详细讨论房屋。不过首先要辨明，人们在沙堤上修建房屋的必要性和可能性。关于必要性，上文已涉及，人们在沙堤上的活动时间较多，需要修建房屋。可能性呢？当沙堤—潟湖生境刚形成之时，沙堤堤体是纯净的细沙，裸露在浅海上；日久，沙堤堤体为沙质土，变得宽大，向浅海的外缘多为低级的沙生草本植物，向潟湖的内缘多生长针叶、肉茎、有刺、耐盐的植物[2]。因此，在沙堤内缘，有了植物，土质也变得更具黏性一些，因此风沙影响不大，房屋木架也可插地固定，有可能搭建简易的房屋。实际上，现代咸头岭村落也坐落在沙堤上，就在第四次、第五次发掘区的西南面，便能看到外来务工人员修建的简易平房。

F1 的做法是：先下挖方形或长方形浅坑，填筑较硬的房基，再在房基上搭建以上的部分。F1 残存的平面形状略呈直角三角形房基，靠北的一条壁残长 2.02 米；靠南的一条壁残长 2.25 米，房基的平面形状当为直角四边形，则实算面积为：2.02 米×2.25 米 = 4.55 平方米；因为 F1 延伸到 2004 年发掘的 04XTLT6 部分已被现代垃圾坑所破坏，所以两条壁的实际长度不得而知，估计还要更长一些，也即房基的面积还要更大一些。又鉴于在 2006 年发掘的 F1 边缘没有发现明显的柱洞，而在 2004 年发掘的 F1 的延伸部分清理出一些基本垂直于地面的柱洞，我们参考民族志的资料（图二二五、二二六），讨论 F1 的结构和屋顶搭建办法。

---

[1]　对彩陶纹样的研究也可得出与此相近的结论，参见赵善德：《珠海沙堤遗址研究》，《珠海考古发现与研究》，广东人民出版社，1991年；杨耀林：《深圳咸头岭史前文化遗存初步研究》，《广东省文物考古研究所成立十周年纪念文集》，广东美术出版社，2005 年。

[2]　《珠江志》编纂委员会：《珠江志》卷一，第 171 页，广东科技出版社，1991 年。

图二二五　澳大利亚人窝棚（一）

（采自《普通民族学概论·澳大利亚人和大洋民族志》）

图二二六　澳大利亚人窝棚（二）

（采自《普通民族学概论·澳大利亚人和大洋民族志》）

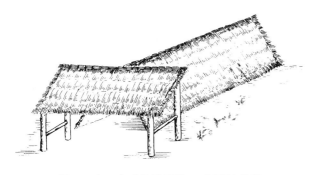

图二二七　由咸头岭遗址 F1 复原的亭棚

F1 分两部分，一部分为睡觉和储物的，即上述修整地面部分（简称"棚"），一部分为平时干碎活或休憩的，即 2004 年发掘有柱洞的部分（简称"亭"）。暂且合称之为"亭棚"。棚顶的做法是：将 2 根长近 3 米、拳头般粗的原木的一端绑在一起，张开，另一端斜插在沙堤上，这就与地面组成了一个三角形（一般情况下，顶角若大于 40°，则难于支撑，草叶棚顶也容易漏雨）。相隔约 2.5 米，再做一个同样的三角形。用一根原木连接两个三角形的顶端，这就组成了一个三角体。盖上槟榔叶之类的长条油滑的树叶。这就做成了一间屋顶为两面坡、屋檐连着地面的棚顶。这是棚的一间；若有合适的原木，还可做出多间者。棚内地面可铺席子——海南文昌乡民抓住长逾 2 米的椰子茎叶的末端，可轻易地把它撕成对称的两条，将长条的椰叶交叉编织，即为一张宽约 0.7、长约 2 米的椰叶席。夏天炎热时，将其铺在地板上安睡；若嫌潮湿，可多铺两张——咸头岭遗址不产椰子，但槟榔叶之类的长条油滑的树叶也可编织。亭的做法是：在棚一端的两侧竖起对称的 2~3 根原木柱子，用细原木横连柱子以使之成为整体，在柱子的顶端连接细原木，再于其上覆盖草叶屋顶，屋顶的坡度要缓，方可便于人的活动（图二二七）。

以上是根据遗迹 F1 的复原，似乎可信。问题是，在第四次和第五次发掘的 1000 余平方米的范围内，一座房屋与丰富多样的文化遗物远不对称，如何解释。客观地说，发掘区的西南面是山麓岬角与沙堤交会的地方，地理形势最隐蔽，可避狂风暴雨，生产和生活也最方便，应为居住区，可能会有更多的房屋被发现，但这些地方已盖有民房或修有公路，未发掘，或者即使发掘，遗迹也可能被破坏殆尽。主观的推测，也许在沙堤上，存在不同于由 F1 复原的亭棚，例如有棚无亭者、一棚两亭者，或者棚内地面未加修整者，等等；若相当部分是棚内地面未加修整者，将无法保存而永远不被发现。

亭棚，在一年中炎热的天气比大雨和寒冷的天气要多得多的亚热带海边，大可安居（特别是青壮年）。当然，台风会把亭棚的顶部掀翻；然而，这样的草叶屋顶一年中至少要更换两次，台风来了，掀翻也罢，反正木架仍在，重新搭建，并不困难。所以说，亭棚无法抵御台风，但不惧怕台风。也许一年只有一两次台风能把亭棚掀翻，但暴雨却较频繁，它遮挡不了暴雨；若遇上连续的暴雨，老年人和幼儿将无处躲藏，以及原已贮存的一些食物也将被毁坏。所以，亭棚应非咸头岭居民唯一的居所。

另一种居所或为巢居。

人们说起巢居，以下三段文献乃常用者。《庄子·杂篇·盗跖》："且吾闻之，古者禽兽多而人少，于是人皆巢居以避之。昼拾橡栗，暮栖木上，故命之曰'有巢氏之民'。"①《孟子·滕文公下》："当尧之时，水逆行，泛滥于中国，蛇龙居之，民无所定；下者为巢，上者为营窟。……使禹治之。……险阻既远，鸟兽之害人者消，然后人得平土而居之。"②《韩非子·五蠹》："上古之世，人民少而禽兽众，人民不胜禽兽虫蛇，有圣人作，构木为巢，以避群害，而民悦之，使王天下，号之曰有巢氏。"③ 显而易见，东周晚期人所理解的巢居，完全是为了躲避来自自然界的洪水与蛇兽之害。进而言之，远古人对居所功能的追求，乃立足于避害，理解这点则有助于推测咸头岭人的巢居。

下面将详细介绍我们所推想巢居的制作过程，意在表明无需利用金属器也可制作，这种居所与河姆渡遗址的桩上建筑之类一样，也是人们有效地适应环境的创造物。人们可在海湾山麓潟湖边，挑选平面距离适度、树丫相对等高的几棵树（若难于找到，可人工竖起 1~2 根原木代替），再把原木横搭于树丫处，用韧性好的藤或竹篾绑紧，构成一个多边形。以各边为梁，相挤连接稍细的原木于梁上，便可在空中构成多边形的"地板"。人在上面即可避蛇兽了。至于屋顶，想起了南方的竹笠和蓑衣。竹笠乃中间夹有蓑叶的双层竹编帽子，可防水。蓑叶状如竹叶，但更长条、更大片，晒干后也不易碎裂，用麻线连接多片蓑叶的叶柄使之成幅，梳理整齐。上幅覆盖着下幅之少半，制成披衣，此乃甚为防雨的蓑衣。假如"地板"是规整的长方形，人们可能用竹篾蓑叶做成挡风遮雨效果极佳的、状如美拉尼西亚人水上住宅的三面坡屋顶，以供老幼居住和贮存必备食物；假如"地板"一般，则可能用诸如槟榔叶之类的长条油滑的树叶覆盖屋顶，以供青壮年居住。当然，这样的居所，进出是比较麻烦的，但麻烦而不困难，因为人们要绑制一把原木梯子，轻而易举。因为台风无法把隐蔽地带的大树连根拔起或拦腰打断，当然也刮不倒巢居的架子，但特大的台风和暴雨可严重损坏屋顶。实际上，我们常见的茅草屋顶，少则 3 年，多则 5 年，均已自然损坏，必须重修。所以说，台风和暴雨与树居的联系并不十分密切。

综上可说，咸头岭居所的最大可能是亭棚和巢居的结合。

二　谋生方式复原

遗址的文化性质与人们的谋生方式密切相关，必须先提出讨论。1991 年 12 月，广东省文物考古研究所主办的"珠江三角洲古文化讨论会"在中山市翠亨村召开，集中讨论了沙丘遗址诸问题。关于遗址的文化性质，主要有两种相左的意见。一种认为环珠江口的沙丘遗址是季节性聚落；一种是永久性定居聚落。前一种观点的主要根据是：（1）聚落规模很小，由于海平面升降不稳定，

---

① 引自曹楚基译注：《庄子浅注》，第 448 页，中华书局，1982 年。
② 引自杨伯峻译注：《孟子译注》，第 154 页，中华书局，1960 年。
③ 引自梁启雄著：《韩子浅解》，第 465 页，中华书局，1960 年。

沙堤上的堆积存有两层无遗物沉积层和文化层交互叠压的现象，说明聚落居民滞留的时间比较短，或无法长期居住。（2）位于遗址北边古珠江口入海的岸边，存在一大批贝丘遗址，是其大本营。（3）沙丘上的小房子，很难抵御每年夏秋多次台风的袭击。后一种观点的根据除了本书下篇第二章和本章所阐述的——（1）聚落规模并不小，如咸头岭遗址现存面积即达 30000 平方米；居民并非短期居住，如咸头岭新石器时代遗存便延续了约 1000 年（约距今 7000~6000 年）。（2）在今珠江三角洲距今 7000~6000 年诸遗存中，以咸头岭遗址第一期遗存（约距今 7000~6400 年）为主的环珠江口遗存乃其最早的一批，与它们北边的贝丘遗址不存在季节营地与大本营的关系。（3）食物异常丰富、营养种类互补、季节性波动小、容易被攫取，足以发展丰富多彩的攫取经济文化。（4）在沙堤上搭建居所是必要的，也是可能的：亭棚无法抵御台风，但不惧怕台风；巢居与河姆渡遗址的桩上建筑一样，也是人们有效地适应环境的创造物；与台风和暴雨的联系并不十分密切，还补充两点：（5）关于沙丘遗址上间歇层的问题。有研究者认为，间歇层的存在就意味着人类活动的中断，进而沙堤遗址就是季节性营地。实际上，沙脊或沙堤均属海岸堆积地貌，它的堆积升高是沙体"近岸物质在波浪、潮流和风的搬移下沉积形成的"[1]，即基本上是自然力作用的结果。如果它的堆积升高是以均变的形式展开的，人们在其上的活动又不间断，间歇层是不会出现的。当人们间断了活动，即使堆积是均变的，便会出现间歇层。珠海后沙湾遗址的情况就是这样，因为间歇层上、下文化遗存的面貌迥异[2]。若堆积是以灾变的形式展开的，即使人们的活动不间断，也会出现间歇层。咸头岭遗址就存在这种情况，因为间歇层上、下文化遗存以及年代均衔接得非常紧密（参见本书上篇第二章）。灾变的形式无外是风暴潮。1989 年 7 月下旬一次 10 级台风之后的第三天，我们进驻珠海草堂湾遗址发掘，住在沙堤一端岬角的海水养殖场宿舍里，谈起前几天的台风，员工介绍说风暴潮竟能把海沙掀卷至二层楼房之上。同时我们还目睹了几个养殖池的沙体堆积：沙堤外缘纵向伸出浅海的水泥池，大小略小于标准游泳池，池壁略高于高潮线，风暴潮后，在水池的近沙堤一侧，沙体堆积宽逾 8 米、厚近 1 米。因为在此次发掘之前，我们刚结束了后沙湾遗址的发掘，还在琢磨间歇层的问题，经过这次见闻终于悟出：6000 多年前，沙脊（沙堤）尚较低矮，一次中等程度的风暴潮，使其堆积升高数十厘米并非不可能；今再有咸头岭地层之实证，故有上说。（6）关于相隔大海，环珠江口诸沙丘遗址之间交往困难的问题。有研究者认为，囿于此，诸遗址无法形成一个文化整体，只有借助位于珠江三角洲腹地的"基地"，方可形成一种文化。如果隔海交往困难，对于横渡虎门与逆流至腹地相差无几。实际上，远古人横渡虎门不一定很困难。"每当东南贸易风快刮完的时候，莫图人就满载一船陶器开始了二百多英里的航行。六个月以后西北季风快刮完的时候，他们带着一批新造的独木船和成吨的西米（由几种棕榈树干内所贮碳水化合物制作的食用淀粉）归来（引者注：这被称为"希里集市"）。……特罗布里恩德岛上的人参加有名的'库拉'集市。他们带两种东西去和人交换，一种是实用的货物如陶器，一种是红色贝壳项圈和白色贝壳臂镯，……项圈是在几百英里范围内的岛上居民中交换的，其交换路线和时钟转动的方向一致。臂镯的交换方向正好相反，但它们相遇时，就互相交换。……这些交换多数是以独木

① 中国大百科全书地理学编辑委员会：《中国大百科全书地理学卷》，"海岸堆积地貌·隔岸地貌"条，第 183 页，中国大百科全书出版社，1990 年。

② 李子文：《淇澳岛后沙湾遗址发掘》，《珠海考古发现与研究》，广东人民出版社，1991 年。

船组成商业远征队的形式进行的。"① 新几内亚沿海地带的土著民可以为了"交换一些很少或完全没有实用价值的东西"而冒险航海，虎门两侧的居民的物品交换，便也就成为可能了；也许正是这样的交往，才让我们在分析其文化遗存时，将其视为一个考古学文化。

辨明遗址的文化性质，即可讨论谋生方式。

文化生态学的奠基人斯图尔德，在论述生态环境与生计方式的关系时说："地方性的环境特色甚至可能决定了某些有巨大影响的社会性适应。例如，拥有相同的狩猎技术，如弓箭、掷枪、包围、斜坡、焚烧草丛、悬崖陷阱等的社会，就可能因为地形与动物的性质而有不同的社会制度。如果主要动物是群居性的，如野牛与驯鹿，则合作式的狩猎较为有利，以至许多人可能终年生活在一起。……但猎物若非季移性的，也不爱好群居，则由一小群熟悉自己环境的人来狩猎较为有利。……（布须曼人、刚果黑人、澳洲土著人、塔斯马尼亚人、火地岛人等，其）社会之所以由父系队群（patrilineal band）组成，事实上并不是因为他们有类似的环境——布须曼人、澳洲土著人，与南加州的印地安人居于沙漠，矮黑人居于雨林，而火地岛人居于冷而多雨的地方——而是因为他们的猎物有相同的特性，因而他们有相同的生计问题。"②

由上文各节得知，在咸头岭文化第一期之时，采掘木薯和各种薯蓣科块根以及各种植物果实；采摘加工黑莎草、山柚和露兜等；捕捉各种两栖动物和爬行动物；照海、打蟹、毒渔和筌渔等；以及捶制"树皮布"和缝制蔽体之物；所有这些谋生手段均较简单，不需要集体的协作。但诸如刺打豪猪、蟒蛇；涸渔、箔渔以及砍斫树木搭建居所等生产活动，则需要3~5人的合作或协作。而诸如制作竹器、石器和陶器等技术含量略高的劳作，可能谁都熟悉，一般情况下远古人都是"一专多能"③ 的，因此人群中也不太可能有具体的分工。由此观之，多数谋生手段是个体化的，只有少数才需要合作，协作是个别的。正常情况下，出于资源总量的限制，谋生于一处沙堤—潟湖生境中的人数不宜太多，但又考虑到婚姻生活和繁衍人口的实际，因而社会组织当为由4~6个血缘单位、40~50人组成的队群。因为协作性的劳作极为个别，以及野外生活资源的丰富和季节性互补，所以社会组织中的权威人物将是模糊的。易言之，维系这个队群的根本要素是血缘关系，因而人与人之间的关系或者是血亲，或者是亲戚，平等而相互尊重。

在咸头岭文化第二期和第三期之时，情况则略有变化。变化的根本原因乃麻网的发明。由上文得知，从砍下苘麻到制作成各种麻网，需要完成数道工序而必须协作。而纺麻线、织网和补网；在网片上穿网纲，为上下网纲系浮标和网坠；各种麻网，特别是扳罾的合理使用；等等；专业性均较强，因而可能出现分工。

多种捕鱼法并用的"清湖"，不但需要多人协作，而且还是群体共享资源的阶段性分享，因而涉及诸如怎样合理协作的技术问题，和怎样公平分享的切身利益问题，这需要权威人物裁定。

位置和质量均好的树上居所，乃稀缺资源，应归哪些老幼居住，这也许在第一期人口较少时，大家都是血缘近亲，不会计较；后来人口增多了，有直系也有旁系，生活水准提高了，也开始追

---

① ［英］雷蒙德·弗思著、费孝通译：《人文类型》，第70页，商务印书馆，1991年。
② ［美］史徒华，J. H. 著，张恭启译：《文化变迁的理论》，第46页，（台北）远流出版公司，1989年。
③ "在大洋洲的岛上，每个人通常都是农夫和渔夫，同时也能干木匠活，修草屋，搓绳子，以及从事当地社会的其他手艺。"参见
　　［英］雷蒙德·弗思著、费孝通译：《人文类型》，第63页，商务印书馆，1991年。

求居所的安逸，于是会计较了，这也需要权威人物来裁决。

一个时间段里，假如技术水平发生质的飞跃，可以充分利用原有的资源并开发了新的资源，则资源总量也随之增加，提高了人们的生活水准，也导致了人口总量的增加。日久，随着人口总量的再增加，而技术水平又未发生质变，资源总量则会出现匮乏。此时，人们为了生存，最先采取的应对策略当是扩张。我们无妨假定咸头岭第一期、第二期之际恰逢此时，而当时咸头岭西部约5公里处的大黄沙遗址尚无人迹，于是咸头岭人扩张至彼。日久，大黄沙也演变为一个定居营地了。然而，此时的大黄沙人却是咸头岭人的旁系。问题在于，是哪个旁系迁徙至大黄沙呢？这也需要咸头岭队群的权威人物来决定。

因而，此时的协作性劳作增多，渔猎—采集社会的社会分工也可能出现，社会组织可能还是那个血缘队群，但规模更大，权威人物是明确的。

附录一　咸头岭遗址新石器时代戳印纹
制作方法的模拟实验[①]

李海荣　刘均雄　张建峰　肖五球

一　前　言

　　咸头岭遗址出土的新石器时代陶器上的纹饰主要有绳纹、戳印纹、刻划纹、凸点纹、贝划（印）纹、之字纹和附加堆纹。其中多数纹饰的制作方法是清楚的，绳纹是用绕绳圆棍滚压而成；刻划纹是用锥状的竹、木或骨质工具刻划而成；凸点纹可能是用有凹点纹（阴纹）的圆棍纵向滚压而成[②]；贝划（印）纹是用贝壳划（印）而成[③]；之字纹是用锥状工具划出的；附加堆纹是先在器表贴压细泥条，再用薄木片或竹片在泥条上压印出短横线凹槽[④]。戳印纹是咸头岭遗址出土的新石器时代陶器上所饰的非常有特色的一类纹饰，之前还未见对咸头岭遗址以及珠江三角洲地区新石器时代同期其他遗址出土陶器上戳印纹的研究文章。经过仔细观察咸头岭遗址陶器上的戳印纹，可以知道制作戳印纹的戳子端面的形状主要有椭圆形、圆形、半圆形、弯月形和长条形等，有的戳子的端面还阴刻有或斜向或横向的短线纹以及菱格纹、方格纹等；每一件陶器上的戳印纹都由数种不同形状的戳子组合戳印而成，戳印出的纹饰有鸟纹、兽面纹、水波纹、S 形纹、弓字纹、圆点纹、菱格纹、凹弦纹、锯齿纹、弯月纹、椭圆形纹等。本文的目的是想通过模拟实验，尝试复原制作咸头岭遗址新石器时代陶器上所饰戳印纹的方法。

二　材　质

　　材质包括戳子的材质、制作戳子的工具材质和戳印纹饰的陶土材质。

　　1. 戳子

　　戳子的材质，最有可能是竹质或木质的。但是经过观察和实验，咸头岭遗址周围的树木质地大都比较粗糙，刻划戳子前端的阴刻纹饰时很容易边线起毛茬而使边线不直，戳出的纹饰与出

---

① 本文的写作受到了李文杰先生的启发，特此鸣谢！
② 参见下篇第三章第二节。
③ 冯永驱等：《深圳史前沙丘遗址陶器纹饰制作模拟实验》，《南中国及邻近地区古文化研究》，香港中文大学出版，1994 年。
④ 参见下篇第三章第五节。

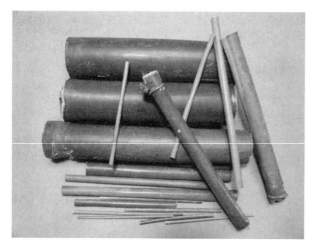

图一　选用的竹子　　　　　　　　　　　　　图二　选用的石器及石料

土陶器上的戳印纹有区别；另外，木质材料做戳子，其前端也不容易做成弯月形等形状。而咸头岭遗址周围有大量的竹子，这些竹子硬度适中而质地细密。经过实验，用竹子做戳子时，戳出的纹饰与陶器上的戳印纹没有区别，所以活动于咸头岭一带的先民应该主要是选用竹子来制作戳子。

咸头岭遗址周围的古潟湖边及山岗上有很多竹子的分布，而且竹子的种类较多①，生长的高矮、粗细的竹子均有。根据制作不同戳子的需要，可以非常方便地选用到合适的竹子（图一）。

2. 工具

岭南地区新石器时代还没有使用金属器，所以其时的先民最可能是选用石质工具来制作戳子。

咸头岭一带的石料种类很多②，分布于遗址周围的山岗和东南侧的迭福河河床上。根据制作戳子不同工序的需要，可以非常方便地选用到合适的石料来制作工具。

我们首先考虑尽可能地使用在遗址中出土的石器（锛、砺石、砧等）直接作戳子的制作工具，另外也在遗址周围选取了一些不同岩性的石料来作工具（图二）。

3. 陶土

咸头岭遗址周围山岗的表土层下基本是夹杂基岩颗粒的红褐色土，在遗址以北潟湖的表土层下则有白色（多白中泛灰）胶泥的分布。

遗址饰有戳印纹的陶器绝大多数是白陶，只有个别经过渗碳的泥质磨光黑陶上也有戳印纹。所以，我们做戳印纹实验的陶土是采自潟湖中的白胶泥。这种白胶泥质地细密，粘性很好，只含有少量的细砂颗粒，经过简单的淘洗就可以得到很纯的白胶泥。

---

① 深圳地区竹资源非常丰富，清康熙时靳文谟所纂的《新安县志》记载，新安县（深圳、香港的前身）竹子的种类有籚竹、黄竹、紫竹、甜竹、单竹、大头竹、油竹、泥竹、毬竹、赤竹、乌眼竹、苦竹、绿竹、白眼竹、鸡距竹、绵竹、鹤膝竹、凤尾竹、吊丝竹、撑篙竹、龙葱竹等二十多种。

② 参见附录三、附录七。

三 工具、戳子及陶坯的制作

(一) 工具的制作

工具是指制作戳子的工具。剖竹子的工具可以直接选用在遗址中出土的石锛,磨制戳子的工具可以直接选用在遗址中出土的砺石,垫剖竹子及垫打石片的工具可以直接选用在遗址中出土的石砧。那么,我们只需要制作在戳子端面刻划纹饰的工具。

我们选用石英石来制作刻划戳子端面纹饰的工具,因为石英石在咸头岭遗址周围的山岗上很容易采集到;从石英石块上砸击下来的石片刃部薄而锋利,利于刻划细密的纹饰;石英石的硬度高,摩氏硬度接近7,很容易在竹片端面刻划出清晰的纹饰。

将石英石块的三分之二部分放在石砧上,另三分之一部分悬空,用一块尖状的石头砸击石英石块的悬空部分,就可以打下来有锋利刃部的石片 (图三)。

(二) 戳子的制作

戳子的制作主要有剖片、磨片和刻划端面纹饰三道工序。

1. 剖片

把选备好的竹管竖放在石砧上,一手握紧石锛,把石锛刃部放在竹管上端,一手用石锤敲打石锛顶部,竹管即可被剖成对半的两块竹片。然后再按上述做法,把已经剖开的竹片剖成更小的竹片 (图四)。所剖竹片的大小,要根据所制戳子的大小而定。

2. 磨片

由于竹壁厚薄不均,剖开的竹片端面又不够平整,所以要根据制作戳子的厚度和形状对竹壁及竹片的端面加以修磨。

修磨竹片使用砺石,在砺石上把竹片端面磨成需要的厚度以及椭圆形、圆形、弯月形、长条形等形状 (图五)。

3. 刻纹

刻划纹饰,是使用打制好的石英石片在修磨好的戳子端面阴刻出或斜向或横向的短线纹以及

图三 打石片

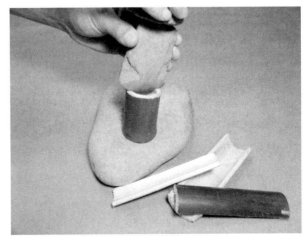

图四 剖竹片

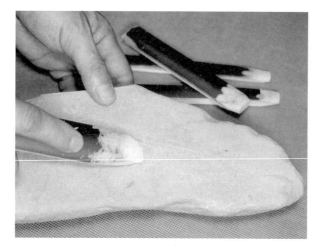

图五　磨竹片

图七　刻纹

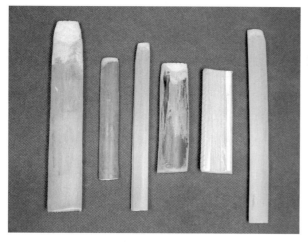

图六　制作好的戳子

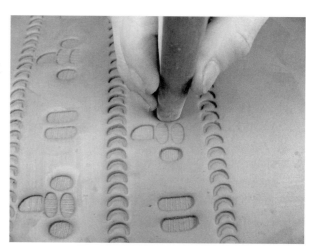

图八　戳印纹饰

菱格纹、方格纹等（图六）。

　　通过以上的程序就可以制作出端面为不同形状、端面上或素面或刻有不同纹饰的戳子（图七）。

　　（三）陶坯的制作

　　把采集的含有少量细砂颗粒的白胶泥经过简单的淘洗，就可以得到很纯的白胶泥。待白胶泥阴干到一定程度时，就可以制作陶坯并在坯体上戳印纹饰（图八）。施加戳印纹的最佳时机，在坯体的含水量约14%～15%时，泥料具有较强的韧性，此时施加戳印纹，工具既能戳进胎壁，形成凹槽，又与胎壁之间毫无粘连现象，因而戳印纹的形状和槽内的纹理都十分清晰①。

　　因为本实验的目的仅仅是尝试复原戳印纹的制作方法，所以直接在板状的陶坯上戳印纹饰，没有仿制成型的陶器。

①　参见下篇第三章第一节。

四　戳印纹饰

咸头岭遗址出土的有戳印纹的陶器数量比较多，而且这些陶器上用戳子组合戳印出的纹饰图案也多样，我们选取五件图案比较完整和复杂的具有代表性的器物来实验复原所戳印的纹饰。

（一）杯（06XTLT2⑥：1）

这件杯是咸头岭遗址第一期2段的遗物。

1. 纹饰

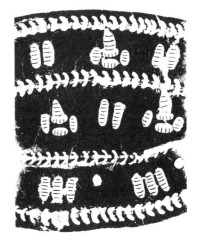

此杯在口沿外、腹中部、器身与圈足交接处、圈足下部各有一周凹弦纹，凹弦纹处还施有连续的弯月形戳印纹。弯月形戳印纹，在口沿外、腹中部及器身与圈足交接处的都朝左弧[①]，而圈足下部的朝右弧。腹上、下部有两排由两组不同形状的戳印纹纵向交叉对应横向相间组合成的图案，其中一组由两个并列的纵向椭圆形戳印纹组成；另一组分为左、中、右三列，左、右两列为一个纵向的椭圆形戳印纹，中列的上段为一个纵向的椭圆形戳印纹，下段为两个横向的椭圆形戳印纹。中列的戳印纹，由叠压关系可知，先戳横向的纹饰，后戳纵向的纹饰。圈足部的图案由每组三个纵向的椭圆形戳印纹组成。上述的椭圆形戳印纹凹槽内均有凸起的短线纹（图九）。

图九　杯（06XTLT2⑥：1）
的戳印纹拓片

2. 戳子

经仔细观察，这件杯的图案是由四个端面形状及尺寸不同的戳子组合戳印成的。我们据此制作了四个戳子，其中端面为弯月形的一个，端面尺寸为1×0.2厘米；端面为椭圆形的三个，端面尺寸分别为1.2×0.7厘米、1.3×0.7厘米、1.8×0.6厘米。椭圆形戳子的端面阴刻纤细的短线纹。

3. 陶坯板

根据此杯残存戳印纹图案的长度和宽度，用白胶泥制作一块尺寸相当的陶坯板。陶坯板的尺寸为17×13厘米。

4. 施纹

先在口沿外、腹中部、器身与圈足交接处和圈足下部各划出一道凹弦纹，然后在凹弦纹处用端面尺寸为1×0.2厘米的弯月形戳子戳出连续的弯月纹。这四道凹弦纹做为基线把器体分为三个区间（腹上部、腹下部及圈足部），以便各个区间纹饰的定位和戳印。

腹上部、腹下部两组不同形状间隔的戳印纹，是用端面尺寸不同的椭圆形戳子戳印而成。两个纵向椭圆形戳印纹组成的一组，是用端面尺寸1.8×0.6厘米的戳子戳成的。而分为左、中、右三列的一组，左、右两列纵向的椭圆形戳印纹及中列两个横向的椭圆形戳印纹，是用端面尺寸1.2×0.7厘米的戳子戳成的，中列纵向的一个椭圆形戳印纹是用端面尺寸1.3×0.7厘米的戳子戳成的。

---

① 弧是圆周的任意一段，弧的朝向是以圆心为基准：弧在圆心下方称为朝上弧，弧在圆心上方称为朝下弧，弧在圆心右方称为朝左弧，弧在圆心左方称为朝右弧（参见下篇第三章第一节）。

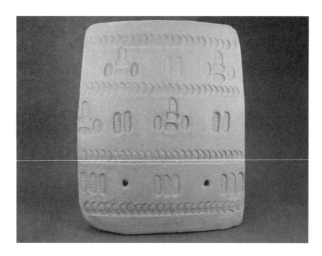

图一〇　复制的戳印纹（杯06XTLT2⑥：1）

图一一　圈足盘（06XTLT1⑧：1）的戳印纹拓片

图一二　复制的戳印纹（圈足盘06XTLT1⑧：1）

圈足部每组三个纵向的椭圆形戳印纹，是用端面尺寸为1.8×0.6厘米的戳子戳印而成（图一〇；图版六五：3）。

（二）圈足盘（06XTLT1⑧：1）

这件盘是咸头岭遗址第一期1段的遗物。

1. 纹饰

此盘腹上部划有四周凹弦纹，以中间两周为基线施加弯月形齿状戳印纹；腹底部和圈足上部划有两道凹弦纹；腹下部戳印有侧视的鸟纹（头右尾左），戳槽内有凸起的方格纹或菱格纹（图一一）。

2. 戳子

经仔细观察，这件盘的图案是由九个形状及尺寸不同的戳子组合戳印成的。我们据此制作了九个不同的戳子，端面为长条形的二个，端面尺寸分别为3.5×0.4厘米及1.6×0.4厘米；端面为半圆形的一个，端面半径为0.6厘米；端面为椭圆形的三个，端面尺寸分别为0.7×0.3厘米、0.8×0.2厘米和1.6×0.5厘米；端面为弯月形的三个，端面尺寸分别为0.5×0.1厘米（此件端面中部略下凹）、2.2×0.4厘米和2×0.4厘米。除了端面尺寸为0.5×0.1厘米的弯月形戳子端面没有刻纹外，其他八个戳子端面阴刻纤细的方格纹或菱格纹。

3. 陶坯板

根据此盘残存图案的长度和宽度，用白胶泥制作一块尺寸相当的陶坯板。陶坯板的尺寸为16×11厘米。

4. 施纹

在腹上部、腹底部及圈足上部划出六道凹弦纹。这六道凹弦纹做为基线把器体分为三个区间（腹上部、腹下部及圈足部），以便各个区间纹饰的定位和戳印。

腹上部以中间两道凹弦纹为基线，用端面尺寸0.5×0.1厘米的戳子戳印弯月形齿状纹。

腹下部的侧视鸟纹，用端面尺寸不同的椭圆形、弯月形、半圆形及长条形戳子戳印。头部及颈部用端面为0.8×0.2厘米和0.7×0.3厘米的椭圆形戳子、端面为2.2×0.4厘米的弯月形戳子、端面为1.6×0.4厘米的长条形戳子、端面半径为0.6厘米的半圆形戳子戳成。翅膀及尾部由端面

为 3.5×0.4 厘米的长条形戳子、端面为 1.6×0.5 厘米和 0.7×
0.3 厘米的椭圆形戳子、端面为 2×0.4 厘米的弯月形戳子戳成
（图一二；图版六五：1）。

（三）杯（06XTLT12⑧：9）

这件杯是咸头岭遗址第一期 1 段的遗物。

1. 纹饰

此杯口沿外、腹中部及腹底部各戳印两周凹弦纹；口沿外
上面一周凹弦纹之上有椭圆形的戳印纹；腹上部饰有若干组形
状相同的由椭圆形及弯月形戳子组合戳印成的图案；腹下部有
长条形戳子斜向交叉戳印成的重菱格图案。除口沿外凹弦纹之
上的椭圆形及腹上部弯月形的戳印纹戳槽内没有短线纹外，其
他戳印纹的戳槽内都有凸起的短线纹（图一三）。

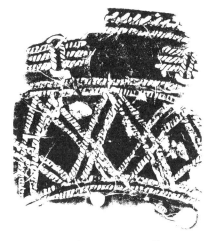

图一三　杯（06XTLT12⑧：9）
的戳印纹拓片

2. 戳子

经仔细观察，这件杯的图案是由形状及尺寸不同的四个戳子组合戳印而成。我们据此制作了
四个不同的戳子，端面为弯月形的一个，端面尺寸 1.2×0.2 厘米；端面为长条形的一个，端面尺
寸 7.4×0.5 厘米；端面为椭圆形的二个，端面尺寸 1.7×0.5 厘米和 0.8×0.3 厘米。长条形及椭圆
形的戳子端面阴刻纤细的短线纹。

3. 陶坯板

根据此杯残存图案的长度和宽度，用白胶泥制作一块尺寸相当的陶坯板。陶坯板的尺寸为
19×15 厘米。

4. 施纹

在口沿外部、腹中部、腹底部用端面尺寸为 7.4×0.5 厘米的长条形戳子各戳印出两道平行的
凹弦纹，作为划分腹上部及腹下部两个区间的基线，以便区间内纹饰的定位和戳印。

口沿外部上面一道凹弦纹处的椭圆形戳印纹，用端面为 0.8×0.3 厘米的椭圆形戳子戳成。

腹上部的图案用端面为 1.7×0.5 厘米的椭圆形戳子及端面为 1.2×0.2 厘米的弯月形戳子戳成。

腹下部的重菱格状戳印纹用端面为 7.4×
0.5 厘米的长条形戳子戳成（图一四；图版
六五：2）。

（四）圈足盘（06XTLT4⑥：1）

此盘是咸头岭遗址第一期 2 段的遗物。

1. 纹饰

此盘口沿外部、腹上部、腹底部和圈足
上部各饰一周凹弦纹。口沿外的凹弦纹下及
腹上部的凹弦纹上各有一排斜向椭圆形戳印
纹。腹部残留有两组不同形状的戳印纹组合
成的图案，其中一组分为左、中、右三列，
左、右两列各由纵向排列的三个半圆形戳印

图一四　复制的戳印纹（杯 06XTLT12⑧：9）

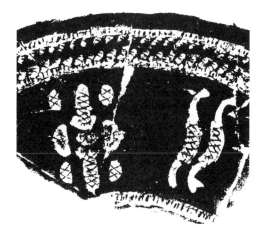

图一五　圈足盘（06XTLT4⑥：1）的
戳印纹拓片

纹组成；中列的中段有三个横向的半圆形戳印纹，上、下段各有一个纵向的椭圆形戳印纹。中列的戳印纹，由打破关系可知，先戳中段三个横向的半圆形纹饰，后戳上、下段两个纵向的椭圆形纹饰。另一组分为形制完全一样的左、右两列，每列又分为上、中、下三段。中段为左弧的弯月形，上、下两段为右弧的弯月形。除右弧的弯月形戳印纹的戳槽内没有凸起的纹饰外，其余戳印纹的戳槽内有凸起的短线纹或菱格纹（图一五）。

2. 戳子

经仔细观察，这件盘的图案是由形状及尺寸不同的八个戳子组合戳印而成的。我们据此制作了八个不同的戳子，端面为长条形的一个，端面尺寸为 8.2×0.3 厘米；端面为弯月形的二个，端面尺寸为 1.5×0.5 厘米和 1.2×0.1 厘米；端面为半圆形的三个，端面半径为 0.4 厘米、0.3 厘米和 0.5 厘米；端面为椭圆形的二个，端面尺寸为 1.4×0.5 厘米和 0.4×0.2 厘米。除一件弯月形戳子端面没有刻纹外，其他戳子的端面阴刻有纤细的短线纹或菱格纹。

3. 陶坯板

根据此盘残存戳印纹图案的长度和宽度，用白胶泥制作一块尺寸相当的陶坯板。陶坯板的尺寸为 15×11 厘米。

4. 施纹

口沿外部、腹上部、腹底部及圈足上部用端面尺寸为 8.2×0.3 厘米的长条形戳子各戳印一道凹弦纹，作为划分腹上部及腹下部两个区间的基线，以便各个区间纹饰的定位和戳印。

口沿外部凹弦纹下及腹上部凹弦纹上的斜向椭圆形戳印纹，用端面为 0.4×0.2 厘米的椭圆形戳子戳成。

腹部残存两组不同形状的图案，由左、中、右三列组成的一组图案，用端面为 1.4×0.5 厘米的椭圆形及端面半径分别为 0.3、0.4 和 0.5 厘米的半圆形戳子戳成；另一组由左、右两列组成的图案，用端面为 1.5×0.5 厘米及 1.2×0.1 厘米的弯月形戳子戳成（图一六；图版六五：4）。

（五）杯（06XTLT1⑤：2）

这件杯是咸头岭遗址第一期 3 段的遗物。

1. 纹饰

此杯口沿外部、腹中部、圈足上部和圈足下部各有两周凹弦纹。每一部位的两道凹弦纹之间还戳印一周水波状纹，口沿外和腹中部的水波状戳印纹朝上弧，圈足上部和圈足下部的水波状戳印纹朝下弧。腹上部的戳印图案有等距的四组，每一组为六个圆形组

图一六　复制的戳印纹（圈足盘 06XTLT4⑥：1）

图一七 杯（06XTLT1⑤：2）
的戳印纹拓片

图一八 复制的戳印纹（杯06XTLT1⑤：2）

成的一个等边三角形；腹下部的戳印图案也为等距的四组，每一组由八个圆形组成（中间一个，周围七个）。圈足中部的戳印图案有等距的十二组，每组由中间两个弯月形（上面一个朝上弧，下面一个朝下弧）、左边一个反"弓"形和右边一个"弓"形组成（图一七）。

2. 戳子

经仔细观察，这件杯的图案是由三个形状及尺寸不同的戳子组合戳印而成的。据此我们制作了三个不同的戳子，端面为圆形的一个，端面直径0.3厘米；端面为弯月形的二个，端面尺寸为0.7×0.2厘米和1×0.1厘米。

3. 陶坯板

根据杯的高度及图案展开的一半宽度，制作一块尺寸相当的陶坯板。陶坯板的尺寸为16×13厘米。

4. 施纹

在口沿外部、腹中部、圈足上部和圈足下部各划出两道凹弦纹，每两道为一组。这些凹弦纹做为基线把器体分为三个区间（腹上部、腹下部及圈足部），以便区间内纹饰的定位和戳印。

各组凹弦纹之间的水波状戳印纹，用端面为1×0.1厘米的弯月形戳子连续戳印成。

腹上部及腹下部的图案用端面直径为0.3厘米圆形戳子戳成。

圈足部的戳印图案，用端面为1×0.1厘米的弯月形戳子戳出左边的反"弓"形及右边的"弓"形，形成一个葫芦形；然后用端面为0.7×0.2厘米的弯月形戳子在葫芦形内戳出一个上弧、一个下弧的弯月形纹饰（图一八；图版六五：5）。

五 结 语

在陶器上戳印纹饰图案，是先民装饰陶器的一种很有特色的手法。在史前时期的南方地区，陶器上的戳印纹不只见于咸头岭文化，仅在与广东相邻的湖南地区，高庙、皂市下层、松溪口、汤家岗、大塘、大溪、堆子岭等文化中也见戳印纹。

我们注意到戳印出的纹饰图案，咸头岭文化的与高庙、汤家岗等文化的有少量相似，但是大部分有别，尤其是戳印纹饰图案的细部各有特点。这不仅与不同的考古学文化面貌各具特色有关，还可能与戳子的制作方法不同有关。据高庙遗址的发掘者推测，高庙文化陶器上的兽面、飞鸟、八角星、波浪、带状、连续梯形、垂幛、圆圈等戳印纹饰图案，都是由竹篾片戳子戳印篦点纹组合而成的。戳子用竹子做成，这与咸头岭文化的一样，但是戳子的制作方法则各有其法。高庙文化"其（篦点纹）戳具是一种被剁成多个小方块的竹篾片，即先将竹篾片削成块状的薄片，然后在其平整的断面上横向剁成若干个小的方块，再在每方块之间缠入细小的纤维使方块之间构成小的间隙，这样竹篾片的端面就形成了一列带有缝隙的小方块"，"最后把竹片用绳缠紧而成"。"用这种戳具在陶器泥坯上戳印出来的纹样，就是一列下凹且有分格的小方篦点。"① 而经过仔细观察和实验，咸头岭遗址陶器上的戳印纹，应该是把竹片的端面磨成椭圆形、圆形、弯月形和长条形等，有的戳子的端面还阴刻有或斜向或横向的短线纹以及菱格纹、方格纹，然后再由数种不同形状的竹戳子组合戳印出鸟纹、兽面纹、水波纹、S 形纹、弓字纹、圆点纹、菱格纹、凹弦纹、锯齿纹、弯月纹、椭圆形纹等。可以看出，高庙文化戳印纹饰图案所用的戳子制作方法难度较大，而咸头岭遗址戳印纹饰图案所用的戳子制作的方法则难度较小，更易于制作。

咸头岭遗址戳印纹的模拟实验，探讨了制作戳印纹的一种方法，这种方法对认识其他地区陶器上的戳印纹制作提供了可以参考的思路。

---

① 湖南省文物考古研究所：《湖南黔阳高庙遗址发掘简报》，《文物》2000 年 4 期；贺刚等：《高庙文化及其对外传播与影响》，《南方文物》2007 年 2 期。

附录二　咸头岭遗址出土新石器时代陶器的科学技术研究

吴　隽　李家治　吴军明　张茂林　李其江　崔　鹏

(景德镇陶瓷学院古陶瓷研究所　中国科学院上海硅酸盐研究所)

一　前　言

咸头岭遗址位于深圳市龙岗区大鹏街道办事处咸头岭村，是一处坐落在大鹏湾畔二、三级沙堤上的沙丘遗址。该遗址发现于 1981 年，深圳博物馆于 1985、1989、1997 和 2004 年进行过四次发掘，2006 年深圳市文物考古鉴定所在遗址西北部又进行了第五次发掘。由于该遗址是新石器时代中期环珠江口地区最具代表性的遗址之一，而且该遗址出土遗存的分期和年代研究为环珠江口地区相关遗址的分期、断年奠定了基础，为环珠江口地区新石器时代中期的考古学文化树立了一个重要标尺，以及该遗址发掘在考古发掘技术中的突破，因此被评为 "2006 年度全国十大考古新发现" 之一，并获得 "国家文物局田野考古奖" 二等奖。

根据清晰的地层叠压关系和各层陶器的特征及形制变化特点，深圳市文物考古鉴定所的考古专家把 2006 年咸头岭遗址发掘出土的新石器时代遗物共分为 5 段，其中，第 1 段（上限距今约 7000 年）陶器中夹砂陶占 53.6%；泥质陶占 46.4%，泥质陶中有白陶（16.5%）、黄白陶（26.8%）和磨光黑陶（3.1%）。第 2 段（下限距今约 6600 年）陶器中夹砂陶占 55.9%；泥质陶中有白陶（12.3%）、黄白陶（29.8%）和磨光黑陶（2.0%）。第 3 段（下限距今约 6400 年）陶器中夹砂陶占 59.4%；泥质陶中有白陶（10.3%）、黄白陶（28.5%）和磨光黑陶（1.8%）。第 4 段（距今约 6200 年前后）陶器中夹砂陶所占比例上升为 63.4%；泥质陶占 36.6%，有白陶（4.2%）和红褐陶（32.4%）。第 5 段（距今 6000 年前后）陶器中夹砂陶比例高达 91.6%；泥质陶只占 8.4%，有白陶（2.4%）和红褐陶（6.0%）（参见本书上篇第二章第四节、第五节、第四章）。

该遗址出土的新石器时代陶器，一个显著特点是白陶和彩陶占了相当大的比例，并且从第 1 段到第 5 段呈现出逐渐衰微的过程。由于白陶对原料的要求比一般陶器较为苛刻，因此在我国已发掘出土的陶器遗存中，白陶的比例相对较低。我国白陶出现于新石器时代中期，在长江流域的浙江桐乡罗家角遗址、陕西汉中盆地的龙岗寺遗址等地都曾出土过白陶。而 2005 年在湖南洪江高庙文化最早一期遗存中更发现了年代不晚于距今 7800 年的精美白陶，据推测高庙文化所处的沅水中上游地区很可能是我国白陶的最初发源地[①]。此外，白陶在大溪文化也有发现，在仰韶文化晚

[①]　贺刚：《湖南洪江高庙遗址考古发掘获重大发现》，《中国文物报》2006 年 1 月 6 日。

期遗址、甘肃仰韶文化半山类型遗址和山东大汶口文化、龙山文化中均有出土。商代为白陶发展的鼎盛时期，以河南安阳殷墟出土最多，也最有代表性，商代以后，白陶趋于衰落①。尽管白陶在我国陶器中的比例并不太高，但无损于其在中国陶瓷史上的重要地位，白陶尽管烧成技术并未达到瓷器的效果，却为原始瓷器的产生积累了技术经验②。

　　通过和深圳市文物考古鉴定所的专家认真商议，我们选取了五个阶段约 40 余个不同类型的陶器样本，并分别对陶胎、彩陶的彩以及夹砂陶的夹杂颗粒进行了元素组成、矿物组成、显微结构、物理性能等方面的分析测试。并对这些分析测试结果进行了初步讨论，以进一步发掘隐藏在这些遗物内部的潜信息，了解深圳咸头岭先民的制陶工艺以及同其他地区先民的文化交流等情况。

二　实　验

　　在本课题的研究中，我们采用美国 EDAX 公司的 Eagle-Ⅲ 型能量色散 X 射线荧光分析仪对陶片的胎、部分彩陶的颜料以及某些夹杂颗粒分别进行了元素组成分析，结果详见表一~四。

表一　样品彩及夹杂颗粒的主次量化学组成结果

样品编号	类别	Na_2O	MgO	Al_2O_3	SiO_2	K_2O	CaO	TiO_2	Fe_2O_3
1-1-白色颗粒	夹砂陶（夹杂质）	0.29	0.02	3.97	94.72	0.00	0.00	0.00	0.00
1-1-黄色颗粒	夹砂陶（夹杂质）	0.29	0.12	7.92	87.77	0.56	0.30	0.12	1.94
1-2-白色颗粒	夹砂陶（夹杂质）	0.29	0.00	5.25	93.46	0.00	0.00	0.00	0.00
1-2-黄色颗粒	夹砂陶（夹杂质）	0.75	0.13	20.99	62.29	13.30	0.42	0.13	0.99
2-6-白色颗粒	夹砂陶（夹杂质）	0.19	0.00	3.96	94.96	0.00	0.00	0.00	0.00
2-7-黄色颗粒	夹砂陶（夹杂质）	0.35	0.11	20.63	63.01	13.83	0.19	0.07	0.81
3-6-白色颗粒	夹砂陶（夹杂质）	0.19	0.03	3.59	95.20	0.00	0.00	0.00	0.00
3-7-黄色颗粒	夹砂陶（夹杂质）	1.00	0.08	18.80	64.00	14.39	0.15	0.02	0.56
4-5-白色颗粒	夹砂陶（夹杂质）	0.42	0.01	4.38	94.19	0.00	0.00	0.00	0.00
4-6-白色颗粒	夹砂陶（夹杂质）	0.28	0.33	3.98	94.41	0.00	0.00	0.00	0.00
5-1-白色颗粒	夹砂陶（夹杂质）	0.13	0.10	5.93	92.84	0.00	0.00	0.00	0.00
5-1-黄色颗粒	夹砂陶（夹杂质）	0.33	0.00	20.53	62.35	13.18	1.45	0.09	1.23
5-2-白色颗粒	夹砂陶（夹杂质）	0.24	0.09	4.65	94.02	0.00	0.00	0.00	0.00
5-3-白色颗粒	夹砂陶（夹杂质）	0.30	0.00	4.91	93.82	0.00	0.00	0.00	0.00
5-3-黄色颗粒	夹砂陶（夹杂质）	0.73	0.00	17.53	67.45	12.68	0.06	0.03	0.57
1-6-赭红彩	彩陶	0.28	0.78	23.14	65.08	3.06	0.40	0.88	5.39
1-8-赭红彩	彩陶	0.49	0.81	29.22	59.16	1.53	0.88	1.05	6.60
1-9-赭红彩	彩陶	0.56	0.99	30.18	57.42	1.40	0.92	1.25	6.30

---

① 谷飞：《白陶源流浅析》，《中原文物》1993 年 3 期。

② 方李莉：《中国陶瓷》，五洲传播出版社，2005 年。

样品编号	类别	Na_2O	MgO	Al_2O_3	SiO_2	K_2O	CaO	TiO_2	Fe_2O_3
2-4-赭红彩	彩陶	1.02	0.35	24.07	62.84	3.03	0.91	1.21	5.57
3-4-赭红彩	彩陶	0.49	1.64	25.42	61.53	2.04	1.22	0.84	5.80
3-5-赭红彩	彩陶	0.61	1.38	24.95	62.37	2.21	1.09	0.74	6.02
4-3-赭红彩	彩陶	0.47	0.58	16.69	67.56	2.11	0.49	0.67	10.42
5-8-赭红彩	彩陶	0.21	0.58	21.23	62.18	1.81	1.09	0.89	9.71
5-9-赭红彩	彩陶	0.08	0.38	20.63	63.50	1.67	1.32	0.81	10.61

注："样品编号"一栏中的编号，第一个数字（1、2、3、4、5）代表咸头岭遗址新石器时代遗存分段的段数，第二个数字是所选每一段标本的实验室编号。下同。

表二　样品胎和基质的主次量化学组成结果

样品编号	类别	Na_2O	MgO	Al_2O_3	SiO_2	K_2O	CaO	TiO_2	Fe_2O_3
1-1	夹砂陶（基质）	0.46	0.62	32.42	57.97	2.89	0.36	0.78	3.49
1-2	夹砂陶（基质）	0.55	0.32	29.91	60.22	2.31	0.97	0.57	4.15
2-1	夹砂陶（基质）	0.69	1.00	31.95	57.78	2.80	0.42	0.61	3.75
2-7	夹碳砂陶（基质）	0.07	1.39	27.05	61.62	4.19	0.37	0.54	3.77
3-6	夹砂陶（基质）	0.44	1.13	30.76	59.80	2.81	0.40	0.55	3.11
3-7	夹砂陶（基质）	1.22	0.72	26.22	61.42	3.28	1.61	0.89	3.64
4-5	夹砂陶（基质）	0.86	0.46	34.23	55.83	1.88	0.45	0.94	4.35
4-6	夹砂碳陶（基质）	0.45	1.12	36.60	51.63	3.05	0.59	0.97	4.58
5-1	夹砂橙黄陶（基质）	0.56	0.14	30.05	58.16	3.92	0.51	0.82	4.84
5-2	夹砂灰陶（基质）	0.07	0.15	35.31	56.78	2.40	0.17	0.51	3.61
5-3	夹砂橙黄陶（基质）	0.25	0.08	27.36	65.10	2.59	0.08	0.28	3.26
1-6	彩陶（黄白胎）	0.53	1.05	23.97	67.06	2.90	0.30	0.81	2.39
1-8	磨光黑陶（填彩）	1.05	0.30	23.70	68.90	1.46	0.56	0.80	2.24
1-9	磨光黑陶（填彩）	0.34	0.25	21.86	71.82	1.92	0.54	0.88	1.38
2-4	彩陶（黄白胎）	0.38	1.11	22.35	69.03	1.12	0.67	1.16	3.18
3-4	彩陶（黄白胎）	0.08	0.09	24.93	68.57	1.89	0.77	0.79	1.88
3-5	彩陶（黄白胎）	0.45	0.45	22.57	70.68	1.90	0.68	0.72	1.55
4-3	彩陶（红褐胎）	0.51	0.54	24.31	64.88	2.18	0.74	0.89	4.94
5-8	彩陶（红褐胎）	0.21	0.72	20.25	68.17	2.08	1.11	0.63	5.85
5-9	彩陶（红褐胎）	0.85	0.60	18.38	72.03	1.91	1.02	0.66	3.55
1-3	白陶（白中泛黄）	0.31	0.26	40.72	49.26	3.70	1.35	0.53	2.87
1-4	白陶（白中泛黄）	0.22	0.36	23.67	66.66	2.45	0.85	0.80	3.98
1-5	白陶（白中泛灰）	0.43	1.24	41.66	46.99	2.93	0.96	0.92	3.87
1-7	白陶（白中泛黄）	0.22	0.71	23.11	67.87	2.14	0.87	0.81	3.29
2-2	白陶（白中泛黄）	0.24	0.41	27.96	64.20	1.82	0.35	0.91	3.10

续表

样品编号	类别	Na$_2$O	MgO	Al$_2$O$_3$	SiO$_2$	K$_2$O	CaO	TiO$_2$	Fe$_2$O$_3$
2-3	白陶（白中泛黄）	0.64	0.90	26.23	64.69	2.66	0.58	0.85	2.44
2-5	白陶	0.42	0.64	32.78	55.55	4.58	0.71	0.61	3.71
2-8	白陶（白中泛灰）	0.47	0.40	32.98	56.72	4.60	0.62	0.64	2.58
2-9	白陶（白中泛灰）	0.44	0.46	35.46	54.23	4.15	0.74	0.78	2.75
3-1	白陶	0.84	27.49	7.02	60.16	0.01	0.82	0.21	2.45
3-2	白陶（白中泛灰）	0.16	1.54	52.47	38.28	1.58	1.22	0.53	3.23
3-3	白陶（白中泛黄）	0.44	2.05	31.20	59.20	0.59	0.45	1.06	4.00
3-8	白陶（白中泛灰）	0.43	0.31	23.85	68.15	1.88	1.44	1.00	1.94
4-1	白陶	0.60	0.56	25.89	66.35	2.53	0.20	0.79	2.09
4-2	白陶	0.19	0.28	26.72	64.17	1.92	0.85	0.78	4.09
4-4	红褐陶	0.20	0.55	22.91	65.15	1.75	0.63	0.78	7.04
4-7	白陶	0.32	1.24	32.05	60.72	0.45	0.49	1.01	2.73
4-8	白陶	0.35	1.27	32.67	59.88	0.28	0.46	1.30	2.78
5-4	红褐陶	0.46	0.78	22.82	68.05	1.47	0.90	0.77	3.76
5-5	红褐陶	0.61	0.84	20.74	70.05	1.34	0.92	0.69	3.81
5-6	白陶	0.07	0.78	22.45	70.07	1.70	1.08	0.87	1.99
5-7	白陶	0.34	1.34	33.86	56.33	1.62	1.04	1.00	3.46
5-10	白陶（白中泛黄）	0.07	0.38	24.01	69.00	2.16	0.13	0.85	2.40

表三　样品彩和夹杂颗粒的微量化学组成结果

样品编号	类别	MnO	CuO	ZnO	PbO$_2$	Rb$_2$O	SrO	Y$_2$O$_3$	ZrO$_2$	P$_2$O$_5$
1-1 白色颗粒	夹砂陶（夹杂质）	–	–	–	–	–	–	–	–	620
1-1 黄色颗粒	夹砂陶（夹杂质）	140	140	120	60	110	40	20	120	1330
2-1 白色颗粒	夹砂陶（夹杂质）	–	–	–	–	–	–	–	–	980
2-1 黄色颗粒	夹砂陶（夹杂质）	130	10	130	330	640	100	20	40	5090
2-6 白色颗粒	夹砂陶（夹杂质）	–	–	–	–	–	–	–	–	540
2-7 黄色颗粒	夹砂陶（夹杂质）	490	140	180	240	350	120	40	20	7650
3-6 白色颗粒	夹砂陶（夹杂质）	–	–	–	–	–	–	–	–	350
3-7 黄色颗粒	夹砂陶（夹杂质）	110	240	120	240	580	80	40	130	880
4-5 白色颗粒	夹砂陶（夹杂质）	–	–	–	–	–	–	–	–	760
4-5 黄色颗粒	夹砂陶（夹杂质）	150	140	180	140	190	50	60	260	12290
4-6 白色颗粒	夹砂陶（夹杂质）	–	–	–	–	–	–	–	–	1130
5-1 白色颗粒	夹砂陶（夹杂质）	–	–	–	–	–	–	–	–	6450
5-1 黄色颗粒	夹砂陶（夹杂质）	90	–	290	20	240	100	50	170	2200
5-2 白色颗粒	夹砂陶（夹杂质）	–	–	–	–	–	–	–	–	380
5-2 黄色颗粒	夹砂陶（夹杂质）	230	50	100	100	170	20	30	20	6400

续表

样品编号	类别	MnO	CuO	ZnO	PbO₂	Rb₂O	SrO	Y₂O₃	ZrO₂	P₂O₅
5-3 白色颗粒	夹砂陶（夹杂质）	–	–	–	–	–	–	–	–	170
5-3 黄色颗粒	夹砂陶（夹杂质）	130	410	310	50	990	40	70	580	70
5-5 白色颗粒	夹砂陶（夹杂质）	–	––	–	–	–	–	–	–	180
5-5 黄色颗粒	夹砂陶（夹杂质）	70	80	80	10	100	20	20	770	1760
1-6 赭红彩	彩陶	80	80	90	120	190	70	60	340	10450
1-9 赭红彩	彩陶	1620	70	120	100	90	160	50	350	15090
2-4 赭红彩	彩陶	300	60	90	110	120	100	40	580	19520
3-4 赭红彩	彩陶	310	130	190	60	130	70	60	440	16290
4-3 赭红彩	彩陶	100	90	120	100	110	40	20	720	5260
5-9 赭红彩	彩陶	160	80	150	60	120	40	30	250	7870

表四 样品胎的微量化学组成结果

样品编号	类别	MnO	CuO	ZnO	PbO₂	Rb₂O	SrO	Y₂O₃	ZrO₂	P₂O₅
1-1	夹砂陶（基质）	170	100	170	60	200	50	30	280	14860
1-2 黑色	夹砂陶（基质）	190	50	150	70	190	110	50	310	8170
1-2 黄色	夹砂陶（基质）	130	40	120	90	170	80	60	180	16640
2-1	夹砂陶（基质）	100	70	170	20	230	60	30	230	10590
2-7	夹碳砂陶（基质）	210	20	250	400	200	140	40	380	26700
3-6	夹砂陶（基质）	160	110	170	80	210	70	40	150	6820
3-7	夹砂陶（基质）	930	50	120	110	150	110	40	250	14630
4-5	夹砂陶（基质）	110	80	160	170	200	60	70	370	14170
4-6	夹砂碳陶（基质）	280	50	440	290	200	170	60	250	43960
5-1	夹砂橙黄陶（基质）	160	40	120	60	180	30	20	510	8850
5-2	夹砂灰陶（基质）	110	40	110	100	250	50	70	70	710
5-3	夹砂橙黄陶（基质）	110	30	70	190	360	50	120	100	100
1-6	彩陶（黄白胎）	60	100	80	90	220	60	40	420	11380
1-8	磨光黑陶（填彩）	170	70	70	30	100	120	40	260	19840
1-9	磨光黑陶（填彩）	160	150	110	50	110	150	50	290	8790
2-4	彩陶（黄白胎）	80	130	120	50	70	90	40	390	19520
3-4	彩陶（黄白胎）	100	120	120	90	130	80	20	430	12040
3-5	彩陶（黄白胎）	110	160	90	120	130	100	30	680	9590
4-3	彩陶（红褐胎）	110	100	130	60	110	90	30	500	14300
5-8	彩陶（红褐胎）	300	150	130	50	140	60	20	180	3680
5-9	彩陶（红褐胎）	150	100	90	0	120	20	20	220	3250
1-3	白陶（白中泛黄）	110	30	100	280	480	260	150	330	50850
1-4	白陶（白中泛黄）	100	100	90	100	140	230	60	670	19870

续表

样品编号	类别	MnO	CuO	ZnO	PbO$_2$	Rb$_2$O	SrO	Y$_2$O$_3$	ZrO$_2$	P$_2$O$_5$
1-5	白陶（白中泛灰）	350	110	300	90	240	190	100	600	18910
1-7	白陶（白中泛黄）	50	80	120	200	160	160	40	370	14840
2-2	白陶（白中泛黄）	200	90	110	50	170	50	40	310	11060
2-3	白陶（白中泛黄）	120	90	120	70	160	100	60	1610	21200
2-5	白陶	130	70	160	150	410	110	70	210	32260
2-8	白陶（白中泛灰）	150	80	150	70	330	150	90	690	29900
2-9	白陶（白中泛灰）	220	10	170	160	300	150	90	390	26490
3-1	白陶	650	80	170	50	40	40	30	80	4940
3-2	白陶（白中泛灰）	150	130	310	170	180	170	280	290	30120
3-3	白陶（白中泛黄）	70	110	160	130	80	80	250	360	21960
3-8	白陶（白中泛灰）	370	140	140	40	170	460	40	360	14530
4-1	白陶	100	120	190	180	110	70	40	960	11660
4-2	白陶	100	170	150	90	130	40	40	310	8330
4-4	红褐陶	200	120	120	20	130	50	40	250	10290
4-7	白陶	100	150	140	70	70	60	20	350	18300
4-8	白陶	120	130	180	60	50	70	50	340	20250
5-4	红褐陶	90	120	140	90	120	70	40	350	3260
5-5	红褐陶	90	60	160	20	130	40	30	290	3020
5-6	白陶	70	540	100	60	150	60	10	280	5650
5-7	白陶	180	130	220	100	100	30	70	1560	7060
5-10	白陶（白中泛黄）	70	110	170	50	190	30	50	1090	4790

同时，实验还借助于扫描电镜对样品胎体内部的显微结构进行分析和研究，所得部分测试结果示于图一至图一〇。

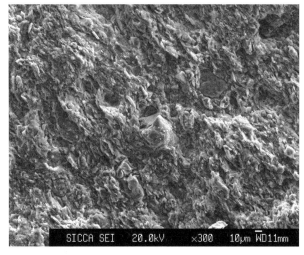

图一　第1段样品的显微结构（一）

图二　第1段样品的显微结构（二）

图三　第 2 段样品的显微结构（一）

图四　第 2 段样品的显微结构（二）

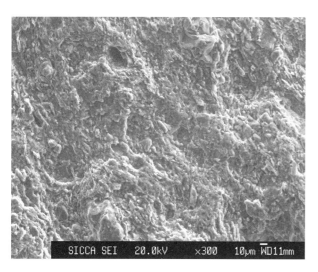

图五　第 3 段样品的显微结构（一）

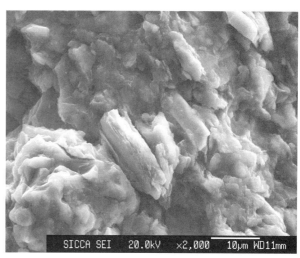

图六　第 3 段样品的显微结构（二）

图七　第 4 段样品的显微结构（一）

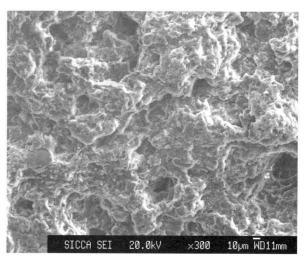

图八　第 4 段样品的显微结构（二）

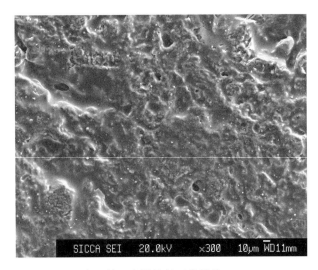
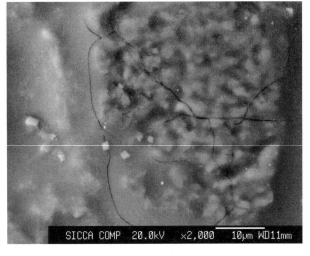

图九　第 5 段样品的显微结构（一）　　　　　　图一〇　第 5 段样品的显微结构（二）

　　采用 D/max 2550V 型 X 射线衍射仪、德国 NETZSCH 公司生产的 NETZSCH DIL 402C 型热膨胀仪等分析了样品的物相组成和烧成温度，物相组成的结果见图一一和表五。

表五　部分样品的 XRD 物相分析结果

样品编号	类别	物相组成结果
1-1	夹砂陶	主要为石英，一定量的白云母和微斜长石
1-2	夹砂陶	主要为石英，一定量的白云母和微斜长石
2-1	夹砂陶	主要为石英，少量的白云母和微斜长石
4-5	夹砂陶	主要为石英，少量的白云母
4-6	夹砂陶	主要为石英，少量的白云母
4-3	彩陶	主要为石英，少量的顽火辉石
1-3	白陶（白中泛黄）	主要为石英，少量的白云母
2-2	白陶（白中泛黄）	主要为石英，少量的白云母
2-3	白陶（白中泛黄）	主要为石英，少量的白云母
3-1	白陶	主要为石英，少量的白云母
3-2	白陶（白中泛灰）	主要为石英，少量的顽火辉石
3-3	白陶（白中泛黄）	主要为石英，少量的白云母
4-1	白陶	主要为石英，少量的白云母
4-2	白陶	主要为石英，极少量的白云母
4-4	红褐陶	主要为石英，极少量的白云母

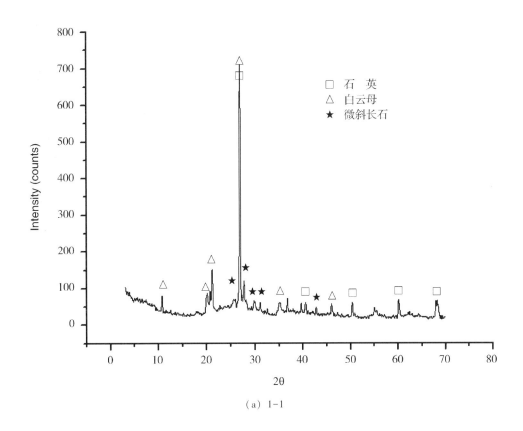

（a）1-1

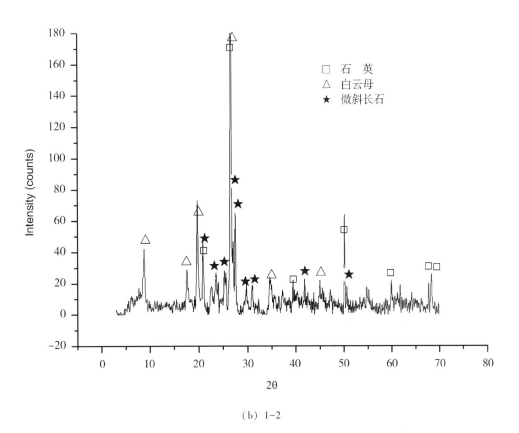

（b）1-2

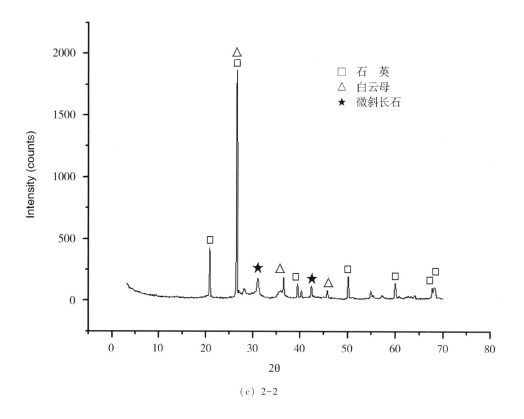

（c）2-2

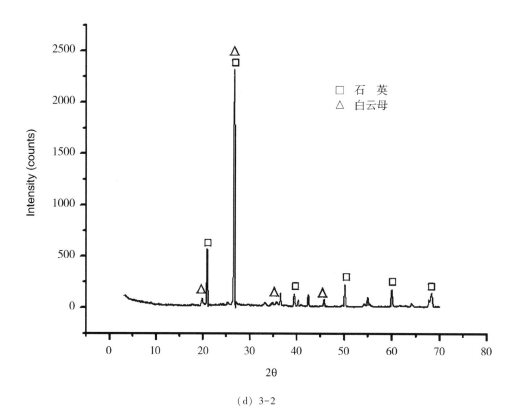

（d）3-2

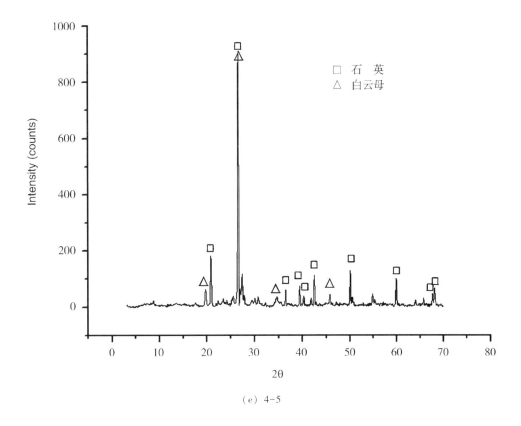

（e）4-5

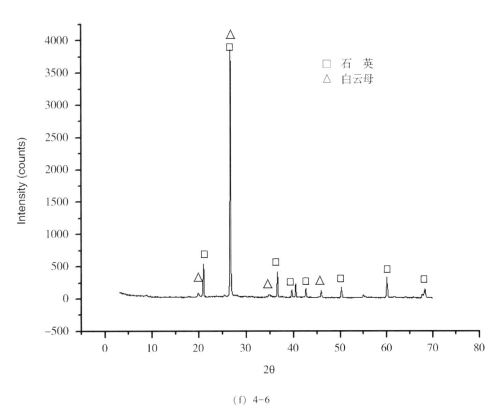

（f）4-6

图一一 （a～f） 样品的 XRD 物相分析图谱

表六　部分典型样本的物理性能

编号	名称	体积密度（g/cm³）	吸水率（%）	显气孔率（%）
4-6	夹砂灰黑陶	1.78	18.1	32
5-2	夹砂灰黑陶	1.70	18.5	32
1-8	彩陶	1.80	18.9	34
3-3	彩陶	1.73	20.6	35
1-4	白陶（白中泛黄）	1.83	17.95	32
2-9	白陶（白中泛灰）	1.65	23.7	39
2-2	白陶（白中泛黄）	1.75	19.85	35
3-1	白陶	1.78	18.73	33
4-7	白陶	1.81	18.2	34
5-10	白陶（白中泛黄）	1.79	17.86	32

另外，实验还选择了部分样品对其进行物理性能分析，其中主要包括吸水率、体积密度、显气孔率等性能的测试（表六），利用热膨胀法测试分析了各段代表样品的烧成温度，大多数样本烧成温度在900℃以下。

三　讨论与分析

（一）化学组成分析

我国早期陶器的制备原料一般都是就地取土，只要在掺水后能捏制成一定形状，即具有一定的可塑性的泥土都可以用来做制陶的原料，因此其化学组成相对分散性较大。而夹砂陶中夹杂了石英、长石等矿物颗粒，更增加了其成分的复杂性。有鉴于此，我们利用 EDXRF 微区分析的优点，分别对夹砂陶的基质和夹杂颗粒进行成分分析，前者的数据相对来说和泥质陶成分具有可比性，而后者有助于对夹杂物物相的判断。

我们所选择的咸头岭遗址出土的陶器样本中，主要包括了夹砂陶、白陶（主要有白中泛灰和白中泛黄两种，纯白色的很少）、彩陶（主要是黄白胎和红褐胎两种，但也有少量磨光黑陶的戳印纹中有填彩）等。从 EDXRF 分析结果来看，元素组成分散性较大，如其 Al_2O_3 含量就在 25% 至 40% 间大幅度变化。

古陶瓷的化学组成非常复杂，利用各种分析方法测出古陶瓷胎、釉的成分数据只是工作的第一步，还要用数理统计的方法对它们进行处理、分析和推论。经过统计分析，把隐藏在一大堆看来杂乱无章的数字中的信息集中、萃取、提炼出来，加以研究，找出研究对象的特征和内在规律，这个步骤也是至关重要的。若以每一种元素对应一元坐标轴，任一个陶瓷的胎或釉的元素组成则对应于多维空间中的一个点，难以用直观的图形方式来描述或比较其组成的异同和变化。多元统计分析则是处理多因素、多指标特征问题的实用统计方法，其内容十分广泛，而古陶瓷研究中常用的则是主成分分析、对应分析、判别分析和聚类分析等。本文采用了主成分分析方法进行数据处理。主成分分析的基本思想是用原始的 m 个变量指标的线性组合来作为新的综合变量指标，线性组合的选取原则是，每次选取的线性组合都要和前面所选取的线性组合不相关，并且新选取的线性组合要反映尽可能多的信息，即其方差要尽可能的大。这样选取的前 2~3 个因子累计方差贡献能达到总方差的 80% 左右，表明这 2~3 个主成分基本包含了全部测量变量指标所代表的信息，同时又减少了变量的个数，可以通过 2 维或者 3 维的散点图把样品的规律清楚直观的展现出来。

图一二为所有咸头岭遗址出土的陶器基体化学组成的因子载荷图。为改进二维因子载荷图信息量不足的问题，采用了三维因子载荷图以确保因子方差的累计贡献均达到 80% 以上。由此可以看到，在所分析咸头岭遗址出土的陶器样本中，有一个样本（30 号，3-1）远离其他样本，独自成为一类。为进一步观察其他样本的情况，我们去除 3-1 号样本后，再作各样本组成的因子载荷图，如图一三所示。由该图我们可以看到，白陶在因子载荷图上分成了两部分，彩陶胎和夹砂陶基体的原料有比较明显的差异，而与一部分白陶相互交叉。计算这些样品的 SiO_2 与 Al_2O_3 含量的比值可对上述现象做出解释：夹砂陶基体的 SiO_2/Al_2O_3 较低（1.4~2.4），而彩陶胎的 SiO_2/Al_2O_3 则较高（2.7~3.9），相对而言，白陶类样本的组成分布比较离散，SiO_2/Al_2O_3 范围也较大（1.1~3.1）。据此我们可以推测，尽管深圳咸头岭遗址出土的白陶、彩陶与夹砂陶的原料是不同的，但彩陶与部分白陶成分相近，应是采用了相同的原料。

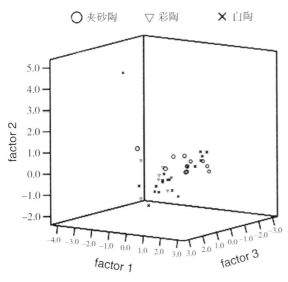 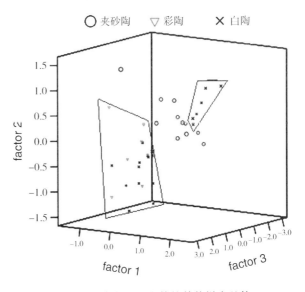

图一二 咸头岭遗址出土的陶器基体　　　　图一三 除去 3-1 之外的其他样本基体
化学组成的因子载荷图　　　　　　　　化学组成的因子载荷图

此外，依据对这批咸头岭遗址出土陶器的化学组成分析来看，我们并没有发现随着时间的推移其化学组成变化的明显规律，各期的标本大多是相互交叉分布，这说明咸头岭遗址出土的陶器的原料选择、使用和处理没有发生很明显的改变。

1. 夹砂陶

夹砂陶是新石器时代非常重要的陶器品种，特别是在陶器起源的新石器时代早期，陶器基本都是夹有大小不等砂粒的粗砂陶。关于夹砂陶中的夹杂砂粒，一种可能是先民根据其用途的需求，如在大型烧煮器中为改善其受热性能，而有意识配入泥土中，称为羼和料，其作用类似于现代陶瓷工业中的熟料；也可能是制陶原料中所固有的。新石器时代早期的夹砂陶，应是当时的先民对于制陶原料性能的要求还没有多少认识，也没有选择的意识，就地取了含有砂粒的泥土捏制成型后烧制而成。只有在制陶工艺发展到相当成熟的阶段，先民对制陶泥土的成型性能积累了一定的经验，才有可能在泥土中有意识地掺入砂粒来烧制特殊功用的陶器①。

一般来说，夹砂陶中的夹杂颗粒都是和陶器产地相关的，迄今为止我们所发现的各类夹砂陶中的夹杂物最常见的为石英砂，但也存在其他许多种矿物，如较为典型的有：徐水南庄头夹砂陶中就含有高镁高钙的角闪石，蛭石；万年仙人洞陶片中除了含有常见的石英颗粒外，还含有白云母，迪凯石；桂林甑皮岩的夹砂陶片中的大颗粒都是白云石以及少量的赤铁矿团粒；英德青塘县陶片的粗颗粒则除了石英外，主要为长石，由于这些夹砂陶夹杂了不同的粗颗粒矿物，因而使得它们在化学组成上也各不相同，也不同程度上反映了不同陶器产地的原料特点。

我们对深圳咸头岭遗址出土新石器时代的夹砂陶器基体和夹杂颗粒进行了元素组成分析，结果见表一、表二。由这两个表中可以看到，咸头岭遗址出土的夹砂陶的基体组成没有明显的规律性，各元素组成数据的分散性较大，铁含量较高，制陶原料属于就地用材，随意性较大。随器形大小、形状等，夹砂陶所夹杂的颗粒大小不等，可以大致分为两大类，第一种肉眼观察为白色，经 EDXRF 分析可知（表二）这种颗粒主要成分为 SiO_2，为夹砂陶中所常见的石英颗粒；第二种颗粒肉眼观察为黄色，含有较多的 K_2O（13%左右），SiO_2 和 Al_2O_3 含量分别在 64% 和 20% 左右，据此成分推测黄色夹杂颗粒应是钾长石，和我们以前所研究的广东英德青塘县陶片所夹杂的颗粒情况相类似。由于陶器烧成温度不高，夹杂颗粒大都保持着原来的晶形，甚至肉眼都能看到其表面光泽和呈现的纤维状。咸头岭遗址出土的夹砂陶器，在器形上大多是用来做炊煮的釜，特别是第一期第 1、2、3 段，所有的夹砂陶器基本是釜和支脚，泥质陶在器形上是盘、豆、罐、杯、钵等容器。这说明居住于咸头岭的先民已经意识到夹砂陶和泥制陶在受热等性能上的差异，并根据它们的这种差异而设计了不同的器形和功用。因此，这些夹砂陶器的夹杂颗粒不同于一般新石器时代早期的夹砂陶的那种原料中自有的、陶工无意识带入的，而是咸头岭先民根据经验积累，已经意识到在泥土中配入沙粒或其他粗颗粒可以改善其成型性能和抗热冲击性，提高陶器的热传导等性能，用这样的原料制成的陶器适合用作炊煮器，即，咸头岭遗址出土的夹砂陶中的颗粒为陶工有意添入以改善制品的受热性能的②。

2. 彩陶

古代陶器的装饰是集美观、实用或烧制工艺的需要而形成的，最早的装饰则是用来对陶器表面的修饰，不管是砂质陶还是泥质陶，它们的粗糙而又不平整的表面总是令人不愉快的，因此最简单可能也是最早的尝试就是在坯体成型后，处于半干状态时用手和水将表面抹平，甚至在表面涂上一层泥浆，即所谓陶衣，有红、白、黑三种。而彩绘作为中国古代陶器上的一种普遍流行的装饰，萌芽于新石器早期，成熟和普遍应用于新石器中、晚期的陶器。多数彩绘就是直接描绘在陶器上，但也有的是在彩绘之前，先在陶器上涂抹一层陶衣。当然如果胎体本身就为白色，即白陶，则只需抹平而无须施陶衣了。彩陶中的白底加红、褐、黑色彩即是常见的一种模式，一般所

---

① 李家治：《中国科学技术史·陶瓷卷》，科学出版社，1998 年。

② 温睿等：《西山遗址陶器导热性能初探》，《中国科学技术大学学报》，Vol. 34，2004 年。

用的赭红彩和普通陶器的化学组成差别不大，只是其中的 Fe_2O_3 含量较高。施彩陶器的彩多数是先绘在泥胎上再烧成的，但也有在陶器烧成后再加绘上去而未经火烧的。咸头岭遗址出土的彩陶基本为前一种，即先绘在泥胎上然后烧成。其第 1~3 段的彩陶基本为黄白胎，少量磨光黑陶的戳印纹中有填彩，第 4~5 段的彩陶大多为红褐胎，但是 1~5 段均施赭红彩，根据 XRF 成分分析可知其着色剂正为 Fe_2O_3（表二）。如前所述，咸头岭出土的彩陶在基体成分上与白中泛黄的白陶相近，应是采用了相同的制陶原料。

3. 黑陶

本次工作仅分析了两片磨光黑陶（1-8，1-9）的成分。从表四七可以看出，黑陶的 Fe 元素含量很低，经检验其烧失量较高，达 5% 左右，显然 Fe 元素不是黑陶的呈色元素。因此，咸头岭遗址出土的黑陶应是采用了渗碳工艺的结果。渗碳工艺是黑陶烧制后期的一道工艺。具体是指在 400~600℃ 的条件下，陶器的坯体由于大量水分的排出、有机物的分解等，其内部的空隙接近于真空，具有很强的吸附作用。而此时植物在氧气不足的情况下将产生富含碳元素的黑色浓烟，黑烟中的微小炭颗粒则逐步渗入陶器的表层，致使陶器外表发黑、致密[1]。渗碳工艺还可以分为窑内渗碳和窑外渗碳两种。顾名思义，窑内渗碳是指陶器在窑内烧制的末期采取的渗碳操作，使用窑内渗碳工艺的黑陶，颜色较均一。窑外渗碳是指陶器刚出窑时，迅速将草末等有机物渗碳材料装入尚处于高温状态的陶器之内，渗碳材料被陶器烧焦产生浓烟，浓烟中的碳粒被吸附到陶胎的孔隙之内这一工艺过程。使用窑外渗碳工艺的黑陶，颜色不均匀，器物内壁由于渗碳的作用而呈黑色，外壁通常还保持渗碳之前的颜色。

4. 白陶

根据以往研究表明，白陶的化学组成，大致可以分为两类：一类是含 Al_2O_3 较高，如山东大汶口文化和龙山文化的白陶，其 Al_2O_3 含量高达 29%，所用的原料属于北方的高铝质粘土；另一类则含较高的 MgO 和较低的 Al_2O_3，如大溪文化的白陶，显然，这类白陶所用的原料不是一般的的粘土，而是属于一种含 MgO 极高矿物的风化产物。除以上两类之外，在香港也出土了一些白陶，其 Al_2O_3 的含量也很高，但同时还含有 10% 以上的 P_2O_5，与第一类白陶也有所不同。白陶胎体含铁量一般在 2% 以下，有学者认为，这是其呈白色的关键所在。各地区白陶的成分如表七所示[2]。

表七　我国其他地区白陶的主次量化学组成

编号	时代、品名、出土地点	SiO_2	Al_2O_3	Fe_2O_3	TiO_2	CaO	MgO	K_2O	Na_2O	MnO	P_2O_5
1	浙江桐乡罗家角 白陶	52.13 55.80	5.53 5.92	1.98 2.12	0.40 0.43	9.49 10.16	19.62 21.00	0.18 0.19	0.12 0.13	0.09 0.10	3.88 4.15
2	浙江桐乡罗家角 灰白陶	54.34 57.76	6.47 6.88	3.76 4.00	0.29 0.31	7.75 8.24	17.04 18.11	0.81 0.86	0.10 0.11	0.11 0.12	3.41 3.62
3	浙江桐乡罗家角 白陶	58.25 58.84	6.35 6.41	2.01 2.03	0.28 0.28	9.39 9.48	21.48 21.70	0.47 0.47	0.16 0.16	0.04 0.04	0.57 0.58
4	山东泰安大汶口 白陶	66.24 66.99	25.30 25.59	2.42 2.45	1.05 1.06	1.54 1.56	0.44 0.44	1.61 1.63	0.28 0.28	0.00 0.00	0.00 0.00

---

① 李文杰：《中国古代制陶工艺研究》，科学出版社，1996 年。

② 李家治：《中国科学技术史·陶瓷卷》，科学出版社，1998 年。

编号	时代、品名、出土地点	SiO_2	Al_2O_3	Fe_2O_3	TiO_2	CaO	MgO	K_2O	Na_2O	MnO	P_2O_5
5	山东章丘城子崖 白陶	49.48 52.78	27.75 29.60	1.71 1.82	1.09 1.16	5.33 5.69	6.15 6.56	1.79 1.91	0.44 0.47	0.00 0.00	0.00 0.00
6	山东章丘城子崖 白陶	63.03 63.76	29.51 29.85	1.59 1.61	1.47 1.49	0.74 0.75	0.82 0.83	1.48 1.50	0.18 0.18	0.03 0.03	0.00 0.00
7	枝江关庙山 白陶	66.46 68.86	3.68 3.81	1.64 1.70	0.01 0.01	0.37 0.38	23.97 24.83	0.15 0.16	0.04 0.04	0.03 0.03	0.17 0.18
8	枝江关庙山 白陶	69.71 70.65	22.12 22.42	1.54 1.56	1.00 1.01	0.21 0.21	0.81 0.82	3.08 3.12	0.13 0.13	0.01 0.01	0.06 0.06

　　咸头岭遗址出土的这批白陶是我们这次研究的重点，其中纯白色的极少，主要是白中泛黄、白中泛灰两种。这批白陶绝大部分可归属于高铝含量的白陶类型，通过表四七我们可以看到，大部分白陶样本的 Al_2O_3 含量在25%以上，相对而言，白中泛灰白陶的 Al_2O_3 含量要高于白中泛黄的白陶，其中个别白陶样本的 Al_2O_3 含量达到了40%。从我国土壤粘土的矿物分布来看，有云母区、云母—蒙脱石区、云母—蛭石区、云母—蛭石—高岭石区、蛭石—高岭石区、高岭石—云母区和高岭石区等。我国广东则属于高岭石—云母区和高岭石区，粘土矿物以结晶差的高岭石为主[1]，这也同我们测试得到的咸头岭遗址出土的白陶器的化学组成特点相符合，即尽管其化学组成分散性较大，但一个明显的特征是熔剂元素氧化物（ Na_2O 、 MgO 、 K_2O 、 CaO 、 Fe_2O_3 等）含量较低，而 Al_2O_3 含量较高。我们所选取分析的样本中，其中一个白陶（3-1）标本的 MgO 含量达到了27%，而 Al_2O_3 含量只有7%，应归属于高 Mg 低 Al 型，其 CaO 含量（<1%）远低于浙江桐乡罗家角的白陶（8%-10%），与大溪文化（枝江关庙山）中的一类白陶更为接近。为排除测试不当带来的偏差，我们对这个特殊样本进行了3次检测，结果是一致的，后据发掘人员和专家的进一步肉眼观察，在其他未经测试的发掘标本中，还发现了几小片类似的高镁白陶。那么为什么会出现这么极少的原料截然不同的白陶样本？这种现象一般有两种可能，一是虽然该样品为当地生产，但使用了不同于其他陶器制作的原料；二是产于其他地区。实际上根据我们目前已经分析的样本来说，比例非常低，类似的样本极少，而且当地也没有找到相匹配的原料。但据相关报道，珠江三角洲地区在珠海草堂湾遗址也测试到一片高镁白陶， MgO 占到19.34%，其他元素 SiO_2 占65.58%， Al_2O_3 占5.84%， Fe_2O_3 占2.09%，CaO 占1.26%， K_2O 占0.03%， Na_2O 占0.91%，与我们所测的这片样品（3-1）含量接近[2]。因此是不是其他地区带入，还需要做进一步的研究。

　　咸头岭遗址出土的这批白陶，纯白色的极少，主要是白中泛黄、白中泛灰两种，相对而言，白中泛灰的白陶的 Al_2O_3 含量要高于白中泛黄的白陶，成份的离散性大，多色夹层的现象较多，颜色不一，多由于烧成气氛所致，和这些陶器所用的原料以及化学组成关系不大。在早期的陶器烧造时，由于存在大量空气，一般都是在氧化气氛中烧成，化学组成中的铁都被氧化成高价铁，所以一般都呈灰红色，但在烧造初期的低温阶段往往会有大量的烟尘附着在陶器表面甚至渗入到内部，而在高温阶段未能得到充分的氧化，也会出现内部灰黑色。至于夹碳，由于内部存在碳化

---

① 殷念祖：《烧结砖瓦工艺》，中国建筑工业出版社，1983年。

② 黄素英：《淇澳岛后沙湾、三灶岛草堂湾遗址出土陶片测试》，《珠海考古发现与研究》，广东人民出版社，1991年。

的植物茎叶或稻壳，要把它们全部氧化，则需要很强的氧化气氛和很长的烧成时间，所以夹碳陶一般都是黑色。这些都是为什么咸头岭遗址出土陶器即使组成、原料相近，也会出现不同外观的原因，以及出现的外白内灰黑等现象的原因。

（二）物理性能及物相分析

根据对咸头岭遗址出土的不同考古分段样品中具有代表性陶器样品的显微结构，尤其是 X 衍射物相分析可知，咸头岭遗址出土陶器样本的胎体中的主要矿物相为石英、云母和微斜长石（见表五，图一~一一），微斜长石是钾长石的一种，这证实了 EDXRF 分析夹砂陶中夹杂颗粒为石英和钾长石的结论。样品的热膨胀法测量分析结果显示，其烧成温度基本低于 900℃，因而烧制前后，原始矿物相没有发生大的变化，没有形成明显的玻璃相，因此样本的密度和强度较低（见表六，图一~一〇），吸水率和显气孔率都比较高。五个阶段的陶器样品，其吸水率都在 17%~24% 之间，显气孔率在 30%~40% 之间。吸水率、显气孔率的数据也没有随时代变迁而有明显的规律性变化，结合前面我们对各段陶器样品的化学组成分析结果，即没有发现随着时间的推移其化学组成发生很明显的变化，可以推测咸头岭遗址出土的不同时期的陶器其原料的选择、使用应没有发生明显的改变。我们可以认为，深圳咸头岭遗址出土新石器时期的白陶、彩陶和夹砂陶虽然在时间上有 1000 年的跨度，但其制作工艺没有发生太明显的改变。

结合出土陶器的烧成温度和陶器表面颜色的不均匀性的情况，以及对以往类似遗址和一些边远地区少数民族至今尚保留的原始制陶工艺的考察，对早期陶器的烧制方式，按其功能及进步性主要可以分为平地露天堆烧，一次性泥质薄壳窑和竖穴窑。平地堆烧多为在平地上将碎木片、稻草和陶器堆在一起烧，点火后一小时左右，温度可升到 850℃ 左右。一次性泥质薄壳窑通常是在地上铺上一层木柴、玉米棒等作为窑床，然后将陶器放在上面，再用稻草覆盖在陶器四周，最后用稠泥浆涂抹稻草，使表面有一层厚约 1 厘米的薄泥壳而形成一个底大顶略小的长方形薄泥壳窑。待陶器烧好后，这个薄壳窑业不复存在了，其进步表现在温度已较前均匀。竖穴窑即是在山坡上挖穴成窑，可多次使用，在古代也只有这种竖穴窑才有可能得以保存，为考古发掘所发现。和多数遗址一样，在咸头岭遗址的发掘中没有发现陶窑，但并不能作为当时无窑的根据。实际上，更早期的我国河北徐水南庄头、江西万年仙人洞、广西桂林甑皮岩以及广东英德青塘等地出土的陶器其大多数的烧成温度约为 700℃ 左右，且颜色和温度的差异明显，而根据咸头岭遗址出土的大多数陶器的烧成状态、颜色差异程度以及烧成温度（部分标本已达 900℃）等因素来分析，这些标本的烧制方式应是有窑烧成。

四　结　论

由于广东属于高岭石—云母区和高岭石区，粘土矿物以结晶差的高岭石为主，经 EDXRF 分析测试表明，深圳咸头岭遗址出土的这批非常具有特色的新石器时期的白陶，绝大多数正属于我国传统的两类白陶中的高铝低镁类型，同当地盛产的高铝型粘土原料组成相似。而所分析的白陶中仅有一片为高镁低铝类型，其他地区传入的可能性较大，其确切的来源还需做进一步的研究分析。

深圳咸头岭遗址出土的各期陶器除了陶器种类有所变化外（如夹砂陶的比例逐步增大，到第五段占整个陶器的九成以上，而白陶所占比例逐步减少），就同种类型的陶器而言，从外观色度差异、原料处理和成型痕迹，尤其是制品的体积密度、吸水率、显气孔率和烧成温度所反映出的陶器工艺水平来看，深圳咸头岭遗址出土新石器时期的白陶、彩陶和夹砂陶虽然在时间上有 1000 年的跨度，在工艺上变化不太大，制品的最高烧成温度在 900℃左右，这些标本的烧制方式属于有窑烧成。

深圳咸头岭遗址出土新石器时期的夹砂陶，其夹杂颗粒可分为两种：包括最为常见的石英颗粒和钾长石矿物颗粒。根据深圳咸头岭遗址出土的夹砂陶所属的功用类型，基本为釜等炊煮器，因此可以推测，这些夹砂陶中的夹杂颗粒多半应是咸头岭先民有意添加。当地的先民们在当时已经积累了一定的制陶和用陶经验，已经意识到在泥土中配入沙粒或其他粗颗粒可以改善其成型性能和抗热冲击性，提高陶器的热传导等性能，用这样的原料制成的陶器适合用作炊煮器。

深圳咸头岭遗址出土的彩陶均为铁元素致色的红彩，为先绘在泥胎上然后烧成，其基体与部分白陶在化学成分上相近，应为同类原料。

附录三 咸头岭遗址石器的岩性特征、制作工艺及石料来源初探

丘志力 李榴芬 贺林芳

(中山大学地球科学系)

咸头岭遗址 2006 年的发掘共出土石质品 200 多件，其中新石器时代的石器有锛、饼形器、凹石、杵、锤、拍、凿、砧、砺石等，此外还有不少未做或基本未做加工的石料；商时期的石器有锛、砧、镞、网坠和砺石等，另外也有一些石料。我们分别在 2008 年 3 月和 11 月两次到深圳市文物考古鉴定所的文物库房对上述石器进行鉴定，并选取了部分石器、石料标本进行显微镜薄片鉴定和稀土与微量元素的分析；2008 年 11 月我们还在咸头岭遗址及其周围 10 平方公里的范围内进行了实地考察，并进行了地质路线的勘察和采样。本文是对上述工作成果的初步总结。

一 石器的岩性类型及其特征

从岩石野外工作定名的角度，石锛的岩石类型包括辉绿岩、砂岩、粉砂岩、板岩等，其中以颗粒比较细、结构均匀及有一定硬度的粉砂岩和板岩为主。石杵的岩性比较复杂，包括基性的玄武岩、中酸性的英安斑岩、酸性的粗粒花岗岩、硅化石英砂岩、砂砾岩、石英砂岩、燧石岩等。与石锛的岩石相比，石杵岩石的颗粒明显偏粗、硬度较大，石料的块度也较大。石锤的岩性有花岗岩和硅质岩两种，岩石的粒度粗、硬度大。两件残破的石凿为板岩。石拍的岩性为粉砂岩，其中一件含泥质成分较多、粒度稍粗，定为杂砂岩，该类石料的颗粒中细、碎屑的基质成分较多、硬度较低。石砧的岩性主要以侵入的花岗岩质岩石为主（含英安斑岩和霏细岩），另外还有砂岩、燧石岩和板岩等，岩石块度较大、颗粒粗细均有、硬度也有明显不同。凹石的岩性和石杵相近，酸性的中粗粒花岗岩和硅质砂岩较多，还有花岗斑岩、玄武岩、麻粒岩、砂砾岩、炭质粉砂岩和板岩等，石料的块度较大和硬度大是较为明显的特征。饼形器的岩性也比较复杂，但中粗粒花岗质岩石是最主要的，此外杂砂岩和粉砂岩的数量也比较多，还有硬度很低的页岩甚至泥岩，显然古人对这类石器的硬度没有特别的要求。砺石除一例为长英质霏细岩和流斑岩外，其余都是粒度中细、硬度中等的粉砂岩。新石器时代的石料几乎包括了上述石器的各种岩性（表一，图一、二），但最主要的则是花岗质的侵入岩，其次是砂岩和板岩，例外的是出现了一例前面未见到的红柱石角岩。

石器和石料的岩性，商时期与新石器时期一致的有杂砂岩、粉砂岩、板岩、长石砂岩和霏细

岩，但也新出现了各一例在新石器时期未见的安山岩、鲕粒岩和水晶。比较奇怪的是，新石器时期石器及石料中常见的花岗质岩石在商时期则很少见（表一，图三）。

表一　咸头岭遗址石器及石料岩性统计表

岩性	新石器时代									商时期	
	石锛	石锤	石杵	砺石	饼形器	石砧	石拍	凹石	石料	石器	石料
板岩（页岩）	9				12	2		2	10	2	3
粉砂岩	23		1	13	8		4		6	6	
砂岩（杂砂岩）	2	2	8		10	4	1	15	21	1	1
火山岩	1		2	1				2		1	
花岗质岩	1	1	2	2	16	6		4	22		1
燧石（硅质岩）		1	3			1			4	1	1
变质岩		1									
总数	36	4	17	16	46	13	5	23	63	11	6

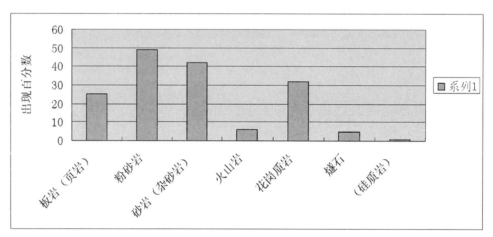

图一　咸头岭新石器时代石器不同岩性出现几率分布图

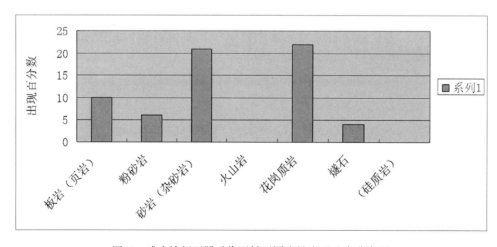

图二　咸头岭新石器时代石料不同岩性出现几率分布图

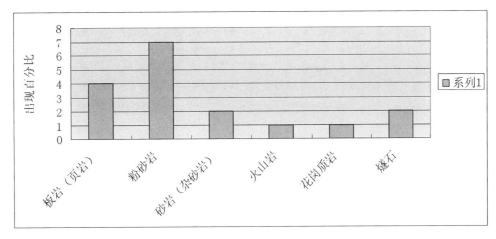

图三　咸头岭商时期石器/料不同岩性出现几率分布图

图四　（40 单偏光）保留的层理构造
（06XTLT6③：3）

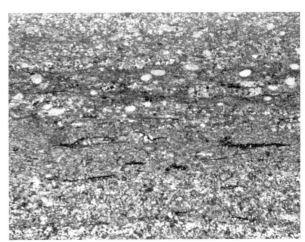

图五　（40 单偏光）粉砂岩–层理结构
（06XTLT1⑥：7）

下面把几种咸头岭遗址出土的典型石料显微镜下的矿物组成及结构特征概述如下：

1. 沉积岩及浅变质岩石

泥质页岩—浅变质板岩　例如 06XTLT1⑥：7、06XTLT6③：3、06XTLT1③：11、06XTLT9③：4。多为板状或棱角状，主要由非常细小的粉砂及泥土矿物（绢云母等）组成，保留有明显的层理构造（图四、五）；局部含粒度较粗的粉砂质夹层和同生结核，变质较浅或无，含有较多的黑色有机质和氧化的铁质氧化物。

炭质板岩　例如 06XTLT2③：4、06XTLT1④：53。06XTLT2③：4 为板状体，主要为硅质和泥质碎屑组合。有组分稍有差异的斑点，斑点近椭圆状，0.1~0.2mm。单偏光下近无色透明，不同于硅质泥岩的灰黑色，正交偏光下颜色也较主体浅，有层圈结构。其中和主体岩石接触处为一浅的"圈"，显示岩石有浅变质，浅色圈可能由细小的沸石组成。06XTLT1④：53 的外观同 06XTLT2③：4，但不同的是含有较多的粉砂及颗粒（石英棱角状），斑点最大约 0.2~0.4mm。斑点单偏光下显颜色分层，外圈为无色，内圈为浅褐黄色，中间和主体相似为浅灰褐色，正交偏光下外圈为一级黄色干涉色，可能为绢云母。内圈及中心均近于全消光，部分可见微弱光性，显示岩石有明显的弱变质（图六），其中粉砂微颗粒小于3%，偶见粉砂质透镜状夹层，斑点（圈）含量25%~30%。

　　粉砂岩—石英砂岩　　例如06XTLT1④：71和06XTLT1⑥：4。样品为磨圆度很好的卵石，显示出经过较长时间的搬运或磨蚀。石英碎屑90%以上，长石<5%，偶见白云母和硅质岩屑，碎屑颗粒大小0.05mm~0.1mm。分选性好，但大部分颗粒为次棱角状，具有颗粒支撑结构（图七、八）。杂基含量<5%，钙质胶结，胶结类型为孔隙式胶结，部分石英颗粒具次生加大边。

　　红柱石角岩　　例如06XTLT14⑧：10。外观为褐黄色块状构造，具变余砂状结构，含有小片状变质矿物黑云母，白云母和红柱石。红柱石单偏光下无色透明，柱状为主，横切面菱形——方形，正交下最高干涉色一级黄，中间可见明显的暗色物质形成的十字结构，大小0.3~0.5mm，30%左右为主，低正突起（图九）。白云母，片状，单偏光下无色透明，解理发育，正交偏光下二级鲜艳干涉色，10%左右，局部可达15%以上。黑云母暗褐色，含量5%~8%左右，片状集合体，干涉色为其体色掩盖。

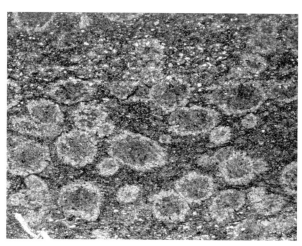

图六　　（40单偏光）浅变质的粉砂岩

（06XTLT1④：53）

图七　　（40正交）砂岩（06XTLT1④：71）

图八　　（40正交）中粗粒石英长石砂岩

（06XTLT1⑥：4）

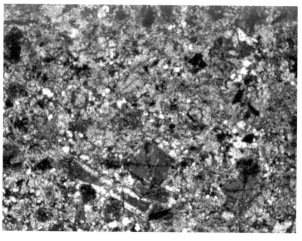

图九　　（40正交）红柱石角岩含变余的粉砂结构

（06XTLT14⑧：10）

图一○　（40 正交）具有卡斯巴双晶大的条纹
　　　　长石斑晶（06XTLT1④：14）

图一一　（40 正交）保留了原岩的石英颗粒
　　　　（06XTLT1④：14）

图一二　（40 正交）含斑的细粒二长花岗岩
　　　　（06XTLT1④：32）

图一三　（40 单偏光）花斑岩放射状结构
　　　　（06XTLT2③：3）

2. 火成岩

磨片的四个样品主要是酸性的花岗质岩石，样品包括 06XTLT1④：14、06XTLT7④：1、
06XTLT2③：3、06XTLT1④：32。这类岩石的共同特征是外观为次圆形块状体，外表有磨圆，并
风化呈黄褐色—土黄色，半自形或它形粒状或似斑状结构。不同样品的差异是因为矿物的颗粒大
小及斑晶的含量有一定差异，矿物成分比例上也有一定的差异。其中 06XTLT1④：14 最为特征，
岩石主要由钾长石、条纹长石、石英及其聚斑组成；似斑状结构或不等粒似斑状花岗岩结构，斑
晶大小 2mm~3mm。条纹长石卡斯巴双晶发育，斑晶含量 30%~40% 左右（图一○）。石英半自形
到它形粒状（20%~25% 左右）。斜长石具有聚片双晶（含量 5%~20% 左右），部分长石具有环带；
其余为具有变余结构的具磨圆形态的长石和石英颗粒组成（15%~20%），这个部分的包含结构特
别发育（包含有残余的石英）（图一一）。黑云母含量 5%~8% 左右（可能含有角闪石，但多已蚀
变），长条状，含 Fe 较高，颜色较深。岩石具明显风化，黑云母绿泥石化和绿帘石化，长石泥化和

绢云母化。可以判断该岩石可能为重熔形成。06XTLT7④：1的主要差别是粒度较细，颗粒主要为0.5mm~0.2mm，钾长石50%，石英20%，微斜长石和斜长石5%左右，蠕虫结构和包含结构发育。06XTLT1④：32主要的差别是斜长石含量增加（25%左右），岩石以粒状镶嵌结构为主（半自形粒状结构），因此是一种含斑的细粒二长花岗岩（图一二）。06XTLT2③：3（商时期）样品和上述三个样品结构有较大的差异，长英质物质围绕斑晶及基质碎屑，呈放射状显微晶质结构（图一三）。

综上所见，根据10倍放大镜及显微镜的观察，深圳咸头岭遗址新石器时代石器的岩石类型包括了岩浆岩、沉积岩和变质岩三大类型，其中岩浆岩中包括了侵入岩和喷出的火山岩两类。岩浆岩，特别是附近出露较多的酸性中粗粒斑状花岗质岩石是石料中最主要的类型；而石器中含炭质及泥质组分的粉砂岩、砂岩及浅变质（热接触变质）的岩石也占了较大的份额，但较高级的区域变质岩石少见，其组成比例和当地出露的岩石类型明显一致。

二 石器的种类及制作工艺

石器的种类和制作工艺是衡量新石器时代区域生产力发展水平的主要指标，也可以反映出石器文化的渊源和传承关系，因此具有重要的研究意义。

咸头岭遗址新石器时代石器的种类包括锛、凹石、杵、锤、拍、凿、砧、砺石、饼形器等。从石器表面的特征判断，除个别可见部分从较大的石块上采用砸击法砸出石片制成石坯再磨制的石器（坯）（图一四）外，新石器时代石器大多数为磨制石器（图一五），石器中大多可见磨制石器产生的平面或磨光面，其中部分是借助具有某些天然面的石料进行修整制成。

杵、锤是需要主动施力的工具，要求工具本身有较大的硬度，咸头岭先民选择整体硬度大和比较刚性的花岗质岩石和硅质的砂岩、粉砂岩来制作。而对一些被动受力或者起到磨蚀功能的工具，如凹石、砧、砺石等，则选择了岩石块度较大、不同颗粒粗细、硬度也明显不同的岩石——砂岩、火山岩、燧石岩和板岩等进行制作，以满足不同的使用需要。对需要磨制以产生较好的刃口，主要起切割功能的锛，主要选择颗粒比较细、整体结构较均匀和较易磨制、有一定硬度的粉砂岩和板岩。对需要较易磨蚀以产生特定凹口的石拍则选择了含有泥质成分较多的粉砂岩（稍软）来制作。显然，从这种石器使用功能和石料质材选择的完好对应可以看出，当时深圳咸头岭的先民对石料的材质特征已相

图一四　粉砂岩锛坯料（06XTLT6⑤：3）

图一五　安山玢岩石锛（06XTLT3⑨：1）

图一六 风化花岗斑岩的饼形器（06XTLT1④：67）　　　图一七 粉砂岩的饼形器（06XTLT1④：75）

当了解，反映出咸头岭遗址的先民已具有较高的石器制作水平。

但两件石凿（06XTLT1⑤：15、06XTLT8③：2）的选择较为例外，其岩性为硬度及韧性均比较差的含炭质板岩和板岩，其岩性特征和石凿应该具有的敲击、捶打或挖槽穿孔的功能不甚相符。由于这两件器物为残器，因此，对具体情况还无法做出合理判断。

和其他新石器遗址相比，咸头岭遗址新石器时代石器中的饼形器非常具有特色。从饼形器的外部轮廓判断，大多的饼形器是经过自然磨圆的卵石，但在短径方向可以看出石器均经过人为的精心磨制或长期使用，其中的一个方向的近似平面也有一定的使用痕迹。显然，可以认为，石器制作者希望能使石器在径向达到尽量的圆或者使用过程中已使这个方向出现明显的定向磨蚀（图一六、一七）。从岩性特征分析，先民对该类石器的材质似乎没有特别要求（硬质和软质，粗粒和细粒均有），因此饼形器是否是一种特殊加工磨制不同质地、种类物品的实用工具还是某种"象征物"，尚需今后进一步探索。

三　石器（料）来源初探

咸头岭遗址新石器时代石器的石料绝大部分为次圆形到次棱角状，部分为近椭圆形，属于经过一定距离搬运或水流反复磨蚀的卵石；但也有部分石料具有明显的两维延伸特征（如板状），可以认为这些石料的搬运距离并不会太远，其来源应该是近原地或近源的。在咸头岭遗址中几乎没有见到属于直接从原岩敲打来源的石料。

根据前人的工作和我们的踏勘证实，咸头岭遗址所在区域的地层主要包括震旦系及下古生界、上三叠—下侏罗统、上侏罗统高基坪群和少量下第三系红色地层，而最大面积的是燕山期的火山岩和花岗质岩石。其中震旦系地层的岩性不清晰，但从广东其他地区出露的情况看，石英砂岩、云母板岩和黑色板岩是常见的，部分地区可出现片麻岩甚至麻粒岩。古生界泥盆系桂头群石英砂岩在区内和花岗岩体成侵入接触。晚侏罗世高基坪群火山岩为流纹岩、凝灰岩、熔结凝灰岩，组成七娘山两个主峰为巨块集块熔岩，其下部或底部常见由花岗斑岩组成的次火山岩，山麓常发育石堆或巨厚的坡积物。燕山期早期为细粒花岗岩，两个小岩体面积约 11Km²，晚期为大面积分布的粗粒斑状黑云母花岗岩，其中覆盖整个遗址所在区域的王母圩岩体面积达到 213Km²。花岗岩具有明显的相分带，并包含有各种暗色包体，局部地区还见到沉积地层的包体或残余体，岩体内可见微晶石英闪长岩、闪长玢岩、各种斑状花岗岩和辉绿岩脉体沿断裂分布（图一八）。下第三系仅见于下沙以西，为一套紫红色砂岩、砾岩夹灰色——紫红色泥岩（图一九），它们与下伏的细粒花岗岩为沉积接触。第四系分布较广包括洪冲积物、海积物、残坡积物三种。前者为砂、砾石及粘土沉积，后者为红壤化的碎石，砂岩角砾（图二○）及亚粘土组成，广泛分布于区内的低山丘陇山麓地带；海积物则主要分布于湾内沿岸地带，为砂、砾石、淤泥及粘土组成。

我们对区内出露的下第三系地层的观察发现，该地层中出露了各种泥质和粉砂质的砾岩和浅变质的砂岩角砾，砾石大多呈扁平的次棱角状，部分甚至还出现易于磨制"锛"的薄板形态（图二一）。而第四纪的砾石成分各异，其中石英砂岩、凝灰质砂岩、粉砂岩、石英岩和花岗岩（角砾）非常普遍，并且呈现出各种次棱角—次圆状形态，其颜色，碎屑成分及形态特征和咸头岭遗址出土的石器及石料具有明显的相似性。其中经磨片我们发现采自第四纪的砾石 SZ0003 样品的岩石结构，碎

图一八　花岗斑岩和辉绿岩脉体沿断裂分布

图一九　紫红色砂岩、砾岩夹灰色——紫红色泥岩

图二○　第四纪的砂岩角砾

图二一　具有"锛"薄板形态的角砾

图二二　样品（06XTLT1⑥∶4）

图二三　（40 正交）长石含量 30-中粗粒石英
长石砂岩（06XTLT1⑥∶4）

图二四　样品（SZ0003）

图二五　（40 正交）长石石英砂岩（SZ0003）

图二六　（40 正交）中粗粒花岗结构
（06XTLT1④∶32）

图二七　（40 正交）中粗粒花岗结构（SZ0021）

屑大小及分选性和06XTLT1⑥：4石料几乎一样，他们均为纯度较高的细粒石英砂岩（图二二~二五）。而在咸头岭遗址附近也可以观察到几乎所有出土的石器及石料中出现的各种岩性的火成岩（只有个别玄武岩例外），采集样品的矿物组成和结构也和遗址出土的石料几乎完全一致，它们均为斑状中粗粒黑云母花岗岩（图二六、二七），同时都具有明显的变余结构和包含结构。为了更好说明遗址出土石料和附近王母圩燕山期花岗岩之间的关系，我们选择了其中的八件样品进行了ICP同位素和微量元素的分析，测试显示八件样品有六件（三对）具有明显相似的稀土元素含量和分布模式，同时具有相似的Eu亏损，在构造投影图上属于相同的成因类型（表二，图二八~三〇）。

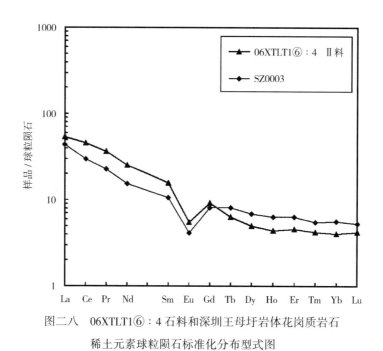

图二八　06XTLT1⑥：4石料和深圳王母圩岩体花岗质岩石
稀土元素球粒陨石标准化分布型式图

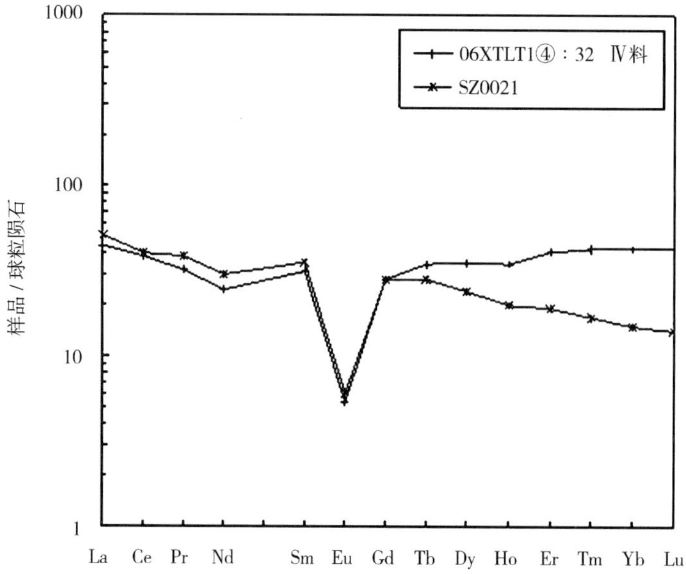

图二九　06XTLT1④：32石料和深圳王母圩岩体花岗质岩石
稀土元素球粒陨石标准化分布型式图

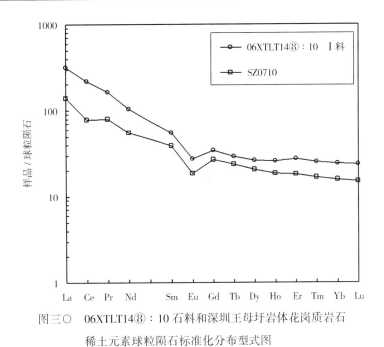

图三〇 06XTLT14⑧：10石料和深圳王母圩岩体花岗质岩石
稀土元素球粒陨石标准化分布型式图

表二 咸头岭遗址部分石料和深圳王母圩岩体花岗质岩石稀土元素分析（ppm）

新顺序	1	2	3	4	5	6	7	8
样品号	06XTLT1④：14料	SZ0501	06XTLT1⑥：4料	SZ0003	06XTLT1④：32料	SZ0021	06XTLT14⑧：10料	SZ0710
La	21.15	29.9	12.85	10.51	10.56	12.1	75.27	33.11
Ce	33.86	56.33	28.07	18.11	23.7	24.63	132.5	47.53
Pr	4.482	7.222	3.5	2.146	3.022	3.687	15.67	7.517
Nd	14.3	24.99	11.86	7.183	11.34	14.08	48.61	25.8
Sm	3.509	7.764	2.412	1.635	4.822	5.409	8.405	5.971
Eu	0.923	0.687	0.319	0.238	0.314	0.351	1.578	1.082
Gd	3.435	7.948	1.894	1.674	5.794	5.802	7.107	5.466
Tb	0.629	1.609	0.236	0.307	1.304	1.06	1.092	0.89
Dy	3.889	11.1	1.252	1.772	8.93	6.112	6.683	5.265
Ho	0.818	2.301	0.249	0.361	1.978	1.119	1.472	1.056
Er	2.381	7.33	0.755	1.048	6.784	3.138	4.493	3.006
Tm	0.381	1.121	0.107	0.14	1.095	0.43	0.646	0.424
Yb	2.682	7.378	0.692	0.954	7.301	2.57	4.08	2.697
Lu	0.418	1.116	0.108	0.134	1.085	0.361	0.605	0.387
ΣREE	92.857	166.796	64.304	46.212	88.029	80.849	308.211	140.201
LREE	78.224	126.893	59.011	39.822	53.758	60.257	282.033	121.01
HREE	14.633	39.903	5.293	6.39	34.271	20.592	26.178	19.191
LREE/HREE	5.345725	3.180037	11.14888	6.231925	1.568615	2.926233	10.77366	6.30556
δEu	0.802714	0.264921	0.44033	0.435789	0.181333	0.190346	0.607849	0.568541

　　石器或者玉器产地来源的研究是一个比较复杂的课题，虽然单独利用稀土或者微量元素进行石器或玉器来源的鉴定仍然有一定风险，但如果考虑到咸头岭石器和石料岩性组成上的一致性，石料与当地来源石材野外及室内岩石矿物组成和结构的一致性，以及原生岩石和遗址的距离很近等因素，除了个别样品（如玄武岩）外，我们几乎可以非常肯定咸头岭遗址新石器时代石器的石料基本源自咸头岭本地。

主要参考文献：

1. 深圳市文物考古鉴定所等：《广东深圳市咸头岭新石器时代遗址》，《考古》2007 年 7 期。

2. 黄玉昆等：《深圳大鹏澳断裂构造及其对库坝区水文工程地质条件的影响》，《中山大学学报论丛》1992 年 1 期。

3. 袁进：《先秦时期珠江三角洲蛋人与西樵山文化关系初探》，《古今农业》2007 年 4 期。

4. 谢光茂：《原料对旧石器加工业的影响》，《广西民族研究》2001 年 2 期。

5. 杜水生：《中西小石器文化比较》，《华夏考古》2008 年 1 期。

6. 杜水生：《泥河湾盆地旧石器中晚期石制品原料初步分析》，《人类学学报》2003 年 2 期。

7. 广东省地质矿产局：《广东省区域地质志》，地质出版社，1988 年。

8. 闻广：《中国古玉地质考古学研究的续进展》，《故宫学术季刊》1993 年 1 期。

9. 吴小红等：《肖家屋脊遗址石家河文化晚期玉器玉料产地初步分析》，《海峡两岸古玉学会议国际学术会议论文集》，台湾大学地质科学系，2001 年。

10. 王时麒等：《论古玉原料产地探源的方法》，《中国玉文化玉学论丛》三编下，紫禁城出版社，2005 年。

11. 冯敏等：《贾湖遗址绿松石产地初探》，《文物保护与考古科学》2003 年 8 期。

12. George E. Harlow, A. Reg Murphy, David J. Hozjan *et al.*, Pre-Columbian Jadeite Axes From Antigua, West Indies: Description and Possible Sources, *The Canadian Mineralogist*, 2006, 44.

附录四　咸头岭遗址出土石拍技术结构分析

邓　聪

(香港中文大学中国文化研究所中国考古艺术研究中心)

一　前　言

咸头岭遗址是迄今深圳地区新石器时代考古发掘规模最大、研究范围最广，也是最具代表性的遗址。

据深圳的考古学者指出，咸头岭遗址 2006 年发掘的新石器时代的遗存具有清晰可靠的地层关系，结合不同地层十余个碳十四测年的数据，可以划分为 5 段三期，这为目前环珠江口最早期新石器时代的考古学文化提供了细致的分期①。

1985 年咸头岭遗址第一次发掘期间，蒙前广东省博物馆莫稚先生邀请，笔者曾多次前往参观学习②。此后，咸头岭遗址第二至第四次发掘期间，又蒙深圳博物馆黄崇岳、杨耀林、文本亨、叶杨等先生赐教，笔者对咸头岭考古工作重要性的认识得以逐步深入。2006 年咸头岭遗址第五次发掘期间，笔者有幸在发掘现场观察到地层深厚且井然有序，留下了极深刻的印象。这次拙文幸承深圳市文物考古鉴定所李海荣先生之热情指导，仅就 2006 年发掘出土的石拍进行分析，以就教于方家。

1. 研究史

目前，咸头岭遗址一类文化遗存的探索，学术界仍然着重以陶器分析为主。1991 年我们依据实物对比的证据，就白陶和彩陶作综合的分析，指出环珠江口与长江中游大溪与汤家岗遗址间有着密切的关系③。

然而，笔者认为有关上述两地间关系的探索，除陶器方面的研究外，石器分析也是饶有意义的。从现已发表资料看，湖南洞庭湖一带与环珠江口地区的新石器时代石器，在石器组合方面存在着明显的差异。如本文所探索的一种带有沟槽的石拍，仅见于珠江三角洲地区，洞庭湖一带迄今未有报道。据此环珠江口地区在石器传统方面，很可能保存着一些本土文化的因素，是值得特别重视的。

回顾学术界对深圳出土的新石器时代石器方面的探索，只有简报中对石器类型学的描述，而

---

① 深圳市文物考古鉴定所等：《广东深圳市咸头岭新石器时代遗址》，《考古》2007 年第 7 期；另参见本书上篇第二章。

② 邓聪等：《环珠江史前文物图录》，香港中文大学出版社，1991 年。

③ 邓聪：《香港考古之旅》，香港区域市政局，1991 年。

现今考古学石器工艺学中所谓"连锁动作"（Chaine Opératorie），即从石器制作与使用、埋藏变化等技术基础的分析则是个空白。

　　因本文分析的重点是以咸头岭遗址 2006 年出土的石拍为中心，故先对深圳地区的石拍研究史做简略回顾。

　　1985 年至 1989 年在咸头岭遗址的发掘中初次发现了石拍。1990 年发表的考古简报把石拍归类为磨制石器，共有 6 件，但只发表了 1 件完整器。这件石拍为"圆角长方形，正面有直线凹槽，凹槽一般宽 0.2 厘米左右，贯穿上下两端，背面及四周磨制光滑"。对于石拍的功能，简报认为"石拍在泥坯上的同一位置拍打 2—3 次，所出效果与绳纹一致；若将石拍横、竖变向拍打，即呈交错成方格状纹。宽窄各异的石拍，适用于大小不同的陶器"①。

　　1990 年大黄沙遗址的简报中报道了 4 件石拍，"使用凿刻手法在拍面上形成凹凸的并行线条，用于拍印陶器纹饰，如绳纹、网格纹等，石料均为砂岩"。②

　　1991 年李伯谦先生在《广东咸头岭一类遗存浅识》中提及："……拍印陶器纹饰的石拍等。"③

　　1994 年在香港中文大学举办的第二届"南中国及邻近地区古文化研究"国际会议上，深圳的考古工作者依据模拟实验，认为石拍可以在陶器上拍印出绳纹，"其纹样与出土实物极为一致"④。在同一会议上笔者等提出石拍是一种制作树皮布的工具，环珠江口的石拍可以区分为圆角长方形、圆角正方形、长条形、圆形、菱形五种形态⑤。在此以后，笔者对南中国以至东南亚新石器到青铜器时代的石拍作了广泛的研究，并涉及到了云南、海南、越南等地树皮布的实地民族学调查⑥。

　　2. 方法论及描述方式

　　下文讨论咸头岭遗址出土的石拍，拟从方法论与石拍的描述略作探讨。方法论上，本报告书中由笔者所写的《咸头岭遗址出土石器的工艺研究》一章中（参见下篇第四章）已详细论述，其中石器技术中的"连锁动作"在此省略。

---

①　深圳博物馆等：《深圳市大鹏咸头岭沙丘遗址发掘简报》，《文物》1990 年第 11 期。

②　深圳博物馆等：《广东深圳市大黄沙沙丘遗址发掘简报》，《文物》1990 年第 11 期。

③　李伯谦：《广东咸头岭一类遗存浅识》，《东南文化》1992 年第 3—4 期。

④　冯永驱等：《深圳史前沙丘遗址陶器纹饰制作模拟实验》，《南中国及邻近地区古文化研究——庆祝郑德坤教授从事学术活动六十周年论文集》，中文大学出版社，1994 年。

⑤　邓聪等：《大湾文化试论》，《南中国及邻近地区古文化研究——庆祝郑德坤教授从事学术活动六十周年论文集》，中文大学出版社，1994 年。

⑥　从 1994 年笔者在《大湾文化试论》（《南中国及邻近地区古文化研究》，中文大学出版社，1994 年）中首次主张环珠江口石拍是制作树皮布的工具，尔后曾在以下拙作将此论点深化：《古代香港树皮布文化发现及其意义浅释》，《东南文化》1999 年第 1 期；《台湾地区树皮布石拍初探》，《东南文化》1999 年第 5 期；《史前蒙古人种海洋扩散研究——岭南树皮布文化发现及其意义》，《东南文化》2000 年第 11 期；《東亞樹皮布文化考察》，《博望》2 號——《シンドラから熱帯まで——加藤晋平先生古稀記念考古學論集》，东北アジア古文化研究所，2001 年；"On Prehistoric Bark Cloth Beaters in East Asia." вестниК нгу 1（2002）：7-11；《海南岛树皮布的几个问题》，《琼粤地方文献国际学术研讨会论文集》，海南出版社，2002 年；《东亚出土树皮布石拍的考古学考察》，《史前与古典文明》，中央研究院历史语言研究所，2003 年；《从二重证据法论史前石拍的功能》，《东南考古研究》第三辑，厦门大学出版社，2003 年；《台湾出土冯原式石拍的探讨》，《桃李成蹊集：庆祝安志敏先生八十寿辰》，中国考古艺术研究中心，2004 年；《东南中国树皮布石拍使用痕试释—后山遗址石拍的功能》，《揭阳考古（2003—2005）》，科学出版社，2005 年；《环珠江口东莞"蚝岗式石拍"探索》，《东莞蚝岗遗址博物馆》，岭南美术出版社，2007 年；《南中国史前树皮布文化研究新进展》，《庆祝何炳棣先生九十华诞论文集》，三秦出版社，2008 年；《云南树皮布民族学调查的启示》，《南方民族考古》（待刊）。

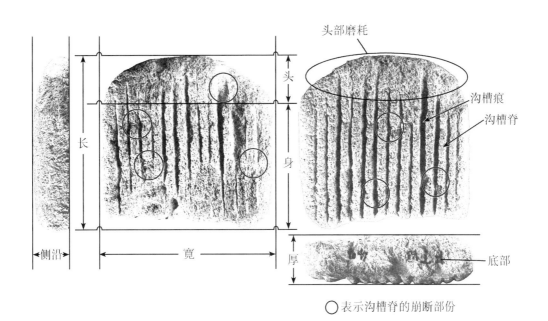

图一 圆角方形石拍部位名称、使用痕及测量说明图

石拍的描述，笔者在《台湾出土冯原式石拍的探讨》一文指出："如何对石拍客观的观察与记叙，是科学地探索树皮布文化的第一步，石拍可测量属性的选择与非测量性特征如何记录等数据，更是石拍分类的基准。"① 本文分析环珠江口最常见的圆角方形石拍，对石拍长、宽、厚、头部与体部的区分、沟槽脊崩断状况等作简略的说明。

圆角方形石拍，可分为圆角长方形和圆角正方形。石拍上方的圆角，为最大的特色之一。从拍面上沟槽痕的存否可分为单面和双面，无沟槽痕的拍面可称为背面，两面有沟槽痕的拍面不分正反。沟槽痕是指拍面上凹陷的坑。沟槽脊是凸起如隔梁的部份。器身上端圆角的部份，以两侧沿上方的转折点处为准，转折点处以上为石拍的头部，其下为石拍身。石拍头部一端可称上沿，石拍底的一端称下沿，左右两边为侧沿。一般来说，由于树皮布石拍与被拍打物接触的关系，石拍上沿与下沿使用痕的状况常见明显差异。尤其是上沿所谓头部的边沿，往往是拍打很受力的位置，破损的状况明显。另一方面，拍面沟槽脊上破损的位置及状况，都与拍打姿势和角度有着密切的关系，这都是动态分析石拍功能重要的观察点（图一）。今后随着对石拍各细部深入的分析，肯定对石拍功能及使用方法会有更清楚的认识。

有关石拍破损形态分析，是石拍功能探讨很重要的线索。一般来说，可以区分为石拍沟槽面崩断和石拍器体破损两方面来分析。

第一点：石拍面沟槽痕崩断现象

民族学调查显示，以石拍拍打树皮，是一种长时间强体力劳动的作业，石拍柄部是增强拍打力量的一种设计。每次拍打树皮，目的在于开松及重组树皮的纤维结构，往往需要数日断断续续的工作。可以推想，石拍经长期重力拍打，拍面必定会形成很明显的拍打痕迹。这些使用痕迹，

---

① 邓聪：《台湾出土冯原式石拍的探讨》，《桃李成蹊集：庆祝安志敏先生八十寿辰》，中国考古艺术研究中心，2004 年。

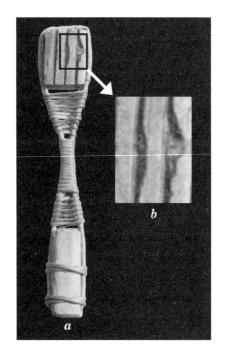

图二　苏拉威西的复合石拍图

是理解石拍生产树皮布操作很重要的关键。在 20 世纪初，纸史专家 D. Hunter 在苏拉威西岛屿上仍能看到不少土著以复合石拍制作树皮布。D. Hunter 所发表的苏拉威西 6 件直复合石拍，各石拍上沟槽痕的多寡有着很大差异。[①] 其中一件石拍，拍面上只有 3 条纵向沟槽脊，各沟槽脊上显示不同程度的崩断。最左一条沟槽脊基本完整，只有中部若干崩断；中间一条沟槽脊的中部已明显折断；最右一条沟槽脊靠上一部分已完全崩断。估计这件石拍是用右手执着操作使用，拍面向下拍打时相对偏侧在左面一方受力较重（图二）。这样石拍在长期拍打后，一侧常见明显崩断痕迹。这里所谓崩断痕迹，是指石拍由锯刻形成沟槽后，沟槽面由脊与槽两者相间构成，在使用过程中由于拍打的力量使沟槽脊容易出现局部崩落或折断。崩落轻微时，沟槽脊出现个别剥离疤状痕，使原沟槽脊直线的轮廓被破坏后形成锯齿状。崩落严重时，沟槽脊多处中断破裂。据石拍上沟槽脊痕破损的形态，可以推测石拍的左、右手执持方式，更或推测石拍使用时间的长短。对比咸头岭与粤东后山的两件石拍沟槽拍面，咸头岭石拍的沟槽痕完整，而后山的沟槽痕却有多处的崩断现象，两者差异甚为鲜明（图三）。这说明后山的石拍是经过长期拍打使用。笔者过去对后山石拍沟槽脊崩断程度区分为以下三类：

（1）崩断严重——沟槽脊漫漶不清；

（2）崩断显著——沟槽脊多处断断续续；

（3）崩断轻微——沟槽脊出现部份崩断破损。

第二点：石拍器身的破损折断现象

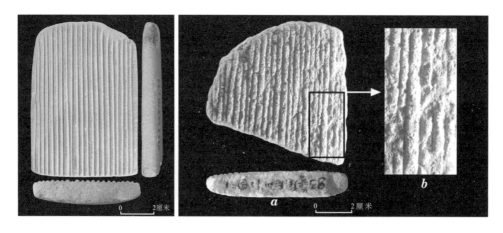

图三　咸头岭遗址（左）与后山遗址（右）石拍比较图

① D. Hunter, *Papermaking: The History and Technique of an Ancient Craft* (New York: Dover Publications, Inc., 1974.

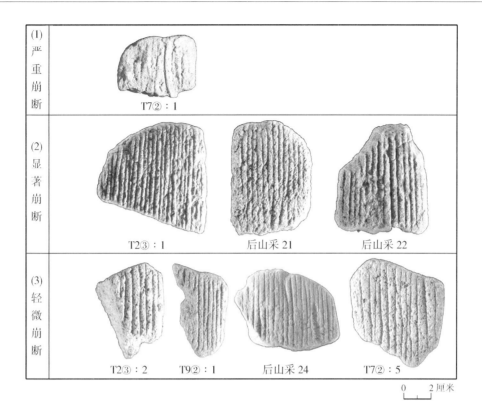

(1)严重崩断	T7②：1		
(2)显著崩断	T2③：1	后山采 21	后山采 22
(3)轻微崩断	T2③：2　T9②：1	后山采 24	T7②：5

0　　2 厘米

图四　后山遗址出土石拍使用痕分类图

石拍折断方式可分为三种：

（1）纵向折断——破裂面与沟槽方向平行；

（2）横向折断——破裂面与沟槽方向交叉成近 90 度，上下一端或者两端折断；

（3）纵横向折断——破裂面方向与沟槽痕纵横交错（图四）。

下文有关石拍之描述，即以上述说明为根据。

二　咸头岭遗址 2006 年出土新石器时代石拍分析

1. 第 2 段石拍

仅 1 件。06XTLT1⑥：2（图五），长 10.8、宽 3.2、厚 2.3 厘米。石拍外形上，长度完整，宽度残缺，圆角长方形。两面拍面均残存 5 条沟痕，纵向平行排列。a 拍面左侧第一、二条沟槽痕基本完整无缺，均刻划笔直，估计沟槽痕施工是用了矩尺。沟槽痕上、下两端尖窄，中部宽深。左侧起第四条沟槽痕上、下均略扭曲。b 侧面的沟槽痕上端稍窄，中部及下端较宽。石拍侧沿上有 13 道横向凹槽，凹槽均中央宽深，两端浅窄。若干凹槽打破石拍面之沟槽痕，说明是造好沟槽脊后再沿侧沿修出凹槽。c 拍面近侧沿一条沟槽痕完整，上窄下宽。此面几条沟槽痕的宽窄不一。d 为石拍的顶照，两侧拍面沟槽痕相贯通。从拍的横剖面观察，拍的中部较厚，两侧沿较薄。从拍面形状推测，可能拍身宽度有一半以上残缺。原石拍的宽度推测至少有 6~7 厘米，沟槽痕可能有 10 条左右。e 面为石拍纵向劈裂面，被细致研磨加工。从石拍体的破损来说，是属于纵向折断，

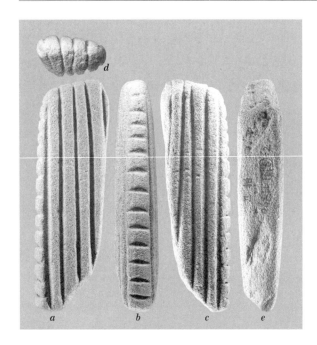

图五　咸头岭遗址第 2 段石拍（06XTLT1⑥：2）图（一）　　图六　咸头岭遗址第 2 段石拍（06XTLT1⑥：2）图（二）

破裂面与沟槽方向大致平行。据观察此拍曾被短暂的使用，有若干使用痕。图六 a 箭咀所示为拍面沟槽脊的崩断，均发生在石拍中部沟槽脊的侧沿，是比较轻微的崩断。c 所示为拍面的头部，有较为明显磨耗。整体来说，估计石拍经过一段时间使用后才纵向折断，因折断面已被磨平，折断的原因不明。

2. 第 3 段石拍

仅 1 件。06XTLT3⑥：2（图七），残长 4.2、宽 4.3、厚 2.1 厘米。器身上端一角残损，中部以下折断，宽度完整。推测为圆角长方形，横剖面两侧较薄，中间稍厚。纵剖面上端圆角，上窄下宽。b 左上角缺失。左边最外一条沟槽脊基本被磨平。此拍面一共有 4 条沟槽痕。左起第一至三

图七　咸头岭遗址第 3 段石拍（06XTLT3⑥：2）图（一）

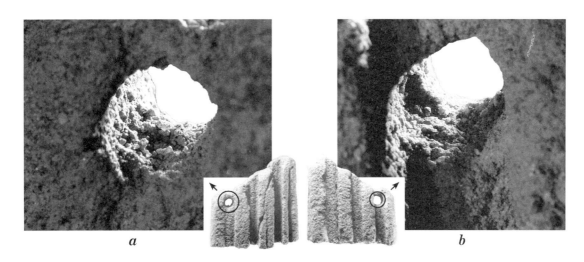

图八　咸头岭遗址第 3 段石拍（06XTLT3⑥：2）图（二）

的沟槽痕底，有微弱纵向凸棱，沟槽壁陡直，沟槽宽 4~5 毫米，沟槽脊较宽，6~7 毫米。左起第三沟槽脊上有一道长 2、宽 0.2 厘米的窄沟，是锯切割的遗痕。推测片锯刃部厚约 0.2 厘米。此拍面右边第一条沟槽痕宽约 0.2~0.3 厘米，上窄下宽。从此沟槽切割痕推测，石锯的厚度也在 0.2~0.3 厘米。c 面可见两面沟槽切割痕很深，深度在 0.4~0.7 厘米之间，中间的沟槽痕最深。由于这样，石拍面沟槽中间的厚度，就只有约 1 厘米。图八为石拍上端小孔，孔径 0.3~0.4 厘米，两面对钻，孔间留有台阶（a、b）。石拍破损属于横向折断，图七 c 可见折断破裂面为截断破裂特征（Bending fracture），不见明显破坏的起点，即受力点与破裂面并非出现同一的位置。石拍上端一角亦有一旧破损折断，此破裂面经稍研磨。此拍各沟槽脊上均有崩断。图九石拍的侧面观察，右起第一、二条沟槽脊中部有明显崩断，是使用过程中拍边受力破损常见的一种现象。整体来说，因为此石拍沟槽切割较深，石拍体易于断裂，拍上端破损后，仍继续使用。

3. 第 4 段石拍

共 2 件。06XTLT1④：34，残长 4.1、残宽 2.3、厚 1.4 厘米。呈圆角方形，两个拍面各残存四条沟槽痕，纵向排列。沟槽痕与沟槽脊宽均约 0.3 厘米。从拍体破损来说，由图一〇a 可见拍下端及拍面左边均折断，都是截断破裂。图一一 a 所示为沟槽脊最严重崩断现象。此外，图一一 b 所示拍上端圆角前沿有明显磨损。

06XTLT2④：7，残长 4.7、宽 3、厚 1.5 厘米。石拍宽度较窄，呈长条形，上下端均被折断。a 面有 4 道纵向但并不规整的浅刻沟槽痕，是徒手刻划而成。图一二 c 另一面亦有几条纵向刻划痕，但规则性甚差，刻划亦更浅。从拍体破损来说，此石拍为横向上下折断，折断面均不见破裂起点。

4. 第 5 段石拍

仅 1 件。标本 06XTLT7③：7（图一三），长

图九　咸头岭遗址第 3 段石拍（06XTLT3⑥：2）图（三）

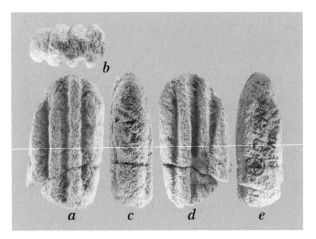

图一〇　咸头岭遗址第 4 段石拍(06XTLT1④：34)图(一)

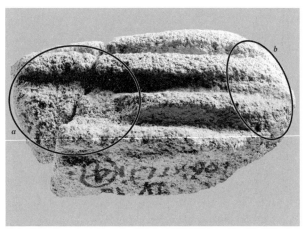

图一一　咸头岭遗址第 4 段石拍(06XTLT1④：34)图(二)

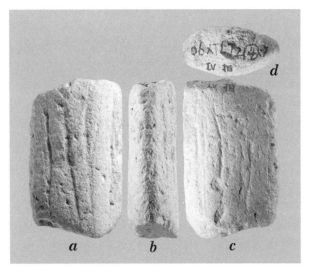

图一二　咸头岭遗址第 4 段石拍(06XTLT2④：7)图

图一三　咸头岭遗址第 5 段石拍(06XTLT7③：7)图(一)

7.1、宽 6、厚 2 厘米。呈圆角长方形，横剖面为长方形，纵剖面上窄，中下部较宽。两个拍面均残存 7 条纵向沟槽痕，排列不规则。a 拍面左下角几条的沟槽痕被磨平。石拍纵横破裂痕打破此研磨面。d 沟槽脊宽度 0.2~0.8 厘米，参差不齐，规则性弱。从图一四石拍上端边沿 a—b 部位均可见头部有严重磨耗，显示石拍经长期使用。此拍中部纵横两方向破断为多块，现残存 3 块。

三　环珠江口新石器时代石拍的对比

本报告书把咸头岭遗址 2006 年发掘的遗存分为了三期 5 段（参见本书上篇第二章），共出土了 5 件石拍。

第 1 段：4940 BC—4770 BC（树轮校正，下同），年代上限接近距今约 7000 年。此段未发现石拍。

第 2 段：4910 BC—4500 BC，年代下限推测在距今约 6600 年前后。此段发现一件石拍，为标本 06XTLT1⑥：2。

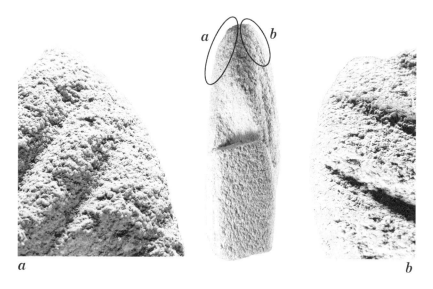

图一四　咸头岭遗址第 5 段石拍（06XTLT7③：7）图（二）

第 3 段：4690 BC—4460 BC，年代下限距今约 6400 年前后。此段发现一件石拍，为标本 06XTLT3⑥：2。

第 4 段：有一个测年数据，年代范围在 6430 BC—6240 BC。本报告认为此年代数据偏早，推测年代约在距今 6200 年前后。此段发现石拍两件，为标本 06XTLT1④：34 和 06XTLT2④：7。

第 5 段：有一个测年数据，年代范围在 2480 BC—2220 BC。本报告认为此年代数据偏晚，推定年代约在距今 6000 年前后。此段发现石拍一件，为标本 06XTLT7③：7。

依据陶器组合发展的演变，以上五段可合为三期。

第一期，包括第 1 至 3 段；

第二期，包括第 4 段；

第三期，包括第 5 段。

第 1 至 3 段连结紧密，第 4 至 5 段连接也比较紧密。惟第 3 段与第 4 段之间差别比较大，衔接不上。笔者按以上年代组合对石拍特征作综合讨论。依测定年代所推测，2006 年发掘第 2 至 5 段均出土有石拍，数量虽然较少，推测所跨年代范围距今 6600—6000 年间，则本遗址住民很可能较长时期使用石拍。这里笔者依分期对石拍特征略作讨论。

1. 第一期石拍的特征

第一期石拍共 2 件，是迄今环珠江口地区从地层中出土年代最早的石拍，是这个地区石拍早期的代表。综合分析其特征包括：

（1）形制为圆角长方形，上端圆角，下端为方形。

（2）石拍横剖面中央稍厚，两侧薄。纵剖面上端较薄，中及下部较厚。

（3）石拍面上沟槽痕以锯片结合矩尺切割而成，沟槽痕和沟槽脊排列基本规整。

（4）拍面两面有大致对称的纵向沟槽痕，沟槽脊由 4—10 条不等。

（5）石拍沟槽脊及头部见显著或轻微的崩断，石拍体破损以横或纵向折断常见。

第一期的两件石拍开启了环珠江口史前石拍形制的先河。

首先从形制上考虑，迄今为止新石器时代香港大湾①、虎地②、涌浪③、万角咀④、中山龙穴⑤、珠海水涌⑥、深圳大梅沙⑦、大黄沙⑧、东莞蚝岗⑨等遗址都出土圆角方形石拍，在青铜器时代如普宁后山遗址也出土同样的石拍⑩，圆角方形石拍在广东地区延续了三四千年的历史。其次在功能上考察，石拍沟槽被认为是拍打开松树皮纤维的作用。从第一期2件石拍的使用痕，可以分为三类：

第一，石拍为残器，呈纵向和横向折断；

第二，石拍面上沟槽脊有显著或轻微的崩断；

第三，石拍头部磨耗显著。

这几种使用痕在民族学资料拍打树皮布的石拍上得到同样的确认。因此，咸头岭第2、3段出土的石拍，推测也是用作拍打树皮布的工具，并且第2、3段出土石拍上一些使用痕的特征，也显示了共同的倾向。

然而，第2、3段两件石拍之间也存在明显的差异。由于目前各段的代表标本仅有1件，相互间的关系一时难以理清。比较值得注意是，第2段出土石拍复原后宽度约7厘米，此拍为长宽10×7厘米大型的石拍，石拍表面沟槽痕可能约有10条。第3段的一件石拍宽度较窄，仅有4条沟槽痕。上述的两件石拍沟槽痕数量的差异较大，而第3段石拍沟槽痕的刻划又明显是较深的。综合考虑，我们可以推测在第一期的阶段，因功能上的差异，石拍的形制已出现不同。据民族学资料显示，这两种石拍在拍打树皮布的过程中，在工序上可能有先后的差别。如果是这样的话，环珠江口石拍技术在最初出现阶段，就已经是非常成熟的树皮布工艺体系，即按工序的不同使用不同石拍，这有待今后更多证据去确认。

其次，第2段石拍侧沿上的粗短凹槽也可能与制作树皮布有关，这种在侧沿施加刻划的石拍在香港大湾和中山龙穴遗址中也有发现，但并不常见。

再有，第2段的石拍两面对称沟槽脊在头部是相贯通的。这种特征在环珠江口新石器时代出土的数十件石拍中，是唯一的例子。这是否反映早期石拍的一种特征，有待确认。

最后，第3段石拍上透穿的小孔亦为环珠江口石拍所仅见的例子，这与石拍的功用有关，应该特别注意。

---

① 吴耀利：《香港南丫岛大湾新石器时代遗址》，《中国考古学年鉴1997》，文物出版社，1999年。

② W. Meacham, "Fu Tei Wan", *Archaeological Investigations on Chek Lap Kok Island*, Journal Monograph IV, Hong Kong Archaeological Society (Hong Kong: Hong Kong Archaeological Society, 1994), pp. 23-44.

③ W. Meacham, "Middle and Late Neolithic at 'Yung Long South'", *Archaeology in Southeast Asia* (Hong Kong: The University Museum and Art Gallery, The University of Hong Kong, 1995), pp. 445-466.

④ T. N. Chiu and V. Ward, "A Barkcloth Beater (？)", *Journal of Hong Kong Archaeological Society* 2 (1984—1985): 98.

⑤ 杨式挺等：《从中山龙穴及白水井发现的彩陶谈起》，《南中国及邻近地区古文化研究——庆祝郑德坤教授从事学术活动六十周年论文集》，中文大学出版社，1994年。

⑥ 赵善德：《前山镇水涌、猫地遗址调查》，《珠海考古发现与研究》，广东人民出版社。

⑦ 深圳市博物馆：《广东深圳大梅沙遗址发掘简报》，《文物》1993年第11期。

⑧ 深圳博物馆等：《广东深圳市大黄沙沙丘遗址发掘简报》，《文物》1990年第11期。

⑨ 冯孟钦：《蚝岗遗址发掘的主要收获》，《东莞蚝岗遗址博物馆》，岭南美术出版社，2007年。

⑩ 广东省文物考古研究所等：《广东普宁市池尾后山遗址发掘简报》，《考古》1998年第7期。

2. 第二、三期石拍的特征

第二期即第 4 段出土的两件石拍，分别为圆角长方形和长条形。同期间存在两种形制不同的石拍，特别是拍面沟槽痕的深浅多寡差异非常明显。此阶段圆角长方形石拍是继承第一期石拍的传统。06XTLT2④：7 一件沟槽痕较少及较浅的石拍，是此时期首次出现的类型。第四段中两种不同形制石拍的共存，可视为拍制树皮布的过程中不同类型的石拍可能具有不同的功能。

第三期 5 段的石拍仅有一件，形制为方角长方形，承接了第一、二期环珠江口石拍的传统。这件石拍现存为 3 块破裂个体拼合而成，估计是由于一次猛烈拍打而同时造成横向和纵向的破裂。石拍是用作拍打的工具，常出现石拍体全体的破损，这是第一至第三期石拍共同的特征，也说明了它们在使用方法上比较接近。

最后，就 2006 年发现的石拍的制作问题略作探讨。这 5 件石拍均为残件，基本已丧失原来石拍之功能，亦未见石拍在破损后有改作的倾向。从咸头岭遗址出土的石器来看，迄今仍未见有制作石拍相关的资料，这里的石拍是否在本地制作有待确认。目前咸头岭遗址的第一至三期石器组合变化不大，主要的有锛、饼形器、凹石、锤、凿、砧、杵及砺石等。石拍一般都以粉砂岩制作，在各期砺石及石料中粉砂岩质石器占不少比例，因此咸头岭完全有当地制作石拍的可能性。在石拍制作过程中，粉砂岩之片解技术，以砺石研磨拍面的加工，以至矩尺在石拍上施沟等技术资料，有待今后的发现。环珠江口迄今发现十多处出土石拍的遗址，但尚未发现与石拍制作相关的活动资料，有待更进一步的工作。

四　余　论

在咸头岭遗址 2006 年发掘的文化堆积层中共发现了 5 件石拍，由于出土层位明确，提供了本地最早新石器时代石拍类型演变探索的重要根据。此外，近年在东莞蚝岗遗址，也从新石器时代层位中出土了不同时期的石拍[①]，再加上青铜时代粤东出土过不少的石拍，我们对岭南距今6600—3500 年间石拍的演变可以有个初步的认识（表一）。

这里先从这次咸头岭遗址出土石拍的对比研究略作讨论。

1985 年、1989 年头两次咸头岭遗址的发掘，共发现 6 件石拍，仅有 1 件完整。这件完整的石拍为圆角长方形，拍面有沟槽痕 25 条，沟槽痕宽约 0.2 厘米，背面及四周磨制光滑[②]。很可惜报告中只报道了 1 件石拍。此后，1997 年、2004 年咸头岭遗址第三、四次发掘的简报迄今还未发表。笔者于近年多次前往深圳博物馆参观咸头岭遗址出土的遗物，所见第三、四次发掘曾出土有较多石拍。2001 年笔者蒙深圳博物馆叶杨先生惠示，对之前咸头岭遗址出土的 8 件石拍进行了初步的分析。由于该批石拍尚未报道，详细的分析待今后发表。笔者初步的印象，这 8 件石拍中，其中形制可辨的 5 件，均为圆角长方形，8 件石拍均是单面拍面，即另一面为素面。一般来说，拍面上纵向沟槽痕数目较多，细密紧凑。如简报已发表的一件，沟槽痕多至 25 条。据李海荣先生的指教，2004 年前咸头岭遗址的发掘范围，主要是在第二列沙堤上。如果是这样，则 2004 年前发掘

---

① 冯孟钦：《蚝岗遗址发掘的主要收获》，《东莞蚝岗遗址博物馆》，岭南美术出版社，2007 年。

② 深圳博物馆等：《深圳市大鹏咸头岭沙丘遗址发掘简报》，《文物》1990 年第 11 期。

表一　环珠江口地区出土石拍

合共92件

遗址	件数	文物编号	长	宽	厚	重量	原料	槽面	槽纹	纵	横	备注	资料来源
中山市龙穴	16	90ZLT1③：25 02255	5.40	5.74	2.20	91	砂质岩	4	直纹	12/13/3	–	残	据实物测量
									方格纹	3	9		
		90ZLT3③：10 02267	8.69	1.94	1.40	27	砂质岩	1	方格纹	–	–	沿边有明显的琢制痕迹	
		90T3：③	6.00	7.50	2.00	–	–	3	直纹	17/18		残	杨式挺、林再圆，1994
		90ZLT1③：31 02222/90ZLT5③：31	9.58	5.45	1.75	919	–	2	直纹	9	12	–	据实物测量
		T2：③	6.90	4.80	2.20	–	–	2	直纹	–	10/9	–	杨式挺、林再圆，1994
		90ZLT3④：9	4.60	2.00						直纹				中山市博物馆，1991
		87.11.18 龙穴出土	9.04	5.35	2.47	125	沙质岩	2	直纹	10/13	–	残	据实物测量
		龙穴 88.8.20（0762）	6.30	6.10	1.35	43	沙岩	2	直纹	13	15	残	
		90ZLT6③：10 02270	5.50	5.28	2.55	104	–	–	素面	–	–	–	
中山市白水井	1	–	14.00	6.40	0.90	–	细砂岩	1	直纹	17	–	–	杨式挺、林再圆，1994
珠海市宝镜湾	4	ZGB 采：110 2001 年4月	7.49	10.05	2.78	296	–	–	素面	–	–	–	据实物测量
		ZBIIT2②：33-1	5.40	8.74	4.97	342	砂质岩	–	素面	–	–	–	
		ZBFT2②：33-2	6.15	7.27	5.20	344	–	–	素面	–	–	残	
		98ZGBT②：19	6.27	7.10	3.32	181	砂质岩	2	复线弧形	4/4	–	–	
珠海市草堂湾	1	9572-12-24	13.55	6.05	1.92	212	砂岩	1	直纹	13	–	–	据实物测量
珠海市锁匙湾	1	99ZHS 采：43	8.15	–	3.60	400	砂质岩?	–	素面	–	–	–	据实物测量
珠海市水涌	1	水冲 842	7.75	5.70	1.15	67	砂岩	1	直纹	18	–	–	据实物测量
深圳市咸头岭	13	T305	7.97	5.27	1.56	88	细砂岩	1	直纹	16	–	残	据实物测量
		XTLT305②：32	9.45	7.08	1.88	133	砂质岩	1	直纹	25	–	残	
		XTLT305②：43	8.75	6.24	1.27	113	–	1	直纹	23	–	–	
		XTLT311②	6.10	5.21	1.85	76	–	1	直纹	15	–	残	
		XTLT312②：33	6.50	6.20	1.37	62	–	1	直纹	23	–	残	
		XTLT318②：34	7.24	6.15	1.27	85	砂质岩	1	直纹	17	–	残	
		XTLT316②：35	7.25	5.42	1.49	85	–	1	直纹	17	–	残	据实物测量
		XTLT316②：35	7.96	2.03	1.71	38	–	1	直纹	8	–	残	
		XTLT316②：36	5.20	3.25	1.35	39	–	1	直纹	7	–	残	
		XTLT321②：41	4.80	6.17	1.35	47	砂质岩	1	直纹	19	–	残	
		T110②：2	10.45	6.95	1.45	–	–	1	直纹	25	–	–	
		–	4.50	4.30	1.25	29	砂质岩	1	直纹	9	–	残	
		–	8.72	5.05	1.49	75	细砂岩	1	直纹	16	–	残	据实物测量

遗址	件数	文物编号	长	宽	厚	重量	原料	槽面	槽纹	纵	横	备注	资料来源
深圳市咸头岭	8	XTLT322②：31	5.23	5.45	3.10	114	–	–	素面	–	–	1994年报告称共出8件	据实物测量；深圳博物馆等，1994
		XTLT305②：44	9.03	8.95	3.95	512	–	–	素面	–	–		
	5	06XTLT1⑥：2	10.8	3.2	2.30	90	粉砂岩	2	直纹	5/5	13	残	据实物测量
		06XTLT3⑥：2	4.2	4.3	2.10	30	粉砂岩	2	直纹	4/3		"残，有一孔"	
		06XTLT1④：34	4.1	2.3	1.40	12	粉砂岩	2	直纹	4/4		残	
		06XTLT2④：7	4.7	3	1.50	30	粉砂岩	2	直纹	4（不明显）/4（不明显）		残	
		06XTLT7③：7	7.1	6	2.00	110	杂砂岩		直纹	7/7		残	
深圳市大黄沙	4	大黄沙 T1②88.5.29	6.82	6.21	1.05	84	沙质岩	1	直纹	17	–	残	据实物测量
		大黄沙 T1②88.5	5.00	–	2.00		砂岩	1	直纹	13	–	–	深圳博物馆等，1994
深圳市大黄沙	16	大黄沙 T2②：1989-6-25	4.95	5.80	1.00			1	直纹	17	–	残；背面及一侧沿刻有图案	据实物测量
		–	7.70	–	3.60	–	砂岩		素面	–	–		深圳博物馆等，1994
深圳市大梅沙	1	DIT11.0③-1	21.90	6.60	1.20		–	1	直纹	24		拍背面近四角有0.4～0.5厘米小孔	据实物测量
东莞市蠔岗	5	T0306（5）：40	4.50	3.80	1.60		–	1	直纹	8	–	残	据实物测量
		T0404④：22	5.80	3.20	1.10		–	1	直纹	10	–	残	
		T0407②A：12	5.70	5.20	2.00		–	1	直纹	9	–	残	
		T0407②A：14	5.70	5.20	2.00		–	1	直纹	5	–	残	
		T0407④：22	5.80	3.20	1.10		–	1	直纹	18	–	残	
普宁市后山	9	83普尾后山 T2③：1	7.56	7.81	1.43	91	砂岩	1	直纹	24	–	残	据实物测量
		83普尾 T2③：2	7.00	5.00	2.00	85	–	1	直纹	8	–	残	
		后山 T7②：1	4.26	5.50	1.68	41	砂岩	2	直纹	8/8	–	残	
		83普尾后山 T7：2②/2008/普8：1	7.61	6.88	1.70	95			直纹	13	–	残	
		83普尾后 T9②：1	6.27	3.82	1.30	30		2	直纹	9/11	–	残	
		后山采：21/2008/普8：2	7.95	5.70	1.92	94			直纹	15	–	残	
		2016	7.89	6.88	2.13	124	粗砂质岩	1	直纹	14	–	残	据实物测量
		后山采24	5.65	7.30	1.92	79	砂岩	1	直纹	21	–	残	
		T8③：6	12.00	7.40	–	–	泥质板岩质	–	素面	21	–		广东省文物考古研究所等，1998
屯门涌浪	2	–	4.75	4.45	2.00	–	–	1	直纹	10	–	残	据实物测量
		–	6.10	6.15	1.70	–	–	1	直纹	12	–	残	

续表

遗址	件数	文物编号	长	宽	厚	重量	原料	槽面	槽纹	槽纹数量		备注	资料来源
										纵	横		
南丫岛大湾	3	DW98ⅧF2	5.64	4.93	1.30	47	–	2	直纹	10/14	–	残	据实物测量
赤鱲角虎地湾	1	FTW40	6.40	6.50	2.10	–	–	2	直纹	13/13	–	残	据实物测量
大屿山万角咀	1	–	8.20	5.90	1.20	–	二长岩	1	直纹	24	–	–	"Chiu and Ward, 1979"

参考资料

T. N. Chiu and V. Ward, "A Barkcloth Beater（?）", *Journal of Hong Kong Archaeological Society* 2（1984－1985）: 98.

中山市博物馆（编）:《中山历史文物图集》,中山市博物馆,1991年。

深圳市博物馆等:《深圳市大黄沙沙丘遗址发掘简报》,《文物》1990年第11期。

黄建秋:《广东珠江口沙丘史前文化遗存中若干问题的研究》,中山大学硕士生毕业论文,1989年。

杨式挺等:《从中山龙穴及白水井发现的彩陶谈起》,《南中国及邻近地区古文化研究——庆祝郑德坤教授从事学术活动六十周年论文集》,中文大学出版社,1994年。

广东省文物考古研究所等:《广东普宁市池尾后山遗址发掘简报》,《考古》1998年第7期。

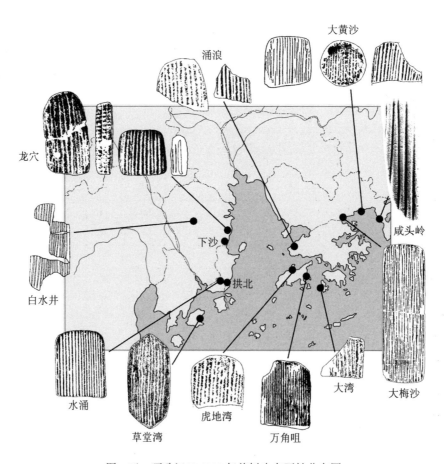

图一五　环珠江口6000年前树皮布石拍分布图

出土的石拍，可能大多是属于该遗址新石器时代较晚的一段（参见下篇第一章），年代上或许与2006 年的第三期文化堆积大致相当。这样，2006 年第一期第 2、3 段出土的石拍，很可能是咸头岭遗址迄今所发现最早的石拍。按现今初步分析，咸头岭遗址出土的石拍可以区分前后两期：

（1）早期：以第一期 2、3 段石拍为代表。

（2）晚期：以第二、三期或者是 2004 年前出土的石拍为代表。

咸头岭遗址早晚期均出土圆角长方形石拍，早期拍面沟槽痕均为两面，沟槽痕较粗疏松散，晚期常见单面拍面石拍，拍面沟槽痕一般细密紧凑。这是从咸头岭遗址所反映出的早晚石拍之间在技术结构上有明显的差异。不过，这种早晚石拍上的变化规律，有待更多例证去确认。

按目前环珠江口新石器时代各遗址发现石拍的不同技术结构，要比咸头岭遗址所反映的更为复杂。其中如香港赤鱲角虎地湾遗址出土的石拍，与咸头岭遗址第 2、3 段的石拍较接近，均为双面拍面。大屿山万角咀的圆角长方形石拍，又与咸头岭晚期的单面石拍几乎一致。此外，中山龙穴遗址出土长条状两侧带装柄凹槽的石拍，单面拍面，沟槽为方格纹，更是咸头岭遗址所未有的技术。

广东地区史前石拍是中国以至东亚地区已知年代最古老的树皮布文化体系（图一五）。近年来，石拍体系从咸头岭新石器时代第一期 2 段（距今 6600 年前）到后山遗址（距今 3500 年前）间 3000 多年的演变趋势，已略可见其发展。

第一阶段

以咸头岭第 2 至 3 段出土石拍为代表。圆角长方形石拍，双面拍面。

第二阶段

以咸头岭第 4 至 5 段、大黄沙、龙穴、大湾等遗址出土石拍为代表。仍以圆角长方形石拍为主流，流行单面拍面。此外石拍形态上有圆饼形、长条形等变化，新出现方格沟槽痕及凹槽装柄技术。

第三阶段

以东莞蚝岗第三期文化遗存出土石拍为代表。边沿出现折沿的菱形石拍。

第四阶段

以宝镜湾遗址上文化层出土石拍为代表。拍身呈半圆形为特色[1]。

第五阶段

以后山遗址出土圆角长方形石拍为代表。

以上第一至第四阶段均为新石器时代，第五阶段已进入青铜时代。从广东地区现今所发现的史前石拍来说，圆角方形石拍是主流。这种石拍以咸头岭第 2 段石拍年代最早，石拍形态和功能上已很成熟，显然不是最古老的石拍，这也显示了环珠江口石拍的起源很可能是外来传入的可能性，此问题的解决有待今后的努力。

---

[1]　广东省文物考古研究所等：《珠海宝镜湾——海岛型史前文化遗址发掘报告》，文物出版社，2004 年。

附录五　咸头岭遗址植物硅酸体的初步研究

吕烈丹

（香港中文大学人类学系）

　　深圳咸头岭遗址在 2006 年进行了第五次发掘。咸头岭遗址在南中国史前考古学中的重要性是众所周知的，所出土的部分陶器显示该遗址和长江流域的新石器文化有相当密切的关系，但对当时的自然资源和经济形态仍缺乏比较深入的研究。此次进行植硅石分析的目的，便是希望收集资料为上述问题提供答案。我们于 2006 年 3 月分别在编号为 06XTLT2 的探方西壁和 06XTLT7 探方东壁的地层剖面从下到上采集了两套土样。后来又在编号为 06XTLT1 的地层采集了第三套土样。本文即报告对这三套土样的分析结果。

　　根据深圳市文物考古鉴定所提供的发掘地层和出土资料，探方 T1 第 8 层，T2 第 8 层和 T7 第 8 层属于新石器时代一期 1 段，距今 6900 多年；探方 T1 第 6 层，T2 第 6 层，T7 第 6 层和第 5 层属于新石器时代一期 2 段，距今约 6600 年左右；探方 T1 第 5 层，T2 第 5 层和 T7 第 4 层为新石器时代一期 3 段，距今 6400 年前后；探方 T1 第 4 层和 T2 第 4 层属于新石器时代二期 4 段，距今 6200 年前后；探方 T7 第 3 层属于新石器时代三期 5 段，年代为距今 6000 年前后。探方 T1、T2 和 T7 的第 7 层均为间歇层，而探方 T1 和 T2 的第 3 层均为青铜时代文化层，年代与中原的商代相当。三个探方的第 2 层都是近代层（参见上篇第二章第四、五节）。据此可得知植硅石样品的相对年代（表一）。至于各探方文化层中的地层结构和出土器物等，在本书相关部分有详细的描述，此处不赘。

表一　咸头岭遗址不同土样中植硅石含量百分比表

土样地层编号	植硅石百分比	年代
06XTLT1②	约15%	近代层
06XTLT1③	5~6%	青铜时代
06XTLT1④	5~6%	6200 BP
06XTLZ1	10%	6400 BP
06XTLT1⑤	>0.25%	6400 BP
06XTLT1⑥	>0.5%	6600 BP
06XTLT1⑦	>0.1%	间歇层
06XTLT1⑧	大约1%	6900 BP
06XTLT2②	10%	近代层
06XTLT2③	1~2%	青铜时代

土样地层编号	植硅石百分比	年代
06XTLT2④	5-6%	6200 BP
06XTLT2⑤	1-2%	6400 BP
06XTLT2⑥	>1%	6600 BP
06XTLT2⑦	>0.5%	间歇层
06XTLZ3	>0.5%	6900 BP
06XTLT2⑧	>1%	6900 BP
06XTLT7②	约10%	近代层
06XTLT7③	4-5%	6000 BP
06XTLT7④	>1%	6400 BP
06XTLT7⑤	>1%	6600 BP
06XTLT7⑥	>1%	6600 BP
06XTLT7⑦	>0.1%	间歇层
06XTLT7⑧	>0.2%	6900 BP

（一）研究方法

咸头岭遗址的采样工作是按照国际通用的植硅石采样程序进行。采样原则是在代表性探方内的每一个文化层和重要遗迹都进行采样。采样步骤是彻底清洗手铲，从遗址地层底部向上采集，每次采样之前先用干净手铲清除地层表面或遗迹表面的浮土，再换另一把干净手铲采集土样。此次在编号 T1、T2 和 T7 三个探方的地层中采集了三套样品，在 T2 第 7 层下编号为 06XTLZ3 和 T1 第 4 层下 06XTLZ1 的灶遗迹中各收集了一个样品。此外，为了进行对比，在三个探方的近代层即编号为 T1②、T2② 和 T7② 的地层中也各采集了一个土样。总共采集了 23 个分析样品。

因为咸头岭遗址是沙丘遗址，土壤中含沙成分多，粘土的成分少，因此需要用较多的沙土进行植硅石提取。提取方法是每份土样取 40 毫升沙土，经过碳酸氢钠浸泡处理，用强酸去除有机质，之后用重液提取植硅石，再以加拿大树脂固定在载玻片上。然后在 Nikon E600 生物显微镜下观察。

植硅石的分析、鉴定和统计是按照派潘努（Piperno 1988）和皮尔朔（Pearsall 1989）两位博士的分类鉴定系统和统计方法进行的。步骤是先根据皮尔朔博士（1989）的测算方法估计了每一样品土壤中包含的所有植硅石比率，以百分比表示，然后进行鉴定、统计和照相；但只统计和记录有鉴定意义的植硅石，对于没有鉴定意义或者目前属于未知的植硅石只进行了观察，并未加以统计。另外还注意观察了样品中包含的碳屑。由于近代层含有不同时期的文化遗物，其植硅石组合的学术意义不大，所以只作了观察和初步鉴定，没有统计。

（二）结果和讨论

根据观察，咸头岭遗址的植硅石也可以分为三大类，第一类是具有一定特征，可鉴定到科或亚科一级的植硅石，如禾亚科的扇形和双峰、单峰形，以及竹芋科的瘤形小球（Piperno 1988）；第二类是没有明显特征的植硅石，如长方形、棒形、方形等。后者在不同的植物中都存在，因此没有鉴定意义。第三类属于未知的植硅石（赵志军等 2005）。下文集中讨论第一类植硅石。

1. 数量和种类的差异

咸头岭遗址是典型的海滨沙丘遗址，地层的土壤结构以沙为主。根据笔者在香港进行植硅石分析的经验，这类沙土中发现的植硅石往往不多。此次实验室处理加大了提取的土壤量，因此在所有标本中都发现了植硅石，但不同地层中植硅石的数量差别颇大（表二）。一般来说，早期地层中的植硅石含量较少，越晚的地层中植硅石含量和种类越多，尤其是在 T1 和 T2 两个探方的第 4 层，其数量和种类都十分可观（表一、二）。探方 T1 第 3 层的植硅石小细胞数量也十分多，但在其他两个探方却没有类似的发现（表二）。近代层所含植硅石数量和种类亦颇为可观（表一）。

如何解释植硅石的数量和种类变化？其中一个主要原因当是人类活动。根据深圳考古所的田野发掘记录，三个探方的第 7 层都是间歇层（参见上篇第二章第四节）。这三层的植硅石含量都十分少（表一），植硅石中可鉴定的小细胞也很少（表二）。探方 T1 第 7 层的植硅石数量少于其底部的第 8 层（表二），尽管前者晚于后者。显然，人类活动是影响遗址中植硅石数量和种类的重要因素。

植硅石土样采集与史前人类活动地点的对应关系应是数量和种类差异的另一个重要原因。三个探方的第 8 层都属于咸头岭遗址一期 1 段，三个样品中都发现了大颗的碳屑，但 T1 第 8 层的植硅石数量和种类明显多于其他两个探方的同期植硅石组合，而 T2 第 8 层基本没有可鉴定的植硅石，其他植硅石的数量亦极少。在 T1 第 8 层发现了一定数量的稻亚科植硅石，但在其他两个探方的同期地层基本没有发现，或只有个别发现（表二）。

表二　咸头岭遗址可鉴定植物硅酸体分类统计表（一）

土样地层编号	06XTLT1③		06XTLT1④		06XTLT1⑤		06XTLT1⑥		06XTLT1⑦		06XTLT1⑧	
年代	青铜时代		6200 BP		6400 BP		6600 BP		间歇层		6900 BP	
可鉴定定植硅石分类	数量	百分比	数量	百分比	数量	百分比	数量	百分比	数量	百分比	数量	百分比
虎尾草亚科 Chloridoid												
鞍形	1260	15.32%	135	1.71%							2	0.72%
长方形	67	0.81%	1	0.01							2	0.72%
早熟禾亚科 Festucoid												
椭/圆形	638	7.75%	182	2.3%							3	1.09%
长/方形	75	0.91%	20	0.25%					1	9.09%	1	0.36%
黍亚科 Panicoid												
亚铃形	502	6.1%	83	1.05%							7	2.54%
十字亚铃形	82	1%	20	0.25%							2	0.72%
复合亚铃形	15	0.18%	3	0.04%								
稻亚科 Oryza												
扇形	44	0.54%	25	0.32%			13	23.54%			9	3.26%
双峰、单峰形	3	0.04%			1	3.85%	6	10.91%	1	9.09%	2	0.72%

续表

土样地层编号	06XTLT1③		06XTLT1④		06XTLT1⑤		06XTLT1⑥		06XTLT1⑦		06XTLT1⑧	
年代	青铜时代		6200 BP		6400 BP		6600 BP		间歇层		6900 BP	
可鉴定定植硅石分类	数量	百分比	数量	百分比	数量	百分比	数量	百分比	数量	百分比	数量	百分比
哑铃形	1	0.01%	1	0.01%			3	5.54%				
其他禾本科小细胞	1695	20.61%	196	2.48%			2	3.64%	2	18.18%	13	4.71%
棕榈科 Palmea												
刺球形	1725	20.98%	3463	43.81%	4	15.38%	17	30.91%	4	36.36%	99	35.87%
扁鞍形	90	1.09%	10	0.13%	1	3.85%						
莎草科 Cyperaceae												
帽形	5	0.06%	10	0.13%								
竹芋科 Maranta												
瘤状小细胞												
木棉科 Bombacaceae												
刺球形	1995	24.26%	3671	46.44%	17	65.38%	11	20%	3	27.27%	131	47.46%
木本多面体	11	0.13%	13	0.16%			2	3.64%			2	0.72%
海绵骨针	16	0.19%	71	0.9%	3	11.54%	1	1.82%			3	1.09%
碳屑	基本无		多大颗粒碳屑		少量		极少		极少		多大颗粒碳屑	
总数：	8224	100%	7904	100%	26	100%	55	100%	11	100%	276	100%

表二　咸头岭遗址可鉴定植物硅酸体分类统计（二）

土样地层编号	06XTLT2③		06XTLT2④		06XTLT2⑤		06XTLT2⑥		06XTLT2⑦		06XTLT2⑧	
年代	青铜时代		6200 BP		6400 BP		6600 BP		间歇层		6900 BP	
可鉴定定植硅石分类	数量	百分比	数量	百分比	数量	百分比	数量	百分比	数量	百分比	数量	百分比
虎尾草亚科 Chloridoid												
鞍形	2	1.42%	44	1.51%			1	0.72%	1	1.11%		
长方形	1	0.71%	6	0.21%								
早熟禾亚科 Festucoid												
椭/圆形	11	7.8%	436	14.94%	2	3.45%	9	6.52%	3	3.33%		
长/方形	4	2.84%	22	0.75%			2	1.45%				
黍亚科 Panicoid												
亚铃形	1	0.71%	68	2.33%			1	0.72%	2	2.22%		
十字亚铃形			16	0.55%								
复合亚铃形			32	1.1%			1	0.72%	1	1.11%		
稻亚科 Oryza												
扇形	41	29.08%	123	4.21%	1	1.72%	2	1.45%	1	1.11%		
双峰、单峰形			2	0.07%	2	3.45%	3	2.17%	1	1.11%		

续表

土样地层编号	06XTLT2③		06XTLT2④		06XTLT2⑤		06XTLT2⑥		06XTLT2⑦		06XTLT2⑧	
年代	青铜时代		6200 BP		6400 BP		6600 BP		间歇层		6900 BP	
可鉴定定植硅石分类	数量	百分比	数量	百分比	数量	百分比	数量	百分比	数量	百分比	数量	百分比
哑铃形			6	0.21%								
其他禾本科小细胞			88	3.01%			1	0.72%	2			
棕榈科 Palmea												
刺球形	17	12.06%	568	19.46%	24	41.38%	44	31.88%	48	53.33%	1	100%
扁鞍形							5	3.62%	1	1.11%		
莎草科 Cyperaceae												
帽形	1	0.71%	18	0.62%								
竹芋科 Maranta												
瘤状小细胞	6	4.26%	12	0.41%	3	5.17%						
木棉科 Bombacaceae												
刺球形	44	31.21%	1392	47.69%	18	31.03%	64	46.38%	30	33.33%		
木本多面体	9	6.38%	18	0.62%	4	6.9%	2	1.45%				
海绵骨针	4	2.84%	68	2.33%	4	6.9%	3	2.17%	2	2.22%		
碳屑	少量		较多		少量		少量		少量		大颗碳屑	
总数：	141	100%	2919	100%	58	100%	138	100%	90	100%	1	100%

表二　咸头岭遗址可鉴定植物硅酸体分类统计（三）

土样地层编号	06XTLT7③		06XTLT7④		06XTLT7⑤		06XTLT7⑥		06XTLT7⑦		06XTLT7⑧	
年代	6000 BP		6400 BP		6600 BP		6600 BP		间歇层		6900 BP	
可鉴定定植硅石分类	数量	百分比	数量	百分比	数量	百分比	数量	百分比	数量	百分比	数量	百分比
虎尾草亚科 Chloridoid												
鞍形	2	1.64%	1	1.56%	1	0.81%						
长方形	2	1.61%										
早熟禾亚科 Festucoid												
椭/圆形	4	3.28%	4	6.25%	3	2.42%	3	2.33%				
长/方形					1	0.81%						
黍亚科 Panicoid												
亚铃形	2	1.64%										
十字亚铃形	1	0.82%					2	1.55%				
复合亚铃形	1	0.82%	3	4.69%								
稻亚科 Oryza												
扇形	40	32.79%	12	18.75%	5	4.03%	2	1.55%	7	23.33%		
双峰、单峰形	6	4.92%	1	1.56%					1	3.33%	1	5.88%

续表

土样地层编号	06XTLT7③		06XTLT7④		06XTLT7⑤		06XTLT7⑥		06XTLT7⑦		06XTLT7⑧	
年代	6000 BP		6400 BP		6600 BP		6600 BP		间歇层		6900 BP	
可鉴定定植硅石分类	数量	百分比	数量	百分比	数量	百分比	数量	百分比	数量	百分比	数量	百分比
哑铃形												
其他禾本科小细胞	3	2.46%	3	4.69%					2	6.67%		
棕榈科 Palmea												
刺球形	22	18.03%	24	37.5%	91	73.39%	110	85.27%	11	36.67%	10	58.82%
扁鞍形	2	1.64%					6	4.65%				
莎草科 Cyperaceae												
帽形												
竹芋科 Maranta												
瘤状小细胞							1	0.78%	2	6.67%		
木棉科 Bombacaceae												
刺球形	11	9.02%	9	14.06%	4	3.23%	4	3.1%	6	20%	6	35.29%
木本多面体	8	6.56%	1	1.56%	7	5.65%			1	3.33%		
海绵骨针	18	14.75%	6	9.38%	12	9.68%	1	0.78%				
碳屑	有大颗粒碳屑		极少		极少		少量		极少		大颗粒碳屑	
总数：	122	100%	64	100%	124	100%	129	100%	30	100%	17	100%

表二 咸头岭遗址可鉴定植物硅酸体分类统计（四）

土样遗迹编号	06XTLZ3（灶）		06XTLZ1（灶）	
年代	6900 BP		6400 BP	
可鉴定定植硅石分类	数量	百分比	数量	百分比
虎尾草亚科 Chloridoid				
鞍形			287	22.16%
长方形				
早熟禾亚科 Festucoid				
椭/圆形			192	14.83%
长/方形			93	7.18%
黍亚科 Panicoid				
亚铃形			21	1.62%
十字亚铃形			3	0.23%
复合亚铃形			3	0.23%
稻亚科 Oryza				
扇形			30	2.32%
双峰、单峰形			478	36.91%

续表

土样遗迹编号	06XTLZ3（灶）		06XTLZ1（灶）	
年代	6900 BP		6400 BP	
可鉴定定植硅石分类	数量	百分比	数量	百分比
哑铃形			5	0.39%
其他禾本科小细胞			18	1.39%
金粟兰科 Chloranthaceae			3	0.23%
棕榈科 Palmea				
刺球形	3	75%	5	0.39%
扁鞍形				
莎草科 Cyperaceae				
帽形			70	5.41%
竹芋科 Maranta				
瘤状小细胞				
木棉科 Bombacaceae				
刺球形			20	1.54%
木本多面体			52	4.02%
海绵骨针	1	25%	15	1.16%
（大量棒形）				
碳屑	少量		多大颗碳屑	
总数：	4	100%	1295	100%

类似的现象也见于青铜时代的文化堆积。T1 第 3 层土样中植硅石总体含量为 5%～6%，含有 8000 多个可鉴定的小细胞，包括 1600 多个禾本科小细胞，数以百计的虎尾草、早熟禾亚科和黍亚科小细胞，以及数十个稻亚科植硅石，还有棕榈科和木棉科的小细胞（图一），但基本没有发现碳屑；而与之同属青铜时代的 T2 第 3 层植硅石总体含量只有 1%～2%，包括 141 个可鉴定的小细胞及少量碳屑；稻亚科植硅石的含量与 T1 同期相似，但虎尾草、早熟禾亚科、黍亚科和禾本科的小细胞均大幅减少（表二）。

土样中植硅石含量比较丰富，值得关注的还有好几个样品。其中 T1 第 4 层地层中采集的土样，其植硅石含量为 5%～6%，甚少棒形体。可鉴定的植硅石达到 7000 多个，主要是棕榈科和木棉科的小细胞，其总数分别超过 3000 个，各占可鉴定植硅石总量的 43% 以上；其次是虎尾草、黍亚科和禾本科的小细胞，每一种的数目都超过 100 个，占可鉴定植硅石总量的 1%～2%；稻亚科的植硅石甚少，只有 25 个稻叶上的扇形（图二）和一个哑铃形细胞，没有谷壳上的双峰或单峰植硅石；此外还有大颗碳屑（表二）。另外一个出于 T1 第 4 层下编号为 Z1 的土样，含有大约 10% 的植硅石，其中大部分是不能鉴定或没有鉴定意义的植硅石，特别是大量的棒形体；有鉴定意义的植硅石 1200 多个，以大量稻亚科谷壳表面的双峰和单峰形植硅石为主（图三），占所有可鉴定植硅石总数的将近 37%；其次为虎尾草亚科和早熟禾亚科的小细胞，再其次是莎草科的帽形植硅石（图四）；棕榈和木棉科的比例明显减少，此外也有大量碳屑和相对完整的植物残片（表一、二；图五）。

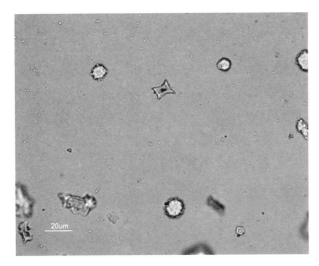

图一 06XTLT1③fig. 1

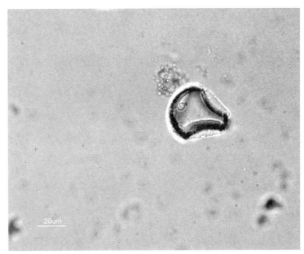

图二 06XTLT1④Fig. 2

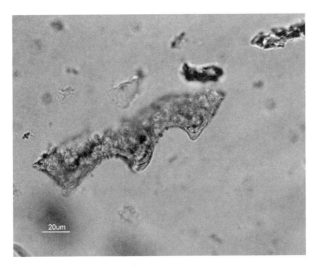

图三 06XTLZ1Fig. 3

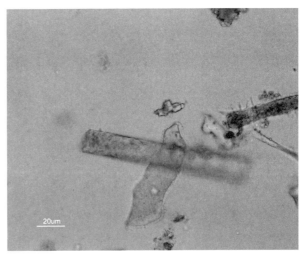

图四 06XTLZ1Fig. 4

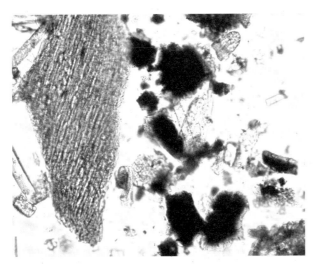

图五 06XTLZ1Fig. 5

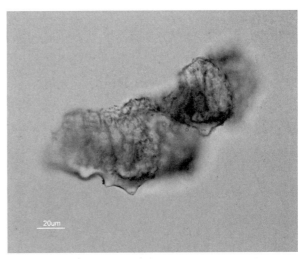

图六 06XTLT1⑥Fig. 6

上述明显的植硅石组合差别显然不能仅仅用环境、气候和植被变化等自然因素来解释。史前人类在遗址的不同位置进行了不同的活动，应当是造成上述差异的主要原因。导致 T1 和 T2 第 8 层植硅石组合出现差别的原因尚不清楚，但 T1 第 4 层下所压的灶（Z1），显然反映了史前时期人类燃烧植物的活动，而且看来当时居民选择的燃料是以草本植物为主。

2. 环境、植被和经济形态

此次的 23 个植硅石样品为咸头岭遗址从距今 6900 多年到 3000 年左右的自然环境、气候和植被提供了重要的资料。根据植硅石的组合，从距今 6900 多年到大约 3000 年间，咸头岭遗址的环境和植被基本组合没有明显的变化。土壤中沙土的高含量和海绵骨针在各个时期的发现，说明遗址周围的地貌基本是近海沙堤。属于亚热带植物的棕榈科和木棉科在各个地层包括间歇层均有发现，而且在不少地层中占有相当大的比例（表二），说明本地在全新世早期以后的植被中一直含有亚热带的植物，属于温暖潮湿的气候和植被。植硅石组合中其他主要的成分是禾本科植物，包括虎尾草、早熟禾亚科、黍亚科和稻亚科，还有不能鉴定到亚科的禾本科植硅石。代表木本植物的植硅石数量不多，但在各个时期都有一些个体，说明当地生长着一定量的树木；当然，这些植硅石遗存也在一定程度上反映了史前咸头岭居民利用植物资源的模式（表二）。综观三个探方地层中采集的样品，植硅石的组合没有明显变化，说明咸头岭遗址植被从全新世早期到晚期，植被组合相当稳定。

值得特别注意的当然是植硅石组合中出现的稻亚科植硅石。咸头岭遗址从新石器时代第一期到青铜时代的地层中均发现了稻亚科植硅石，除了 Z1 以外，其余地层中的稻亚科植硅石均以扇形体为主，说明稻亚科叶子在地层中是存在的。至于稻谷谷壳的双峰或单峰植硅石，在 Z1 中发现了 400 多个（表二），在其他地层中也有少量发现，包括间歇层。其中探方 T1 和 T2 间歇层中发现的稻亚科植硅石数量很少，可以忽略不计；但探方 T7 的间歇层中发现了一定数量的稻亚科扇形体，而其上的文化层第 6 层中所见扇形体的数量反而较少（表二），这似乎说明稻亚科在史前咸头岭的自然植被中是存在的。因此，我们在解释文化层中稻亚科植硅石的时候，必须采取十分谨慎的态度。

咸头岭地层中发现的稻亚科植硅石，到底是天然遗存，还是人类活动的结果？稻亚科是否已经被咸头岭史前居民所利用？要解决这个问题，需要结合考古学的遗迹现象来考虑。根据深圳考古所的发掘资料，此次所采的两个土样分别来自两个史前"灶"的遗迹中。但植硅石分析显示在探方 T2 第 7 层下 3 号灶所采样品，包含植硅石极少，而且没有稻亚科的植硅石（表二）。不过，在属于新石器文化第一期一段的探方 T1 第 8 层发现了一定数量的稻亚科植硅石（表二），地层中亦含有数量不多但大颗粒的碳屑。综合考虑文化层和间歇层的情况，咸头岭早期的居民有可能已开始利用稻亚科植物；但尚不能作为定论，因为既然间歇层中有稻亚科植硅石，则文化层土壤中的稻亚科植硅石也有可能是自然的植物遗存。

在距今 6600 到 6400 年的地层中，植硅石总数都不多，而稻亚科的植硅石数量和比例也较低（表二）。这有可能是埋藏的问题，因为同期其他地层的植硅石含量也不多；而且根据过往经验，松散的沙土似乎不利于植硅石的保存。但值得注意的是，探方 T1 第 6 层的稻亚科谷壳双峰形植硅石有发黑的现象（图六）。根据派潘努博士的研究，这有可能是植物经过火烧形成的（1989）。因为土样取自文化层而非自然层，因此这一现象应该与人类活动有一定关系。由此看来，在距今6600年左右，稻亚科已经被咸头岭居民所利用。在T1第4层下的1号灶土样中发现了大量的植硅石，特别是大量的稻亚科谷壳植硅石（表二），也是人类利用稻亚科植物的证据。

那么咸头岭遗址的稻，到底是野生还是栽培稻？换言之，咸头岭的史前居民有无进行水稻栽培活动？根据植硅石是否可以进行野生和栽培稻的鉴定，在学术界有不同的意见。而且笔者所用的显微镜没有测量功能，不能测量稻亚科谷壳双峰体的尺寸。更何况，即使T1第4层下Z1发现的稻亚科植硅石属于栽培稻，也未必可以说明那是在本地栽培，因为稻谷可以来自交换，而Z1中发现的属于稻叶的扇形体，数量又相当有限（表二）。因此，目前我们还不能就上述问题作出结论。

总而言之，此次咸头岭遗址的植硅石分析，说明该遗址从全新世初期晚段以来，气候一直比较温暖潮湿，植被中有相当数量的禾本科植物，也有一定量的木本植物；而稻亚科至少在距今6600年左右就已经被人类所利用。根据笔者在广西的调查，野生稻被当地农民收割作为燃料；咸头岭的史前稻亚科遗存，可能具有同样的功能。至于咸头岭是否存在稻作农业，根据目前的资料，尚难得出结论，有待今后进一步的工作。

鸣　谢

本研究由香港特区政府研究资助局资助（香港中文大学项目编号 CUHK4101/04H）完成，笔者对所获资助深表感谢。

引用书目：

Pearsall，M Deborah 1989 *Paleoethnobotany-A Handbook of Procedures*. San Diego：Academic Press.

Piperno，Dolores 1988 *Phytolith Analysis*：*An Archaeological and Geological Perspectives*. San Diego：Academic Press.

赵志军，吕烈丹，傅宪国：《广西邕宁顶蛳山遗址出土植硅石的分析与研究》，《考古》2005年11期。

附录六 新西兰 Waikato 大学加速器质谱（AMS）碳-14 测试报告

The University of Waikato

Radiocarbon Dating Laboratory

Submitter：Tracey L-D Lu

Site & Location：Xiantouling, Shenzhen, China

Sample Material：Charcoal

Physical Pretreatment：Possible contaminants were removed. Washed in ultrasonic bath.

Chemical Pretreatment：Sample washed in hot 10% HCI, rinsed and treated with hot 1% NaOH. The NaOH insoluble fraction was treated with hot 10% HCI, filtered, rinsed and dried.

Lab's Code	Submitter's Code	Result	Calibrated Date	
			1σ(68.2%)	2σ(95.4%)
Wk19110	06XTLT15⑥：01	5774±44BP	4690BC(60.5%)4580BC 4570BC(7.7%)4550BC	4730BC(95.4%)4500BC
Wk19111	06XTLT15⑦：01	5885±40BP	4795BC(68.2%)4710BC	4850BC(94.2%)4680BC 4640BC(1.2%)4610BC
Wk19112	06XTLT7⑥：01	5921±38BP	4840BC(68.2%)4720BC	4910BC(95.4%)4700BC
Wk19113	06XTLT7⑧：01	5806±39BP	4720BC(68.2%)4600BC	4770BC(95.4%)4540BC
Wk19114	06XTLT10③：01	3889±36BP	2460BC(68.2%)2340BC	2480BC(93.3%)2280BC 2250BC(2.1%)2230BC
Wk19115	06XTLT15⑤：01	5729±43BP	4660BC(4.6%)4640BC 4620BC(63.6%)4500BC	4690BC(95.4%)4460BC

- Result is Conventional Age or % Modern as per Stuiver and Polach, 1977, Radiocarbon 19, 355−363. This is based on the Libby half-life of 5568 yr with correction for isotopic fractionation applied. This age is normally quoted in publications and must include the appropriate error term and WK number.

- Quoted errors are 1 standard deviation due to counting statistics multiplied by an experimentally determined Laboratory Error Multiplier of 1.

- The isotopic fractionation, $\delta^{13}C$, is expressed as ‰ wrt PDB.

- Result are reported as % Modern when the conventional age is younger than 200 yr BP.

附录七　北京大学加速器质谱（AMS）碳-14 测试报告

送样单位：深圳市文物考古鉴定所

送样人：李海荣

测定日期：07—06

Lab 编号	样品	样品原编号	碳十四年代（BP）	树轮校正后年代（BC）	
				1σ（68.2%）	2σ（95.4%）
BA06857	木炭	06XTLF1：01	7475±40	6420BC（40.3%）6350BC 6310BC（27.9%）6260BC	6430BC（95.4%）6240BC
BA06858	木炭	06XTLT6⑦：01	5860±35	4785BC（68.2%）4700BC	4830BC（91.5%）4650BC 4640BC（3.9%）4610BC
BA06859	木炭	06XTLT9⑥：01	6165±50	5210BC（68.2%）5050BC	5300BC（2.5%）5250BC 5230BC（92.9%）4960BC
BA06860	木炭	06XTLT9⑧：01	5810±35	4720BC（68.2%）4610BC	4770BC（95.4%）4540BC
BA06861	木炭	06XTLT10③：01	3865±35	2460BC（34.5%）2360BC 2350BC（33.7%）2280BC	2470BC（83.9%）2270BC 2260BC（11.5%）2200BC
BA06862	木炭	06XTLT14⑧：01	5830±35	4770BC（4.4%）4750BC 4730BC（52.0%）4650BC 4640BC（11.8%）4610BC	4790BC（95.4%）4580BC
BA07361	木炭	06XTLT14⑧：02	5875±35	4785BC（68.2%）4710BC	4840BC（95.4%）4680BC

注：所用碳-14 半衰期为 5568 年，BP 为距 1950 年的年代。

树轮校正所用曲线为 IntCal04（1），所用程序为 OxCal v3.10（2）。

北京大学考古文博学院

2007 年 6 月 6 日

附录八　2006年咸头岭遗址出土石器、石料登计表

（一）新石器时代石锛登记表

序号	器物号	期	段	型	尺寸（厘米）	重量（克）	岩性	颜色	备注
1	T1④：24	二	4	A	残长6、宽3.8、厚2.1	56	粉砂质板岩	灰黄色	残
2	T1④：25	二	4	B	长6.5、宽5.1、厚1.4	64	凝灰质粉砂岩	土黄色	
3	T1④：27	二	4	A	残长3.3、宽5.1、厚1.6	44	中粗粒粉砂岩	灰黑色	残
4	T1④：28	二	4	A	长7、宽5.1、厚1.5	76	泥质粉砂岩	灰黑色	
5	T1④：35	二	4	A	残长6.2、宽5.9、厚2	100	粉砂岩	灰黄色	残
6	T1④：60	二	4	C	长14.4、宽5.7、厚2.6	234	炭质板岩	灰黑色	
7	T1④：78	二	4	B	长8.4、宽6.1、厚2	178	含炭质粉砂岩	灰黑色	
8	T1④：86	二	4	A	长4.8、宽4.1、厚1.3	46	凝灰质粉砂岩	灰黄绿色	残
9	T1⑤：6	一	3	A	长6、宽5.3、厚1.2	50	泥质粉砂岩	褐灰色	残
10	T1⑤：18	一	3	A	长8.6、宽5.6、厚1.4	94	泥质粉砂岩	灰黄色	
11	T1⑥：6	一	2	A	长6.1、宽4.3、厚1.4	36	泥质粉砂岩	灰黄绿色	
12	T1⑧：5	一	1	A	长5.7、宽5.1、厚1.6	82	泥质粉砂岩	灰黄绿色	
13	T1⑧：6	一	1	A	长4.8、宽4.4、厚1.5	60	含炭质粉砂岩	灰黑色	
14	T3④：3	三	5	A	长6.5、宽3.8、厚1.9	82	泥质板岩	灰黄绿色	
15	T3⑤：14	二	4	A	残长6.9、宽6、厚2.7	102	杂砂岩	浅紫红色	残
16	T3⑨：1	一	1	A	长5.8、宽5.3、厚1.4	74	安山玢岩	灰绿色	
17	T5⑤：4	一	2	A	长9.2、宽6.5、厚2.4	208	粉砂质板岩	灰绿色	
18	T7③：5	三	5	A	残长7.2、残宽1.9、厚1.7	20	泥质粉砂岩	灰褐色	残
19	T7③：6	三	5	A	残长2.5、宽3.3、厚0.9	12	泥质粉砂岩	土黄色	残
20	T7③：9	三	5	A	长14.6、宽6.7、厚2.9	430	粉砂岩	浅灰绿色	残
21	T8③：1	三	5	A	长5.6、宽5.2、厚1.5	74	泥质粉砂岩	灰黄色	
22	T9③：1	三	5	A	长7.5、宽4.6、厚1.1	68	泥质板岩	土灰色	
23	T9③：2	三	5	A	长5.4、宽4.4、厚1.4	52	泥质板岩	土灰色	
24	T10③：1	三	5	A	长8.1、宽4.7、厚2.4	160	板岩	灰绿色	
25	T10③：2	三	5	A	残长4.8、宽4、厚1.4	36	杂砂岩	灰黑色	残
26	T10③：3	三	5	A	长4.8、宽3.8、厚1.6	50	泥质板岩	灰色	
27	T11③：1	三	5	A	残长6.9、残宽4.1、厚1.6	68	含炭质粉砂岩	深灰色	残

续表

序号	器物号	期	段	型	尺寸 （厘米）	重量 （克）	岩性	颜色	备注
28	T12⑧：2	一	1	A	长6、宽5.5、厚1.5	76	泥质粉砂岩	灰黄绿色	
29	T15⑦：1	一	2	A	残长1.9、残宽4.1、厚0.9	6	含炭质粉砂岩	灰黑色	残
30	T17⑤：1	一	3	A	残长4.5、宽5.8、厚1.5	60	炭质页岩	灰黑色	残
31	T18③：1	三	5	A	长5.5、宽4.4、厚1.8	54	炭质板岩	灰黑色	
32	T18⑤：1	一	3	A	残长6.6、宽5.7、厚1.2	90	粉砂岩	褐红色	残
33	F1：4	二	4	B	长4.5、宽5.3、厚1.4	52	泥质粉砂岩	灰绿色	
34	F1：5	二	4	A	长7、宽6.7、厚1.6	124	蚀变火山岩	灰黄色	
35	F1：7	二	4	A	长5.8、宽5.4、厚1.5	78	泥质粉砂岩	灰黄色	
36	F1：8	二	4	A	长7.8、宽5.7、厚2	132	粉砂岩	灰绿色	

（二）新石器时代饼形器登计表

序号	器物号	期	段	型	尺寸 （厘米）	重量 （克）	岩性	颜色	备注
1	T1④：11	二	4	B	直径5.9~6.7、厚3	186	杂砂岩	灰黄色	残
2	T1④：12	二	4	A	残径3.4、复原直径11.4、厚5.4	312	中粗粒花岗岩	黄白色	残
3	T1④：26	二	4	B	直径4~4.4、厚1.2~2.2	52	泥岩	紫色	
4	T1④：29	二	4	B	残径2、复原直径6.2、厚2.2	18	杂砂岩	灰黄色	残
5	T1④：30	二	4	B	直径5、厚1.6	50	粉砂岩	黄白色	
6	T1④：31	二	4	B	残径2.3、复原直径4.8、厚2.3	28	杂砂岩	灰黄色	残
7	T1④：36	二	4	B	直径6.5、厚3.1	222	凝灰质砂岩	灰红色	
8	T1④：37	二	4	B	直径6.1~6.4、厚2.6	146	花岗斑岩	灰黄色	残
9	T1④：40	二	4	B	直径7.6、厚3	226	长英质杂砂岩	土黄白色	
10	T1④：41	二	4	B	直径6.5、厚2.7	148	粉砂岩	土黄色	残
11	T1④：42	二	4	B	直径4.5、厚2	56	页岩	砖红色	
12	T1④：52	二	4	C	直径7.9~8.1、厚2.3	176	板岩	灰黄色	
13	T1④：56	二	4	B	直径12.8、厚6.4	1776	二长花岗斑岩	黄白色	
14	T1④：57	二	4	A	残径7、复原直径11、厚3.4	266	泥质粉砂岩	灰黄色	残
15	T1④：59	二	4	B	直径5.2~5.6、厚2.6	112	花岗斑岩	灰黄色	
16	T1④：66	二	4	A	直径8.9~9.8、厚3.1	330	泥质粉砂岩	灰黄色	
17	T1④：67	二	4	B	直径6.7~6.9、厚3.2	186	风化花岗斑岩	灰黄色	残
18	T1④：68	二	4	B	直径5.1、厚2.2	78	风化花岗斑岩	灰白色	
19	T1④：69	二	4	B	直径7.6、厚3.1	250	风化花岗斑岩	灰黄白色	
20	T1④：70	二	4	C	直径7.5、厚1.1	78	页岩	土黄色	
21	T1④：72	二	4	B	残径4.7、复原直径12、厚3.6	324	风化花岗斑岩	灰黄色	残
22	T1④：73	二	4	A	直径13~13.7、厚6.4	1710	二长花岗岩	黄白色	
23	T1④：74	二	4	B	直径5.4、厚2.2	72	风化细晶岩	灰黄黑色	
24	T1④：75	二	4	B	直径10、厚4.6	446	粉砂岩	灰黄色	残

序号	器物号	期	段	型	尺寸（厘米）	重量（克）	岩性	颜色	备注
25	T1④：77	二	4	B	直径5.5、厚2	56	含砾砂岩	砖红色	残
26	T1④：81	二	4	B	残径7.6、复原直径11、残厚2	238	板岩	灰黄色	残
27	T1④：83	二	4	C	直径4.2~4.9、厚1.2	30	长英质砂岩	灰黄色	
28	T2④：1	二	4	B	直径5.5、厚2	70	长英质粉砂岩	灰黄色	残
29	T2④：2	二	4	C	直径4.5~4.8、厚1.3	36	泥质板岩	灰黄色	
30	T2④：3	二	4	C	直径3.9~4.2、厚0.7	18	炭质板岩	灰黑色	
31	T2④：6	二	4	B	直径8.6~8.9、厚3	254	泥质粉砂岩	浅砖红色	残
32	T2④：9	二	4	C	直径6~6.5、厚1.3	58	页岩	灰黄色	
33	T2④：11	二	4	C	直径7.5~9.2、厚1.5	102	页岩	灰黄色	残
34	T3④：4	三	5	B	残径3.8、复原直径9、厚2.8	120	花岗斑岩	浅砖红色	残
35	T3④：5	三	5	B	残径4.4、复原直径8.4、厚3.2	88	花岗斑岩	浅砖红色	残
36	T3⑤：7	二	4	A	直径7.8、厚4.8	388	硅化石英砂岩	灰白色	
37	T3⑤：9	二	4	B	残径4.2、复原直径9.6、厚3.3	152	花岗斑岩	土黄色	残
38	T3⑤：21	二	4	B	残径4.4、复原直径13、厚3.3	58	花岗斑岩	灰黄色	残
39	T3⑤：23	二	4	B	直径6.7~7.1、厚3.4	214	花岗斑岩	灰白色	残
40	T3⑤：24	二	4	C	直径7.7~8、厚2	106	页岩	土黄色	
41	T3⑤：31	二	4	A	直径11.8~12.6、厚6	1310	长英质杂砂岩	灰黄白色	
42	T5④：1	一	3	B	直径4.3~4.7、厚1.8	56	杂砂岩	土黄色	
43	T5⑤：5	一	2	A	残径6、复原直径12.8、厚6.4	654	中粗粒花岗岩	黄白色	残
44	T6③：4	三	5	B	直径6、厚2.6	132	长英质杂砂岩	灰黄白色	
45	T6③：5	三	5	C	残径4、厚1.7	20	泥质粉砂岩	土黄色	残
46	T7③：3	三	5	C	直径7.9~8.4、厚1.6	124	板岩	灰黄色	残

（三）新石器时代凹石登计表

序号	器物号	期	段	型	尺寸（厘米）	重量（克）	岩性	颜色	备注
1	T1④：17	二	4	B	长12.7、宽5、厚2.6	248	基性火山岩	灰黑色	
2	T1④：46	二	4	A	直径9.4~11、厚8	1288	砂岩	浅灰黑色	
3	T1④：51	二	4	A	直径7.6~9、厚2.4	158	泥质板岩	灰黄色	
4	T1⑤：13	一	3	B	长12.3、宽4、厚3	202	玄武岩	灰黑色	
5	T1⑤：21	一	3	A	直径9.8~10.2、厚4.4	660	硅质砂岩	灰黑色	
6	T1⑥：3	一	2	A	直径5.9~10.2、厚3.8	320	花岗岩	黄白色	
7	T1⑥：5	一	2	A	直径7~8.5、厚4.6	416	花岗岩	浅黄白色	
8	T2④：8	二	4	B	长12.5、宽6.8、厚3.6	530	石英砂岩	浅灰黑色	
9	T2⑤：3	一	3	A	直径7.1~9.1、厚4.5	420	硅质砂岩	灰黑色	
10	T2⑤：5	一	3	A	直径10~12、厚7	1238	砂砾岩	黄白色	
11	T2⑤：6	一	3	A	直径9.6~12.4、厚5.3	942	花岗斑岩	灰黄白色	

序号	器物号	期	段	型	尺寸 （厘米）	重量 （克）	岩性	颜色	备注
12	T2⑤：7	一	3	A	直径7.2~8、厚3.9	360	粗粒花岗岩	黄白色	
13	T2⑤：8	一	3	A	直径6.2~9.3、厚3.8	336	硅质砂岩	灰黑色	
14	T2⑥：3	一	2	A	直径7.5~9.8、厚4.8	544	硅质砂岩	灰白色	
15	T2⑧：3	一	1	A	直径7.2~8、厚2.4	218	砂岩	土黄色	
16	T3④：2	三	5	B	长10.2、宽5、厚3.8	316	硅质砂岩	灰黑色	
17	T3⑦：1	一	2	A	直径10、厚4.6	648	长英质杂砂岩	黄白色	
18	T4③：1	三	5	A	直径7~8.4、厚3.4	308	硅质砂岩	浅灰黑色	
19	T4⑥：3	一	2	A	直径7.8~9.3、厚5.2	528	硅质砂岩	灰白色	
20	T12⑧：3	一	1	A	直径9~10.7、厚3.4	580	硅质砂岩	灰白色	
21	T14⑧：8	一	1	A	直径6.9~8.3、厚3.6	310	硅质砂岩	灰黄白色	
22	F1：3	二	4	B	长12.8、宽4.4、厚3.5	350	含炭质粉砂岩	灰黑色	
23	F1：9	二	4	A	直径11.2~12.2、厚6	1232	砂砾岩	灰黑色	

（四）新石器时代石杵登计表

序号	器物号	期	段	型	尺寸 （厘米）	重量 （克）	岩性	颜色	备注
1	T1④：19	二	4	A	残长5.6~7.6、厚7.4	434	砂岩	灰黑色	残
2	T1④：20	二	4	A	长径12.4、短径6、厚5.6	776	燧石岩	灰黑色	
3	T1④：45	二	4	A	长径19、短径8、厚7	1720	玄武岩	深灰黑色	
4	T1④：47	二	4	A	长径14、短径8、厚6	988	硅化石英砂岩	灰黄色	
5	T1④：48	二	4	A	长径7.5、短径5.8、厚4.4	284	石英砂岩	灰黄色	
6	T1④：49	二	4	A	长径10.2、短径5.8、厚5.2	522	燧石岩	灰黑色	
7	T1④：54	二	4	A	长径11.4、短径8.8、厚5.6	844	石英长石砂岩	土黄白色	
8	T1④：62	二	4	C	长16.4、宽8.4、厚5	784	片麻岩	灰黑色	残
9	T3⑤：4	二	4	A	长径8.1、短径6、厚4.8	366	硅质岩	灰黄色	
10	T3⑤：8	二	4	A	残长径8、短径7、厚4.6	398	石英砂岩	褐黄色	残
11	T3⑤：25	二	4	A	长径8.6、短径5.3、厚3.3	200	砂砾岩	灰黄色	
12	T3⑤：26	二	4	B	长21.6、宽8、厚5.4	944	凝灰质粉砂岩	黄白色	
13	T3⑤：27	二	4	A	长径12.8、短径8.4、厚7.8	1258	英安斑岩	黄白色	
14	T3⑤：29	二	4	A	长径17.6、短径8.4、厚6.8	1556	英安斑岩	黄白色	
15	T7⑥：2	二	2	A	长径10.8、短径7.4、厚6.4	710	砂岩	灰黄色	
16	T12⑥：2	一	2	A	长径15.6、短径6.4、厚5.4	808	砂岩	灰黑色	
17	YJ1：6	二	4	A	长径11.8、短径8.4、厚6.4	824	粗粒花岗岩	黄白色	

（五）新石器时代石锤登计表

序号	器物号	期	段	尺寸 （厘米）	重量 （克）	岩性	颜色	备注
1	T1⑤：12	一	3	直径7.6~10.8	1104	砾岩	黄白色	
2	T2⑤：4	一	3	直径5.7~8.2	356	硅质岩	灰白色	
3	T3⑤：3	二	4	直径4.3~5.8	170	杂砂岩	黄白色	
4	T3⑤：5	二	4	直径4~5	124	花岗岩	黄白色	

（六）新石器时代石拍登计表

序号	器物号	期	段	尺寸 （厘米）	重量 （克）	岩性	颜色	备注
1	T1④：34	二	4	残长4.1、残宽2.3、厚1.4	12	粉砂岩	灰红色	残
2	T1⑥：2	一	2	残长10.8、残宽3.2、厚2.3	90	粉砂岩	灰色	残
3	T2④：7	二	4	残长4.7、宽3、厚1.5	30	粉砂岩	橙红色	残
4	T3⑥：2	一	3	残长4.2、宽4.3、厚2.1	30	粉砂岩	灰红色	残
5	T7③：7	三	5	残长7.1、宽6、厚2	110	杂砂岩	灰黄色	残

（七）新石器时代石凿登计表

序号	器物号	期	段	尺寸 （厘米）	重量 （克）	岩性	颜色	备注
1	T1⑤：15	一	3	残长4、宽1.6、厚1.5	20	板岩	灰黑色	残
2	T8③：2	三	5	残长7.8、宽2.5、厚1.4	44	含炭质板岩	灰黑色	残

（八）新石器时代石砧登计表

序号	器物号	期	段	尺寸 （厘米）	重量 （克）	岩性	颜色	备注
1	T1④：15	二	4	长8.5、宽5.7、厚3	202	霏细岩	土黄色	
2	T1④：61	二	4	长13.4、宽5、厚3	390	燧石岩	灰黑色	
3	T1⑤：9	一	3	长7.7、宽6.5、厚2.6	212	板岩	黄白色	
4	T2④：10	二	4	长13.2、宽9.6、厚5	894	砂岩	灰黄色	
5	T2⑤：1	一	3	长10.4、宽6.1、厚3.4	310	长英质杂砂岩	灰黄色	
6	T2⑧：2	一	1	长16、宽11、厚3.3	872	石英长石砂岩	土黄色	
7	T6⑤：4	一	2	长26、宽16.4、厚5	3528	砂岩	灰黑色	
8	T7⑤：1	一	2	长19、宽15.8、厚6.4	2914	花岗岩	黄白色	
9	T12⑥：3	一	2	长12.4、宽6.6、厚2.4	334	细粒花岗岩	土灰黄色	
10	T14③：1	三	5	长12、宽10.4、厚3.6	680	细粒花岗岩	黄白色	
11	T14⑥：4	一	2	长16、宽10、厚3.2	620	页岩	土黄白色	
12	T14⑧：5	一	1	长19、宽15.5、厚5.6	2286	英安斑岩	土黄色	
13	T14⑧：14	一	1	长19.6、宽17.4、厚6.6	2884	花岗岩	褐红色	

（九）　新石器时代砺石登记表

序号	器物号	期	段	尺寸（厘米）	重量（克）	岩性	颜色	备注
1	T1④：22	二	4	长 10.5、宽 6.5、厚 3.2	262	粉砂岩	灰黄色	
2	T1④：23	二	4	长 6.2、宽 5.5、厚 2	52	粉砂岩	紫红色	
3	T1④：38	二	4	长 6.6、宽 4.2、厚 2	44	粉砂岩	紫红色	
4	T1④：39	二	4	长 7.3、宽 7、厚 3.3	228	粉砂岩	灰黄色	
5	T1④：82	二	4	长 8、宽 5、厚 0.9	40	粉砂岩	暗紫红色	
6	T1⑤：10	一	3	长 21、宽 12、厚 3.6	908	粉砂岩	灰黄色	
7	T1⑤：16	一	3	长 8.5、宽 7.1、厚 5.7	380	粉砂岩	紫红色	
8	T1⑤：17	一	3	长 9、宽 5.7、厚 2.5	170	粉砂岩	灰紫红色	
9	T3⑤：17	二	4	长 14.4、宽 8.8、厚 4.6	518	粉砂岩	紫红色	
10	T3⑤：18	二	4	长 10.1、宽 6.5、厚 2	102	粉砂岩	紫红色	
11	T6⑦：1	一	1	长 14.2、宽 10.2、厚 3	518	粉砂岩	褐黄色	
12	T9③：3	三	5	长 11、宽 10.4、厚 6.4	558	粉砂岩	土黄色	
13	T11③：3	三	5	长 9.4、宽 8.6、厚 6.4	642	粉砂岩	土黄色	
14	T14⑧：9	一	1	长 10.1、宽 7.1、厚 2.2	202	粉砂岩	紫红色	
15	YJ1：1	二	4	长 21、宽 13.5、厚 5.6	2102	长英质霏细岩	黄白色	
16	YJ1：7	二	4	长 38.4、宽 18.4、厚 13.6	11200	流斑岩	黄白色	

（十）　新石器时代石料登记表

序号	器物号	期	段	尺寸（厘米）	重量（克）	岩性	颜色	备注
1	F1：1	二	4	长 11、宽 7.2、厚 3	344	英安斑岩	黄白色	
2	F1：6	二	4	长径 11、短径 9、厚 4.2	708	硅质砂岩	灰黑色	
3	F1：10	二	4	长径 10.8、短径 8.4、厚 3.2	366	含层理粉砂岩	紫黄色	
4	T1④：9	二	4	直径 11、厚 3.2	598	长英质砂砾岩	黄白色	饼坯
5	T1④：14	二	4	长径 12、短径 11、厚 7	1154	花岗岩	黄白色	
6	T1④：16	二	4	直径 4.2~4.7、厚 3.3	94	硅质砂岩	浅灰黑色	
7	T1④：21	二	4	直径 10.6~13、厚 3.4	716	花岗斑岩	黄白色	饼坯
8	T1④：32	二	4	长 8.4、宽 7.3、厚 2.8	288	花岗岩	黄白色	
9	T1④：33	二	4	长径 7、短径 5.7、厚 3.5	252	砂砾岩	灰黄色	
10	T1④：43	二	4	直径 6.4~7.8、厚 4.5	322	硅质砂岩	浅灰黑色	
11	T1④：44	二	4	长径 9、短径 6、厚 5.4	424	中粗粒砂岩	灰红色	
12	T1④：50	二	4	直径 10.2~11、厚 3.6	500	板岩	土灰色	饼坯
13	T1④：53	二	4	长径 9、短径 8.1、厚 2.8	302	炭质板岩	灰黑色	
14	T1④：55	二	4	长径 7.3、短径 4.5、厚 3.7	180	硅质砂岩	灰黑色	
15	T1④：58	二	4	直径 4.7~4.9、厚 3	108	硅质砂岩	褐红色	
16	T1④：63	二	4	长 20.2、宽 6.6、厚 5.6	932	细粒二长花岗岩	褐黄色	
17	T1④：64	二	4	直径 9~11.2、厚 4.2	598	中粒花岗岩	黄白色	饼坯

序号	器物号	期	段	尺寸 （厘米）	重量 （克）	岩性	颜色	备注
18	T1④∶65	二	4	直径6.4、厚3.2	148	长英质砂岩	土黄色	饼坯
19	T1④∶71	二	4	直径10.2~11、厚2.8	410	含炭质砂岩	灰黑色	
20	T1④∶76	二	4	长6.4、宽6.4、厚3.2	230	细粒二长花岗岩	黄白色	
21	T1④∶79	二	4	直径8.8~10.3、厚5	574	粉砂岩	灰紫色	饼坯
22	T1④∶84	二	4	直径11.6~12、厚4.4	808	杂砂岩	土黄色	饼坯
23	T1④∶85	二	4	长径9.6、短径6.2、厚4.2	354	杂砂岩	灰黄白色	
24	T1⑤∶11	一	3	长径11.8、短径10、厚6	976	砂岩	灰黑色	
25	T1⑤∶14	一	3	长径8.4、短径7、厚5.5	464	粉砂岩	褐色	
26	T1⑤∶20	一	3	长13、宽6.2、厚3.8	454	板岩	灰黄色	锛坯
27	T1⑥∶4	一	2	长径8.6、短径6.7、厚3	260	石英砂岩	灰黑色	
28	T1⑥∶7	一	2	长26、宽8.4、厚6.8	1604	页岩粉砂岩互层	灰黄色	
29	T1⑥∶8	一	2	长38、宽28.7、厚6.3	11000	二长花岗岩	土黄色	
30	T1⑧∶7	一	1	长径20、短径12、厚2	808	页岩	土黄色	
31	T2④∶4	二	4	直径4.7~5.3、厚1.7	80	硅质砂砾岩	灰黄色	
32	T3④∶1	三	5	长12、宽8、厚3	464	英安斑岩	黄白色	
33	T3⑤∶10	二	4	直径6~7.3、厚4.7	318	硅质砂岩	浅灰黑色	
34	T3⑤∶12	二	4	直径4.9~6、厚4.5	192	杂砂岩	黄白色	
35	T3⑤∶13	二	4	长9、宽5.7、厚4.4	258	花岗岩	土黄色	
36	T3⑤∶15	二	4	长10.2、宽8.1、厚4	454	粗粒花岗岩	黄白色	
37	T3⑤∶16	二	4	长径7.3、短径5.4、厚4.4	262	硅质砂岩	灰白色	
38	T3⑤∶19	二	4	长12.4、宽9、厚2.5	406	硅质岩	浅黄白色	
39	T3⑤∶22	二	4	长径9.2、短径5.6、厚3.2	232	花岗岩	黄白色	
40	T3⑤∶28	二	4	直径8.6~9.8、厚2.7	404	含层理硅质砂岩	土黄色	
41	T3⑤∶30	二	4	直径10~10.6、厚3.5	508	长石砂岩	土黄色	饼坯
42	T3⑤∶32	二	4	长12.6、宽9.6、厚3.5	738	花岗岩	灰白色	
43	T6③∶3	三	5	长18.2、宽3、厚3	132	板岩	黄白色	
44	T6⑤∶2	一	2	长14.4、宽7.6、厚2.1	294	粗粒花岗岩	灰白色	
45	T6⑤∶3	一	2	长8.1、宽4.8、厚1.6	56	凝灰质粉砂岩	灰白色	锛坯
46	T7③∶8	三	5	长4.6、宽3.7、厚2.5	68	板岩	浅黄绿色	
47	T7④∶1	一	3	长15、宽6.6、厚4	532	中细粒二长花岗岩	灰黄色	
48	T7⑤∶2	一	2	长26、宽11.8、厚5	2504	二长花岗岩	灰白色	
49	T9③∶4	三	5	长26、宽6.8、厚1.8	364	板岩	灰黄白色	
50	T11③∶2	三	5	直径7.6~9.6、厚6.6	666	花岗岩	黄白色	
51	T14③∶2	三	5	长27.5、宽15.6、厚4.5	696	板岩	灰黄色	
52	T14③∶3	三	5	长27.8、宽15.6、厚4.4	2648	长石石英砂岩	褐黄色	
53	T14⑥∶3	一	2	长径10、短径7.6、厚4.3	488	长英质砂岩	黄白色	

续表

序号	器物号	期	段	尺寸 （厘米）	重量 （克）	岩性	颜色	备注
54	T14⑧：6	一	1	长径7、短径4.8、厚2.2	130	硅质岩	灰白色	
55	T14⑧：7	一	1	长11.8、宽9、厚3.4	692	硅质岩	黄白色	
56	T14⑧：10	一	1	长径8、短径4.6、厚2.5	146	红柱石角岩	灰黄色	
57	T14⑧：11	一	1	直径6.8~7.5、厚0.9	54	泥质板岩	灰黑色	
58	T14⑧：12	一	1	长9.9、宽2.7、厚1.1	34	板岩	灰白色	
59	T14⑧：13	一	1	长8.2、宽4.2、厚1.3	62	粉砂岩	灰褐色	
60	YJ1：2	二	4	长17、宽9.4、厚5	1226	流纹斑岩	土黄色	
61	YJ1：3	二	4	长8.6、宽4、厚3	154	花岗斑岩	黄白色	
62	YJ1：4	二	4	长11.4、宽7.8、厚3.8	436	花岗岩	黄白色	
63	YJ1：5	二	4	长9.6、宽7、厚4	350	花岗岩	浅黄红色	

（十一）商时期石器、石料登计表

序号	器名	器物号	尺寸 （厘米）	重量 （克）	岩性	颜色	备注
1	锛	T1③：5	长5、宽4.3、厚1.8	62	杂砂岩	灰黑色	
2	锛	T1③：6	残长4.3、宽4.5、厚0.9	26	含炭质粉砂岩	灰黑色	残
3	锛	T1③：10	长7.2、宽4.7、厚1.9	94	安山岩	灰黄绿色	
4	锛	T2③：2	残长7、宽6.4、厚1.6	112	粉砂岩	灰黄色	残
5	锛	T2③：5	长11.2、宽6、厚2.4	220	粉砂岩	灰黄绿色	
6	锛	T3③：1	长6.5、宽4.3、厚1.5	70	板岩	灰绿色	
7	砧	T1③：8	长4.3、宽4、厚1.9	88	硅质粉砂岩	褐红色	
8	砺石	T1③：14	长14、宽7.6、厚5.8	568	粉砂岩	灰黄色	
9	网坠	T2③：1	长7.3、宽5.4、厚1.9	114	粉砂岩	灰白色	
10	镞	T2③：6	残长3、宽1.4、厚0.3	2	鲕粒岩	灰褐色	残
11	残器	T1③：16	残长1.6、宽3.1、厚1.1	8	粉砂岩	黄褐色	残
12	石料	T1③：9	长8.2、宽3.8、厚2.2	108	霏细岩	灰黄色	
13	石料	T1③：11	长8.8、宽6.1、厚1.7	94	板岩	土黄色	
14	石料	T1③：12	长14.6、宽11、厚0.9	162	板岩	褐黄色	
15	石料	T2③：3	长8.5、宽6.8、厚3.5	266	长石砂岩	砖红色	
16	石料	T2③：4	长10.2、宽5.5、厚3.8	320	含炭质板岩	深灰黑色	
17	石料	T3③：3	长5.5、宽2.2、厚2.1	34	水晶	白色	

后　记

本书的编写和出版能够顺利完成，这是集思广益、众人协力的结果。

自 1985 年以来，咸头岭遗址前后进行过五次发掘。参加过咸头岭遗址发掘的人员有 莫稚 、商志馥、文本亨、杨耀林、冯永驱、叶杨、彭全民、容达贤、高爱萍、黄小宏、利国显、黄文明、钟秀帆、李海荣、刘均雄、张冬煜、董泽、暨远志、杨荣昌、张建峰、赵刚毅、马金虎以及中山大学人类学系考古专业的一些学生。可以说对咸头岭遗址认识的逐步深入，至少是经过了两代人二十多年的不懈努力。

在咸头岭遗址 2006 年第五次发掘的过程中以及发掘后，先后有五十多位专家学者来到深圳观摩出土遗物和指导工作，他们是严文明、张忠培、李伯谦、李文杰、黄素英、朱非素、曾骐、邓聪、赵朝洪、 权奎山 、古运泉、杨耀林、黄道钦、袁家荣、赵辉、栾丰实、张弛、王仁湘、朱延平、贺刚、邱立诚、赵善德、卜工、许永杰、叶杨、李岩、吴海贵、刘文锁、陈星灿、傅宪国、吕烈丹、李浪林、王文建、刘茂、孙德荣、吴伟鸿、王光尧、牛世山、董新林、杨晶、高成林、尹检顺、蒋乐平、全洪、朱海仁、刘成基、邓宏文、金志伟、张强禄、魏峻、崔勇、娄欣利、韦江、谢光茂、李珍、杨清平、何安益等先生。这些先生们对咸头岭遗址遗存的整理研究提出了不少很好的建议，他们的一些意见已被我们采纳。

著名考古学家严文明先生不仅两次来到深圳市文物考古鉴定所的文物库房指导资料的整理和报告的编写，还拨冗赐撰了序言。

著名考古学家、咸头岭文化的命名者李伯谦先生，自始至终十分关心我们的工作并给予许多指导，还为本书赐题了书名。

吴海贵先生与本报告的编写者多次讨论一些细节，并毫无保留地把他主编《博罗横岭山》考古报告的经验提供给我们。

吕烈丹博士不仅为咸头岭遗址 2006 年的发掘做了植物硅酸体的分析研究，还用她自己的课题经费为我们在新西兰的 Waikato 大学做了一部分出土木炭的碳十四年代测试。

广东省博物馆的吴沫女士、中山大学地球科学系的研究生杨萍女士协助丘志力先生为咸头岭遗址第五次发掘出土石器的岩性鉴定做了工作。

余美琦和叶晓红女士协助邓聪先生为咸头岭遗址第五次发掘出土石器上的制作和使用痕迹的拍照做了工作。

报告的编写人员在湖南观摩沅水流域出土器物的过程中，得到了湖南省文物考古研究所郭伟民、贺刚、张春龙、莫林恒等先生的大力支持。

邓聪、贺刚、高成林、邱立诚、傅宪国、韦江等先生为我们编写报告提供了一些所需要的专业书籍。

深圳博物馆的钟少灵、袁琳女士和郭学雷先生，为我们在写作过程中查询资料提供了方便。

深圳市文物考古鉴定所的任志录、姚树宾先生和周志敏女士，他们在申请发掘和出版经费方面做了工作。

咸头岭村的曾伟志、陈顺娣夫妇，在我们发掘咸头岭遗址以及整理报告的过程中，一直给予我们力所能及的帮助。

赵守挺先生在身体有恙未痊愈的状况下，为参与报告编写、文物修复、绘图等的人员做了大量的后勤工作。

深圳市文物考古鉴定所成立还不到五年，力量比较薄弱，对文物考古研究的广度和深度有限，所以仅仅依靠所内的力量是难以写出一本高质量的发掘报告的。为了把咸头岭遗址 2006 年出土遗存中包含的信息尽可能地提取出来，主持编写者邀请了国内不同研究领域的专家学者来共同参与本报告的撰写，他们是中国国家博物馆的李文杰先生，中国社会科学院考古研究所的黄素英先生，香港中文大学中国文化研究所中国考古艺术研究中心的邓聪先生，暨南大学历史系的赵善德先生和黄小茜女士，景德镇陶瓷学院古陶瓷研究所以及中国科学院上海硅酸盐研究所的吴隽、李家治、吴军明、张茂林、李其江和崔鹏先生，香港中文大学人类学系的吕烈丹女士，中山大学地球科学系的丘志力先生和李榴芬、贺林芳女士。这些先生和女士参与了本书下篇以及附录部分的撰写，他们的研究成果使本报告大为增色。

衷心地感谢上面提到的各位先生和女士！

本书的撰写者为：

上篇第一章——李海荣、刘均雄、周志敏；

上篇第二至第五章——李海荣、刘均雄

下篇第一章——李海荣、刘均雄；

下篇第二章——李海荣、史红蔚；

下篇第三章——李文杰、黄素英；

下篇第四章——邓聪；

下篇第五章——赵善德、黄小茜；

附录一——李海荣、刘均雄、张建峰、肖五球；

附录二——吴隽、李家治、吴军明、张茂林、李其江、崔鹏；

附录三——丘志力、李榴芬、贺林芳；

附录四——邓聪；

附录五——吕烈丹。

由于本书的各个章节由不同的研究者撰写，所以在下篇的讨论部分以及附录中有些观点略有不同。虽然主持编写者与各章节的撰写者经过反复讨论做了尽可能的统一，但是极个别探索性的不同观点保留了下来，请读者在阅读时注意。

　　本书是由李海荣主持编写的，资料整理由李海荣、刘均雄和张建峰完成，陶器修复由肖五球完成，绘图、描图由肖友红、寇小石、屈学芳完成，排图由寇小石、汪蓉完成，拓片由张建峰完成，器物照相由文物出版社的孙之常先生完成，英文提要由李新伟先生翻译。

　　书中的错误和不足之处，敬请专家学者批评指正。

李海荣

二○○九年二月十八日

Xiantouling Site in Shenzhen

Report on the Excavation in 2006

(Abstract)

This monograph, which consists of two volumes and eight appendixes, is a comprehensive report on the excavation at the Xiantouling 咸头岭 site in Shenzhen 深圳 in 2006 and the researches on the uncovered remains.

The five chapters in Volume One provide a detailed description on the remains uncovered during the excavation.

Chapter One is an general introduction on the location, environment, local history, previous excavations and researches on the site, the course of the 2006 excavation, the research project on the unearthed data and the writing of the monograph.

Chapter Two firstly gives a minute description on the method to strengthen the grid walls at this sandy site. Process of the method includes laying planks, cutting the grid walls, spouting water on the walls, drawing lines between layers of cultural deposits, making up the glue, spouting the glue on the walls and patching the holes. Three typical sections are introduced to provide a general understanding of the formation process of the site. According to typological analysis on pottery and stone objects based on their stratigraphic relationship, we divided the assemblage into three phases containing five stages. Carbon dates show that the phase I was between 7000 to 6400 BP., phase II was around 6200 BP., and phase was around 6000 BP..

Chapter Three describes shapes and structures of the Neolithic features, including the hearths, house foundations, large burnt area and standing stones, as well as their stratigraphic relationship. Based on their stratigraphic relationship and pertaining artifacts, we can date hearth Z2, Z3, Z5 and burnt area HST1 to stage I, hearth Z4 to stage II, hearth Z1 to stage III, house foundation F1 and standing stones to stage IV.

Chapter Four describes Neolithic pottery and stone objects according to their chronological sequence. Materials, colors, surface decorations, painted designs and shape of pottery vessels and materials, shapes and colors of stone artifacts are described in detail.

Chapter Five includes the introduction of the Shang period artifacts and a discussion of their date. Materials, colors, surface decorations, painted designs and shape of pottery vessels and materials, shapes and colors of stone artifacts are described in detail. By comparing with the artifacts from other sites, we suggest that the earliest Shang remains at Xiantouling can be dated to the Early Shang period, while the latest can be dated to the period between the Early and Late Shang.

In Volume Two, the first two chapters provide a comprehensive interpretation on the Xiantouling remains within the framework of local archaeological cultures in the Zhujiang 珠江 Delta; the other three chapters respectively discuss on the pottery and stone industry, local environment and subsistence economy of the Xiantoouling people.

Chapter One firstly establishes a standard chronological sequence based on the data unearthed in 1985, 1989 and 2006 at the Xiantouling site, and then divides all the archaeological remains dating from 7000 to 6000 BP in the Zhujiang Delta into three phases consisting six stages: Phase I from 7000 to 6400 BP, Phase II from 6400 to 6200 BP and Phase III around 6000 BP. The last part of the chapter briefly discusses the chronology of the archaeological remains dating from 6000 to 4000 BP in the Zhujiang Delta.

Chapter Two firstly gives a general typological interpretation of the archaeological remains including both features (such as house foundations, post pits, sandy platforms, burnt earth, hearth, ahs pits, ditches, standing stones and burials) and artifacts dating from 7000 to 6000 BP in the Zhujiang Delta. Based on this interpretation, we suggest to name all these remains the Xiantouling culture which has two local types. The settlements of the culture show a three-tiers hierarchy. It seems that the culture had been keeping in touch with archaeological cultures in the Eastern, Northern and Western areas of Guangdong 广东 and in Guangxi 广西 and Hunan 湖南 provinces through different routes.

Chapter Three is the research on pottery industry at the site. Main materials for Neolithic pottery making were normal fusible clays. Some vessels were made from high aluminum refractory clays. A few were made from high magnesium fusible clays. Sand was the only material used as temper. The vessel body was built up normally with clay pieces or sometimes directly from one clay piece, and processed by patting, scraping or rubbing with wet hand. Cord pattern was the most popular surface decoration. Some vessels have complex stamped patterns or very special raised dots. Painted pottery from Stage I to III had dark-red designs on the yellowish white body. In Stage IV, white covering was pasted on the dark-brown body before painting dark-red designs. Firing temperature of the pottery is from 700℃ to 950℃. Some black or gray-black pottery was made by carbonization in the kiln. Ceramic vessels of the Shang period was build up by clay strips on the slow-moving wheel and processed on the wheel.

Chapter Four is the research on stone industry at the site. We analyze the chain operations including yielding of raw materials, manufacture processes, use of the tools and formation of deposits. It seems that the excavation area was not the workshop of stone tools. The stone adzes were divided into three groups based on the condition of blades: those were still in use, those had been damaged and waiting for repairing and those had been repaired. Marks of repairing, handling, usage and damage on adzes were carefully analyzed for a better understanding of their functions. Remains of the Xiantouling site represents a cultural adapting to the sea shore environment. Stone tools from the site and other sites in the Zhujiang Delta have to be understood in the context of sea shore economy.

Chapter Five is a research on the ecological environment and subsistence economy of the Xiantouling people. At the end of the Atlantic Period, the site was a sedentary settlement in a coastal "sand bank – lagoon" environment, and the residents enjoyed a steady man-man and man-environment relationship. According to the research on their diet, we discuss the possible means of life of the Xiantouling people. It seems that thanks for the abundant and steady natural food resources in different seasons, the Xiantouling society might have been an kinship-based equalitarian one supported by hunting-gathering. In Phase I, most members of the society could support themselves and there was few evidence of cooperation. However, Phase II and III witnessed the increase of population and emergence of cooperative working, craft specialization and authority.

The eight appendixes include reports on different researches and tables.

Appendix I is the report on the experiment of stamped patterns making on pottery. The experiment aims to reconstruct the methods of the Neolithic Xiantouling people to make stamped patterns on their pottery. By imitating five typical stamped patterns, we prove that the patterns may have been made by bamboo stamps with oval, circular, crescent or rectangular shaped ends and curved short lines, lozenge or graph designs on the ends.

Appendix II is the report on the results of component analysis of Neolithic pottery. Most of the white pottery was made of high aluminum clays which is abundant in the surrounding areas. Only one sample was made of low aluminum clay, indicating a high possibility of import from other regions. Manufacture techniques of the white pottery, painted pottery and sandy wares kept almost unchanging in a 1000 years period: firing temperature was around 900℃ and all the pottery was fired in kilns. Sand was intentionally put into clay as temper to made sandy ware. Red color for painting designs was made from iron ore.

Appendix III is the research report on the raw materials of stone tools. The identification of raw materials of stone tools was conducted by eye observation, microsection analysis and component analysis. It seems that the Xiantouling people had a good knowledge on stone materials and knew how to choose suitable materials to make tools of different functions. According to our field survey, most of the stone materials can be found near the site.

Appendix IV is a research on stone bats found at the site. The bats can be divided into two types. The earlier bats have bigger and loose grooves on both sides, while the latter bats have fine and close grooves on one side.

Appendix V is the report on phytolith analysis of the samples collected during the 2006 excavation. It also discusses the environment, plant resources and subsistence economy around 7000 BP.

Appendix VI is the report of six carbon 14 dates provided by the AMS lab of Waikato University in New Zealand.

Appendix VII is the report of seven carbon 14 dates provided by the AMS lab of Peking University.

Appendix VIII is a table of the 226 stone objects found in the 2006 excavation, with the information of their size, weight, material, color and condition.

1. 遗址外景（由北向南摄）

2. 西北区发掘现场

图版一　遗址外景与西北区发掘现场

1. 塌方

2. 铺板

图版二　塌方与铺板

1. 留边

2. 切边

图版三　留边与切边

1. 喷水

2. 划线

图版四　喷水与划线

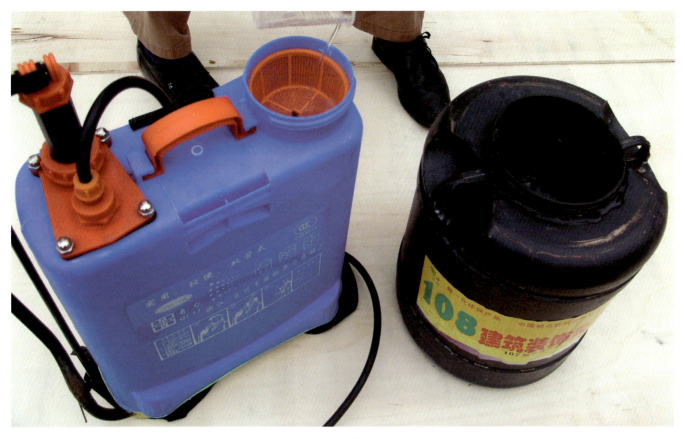

1. 配胶

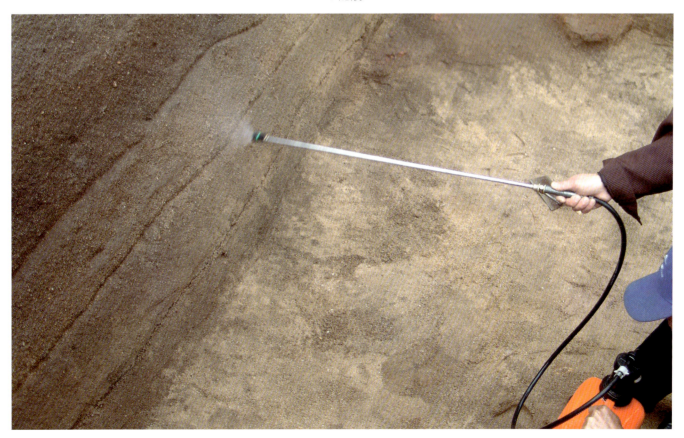

2. 喷胶

图版五　配胶与喷胶

1. 发掘后的探方壁（06XTLT7北壁）

2. 发掘后的探方（06XTLT7）

图版六　发掘后的探方壁与探方

1. 06XTLZ1

2. 06XTLZ2

图版七 灶

1. 06XTLZ3

2. 06XTLZ4

图版八　灶

1. 06XTLZ5

2. 06XTLF1发掘后情况

图版九　灶与06XTLF1发掘后情况

1. 红烧土面（06XTLHST1）局部

2. 红烧土面（06XTLHST1）细部

图版一〇　红烧土面

1. 立石（06XTLYJ1）侧视

2. 立石（06XTLYJ1）上视

图版一一　立石

1. AⅠ式（06XTLT1⑧：1）

2. AⅠ式（06XTLT1⑧：1）

3. AⅠ式（06XTLT1⑧：8）

4. AⅠ式（06XTLT1⑧：8）

5. AⅠ式（06XTLT1⑧：9）

6. AⅠ式（06XTLT1⑧：10）

图版一二　新石器时代第1段泥质陶圈足盘

1. A I 式（06XTLT1⑧：11）

4. A I 式（06XTLT8⑧：1）

2. A I 式（06XTLT2⑧：4）

5. A I 式（06XTLT8⑧：1）

3. A I 式（06XTLT2⑧：4）

图版一三　新石器时代第1段泥质陶圈足盘

1. A I 式（06XTLT14⑧：1）

2. A I 式（06XTLT14⑧：1）

3. A I 式（06XTLT14⑧：15）

4. A I 式（06XTLT14⑧：15）

5. B I 式（06XTLT1⑧：2）

6. B I 式（06XTLT1⑧：2）

图版一四　新石器时代第1段泥质陶圈足盘

1. BⅠ式（06XTLT1⑧：12）

2. BⅠ式（06XTLT1⑧：12）

3. BⅠ式（06XTLT7⑧：1）

4. BⅠ式（06XTLT7⑧：1）

5. BⅠ式（06XTLT14⑧：2）

6. BⅠ式（06XTLT14⑧：2）

图版一五　新石器时代第1段泥质陶圈足盘

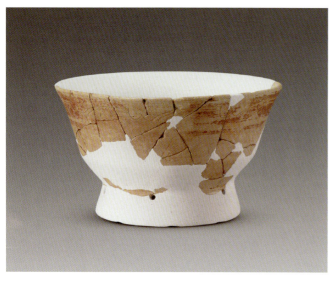

1. C I 式圈足盘（06XTLT12⑧：1）

2. C I 式圈足盘（06XTLT12⑧：1）

3. 盘圈足（06XTLT5⑦：2）

4. 盘圈足（06XTLT5⑦：2）

5. 盘圈足（06XTLT7⑧：2）

图版一六　新石器时代第1段泥质陶圈足盘、盘圈足

1. 盘圈足（06XTLT12⑧：4）

2. 盘圈足（06XTLT12⑧：4）

3. 盘圈足（06XTLT12⑧：6）

4. 盘圈足（06XTLT12⑧：8）

5. A型罐（06XTLT1⑧：3）

图版一七　新石器时代第1段泥质陶盘圈足、罐

1. A型（06XTLT1⑧：13）　　　　　　2. A型（06XTLT1⑧：13）

3. A型（06XTLT2⑧：1）　　　　　　4. A型（06XTLT2⑧：1）

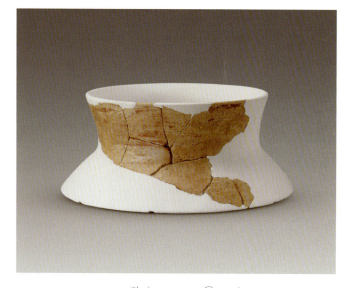

5. A型（06XTLT2⑧：5）　　　　　　6. A型（06XTLT2⑧：6）

图版一八　新石器时代第1段泥质陶罐

1. A型（06XTLT3⑨：2）

2. A型（06XTLT3⑨：2）

3. A型（06XTLT5⑦：1）

4. A型（06XTLT5⑦：1）

5. A型（06XTLT12⑧：5）

6. A型（06XTLT12⑧：5）

图版一九　新石器时代第1段泥质陶罐

1. A型（06XTLT12⑧：7）

4. A型（06XTLT15⑨：2）

2. A型（06XTLT15⑨：1）

5. A型（06XTLT15⑨：2）

3. A型（06XTLT15⑨：1）

图版二〇　新石器时代第1段泥质陶罐

1. A I 式（06XTLT6⑦：2）

2. A I 式（06XTLT6⑦：2）

3. A I 式（06XTLT8⑧：2）

4. A I 式（06XTLT8⑧：2）

5. A I 式（06XTLT12⑧：9）

6. A I 式（06XTLT12⑧：9）

图版二一　新石器时代第1段泥质陶杯

1. A I 式杯（06XTLT14⑧：4）

3. A II 式圈足盘（06XTLT1⑥：10）

2. A I 式杯（06XTLT14⑧：4）

4. A II 式圈足盘（06XTLT1⑥：14）

5. A II 式圈足盘（06XTLT6⑤：1）

图版二二　新石器时代第1段泥质陶杯、第2段泥质陶圈足盘

1. AⅡ式（06XTLT12⑥：5）　　　　　　　2. AⅡ式（06XTLT12⑥：6）

3. BⅠ式（06XTLT4⑥：1）　　　　　　　4. BⅠ式（06XTLT4⑥：1）

5. BⅠ式（06XTLT5⑤：1）　　　　　　　6. BⅠ式（06XTLT5⑤：1）

图版二三　新石器时代第2段泥质陶圈足盘

1. B I 式（06XTLT14⑥：1）

2. B I 式（06XTLT14⑥：1）

3. B I 式（06XTLT14⑥：2）

4. B I 式（06XTLT14⑥：2）

5. C II 式（06XTLT1⑥：9）

图版二四　新石器时代第2段泥质陶圈足盘

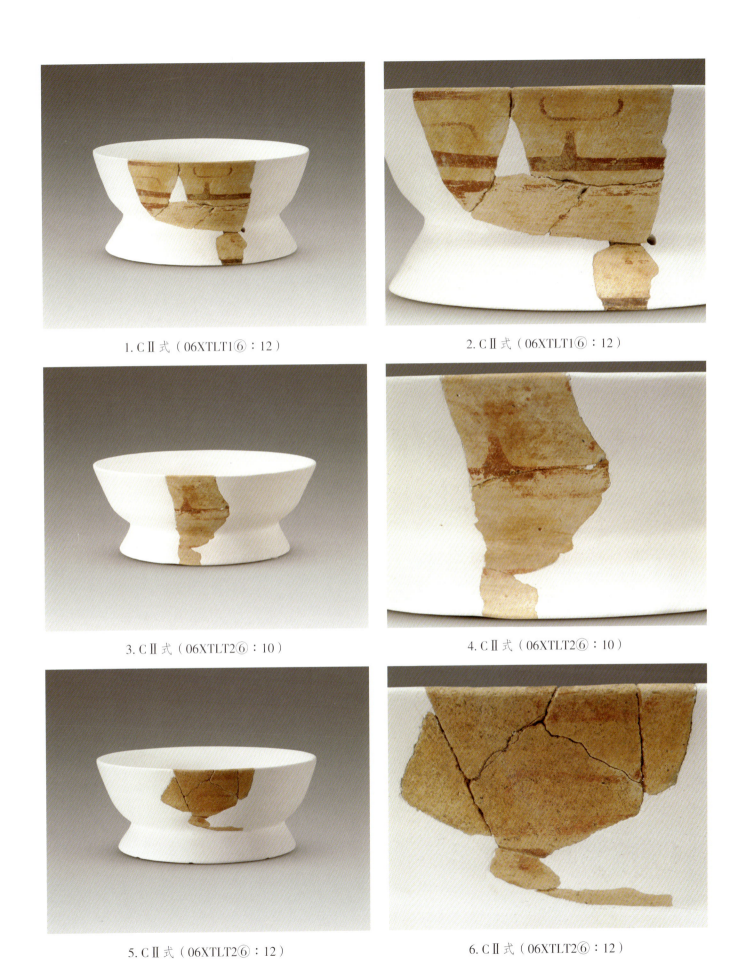

1. CⅡ式（06XTLT1⑥：12）

2. CⅡ式（06XTLT1⑥：12）

3. CⅡ式（06XTLT2⑥：10）

4. CⅡ式（06XTLT2⑥：10）

5. CⅡ式（06XTLT2⑥：12）

6. CⅡ式（06XTLT2⑥：12）

图版二五　新石器时代第2段泥质陶圈足盘

1. CⅡ式（06XTLT2⑥：13）

2. CⅡ式（06XTLT5⑤：6）

3. CⅡ式（06XTLT6⑤：5）

4. CⅡ式（06XTLT6⑤：5）

5. CⅡ式（06XTLT6⑤：7）

6. CⅡ式（06XTLT6⑤：7）

图版二六　新石器时代第2段泥质陶圈足盘

1. CⅡ式（06XTLT6⑤：8）

4. CⅡ式（06XTLT12⑥：1）

2. CⅡ式（06XTLT6⑤：8）

5. CⅡ式（06XTLT12⑥：1）

3. CⅡ式（06XTLT10⑥：1）

6. CⅡ式（06XTLT12⑥：7）

图版二七　新石器时代第2段泥质陶圈足盘

1. 盘圈足（06XTLT5⑤：7）

2. 盘圈足（06XTLT5⑤：7）

3. 盘圈足（06XTLT15⑥：1）

4. 盘圈足（06XTLT15⑥：1）

5. A型罐（06XTLT2⑥：11）

图版二八　新石器时代第2段泥质陶盘圈足、罐

1. A型（06XTLT5⑤：2）

2. A型（06XTLT5⑤：2）

3. A型（06XTLT5⑤：3）

4. A型（06XTLT5⑤：3）

5. A型（06XTLT6⑤：4）

6. A型（06XTLT6⑤：4）

图版二九　新石器时代第2段泥质陶罐

1. A型罐（06XTLT7⑥：3）

2. A型罐（06XTLT7⑥：3）

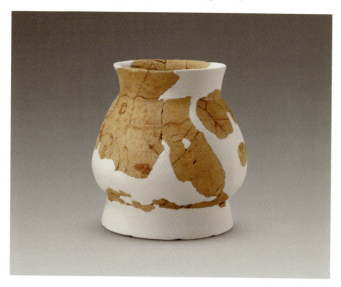

3. B型罐（06XTLT7⑥：1）

4. B型罐（06XTLT7⑥：1）

5. AⅡ式杯（06XTLT1⑥：11）

6. AⅡ式杯（06XTLT1⑥：11）

图版三〇　新石器时代第2段泥质陶罐、杯

1. AⅡ式（06XTLT1⑥：13）

4. AⅡ式（06XTLT2⑥：1）

2. AⅡ式（06XTLT1⑥：15）

5. AⅡ式（06XTLT2⑥：1）

3. AⅡ式（06XTLT1⑥：15）

图版三一　新石器时代第2段泥质陶杯

1. AⅡ式（06XTLT6⑤：6）

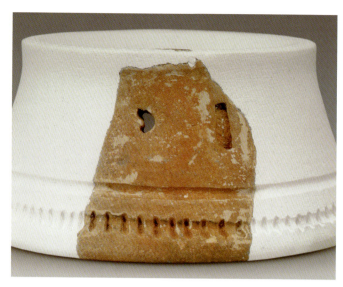

2. AⅡ式（06XTLT6⑤：6）

3. AⅡ式（06XTLT7⑤：3）

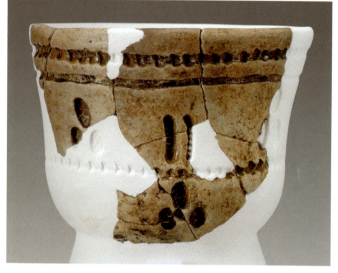

4. AⅡ式（06XTLT7⑤：3）

5. AⅡ式（06XTLT12⑥：4）

6. AⅡ式（06XTLT12⑥：4）

图版三二　新石器时代第2段泥质陶杯

1. AⅡ式杯（06XTLT18⑥：1）

4. A型钵（06XTLT1⑥：1）

2. AⅡ式杯（06XTLT18⑥：2）

5. AⅢ式圈足盘（06XTLT2⑤：11）

3. AⅡ式杯（06XTLT18⑥：2）

6. AⅢ式圈足盘（06XTLT2⑤：11）

图版三三　新石器时代第2段泥质陶杯、钵与第3段泥质陶圈足盘

1. AⅢ式（06XTLT3⑥：4）

4. BⅡ式（06XTLT1⑤：7）

2. AⅢ式（06XTLT12⑤：3）

5. BⅡ式（06XTLT1⑤：7）

3. AⅢ式（06XTLT12⑤：3）

图版三四　新石器时代第3段泥质陶圈足盘

1. BⅡ式（06XTLT1⑤：36）

2. BⅡ式（06XTLT1⑤：36）

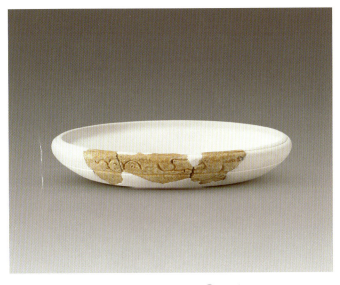

3. BⅡ式（06XTLT3⑥：5）

4. BⅡ式（06XTLT3⑥：5）

5. BⅡ式（06XTLT12⑤：2）

6. BⅡ式（06XTLT12⑤：2）

图版三五　新石器时代第3段泥质陶圈足盘

1. BⅡ式圈足盘（06XTLT12⑤：4）

2. BⅡ式圈足盘（06XTLT12⑤：4）

3. CⅢ式圈足盘（06XTLT6④：1）

4. CⅢ式圈足盘（06XTLT9⑤：1）

5. AⅠ式豆（06XTLT1⑤：22）

6. B型豆（06XTLT1⑤：27）

图版三六　新石器时代第3段泥质陶圈足盘、豆

1. 06XTLT1⑤：8

2. 06XTLT1⑤：30

3. 06XTLT2⑤：9

4. 06XTLT2⑤：12

5. 06XTLT3⑥：3

6. 06XTLT14⑤：2

图版三七　新石器时代第3段泥质陶盘圈足

1. A型（06XTLT1⑤：1）

2. A型（06XTLT1⑤：4）

3. A型（06XTLT1⑤：5）

4. A型（06XTLT1⑤：23）

5. A型（06XTLT1⑤：28）

6. A型（06XTLT1⑤：29）

图版三八　新石器时代第3段泥质陶罐

1. A型罐（06XTLT3⑥：6）

2. A型罐（06XTLT10⑤：1）

3. A型罐（06XTLT14⑤：1）

4. A型罐（06XTLT14⑤：3）

5. A型罐（06XTLT18⑤：2）

6. AⅢ式杯（06XTLT1⑤：3）

图版三九　新石器时代第3段泥质陶罐、杯

1. AⅢ式杯（06XTLT1⑤：26）

2. B型杯（06XTLT1⑤：2）

3. B型钵（06XTLT1⑤：25）

4. B型钵（06XTLT1⑤：32）

5. B型钵（06XTLT3⑥：1）

6. B型钵（06XTLT7④：2）

图版四〇　新石器时代第3段泥质陶杯、钵

1. D型（06XTLT1④：1）

4. D型（06XTLT1④：4）

2. D型（06XTLT1④：2）

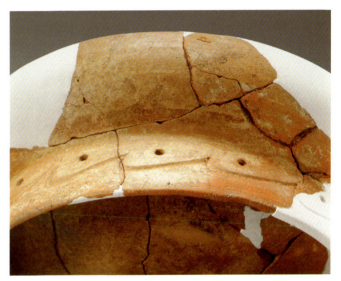

5. D型（06XTLT1④：4）

3. D型（06XTLT1④：3）

图版四一　新石器时代第4段泥质陶圈足盘

1. D型（06XTLT1④：8）

2. D型（06XTLT1④：8）

3. D型（06XTLT1④：88）

4. D型（06XTLT1④：89）

5. D型（06XTLT1④：90）

6. D型（06XTLT1④：91）

图版四二　新石器时代第4段泥质陶圈足盘

1. D型（06XTLT1④：97）

2. D型（06XTLT2④：12）

3. D型（06XTLT2④：13）

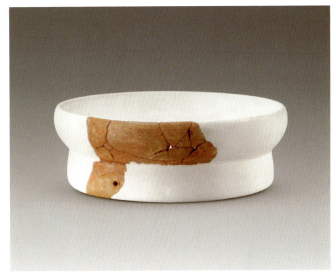

4. D型（06XTLT2④：14）

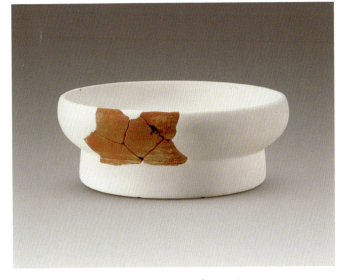

5. D型（06XTLT2④：15）

6. D型（06XTLT2④：16）

图版四三　新石器时代第4段泥质陶圈足盘

1. D型（06XTLT2④：17）

2. D型（06XTLT2④：18）

3. D型（06XTLT2④：19）

4. D型（06XTLT2④：20）

5. D型（06XTLT3⑤：1）

6. D型（06XTLT3⑤：33）

图版四四　新石器时代第4段泥质陶圈足盘

1. D型（06XTLT3⑤：34）

2. D型（06XTLT3⑤：35）

3. D型（06XTLT4④：2）

4. D型（06XTLT4④：3）

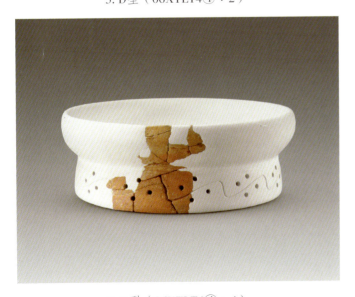

5. D型（06XTLT4④：4）

图版四五　新石器时代第4段泥质陶圈足盘

1. D型圈足盘（06XTLT4④：5）

2. D型圈足盘（06XTLT4④：5）

3. AⅡ式豆（06XTLT1④：5）

4. AⅡ式豆（06XTLT1④：5）

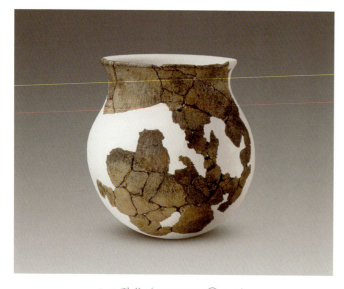

5. A型釜（06XTLT3⑨：4）

6. A型釜（06XTLT5⑦：9）

图版四六　新石器时代第4段泥质陶圈足盘、豆与第1段夹砂陶釜

1. A型釜（06XTLT9⑧：1）

2. B型支脚（06XTLT1⑧：32）

3. 器物口沿（06XTLT14⑧：3）

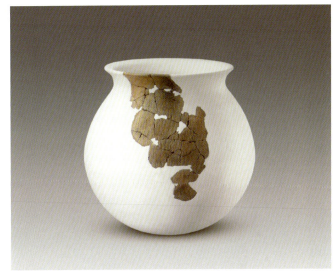

4. A型釜（06XTLT14⑥：10）

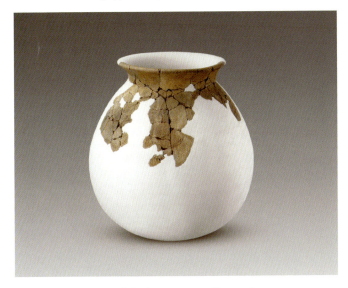

5. A型釜（06XTLT14⑥：11）

6. A型釜（06XTLT18⑥：3）

图版四七　新石器时代第1段夹砂陶釜、支脚、器物口沿与第2段夹砂陶釜

1. A型支脚（06XTLZ4：1）

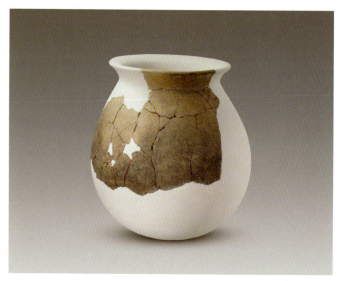

2. A型釜（06XTLT1⑤：68）

3. A型釜（06XTLT1⑤：69）

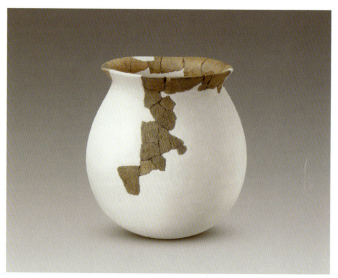

4. A型釜（06XTLT1⑤：70）

5. A型釜（06XTLT2⑤：21）

6. A型釜（06XTLT2⑤：22）

图版四八　新石器时代第2段夹砂陶支脚与第3段夹砂陶釜

1. A型（06XTLT2⑤：23）

2. A型（06XTLT3⑥：7）

3. A型（06XTLT3⑥：8）

4. A型（06XTLT3⑥：13）

5. A型（06XTLT10⑤：2）

6. A型（06XTLT12⑤：1）

图版四九　新石器时代第3段夹砂陶釜

1. A型釜（06XTLT15⑤：8）

2. A型支脚（06XTLT1⑤：31）

3. B型支脚（06XTLT1⑤：9）

4. B型支脚（06XTLT1⑤：33）

5. B型支脚（06XTLT1⑤：34）

6. B型支脚（06XTLT1⑤：35）

图版五〇　新石器时代第3段夹砂陶釜、支脚

1. A型（06XTLT2④：50）

2. A型（06XTLT3⑤：39）

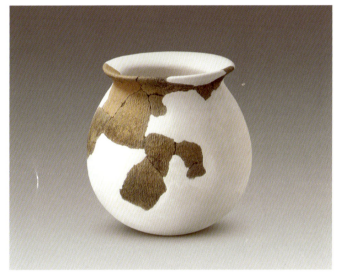

3. B型（06XTLT1④：101）

4. B型（06XTLT1④：108）

5. B型（06XTLT1④：109）

6. B型（06XTLT1④：134）

图版五一　新石器时代第4段夹砂陶釜

1. B型（06XTLT1④：135）

2. B型（06XTLT1④：136）

3. B型（06XTLT1④：137）

4. B型（06XTLT1④：139）

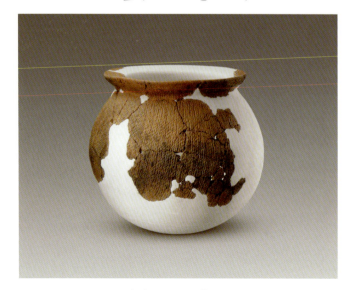

5. B型（06XTLT1④：141）

6. B型（06XTLT1④：142）

图版五二　新石器时代第4段夹砂陶釜

1. B型（06XTLT2④：23）

2. B型（06XTLT2④：25）

3. B型（06XTLT2④：26）

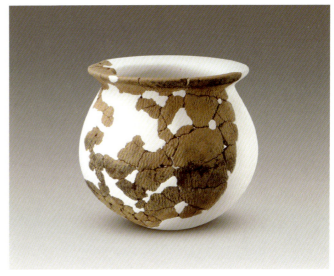

4. B型（06XTLT2④：46）

5. B型（06XTLT2④：47）

6. B型（06XTLT2④：51）

图版五三　新石器时代第4段夹砂陶釜

1. B型（06XTLT3⑤：52）

2. C型（06XTLT1④：102）

3. C型（06XTLT1④：140）

4. C型（06XTLT2④：24）

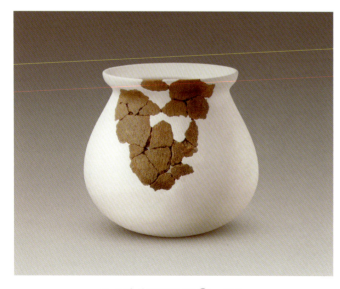

5. C型（06XTLT2④：33）

6. C型（06XTLT2④：49）

图版五四　新石器时代第4段夹砂陶釜

1. C型（06XTLT3⑤：46）

2. C型（06XTLT3⑤：54）

3. C型（06XTLT3⑤：55）

4. C型（06XTLT3⑤：56）

5. C型（06XTLT3⑤：57）

6. C型（06XTLT4④：12）

图版五五　新石器时代第4段夹砂陶釜

1. C型釜（06XTLT4④：13）

2. DⅠ式釜（06XTLT1④：121）

3. DⅠ式釜（06XTLT1④：122）

4. DⅠ式釜（06XTLT2④：27）

5. B型支脚（06XTLT1④：6）

6. B型支脚（06XTLT1④：7）

7. B型支脚（06XTLT1④：94）

图版五六　新石器时代第4段夹砂陶釜、支脚

1. B型支脚（06XTLT1④：96）　　2. B型支脚（06XTLT2④：21）　　3. B型支脚（06XTLT2④：43）

4. B型支脚（06XTLT2④：48）　　5. B型支脚（06XTLT3⑤：36）　　6. A型器座（06XTLT1④：92）

7. B型器座（06XTLT1④：93）　　8. B型器座（06XTLT1④：95）　　9. B型器座（06XTLT1④：138）

图版五七　新石器时代第4段夹砂陶支脚、器座

1. B型器座（06XTLT2④：42）　　　2. B型器座（06XTLT2④：44）　　　3. B型器座（06XTLT2④：45）

4. B型釜（06XTLT3④：17）　　　　　　　5. B型釜（06XTLT3④：17）

6. B型釜（06XTLT3④：18）　　　　　　　7. B型釜（06XTLT3④：18）

图版五八　新石器时代第4段夹砂陶器座与第5段夹砂陶釜

1. B型釜（06XTLT5③：9）

2. B型釜（06XTLT6③：11）

3. B型釜（06XTLT13③：1）

4. DⅡ式釜（06XTLT5③：8）

5. DⅡ式釜（06XTLT8③：7）

6. 碗（06XTLT6③：12）

图版五九　新石器时代第5段夹砂陶釜、碗

1. 06XTLT9③：1

2. 06XTLT9③：2

3. 06XTLT9③：8

4. 06XTLT12③：1

5. 06XTLT7③：16

6. 06XTLT7③：17

图版六〇　新石器时代第5段夹砂陶碗

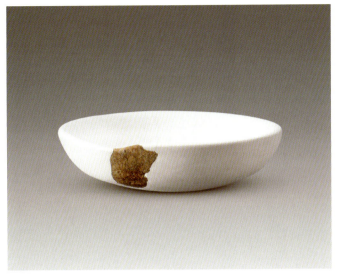

1. A型圜底盘（06XTLT8③：8）　　　　2. B型圜底盘（06XTLT7③：15）

3. A型支脚（06XTLT6③：1）　　　4. A型支脚（06XTLT6③：2）　　　5. A型支脚（06XTLT6③：6）

6. B型支脚（06XTLT4③：2）　　　7. B型支脚（06XTLT4③：5）　　　8. B型支脚（06XTLT5③：10）

图版六一　新石器时代第5段夹砂陶圜底盘、支脚

1. B型（06XTLT4③：3）　　　　　　　2. B型（06XTLT5③：1）

3. B型（06XTLT5③：2）　　4. B型（06XTLT6③：13）　　5. B型（06XTLT8③：3）

6. B型（06XTLT8③：4）　　　　　　　7. B型（06XTLT8③：10）

图版六二　新石器时代第5段夹砂陶器座

1. 泥质白陶片

2. 泥质白陶片

图版六三　新石器时代第5段泥质白陶片

1. 泥质彩陶片

2. 附加堆纹陶片

3. 红陶衣陶片

图版六四　新石器时代第5段陶片

1. 圈足盘（06XTLT1⑧：1）戳印纹

2. 杯（06XTLT12⑧：9）戳印纹

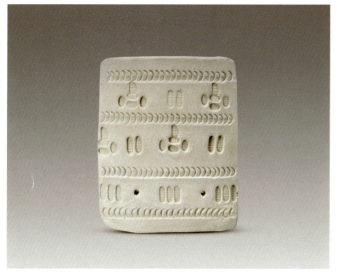

3. 杯（06XTLT2⑥：1）戳印纹

4. 圈足盘（06XTLT4⑥：1）戳印纹

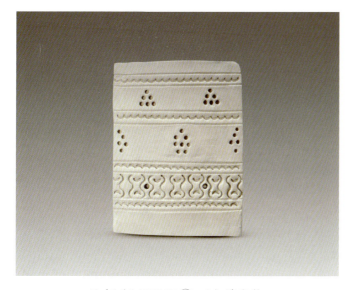

5. 杯（06XTLT1⑤：2）戳印纹

图版六五　新石器时代戳印纹制作方法模拟实验

1. 高领釜（06XTLT3③：7）

2. 高领釜（06XTLT3③：8）

3. 高领釜（06XTLT3③：9）

4. 窄折沿釜（06XTLT1③：39）

5. 窄折沿釜（06XTLT1③：40）

6. 盘口釜（06XTLT1③：19）

图版六六　商时期陶釜

1. 盘口釜（06XTLT1③：20）

2. 折沿罐（06XTLT1③：37）

3. 折沿罐（06XTLT2③：9）

4. 折沿罐（06XTLT2③：10）

5. 折沿罐（06XTLT2③：13）

6. 钵（06XTLT1③：42）

图版六七　商时期陶釜、罐、钵

1. 尊（06XTLT1③：1）

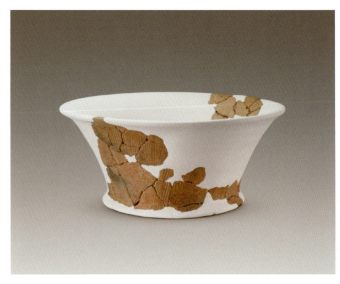

2. 尊（06XTLT2③：14）

3. 喇叭状器座（06XTLT2③：11）

4. 喇叭状器座（06XTLT3③：6）

5. "工"字形器座（06XTLT2③：12）

6. "工"字形器座（06XTLT3③：5）

图版六八　商时期陶尊、器座

1. 圆饼形纺轮（06XTLT1③：2）

2. 圆饼形纺轮（06XTLT1③：17）

3. 斗笠形纺轮（06XTLT1③：3）

4. 斗笠形纺轮（06XTLT1③：4）

5. 斗笠形纺轮（06XTLT1③：18）

6. 斗笠形纺轮（06XTLT3③：2）

图版六九　商时期陶纺轮

1. A型锛（06XTLT1⑧：5）

2. A型锛（06XTLT1⑧：6）

3. A型锛（06XTLT3⑨：1）

4. A型锛（06XTLT12⑧：2）

5. A型凹石（06XTLT2⑧：3）

6. A型凹石（06XTLT12⑧：3）

图版七〇　新石器时代第1段石质品

1. A型凹石（06XTLT14⑧：8）

2. 砧（06XTLT2⑧：2）

3. 砧（06XTLT14⑧：5）

4. 砧（06XTLT14⑧：14）

5. 砺石（06XTLT6⑦：1）

6. 砺石（06XTLT14⑧：9）

图版七一　新石器时代第1段石质品

1. 06XTLT1⑧：7

2. 06XTLT14⑧：6

3. 06XTLT14⑧：7

4. 06XTLT14⑧：11

5. 06XTLT14⑧：12

6. 06XTLT14⑧：13

图版七二　新石器时代第1段石料

1. A型锛（06XTLT1⑥：6）

2. A型锛（06XTLT5⑤：4）

3. A型锛（06XTLT15⑦：1）

4. A型饼形器（06XTLT5⑤：5）

5. A型凹石（06XTLT1⑥：3）

6. A型凹石（06XTLT1⑥：5）

图版七三　新石器时代第2段石质品

1. A型凹石（06XTLT2⑥：3）

2. A型凹石（06XTLT3⑦：1）

3. A型凹石（06XTLT4⑥：3）

4. A型杵（06XTLT7⑥：2）

5. A型杵（06XTLT12⑥：2）

6. 拍（06XTLT1⑥：2）

图版七四　新石器时代第2段石质品

1. 砧（06XTLT6⑤：4）

2. 砧（06XTLT7⑤：1）

3. 砧（06XTLT12⑥：3）

4. 砧（06XTLT14⑥：4）

5. 铸坯料（06XTLT6⑤：3）

6. 石料（06XTLT1⑥：8）

图版七五　新石器时代第2段石质品

1. 石料（06XTLT7⑤：2）

2. 石料（06XTLT14⑥：3）

3. A型锛（06XTLT1⑤：6）

4. A型锛（06XTLT1⑤：18）

5. A型锛（06XTLT17⑤：1）

6. A型锛（06XTL T18⑤：1）

图版七六　新石器时代第2段石料与第3段石锛

1. B型饼形器（06XTLT5④：1）

2. A型凹石（06XTLT1⑤：21）

3. A型凹石（06XTLT2⑤：3）

4. A型凹石（06XTLT2⑤：5）

5. A型凹石（06XTLT2⑤：6）

6. A型凹石（06XTLT2⑤：7）

图版七七　新石器时代第3段石质品

1. A型凹石（06XTLT2⑤：8）

2. B型凹石（06XTLT1⑤：13）

3. 锤（06XTLT1⑤：12）

4. 锤（06XTLT2⑤：4）

5. 拍（06XTLT3⑥：2）

6. 凿（06XTLT1⑤：15）

图版七八　新石器时代第3段石质品

1. 砧（06XTLT1⑤：9）

2. 砧（06XTLT2⑤：1）

3. 砺石（06XTLT1⑤：10）

4. 砺石（06XTLT1⑤：16）

5. 砺石（06XTLT1⑤：17）

6. 锛坯料（06XTLT1⑤：20）

图版七九　新石器时代第3段石质品

1. 石料（06XTLT1⑤∶11）

2. 石料（06XTLT1⑤∶14）

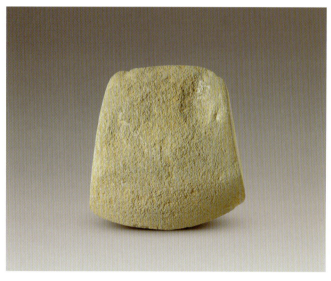

3. A型锛（06XTLF1∶5）

4. A型锛（06XTLF1∶7）

5. A型锛（06XTLF1∶8）

6. A型锛（06XTLT1④∶24）

图版八〇　新石器时代第3段石料与第4段石锛

1. A型（06XTLT1④：27）

2. A型（06XTLT1④：28）

3. A型（06XTLT1④：35）

4. A型（06XTLT1④：86）

5. A型（06XTLT3⑤：14）

6. B型（06XTLF1：4）

图版八一　新石器时代第4段石锛

1. B型锛（06XTLT1④：25）

2. B型锛（06XTLT1④：78）

3. C型锛（06XTLT1④：60）

4. A型饼形器（06XTLT1④：12）

5. A型饼形器（06XTLT1④：57）

6. A型饼形器（06XTLT1④：66）

图版八二　新石器时代第4段石锛、饼形器

1. A型（06XTLT1④：73）

2. A型（06XTLT3⑤：7）

3. A型（06XTLT3⑤：31）

4. B型（06XTLT1④：11）

5. B型（06XTLT1④：26）

6. B型（06XTLT1④：29）

图版八三　新石器时代第4段石饼形器

1. B型（06XTLT1④：30）

2. B型（06XTLT1④：31）

3. B型（06XTLT1④：36）

4. B型（06XTLT1④：37）

5. B型（06XTLT1④：40）

6. B型（06XTLT1④：41）

图版八四　新石器时代第4段石饼形器

1. B型（06XTLT1④：42）

2. B型（06XTLT1④：56）

3. B型（06XTLT1④：59）

4. B型（06XTLT1④：67）

5. B型（06XTLT1④：68）

6. B型（06XTLT1④：69）

图版八五　新石器时代第4段石饼形器

1. B型（06XTLT1④：72）

2. B型（06XTLT1④：74）

3. B型（06XTLT1④：75）

4. B型（06XTLT1④：77）

5. B型（06XTLT1④：81）

6. B型（06XTLT2④：1）

图版八六　新石器时代第4段石饼形器

1. B型饼形器（06XTLT2④：6）

2. B型饼形器（06XTLT3⑤：9）

3. B型饼形器（06XTLT3⑤：21）

4. B型饼形器（06XTLT3⑤：23）

5. A型凹石（06XTLT1④：46）

6. A型凹石（06XTLT1④：51）

图版八七　新石器时代第4段石饼形器、凹石

1. A型凹石（06XTLF1：9）

2. B型凹石（06XTLT1④：17）

3. B型凹石（06XTLT2④：8）

4. B型凹石（06XTLF1：3）

5. A型杵（06XTLT1④：19）

6. A型杵（06XTLT1④：20）

图版八八　新石器时代第4段石质品

1. A型（06XTLT1④：48）

2. A型（06XTLT1④：49）

3. A型（06XTLT1④：54）

4. A型（06XTLT3⑤：4）

5. A型（06XTLT3⑤：8）

6. A型（06XTLT3⑤：25）

图版八九　新石器时代第4段石杵

1. A型杵（06XTLT3⑤：27）

2. A型杵（06XTLT3⑤：29）

3. A型杵（06XTLYJ1：6）

4. B型杵（06XTLT3⑤：26）

5. C型杵（06XTLT1④：62）

6. 锤（06XTLT3⑤：3）

图版九〇　新石器时代第4段石杵、锤

1. 锤（06XTLT3⑤∶5）

2. 拍（06XTLT1④∶34）

3. 拍（06XTLT2④∶7）

4. 砧（06XTLT1④∶15）

5. 砧（06XTLT1④∶61）

6. 砧（06XTLT2④∶10）

图版九一　新石器时代第4段石锤、拍、砧

1. 06XTLT1④：22

2. 06XTLT1④：23

3. 06XTLT1④：38

4. 06XTLT1④：39

5. 06XTLT1④：82

6. 06XTLT3⑤：17

图版九二　新石器时代第4段砺石

1. 砺石（06XTLT3⑤：18）

2. 砺石（06XTLYJ1：1）

3. 砺石（06XTLYJ1：7）

4. 饼坯料（06XTLT1④：9）

5. 饼坯料（06XTLT1④：21）

6. 饼坯料（06XTLT1④：50）

图版九三　新石器时代第4段石质品

1. 饼坯料（06XTLT1④：64）

2. 饼坯料（06XTLT1④：65）

3. 饼坯料（06XTLT1④：79）

4. 饼坯料（06XTLT1④：84）

5. 饼坯料（06XTLT3⑤：30）

6. 其他石料（06XTLF1：1）

图版九四　新石器时代第4段石料

1. 06XTLF1：6

2. 06XTLF1：10

3. 06XTLT1④：16

4. 06XTLT1④：33

5. 06XTLT1④：43

6. 06XTLT1④：44

图版九五　新石器时代第4段其他石料

1. 06XTLT1④：55

2. 06XTLT1④：58

3. 06XTLT1④：63

4. 06XTLT1④：76

5. 06XTLT1④：85

6. 06XTLT2④：4

图版九六　新石器时代第4段其他石料

1. 06XTLT3⑤：10

2. 06XTLT3⑤：12

3. 06XTLT3⑤：13

4. 06XTLT3⑤：15

5. 06XTLT3⑤：16

6. 06XTLT3⑤：22

图版九七　新石器时代第4段其他石料

1. 06XTLT3⑤：28

2. 06XTLT3⑤：32

3. 06XTLYJ1：2

4. 06XTLYJ1：3

5. 06XTLYJ1：4

6. 06XTLYJ1：5

图版九八　新石器时代第4段其他石料

1. A型（06XTLT3④：3）　　2. A型（06XTLT7③：5）　　3. A型（06XTLT7③：6）

4. A型（06XTLT7③：9）　　5. A型（06XTLT8③：1）　　6. A型（06XTLT9③：1）

7. A型（06XTLT9③：2）　　8. A型（06XTLT10③：1）　　9. A型（06XTLT10③：2）

图版九九　新石器时代第5段石锛

1. A型锛（06XTLT10③：3）

2. A型锛（06XTLT11③：1）

3. A型锛（06XTLT18③：1）

4. B型饼形器（06XTLT3④：4）

5. B型饼形器（06XTLT3④：5）

6. B型饼形器（06XTLT6③：4）

图版一〇〇　新石器时代第5段石锛、饼形器

1. C型饼形器（06XTLT6③：5）

2. C型饼形器（06XTLT7③：3）

3. A型凹石（06XTLT4③：1）

4. B型凹石（06XTLT3④：2）

5. 拍（06XTLT7③：7）

6. 凿（06XTLT8③：2）

图版一〇一　新石器时代第5段石质品

1. 砧（06XTLT14③：1）

2. 砺石（06XTLT9③：3）

3. 砺石（06XTLT11③：3）

4. 石料（06XTLT3④：1）

5. 石料（06XTLT7③：8）

6. 石料（06XTLT9③：4）

图版一〇二　新石器时代第5段石质品

1. 石料（06XTLT11③：2）

2. 石料（06XTLT14③：2）

3. 石料（06XTLT14③：3）

4. 梯形锛（06XTLT1③：6）

5. 有肩无段锛（06XTLT2③：5）

6. 网坠（06XTLT2③：1）

图版一〇三　新石器时代第5段石料与商时期石锛、网坠

1. 镞（06XTLT2③：6）

2. 砺石（06XTLT1③：14）

3. 砧（06XTLT1③：8）

4. 石料（06XTLT1③：9）

5. 石料（06XTLT1③：12）

6. 残石器（06XTLT1③：16）

图版一〇四　商时期石质品